BASTEI LÜBBE

Von Gabriele Hoffmann ist außerdem bei BASTEI-LÜBBE lieferbar:

61118 Constantia von Cosel
64087 Versunkene Welten

Gabriele Hoffmann

FRAUEN MACHEN GESCHICHTE

Von Kaiserin Theophanu bis Rosa Luxemburg

BASTEI LÜBBE

BASTEI-LÜBBE-TASCHENBUCH
Band 64136

Printed in Germany, Juli 1995
Einbandgestaltung: Klaus Detjen, Holm bei Wedel
Satz: IBV Satz- und Datentechnik GmbH, Berlin
Druck und Bindung: Ebner Ulm
ISBN 3-404-64136-1

Der Preis dieses Bandes versteht sich einschließlich
der gesetzlichen Mehrwertsteuer.

Jeder Gegenstand ist in einem Verhältnis mit allen übrigen;
die richtige Bestimmung, wie er sich zu ihnen verhält,
ist die Wahrheit, die man über ihn auszusprechen vermag:
also kann über alles geirrt und gelogen werden;
dies auch bei dem unwichtigsten Gegenstand zu verhindern,
ist ein großer Genuß.

Rahel Varnhagen

Inhalt

Vorwort: Frauen machen Geschichte

Wer etwas über Frauen wissen will, die Macht oder politischen Einfluß in der deutschen Geschichte hatten, muß auf Überraschungen gefaßt sein.

Kaiserin Theophanu regierte das deutsche Reich acht Jahre lang und nannte sich stolz Imperator.

Die Äbtissin *Hildegard von Bingen* gab ihren Nonnen den Platz im Zentrum der Kirche, der den Männern vorbehalten war, und hielt auf den Märkten der Städte zündende Reden zu den großen Streitfragen ihrer Zeit.

Fräulein Maria von Jever verteidigte ihr Erbrecht als Häuptlingstochter in einer erbitterten Ritterfehde und wollte nach 50 Jahren Regierung ihr Land einer Frau vererben.

Maria Theresia sah es als Erniedrigung an, sich neben ihrem Mann zur Kaiserin krönen zu lassen, und faßte das Regieren ihrer Erbländer als Beruf auf, den Gott ihr aufgetragen habe.

Anna Constantia von Cosel machte als Mätresse eines absoluten Herrschers, wie andere offizielle Mätressen in Europa, politisch Karriere – die steilste, die es für Frauen ihrer Zeit gab.

König Friedrich Wilhelm III. von Preußen bestritt, daß seine Ehefrau *Königin Luise* politischen Einfluß hatte, und doch ist sie heute eine der wenigen unvergessenen Frauen in Gesamtdarstellungen der Geschichte.

Rahel Varnhagen rüttelte an den Schranken, die ihr Jahrhundert ihr als Frau und Jüdin setzte, und beschrieb das Leiden des Individuums an der Gesellschaftsordnung – Wahrheiten, die die staatlichen Behörden für äußerst gefährlich hielten.

Louise Otto-Peters erschreckte die sächsischen Minister so sehr, daß sie durch ein Gesetz Frauen die Arbeit als Redakteurinnen verboten, und rief doch als erste die Frauen dazu auf, gemeinsam für ihre Rechte auf Bildung und Berufstätigkeit zu kämpfen.

Cosima Wagner ernannte sich zur Hohepriesterin des Wagner-Kults und schuf in Bayreuth einen Wallfahrtsort für die Herrschaftseliten des Kaiserreichs, spiegelte und verstärkte eine unheilvolle politische Strömung.

Rosa Luxemburg kämpfte für eine gerechte Gesellschaft und machte Karriere in einer Partei, als Frauen die Mitgliedschaft in Parteien verboten war.

Diese Frauen, die Freude an der Macht hatten oder politischen Einfluß suchten, waren keine Ausnahmen in ihren Jahrhunderten. Mit ihren Lebensgeschichten verknüpfen sich die Kämpfe, Niederlagen und Erfolge zahlreicher Zeitgenossinnen, die in den Geschichtsbüchern in die Anmerkungen gerutscht sind.

Männer machen die Geschichte, befand vor über 100 Jahren Professor Heinrich von Treitschke, einflußreicher Historiker, Politiker und Verfechter eines kriegerischen Männerkults. Heute haben die führenden Historiker sich von Treitschkes Heldenverehrung längst entfernt, untersuchen ein vielfältiges Geflecht sich gegenseitig beeinflussender Faktoren, das Zusammenspiel von Wünschen, Ideen, Besitz und Macht, denken nach über Strukturen und Prozesse. Und doch tragen auch Verfasser einer neuen Geschichte der Gesellschaft, einer Geschichte des Bürgertums, noch die alte Augenklappe Treitschkes, die auf einem Auge blind macht: Die Hälfte der Bevölkerung, die Frauen, sehen sie nicht.

Doch Frauen haben eine Geschichte, und es ist keineswegs nur eine Geschichte der rechtlichen Unterdrückung und politischen Ohnmacht wie im 19. Jahrhundert. Historikerinnen versuchen seit einigen Jahren nachzuholen, was in 150 Jahren moderner Geschichtswissenschaft, von einer Handvoll rühmlicher Ausnahmen abgesehen, versäumt wurde. Trotz manchmal großer Widerstände an den Universitäten gegen ihre Forschungen stellen sie Fragen nach vergessenen Frauen, die in 150 Jahren Archivarbeit viel zu selten gestellt wurden, fragen auch, welche Funktion das jeweilige Frauenbild für eine Gesellschaft hatte. Aber ihre Forschungsergebnisse sind nur in Ausnahmefällen schon Teil der großen allgemeinen Geschichtsdarstellungen und Handbücher, aus denen Laien, Lehrer und Studenten sich informieren. Geschichte ist immer noch, wie im 19. Jahrhundert, eine Geschichte der Männer.

Doch so viele Frauen strebten seit Beginn des deutschen Reichs vor über 1000 Jahren bis zur Einführung des Frauenwahlrechts nach politischem Einfluß, daß es nicht gerechtfertigt ist, sie als nur bedeutungslose Ausnahmen in der Geschichte einer Männergesellschaft zu übergehen. An der Spitze von Regierungen standen in den vergangenen 1000 Jahren insgesamt gesehen sehr viel mehr Männer als Frauen, aber immer wieder hat es Epochen gegeben, in denen Frauen der herrschenden Schicht Macht ausüben konnten und in denen sie die Anerkennung ihrer Zeitgenossen – manchmal sogar späterer Historiker – fanden. Die gleichen Rechte zur Regierung wie Männer hatten Frauen allerdings selbst zur Zeit einer Theophanu nicht. Auch in den Jahrhunderten, in denen Frauen sich eher entfalten konnten als in anderen, galten sie als Angehörige des schwächeren Geschlechts, und wenn Augenschein und Frauenideal in gar zu großen Widerspruch gerieten, reagierten viele Männer verwirrt. Zeitgenossen betonen gern die Männlichkeit regierender Frauen, Historiker heben zudem ihre Mütterlichkeit hervor. So erscheinen auch unübersehbar starke Kaiserinnen entschuldigt und entschärft als Personen, die für andere etwas tun – nie für sich. Selbstverständlicher Anspruch auf politische Mitsprache, Mut zur Macht, Freude am Regieren – das sollte undenkbar sein für eine Frau. Aber genau das hatten die Frauen, deren Leben ich in diesem Buch schildere.

In zehn politischen Porträts frage ich nach den Hauptmotiven ihres öffentlichen Handelns und nach den Erfolgschancen, die ihr jeweiliges Jahrhundert ihnen bot: Welche Möglichkeiten, Macht und Einfluß zu gewinnen, gab es für sie, und wie haben sie ihre Chancen genutzt?

Ich habe die Frauen aus 1000 Jahren deutscher Geschichte nach zwei Gesichtspunkten ausgewählt. Erstens sollten sie zwar herausragend, zugleich aber typisch für ihre Epoche sein, sollten einen Kreis von Frauen repräsentieren, die ähnliche Möglichkeiten hatten oder ähnliches anstrebten wie sie.

Zweitens mußte genügend über die einzelnen Frauen bekannt sein, damit ich ihr ganzes Leben überblicken und ihren eventuellen Berührungen mit Zeitgenossinnen nachgehen konnte. Kurz: Es sollten Frauen sein, über die es auch Spannendes zu erzählen gibt.

Kriterium eins war kein Problem. Keine der Frauen in meiner Vorauswahl war in ihrer Zeit eine einzigartige Erscheinung: Bei der näheren Beschäftigung mit ihnen war ich erstaunt über die Anzahl der Zeitgenossinnen, die ebenfalls regierten oder nach Einfluß strebten – auch ich komme von einer männlich geprägten Universität und muß erst lernen, den herkömmlichen Blickwinkel der Geschichtswissenschaft auch wirklich zu ändern.

Kriterium zwei – die Materialfülle – grenzte die Auswahl erschrekkend ein. Frauen waren offenbar selten ihre besten Propagandistinnen. Entweder haben weniger Frauen als Männer Papiere hinterlassen, oder diese Papiere wurden seltener in Archiven gesammelt, oder diese Nachlässe wurden weniger häufig ausgewertet.

In sechs Porträts erzähle ich von adligen Frauen: Bis zum demokratischen Wahlrecht war die hohe Geburt eine Legitimierung der Herrschaft. Historikerinnen haben in Archiven zwar Nachrichten über Bürgerinnen mittelalterlicher Städte gefunden, die in der Wirtschaft als Handwerksmeisterinnen und Kauffrauen eine bedeutende Rolle spielten – der zweitgrößte Stahlimporteur in Köln, um 1500, war eine Frau –, aber sie fanden noch keine Frauen, die politischen Ehrgeiz zeigten. Erst als die Bürger vor 200 Jahren begannen, sich von der Vormundschaft des Adels zu emanzipieren, fingen auch bürgerliche Frauen merklich an, Teilnahme am Staat zu fordern. Um diese Frauen, die uns zeitlich näherstehen als Kaiserinnen, Herzoginnen oder Ritterfräulein, geht es in vier Kapiteln.

Über einige Frauen gibt es anregende Forschungsergebnisse, wie zum Beispiel über Rahel Varnhagen, über andere gibt es sehr wenige aufschlußreiche Darstellungen – bei der Arbeit über die Mätressen sah ich mich einer umfangreichen Liebesliteratur gegenüber, deren Verfasser moralisierend in illegitimen Verhältnissen schwelgen, die historisch gesehen aber langweilig ist. So konnte ich mich bei einigen Porträts auf Arbeiten anderer Autoren und Autorinnen stützen, bei den meisten aber gehen meine Fragen nach Möglichkeiten zu Macht oder Einfluß über die vorliegenden Veröffentlichungen hinaus.

Auch die Schriften, die die Frauen selbst hinterlassen haben, sind höchst unterschiedlich. Von Hildegard von Bingen gibt es eine Autobiographie, die in eine zeitgenössische Biographie eingearbeitet ist. Von Maria von Jever erzählen überwiegend Schriftstücke aus Prozessen, von Maria Theresia ihre Briefe und politischen Denkschriften – über sie gibt es natürlich eine umfangreiche, vielseitige Forschung, aber ich fand dort wenig über ihre Einstellung zu Frauen. Briefe gibt es auch von Luise von Preußen und Rosa Luxemburg und von Cosima Wagner 2000 Seiten Tagebücher.

Entsprechend unterschiedlich wie diese gedruckten Nachlässe sind meine politischen Porträts der Frauen, unterscheiden sich wie Fotos nach Entfernung und Seite der Ansicht. Das machte meine Arbeit zusätzlich reizvoll, wenn ich auch oft wünschte, ich könnte mehr über die Personen erfahren. Von einigen Frauen bringe ich Nahaufnahmen, von Theophanu ein Bild, das wohl farbig, auf dem sie aber nur fern und klein zu sehen ist – für manche Leserinnen und Leser vielleicht das sprödeste Kapitel.

Rechte der Frauen und Weiblichkeitsideale veränderten sich in den Jahrhunderten, doch gehe ich dem Wandel anfangs nur an wenigen Stellen, eingehender erst mit dem Beginn der politischen Emanzipation der Bürger nach: Für Ehefrauen und Töchter von Kaisern und Landesherren galt, wenn man sie in der Politik brauchte, das Weiblichkeitsideal der jeweiligen Epoche nicht. Sie standen hoch über allen Männern in der ständischen Hierarchie, hoch über den Diskussionen über das, was eine Frau ist und sein soll.

Im Kapitel über die Mätressen vergleiche ich die Biographien mehrerer Frauen miteinander. Ich habe ein Buch über Constantia von Cosel, die glänzendste Mätresse ihrer Zeit, geschrieben, und es reizte mich wenig, ihr Leben nun noch einmal in einem Porträt kurz zusammenzufassen. Nachdem ich von der Witwe Theophanu, der Nonne Hildegard, dem ledigen Fräulein Maria und der verheirateten Erbin Maria Theresia erzählte, wollte ich den Begriff der offiziellen Mätresse herausarbeiten – meines Wissens ist bislang noch niemand der Frage nachgegangen, was eigentlich eine offizielle Mätresse war, welche politische Funktion die Institution der *maîtresse régnante*, der regierenden Mätresse an einem Hof, hatte.

Die Gefahr, einer Heldinnenverehrung zu unterliegen – als Pendant zur verstaubten Heldenverehrung eines Treitschke –, ist äußerst gering, wenn man von Frauen erzählt. Jede Frau, von der ich berichte, hat ein schwieriges Leben geführt, auch in den Jahrhunderten, von denen es manchmal heißt, sie seien frauenfreundlich gewesen. In feudalständischer Zeit kamen fast nur Frauen an die Alleinregierung, deren Vater oder Ehemann tot war. Der politische Machtgewinn war für die jeweilige Frau mit persönlichem Verlust und Leiden verbunden: Eine Theophanu regierte als Witwe und hat doch sicher ihren Mann geliebt, und eine Maria von Jever mußte für ihre Macht mit dem Verzicht auf Ehe und Kinder bezahlen. In der Zeit des Bürgertums ist die Geschichte der kämpfenden und erfolgreichen Frauen auch eine Geschichte der Niederlagen und der Trauer.

Wenn man, wie ich, den Bogen der Erzählung über 1000 Jahre spannt und sich auf die Frauen der herrschenden Schichten beschränkt, muß man sehr vorsichtig mit Verallgemeinerungen über die Jahrhunderte hinweg sein. Trotzdem möchte ich eine Beobachtung hervorheben, die sich mir bei der Arbeit an allen Porträts aufgedrängt hat. Wann immer Neues geschieht – bei religiösen, ökonomischen, sozialen, politischen Umwälzungen –, kämpfen zahlreiche Frauen mit den Männern: Eine aufsteigende Schicht von neuen Männern versichert sich der Hilfe ihrer Frauen, räumt ihnen politische Rechte ein oder verspricht ihnen Rechte. Das gilt gleichermaßen für Kaiser Otto I., der vor über 1000 Jahren Mutter, Ehefrau, Töchter, Schwestern, Tanten, Cousinen heranzog, und für die Bürger, deren Emanzipation vor 200 Jahren begann. Ist eine neue Machtelite jedoch halbwegs etabliert, stößt sie die

Frauen zurück und speist sie mit einem neuen Ideal von Weiblichkeit ab. Das jüngste Beispiel dafür konnten wir in den Monaten vor der deutschen Wiedervereinigung in der ehemaligen DDR beobachten. Frauen werden von den Männern – und lassen es sich gefallen – wieder weggeschickt.

Warum? Dies ist eine der interessantesten Fragen in der Geschichte. Die Antwort dürfte zeigen, daß es keine Geschichte der Männer und keine Geschichte der Frauen gibt, sondern daß die Geschichte einer Gesellschaft unteilbar ist.

Der Titel meines Buches ist eine Provokation: eine Ermutigung, den Geist aufzuschließen, die Augenklappe des 19. Jahrhunderts abzustreifen und neugierig zu sein. Ich will Nicht-Historiker – Männer und Frauen – anregen, sich mit der einen oder anderen Frau und der Zeit, in der sie lebte, weiterzubeschäftigen und vielleicht sogar mit der allgemeinen Geschichte der Frauen. Als Plädoyer dafür habe ich auch das Nachwort geschrieben, das zugleich ein Blick auf die Zeit von der Einführung des Wahlrechts für Frauen bis heute ist: »Machen Frauen Geschichte?«

»In ständiger Freundlichkeit gegenüber Rechtschaffenen, in furchtgebietender Überlegenheit gegenüber Aufsässigen« – Kaiserin Theophanu

Die Prinzessin aus Byzanz

Kaiserin Theophanu regierte »in ständiger Freundlichkeit gegenüber Rechtschaffenen, in furchtgebietender Überlegenheit gegenüber Aufsässigen«. Das berichtet Bischof Thietmar von Merseburg, ihr Zeitgenosse, und in den Annalen von Quedlinburg steht, sie habe »das ganze Reich wie mit einer Kette zusammengehalten«. Tausend Jahre später noch sind die Historiker von Theophanu tief beeindruckt.

Doch die meisten Leute wissen heute nicht mehr, wer sie war, und können sie nur in ihrem Bezug zu Männern einordnen: Schwiegertochter Ottos des Großen, Ehefrau Ottos II., Mutter Ottos III. Sie wissen auch nicht mehr, daß die Ehefrauen der ottonischen Kaiser ganz offiziell als Mitherrscherinnen galten. Aber selbst in historischen Büchern ist Theophanus Lebensweg oft schwer zu verfolgen, denn was immer sie tat in den acht Jahren, in denen sie das Reich allein regierte, ist unter Otto III. verzeichnet. Man muß ständig im Kopf haben, daß sie 991 starb, um zu wissen, wann sie gemeint ist und wann tatsächlich ihr Sohn. So steht in einem Buch über die Reisen der deutschen Kaiser, das 1976 neu aufgelegt wurde, unter dem 14. Februar 985 in Allstedt: »Hier verweilte er ohne Zweifel länger, um die Angelegenheiten der Gegend zu ordnen.« Otto war damals ganze fünf Jahre alt. Mit kindlichen Krakeln zeichnete er Urkunden ab, die noch heute erhalten sind. Von Theophanu gibt es nur noch zwei Urkunden, die sie selbst unterschrieben hat. In einer von ihnen nennt sie sich »Theophanius imperator« – der Imperator Theophanu.

Mit größter Selbstverständlichkeit erkämpfte sie sich als Witwe die kaiserliche Oberherrschaft gegen einen männlichen Mitbewerber. Sie hatte Freude an der Macht. Alles deutet darauf hin, daß sie schon als Mädchen zum Herrschen erzogen wurde.

Im Frühjahr 972 legt ein Schiff aus Byzanz im süditalienischen Benevent an: Die Gesandtschaft von 25 vornehmen Herren unter Erzbischof Gero von Köln kehrt mit der Braut für den Sohn Kaiser Ottos zurück. Der Kaiser hat der Braut zahlreiche Große des Reichs zum Hafen entgegengeschickt, die sie nun nach Rom geleiten. Alles geht sehr prächtig zu. Nur: Dies ist die falsche Braut. Sie heißt Theophanu. Die richtige Braut heißt Anna.

In Rom drängen Ratgeber den Kaiser, die falsche Braut sofort nach Konstantinopel zurückzuschicken. Die Braut sollte doch eine Purpurgeborene sein, das Feinste vom Feinen: eine Tochter, die zur Welt kam, als ihr Vater schon den kaiserlichen Purpur trug. Otto hat seinen Sohn vom Papst 967 zum Mitkaiser krönen lassen, damit der damals Zwölfjährige seinerseits fein genug war.

Moderne Historiker wissen nicht, wer Theophanus Eltern sind, kennen nicht einmal ihr Geburtsjahr. Sie wissen nur, daß sie kaiserlicher Abstammung und bei ihrer Hochzeit zwischen elf und sechzehn Jahre alt ist.

Die elegante kleine Prinzessin aus Byzanz gefällt Kaiser Otto. Er ist jetzt 60, ein vierschrötiger Mann mit stampfendem, hastigem Gang, rötlichem Gesicht, einem Bart wie eine Löwenmähne und lebhaft funkelnden Augen. Seine Arbeitskraft ist unermüdlich und sein sicheres Urteil über Menschen gefürchtet und berühmt.

Otto hat sich in langen Kämpfen gegen Herzöge in Deutschland als König behauptet und sich zum Kaiser krönen lassen. Sein Vater Heinrich war der erste deutsche König aus sächsischem Adel, und Otto ist der erste König, der von Deutschland aus ein Imperium, ein Kaiserreich, schaffen will. Dafür braucht er die Anerkennung des oströmischen Kaisers in Byzanz, der seine Herrschaft in ungebrochener Tradition auf das Römische Reich zurückführt. Das Römische Reich ist nach der Anschauung der Zeitgenossen das letzte Reich vor dem

Jüngsten Gericht: Ein weiteres kann es nicht geben, und wer ein neues Reich aufbauen will, muß über das verlorene Reich Karls des Großen an das alte Römische Reich anknüpfen, wenn er nicht als Abenteurer gelten will.

Ottos Kaiserkrönung liegt erst zehn Jahre zurück, 962, und der Kaiser in Byzanz hat damals erklärt, der sächsische Emporkömmling habe kein Recht auf den Kaisertitel. Der Kaiser im Osten kann sich auf die Tradition berufen, der neue Kaiser im Westen auf den Besitz der Stadt Rom. Lange behauptete jede Partei, daß nur ihr der Kaisertitel zukäme. Hinter dem Streit um die wahre Nachfolge der römischen Kaiser stand auch ein Kampf um Gebiete in Süditalien, auf die beide Kaiser Anspruch erhoben. Abwechselnd kämpfte und verhandelte man: Otto wollte, daß Anna, die Tochter des Kaisers in Byzanz, als Frau seines Sohnes Kaiserin im Westen würde. Dann wäre die Verbindung seiner Familie zum alten Reich der römischen Kaiser unanfechtbar. 969 gab es eine Palastrevolution in Byzanz, der Kaiser wurde ermordet, und sein Vetter General Johannes Tzimiskes bestieg den Thron. Der neue Kaiser hatte alle Hände voll zu tun, um seine Herrschaft zu festigen, und war daher zu weiteren Verhandlungen mit Otto bereit. Sie zogen sich über drei Jahre hin. Nun endlich hat Johannes Tzimiskes seine Nichte Theophanu geschickt.

Kaiser Otto sieht, daß mehr nicht zu erreichen ist. Er will zurück nach Deutschland, hat keine Zeit für Haarspaltereien. Die falsche Braut stammt immerhin aus der kaiserlichen Familie. Das genügt ihm. Er sagt seinen Ratgebern, Theophanu sei so klug und liebreizend, daß er sie behalten wolle. Doch um seinem Sohn die Nachfolge im neuen Kaiserreich weiter abzusichern, holt er die Zustimmung der italienischen und deutschen Fürsten zur Hochzeit ein.

Bei seinem steilen politischen Aufstieg hat Otto die Hilfe der Frauen seiner Familie gebraucht. Seine Ehefrau Adelheid ist »consors regni, particeps imperii«, Teilhaberin an der Herrschaft im Reich, und das soll nun auch Theophanu werden.

Theophanus künftige Schwiegermutter ist eine schöne und machtbewußte Frau um die 40. Sie war in erster Ehe mit König Lothar von

Italien verheiratet, der jung starb. Nach langobardischem Erbrecht konnte die damals 19jährige Königin Adelheid sich einen zweiten Ehemann auswählen und damit ihrem Reich einen neuen König geben. Doch Markgraf Berengar von Ivrea, der schon seit Jahren das Königreich an sich bringen wollte, ließ sie in eine Burg am Gardasee in strenge Haft bringen. Ihre Anhänger wandten sich an König Otto in Deutschland um Hilfe und schlugen dem Witwer eine Heirat mit Adelheid vor. Im August 951 floh Adelheid durch einen unterirdischen Gang, den ihre beiden Begleiter, ein Geistlicher und eine Dienerin, gegraben hatten. Im September traf Otto mit einem großen Heer in Italien ein. Berengar floh, und Otto nannte sich König der Langobarden. Noch im selben Herbst heiratete er die Königin Adelheid. Dann mußte er schnell zurück nach Deutschland und Krieg führen gegen die eigene Verwandtschaft, mächtige Herzöge, die ihm die Königsherrschaft streitig machten. Zu den Feinden im Innern seines Königreichs kamen Feinde von außen: Die Hunnen drangen bis Augsburg vor. Otto gelang es, mit der berühmten Schlacht auf dem Lechfeld 955 seine Herrschaft nach außen und nach innen zu sichern. Sieben Jahre später setzte er seine Mutter Mathilde als seine Statthalterin in Deutschland ein und zog zum zweitenmal nach Italien. In Rom krönte der Papst ihn und Adelheid zu Kaiser und Kaiserin.

»Consors regni« – diese Formel in den Urkunden bedeutet, daß die Kaiserin, wie der Kaiser, einen göttlichen Amtsauftrag hat. Gleichberechtigte Mitkaiserin ist Adelheid nicht, aber in fast einem Drittel der erhaltenen Urkunden aus Ottos Zeit tritt sie als Intervenientin auf, als Vermittlerin, was bedeutet, daß diese Rechtsgeschäfte und Regierungshandlungen auch auf ihren Wunsch zustande kommen: Man wendet sich an sie, sie ist an der Regierung beteiligt. Der Kaiser ist die von Gott bestimmte Macht, und die Kaiserin hat, wie er, heilige Eigenschaften. Ein Mann, der die Oberherrschaft eines Königs und Kaisers für sich und seinen Sohn behaupten, der eine Dynastie gründen will, muß sich absichern. Consors regni – auch die Kaiserin ist zum Herrschen eingesetzt. Man kann auch sagen: Doppelt hält besser.

Am 14. April 972, am Sonntag nach Ostern, heiratet Theophanu den Sohn und Mitkaiser Ottos des Großen. Papst Johannes XIII. segnet das Paar im Petersdom und krönt Theophanu zur Kaiserin. Otto der Große, Kaiserin Adelheid und die Fürsten feiern die Hochzeit in glänzender Pracht. Drei Tage nach der Trauung, als das junge Paar sich von den großen Staatsfeierlichkeiten erholt hat, wird die Ehe vollzogen. Das 10. Jahrhundert ist eine vernünftige, lebenszugewandte Zeit.

Der 17jährige Ehemann ist klein und hager, körperlich ungewöhnlich stark, gewandt und sehr tapfer. Eine rötliche Bartkrause umgibt sein spitzes Gesicht. Er ist liebenswürdig, lebhaft und erfüllt von seiner kaiserlichen Würde. Anders als sein Vater, der erst mit 35 Jahren lesen und schreiben lernte, hat er schon als Kind Latein gelernt.

Theophanu erhält eine prachtvolle Heiratsurkunde auf Purpurpergament, die man noch heute im Niedersächsischen Staatsarchiv in Wolfenbüttel bewundern kann. In der Urkunde wird sie »coimperatrix« genannt, Mitkaiserin, und in das »consortium imperii« aufgenommen, in die Teilhaberschaft an der Regierung des Reichs. Sie bekommt große Ländereien: im Süden die Provinz Istrien mit der Grafschaft Pescara, im Norden die Insel Walcheren in der Scheldemündung, Wechelen an der Schelde und die Abtei Nivelles, dann die Königshöfe Tiel an der Waal, Boppard, Herford und im Harz Pfalzen und Reichsgüter – Tilleda, Wallhausen, Nordhausen. Die junge Kaiserin ist eine sehr reiche Frau.

Vor Theophanus Zeit stellten die Künstler an den Königshöfen die Ehefrauen kleiner als ihre Männer dar und setzten sie an den Rand des Bildes. Auch das ist unter den ottonischen Kaisern anders. Ein Elfenbeinrelief zeigt Otto II. und Theophanu rechts und links von Christus, der segnend seine Hände auf ihre Köpfe legt: Theophanu ist genauso groß wie ihr Mann, vertritt mit ihm die göttliche Macht auf Erden.

Im Sommer nach der Hochzeit reist Kaiser Otto I. mit seinem Sohn und den beiden Kaiserinnen durch Graubünden über die Alpen nach Norden. Theophanu, die aus der Weltstadt Konstantinopel den größten Reichtum und die herrlichsten Kunstwerke kennt, die Europa bieten kann, kommt nun in ein »Entwicklungsland«. Niemand weiß, wie das Land der weiten Wälder und Moore auf sie wirkt, in dem kaum gepflegte Straßen die wenigen Städte miteinander verbinden. Sie wird mit der Überlegenheit der Angehörigen einer weiterentwickelten Kultur aufgetreten sein, aber sie muß das Land, zumindest später, auch geliebt haben, sonst hätte sie es kaum so erfolgreich regieren können. Vermutlich macht sie diese Reise mit ihrem Schwiegervater mit sehr offenen Augen – später wird sie seine Politik fortsetzen.

Kaiser und Kaiserinnen machen im August 972 in St. Gallen und auf der Bodenseeinsel Reichenau Station. In beiden Klöstern läßt Otto der Große streng die Wirtschaftsführung prüfen, und auf der Reichenau setzt er den Abt ab. Klöster sind ihm zu wirtschaftlichen Abgaben und militärischem Aufgebot verpflichtet und müssen gut in Schuß sein.

Der Hof zieht rheinabwärts zur Pfalz Ingelheim, wo die großen Kirchenfürsten des Reichs Otto erwarten. Der Kaiser besetzt eine Reihe von Bistümern neu mit seinen Anhängern. Er regiert mit Hilfe der Bischöfe. In seiner Anfangszeit als König hat er seine Brüder und Schwestern auf die Throne der alten Stammesherzogtümer verheiratet, aber es stellte sich heraus, daß er sich damit keineswegs die Krone sicherte. So stützt er sich nun auf die Kirche. Im Klerus hat er ein Reservoir gut ausgebildeter Leute, die von ihm abhängen und zu ihm halten – die Kirche wird mit dem Reich groß.

Weihnachten feiern Kaiser und Kaiserinnen in Frankfurt, dann reisen sie nach Sachsen, ins Stammland der Ottonen, und feiern Palmsonntag in Magdeburg. Otto hat den Einfluß des Reichs bis zur Oder ausgedehnt, die Ostgrenze gegen die Slawen gesichert und das Erzbistum Magdeburg als Missionszentrum gegründet. Für den neuen Dom ließ er Marmor, Gold und Edelsteine aus Italien bringen. Der Dom ist 100 Meter lang und hat vier Türme – ein mächtiger, burgähnlicher Bau, Ausdruck einer selbstsicheren Aufbruchzeit. Otto gibt überall Schwung und Auftrieb. Wirtschaft und Handel heben sich, er fördert Wissenschaft und Bildung, der Bevölkerung geht es gut wie seit langem nicht.

Zu Ostern erlebt Theophanu in Quedlinburg einen glänzenden Hoftag. Gesandte aus allen Teilen Europas erscheinen, Dänen, Böhmen, Polen, Russen, Bulgaren, Ungarn, Byzantiner, Römer, und bringen dem Kaiser Geschenke: Teppiche und kostbare Stoffe, goldene Kelche, Gefäße aus Glas oder Elfenbein. Europa genießt die Ruhe, die der Kaiser als Schirmherr des Friedens sichert.

In Quedlinburg ist Ottos Tochter Mathilde Reichsäbtissin. Mit Reichsklöstern und Reichsstiften versucht der Kaiser, eine dritte Kraft in das Spiel der Kräfte im Reich einzuführen, um die Gefahr auszuschalten, daß die beiden konkurrierenden Gewalten – Herzöge und Bischöfe – sich eines Tages gegen ihn zusammenschließen. Er hat den Klöstern, die seine Familie gegründet hat, den Königsschutz verliehen und sie der Gerichtsbarkeit des Papstes unterstellt, sie aus der kirchlichen Hierarchie genommen. Die größten und reichsten Klöster und Stifte hat er Frauen aus seiner engsten Familie anvertraut, die nun als Reichsäbtissinnen und damit Reichsfürstinnen für die Balance im politischen Machtgefüge sorgen. Die Reichsklöster sind zugleich wirtschaftliche Stützpunkte seiner Macht und kulturelle Mittelpunkte des Landes. In den Klosterwerkstätten sehen Buchmaler und Goldschmiede begierig auf Vorbilder aus Byzanz, und es ist gut möglich, daß von den vielen reichen Geschenken, die Theophanu mitgebracht hat, auch einige in die Klöster ihrer neuen weiblichen Verwandten gelangten.

Pfingsten feiert die kaiserliche Familie in der Pfalz Memleben. Am Tag nach der Ankunft sitzt Otto »noch heiter bei Tische«, berichtet der Chronist Thietmar. Nach der Tafel aber, während des Vespergesangs, wird er plötzlich ohnmächtig. Am Mittwoch, dem 8. Mai 973, stirbt Otto der Große. Sein Sohn läßt den Toten im Magdeburger Dom neben seiner ersten Frau, der englischen Königstochter Edgitha, beisetzen. Nun ist Otto II. Haupt des erneuerten Kaiserreichs, und neben ihm auf dem Thron sitzt Theophanu, die Prinzessin aus Byzanz.

Consors regni – Teilhaberin an der Herrschaft

Mit 18 Jahren ist Otto II. König und Kaiser. Aber nicht seine junge Ehefrau Theophanu ist Teilhaberin an seiner Herrschaft: Adelheid, seine Mutter, will regieren.

Zeitgenossen loben die frische Kraft des Kaisers und seine Begabung, tadeln aber sein zu starkes Selbstgefühl und seine zu geringe Selbständigkeit. Sie klagen über Schmeichler, die sich zu ihm drängen können, über Ohrenbläser und »Fuchsschwänze«. Er steht unter dem Einfluß seiner Mutter und der Verwandten, mit denen sie eng befreundet ist: seiner Tante Judith von Bayern und ihrer Kinder Heinrich und Hadwig. Judith war mit dem Bruder seines Vaters verheiratet und hat als Witwe das Herzogtum Bayern regiert, bis ihr Sohn mündig wurde. Herzog Heinrich von Bayern ist vier Jahre älter als Otto. Seine Schwester Hadwig ist mit dem Herzog von Schwaben verheiratet.

Die Verwandten übertölpeln den jungen Kaiser Otto bei der Wiederbesetzung des Bistums Augsburg. Der kürzlich verstorbene Bischof war einer der treusten Anhänger des Kaiserhauses. Die Herzöge von Bayern und Schwaben aber schaffen es mit Listen und Lügen, daß einer ihrer Parteigänger in dieses wichtige Bistum gewählt wird, und bringen den Kaiser dazu, obgleich er zaudert, ihren Kandidaten einzusetzen. Heinrich von Bayern hat damit das Bistum an sich gezogen.

Von nun an stehen am Hof zwei Parteien gegeneinander: Adelheids Partei und Theophanus Partei.

Adelheids Partei ist die Partei der Verwandten, durch Tradition, Rang, Pathos und Sentimentalität miteinander verbunden. Ein Großclan beherrscht Mittel- und Westeuropa, jeder hat Erbansprüche auf jeden Thron, man hilft und hindert sich. Ein König ist das Haupt eines Adelskreises, und nur wenigen Königen, Männern wie Otto dem Großen, gelingt es, sich durch persönliche Fähigkeiten über den Adel hinauszuheben.

Theophanus kleine Partei ist die Partei der Außenseiter, die ein gemeinsames Ziel vereint: ein christliches Weltreich, ein Reich des Friedens mit einem Kaiser als Oberherrn, dessen reale Macht auf seiner Königsherrschaft über die Territorialfürsten gründet. Theophanu ist eine Fremde im Clan, weder Nestgefühle noch Verwandtenhaß vernebeln ihren Blick. Sie findet einen Freund in Kanzler Willigis, einem Geistlichen aus niederem sächsischem Adel, den ihr Schwiegervater am Hof für seine Verwaltung erziehen ließ und unter dem die Notare und

Schreiber arbeiten. Theophanu und Willigis sind politische Aufsteiger, ehrgeizig und fähig, kühl und klug. Sie arbeiten daran, die Stellung Ottos als König gegenüber seinen Verwandten, den Herzögen, zu stärken. Langsam gewinnt ihre Partei Einfluß auf Otto.

Als der Herzog von Schwaben kinderlos stirbt, überläßt Otto das Herzogtum nicht seiner Cousine Hadwig, der Herzogwitwe. Sie hat fest damit gerechnet, sich einen zweiten Ehemann aussuchen und damit das Herzogtum behalten zu können. Aber der König und Kaiser belehnt seinen Neffen Otto mit dem Herzogtum Schwaben. Der neue Herzog Otto von Schwaben – ein Jahr älter als der Kaiser und Sohn eines Halbbruders aus der ersten Ehe Ottos des Großen – ist mit Theophanu in herzlicher Freundschaft verbunden.

Heinrich von Bayern, Hadwigs Bruder, zeigt nun seine wahre Absicht: Er will den Kaiser stürzen und selbst König werden. Er verbündet sich dazu mit den Herzögen von Böhmen und Polen, denen er mehr Freiheit vom Reich verspricht, wenn er erst König ist. Mit seinem Anspruch auf die Königswürde läßt er den Anspruch seines Vaters wiederaufleben. Sein Vater hat sich als jüngerer und damit purpurgeborener Sohn König Heinrichs als dessen rechtmäßiger Erbe betrachtet und seinen Bruder Otto I. viele Jahre lang bekämpft. Otto I. besiegte ihn, und als er sich unterwarf, machte Otto ihn in wahrer Herrschertugend zum Herzog Heinrich I. von Bayern. Sein Sohn Heinrich II. ist von schrankenlosem Ehrgeiz erfüllt und geht keinem Streit aus dem Weg. Sein Beiname ist rixosus – der Zänker.

Die Verschwörung des Zänkers wird vorzeitig bekannt. Zur gleichen Zeit fällt der dänische König Harald Blauzahn mit einem Heer in Nordalbingien ein: Die Gelegenheit ist günstig, die Oberherrschaft des jungen Kaisers abzuschütteln. Otto lädt Heinrich den Zänker vor sein Gericht und bricht mit dem Heer nach Norden auf. Im August 974 kommt er zum Gerichtstag nach Sachsen, eilt wieder nach Norden und besiegt Harald Blauzahn an der Schlei.

Das Gericht des Kaisers und der Fürsten, die zu ihm halten, schickt Heinrich den Zänker nach Ingelheim in Haft – dorthin, wo schon der Vater des Zänkers in Gefangenschaft saß, als er Otto I. ermorden und selbst König werden wollte. Judith von Bayern, die Tante des Kaisers, muß sich in ein Kloster in Regensburg zurückziehen.

Adelheids Einfluß schwindet immer mehr. Sie war zwar nicht an der Verschwörung beteiligt, aber sie hat die Verwandten nicht durchschaut, stand zu lange auf der Seite derer, die anfangs doch nur ein bißchen mehr Macht wollten – wie jeder im Clan.

Von nun an kommen Theophanus Freunde in die wichtigen Ämter am Hof. Im Januar 975 macht Otto Willigis zum Erzbischof von Mainz und zu einem seiner engsten Berater, obwohl viele Adlige wegen der geringen Herkunft von Willigis dagegen sind.

Theophanu und Willigis sind sich bis zu Theophanus Tod in großer Freundschaft verbunden und stehen, auch wenn sie einmal unterschiedlicher Meinung sind, loyal zueinander. Theophanu sucht fähige Leute und fördert sie. Auch mit Hildibald, der zwei Jahre nach Willigis' Aufstieg Kanzler wird, arbeitet sie bis an ihr Lebensende zusammen. Ein großer Zauber geht von ihr aus, sie fesselt kluge Menschen und versteht es, sich ihre Achtung und ihre Freundschaft zu erhalten – sie muß selbst eine zuverlässige Freundin gewesen sein. Sogar in scheinbar aussichtslosen Situationen halten diese klugen Männer und Frauen, zu denen auch ihre Schwägerin Mathilde von Quedlinburg gehört, zu ihr. Andere aber, die Theophanu fernstehen, entrüsten sich über den Hochmut der gebildeten Griechin.

Der Kreis um Theophanu will die Macht des Königs und Kaisers stärken und ein Imperium errichten und hält immer wieder zusammen gegen den Familienclan. Theophanu erweist sich als Meisterschülerin Ottos des Großen, er hätte keine bessere Schwiegertochter aussuchen können als die falsche Braut.

Adelheid, auf die ihr Sohn nun kaum noch hört, verläßt gekränkt den Hof, geht erst zu ihrem Bruder, König Konrad von Burgund, und dann nach Oberitalien ins Langobardenreich, dessen alte und angesehene Königin sie ist. Sie hält den Süden ruhig für ihren Sohn.

Sieben Jahre braucht Otto, bis er sich nach dem Tod seines Vaters behauptet hat und im Reich und an seinen Grenzen wieder Frieden herrscht wie in den letzten Regierungsjahren des Vaters. Er muß fast jeden Sommer kämpfen, im Norden, im Osten, im Westen. Anfang 976 flieht Heinrich der Zänker aus der Haft und beginnt von Bayern aus einen neuen Aufstand. Der Kaiser erobert Regensburg, doch Heinrich entkommt aus der Stadt und flieht nach Böhmen. Der Kaiser entzieht ihm das Herzogtum Bayern und verleiht es seinem und Theophanus loyalem Freund Otto von Schwaben. 977 glückt dem Zänker noch einmal ein großer Aufstand, und Otto siegt erst nach schweren Kämpfen. Das Gericht des Kaisers und der Fürsten gibt den Zänker bei Bischof Folkmar von Utrecht in feste Haft. Seine Frau Gisela, politisch ebenso ehrgeizig wie er und gefährlich, muß im sächsischen Merseburg leben.

Von nun an findet sich in den Urkunden häufiger als zuvor hinter Theophanus Namen das *consors regni* – Otto vertraut ihr, betont, daß sie Teilhaberin ist an seiner Herrschaft. Ein Fünftel der erhaltenen Urkunden nennt sie als Vermittlerin – vielleicht ist sie damals politisch weniger aktiv als Adelheid, deren Namen in einem Drittel der Urkunden aus Ottos I. Zeit auftaucht, vielleicht wagen weniger Leute, sich an sie zu wenden, vielleicht sind Urkunden verlorengegangen. Theophanu unterstehen vermutlich die kaiserlichen Finanzen: Aufgabe der Kaiserinnen ist schon zur Zeit Karls des Großen die Verwaltung der kaiserlichen Güter und des Hofs.

Die Kaiser haben keine feste Residenz. Regieren heißt Reisen. Der Kaiser ist oberster Richter und muß seine Herrschaft persönlich ausüben. Bei den Hoftagen in den Kaiserpfalzen sitzt Theophanu neben Otto auf dem Thron. Nur wenn er in eine Schlacht zieht, wenn sie krank ist oder kurz vor einer Niederkunft steht, bleibt sie in einem Kloster oder in einer Bischofsstadt. Die Kaiser des 10. und 11. Jahrhunderts scheinen glückliche Ehen geführt zu haben, es gibt fast keine unehelichen Kaiserkinder. Auch Theophanu und Otto sind sich herzlich zugetan.

Die Größe des Gefolges, mit dem sie reisen, schwankt, abhängig von Frieden oder Krieg, zwischen 300 und 4000 Leuten. Zu Ottos Zeit ist meistens Krieg. Zum Gefolge der Kaiserin gehören Geistliche und Schreiber, Verwalter, Küchenmeister und Küchenpersonal, Diener, Mägde und Kammerzofen und eine vertraute Freundin aus Byzanz, die eigene Diener und Dienerinnen hat. Der Hof mit Tausenden von Menschen und Pferden verbringt die Fastenzeit meist in der Pfalz Werla im Harz, Palmsonntag in Magdeburg und Ostern in Quedlinburg. Von dort zieht er über Goslar und Gandersheim weiter nach Paderborn oder Dortmund, nach Duisburg und rheinabwärts nach Nimwegen und Utrecht, rheinaufwärts nach Köln, Aachen, Ingelheim, Mainz, Frankfurt, reist Anfang des neuen Jahres wieder nach Sachsen auf festgefrorenen Wegen durch die riesigen verschneiten Wälder der Mittelgebirge.

Beste Reisezeit ist der Frühsommer. Die Straßen sind ungepflastert, und wer irgend kann, reitet – Wagen sind unbequem. Das schwere Gepäck tragen meist Esel und Maultiere. Wenn es möglich ist, reisen Kaiser und Kaiserin mit Schiffen auf dem Rhein, der Elbe und der Saale. An Reisetagen legt der Hof durchschnittlich 25 bis 30 Kilometer zurück. In diesen Abständen liegen auch die Übernachtungsstationen: Kaiserpfalzen, Hausgüter, Stifte und Klöster, in die das Gefolge des Kaisers wie ein Heuschreckenschwarm einfällt und die Vorräte bis zum nächsten Jahr erschöpft. Zu einer Kaiserpfalz gehören eine Burg, ein Wirtschaftshof und ein Bauernhof. Einige Abgabenlisten sind bis heute erhalten: Wirtschaftshof, Nebengüter und Bauern müssen Schweine, Ferkel, Kühe, Gänse, Hühner und Eier liefern, Käse und Bier, Pfeffer, Wachs, Wein, außerdem Getreide, Gemüse, Fische, Salz, Honig und Heu für die Pferde. Vom Hof Ottos I. weiß man, daß er täglich 1000 Schweine und Schafe verbrauchte.

Die Burg einer Pfalz ist von starken Mauern geschützt. Innerhalb der Mauern liegen Palas, Pfalzkapelle und Bergfried – der Turm als letzte Zuflucht bei einem Angriff –, außerdem zahlreiche Wohn- und Vorratshäuser aus Holz oder Fachwerk. Im Palas, der rechteckigen, zwei-, manchmal dreigeschossigen Königshalle aus Stein, hält der Kaiser öffentlich Gericht. Sein Thron steht an einer Langseite, und durch die Fensterarkaden in der Wand gegenüber leuchtet bei Nacht das Licht aus dem Saal weit in das Land. Kaiser, Kaiserin und Fürsten essen in der Halle zu Abend, sitzen auf teppichbelegten Sesseln an reich beladenen Tafeln. Seidene Vorhänge schmücken die Wände, und zu besönderen Gelegenheiten haben Diener vielleicht die Purpurstoffe aus Byzanz aufgehängt, die Theophanu mitgebracht hat, kostbare Seidenstoffe mit eingewebten Adlern und Löwen, Hirschen, Pferden und Elefanten. In der Pfalz Pöhlde am Harz, die Otto Theophanu schenkt, können Kaiser und Kaiserin vom Saal aus in ein holzgetäfeltes, heizbares Schlafzimmer, die Kemenate, gehen.

An den Hoftagen erscheinen Kaiser und Kaiserin vor den Großen des Reichs und den auswärtigen Gesandten in eindrucksvollem Prunk; auf reiche Kleider in leuchtenden Farben legt man großen Wert. Die Frauen lieben es, ihr langes, offenes Haar mit Edelsteinen zu schmükken, tragen Kopfbinden, goldene Haarspangen und Ohrringe, goldene Halsbänder und Armreife, die mit Edelsteinen und Flußperlen besetzt sind. Die langschleppenden Kleider sind aus goldgewirkten oder gold- und perlenbestickten Stoffen, aus Leinen oder Seide mit Goldborten – Wolle gilt als unfein. Man trägt viel Pelz als Schutz gegen Kälte und als Statussymbol. Zobel ist das Feinste, aber auch in Marder kann man sich sehen lassen. Theophanus Schmuck und Stoffe sind in Techniken hergestellt, die man nördlich der Alpen noch nicht beherrscht. Sie liebt Pracht und beeinflußt die Mode der Damen am Hof, wie ein Chronist säuerlich bemerkt. Noch viele Jahre nach ihrem Tod glaubt man, deutsche Damen vor Seidenkleidern warnen zu müssen: Eine Nonne hört im Traum, wie Theophanu im höllischen Fegefeuer jammert, daß »ich vielen überflüssigen Luxus und Frauenschmuck, wie er in Griechenland üblich ist und bisher in Deutschland und Frankreich unbekannt war, hier zuerst eingeführt… und andere Frauen dadurch zur Sünde verleitet habe, daß sie gleiches haben wollen«.

Kurz vor den Geburten ihrer Kinder verläßt Theophanu den Hof und zieht sich für einige Wochen in ein Kloster oder Stift zurück. Die Geburtenfolge ihrer drei Töchter ist heute unklar. Adelheid wird im Frühjahr 977 in der Gegend von Metz geboren, Sophie 978 in der Umgebung von Maastricht-Nivelles, vielleicht aber doch schon 975. Im Frühjahr 975 ist Otto sehr besorgt um Theophanus Gesundheit und macht dem Kloster Fulda zwei Schenkungen, damit dort für sie gebetet wird. Die dritte Tochter, Mathilde, kommt im Hochsommer 979 in

Gandersheim zur Welt. Im September 979 sind auch Otto und der Hof in Gandersheim, und das Kaiserpaar übergibt seine Tochter Sophie der Äbtissin Gerberga, einer Cousine des Kaisers, zur Erziehung.

Gandersheim hat den höchsten Rang unter den wirtschaftlich, politisch und kulturell so bedeutenden sächsischen Frauenklöstern und -stiften. Im Stift brauchen die adligen Damen die Gelübde der Armut und lebenslänglichen Ehelosigkeit nicht abzulegen. Wer will, lebt in Pracht, mit ritterlichem Gefolge, Dienern und Gästen. Theophanu läßt in Gandersheim ihr Privatarchiv mit ihrer Heiratsurkunde verwahren. Hier lebt auch die Dichterin und Geschichtsschreiberin Hrotsvith, die in einem Heldengedicht Kaiser Otto I. gepriesen und sechs Dramen geschrieben hat. Sie will die weltlichen Komödien des antiken Dichters Terenz ersetzen und scheut sich nicht, ihrerseits etwas zu bieten: In zwei ihrer Dramen geht es um Frauen, die, von Männern verführt, im Bordell landen und dort von heiligen Männern überzeugt werden, umzukehren und Buße zu tun, in einem anderen um die Homosexualität eines Heiligen. Das 10. Jahrhundert ist freimütig, und niemand verlangt Zurückhaltung von einer dichtenden Nonne. Hrotsvith: »Mir ist bewußt, daß mir von Gott ein scharfer Geist verliehen wurde.«

Theophanus Tochter Adelheid wird in Quedlinburg erzogen und ihre Tochter Mathilde im Stift Essen, dessen Fürstäbtissin eine Nichte des Kaisers ist. Sie heißt auch Mathilde, und der Chronist der Quedlinburger Annalen nennt sie einen »Edelstein im Diadem des Königshauses«, lobt ihre Frömmigkeit, ihren Kunstsinn und ihre hohe Bildung.

980 ist Theophanu erneut schwanger und reist im Mai oder Juni Richtung Nimwegen und Tiel an der Waal – sie liebt offenbar die weite Flußlandschaft am Niederrhein, denn auch später hält sie sich oft und lange dort auf. Die Wehen überraschen sie im Ketil, dem großen Reichswald südöstlich von Nimwegen, und mitten im Wald kommt sie mit ihrem Sohn Otto nieder.

Kurz nach Ottos Geburt stellt sein Vater eine Schenkungsurkunde für die Salvatorkapelle in Frankfurt aus, »pro anima filie nostre«, für die Seele unserer Tochter – mehr, als daß sie gestorben ist, weiß man nicht von dieser vierten Tochter Theophanus.

Der Kaiser reist nach Nimwegen zu seiner Frau, und gemeinsam ziehen sie mit ihrem Gefolge wieder nach Süden, um eine Reise nach Italien vorzubereiten.

Otto hat auch im Westen Frieden geschlossen. Der französische König Lothar wollte das Herzogtum Lothringen, das zum deutschen Reich gehört, schlucken, und im Juni 978 überfiel er die Pfalz Aachen, wo Otto sich mit Theophanu aufhielt. Das Kaiserpaar entkam im letzten Augenblick. Otto belagerte daraufhin Paris. Nun, im Mai 980, hat er sich mit Lothar getroffen, und sie haben den Frieden mit Handschlag und Bruderkuß besiegelt. An allen Grenzen herrscht wieder Ruhe.

Der Kaiser hat die Aufgabe, über das Wohl der Christenheit zu wachen. Eine stadtrömische Partei hat den Papst aus Rom vertrieben. Otto bricht mit einem kleinen Heer nach Italien auf. Nur ein Herzog, sein Freund Otto von Schwaben und Bayern, und einige Bischöfe begleiten ihn. Willigis bleibt zurück. Er ist Erzkanzler geworden, oberster Vorgesetzter aller Hofgeistlichen. Anfang Dezember 980 ziehen Kaiser und Kaiserin mit ihrem kleinen Sohn in Pavia ein, und Otto versöhnt sich mit seiner Mutter Adelheid. Ihr Ansehen wird ihm in Italien helfen. Im März 981 führt er den vertriebenen Papst Benedikt VII. wieder nach Rom zurück. Mehrere Monate hält Otto in Rom mit beiden Kaiserinnen glänzend hof. Die heiße Jahreszeit verbringen sie in einem neuen Sommerpalast in den Vorbergen der Abruzzen.

In diesem Jahr hebt Otto das Bistum Merseburg auf, und der Chronist und Bischof Thietmar von Merseburg sieht die drei Schläge, die in den nächsten beiden Jahren den Glückslauf des Kaisers hemmen, als gerechte Strafe dafür an.

Der erste Schlag ist die militärische Niederlage bei Cotrone.

Theophanus Onkel, Kaiser Johannes Tzimiskes, ist sechs Jahre zuvor gestorben, vermutlich an Gift, und in Byzanz regieren die Feinde von Theophanus Familie. Otto will Süditalien von Byzanz erobern und die dort umherstreifenden Sarazenen verjagen, im Kampf gegen die Ungläubigen zeigen, daß er der einzige legitime Nachfolger der römischen Caesaren ist. Über 2000 Panzerreiter mit ihren Kriegsknechten kommen als Nachschub aus Deutschland. Otto marschiert in Apulien ein und erobert im März 982 Tarent. Im Heerlager sind auch Theophanu und sein Sohn. Otto nennt sich jetzt »Romanorum imperator augustus«, der erhabene Kaiser der Römer: Er ist der einzige rechtmäßige Kaiser des Abendlandes. Im Juni beginnt der Vormarsch gegen Kalabrien. Otto zieht mit dem Heer den Sarazenen entgegen, Theophanu bleibt in Rossano.

Zu ihr dringen Nachrichten von einer großen Schlacht am 13. Juli 982 südlich von Cotrone. Ottos Heer hat das Hauptheer der Sarazenen geschlagen, und ihr Emir Abul Kassim ist gefallen. Doch dann brachen überraschend sarazenische Krieger aus den Bergen über die siegreichen Deutschen herein. Bischöfe, Herzöge, Grafen sind gefallen oder in Gefangenschaft, Otto von Schwaben ist schwer verwundet. Tagelang weiß niemand, ob der Kaiser noch lebt.

Dann läßt sich der slawische Ritter Heinrich Zolunta bei Theophanu melden: Der Kaiser hat sich an die Küste gerettet und, auf einem Pferd schwimmend, ein vorüberfahrendes byzantinisches Schiff erreicht. Der Kapitän erkannte ihn und wollte ihn gleich nach Byzanz bringen, doch dann ging er, habgierig, auf den Vorschlag des Kaisers ein, erst Theophanu und seinen Schatz zu holen. Jetzt kreuzte das Schiff vor dem Hafen.

Theophanu läßt in aller Eile Saumtiere mit Geld beladen und macht sich mit Bischof Dietrich von Metz zum Treffpunkt auf. Als der Kapitän die Kaiserin sieht, wirft er Anker. Plötzlich springt der Kaiser vom Vorschiff ins Wasser und schwimmt an Land. Der erschrockene Kapitän segelt schnell davon.

Die Nachricht von der Niederlage des Kaisers gegen die Sarazenen und von seiner wunderbaren Rettung erregt großes Aufsehen, und Spielleute verbreiten sie in Liedern an den Höfen Italiens und Deutschlands.

Otto von Schwaben, Theophanus und Ottos Freund, stirbt im Oktober an seinen Verletzungen. Die Sarazenen haben sich nach Sizilien zurückgezogen, und die deutschen Fürsten sind bereit, den Krieg gegen Byzanz fortzusetzen, melden aber Forderungen an. Zahlreiche weltliche und geistliche Fürsten, auch Erzkanzler Willigis, kommen

Pfingsten 983 zum Reichstag nach Verona. Die Fürsten und der Kaiser handeln eine Reihe von Kompromissen aus. Bei ihrer feierlichen Verkündung sind Theophanu und Adelheid anwesend.

Die Fürsten setzen durch, daß der Kaiser die Herzogtümer Schwaben und Bayern wieder den einheimischen Herzogsfamilien, die Otto I. verdrängt hat, zu Lehen gibt: Sie stärken damit die Territorialgewalten. Dafür stimmen sie zu, daß Heinrich der Zänker in Haft bleibt, und sind auch bereit, den dreijährigen Otto zum König zu wählen und so die ottonische Dynastie zu sichern. Der Kaiser wiederum ist einverstanden, daß sein Sohn in Aachen gekrönt und dann Erzbischof Warin von Köln zur Erziehung anvertraut wird.

Die Fürsten wählen den kleinen Jungen am 18. Juni 983 zum König Otto III. Theophanu muß sich von ihrem Sohn trennen. Die Erzbischöfe Willigis und Johannes von Ravenna reisen mit ihm nach Aachen, die Fürsten reisen heim, Adelheid kehrt nach Pavia zurück, und Otto und Theophanu reisen nach Süden an die byzantinische Grenze. Hier erreichen sie die Nachrichten vom zweiten Schlag, der den Glückslauf des Kaisers hemmt.

Wikinger und Slawen verweigern ihm Tribute und Dienste, kämpfen gegen seine überheblichen Markgrafen und schütteln das Christentum ab. Die Dänen fallen bei Schleswig in das Reich ein, die Lutizen zerstören die Bischofssitze Havelberg und Brandenburg, der Obodritenhäuptling Mistui steckt Hamburg in Brand. Magdeburg kann gerade noch verteidigt werden.

Kaiser und Kaiserin müssen zurück nach Deutschland. In Rom ist Papst Benedikt gestorben, und der Kaiser wohnt der Inthronisation des Bischofs von Pavia zum Papst bei. Dann trifft der dritte und schwerste Schlag das Reich: Otto stirbt.

Im September 983 erkrankt er an Malaria, will rasch wieder gesund werden und versucht eine Gewaltkur, deren Folge eine Aloe-Vergiftung ist. Er bekommt Darmblutungen, die kein Arzt stillen kann. Der neue Papst nimmt ihm die letzte Beichte ab und reicht ihm das Abendmahl. Am 7. Dezember 983 stirbt der Kaiser im Alter von 28 Jahren in den Armen seiner Frau.

Theophanu läßt ihn in der Vorhalle der Peterskirche in einem römischen Sarkophag beisetzen. Ihr Mann ist tot, ihre Kinder sind jenseits der Alpen. An den Nord- und Ostgrenzen des Reichs herrscht blutiger Aufstand, und aus Deutschland kommt die Nachricht, daß Heinrich der Zänker frei ist und den kleinen König Otto entführt hat.

Der Kampf um die Herrschaft

Im Domschatz von Essen kann man noch heute die goldene Kinderkrone bewundern, mit der vermutlich die Erzbischöfe Willigis von Mainz und Johannes von Ravenna Otto III. am Weihnachtsfest 983 krönten. Der Chronist Thietmar erzählt: »gleich nach Beendigung des Hochamts traf der Bote mit der Trauerkunde ein und machte dem Freudenfest ein Ende.«

Ein dreijähriger Junge ist deutscher König. Das deutsche Recht kennt keine Regentschaft: Auch ein minderjähriger Herrscher regiert selbst. Die Kanzlei stellt die Urkunden in seinem Namen aus, und er fügt den Vollziehungsstrich hinzu. Bis zu seiner Volljährigkeit mit vollendetem 15. Lebensjahr übt sein Vormund die dem König zustehenden Rechte aus.

Die Fürsten in Aachen überlegen, wen sie als Vormund anerkennen sollen. Nach weitverbreiteter Auffassung steht die Vormundschaft der Sippe zu, und das heißt: dem nächsten männlichen Verwandten des verstorbenen Vaters. Das wäre Heinrich der Zänker, der selbst König werden wollte und nun seit über fünf Jahren in Haft sitzt. Daneben steht gleichberechtigt eine Auffassung, die den Anspruch der Mutter eines Kindes anerkennt. Der Zänker selbst hatte eine Frau als Vormund: 955 hat man den Anspruch seiner Mutter Judith, für ihn Bayern zu regieren, anerkannt. Auch im Herzogtum Oberlothringen ist seit 978 eine Frau Vormund: Herzogin Beatrix regiert anstelle ihres Sohnes.

Die Fürsten können sich nicht entscheiden und bringen den kleinen König erst einmal nach Köln zu Erzbischof Warin.

In Utrecht läßt Bischof Folkmar seinen Gefangenen frei – er erkennt die Vormundschaft des Zänkers an. Heinrich reist sofort mit seinem alten Gefährten Graf Ekbert, dem Einäugigen, und dem Bischof nach Köln. Auch Warin erkennt ihn an und übergibt ihm das Kind. Die königlichen Herrschaftszeichen, Szepter und Krone, nimmt Heinrich gleich mit. Der Zänker ist ein schöner, kräftiger Mann von nun 33 Jahren, intelligent und gewandt im Umgang, und tritt schnell und energisch auf. Seine früheren Anhänger strömen ihm zu – sie haben von Theophanu nichts zu erwarten. Andere Fürsten können und wollen sich die Herrschaft einer Frau nicht vorstellen, die praktisch oberster Lehnsherr und oberster Richter im Reich sein würde.

Heinrich hilft mit Versprechungen und Bestechungen nach. Bischof Dietrich von Metz, der bekannt ist für seine unermeßliche Gier nach Gold und bislang ein Bewunderer Theophanus war, hat nach einem heftigen Streit mit ihr, über den weiter nichts bekannt ist, Rom verlassen. Nun verbreitet er in Deutschland, die Witwe des Kaisers schliefe mit Geistlichen – er will sie moralisch fertigmachen, und vielleicht stammt das Gerücht, sie habe nach der Niederlage bei Cotrone die Fürsten und den Kaiser ausgelacht, auch von ihm. Alle deutschen Erzbischöfe mit Ausnahme von Willigis und zahlreiche Bischöfe stehen jetzt auf der Seite von Heinrich, aber nur einige Grafen und keiner der Herzöge.

In Italien reist Theophanu, so erzählt Thietmar, »schwer getroffen durch den jüngst erlittenen furchtbaren Verlust und durch die Trennung von ihrem einzigen Sohne« zu Kaiserin Adelheid nach Pavia, wird tiefbewegt empfangen und findet liebevollen Trost.

Theophanu berät sich mit ihrer Schwiegermutter und mit ihrer Schwägerin Mathilde von Quedlinburg. Nach Deutschland kann sie jetzt nicht zurück, möglicherweise würde der Zänker sie gefangensetzen. Die Mehrzahl der Fürsten hat sich gegen sie gestellt. Sie muß die Anhängerschaft Heinrichs spalten, sein Recht auf Vormundschaft anfechten und dabei selbst im Hintergrund bleiben. Auch König Lothar von Frankreich ist ein Vetter des verstorbenen Kaisers: Er soll die Vormundschaft für sich beanspruchen.

Diesen Plan betreiben für Theophanu Abt Gerbert von Aurillac, einer der klügsten Gelehrten seiner Zeit und Leiter der berühmten Domschule von Reims, der Theophanu als seine Herrin betrachtet, und sein Freund, Erzbischof Adalbero von Reims, außerdem die Herzogin Beatrix von Oberlothringen und Herzog Karl von Niederlothringen – beide ebenfalls Cousine und Vetter Ottos II. wie auch des Zänkers. Die Gefahr, daß Lothar wirklich Vormund wird, ist gering, denn der französische König würde keine ausreichende Mehrheit unter den deutschen Fürsten finden, um sich durchsetzen zu können. Theophanu will Heinrichs Anspruch erschüttern, seine Anhänger spalten und dann sich selbst als Vormund wieder ins Spiel bringen.

Willigis in Deutschland erscheint nach außen teilnahmslos. Er unterstützt Heinrich nicht und tritt ihm auch nicht entgegen. Doch spätestens seit Ende Februar muß er im stillen eifrig für Theophanu gearbeitet und versucht haben, die Gegner des Zänkers auf ihre Seite zu ziehen.

Heinrich der Zänker geht nach Sachsen, wo nach der Niederlage bei Cotrone viele mit dem verstorbenen Kaiser unzufrieden sind und auf eine starke Hand gegen die Slawen an der Ostgrenze hoffen. Der Zänker läßt Theophanus älteste Tochter Adelheid von seinem Getreuen Ekbert, dem Einäugigen, aus dem Stift Quedlinburg rauben und sie mit erheblichen kaiserlichen Schätzen in Ekberts Burg Ala bei Goslar bringen. Entweder durchschaut Heinrich Theophanus Plan, einen Teil der Fürsten, die neuen Zwist mit Frankreich fürchten, von ihm abzuziehen, und will ihm zuvorkommen, oder er hatte von Anfang an gar nicht die Absicht, Vormund zu werden, und braucht die Kinder nur als Geiseln, um Theophanu und ihre Partei in Schach zu halten. Am Palmsonntag, dem 16. März 984, hält er in Magdeburg einen sächsischen Landtag ab, zu dem er Otto III. nicht mitbringt. Auf diesem Landtag verlangt er von den sächsischen Fürsten, ihn zum König zu wählen.

Viele antworten, sie müßten dazu erst von dem Huldigungseid entbunden werden, den sie dem kleinen Otto geleistet haben. Einige verlassen den Landtag und beraten, wie sie den Plan des Zänkers durchkreuzen können.

Heinrich verlegt die Verhandlungen nach Quedlinburg, wo er das Osterfest wie ein König feiert und eine große Zahl von Fürsten um sich versammelt. Auch die Herzöge von Böhmen und von Polen und der Obodritenhäuptling Mistui erscheinen. Einige deutsche Herren bleiben allerdings fern und schicken nur Beobachter, und als Heinrich den Tag seiner Wahl festsetzt, reisen viele ab. Sie wollen aus Gottesfurcht nicht treubrüchig werden. Die Zurückgebliebenen wählen Heinrich zum König.

Aber nun wenden sich immer mehr Adlige gegen ihn. Sie empfinden es als Treubruch, daß er das Recht seines Mündels übergeht. Ein Mann, der so die Treue bricht, soll nicht oberster Richter im Reich sein. Die sächsischen Gegner des Zänkers sammeln sich in der Asselburg bei Hohenassel. Jetzt tritt Willigis offen für Theophanu ein und schickt ihnen Panzerreiter. Theophanu, Adelheid und Mathilde verlassen Pavia und reisen nordwärts.

Die Sachsen bereiten den Kampf vor. Heinrich der Zänker rückt ihnen bis zur Pfalz Werla entgegen und schickt ihnen den Bischof von Utrecht als Unterhändler. Nur mit Mühe kann der Bischof Friedensverhandlungen vereinbaren, die in Seesen am Harz stattfinden sollen. Heinrich reitet nach Bayern. Als er nicht in Seesen erscheint, schlagen seine Gegner los, erobern die Burg Ala und befreien die kleine Adelheid. Doch noch immer hat der Zänker König Otto.

Die beiden Kaiserinnen und die Reichsäbtissin halten sich in Burgund, wo Adelheids Bruder König ist, für eine schnelle Abreise nach Deutschland bereit.

Heinrich der Zänker hat seine Anhänger in Bayern und Schwaben gesammelt und verhandelt mit Fürsten des Reichs bei Bürstadt, östlich von Worms. Mitte Mai kommt Erzbischof Willigis mit zahlreichen Anhängern Theophanus nach Bürstadt und bedroht den Zänker. Willigis kündigt den Gegnern die Ankunft der Kaiserinnen an und treibt den Zänker so in die Enge, daß er eidlich gelobt, mit dem kleinen König auf eine Reichsversammlung am Peter-und-Pauls-Tag – dem 29. Juni 984 – nach Rohr bei Meinungen zu kommen und das Kind seiner Mutter zu übergeben.

Kaiserin Theophanu, Kaiserin Adelheid und Reichsäbtissin Mathilde erscheinen auf der Reichsversammlung in Rohr mit einem großen Gefolge, zu dem auch König Konrad von Burgund und Herzog Konrad von Schwaben gehören. Der Zänker zögert erst, übergibt dann aber doch Theophanu das Kind. Im Oktober soll auf einer zweiten Reichsversammlung darüber entschieden werden, ob Heinrich das Herzogtum Bayern zurückerhält.

Nun regiert Theophanu, und Erzbischof Willigis von Mainz und Bischof Hildibald von Worms sind ihre Hauptratgeber. Aber noch ist ihre Stellung im Reich schwach.

Nach dem Ende des Reichstags reisen die Kaiserinnen nach Quedlinburg, und Theophanu sieht ihre älteste Tochter Adelheid wieder. Im Herbst sind die beiden Kaiserinnen mit Otto III. wieder im Rheinland, und Mitte Oktober hält Theophanu in Speyer ihren ersten Hoftag ab. Herzöge und Erzbischöfe finden sich ein, auch Warin von Köln, dem es gelingt, sich vor Theophanu zu rechtfertigen: Milde ist die Tugend der Herrscher. Herzogin Beatrix kommt, und mit ihr der Adel von Oberlothringen. Theophanu besetzt das Bistum Metz, dessen Bischof Dietrich gestorben ist, mit einem Sohn der Herzogin und fesselt die energische, einflußreiche Beatrix so enger an sich – möglicherweise auf Rat ihrer Schwiegermutter Adelheid.

Die Verhandlungen mit Heinrich dem Zänker beginnen am 20. Oktober 984 in Bürstadt bei Worms. Doch sie sind schwierig: Auf beiden Seiten gibt es zu viele Leute, die ein Interesse daran haben, daß der Zwist zwischen der Kaiserin und dem abgesetzten Herzog fortbesteht. Die Fürstenversammlung gibt dem Zänker Bayern nicht zurück.

Heinrich reitet nach Bayern, lehnt sich gegen die Reichsgewalt auf und beginnt einen Kampf gegen den dortigen Herzog, sucht ein Bündnis mit dem König von Frankreich: Er verspricht Lothar das Herzogtum Lothringen, wenn er seinen Anspruch auf Vormundschaft unterstützt. Lothar belagert Verdun und erobert die Stadt im März 985.

Theophanu hat den Winter in Ingelheim verbracht und ist dann auf die übliche Frühjahrsreise gegangen, die in diesem Jahr etwas ausgedehnter ausfällt: Sie zeigt sich an vielen Orten mit dem neuen König, greift in die lokalen Regierungen ein, fällt Entscheidungen, spricht Recht. Die Partei ihrer Anhänger wächst. Ostern feiert sie in Quedlinburg, Ende April trifft sie in Duisburg ein, und dorthin kommt auch Herzogin Beatrix: Die Westgrenze des Reichs ist in Aufruhr, König Lothar und Hugo Capet, der Bruder von Beatrix und Herzog von Franzien, führen Krieg. Lothar hält zu Heinrich von Bayern, Hugo zur ottonischen Partei.

Die Kaiserin und die Herzogin sind entschlossen, der Verbindung des französischen Königs mit Heinrich dem Zänker ein Ende zu setzen, und auch Beatrix stimmt zu, dem unruhigen Zänker sein Herzogtum zurückzugeben. Dort regiert aber nun ein anderer Herzog, der seinerseits Krieg gegen die Kaiserin anfangen könnte. Theophanu arbeitet einen Friedensplan aus, berät sich mit Beatrix und bereitet sorgfältig einen Reichstag für den 25. Juni 985 in Frankfurt vor.

Dieser Reichstag wird zu einer Gipfelkonferenz der Frauen. Die Ranghöchsten in den politischen Verhandlungsrunden sind Kaiserin Theophanu, Königin Emma von Frankreich und Herzogin Adelheid von Franzien, die Frau des mächtigsten französischen Herzogs Hugo Capet. Herzogin Beatrix von Oberlothringen sitzt unter den deutschen Herzögen, Kaiserin Adelheid ist bei den Verhandlungen wahrscheinlich nicht dabei, zumindest nicht bei den offiziellen. Königin Emma und Herzogin Adelheid können im Auftrag ihrer Ehemänner entscheiden.

Kaiserin, Königin und Herzoginnen verhandeln höchst erfolgreich untereinander und mit den Fürsten: Sie machen Frieden in Deutschland, zwischen Deutschland und Frankreich und in Frankreich.

Auch Heinrich der Zänker traut Theophanus Friedensplan und ist nach Frankfurt gekommen. Heinrich muß den ersten Schritt machen: Er bekennt vor dem Reichstag seine Schuld und seine Reue, legt seine gefalteten Hände in die Hände des fünfjährigen Königs Otto III. und gelobt ihm Treue.

Nach Heinrichs Schwur ist die Regelung der Lothringer Verhältnisse möglich, und der französische König gibt seine Absicht, Lothringen zu erobern, auf. Der Zänker bekommt das Herzogtum Bayern zurück. Der bisherige Inhaber bekommt dafür das Herzogtum Kärnten. Der bisherige Herzog von Kärnten wiederum bekommt ein Gebiet westlich des Oberrheins. Diese Verschiebungen sind ziemlich kompliziert, und es spricht für Theophanus Rechtsbewußtsein und Verhandlungsgeschick, daß sie mit ihren Regelungen Erfolg hat.

Nach dem Reichstag reist Kaiserin Adelheid nach Oberitalien ab. Zahllos seien die Kränkungen gewesen, denen die alte Kaiserin von seiten ihrer herrschsüchtigen Schwiegertochter ausgesetzt war, berichtet Adelheids Biograph, Abt Odilo von Cluny. Doch Abt Odilo verfolgt mit seiner Darstellung auch seine eigenen politischen Ziele.

Sicherlich hat Adelheid unter einem Gefühl der Zurücksetzung gelitten, und die sonst so kluge und geschickte Theophanu ist ihrer Schwiegermutter gegenüber wohl auch ungeduldig geworden, die sich immer wieder mit Leuten befreundet, die die Machtpolitik der ottonischen Kaiser bekämpfen. Hauptgrund für die Auseinandersetzungen zwischen Theophanu und Adelheid aber ist Adelheids Dotalgut, die Länder und Reichsgüter, die sie bei ihrer Heirat mit Otto I. bekommen hat. Adelheid beschenkt die Kirche großzügig, steht der Reformbewegung von Cluny nahe, die, von großer Frömmigkeit erfüllt, die Kirche erneuern und von der weltlichen Oberherrschaft der Kaiser lösen will. Theophanu dagegen sieht Adelheids Besitz, wie ihren eigenen, als Reichsgut an, dessen Nießbrauch den Kaiserinnen zusteht, das sie aber nicht verschenken und damit die Grundlage der ottonischen Macht mindern dürfen. In diesem Streit, der schon heftig zwischen Adelheid und ihrem Mann Otto I. und ihrem Sohn Otto II. herrschte, steht Mathilde, Adelheids Tochter, auf Theophanus Seite. Theophanu, die das Reich wie mit einer eisernen Kette zusammenhält, gestattet weder weltlichen noch geistlichen Fürsten, ihre Oberherrschaft abzuschütteln, strebt im Gegenteil einen Ausbau der kaiserlichen Macht an.

Abt Odilo verdunkelt das Bild der starken Kaiserin, die Erzbischöfe und Bischöfe einsetzt. Aus Cluniazenser-Kreisen kommt auch später übler Klatsch über Theophanu. Lange heißt es, sie habe einen Liebhaber gehabt, den Griechischlehrer ihres Sohnes, den sie zum – natürlich unwürdigen – Bischof von Piacenza machte. Erst moderne Historiker konnten aufklären, auf wen diese Bettgeschichte zurückgeht: auf Petrus Damiani, von dessen Wahrheitsliebe sie auch sonst nicht viel halten, einen Cluniazenser und Bischof des 11. Jahrhunderts – der Zeit des großen Streits zwischen Päpsten und Kaisern um das Recht, Bischöfe einzusetzen.

Nicht-Cluniazenser beurteilen die machtbewußte Kaiserin Theophanu freundlicher. Sogar Thietmar, dem Otto II. das Bistum genommen hat, schreibt: »Wohl war sie vom schwachen Geschlecht, doch eignete ihr Zucht und Festigkeit und ein trefflicher Lebenswandel, was in Griechenland selten ist.« – Mit diesem Seitenhieb Richtung Byzanz unterstreicht er noch die Tugendhaftigkeit der Kaiserin. Er lobt, daß sie »ihres Sohnes Herrschaft mit männlicher Wachsamkeit« wahrt.

Adelheid und Theophanu haben beim Kampf um die Vormundschaft zusammengehalten. Theophanu hätte viele ihrer anfänglichen Gegner wohl schwerer von sich überzeugen können, wenn Adelheid, die an Frieden und Glück unter Otto dem Großen erinnerte, nicht ständig an ihrer Seite gewesen wäre. Aber von Anfang an war klar, daß Theophanu als Vormund regieren würde und nur sie. Adelheid reist im Sommer 985 nach Italien, wo es – Abt Odilo schiebt das in den Hintergrund – zu Spannungen und Unruhen gekommen ist, und nimmt damit Theophanu eine große Sorge ab. Und sie bleibt nicht dort: Sie kehrt, anders als zu Lebzeiten ihres Sohnes, immer wieder für viele Monate an den Hof ihrer Schwiegertochter zurück.

Theophanu und Otto III. gehen während des Sommers 985 mit großem Gefolge auf eine Umfahrt durch das Reich. Auch Heinrich der Zänker schließt sich ihnen an. Er und seine Anhänger gelangen in der kommenden Zeit wieder zu Einfluß und engen Theophanus Regierung gelegentlich ein oder versuchen es zumindest, denn Theophanu läßt sie nicht weit kommen. Fürsten, die glaubten, ein leichtes Spiel mit der Kaiserin zu haben, sehen sich sehr getäuscht – doch man hört nichts mehr von Widerstand innerhalb des Reichs. Man hört auch nichts von Bußen und Strafen, die Theophanu ihren Gegnern auferlegt hätte. Im Gegenteil, 985 macht sie vielen ehemaligen Gegnern Schenkungen: Sie bezahlt klug für ihren Sieg im Thronstreit.

Anfang August ist der Hof in Köln, reist nach Nimwegen, ist Ende August in Sachsen. Von Sachsen geht es nach Bayern, erst nach Passau, dann nach Bamberg. Das Gefolge der Kaiserin wird immer stattlicher.

Zum Osterfest 986 versammeln sich Fürsten aus dem gesamten Reich in Quedlinburg, und Theophanu macht aus dem feierlichen Hoftag eine glänzende Demonstration ihrer Macht und der Herrschaft ihres Sohnes. Sie veranstaltet eine Festkrönung des Königs, über die man im ganzen Reich spricht, ein Mahl, mit dem sie das rituelle Festessen nachahmt, mit dem schon Otto der Große bei seiner Huldigung in Aachen Karl den Großen nachahmte. Vier Herzöge dienen in den Hofämtern dem kleinen König: Bernhard von Sachsen, der Marschall, gibt seinen Pferden Hafer. Konrad von Schwaben, der Kämmerer, reicht ihm Wasserkanne und Schüssel zum Händewaschen. Heinrich von Bayern, der Truchseß, bietet ihm die Schüsseln mit Essen an, und Heinrich von Kärnten, der Mundschenk, füllt seinen Becher.

Theophanu hat sich durchgesetzt. Neben den Großen des Reichs erscheinen in Quedlinburg auch Mieszko von Polen und Boleslaw von Böhmen, um Otto III. zu huldigen. Mieszko bringt dem kleinen König als Geschenk ein Kamel mit.

Theophanius Imperator

Theophanu setzt die Politik Ottos I. und Ottos II. zielstrebig und energisch fort. Im Norden und Osten sind dem Reich Einflußgebiete verlorengegangen, und im Westen greift der französische König weiter nach Lothringen. Doch innerhalb des Reichs bringt Theophanus Regierung eine Zeit des Friedens, und es ist auch ihr zu verdanken, daß wir heute noch von einer Blütezeit der ottonischen Kultur sprechen.

Nach dem großen Staatsfest in Quedlinburg bereitet sie einen Feldzug gegen die Slawen vor. Von Quedlinburg zieht der Hof nach Pöhlde – Mathilde von Quedlinburg begleitet Theophanu – und weiter nach Merseburg. Aus Sachsen und Thüringen treffen die Aufgebote der weltlichen und geistlichen Fürsten ein, gepanzerte Reiter und

Kriegsknechte. Theophanu hat in der Mark Meißen und in der Nordmark neue und sehr fähige Männer als Markgrafen eingesetzt.

Im Sommer 986 führt der sechsjährige König Otto formal das Heer an. Dies ist Theophanus erster Feldzug und der einzige, bei dem ihr Sohn im Vordergrund steht. Sein Königsheil wird die Krieger anfeuern und ihnen den Sieg bringen. Das Heer erobert Dutzende befestigter Plätze und Burgen und verwüstet weite Gegenden. Im Herbst schickt Theophanu das Aufgebot nach Hause. Sie hat einen Teil des Landes, das die Oberherrschaft Ottos des Großen und Ottos II. anerkannte, zurückerobert, nicht alles. Historiker sehen darin kein Versagen, denn die Kolonisierung zwischen Elbe und Oder gelingt erst 100 Jahre später: Im 10. Jahrhundert ist die deutsche Bevölkerung dort zahlenmäßig noch zu gering, und es gilt als beachtliche Leistung Theophanus, daß sie die Nordmark und die Mark Meißen halten kann.

Im Westen verfolgt Theophanu das Ziel, das Herzogtum Lothringen, das Otto I. 925 erobert hat, beim deutschen Reich zu halten und im französischen Königreich starken Einfluß auszuüben. Die deutschen Könige haben seit König Heinrich, dem Vater Ottos des Großen, immer wieder als Schiedsrichter in die Kämpfe zwischen den französischen Königen und den französischen Adligen eingegriffen. Theophanu wirkt nun entscheidend mit beim Übergang der Königsherrschaft von der Familie der Karolinger zur Familie der Kapetinger.

König Lothar von Frankreich stirbt 986, und sein Sohn und Nachfolger Ludwig stirbt 987. Nun erhebt Lothars Bruder, der Herzog Karl von Niederlothringen, Anspruch auf den Thron. Der Herzog als französischer König – das hätte die weitere Zugehörigkeit Lothringens zum deutschen Reich sehr fraglich gemacht und für Theophanu Krieg bedeutet. Sie verhindert, daß er König wird.

Auch Hugo Capet, der mächtigste französische Herzog, will König werden. Mit Hilfe des Erzbischofs Adalbero von Reims gelingt es ihm, Karl zu überspielen, denn Theophanu unterstützt den Erzbischof, ihren alten Freund, und in ständiger Beratung mit ihr bereitet er die Wahl Hugos vor und krönt ihn im Juli 987. Der neue König verzichtet sofort auf Lothringen.

Aber als König von Frankreich setzt Hugo Capet die Politik seiner Vorgänger auf dem Thron fort: Er versucht, sich vom deutschen Einfluß freizumachen. Er läßt seinen Sohn zum König wählen und bittet den byzantinischen Kaiser um eine Prinzessin als Schwiegertochter. Dafür bietet er ihm – im Hinblick auf Süditalien – ein Bündnis gegen Theophanu an. Hugo Capet denkt an eine Gleichstellung mit dem ottonischen Kaiserhaus, an die Nachfolge der römischen Caesaren. Das bekommt ihm nicht gut. Theophanu unterstützt jetzt den Konkurrenten Hugos, ihren Vasallen Karl von Niederlothringen, der Hugo angreift. Sie schwächt Hugos Stellung und behauptet zugleich die alte Schiedsrichterrolle der deutschen Könige: Beide wenden sich immer wieder an Theophanu, bitten um Unterstützung oder Vermittlung. Adelheid, die als Herzogin von Franzien im Juni 985 auf dem Reichstag in Frankfurt war, führt nun als Königin von Frankreich Unterhandlungen mit Theophanu, an denen auch die Herzogin Beatrix von Oberlothringen beteiligt ist. Der deutsch-französische Gipfel der Frauen in Frankfurt ist keine Ausnahme gewesen.

Mit Festigkeit und Geschick gelingt es Theophanu, die Entscheidungen in ihrer Hand zu behalten. Sie muß wiederholt ihre Stärke durch militärische Aufgebote demonstrieren, zeigt sich aber jederzeit zu Verhandlungen über Frieden bereit und schafft es immer wieder, einen Krieg zu vermeiden und die Mächte im Westen in der Balance zu halten. Hugo Capet gelingt es erst nach Theophanus Tod, Frankreich der deutschen Vorherrschaft zu entziehen.

Mehrfach plant Theophanu einen Italienzug, aber immer wieder verhindert die Entwicklung in Frankreich ihre Abreise. Schon Ende 986 kommt eine Abordnung italienischer Mönche an ihren Hof in Köln. Die Pfalz in Pavia ist seit vielen Monaten verwaist, Kaiserin Adelheid hält sich bei Theophanu auf, und in vielen Teilen Oberitaliens ist es zu einer Auflösung der Regierungsgewalt gekommen. Theophanu bereitet für den Herbst 987 eine Italienfahrt vor, erläßt ein Aufgebot, versammelt die Streitkräfte in Sachsen und muß die Reise dann doch wegen der unsicheren Verhältnisse an der Westgrenze verschieben.

Im Sommer 988 ordnet sie die Bildung einer Kanzlei für Italien an ihrem Hof an – ab jetzt regiert sie Italien selbst. Es gibt keine Nachrichten über Schwierigkeiten mit Adelheid, allerdings reist die Schwiegermutter nach Burgund ab. 988 gedeihen die Vorbereitungen zur Italienreise noch weiter als im Jahr zuvor, an der Westgrenze und im Norden herrscht Ruhe. Theophanu hat im März 988 Fragen des Erzbistums Hamburg-Bremen geregelt und die Missionierung des heutigen Dänemark vorbereitet. Es ist Aufgabe der Kaiserin, den christlichen Glauben bei den Heiden zu verbreiten, und dem Christentum folgt dann die kaiserliche Oberhoheit.

Im August 988 reist Theophanu an den Bodensee, nach Meersburg, wo Abgesandte aus Oberitalien sie bereits erwarten. Aber sie erkrankt und muß die Reise nach Italien aufgeben. Sie bleibt in Meersburg, erholt sich weiter in Konstanz und regelt von dort aus vor allem oberitalienische Finanzfragen. Weihnachten feiert sie mit ihrem Sohn in Köln.

Dem deutschen Reich geht es gut unter Theophanu. Die Bevölkerung wächst, Handel und Verkehr werden dichter, der Wohlstand nimmt zu, man gründet Städte. An vielen Orten werden große romanische Dome gebaut – 25 im letzten Drittel des 10. Jahrhunderts. Die Fresken in der St. Georgskirche auf der Bodenseeinsel Reichenau haben die 1000 Jahre überlebt, die seit damals vergangen sind. In den Schreibstuben der Klöster schreiben und malen damals Mönche und Nonnen immer zahlreichere und immer schönere Prachthandschriften, und in den Klosterwerkstätten arbeiten Elfenbeinschnitzer und Goldschmiede. Unter der Regierung Theophanus und ihres Sohnes Otto III. kommt es zu einem Höhepunkt der mittelalterlichen Kunst, in die viele Anregungen aus Byzanz einfließen.

Theophanu kümmert sich sorgfältig um die Erziehung ihres Sohnes, läßt ihn in der sächsischen Tradition seines Vaters und in der byzantinischen seiner Mutter aufwachsen. Sie muß ihre Kinder sehr geliebt haben. Otto hängt in großer Liebe an ihr, und auch das Verhältnis der vier Kinder Theophanus untereinander ist voller Zuneigung und Zärtlichkeit. Otto nennt seine Schwester Sophie »dilectissima soror«, allerliebste Schwester.

Als Otto vier Jahre alt ist, vertraut Theophanu seine Erziehung dem sächsischen Grafen Hoiko an, der ihm das Reiten beibringt, den Umgang mit Waffen und höfliche Manieren. Theophanu läßt ihren Sohn am Hof in einer Gruppe gleichaltriger Freunde aufwachsen, Söhnen sächsischer und lothringischer Adliger. Unter den klugen Männern, die sie in ihre engste Umgebung zieht, wählt sie die geeignetsten als Lehrer für ihren Sohn aus. Sein Griechischlehrer wird Johannes Philagatos, ein Grieche aus Süditalien, den Otto II. zum Leiter seiner italienischen Kanzlei machte. Johannes Philagatos, der spätere Bischof von Piacenza, spielt unter den Regierungen von Otto II., Theophanu und Otto III. eine wichtige Rolle als Vermittler zwischen der byzantinischen und der abendländischen Welt.

Als Otto sieben wird, wählt Theophanu Bernward zum leitenden Erzieher, eine Wahl, der die vornehmsten Fürsten des Reichs zustimmen. Sechs Jahre später wird Bernward Bischof von Hildesheim. Heute noch kann man dort die wunderbaren Kunstwerke bestaunen, die er in Bronze gießen ließ: die Bernwardstür und die Bernwardssäule. Als Theophanu den ungewöhnlichen Mann zum Erzieher des künftigen Kaisers macht, ist er um die 20 Jahre alt, ein junger Gelehrter mit vielseitigen Interessen und aufgeschlossen für alles Neue, auch in der Technik. Seine Zeitgenossen stehen technischen Erfindungen meist gleichgültig gegenüber, doch Bernward hat eine Reihe von sehr begabten Dienern um sich, die alles genau studieren müssen, was ihrem gelehrten Herrn irgendwo als sonderbar und beachtenswert auffällt. Der neue Lehrer versteht es, den lebhaften und klugen Otto, der ebenfalls für alles aufgeschlossen ist, was um ihn her vorgeht, zu fesseln. Er lehrt ihn Latein und Mathematik.

Der kleine König hat einen zierlichen, zarten Körper und eine schöne Gestalt – »des schönen Kaisers schönster Sprößling« nennt ihn ein Zeitgenosse. Sein Wesen ist gewinnend, er ist intelligent wie seine Mutter, begabt, wißbegierig und voller Phantasie. Er hat einen starken Willen, kann eigensinnig, launenhaft und hochmütig werden, aber meist bezaubert er die Menschen. Er ist musikalisch und dichtet niedliche kleine Verse, lernt ernst und eifrig.

Später bewundern die Zeitgenossen seine Vielseitigkeit und nennen den Kaiser »mirabilia mundi«, das Wunder der Welt. Otto findet die sächsische Natur roh und will die griechische Kultur verbreiten – in Deutschland können nur wenige Leute lesen und schreiben, und er will Lebensart unters Volk bringen. Er ist ein Genie der Freundschaft, zieht die hervorragendsten Männer an, die ihm begegnen – wie seine Mutter. Zum Zentrum seiner Herrschaft wählt er Rom, strebt eine Zentralisierung in der Reichsverwaltung an, will römische, karolingische und ottonische Ziele zusammenfassen und steigern. Er will alles, was sein Großvater, sein Vater und seine Mutter wollten, und noch mehr – Theophanu hat ihn stark beeinflußt.

Otto ist ein besonderes Kind, aber auch seine Schwestern sind lebhaft, selbstbewußt, intelligent und stolz. Doch sie leben lange in der Verborgenheit der Stifte und werden nicht mit der gleichen Aufmerksamkeit beobachtet und beschrieben wie der junge König.

Ottos allerliebste Schwester Sophie wird mit elf Jahren zur Nonne geweiht. Zu ihrer Einkleidung am 18. Oktober 989 reist Theophanu mit stattlichem Gefolge nach Gandersheim. Gleich danach bricht sie nach Italien auf. Erzkanzler Willigis und ihr Sohn bleiben in Deutschland. Die Kompetenzen des Erzkanzlers sind auch in Abwesenheit der Kaiserin begrenzt: In wichtigen Fragen behält sie sich die Entscheidung vor.

In Rom verbringt sie die ersten Wochen nach ihrer Ankunft in trauernder Zurückgezogenheit, und den 7. Dezember, den Todestag Ottos II., begeht sie mit einer großen Trauerfeier. Dann macht sie sich mit Energie an die Arbeit.

Zum Kaisertum gehören der Besitz Roms und der Schutz des Papstes. Doch große Familien kämpfen innerhalb der Stadt um die Macht, und die Familie der Crescentier hat die Stadtherrschaft an sich gebracht. Ein Gegenpapst hat den Papst verhungern lassen und ist selbst erschlagen worden. Nun greift Theophanu ein und festigt die Stellung des jetzigen Papstes. In Rom urkundet sie selbst als Kaiserin: Otto III. ist nur König und hat hier keine Hoheitsrechte. Sie stellt für das Kloster S. Vincenzo am Volturno eine Besitzbestätigung aus als

»Theophanu divina gratia imperatrix augusta« – Theophanu durch Gottes Gnade erhabene Kaiserin.

Vermutlich berät sie auch mit Bischöfen über eine mögliche Ostmission: Rußland soll nicht griechisch-orthodox werden und unter byzantinischen Einfluß kommen, sondern römisch-katholisch.

Ostern feiert Theophanu in Pavia. Adelheid hat nachlässig regiert, war wohl mehr an Würde und Hoheit interessiert als an der täglichen Kleinarbeit. Theophanu bringt die Finanzen in Oberitalien in Ordnung, regelt die Verwaltung von Bistümern und sorgt dafür, daß sie von den Einkünften den kaiserlichen Anteil bekommt. Sie ruft in ihrem Namen Gerichtstage ein: Sie ist oberste Richterin. Überall erinnert sie nachdrücklich daran, daß es noch einen Kaiser gibt – sie.

Als sie in Ravenna auf Bitte des Abts von Farfa über die Rückgabe einer dem Kloster widerrechtlich entzogenen Kirche verfügt, läßt sie über diese Rechtshandlung von ihrer Kanzlei am 1. April 990 eine Urkunde ausstellen, in der es heißt: »Theophanius divina gratia imperator augustus« – Theophanius durch Gottes Gnade erhabener Kaiser.

Die männliche Form Imperator ist Ausdruck des geballten Machtanspruchs, mit dem Theophanu auftritt. Sie betont, daß das Kaisertum auch nach dem Tod Ottos II. fortbesteht. In der Urkunde gibt sie als ihre Regierungszeit genau 18 Jahre an, seit sie zur Kaiserin gekrönt wurde, ein Zeichen dafür, daß das *consortium imperii* mit Otto II. nicht erloschen ist, die Gemeinschaft des kaiserlichen Ehepaares zur Herrschaftsausübung. Sie ist keine hinterlassene Witwe, die nur noch ehrenhalber den Titel einer Kaiserin trägt. Die frühere *consors regni* und *coimperatrix,* Teilhaberin an der Herrschaft und Mitkaiserin, vertritt nun allein die gesamte Macht des Kaiserpaares: Die Überlebende des Consortiums vereint in ihrer Person ihren eigenen Amtsauftrag von Gott und den des verstorbenen Kaisers. Es gibt immer noch einen Imperator, und das ist sie, und die Leute tun sehr gut daran, sich schleunigst danach zu richten. Sie richten sich danach. Theophanus straffes Regiment und das ihrer Vertreter ist nicht beliebt in Italien, aber auf Beliebtheit kommt es ihr nicht an: Sie regiert »in furchtgebietender Überlegenheit gegenüber Aufsässigen«.

Im späten Frühjahr schon kann sie nach Deutschland zurückkehren. Sie bricht mit einem reichen Schatz an Reliquien auf und reist über die Reichenau – so wie auf ihrer ersten Reise nach Norden, die sie vor vielen Jahren mit ihrem Mann und ihrem Schwiegervater machte. Die Fürsten empfangen sie, und Ostern sieht sie ihren Sohn in Mainz wieder. Und wieder kümmert sie sich um die Grenzstreitigkeiten im Osten und um das Machtgleichgewicht an der Westgrenze.

Im Juli besucht sie ihre Tochter Adelheid in Quedlinburg und Anfang August ihre Tochter Sophie in Gandersheim. Auf Sophies Fürbitte schenkt sie Gandersheim das Recht, Markt abzuhalten, Zölle einzunehmen und Münzen zu schlagen – die Silberadern am Rammelsberg im Harz werden erschlossen. Die lebhafte Sophie begleitet ihre Mutter und ihren Bruder noch ein Stückchen auf dem Weg, und Otto schenkt seiner Schwester aus seinem privaten Besitz 60 Hufen Land.

Die jüngste Schwester Mathilde lebt noch in Essen, und um ihre Hand wirbt Pfalzgraf Ezzo bei Theophanu, der Sohn des Klostervogts. Viele am Hof sind gegen die Heirat. Ezzos Vater ist zwar der reichste Mann im fränkischen Rheinland, aber dem Großadel gehört er nicht an. Doch das gibt möglicherweise den Ausschlag dafür, daß Theophanu der Hochzeit zustimmt: Ezzo wird keine politischen Ansprüche an den König stellen. Es ist ein Problem, Kaisertöchter zu verheiraten. Die Vornehmen sind gefährlich für die herrschende Dynastie, und die Ungefährlichen sind nicht vornehm genug. Aber Ezzo scheint sich heftig in Mathilde verliebt zu haben und sie sich in ihn, und vielleicht hat Theophanu ihrer Tochter ein glückliches Eheleben gegönnt. Jedenfalls nimmt Otto III. die Werbung Ezzos durch Handschlag an unter der Bedingung, daß Ezzo Mathilde ein guter Ehemann sein und sich keine Konkubinen halten wolle.

Der Pfalzgraf reitet mit seinen Truppen nach Essen, sagt Mathilde, sie sei auf Befehl ihres Bruders und nach Wunsch ihrer Mutter seine Braut, und steckt ihr den Brautring an. Mathilde und Ezzo feiern eine große Hochzeit, zu der die Vornehmen in prächtigen Gewändern erscheinen, in bester Laune lustig mitfeiern und die Armen reich beschenken. Ob Theophanu die Hochzeit noch miterlebt, ist ungewiß.

Ende März 991 reisen Mutter und Sohn zum Osterfest nach Quedlinburg. Zahlreiche Fürsten kommen zur alljährlichen Fürstenversammlung, auch Markgraf Hugo von Tuscien, der Toskana. Nach Ostern reist der Hof nach Niederlothringen: Hugo Capet ist gefährlich stark geworden und hat Karl von Niederlothringen gefangengenommen.

Doch Theophanu stirbt am 15. Juni 991 in Nimwegen. Woran, weiß man nicht: vielleicht an dem Leiden, das sie zwei Jahre zuvor am Bodensee befallen hat, vielleicht an einer Infektionskrankheit. Sie ist zwischen 30 und 35 Jahre alt. Um ihr Totenbett stehen ihr elfjähriger Sohn, Erzkanzler Willigis, Kanzler Hildibald, ihr treuer Freund und Berater Notger von Lüttich und der Bischof Rothard von Cambray.

Sie bringen die tote Kaiserin von Nimwegen nach Köln, wie sie es gewünscht hat, und setzen sie unter großen Feierlichkeiten in der Kirche St. Pantaleon im südlichen Querhaus bei. Diese Klosterkirche der Benediktiner hat Theophanu sehr geliebt, sie hat reich für sie gesorgt und ihr aus Italien die Reliquien des heiligen Albinus mitgebracht. Wahrscheinlich ließ sie, das glauben Archäologen heute, das Westwerk der Kirche bauen. Der heilige Pantaleon ist einer der Vierzehn Nothelfer, der als Leibarzt eines römischen Kaisers für seinen Glauben den Märtyrertod starb. Seine Reliquien hat Erzbischof Gero von Köln mitgebracht, als er die Prinzessin aus Byzanz als Braut und künftige Kaiserin des Westens nach Italien holte.

Töchter, Enkelinnen, Nachfolgerinnen

Kaiserin Adelheid übernahm die Vormundschaft für den elfjährigen Otto. Theophanus Politik ermöglichte einen ruhigen Wechsel in der Regierung. Heinrich der Zänker hielt seinen Schwur. Es kam auch zu keinen schweren Grenzunruhen.

Adelheid regierte weiter mit Erzkanzler Willigis und Kanzler Hildibald, aber bald zeigte sich, daß in der Regierung der Antrieb und die Phantasie fehlten, die zupackende Überlegenheit und mitreißende

Kraft der verstorbenen Kaiserin. Ansehen und Einfluß des Reichs gingen spürbar bei allen Nachbarn zurück und schließlich auch im Innern, als es den Herzögen gelang, die Erblichkeit der großen Reichslehen durchzusetzen und damit ihre Stellung zu stärken. Erzkanzler Willigis war kühn, wenn seine Kaiserin kühn war, und wartete ab, wenn eine neue Kaiserin abwartete.

Theophanu, die nach Adelheids Vorbild *consors regni* geworden war, wurde zum Vorbild der Frauen des Kaiserhauses und ihrer Nachfolgerinnen auf dem Thron.

Otto III., seit 995 volljährig, ließ sich, wie sein Vater und seine Mutter, von Willigis, Hildibald und seiner Tante Mathilde von Quedlinburg beraten, daneben auch von seinen Schwestern Sophie und Adelheid. Als er zum zweitenmal nach Italien zog, um das Römische Reich zu erneuern, machte er seine Tante zu seiner Statthalterin in Deutschland und verlieh ihr den Titel »matricia«. Mathilde regierte, wie Theophanu, mit der größten Selbstverständlichkeit. Keiner der Herzöge machte Schwierigkeiten, weil sie eine Frau war, und es gelang ihr, die Slawenfürsten, die hartnäckig auf ihre Freiheit pochten, zum Frieden mit dem Reich zu bewegen.

Theophanus Tochter Sophie hielt als Äbtissin von Gandersheim an der Politik fest, die ihr Großvater für die Reichsabteien entworfen hatte, als er ihren Einfluß stärkte als Gegengewicht gegen die Bischöfe. Als Bischof Bernward von Hildesheim richterliche Befugnisse und damit eine Oberhoheit über Gandersheim beanspruchte, schickte sie ihm ein Heer entgegen und ließ die Stiftsgebäude verschanzen. Später mußte sie nachgeben, aber sie blieb eine große Reichsfürstin. Sie hatte Sinn für Macht und Finanzen und verwaltete den Klosterbesitz ausgezeichnet.

Theophanus Tochter Adelheid folgte als Äbtissin in Quedlinburg, als ihre Tante Mathilde starb. Es hieß, sie habe Freier ausgeschlagen, um selbständige Reichsfürstin werden zu können. Im Alter leitete sie vier große Abteien.

Von Theophanus sieben Enkelinnen wurden sechs stolze Reichsäbtissinnen, darunter eine Sophie in Gandersheim und eine Theophanu in Essen – Richenza wurde Königin in Polen. Auch diese Äbtissinnen zeigten sich der Welt keineswegs als demütige Nonnen, sondern führten das Leben machtbewußter und befehlsgewohnter Reichsfürstinnen.

Otto III. starb 1002 mit 21 Jahren. Seine Schwestern Adelheid und Sophie vertraten sofort die Ansicht, die Königswürde müsse in ihrer Familie bleiben, bei ihrem Vetter Heinrich von Bayern, dem Sohn des Zänkers. Auf einer Fürstenversammlung in Werla berieten sie mit über sein Erbrecht und stimmten für ihn. Er bedankte sich später bei Sophie dafür mit dem Stift Essen.

Wie Theophanu wurde nun Kunigunde, die Frau Kaiser Heinrichs II., *consors regni.* Ihr Name steht in fast jeder dritten Urkunde seiner Regierung, sie griff in Kirchenreformen ein und bei der Belehnung großer Vasallen. Ihr Mann und sie teilten sich zeitweise sogar die politischen Aufgaben: Während er im Westen an der Grenze war, übernahm sie die Ostpolitik und verhandelte mit den Slawen. Sie waren kinderlos, und als Heinrich starb, beschlossen die Herzöge, die Kaiserin solle das Reich regieren, bis ein neuer Herrscher gewählt und gekrönt sei. Acht Wochen verwahrte Kunigunde die königlichen Insignien, mit deren Besitz die Herrschaft verbunden war.

Heinrichs Nachfolger wurde Konrad II. Seine Frau Gisela war sehr schön, gebildet und politisch ehrgeizig. Wipo, der Biograph Konrads II., nennt sie des Kaisers »necessaria comes«, seine unentbehrliche Gefährtin.

Das Jahrhundert der ottonischen und ersten salischen Kaiser – Konrad war ein Salier aus Franken – war eine Zeit der Kaisermacht und der mächtigen Frauen. Allgemein gesehen war es wohl keine Zeit der Frauen, denn regieren oder Landbesitz verwalten konnten nur Kaiserinnen und Adlige – von den anderen Frauen wissen wir wenig. Aus der ottonischen Zeit gibt es Lebensbeschreibungen von Frauen, und ein Viertel der erhaltenen Porträts zeigt Frauen. Die Kaiser brauchten die Hilfe ihrer Ehefrauen und weiblichen Verwandten, um den Thron sich und ihrer Familie zu sichern. Ottos I. Mutter Mathilde, Kaiserin Adelheid und Kaiserin Kunigunde wurden heiliggesprochen. Die politische Hochschätzung von Frauen um das Jahr 1000 führte zur Verehrung der Jungfrau Maria als Himmelskönigin, zu ihrer Erhöhung zur »imperatrix«. Die Himmelskaiserin ist die einzige, die sich hielt: Von den Kaiserinnen auf Erden war bald kaum noch die Rede.

Kaisermacht und Reichsgedanke verloren an Ansehen, und der Einfluß der Kaiserinnen ging Ende des 11. Jahrhunderts und noch mehr im 12. zurück. Auch von mächtigen Reichsäbtissinnen hören wir nichts mehr. Es gab kaum noch Lebensbeschreibungen und Porträts von Frauen. Minnesänger verherrlichten jetzt die Damen und priesen sie herzerwärmend, doch je lauter sie sangen, um so weniger hatten Kaiserinnen politisch etwas zu sagen. Ein neuer Reichsfürstenstand stieg auf, und ab 1200 standen neben dem Kaiser die Fürsten im engeren Kreis der Herrschaft, später die Kurfürsten. Aber die neuen Teilhaber an der Macht fürchteten die Kaiserinnen wie schlafende Löwinnen. In Frankreich wurden Frauen und ihre Nachkommen im 14. Jahrhundert von der Thronfolge ausgeschlossen, und in Deutschland widmeten die Kurfürsten 1356 in der Goldenen Bulle den Kaiserinnen besorgt zwei Absätze.

Die Goldene Bulle legte die Stellung der sieben Kurfürsten fest, die den König und Kaiser wählten. Sie war eine Zähmung des Kaisers und seiner Macht, und die Kaiserin wurde gleich mitgezähmt. Sie mußte beim Festzug getrennt von ihrem Mann und noch hinter dem König von Böhmen gehen. Überhaupt waren Männer und Frauen jetzt bei Staatsfesten getrennt. Beim Festessen sollte der Tisch der Kaiserin an der Seite der Halle stehen, drei Fuß tiefer als der Tisch des Kaisers. Er war zwar noch drei Fuß höher als die Tische der Kurfürsten, doch sie saß nun wieder abseits.

Das zeigt, daß die Kaiserinnen nicht etwa als Konkurrentinnen ihrer Ehemänner um die Macht verstanden wurden, sondern als Konkurrentinnen der Kurfürsten. Die Fürsten sprengten endgültig das Herrscher-Consortium kaiserlicher Ehepaare und wollten selbst den Kaiser »über das Wohl des Reiches und der Welt« beraten.

Zu Hause aber – und das erklärt die mißtrauische Vorsicht der Kurfürsten gegenüber den Kaiserinnen – weiteten die Territorialherren ihre Macht mit Hilfe ihrer Ehefrauen aus. Die neuen politischen Aufsteiger brauchten die Hilfe ihrer Frauen beim Ausbau der Landeshoheit: Die Frauen waren lehnsfähig und konnten als Witwen allein regieren und dafür sorgen, daß ihr Land in der Familie blieb. Das alte Macht-Consortium von Kaiser und Kaiserin seit Adelheid und Theophanu klang nun in der neuen Schicht der Landesherren und Landesherrinnen nach.

Ich bin »Posaunenklang vom lebendigen Licht« – Hildegard von Bingen

Mit Christus begraben

Der Abt des Mönchsklosters auf dem Disibodenberg an der Nahe läßt am 1. November 1106 die 22jährige Jutta von Sponheim mit zwei achtjährigen Mädchen einmauern. Die Klosterkirche ist für die Totenfeier der drei Klausnerinnen geschmückt. Nach dem Gottesdienst sehen ihre Eltern, Geschwister und Verwandten, der Abt, die Mönche und zahlreiche Leute aus der Umgebung zu, wie die Maurer Stein auf Stein in die Tür der Frauenklause legen. Eines der kleinen Mädchen, das die Männer einmauern, heißt auch Jutta, das andere Hildegard.

Dieses kleine Mädchen wird viele Jahre später die berühmteste Nonne ihrer Zeit sein, ungehorsam und hochverehrt. Etwa 30 Jahre lebt sie eingemauert und hat doch eine ungeheure Neugier auf die Welt, will alles wissen: von den Fischen bis zu den Sternen, vom Anfang der Welt in der Vergangenheit bis zu ihrem Ende in der Zukunft. Sie hat Appetit auf das Leben, Lust an der Natur, den Menschen, der eigenen Kraft – sie will dabeisein, mitleben, mitreden in den großen politischen Kämpfen ihrer Zeit. Ihr Leben ist ein mühseliger, von Stufe zu Stufe hart und listig erkämpfter Weg in die Welt, aus der Klause, aus dem Männerkloster, an den Hof Kaiser Friedrich Barbarossas – bis sie auf den Marktplätzen der großen Städte predigt.

Die berühmte Nonne wird einmal gefragt, ob es gut und recht sei, Menschen schon als kleine Kinder, die noch nicht für sich entscheiden können, in ein Kloster zu geben. Sie rät davon ab, denn ein Kind und Heranwachsender könne dadurch in große innere Schwierigkeiten kommen. Wenn es aber geschehen sei, müsse das Kind danach streben, das ungewählte Leben zu bejahen. Sie hat selbst den Konflikt zwischen dem Gelübde zum Gehorsam und dem Willen einer starken, begabten Persönlichkeit nach einem weiten Wirkungsfeld in sich ausgetragen, hat es geschafft, Demut und Auflehnung miteinander zu verbinden.

Hildegard, das kleine Mädchen in der Frauenklause, kam 1098 als zehntes und letztes Kind des reichen Adligen Hiltebert von Bermersheim und seiner Frau Mechtild zur Welt. Sie wuchs mit ihren Geschwistern auf dem Gutshof Bermersheim – in Rheinhessen, nördlich von Alzey – auf. Die Geschwister vertrugen sich offenbar gut, doch Hildegard erfuhr eine starke Zurücksetzung. Sie war oft krank, hatte Schmerzen und mußte liegen, war ein schwaches Kind, das nicht mitspielen konnte. Die anderen meinten, man könne von ihr nichts Besonderes erwarten, und die Welt würde kein Ergötzen an ihr haben, denn sie sei ungeschickt zu weltlichen Geschäften. Das kranke und gekränkte Kind erstaunte mit seinen Reden Eltern und Geschwister: Es konnte Dinge sehen, die andere nicht sahen, wußte, was andere nicht wußten – Gott sagte ihr Geheimnisse.

Das Ehepaar von Bermersheim war befreundet mit den Nachbarn Graf Stephan von Sponheim und seiner Frau Sophie. Jutta, die Tochter der Nachbarn, wollte nicht heiraten. Sie zog der Ehe ein Leben im Gebet vor und wollte Nonne werden. Ihr Vater verhandelte mit dem Abt des Mönchsklosters Disibodenberg, das etwa einen Tagesritt weit von Bermersheim entfernt liegt. Vor vielen hundert Jahren soll der irische Eremit Disibod auf dem Berg gelebt haben, und Ende des 10. Jahrhunderts errichtete Willigis, der Erzbischof von Mainz und Erzkanzler der großen Kaiserin Theophanu, hier ein Stift. Anfang des 12. Jahrhunderts, wenige Jahre nach Hildegards Geburt, begannen Benediktinermönche aus Mainz, ein Kloster auf dem Berg zu bauen. Graf Sponheim schenkte dem neuen Kloster ausgedehnten Grundbesitz und durfte für seine Tochter eine Frauenklause an die Kirche der Mönche anbauen lassen. Hildegards Eltern waren damit einverstanden, ihr Kind der frommen Grafentochter Jutta zur Erziehung zu überlassen.

In der Klause gibt es einen kargen Wohnraum, in dem die junge Frau und die beiden kleinen Mädchen leben, beten und arbeiten, und ein Kräutergärtchen, in dem sie sich an der frischen Luft bewegen können. Es gibt eine Feuerstelle, eine Möglichkeit, sich zu waschen, und eine Latrine. Zwei Fenster sind die Verbindung zur Welt: ein Fenster in die Kirche, damit die Klausnerinnen die Gottesdienste und die Chorgebete der Mönche hören können. An diesem Fenster nimmt auch der Mönch, der für ihre Seelsorge zuständig ist, den Klausnerinnen die Beichte ab und erteilt ihnen die Kommunion. Das zweite Fenster geht zum Klosterhof: eine kleine Durchreiche für Lebensmittel, an der auch die seltenen Gespräche mit Besuchern stattfinden.

Jutta führt die kleinen Mädchen – nach sechs Jahren kommt ein drittes Kind dazu, die damals zehnjährige Hiltrud von Sponheim – in das klösterliche Leben nach den Regeln des heiligen Benediktus ein. Sie lernen Gebete, Psalmen und Hymnen. Jutta unterrichtet sie im Singen und im Schreiben, das bedeutet auch in der lateinischen Sprache, soweit Jutta sie beherrscht, und leitet sie bei den Arbeiten im kleinen Haushalt und im Kräutergärtchen an. Die Mädchen lernen, daß sie etwas Besonderes sind. Es gibt Krieger, Bauern und Beter unter den Menschen, und das Beten für das Seelenheil aller ist die wichtigste und vornehmste Aufgabe. Sie sind in die Klause gekommen, »um mit Christus begraben zu werden und mit ihm zur Glorie der Unsterblichkeit aufzuerstehen« – so heißt es in Hildegards Vita, der Lebensgeschichte, die viele Jahre später zwei Mönche schreiben und in die sie Hildegards Autobiographie einarbeiten.

Hildegard ist ein feinfühliges und empfindsames kleines Mädchen mit scharfer sinnlicher Wahrnehmung, wie wir aus ihren späteren Schriften wissen. Eingemauert in der engen Klause, sieht sie immer dieselben Wände. Aber sie hat vielfältige akustische Erlebnisse: 35 Jahre lang bauen die Mönche das Kloster aus – Wirtschaftsgebäude, Wohn- und Konventsgebäude, ein Hospiz für Gäste und Kranke und eine neue große Kirche.

Wie stellt man sich Glocken vor, die man nur hört, niemals sieht?

Hildegard hätte zwischen den Wänden der Klause auch verrückt werden können. Doch sie bewahrt sich ihren klaren Verstand. Die dramatischen Geschichten aus der Bibel regen ihre Phantasie an. Nach

Geschichten und Geräuschen setzt sie sich in ihrem Kopf die Welt in herrlichen Bildern zusammen. Sie, die sich schon vor ihren Eltern und Geschwistern damit etwas Besonderes gab, daß sie Dinge sah, die andere nicht sahen, hat Visionen. »Während der Leib verfiel, entbrannte wunderbar feurig in ihr die Kraft des Geistes«, heißt es in ihrer Vita. Über Hildegards Krankheit erfahren wir nur, daß sie schwach war, oft unter Schmerzen litt und liegen mußte. Moderne Mediziner wissen, daß Leute, die unter starker Migräne leiden, kurz vor einem Anfall Fortifikationserlebnisse haben können: Sie sehen gewaltige Türme und Mauern – wie Hildegard. »Und bis zu meinem fünfzehnten Lebensjahr sah ich vieles, und manches erzählte ich einfach, so daß die, die es hörten, sich sehr wunderten«, erzählt Hildegard. Ihre inneren Erlebnisse nennt sie ihre *Schau*: »Ließ aber die Gewalt der Schau ein wenig nach, in der ich mich mehr wie ein kleines Kind als nach den Jahren meines Alters verhielt, so schämte ich mich sehr, weinte oft und hätte häufig lieber geschwiegen, wenn es mir möglich gewesen wäre.«

Die Meisterin Jutta von Sponheim will Hildegard von dieser Schau abbringen und berät sich mit dem Seelsorger der Klausnerinnen, der sie bestärkt. Vielleicht will Jutta das junge Mädchen, das sich wichtig macht, zu Bescheidenheit erziehen, vielleicht will sie das Aufsehen vermeiden, das eine Visionärin hervorrufen und das die Abgeschlossenheit der Klausnerinnen stören könnte, ihr Begrabensein mit Christus. Die 15jährige Hildegard versucht, sich den Wünschen ihrer sehr geliebten Meisterin gehorsam zu fügen. Ihre Schau hört nicht auf, aber sie hält von nun an den Mund.

Mit 16 legt sie ihre Gelübde der Armut, der Keuschheit und des Gehorsams ab und empfängt den Schleier von Bischof Otto von Bamberg, der zu dieser Zeit den Erzbischof von Mainz vertritt. Über 20 Jahre lang lebt sie nun als unbekannte Nonne, eingemauert in einem kleinen Anbau der Klosterkirche. Die *magistra* Jutta erzieht sie zu ihrer Nachfolgerin, denn Hildegard ist ruhig und fest geworden und kann andere mit Autorität leiten.

Gegen Ende des Jahres 1136 stirbt Jutta. In der Stunde ihres Todes hören die Vögel auf zu singen, und nach der Beisetzung – die Mönche begraben ihren Sarg unter den Platten des Kapitelsaals – entsteigt eine Wolke wunderbaren Wohlgeruchs dem Boden über ihrem Leichnam. Die Mönche betten die Tote um vor den Altar der Marienkapelle.

Die Klausnerinnen wählen Hildegard zu ihrer neuen *magistra*, ihrer Meisterin. Sie ist bescheiden und demütig und nimmt die Wahl erst auf Zureden des Abtes an.

Die Ereignisse der nächsten fünf Jahre sind heute nicht mehr in eine gesicherte chronologische Reihenfolge zu bringen:

Die Klause wird geöffnet – spätestens wohl 1139, als die Klausnerinnen neue Räume beziehen.

Hildegard muß mit dem Bischof, der in diesen Jahren mehrfach zum Kloster auf dem Disibodenberg reist, um Altäre in der neuen Kirche zu weihen, gesprochen haben.

Sie bekommt einen Lehrer: Volmar, Mönch und Seelsorger der Klausnerinnen.

Der Bischof besitzt eine große Bibliothek, und entweder durch ihn oder durch den Mönch Volmar erhält sie Bücher: Volmar macht sie mit den Werken der Kirchenväter und den Schriftstellern ihrer Gegenwart bekannt.

In diesen fünf Jahren folgt Hildegard noch Jutta und verbirgt ihre Schau, hält ihr Gelübde zum Gehorsam. Dann, 1141, Hildegard hat es genau festgehalten, erträgt sie die Selbstverleugnung nicht mehr. Mehr als die Lebensspanne, die den meisten Frauen vergönnt ist, hat sie in Gehorsam zugebracht. Sie kann nicht länger mit Christus begraben sein.

Sie findet einen Ausweg aus dem Konflikt zwischen ihrem Gelübde und dem inneren Drang, ihre Begabungen zu entfalten, sich einzumischen in das Leben: Das lebendige Licht hilft ihr, ihren Ungehorsam in einem höheren Gehorsam aufzuheben.

Das lebendige Licht

»Als ich zweiundvierzig Jahre und sieben Monate alt war, sah ich ein überaus stark funkelndes, feuriges Licht aus dem geöffneten Himmel kommen. Es durchströmte mein Gehirn, mein Herz und meine Brust ganz und gar, gleich einer Flamme, die jedoch nicht brennt, sondern erwärmt.«

Plötzlich »hatte ich die Einsicht in den Sinn und die Auslegung des Psalters, des Evangeliums und der anderen katholischen Schriften des Alten wie des Neuen Testamentes...« Aus diesem wunderbaren Licht erscholl eine himmlische Stimme: »Gebrechlicher Mensch, sage und schreibe, was du siehst und hörst.«

Das Licht gibt Hildegard die Einsicht in den Sinn der Schriften und beauftragt sie, anderen ihr Wissen mitzuteilen. Immer wieder hat man Hildegard später nach diesem Licht gefragt. Im Alter von 77 Jahren erzählte sie dem Mönch Wibert von Gembloux: »Das Licht, das ich schaue, ist nicht an den Raum gebunden. Es ist viel, viel lichter als eine Wolke, die die Sonne in sich trägt. Weder Höhe noch Länge noch Breite vermag ich an ihm zu erkennen. Es wird mir als der *Schatten des lebendigen Lichtes* bezeichnet. In diesem Licht sehe ich zuweilen, aber nicht oft, ein anderes Licht, das mir *das lebendige Licht* genannt wird. Wann und wie ich es schaue, kann ich nicht sagen.« Solange sie es schaut, sind Traurigkeit und Angst von ihr genommen.

Das Gegenteil von lebendig ist unlebendig: Nur wenn sie tut, was das lebendige Licht ihr befiehlt, lebt sie. Sie vergleicht den Schatten des lebendigen Lichts mit einer Wolke. An anderer Stelle schreibt sie, eine Frau sei eine Wolke: Das lebendige Licht ist in einer Wolke, in einer Frau. In ihren späteren Briefen gebraucht Hildegard das Wort Licht sehr häufig anstelle des Personalpronomens Ich: das lebendige Licht, das wahre Licht, das heitere Licht. Manchmal schreibt sie anstelle von Licht auch Gott.

Sie bedient sich einer Ersatzfigur, einer unangreifbaren Autorität, für die sie spricht und handelt – handeln muß. Das lebendige Licht ist der Teil ihrer Persönlichkeit, den sie bislang unterdrückt hat und der sich nun machtvoll erhebt. Sie, die Nonne Hildegard, wäre lieber gehorsam, aber das lebendige Licht läßt ihr keine Ruhe.

Das Licht rettet sie aus dem inneren Zwiespalt, den Wunsch nach eigener Größe verleugnen zu müssen und ihm doch nachgeben zu wollen. Das Licht ist keine bewußte Erfindung, kein Betrug. Es ist der Ausweg, den eine starke Persönlichkeit sich sucht, um vor sich selbst Unvereinbares vereinen zu können, Schwäche mit Größe, Gehorsam mit Ungehorsam. Hildegard sieht sich als Feder im Atem Gottes. Gottes Hauch trägt die Feder und läßt sie fliegen.

Immer wieder betont sie, daß sie in ihrer Schau nicht in Ekstase gerät. Sie schaut »wachend, besonnen und mit klarem Geist, mit den Augen und Ohren des inneren Menschen, an allgemein zugänglichen Orten, so wie Gott es will«. Sie sieht das Licht und hat die Einsicht in den Sinn und die Auslegung der biblischen Schriften – sie versteht den Aufbau der Welt und ihre Geschichte.

Der Lauf der Weltgeschichte steht fest: Schöpfung, Sündenfall, Erlösung durch Christus, dann folgen der Antichrist, das Jüngste Gericht, das Weltende, die Ewigkeit. Die Menschen deuten die Erscheinungen ihres Alltags und der Politik im Sinn der biblischen Heilsgeschichte. Sie sind unsicher, wo im Ablauf der Geschichte sie stehen, wann das himmlische Reich kommt, ob sie sich richtig verhalten, damit sie beim Jüngsten Gericht zu den Erlösten gehören. Die biblischen Propheten beantworten viele Fragen, aber noch mehr Fragen sind offen, und es ist notwendig, die Bibel weiter auszulegen.

Die Stimme aus dem lebendigen Licht gibt Hildegard den klaren Auftrag: »Gebrechlicher Mensch, rufe und sage, wie man in die Erlösung eingeht, damit die unterrichtet werden, die, obgleich sie den innersten Gehalt der Schriften kennen, ihn dennoch nicht aussprechen oder verkünden wollen. Denn sie sind lau und schwerfällig...« Sie soll den Theologen, den Gelehrten ihrer Zeit, und den kirchlichen Würdenträgern sagen, wie sie sich verhalten sollen: Das ist der Auftrag, sich in die großen Streitfragen ihres Jahrhunderts einzuschalten.

Bis an ihr Lebensende beruft Hildegard sich in ihren Schriften, Briefen und Predigten auf das lebendige Licht. Zu ihrem inneren Konflikt zwischen Gehorsam und Ungehorsam kommen die Konflikte mit den Zwängen der äußeren Welt: Sie ist eine Frau. Als Nonne führt sie zwar das ideale Leben einer Christin, aber Frauen nehmen in der Kirche nur eine untergeordnete Stellung ein. Sie sollen den Männern untertan sein, sind von kirchlichen Ämtern ausgeschlossen, dürfen nicht teilhaben an den großen Diskussionen der Zeit. Hildegard sagt von sich, daß sie noch mehr sieht und weiß als die Menschen der alten Zeit, die Propheten des Alten Testaments. Durch sie spricht Gott. Männer können in eigenem Namen sprechen. Frauen müssen über Visionen glaubhaft machen, daß alles, was sie schreiben und sagen, von Gott stammt.

Hildegard und zahlreiche Frauen im späteren Mittelalter betonen immer wieder, sie seien armselig, einfältig, unwürdig, hätten nichts gelernt. Sie wollen als ungebildete Prophetinnen gelten – um so wunderbarer ist ihr Wissen, um so mehr Autorität können sie beanspruchen. Sie drehen das herrschende Frauenbild um: Gott spricht durch die angeblich Schwachen, die dadurch die eigentlich Starken werden.

Das lebendige Licht will, daß Hildegard sich über die Männer hinwegsetzt und als Frau spricht, sich einmischt in die Welt, Einfluß nimmt. Das Licht sagt ihr, was sie tun soll – und halst ihr damit eine Menge Schwierigkeiten auf: Schreiben, das heißt, teures Pergament, Federkiele, Tinte besorgen, das heißt, sich auf Latein ausdrücken. Sie hat als Kind Latein gelernt, aber sie ist nie sicher in den Regeln der Grammatik geworden. Sie braucht die Hilfe der Mönche. Sie weiß nicht, wie sie sich durchsetzen kann, fürchtet sich. »Die Stimme Gottes« mahnt sie, nicht länger »mit dem Aufschreiben des Geschauten zu zögern. Doch aus weiblicher Scheu, aus Furcht vor dem Gerede der Leute und dem verwegenen Urteil der Menschen« unterläßt sie es.

Hildegard wird krank, kann nicht gehen, nicht stehen. Schließlich erzählt sie ihrem Lehrer Volmar den Grund ihres Leidens.

Volmar berichtet dem Abt von der wunderbaren Schau der *magistra*. Abt Kuno berät sich mit den Klügsten des Klosters. Es hebt das Ansehen eines Klosters, wenn es eine Seherin hat – von weit und breit würde das Volk kommen. Vielleicht kennt die Nonne das Schicksal der Welt, ist Gott näher als andere Menschen, kann sehen, wo man steht in der Geschichte und was man tun soll. Vielleicht ist auch alles nur Schwindel.

Der Abt spricht mit Hildegard, fragt sie nach ihren Visionen und rät ihr, aufzuschreiben, was Gott ihr eingibt. Der Mönch Volmar soll ihr Sekretär sein.

Hildegard beginnt zu schreiben. Ihre Körperkräfte kehren zurück, sie kann aufstehen und ist gesund: Gott hatte sie mit Krankheit gestraft, weil sie nicht tat, was er sagte.

Sie schreibt mit einem Griffel auf eine Wachstafel. Volmar überträgt den Text von der Wachstafel auf Pergament und korrigiert dabei die Grammatik. Hildegard überprüft seine Korrekturen, streicht einige oder fügt etwas hinzu. Dann folgt die Abschrift des korrigierten Textes. Sie hat endlich das Kraftgefühl, das ihr von Kindheit an fehlte. Sie ist glücklich und eifrig und schreibt fünf Jahre lang, was sie sieht und hört – den Weg zur Erlösung, Antworten auf die Fragen der Zeit.

Eine religiöse Erneuerungsbewegung hatte im 11. Jahrhundert für die Freiheit der Kirche von adliger und kaiserlicher Vorherrschaft gekämpft. Die neuen Orden, die aus dieser Reformbewegung entstanden, sind nun reich und mächtig geworden und haben sich der Basis, aus der sie hervorwuchsen, entfremdet. Das 12. Jahrhundert – Hildegards Jahrhundert – ist eine Zeit unerhörten wirtschaftlichen und kulturellen Aufschwungs. Klerus, Adel und kaufmännisches Bürgertum streben nach Reichtum und entfalten ein glänzendes Leben voll weltlicher Pracht. Aber es gibt auch Menschen, die diesen Materialismus verwerfen, und ihre Anzahl wächst zu einer neuen religiösen Bewegung. Für sie droht die Welt am Kreisen um irdische Reichtümer zugrunde zu gehen. Christus war arm, und sie fordern ein Leben nach dem Vorbild seiner Jünger. Nur diejenigen, die in Armut umherwandern und durch Predigen das christliche Leben erneuern wollen, seien die echten Nachfolger der Apostel, nicht die satten Bischöfe und Priester in ihren goldgestickten Ornaten.

Ketzer nennt man die Männer und Frauen, die selbst nach dem christlichen Sinn des Lebens suchen und predigen wollen. Sie kritisieren die Bräuche der Kirche, lehnen die meisten Sakramente ab, die Heiligenverehrung, die Fürbitte, die Fegefeuerlehre – das alles steht nicht im Evangelium. Sie wollen sich nur an die Evangelien und die Apostelschriften halten und sich der Autorität des Klerus nicht mehr fügen, denn nach der Erlösung durch Christus seien alle Menschen gleich.

Adlige, reiche Bürger und Bürgerinnen, Priester, Mönche und Nonnen reihen sich in die Scharen der wandernden Ketzerprediger. Die große Frömmigkeitsbewegung zerfällt in zahlreiche Gruppen, bietet ein vielschichtiges, buntes Bild. Männer und Frauen aus allen Schichten der Gesellschaft verzichten auf die Ehe, um in den unterschiedlichsten frommen Gemeinschaften zu leben. Der Streit um die Frage, wie man leben soll, findet viele Antworten. Zehntausende von Frauen suchen nach einem neuen christlichen Sinn des Lebens, wollen die Ideale von Armut und Keuschheit verwirklichen und drängen in die Klöster, die diese Überzahlen nicht aufnehmen können und wollen. Frauen ziehen durch die Länder und predigen, Frauen entwickeln neue Formen religiösen Gemeinschaftslebens.

Der hohe Klerus empört sich besonders über diese Frauen. Die Kirche bekämpft die Ketzer. Das Recht zur Predigt und Seelsorge haben nur die, die von Gott dazu berufen sind: die zwölf Apostel und ihre Nachfolger, die Bischöfe, die 72 Schüler des Herrn und ihre Nachfolger, die Priester, und als Stellvertreter der Priester die Archidiakone und Vikare – sonst niemand, weder Mönche noch Laien und schon gar nicht Frauen.

Die Fragen nach dem rechten christlichen Leben, nach der wahren christlichen Kirche, nach dem Recht zu predigen sind eng miteinander verbunden und lassen das Jahrhundert nicht zur Ruhe kommen. Das Rütteln der Ketzerinnen und Ketzer an der Kirchenhierarchie ist auch ein Rütteln am bisherigen Weltbild: Die Kirche behauptet, daß ihre Hierarchie Abbild der Hierarchie des Himmels sei.

Hildegard schreibt ihr dreiteiliges Buch *Liber Scivias Domini (Wisse die Wege des Herrn),* eine Geschichtsdeutung und strenge Zeitkritik. Sie nimmt Partei für die Kirche und fordert zugleich den Klerus scharf zu Sittenreinheit auf, kritisiert Ämterschacher, zu großen Reichtum, Hochmut. Die Verfehlungen ihrer Zeit sind für sie so schwer, daß sie

sie als Wiederkehr der Evasschuld sieht und ihr Zeitalter »weibisch« nennt. Sie beschreibt ihre Visionen und lehrt, was sie bedeuten, breitet eine faszinierende Bilderwelt aus, zu der uns heute der Zugang oft verschlossen ist.

Das innerste Wesen Gottes aber ist die Liebe, und aus Liebe schuf Gott die Welt. Im ersten Teil zeigen ihre Visionen die Erschaffung der Engel, der Welt und der Menschen. Engel und Menschen haben die Freiheit, Gottes Gebote zu befolgen oder sie zu übertreten. Luzifer, der Engel, der sich über Gott emporschwingen wollte, stürzt in die Hölle. Durch Adams und Evas Ungehorsam verfällt die Welt dem Unheil – Haß, Neid, Mord, Habgier, Krankheit, Tod.

Im zweiten Teil zeigen die Visionen die Erlösung durch Christus. Doch es bleibt Aufgabe der Menschen, gegen die Macht des Teufels zu kämpfen. In der Kirche, die Christus gestiftet hat, setzt sich die Erlösung fort. Hildegard erklärt den Aufbau der Kirche und prangert Mißstände und Mißbräuche innerhalb der Kirche an.

Die hierarchische Gliederung der irdischen Gesellschaft entspricht für Hildegard der Gliederung der jenseitigen Welt. Die Menschen sind nicht gleich. Ihre Abstufung ist von Gott gewollt, und hochgestellte Menschen soll man fürchten und ehren. Die höchsten Ämter der Kirche sind dem Adel vorbehalten, und auch im weltlichen Leben sind allein die Adligen zur Herrschaft berechtigt: Sie haben eine Vorzugsstellung in der Heilsordnung Gottes, an der zu rücken und zu rühren Sünde ist. Hildegard hält es mit den Herrschenden – sie ist selbst Mitglied einer adligen Familie.

Im dritten Teil beschreibt sie ihre Visionen zum Aufbau des Gottesreiches. Der Mensch hat die Aufgabe, am göttlichen Heilswerk mitzuarbeiten. Am Ende der Zeiten ist der Bau vollendet, dann folgt die Ewigkeit: das Jüngste Gericht, der Tag der großen Offenbarung, der Sturm des Weltuntergangs – dann sieht Hildegard den neuen Himmel und die neue Erde in leuchtender Herrlichkeit. Ihre Visionen erinnern an Glasfenster gotischer Kirchen, sind kraftvolle und strahlende Bilder, für uns in ihrer Symbolik oft nur noch schwer verständlich und geheimnisvoll.

Als Hildegard fünf Jahre an ihrem Buch geschrieben hat, quält sie sich mit der Frage, ob man ihr Anerkennung schenken werde. Sie schreibt 1146 oder 1147 an Bernhard von Clairvaux, den »Adler, der in die Sonne blickt«, wie sie ihn nennt, und bittet um Rat und Bestätigung ihrer Visionen. Sie nennt sich einen ungelehrten Menschen, der nicht in Schulwissen über äußere Dinge unterwiesen wurde. Tief in ihrer Seele sei sie unterrichtet, aber sie wage es keinem Menschen zu sagen, »weil es unter den Menschen, wie ich die Leute sagen höre, viele Spaltungen gibt«. Soll sie offen sagen, was sie weiß, oder soll sie Schweigen bewahren?

Mit ihrem Brief wendet sie sich an den einflußreichsten Prediger und Kirchenpolitiker ihrer Zeit. Der Zisterzienserabt Bernhard von Clairvaux hat zum zweiten Kreuzzug aufgerufen und eine mächtige Kreuzzugsbewegung geschaffen. Er liegt im Streit mit den Scholastikern, den Verfechtern einer neuartigen kirchlichen Wissenschaft, die Glaubenstatsachen auch verstandesmäßig begreifen und beweisen wollen – auf die Gefahr hin, sich dabei von den herrschenden Lehrtraditionen zu entfernen. Für Bernhard dagegen ist nicht das nachvollziehbare verstandesmäßige Begreifen entscheidend, sondern das subjektive Erleben Gottes in der Kontemplation: Er ist der Begründer der Mystik. Bernhard und sein Orden kämpfen gegen die Ketzer, gegen die Erneuerung der Kirche außerhalb der Klöster. Aber auch er will die Mißstände in der Kirche beseitigen. Seine Anhänger haben in den rheinischen Städten das Volk durch Kreuzzugspredigten zu Judenverfolgungen und Ketzerverbrennungen hingerissen. Er ist nach Deutschland gekommen, um diese Grausamkeiten zu unterbinden und um König Konrad für den Kreuzzug zu gewinnen. Anfang 1147 beginnt der Aufbruch der Kreuzritter aus Frankreich und Deutschland ins Heilige Land.

Bernhard, ein vielbeschäftigter, streßgeplagter Mann, antwortet Hildegard nur kurz und entschuldigt sich mit der »Menge der Geschäfte«. Er weicht ihrer Bitte um Anerkennung ein wenig aus, ohne sie jedoch zu entmutigen: »was sollen wir noch lehren oder ermahnen, wo schon eine innere Unterweisung besteht und eine Salbung über alles belehrt?« Sie möge für ihn beten.

Das genügt Hildegard nicht. Sie braucht eine klare Bestätigung, daß ihre Visionen göttlichen Ursprungs sind. Sie will sich mit ihrem Buch einschalten, will wirken, Einfluß nehmen. Der Papst wird demnächst in Trier eine Synode leiten.

Bei allem, was nun geschieht, wird der Plan deutlich, die Anerkennung der Visionsschrift *Scivias* durch den Papst zu erreichen. Offen bleibt, ob Abt Kuno diesen Plan von Anfang an gemeinsam mit Hildegard verfolgt oder ob sie ihn – vielleicht erst durch den Antwortbrief Bernhards – dazu bringt, ihr zu helfen. Abt Kuno reist nach Mainz zum Erzbischof, berichtet ihm und dem Domkapitel von Hildegards Schau und legt Teile ihrer Schrift vor. Erzbischof Heinrich und die höhere Geistlichkeit von Mainz, so berichtet Hildegards Vita, halten es »für gut, die Angelegenheit Hildegards dem Papst zu unterbreiten, um durch seine Autorität zu erfahren, was anzunehmen und was zu verwerfen sei«.

Papst Eugen III. hält vom 30. November 1147 bis Mitte Februar 1148 in Trier mit großem Gefolge eine Synode ab. Der Papst ist Abt eines Zisterzienserklosters bei Rom und Schüler von Bernhard von Clairvaux. Bernhard ermahnt ihn zu durchgreifenden Reformen der Kurie, und gemeinsam haben sie zum Kreuzzug aufgerufen. Wegen innenpolitischer Wirren in Rom kann Eugen dort nicht leben.

Der Papst hört »mit großer Ehrfurcht und voller Staunen« von der Nonne Hildegard und ihrem Buch. Er schickt eine Untersuchungskommission unter Leitung des Bischofs von Verdun auf den Disibodenberg, die Hildegard und ihre Sehergabe prüfen soll – in aller Stille, »ohne Aufsehen und Erregung der Neugierde«. Hildegard gibt den hohen Herren »einfach und schlicht Auskunft«, heißt es in der Vita.

Die Kommission kehrt nach Trier zurück, und der Bischof von Verdun berichtet dem Papst und dann der Kirchenversammlung. Er hat einen Teil der *Scivias* mitgebracht. Der Papst liest den Kardinälen und anwesenden Geistlichen selbst daraus vor und ruft »die Herzen aller zum Lobe des Schöpfers und zur jubelnden Mitfreude auf«.

Die Versammelten sind begeistert. Mitten in den schweren Kämpfen der Kirche gegen die Angriffe der Ketzersekten kommt hier von

Gott die Bestätigung, daß der Weg der Menschen zur Erlösung nur über die Kirche führt. Die Visionen der Nonne und ihre Deutungen stimmen mit den religiösen und machtpolitischen Zielen der Versammelten überein. Gott spricht durch diese Nonne und sagt, was man nun selbst nicht mehr zu diskutieren braucht. Die Frau ist sogar eine Inkluse, die 30 Jahre eingemauert fern der Welt und der Politik lebte und die nun von Gott genau das zu hören bekommt, was die Geistlichen auch meinen und sagen wollen.

Bernhard von Clairvaux meldet sich zu Wort und fordert, der Papst möge nicht dulden, »daß ein solch hellstrahlendes Licht von Schweigen überdeckt würde«, er solle vielmehr ein solches Zeichen der Gnade, das der Herr in seiner Zeit offenbaren wolle, durch seine eigene Autorität bestätigen.

Der Papst sendet Hildegard seinen Segen und gebietet ihr, genau aufzuschreiben, was sie in ihrer Schau sieht und hört. An Abt Kuno und die Mönche auf dem Disibodenberg schickt er ein Glückwunschschreiben, und am 18. Februar 1148 stellt er, nun in Metz, eine Schutzurkunde für das Kloster aus.

In diesem Jahr schreibt Hildegard dem Papst. Sie hat einen neuen Abschnitt ihrer Schrift beendet und möchte auch dafür die Bestätigung vom Papst, denn »viele irdischgesinnte Kluge verwerfen sie in der Unbeständigkeit ihres Geistes, weil sie von einem armen Gebilde stammt, das aus der Rippe erbaut und nicht von Philosophen belehrt worden ist«. Offenbar haben manche, die zunächst von ihrer Sehergabe begeistert waren, nun doch Zweifel am Buch einer Frau geäußert. Aber Gott hat es gefallen, eine kleine Feder zu berühren. »Nun spricht wiederum er zu Dir, der das lebendige Licht ist... Bestätige diese Schrift, damit sie denen zu Gehör gebracht werde, die für mich offen sind.« Wenn er die Schrift bestätigt, wird er leben in Ewigkeit, verspricht das lebendige Licht und setzt gleich eine Drohung hinzu: Der Papst möge sich hüten, diese Gottesgeheimnisse zu verachten.

Hildegard wird vom Papst anerkannte Visionärin. Das lebendige Licht macht sie zur berühmten Frau. Sie setzt die Arbeit fort und vollendet das *Liber Scivias Domini* im Jahre 1151. Der Papst schreibt ihr

1152, er freue sich, daß ihr »ehrenvoller Ruf sich so in die Weite und Breite ergießt«.

Noch vor Abschluß ihres Buches wagt Hildegard ihren nächsten großen Schritt in die Welt: die Gründung eines eigenen Frauenklosters.

Kampf um ein Frauenkloster

Zahlreiche adlige Frauen kommen auf den Disibodenberg und wollen bei der Frau, die die göttlichen Geheimnisse des Weltlaufs sieht, ein klösterliches Leben führen. Die Räume der ehemaligen Klausnerinnen werden zu klein. Abt und Mönche überlegen, ob sie für die neuen Nonnen anbauen oder ein zusätzliches Haus errichten lassen sollen.

Das heilige Licht aber sagt Hildegard in einer Schau, sie müsse fern von den Mönchen ein eigenes Kloster gründen.

Freiheit bedeutet für Hildegard und die Frauen, die zu ihr kommen, die auf die Ehe verzichten oder sogar einen Ehemann verlassen haben, die Freiheit eines Lebens für Gott. In dieser Freiheit sind sie in einem Männerkloster gehindert. Worin Hildegard sich vom Abt am stärksten eingeengt fühlt, erzählt sie nicht. Später erregen ihre Gottesdienste größtes Aufsehen und gelten manchen als empörender Skandal. Auf dem Disibodenberg dichtet und komponiert Hildegard Lieder, doch Nonnen dürfen an den sieben Gottesdiensten, die die Nächte und Tage im Kloster einteilen, nur abseits in einer kleinen Seitenkapelle oder auf einer Empore teilnehmen und nicht mitsingen. Vielleicht träumt Hildegard von einer Kirche, in der Frauen, wie die Männer, im Chor ihren Platz haben und das Gotteslob erschallen lassen.

Auch ein Frauenkloster braucht für die Seelsorge einen Mann. Frauen dürfen nicht Priester sein, nicht an Synoden, nicht einmal an Versammlungen ihres eigenen Ordens teilnehmen. Aber innerhalb eines Frauenklosters sind sie weitgehend unabhängig: Die Äbtissin entscheidet über die Liturgie, sorgt für die Einhaltung der Gelübde und der Kirchenregeln. Frauenklöster können Nonnen ein vielseitiges Leben bieten, können Verwaltungszentren ihres Landbesitzes sein, Zentren der Kultur, Bildung und Ausbildung mit Schule, Krankenhaus, Textil- und Schreibwerkstätten.

Hildegard sieht in ihrer Schau den Ort, an dem sie ihr Kloster bauen soll: den Rupertsberg bei Bingen. Der Disibodenberg liegt in abgelegenen Wäldern am Zusammenfluß von Glan und Nahe. Der Rupertsberg liegt an der Mündung der Nahe in den Rhein. Hier, an der alten Römerbrücke bei Bingen, kreuzen sich belebte Verkehrsadern. Pilger, Kaufleute und Kreuzfahrer kommen auf ihren Reisen zu Fuß, zu Pferd oder auf Schiffen über Bingen, und in der nahen Pfalz Ingelheim halten die Kaiser Hoftage ab. Hildegards Kloster soll in einem Zentrum des Lebens liegen, mit freier Sicht auf den Rhein und seine Schiffe, auf Bingen und Rüdesheim.

Eine Nonne, die allein ein Kloster gründen will, hat Unerhörtes vor. Keine Frau hat das im 12. Jahrhundert getan. Den übrigen Nonnen gefällt Hildegards Plan.

Aber nun fürchtet sie sich davor, den Befehl des lebendigen Lichts auszuführen. Der Abt wird sie nicht ziehen lassen, und sie fühlt sich dem Kampf mit ihm nicht gewachsen. Sie ist der Magnet seines Klosters, eine Quelle des Reichtums. Gläubige lassen ihre Verwandten hier begraben und stiften dem Kloster Geld und Land, und Geld und Land bringen auch die Frauen, die bei Hildegard leben wollen, als Mitgift mit. Hildegard wird krank. Sie kann nicht mehr sehen und fühlt ihren Körper von einer so großen Last niedergedrückt, daß sie mit heftigen Schmerzen im Bett liegen muß.

Ihr Leben lang kämpft sie mit Selbstzweifeln. Viele Jahre später, im Herbst 1175, schreibt sie dem Mönch Wibert von Gembloux: »Ich aber bin ständig von zitternder Furcht erfüllt. Denn keine Sicherheit des Könnens erkenne ich in mir. Doch strecke ich meine Hände zu Gott empor, daß ich von ihm gehalten werde wie eine Feder, die... sich vom Wind dahinwehen läßt.«

Die kranke Hildegard überwindet sich und erzählt Abt Kuno, daß der Heilige Geist ihr die Stätte gezeigt habe, an der sie mit den Nonnen leben solle: den Rupertsberg. Nun kann sie wieder sehen.

Aber was sie gefürchtet hat, trifft ein. Der Abt und die Mönche wollen die berühmte Seherin nicht verlieren und behaupten, sie habe sich durch ein Trugbild täuschen lassen.

Hildegard wird schwer krank.

Ihre Aktivität wird immer wieder von äußeren Zwängen aufgehalten. Sie hat große Energien, und wenn sie gehindert wird, richten diese Energien sich gegen sie selbst, drohen, sie zu zerstören. Ihre Krankheit ist eine passive Aggressivität: Sie liegt starr im Bett. Erst wenn das Hindernis beseitigt ist, kann sie die Aggressivität nach außen richten – ihre Kraft wird frei, sie kann sich mit Schwung an die Arbeit machen und wird gesund.

Bei Hildegards Krankheiten ist auch Erpressung mit im Spiel. So sehen es jedenfalls die beiden Mönche, die ihre Lebensgeschichte schreiben: »Damit sie aber nicht gehindert würde, die Weisung Gottes auszuführen, lag sie, wie früher, lange auf dem Krankenlager.« Aber Abt Kuno läßt sich nicht erpressen. Hildegard hilft nach: »Und als ich viele Tage hindurch zu Bett lag, hörte ich eine gewaltige Stimme, die mir verbot, weiterhin an diesem Ort etwas über die Vision zu sagen oder zu schreiben.«

Doch auch dies stimmt den Abt nicht um. Vision oder nicht – sie ist eine Angehörige seines Klosters und kann nicht gehen, wohin sie will, und auch noch andere zur Rebellion gegen ihn anstiften. Als Abt ist er für die Seelsorge der Mönche und Nonnen verantwortlich und dafür, daß sie ihre Gelübde halten – auch das Gelübde zum Gehorsam.

Verwandte der Nonnen schalten sich ein. Der Adel der Umgebung wehrt sich seit langem gegen das Vordringen des Bistums Mainz in sein Herrschaftsgebiet. Das Bistum ist ein starker Konkurrent beim Ausbau der Landeshoheit, und der Adel will seine Töchter nicht länger in einem Mainzer Kloster unterbringen und diesem Grundbesitz überschreiben. Die verwitwete Markgräfin Richardis von Stade, Mutter von Hildegards engster Freundin Richardis, reist als Vermittlerin nach Mainz und verhandelt mit dem Erzbischof. Erzbischof Heinrich I. ist daran interessiert, sich den Adel zu verpflichten, denn der Kaiser will ihn absetzen, und der Adel soll ihm gegen den Kaiser beistehen. Dafür zeigt Heinrich sich gern mit einem kleinen Gefallen erkenntlich: mit einem Kloster für Adelstöchter, das nicht dem Bistum untersteht.

Gegen den Erzbischof ist Abt Kuno machtlos, und er muß Hildegards Plan zustimmen. Doch er verzögert seine Ausführung immer wieder. Als Hildegard ihn bittet, Leute zu den Eigentümern des Rupertsbergs zu schicken, um ihre Erlaubnis einzuholen, dort ein Kloster zu errichten, überhört er den Wunsch der rebellischen Nonne.

Hildegard liegt wie ein Felsblock in ihrem Bett, und niemand kann sie bewegen. Abt Kuno geht selbst zu ihr, doch er kann weder ihren Kopf anheben noch sie umdrehen. »Und er sah ein, daß er sich nicht länger der göttlichen Weisung widersetzen dürfe, wenn er selbst nicht noch Schlimmeres erleiden wollte«, berichtet die Vita. Eine Gesandtschaft des Abts reist nun zu den Besitzern des Rupertsbergs, die einverstanden sind, daß die Nonnen sich dort niederlassen. Hildegard steht auf und ist gesund.

So geht es weiter: Jedesmal, wenn der Bau ihres Klosters sich günstig entwickelt, spürt Hildegard eine Linderung ihrer körperlichen Leiden; wenn dagegen Schwierigkeiten auftauchen, verstärken sich ihre Beschwerden. Manchmal kann sie gehen, aber nicht sprechen, manchmal kann sie sprechen, aber nicht gehen. Das heilige Licht zwingt sie zum Kampf: »...immer, wenn sie aus weiblicher Furcht zögerte oder zweifelte, den Auftrag des göttlichen Willens auszuführen, erfuhr sie dieses sichere Zeichen an sich.«

Der Pfalzgraf und die Pfalzgräfin von Stahleck, die in ihrer Burg über Bacharach wohnen, helfen beim Bau des ersten Hauses auf dem Rupertsberg, und endlich, 1150, ist es soweit, daß Hildegard und 20 Nonnen in das neue Kloster übersiedeln können. Sicherheitshalber holt ein großes Gefolge ihrer adligen Verwandten sie vom Disibodenberg ab und begleitet sie nach Bingen. Aus der Stadt und den umliegenden Orten kommen ihnen angesehene Persönlichkeiten, Geistliche und eine große Volksmenge entgegen, empfangen sie mit geistlichen Gesängen und begrüßen sie voll Freude.

Aber Hildegards schwerste Zeit beginnt erst.

Abt Kuno hofft immer noch, die Nonnen zum Gehorsam und zur

Rückkehr zwingen zu können und sich damit zugleich das neue Konkurrenzkloster vom Hals zu schaffen, ehe es sich fest etabliert hat. Hildegard wird verspottet: »Was soll es bedeuten, daß dieser törichten und ungelehrten Frau solche Geheimnisse geoffenbart werden, da es doch viele starke und weise Männer gibt?« Die Mönche bezweifeln öffentlich Hildegards Offenbarungen und stellen die Frage, ob sie wirklich von Gott stammen oder nicht doch nur »von dürren Luftgeistern, die manche irreführen«. Sie sehen das Frauenkloster nur als Unterkloster des Disibodenberges an.

Der Mönch Volmar ist mit Hildegard als Seelsorger der Nonnen auf den Rupertsberg gezogen und arbeitet mit ihr am *Liber Scivias.* 1151 schließen sie das Buch ab.

Die Anfangszeit im neuen Kloster ist voller Widerwärtigkeiten und Trübsal. Die reichen, verwöhnten Nonnen finden ihre neue Behausung unzureichend. Sie sind bitter arm, denn Abt Kuno versorgt sie nicht aus ihrer Mitgift, und wenn Gläubige ihnen keine Almosen schenken, fehlt es ihnen am Lebensnotwendigsten. Die Armut hemmt den Aufbau des Klosters. Hildegard leidet unter der großen Arbeitslast, ist oft verzweifelt und weint. Es kommt zu Spannungen in der Frauengemeinschaft. Die Nonnen sind an ein standesgemäßes Leben, vermutlich sogar mit eigenen Dienerinnen, gewöhnt. Einige verlassen das neue Kloster und kehren auf die Burgen ihrer Eltern zurück. Der schwerste Rückschlag für Hildegard kommt, als ihre engste Freundin, die sie sehr liebt, sie verläßt, die Nonne Richardis. Deren Bruder Hartwig, Erzbischof von Bremen, hat dafür gesorgt, daß das Stift Bassum – südlich von Bremen – sie zur Äbtissin wählt. Richardis nimmt die Wahl an.

Hildegard kann hart und rücksichtslos werden, wenn nicht alles nach ihrem Willen geschieht. Sie versucht, Richardis zur Rückkehr zu zwingen, schreibt an ihre Mutter, die Markgräfin von Stade, an den Erzbischof von Mainz, schließlich an den Papst. Doch Richardis bleibt in Bassum. Nun klagt Hildegard sich selbst in ihren Briefen an die Freundin an, sie habe sie zu sehr geliebt. Richardis bereut ihren Entschluß und bemüht sich um die Erlaubnis, zum Rupertsberg zurückkehren zu dürfen. Doch sie erkrankt und stirbt im Herbst 1152 in Bassum.

Auf dem Rupertsberg haben sich die Verhältnisse gebessert. Am 1. Mai 1152 hat Erzbischof Heinrich die neue Kirche geweiht, die Hildegard anstelle einer baufälligen Kapelle über dem Grab des heiligen Rupert errichten lassen konnte, ein dreischiffiger Bau mit zwei Türmen. Der Erzbischof weiht die Kirche Maria, den Aposteln Philippus und Jakobus, dem heiligen Martin und dem heiligen Rupert. In dieser Kirche ist der Platz der Nonnen im Chor, zwischen Hauptschiff und Apsis, dort, wo in Männerklöstern die Mönche und in Frauenklöstern auch die Männer sitzen, die Geistlichen, die den Gottesdienst abhalten. Nirgends sonst weiß man in dieser Zeit von Nonnen, die so selbstbewußt wie Männer ihren Platz im Zentrum der Kirche einnehmen.

Viele Leute, die Hildegards Kloster nutzlos nannten, kommen nun, um von der Seherin Rat zu erfragen, und Reiche lassen ihre Toten ehrenvoll bei den Nonnen bestatten und beschenken das Kloster mit Land und Geld. Hildegard kann neue Gebäude errichten lassen. Die Grundstücke, auf denen Kirche und Kloster stehen, kauft sie oder tauscht sie gegen geschenktes Land ein. Ihr Kloster soll für immer frei bleiben, sie will kein Lehnsverhältnis, keinen Grafen als Vogt haben, der sich zum Vormund der Nonnen aufschwingen könnte. Sie unterstellt es dem Schutz des Erzbischofs und entzieht sich damit nicht nur Abt Kuno, sondern auch den Einflüssen der adligen Verwandten der Nonnen. In juristischen und ökonomischen Fragen ist sie klug oder läßt sich gut beraten.

Hildegard ist durch ihre Visionen berühmt geworden und hat mit ihrer Klostergründung alle Welt verblüfft. Aber geradezu Skandal erregt die Pracht, mit der sie und die Nonnen an Festtagen den Gottesdienst feiern.

Tenxwind, die *magistra* eines großen und angesehenen Nonnenkonvents in Andernach, fordert Hildegard schriftlich zu einer Erklärung über die ungewöhnliche neue Art auf, in der sie ihre Jungfrauen beim Chorsingen an Festtagen schmückt: Beim Psalmensingen sind sie mit leuchtendweißen seidenen Gewändern bekleidet, die den Boden berühren. Ihr Haar ist gelöst und fällt lang herab. Sie tragen Kronen aus Gold mit einem Bild des Lamms an der Stirn und Kreuzen an den Seiten und am Hinterkopf. Ihre Finger sind mit goldenen Ringen geschmückt.

Tenxwind ist empört über diesen schamlosen Aufzug, den schon Paulus den Frauen in der Kirche untersagt hat. Sie protestiert auch dagegen, daß Hildegard nur reiche Adlige in ihr Kloster aufnimmt, arme Adlige und Nichtadlige aber abweist. Christus habe Fischer, Niedrige und Arme zu seinen Aposteln gewählt, Gott kenne kein Ansehen der Person. Die nichtadlige Tenxwind steht seit 20 Jahren dem Nonnenkloster vor, das ihr Bruder gegründet hat. Anfangs war der Konvent so arm, daß die Nonnen hungern mußten, und obwohl er längst durch Eintritt reicher adliger und bürgerlicher Frauen und Stiftungen gesichert ist, hält sie am Armutsideal fest. Ihre Nonnen müssen das Haar sorgfältig unter einer schwarzen Kopfbedeckung verstecken.

»Wer stellt schon Rinder, Esel, Schafe und Ziegen in denselben Stall«, antwortet Hildegard, das Kind vom Gutshof. Sie schreibt Tenxwind unpersönlich und schroff, setzt ihr die Stellung von Ehefrauen und Jungfrauen auseinander und begründet dann die Reinheit ihres adligen Stalls.

Eine Ehefrau darf sich in der Öffentlichkeit gegen den Willen ihres Mannes nicht mit einer goldenen Krone und anderem Goldschmuck zeigen: Ehefrauen sind seit dem Sündenfall den Gefahren schrecklicher Ausschweifungen ausgesetzt, jedoch geschützt, wenn sie sich der gottgewollten *potestas* – Macht – ihres Ehemanns unterwerfen. Wenn ihr Mann aber will, daß sie sich in der Kirche mit Gold schmückt, dann darf sie das auch – ganz gleich was Paulus sagt.

Für gottgeweihte Jungfrauen sind ähnlich abwägende Überlegungen überhaupt nicht nötig. Sie befinden sich noch in der Unversehrtheit des Paradieses, bewahren auch nach der Vertreibung noch die »blitzende« und »strahlende« Urform der Frau, die himmlische Schönheit – so wie Gott sie ursprünglich geschaffen hat. Die Bräute Christi, zu denen auch Witwen gehören können, sind vor Ausschweifungen geschützt, sie dürfen ihre Haare unbedeckt lassen und als Zeichen ihrer

Vermählung mit Christus leuchtendweiße Kleider tragen. Seide zeige die Anmut der Tugenden.

Für Hildegard sind die Menschen – Ehefrau, Jungfrau oder Mann – vor allem Ebenbilder Gottes, nicht Sünder. Sie hält wenig vom Büßen und vom Dienen. Trotz Sündenfall rückt sie die Menschen als zehnten Chor an die neun Chöre der Engel heran, und an Festtagen zeigt sie mit ihrer Liturgie den besonderen Platz, den gottgeweihte Frauen unter den Menschen haben.

Tenxwind hat behauptet, Christus habe für die Führungspositionen in der Kirche die Armen gewählt. Hildegard behauptet nun, Gott habe die Ungleichheit der Menschen befohlen. Er ist für sie der erhabene Richter, der Weltenherrscher, und Christus, sein Sohn, ein Adliger und König – keineswegs ein armer Wanderer. Gott allein habe über sein Gebot zu befinden, daß der geringe Stand sich nicht über den höheren erhebe – wie das Satan und Adam taten, die über die Stellung hinausstrebten, die Gott ihnen gesetzt hat. Gegen seine Ordnung solle Tenxwind nicht verstoßen, sondern demütig sein und – Hildegard schließt mit verletzender Schärfe – dies um so mehr, als sie ja nun durch die Worte des lebendigen Lichts belehrt worden sei.

Tenxwind läßt nichts mehr von sich hören, aber Abt Kuno. Sein Erzbischof wird abgesetzt, 1153, ehe Kuno den Besitz der Nonnen, ihre Mitgift, herausgerückt hat, und nun behält er ihn: Für ihn ist der Nonnenkonvent dem Männerkloster untergeordnet.

Wieder greift das heilige Licht ein und sagt Hildegard, sie müsse zum Disibodenberg reisen. Sie zögert, wird krank, erkennt die Krankheit als Strafe Gottes und gelobt, dahin zu gehen, wohin er ihr befiehlt. Sie läßt sich auf ein Pferd setzen, an ihren Händen halten und führen – und plötzlich kehren ihre Kräfte zurück, und sie reitet auf den Disibodenberg. Dort hält sie dem Abt und den Mönchen eine flammende Rede. Er solle Seelsorger der Nonnen sein und nicht das wirtschaftliche Fortkommen ihres Klosters hindern. Hildegard ist eine zähe Verhandlungspartnerin, macht aber schließlich Zugeständnisse. Sie bietet dem Abt einen Teil des Land- und Geldbesitzes der Nonnen an. Abt Kuno sieht wohl ein, daß er diese schwierige, unbequeme Frau nicht mehr in sein Kloster zurückholen kann, und läßt sich auf einen Kompromiß ein.

Er stirbt 1155, und Hildegard verhandelt mit seinem Nachfolger Helenger weiter über die vollständige Loslösung ihres Klosters. Sie will sich weder ausnutzen noch bevormunden lassen und scheut keinen Krach. Im Mai 1158 stellt Erzbischof Arnold von Mainz ihr zwei Urkunden aus, die den Besitz des Klosters Rupertsberg sowie Rechte und Befugnisse beider Klöster festlegen. Rupertsberg bekommt freie Äbtissinnenwahl. Mit eisernem Willen hat Hildegard nach acht Jahren die endgültige Trennung vom Disibodenberg erreicht.

Nun, da gesichert ist, daß keine Schenkungen für die Nonnen mehr an den Disibodenberg fallen können, wird das Frauenkloster reich. Der Graf von Sponheim schenkt ihm Ländereien, die Markgräfin von Stade ein Landgut, der Pfalzgraf von Stahleck gibt Land, und neu eintretende Nonnen bringen weitere Besitzungen mit. Die bedeutendste Schenkung aber ist der Herrenhof Bermersheim mit dem dazugehörenden Dorf. Drutwin, Hildegards ältester Bruder, der das gemeinsame Erbe der Geschwister verwaltet hat, ist gestorben, und die Geschwister vermachen 1158 ihren Besitz dem Kloster ihrer Schwester Hildegard: die Brüder Hugo und Rorich und die Schwestern Irmengard, Odilia, Judda und Clementia. Hugo ist Domkantor in Mainz, Rorich Kanoniker in Tholey an der Saar, die vier Schwestern sind Nonnen, Clementia lebt im Kloster auf dem Rupertsberg. Hildegard, die die Geschwister für untüchtig in den Geschäften der Welt gehalten haben, ist nun die berühmteste und tüchtigste von allen.

Ihr Kloster besitzt nach ihrem Tod Güter in 22 Ortschaften, in einigen hat es zwei und drei Höfe, die die Nonnen entweder selbst mit Verwaltern bewirtschaften oder die sie verpachtet haben. Ein solches Gut ist durchschnittlich zwischen 120 und 150 Morgen groß. Das Kloster besitzt auch mehrere Weingüter, eins im Klosterbezirk, andere in Bingen, Eibingen, Rüdesheim, Geisenheim und Trechtingshausen. Außerdem kann es aus zwölf Dörfern von Zinsgütern jährlich Naturalleistungen und Grundzinsen einziehen und aus drei Dörfern den zehnten Teil der Getreide- und Weinernte.

Hildegard läßt das Kloster weiter ausbauen, bis es Räume für 50 Nonnen, zwei Priester, sieben arme Frauen, Gesinde und Gäste hat. Kreuzgang und Kapitelsaal schließen sich an die Kirche an, Prälatur, Dormitorium und Konventsbau. Südwestlich vom Kreuzgang liegt der Friedhof mit der Michaelskapelle. An die Umfassungsmauer des Klosters ist eine Kapelle angebaut, die dem heiligen Nikolaus geweiht ist, dem Patron der Schiffer. Gärten gehören zum Kloster und ein Gästehaus. Laienschwestern versorgen die Gäste, sind zuständig für Haus-, Küchen- und Gartenarbeiten und für die Pflege der Kranken. Es gibt eine kleine Klosterschule, ein Internat für Kinder aus hochadligen Häusern, die eine Lehrerin auf ihren Stand in der Welt oder auf den Ordensstand vorbereitet. Die Laienschwestern erziehen einige Kinder aus nichtadligen, einfachen Familien, fromme kleine Mädchen, zu ihren Nachfolgerinnen.

Die Werkstätten des Klosters versetzen die Zeitgenossen in Staunen: Sie haben Wasserleitungen. In der Stickereiwerkstatt schneiden Nonnen Altarbehänge und liturgische Gewänder zu, die kostbarsten aus Seidenstoffen, auf die sie mit Gold- und Silberfäden Personen und Geschichten aus der Bibel sticken. In der Schreibstube schreiben Nonnen Hildegards Schriften ab, in der Malstube malen andere mit kostbaren leuchtenden Farben 35 Miniaturen für eine Prachthandschrift des *Liber Scivias.* Die erste Bildseite zeigt in der Mitte Hildegard mit Wachstafel und Griffel in der Hand. Ihr Kopf ist umgeben von den Lichtstrahlen der göttlichen Eingebung. An der Seite schaut der Mönch Volmar durch ein Fensterchen zu ihr herein.

Zum Kloster gehören vielseitige Werkstätten, in denen Nonnen Hildegards Ideen ausführen, ihre Lieder, Noten und Briefe schreiben und abschreiben und Arzneien für sie herstellen: Sie ist auf dem Rupertsberg zur Ärztin geworden, zu der die Leute von weit her kommen. Ihre Wunderheilungen und Teufelsaustreibungen werden berühmt. Viele Heilungen muten uns heute absurd an, andere zeigen, daß Hildegard psychologisches Verständnis für die Kranken hat und ihnen helfen kann.

Sie schreibt eine Naturkunde und eine Heilkunde – aus visionärer

Schau, aus Einsicht in die Natur und Kenntnis des Körpers und der Seele der Menschen. Sie ist auf der Höhe des Wissens ihrer Zeit, und das heißt auch: an den Kenntnisstand ihres Jahrhunderts, seine Denkweise, seinen Glauben und Aberglauben gebunden. Das Bemerkenswerte ihrer Schriften liegt in der Person der Autorin: Für sie ist Liebe das Grundgesetz der Welt. Gott hat die Welt aus Liebe geschaffen, und sie selbst liebt die Schöpfung, die Menschen und die Natur, das lebendige, wachsende Grün des Lebens.

Sie ist eine große Naturforscherin. In ihrer Naturkunde *Physica* beschreibt sie zahlreiche eigene Beobachtungen. Sie lernt ihr Leben lang, ist neugierig, was sich in der Natur als Arznei eignet, beobachtet, sammelt Volkswissen. In neun Büchern und 513 Kapiteln schreibt sie über Pflanzen, Steine, Vögel, Säugetiere, Reptilien, Metalle und über Fische. Bis zum Anfang des 20. Jahrhunderts hat niemand die Fische im Rhein und seinen Nebenflüssen so genau geschildert wie sie – Forelle, Barsch, Steinbeißer, Stör, Aal, Hecht. Viele Stunden muß sie am Rheinufer und an der Nahe gesessen und das Leben der Fische mit Geduld und Freude beobachtet haben.

In ihrer Heilkunde *Causae et Curae* schreibt sie über den gesunden und den kranken Körper, über Ernährung, Verdauung, Gemütsbewegungen, Stoffwechselstörungen und über den Schlaf. Sie gibt Weisungen für eine gesunde Lebensführung und empfiehlt vor allem das Maßhalten. Über den Zeugungsakt schreibt sie mit einer Unbefangenheit und Anschaulichkeit, die später jahrhundertelang verlorengehen. Ein Kind wird glücklich, meint sie, wenn die Eltern froh sind bei seiner Zeugung. Nur bei kräftigem Samen und wenn die Eltern sich lieben, werde ein starker, kluger und tugendreicher Junge geboren.

Für Hildegards Zeitgenossen ist die weibliche Natur schwach. Aber diese schwachen Frauen bringen doch so starke Männer zur Welt – und so kommt es vor, daß Hildegard die Frauen stark nennt. Eigentlich sind beide Geschlechter für sie gleichwertig: Die Frau ist für den Mann geschaffen, und der Mann für die Frau, sie gehören zusammen wie Luft und Wasser, die ihre Werke gemeinsam verrichten und alleine nichts vermögen. Aber ein bißchen sind die Frauen in Hildegards Schriften doch besser, und sie kann es sich nicht verkneifen, Paulus eins auszuwischen. Paulus schreibt im ersten Brief an Timotheus: »Ein Weib lerne in der Stille mit aller Untertänigkeit. Einem Weibe aber gestatte ich nicht, daß sie lehre, auch nicht, daß sie des Mannes Herr sei, sondern stille sei. Denn Adam ist am ersten gemacht, darnach Eva.« Adam, schreibt Hildegard, mußte erst aus Lehm in Fleisch verwandelt werden, Eva aber kam schon im Paradies zur Welt. Sie ist feiner, vornehmer geschaffen, wie ein purpurgeborenes Kaiserkind, und das macht sie Adam eben doch ein kleines bißchen überlegen – sonst könnte sie ihm ja auch nicht dienen. In einem Lied preist sie Adams Kraft – weil aus seiner Rippe Eva entstehen konnte:

»Wie groß ist in ihren Kräften die Seite des Mannes,
aus der Gott die Gestalt der Frau schuf,
die er zum Spiegel aller Schönheit werden ließ,
zur Umarmung all seiner Schöpfung.«

Als Hildegard die Selbständigkeit ihres Frauenklosters durchgesetzt hat, wagt sie den nächsten Schritt in die Welt: Sie geht auf Reisen.

Die Welt

Hildegard hat seit ihrer Anerkennung als Visionärin durch den Papst direkten Einfluß auf die Welt außerhalb des Klosters gesucht. Ihre umfangreiche Korrespondenz setzt nach der Synode in Trier 1148 ein. Sie schreibt Briefe an Kaiser, Könige, Herzöge und Grafen, an Päpste, Erzbischöfe, Bischöfe und Priester, an Mönche, Nonnen und Konvente. Einfache Leute warnt sie vor Selbstsucht, Zügellosigkeit, Ehebruch und Mord, höhergestellte vor sündhaftem, genußsüchtigem Leben, den Kaiser Friedrich Barbarossa vor törichtem, bösem Handeln. Als er einen Gegenpapst einsetzt, erinnert sie Barbarossa daran, daß Gott ihn zermalmen könne. Sie schreibt nach Dänemark, England, Frankreich, Italien und Griechenland. Sie warnt, mahnt, droht. Bischöfe und Laien wenden sich an sie mit Bitten um Auslegung der Bibel und um Rat in ethischen und theologischen Fragen. Über 300 ihrer Briefe sind erhalten.

1158, mit 60 Jahren, geht sie auf die erste ihrer vier großen Predigtreisen. Sie reist zu Schiff, zu Pferd, zu Fuß, hält sich an die Flüsse: Der Rhein liegt vor ihrer Haustür, ist ein Weg in die Welt. Sie reist auch, um Gottes Schöpfung mit eigenen Augen zu sehen.

Ihre erste Reise führt sie zwischen 1158 und 1160 mainaufwärts nach Würzburg und weiter nach Kitzingen, Ebrach, Bamberg. Ihre zweite Reise geht moselaufwärts. Pfingsten predigt sie öffentlich in Trier, reist weiter bis Metz. Die dritte Reise führt sie zwischen 1161 und 1163 rheinabwärts in die große, reiche und mächtige Stadt Köln und vielleicht bis nach Lüttich. 1163 ist sie auf dem Hoftag Kaiser Friedrich Barbarossas in Mainz. Sie bittet den Kaiser um eine Schutzurkunde für ihr Kloster, und Barbarossa sichert der Abtei auf dem Rupertsberg den Schutz des Reiches zu und befreit sie von jeder Abgabe an das Reich. Ihre vierte und letzte Reise, 1170 oder 1171, führt sie über Rodenkirchen in die Rheinpfalz, nach Maulbronn, Hirsau, Zwiefalten.

Eine Benediktinernonne darf nach den Regeln ihres Ordens ihr Kloster nicht verlassen. Der Abt vom Disibodenberg hätte sie sicherlich daran gehindert, in der Welt umherzuziehen, aber nun ist sie ja frei. Sie unternimmt die Reisen, um – wieder vom lebendigen Licht genötigt – Klöster, Priester und Volk zur Umkehr aufzurufen. Und wie immer, wenn das Gehorsamsgelübde, das sie als 16jährige abgelegt hat, und ihr Appetit auf die Welt in Konflikt geraten, gehen auch diesen Reisen schwere, zum Teil langjährige Krankheiten voraus.

Ebenso unerhört wie das Umherreisen einer Nonne ist ihr Predigen. Das ist ja gerade einer der großen Streitpunkte des Jahrhunderts zwischen der Kirche und den Ketzern, ob predigen darf, wer ein apostolisches Leben führt, oder nur, wer von der Kirche das Priesteramt bekommen hat. Mönche und Nonnen sind nicht zum Predigen befugt. Aber auch Bernhard von Clairvaux, nun schon seit Jahren tot, der grundsätzlich allen Mönchen das Predigen außerhalb ihrer Klöster verwehrte, ist selbst unablässig als Prediger unterwegs gewesen. Hildegard predigt vor dem Klerus und vor dem Volk auf den Marktplätzen der Städte – gegen die Ketzer und gegen den pflichtvergessenen Klerus. Wo sie hinkommt, hält sie zündende Reden über das, was das lebendige Licht sagt, meint, befiehlt.

Den Ketzern wirft sie vor, daß sie die Heiligkeit der Sakramente leugnen, keine Kinder bekommen wollen und ihren Leib durch Fasten entkräften. Sie warnt besonders die Frauen vor Ketzern. Immer mehr Frauen aller Stände wollen aktiven Anteil am religiösen Leben haben, drängen in die Ordensklöster oder ziehen mit den Ketzern durchs Land, denn die Ketzer gestatten ihnen ja gerade, was die Kirche ihnen vorenthält: die öffentliche Predigt. Der Frauenanteil bei den Katharern liegt um 30, bei den Waldensern sogar um 50 Prozent. Aber viele Ketzersekten predigen Enthaltsamkeit, ohne sich daran zu halten, und viele alleinstehende Frauen mit Kindern leben in Elend und Not.

Dem Klerus wirft Hildegard vor, daß er das Volk nicht mehr eifrig unterweise und somit schuld sei am Zulauf, den die Ketzer haben. In Köln rügt sie Reichtum und Geiz des Klerus und seine Unachtsamkeit gegenüber der Lehre der Ketzer: Der Klerus ist »Nacht, die Finsternis aushaucht, und wie ein Volk, das nicht arbeitet und aus Trägheit nicht im Lichte wandelt. Ihr müßtet die Eckpfeiler sein, die die Kirche stützen.« Die Geistlichen sollen das Evangelium verkünden und ein Vorbild im christlichen Leben sein: »Ihr aber laßt euch durch jeden dahinfliegenden weltlichen Namen lahmlegen. Bald seid ihr Soldaten, bald Knechte, bald Possenreißer. Mit eurem leeren Getue verscheucht ihr aber bestenfalls im Sommer einige Fliegen.«

Der Domdekan in Köln ist so beeindruckt von ihrer Rede, daß er sie um eine schriftliche Fassung bittet, und auch die Geistlichkeit in Trier bittet sie um Zusendung ihrer Worte. Die Mainzer, die von ihrem Auftreten gegen die Ketzer hören, fragen bei ihr um ein Gutachten über die gefährliche Sekte der Katharer an.

Zwischen ihren Reisen schreibt Hildegard zwei weitere große Visionswerke – in den Jahren von 1158 bis 1163 *Liber vitae meritorum*, das Buch über die Tugenden im Leben. Sie beschreibt Tugenden und Laster der Menschen und preist die Schönheit der Welt: »Die Schöpfung schaut auf ihren Schöpfer wie die Geliebte auf den Geliebten.« Diesen Kosmos verletze der Mensch, wenn er sündigt.

1163 beginnt sie mit *Liber divinorum operum*, dem Buch über die Werke Gottes. In zehn Visionen sieht sie den Kosmos, die Menschen und Gott in ihren Beziehungen zueinander, gibt eine Gesamtschau des Universums. Auch diese Bilder sind von großer Schönheit und uns heute, 800 Jahre später, fern und in ihrer Symbolik oft verschlossen.

1165 gründet Hildegard ein zweites Frauenkloster: Sie kauft das Kloster Eibingen, das Soldaten Barbarossas früher in diesem Jahr zerstört haben. Von nun an fährt sie zweimal wöchentlich in einem Nachen über den Rhein, um bei den Eibinger Nonnen nach dem Rechten zu sehen. Diese Nonnen sind nichtadliger Herkunft, sind wahrscheinlich reiche Bürgerstöchter. Arme Frauen und Mädchen der unteren Stände arbeiten in der Landwirtschaft oder im städtischen Handwerk. Ihre Eltern brauchen für sie keine standesgemäße Versorgung und können sich auch die Mitgift für eine Nonne – den Lebensunterhalt bis zum Tod – nicht leisten.

1173 stirbt Volmar, und Hildegard fühlt sich verwaist. Sie braucht Freunde, Freundinnen und Helferinnen, und er ist ein Freund gewesen, der »Mitwisser ihrer Geheimnisse« noch in den Tagen, als sie eingemauert auf dem Disibodenberg lebte und nur seine Stimme durch das Fensterchen zur Kirche hören konnte.

Nach vielen Schwierigkeiten – Hildegard wendet sich sogar an Papst Alexander III. – bekommt sie den Mönch Gottfried vom Disibodenberg als Seelsorger und Sekretär. Hildegard ist offenbar um ihren Nachruhm besorgt, denn nun, da ihre Hauptwerke abgeschlossen sind, beginnt Gottfried ihre Biographie zu schreiben. Aber er stirbt 1175 oder 1176. Hildegards Bruder Hugo wird Seelsorger im Kloster, bis 1177 der Mönch Wibert von Gembloux, mit dem Hildegard seit zwei Jahren korrespondiert, dieses Amt übernimmt und auch ihr Sekretär wird.

Hildegard ist 80, als sie ihren letzten schweren Kampf bestehen muß.

Das Gotteslob

Die Prälaten in Mainz verhängen 1178 ein Interdikt über das Frauenkloster auf dem Rupertsberg: Die Nonnen dürfen keinen öffentlichen Gottesdienst mehr abhalten, nicht mehr singen, nicht die Kommunion empfangen. Hildegards liturgische Gesänge, ihre Hymnen und Lieder müssen verstummen.

Stimme, Hauch, Klang, Schall und Harmonie sind für Hildegard der Widerhall Gottes, ein Nachklang aus dem Paradies. Singen ist das Lob, das Gott zusteht. Auch in der Musik fordert das lebendige Licht von ihr, das bisher Übliche zu sprengen, kühn den Umfang der gregorianischen Tonarten hinter sich zu lassen. Manche ihrer Melodien steigen durch zwei Oktaven, und nur eine geschulte Sängerin oder mehrere Nonnen mit verschiedenen Stimmlagen können sie singen. Die Melodien setzen ungestüm ein, sind voller Spannung, schweben und weiten den Raum. Hildegard nennt sich selbst »Posaunenklang vom lebendigen Licht«.

Die hohen Amtsträger der Kirche dulden seit Jahrhunderten keinen Kunst- oder Koloraturgesang von Frauen: Eine Solistin hätte sich leicht ein priesterähnliches Amt in der Kirche anmaßen können. Am Ende des 12. Jahrhunderts, des Jahrhunderts einer mächtig einsetzenden religiösen Frauenbewegung, kümmern immer mehr Klosterfrauen sich nicht um Verbote, Vorschriften und Konzilsbeschlüsse, an denen sie nicht beteiligt waren, und komponieren, singen und spielen Instrumente. Sie betonen, sie hätten niemals Komposition, Notenlesen oder Singen lateinischer Texte gelernt: Aus ihnen spricht Gott. Das ist für sie die einzige Möglichkeit, die Verbote ihrer kirchlichen Vorgesetzten zu übertreten – die Musik ist göttlichen Ursprungs, und die Frauen bezeichnen sich als willenlose Medien eines höheren Willens, den sie in mystischer Schau erkennen. Hildegard ist eine der frühesten dieser Komponistinnen und Musikerinnen. Auch sie betont, sie habe niemals Komposition, niemals auch nur eine Note erlernt.

Ihr französischer Sekretär Wibert von Gembloux meint, daß man noch nirgends solche Aufführungen von Kompositionen einer Frau gehört habe wie auf dem Rupertsberg. Aus Frankreich, Deutschland und Brabant pilgern Gläubige in Prozessionen nach Bingen, um die wunderbaren Gesänge der Nonnen zu hören.

Die Mainzer Prälaten müssen sich schon lange über das Musizieren der Nonnen empört haben, aber Erzbischof Christian von Mainz ist ein Freund der alten Äbtissin Hildegard und hat nichts gegen ihre Musik. Als Christian jedoch für längere Zeit nach Italien reist, finden die Prälaten einen durchsichtigen Anlaß, die musikalischen Aufführungen im Frauenkloster zu verbieten: Die Äbtissin hat gestattet, einen Mann auf dem Friedhof des Klosters zu begraben, der eine Zeitlang aus der Kirche ausgeschlossen war. Sie verlangen nun, daß Hildegard den Toten wieder ausgraben lasse, sonst drohe ihr das Interdikt.

Der Verstorbene ist längst wieder in die Kirche aufgenommen worden, hat vor seinem Tod gebeichtet und die Kommunion empfangen. Hildegard sieht in einer Schau, daß sie diesen Mann nicht aus der geweihten Erde entfernen dürfe. Sie geht auf den Friedhof, segnet das Grab und verwischt seine Grenzen mit ihrem Äbtissinnenstab.

Die Prälaten verhängen das Interdikt.

Die Glocken auf dem Rupertsberg sind stumm, die Türen der Kirche verschlossen. Mit gedämpften Stimmen lesen die Nonnen Stundengebete und Psalmen.

Die 80jährige Hildegard bleibt unbeirrbar im Denken und Handeln, kämpft, wie sie es ihr Leben lang getan hat. Sie schreibt den Prälaten, setzt ihnen auseinander, daß der Tote doch längst wieder in die Kirche aufgenommen worden sei, und verteidigt das Gotteslob der Nonnen, ihre Musik. Die heiligen Propheten hätten Psalmen, Lieder und Musikinstrumente erfunden, »um in Herzensfreude singen zu können«. Deshalb müßten die vorgesetzten Prälaten »mit größter Behutsamkeit vorgehen«. Hildegard ist empört: »Ehe ihr den Mund derer, die das Gotteslob singen, durch Urteilsspruch schließt und ihnen den Vollzug und Empfang der Sakramente untersagt, müßt ihr darauf bedacht sein, euch einzig vom Eifer der Gerechtigkeit Gottes, nicht aber von Entrüstung oder von Rachsucht lenken zu lassen.« Wer der Kirche das Singen des Gotteslobes versagt, werde »keine Gemeinschaft haben mit dem Lob der Engel im Himmel«. Das härteste Gericht werde über die Prälaten ergehen, wenn sie ihr Vorsteheramt nicht mit Sorgfalt erfüllen.

Die Prälaten bleiben ungerührt. Zweimal reist Hildegard zu ihnen nach Mainz. Das zweite Mal bringt sie einen Freund des Toten mit, einen Ritter, der bezeugt, daß der Verstorbene vom Kirchenbann erlöst sei, und auch der Priester, der ihn losgesprochen hat, erscheint vor den Prälaten. Selbst der Erzbischof von Köln versucht, Hildegard zu helfen. Aber die Prälaten lassen sich nicht umstimmen. Ihnen geht es nicht um den Toten, sondern um die Musik der Frauen, um Hildegards Kompositionen.

Hildegard schreibt an Erzbischof Christian von Mainz: »Die Augen der Prälaten waren so verfinstert, daß sie auch nicht *einen* Blick des Erbarmens für mich hatten. So ging ich unter Tränen wieder von ihnen weg.«

Endlich, im März 1179, meldet sich der Erzbischof aus Rom. Er stellt sich auf Hildegards Seite und verlangt eine Revision des Interdiktverfahrens. Nun, nach vielen Monaten, wird das Interdikt aufgehoben. Der Erzbischof bittet Hildegard um Verzeihung, und ihr Gotteslob darf wieder erschallen.

Am 17. September 1179 stirbt die Äbtissin Hildegard von Bingen.

Das Kloster Rupertsberg bemühte sich um das Jahr 1230 um die Heiligsprechung Hildegards. Das Volk verehrte die tote Äbtissin und erlebte Wunder. Das Verfahren zog sich über viele Jahre hin und wurde schließlich vergessen.

Hildegard und ihr Werk gehören in die Gedankenwelt des 12. Jahrhunderts. Schon das 13. Jahrhundert wußte mit ihren vorrationalen Schriften nichts mehr anzufangen. Die Scholastiker siegten über die Mystiker und entwickelten bei ihren Versuchen, die Existenz Gottes nachprüfbar zu beweisen, neue Formen des Denkens. Zentren des neuen rationalen Denkens wurden die Domschulen und die Universitäten, die Frauen den Zugang strikt verweigerten: Vom Bau der Wissenschaft waren sie ausgeschlossen. Ihnen blieb nur die Schau – in

Frauenklöstern begann die Hauptzeit der Mystik. Aus Hildegards Schriften hatte Abt Gebeno vom Zisterzienserkloster Eberbach Prophezeiungen für die Zukunft der Kirche und der Welt zusammengestellt: Hildegard, die Universalgelehrte des 12. Jahrhunderts, wurde zur Wahrsagerin.

In den Jahrzehnten vor der Reformation entstand eine neue religiöse Frauenbewegung. Hildegard, die so flammend gegen Ketzer gepredigt und die Verweltlichung der christlichen Völker, Kirchenspaltung und Zerfall Roms vorausgesagt hatte, wurde wiederentdeckt: In der Abwehr gegen Ketzer und Humanisten wollte man sich vergewissern, daß man trotz der schrecklichen Neuerungen noch immer auf dem Weg der Erlösung war. 1513 erschien *Scivias* im Druck, und Matthias Grünewald, Maler im Dienst des erzbischöflichen Hofs in Mainz, malte auf das Weihnachtsbild des Isenheimer Altars die Klosterkirche auf dem Rupertsberg – ein deutlicher Fingerzeig auf die Mystikerinnen, die Gott in ihrem Innern erlebten, gegen die Scholastiker, die mit ihrem Gottesbeweis gestrandet waren und in streitende Gruppen zerfielen.

Hildegard galt im Rheinland als regionale Heilige. Der Erzbischof von Mainz hatte ihr Grab 1489 öffnen lassen und ihm Teile der Toten entnommen. Auf Wunsch des Abts von Sponheim, der sich einen Arm der Verehrten erbat, öffnete man das Grab 1498 erneut. So ging es weiter, bis kein Knöchelchen mehr übrig war: Zahlreiche Klöster erbaten sich Teile der Heiligen, ein Kardinal einen Finger und ein Stückchen der Zunge.

Mit der Reformation ging die Heiligenverehrung zurück, und Hildegard wurde außerhalb Bingens wieder vergessen. Im Dreißigjährigen Krieg zerstörten schwedische Soldaten das Kloster Rupertsberg.

In der zweiten Hälfte des 19. Jahrhunderts, als zwischen Staat und Kirche der Kulturkampf ausbrach, setzte eine große Hildegard-Renaissance ein. Die katholische Kirche verwarf den politischen, kulturellen und wirtschaftlichen Liberalismus – die Emanzipation der Bürger. Liberale Bürger dagegen hielten die Glaubenssätze der katholischen Religion für unvereinbar mit den Erkenntnissen der modernen

Naturwissenschaften. Der Staat wiederum wünschte eine klare Trennung von der Kirche und die Oberaufsicht über die Schulen für sich. Der Kampf war lang, politisch verwickelt und erbittert. Geistliche, die naturwissenschaftliche Erkenntnisse geißelten, sahen sich nach Verbündeten in der Vergangenheit um und stießen auf die adelsbewußte Ketzerbekämpferin einer vollkommen anderen Zeit. Hildegards 700. Todestag wurde 1879 in Bingen groß gefeiert.

Seitdem hat sich das Interesse an ihr verbreitet, und sie gilt in ganz Deutschland als Heilige. Wissenschaftler und Wissenschaftlerinnen haben begonnen, ihre Werke zu erforschen.

Um die Zeit der 800-Jahr-Feiern Hildegards, 1979, begannen weltliche Mystiker aus Indien zurückzukehren, wo sie auf der Flucht vor ihrer eigenen Zeit vorwissenschaftliche Wahrheiten gesucht hatten. Grau geworden und vom Zipperlein geplagt, kamen die Sinnsucher heim, stießen auf Hildegard und erkannten, daß es Mystiker ja auch bei uns gegeben hat und man sich ohne Hitzepickel und Malariatabletten mit ihren Schriften beschäftigen kann.

Hildegard ist jedoch eine lebenszugewandte Frau gewesen, sie stand auf der Höhe ihres Jahrhunderts und seines Wissens und hat sich beharrlich und mutig den Fragen ihrer Zeit gestellt, hat eingegriffen in die öffentliche Diskussion und in die Gesellschaft.

»Meynen Feinden zu Pein und meynen Freunten zum Besten« – Fräulein Maria von Jever

Fräulein Anna, Fräulein Maria und Fräulein Dorte

In Jever läutet seit über 400 Jahren jeden Abend eine Glocke, im Sommer um zehn Uhr, im Winter um neun: Fräulein Maria, komm zurück!

Fräulein Maria starb 1575. Im Alter noch hatte sie großen Charme und verstand es, einen kaiserlichen Juristen, der ihre Zurechnungsfähigkeit prüfen sollte, einen steifen, umständlichen Herrn, mit ihrem lebhaften Schwung und klarem Denken zu bezaubern und für sich einzunehmen. In ihrer Jugend ging sie vor wie Elisabeth I. von England, die jungfräuliche Königin: Sie sprach mal mit diesem, mal mit jenem über Heirat, falls er sie unterstützte gegen ihre Feinde, und erreichte so, daß sie allein regieren konnte. Die Jeveraner erinnern sich heute noch wehmütig und stolz an ihre große Zeit unter Marias Regierung. Sie hat um ihre Selbständigkeit gekämpft und um die Selbständigkeit ihres Landes.

Fräulein Maria ist die Tochter des Häuptlings Edo Wiemken. Häuptlinge heißen ursprünglich nur die Männer, denen freie Bauern durch Wahl eine Aufgabe übertragen haben. Seit die friesischen Bauern im 11. Jahrhundert jede fürstliche Oberhoheit ablehnten und die sächsischen Grafen aus dem Land jagten, streben die reichsten Bauern ihre Wahl zum Häuptling an. Wer immer sein Recht durchsetzen will, braucht die Hilfe eines einflußreichen Mannes, der ein Haus aus Stein und bewaffnetes Gefolge hat: Häuptlinge sind die Anführer einer Partei in einem Rechtsstreit, später auch die gewählten Richter. Manchen Häuptlingen gelingt es, ihr Amt in ihrer Familie erblich zu machen. Sie kämpfen gegen gleich große und größere Häuptlinge um die Abgrenzung ihres Gebietes nach außen und gegen kleinere Häuptlinge um die Durchsetzung ihrer Macht nach innen. Der Status eines Häuptlings ist seit dem 15. Jahrhundert eine Ausgangsposition zur Eroberung der Landeshoheit.

Fräulein Marias Urgroßvater ist der erste der Familie Poppinga, der sich *hovetling*, Häuptling, zu Jever nennt. Er ist noch gewählt worden, ihr Großvater schon erbt die Würde, und ihr Vater beginnt, sie zur Landeshoheit auszubauen. Edo Wiemken ist Herr von Jever, von Östringen und Rüstringen am Jadebusen und von Wangerland mit der Insel Wangerooge. Zeitweise gehört auch die Insel Helgoland zu seiner Herrlichkeit. Seine Länder auf dem Festland sind im Norden und Osten von Wasser umgeben, im Süden von gefährlichen Mooren und Sümpfen, durch die nur ein, zwei Wege nach Oldenburg führen. Im Westen grenzen sie an das Harlingerland und Ostfriesland.

Die Jeveraner sind Viehzüchter, exportieren Pferde, Rinder, Butter und Käse, führen Getreide ein, Tuche und Bier. Die reichsten gingen früher im Sommer mit eigenen Schiffen auf Handelsfahrt, aber seit die Berufskaufleute der Hanse die bäuerlichen Wanderhändler verdrängten, haben manche Viehzüchter sich auf Seeraub verlegt oder geben Seeräubern Unterschlupf gegen einen Anteil an der Beute. Auch Marias Vater fährt in seiner Jugend auf Seeraub.

Ein großer Häuptling beschützt die Leute, die sich ihm – freiwillig oder gezwungen – unterstellen, ist ihr oberster Gerichtsherr über Leben und Tod, sorgt für Deichbau, Entwässerung und Landgewinnung. Fräulein Marias Großvater bekommt als Häuptling jährlich von jedem Haus ein Huhn, eine Tonne Hafer, eine Fuhre Brennholz und eine Fuhre Mist. Ihrem Vater sind die Kirchspielhäuptlinge von Jeverland und die Häuptlinge von Kniphausen und Inhausen kriegspflichtig mit Rüstung und Pferd. Die Bauern sind zum Hofdienst mit Pflügen und Eggen verpflichtet, zu Naturalabgaben, Steuern und zur Heeresfolge. Unter Fräulein Maria müssen außerdem die Leute von Wangerooge Fisch liefern, und alle im Land müssen deichen, Wege und Stege bauen und unterhalten. Gerichtsgebühren fallen an Fräulein Maria, denn sie ist auch die oberste Richterin im Land.

Die Bauern streiten besonders um Erbansprüche, die offenbar niemals verjähren, selbst nicht, wenn das Erbe inzwischen längst verkauft ist und niemand sich mehr durch die verzweigte Verwandtschaft findet. Auch Frauen sind erbberechtigt, aber wenn sie kinderlos sterben, fällt die Erbschaft an ihre Familie zurück – nicht jeder Witwer sieht das ein. Man streitet um Land, Häuser, Goldschmuck, beschuldigt sich des Pferdediebstahls, und wenn jemand getötet wird, folgt endlose Blutrache. Wenn eine Partei sich von ihrem Richter gekränkt fühlt, versucht sie, sich dem Schutz anderer Häuptlinge im Land zu unterstellen, um ihr Recht durchzusetzen. Im Konfliktfall mit dem großen Häuptling in Jever sucht jeder Kirchspielhäuptling oder Häuptling eines größeren Landbesitzes Beistand bei auswärtigen Häuptlingen. Häuptlinge nehmen sich auf Hochzeiten gegenseitig gefangen, schikken sich Fehdebriefe und belagern Burgen. Die Junker kämpfen in Rüstung und Helm, mit Lanzen und Schwertern, Gewehren und Reiterpistolen und sind von einem leidenschaftlichen Rechtsgefühl besessen.

Rechtsstreitigkeiten und innenpolitische Auseinandersetzungen trägt man mit Waffen aus – Fehde, der Kampf um das Recht, gehört zum politischen Alltag. Wer Unrecht ohne Widerstand duldet, verliert seine Ehre. Das Fehdewesen folgt strengen Regeln, doch selbst die Zeitgenossen, denen dieses uns so ferne Rechtsdenken bestens vertraut ist, sehen nur kopfschüttelnd Richtung Friesland und Jeverland und verstehen die ausufernden Fehden dort nicht. In den Jahren um Fräulein Marias Geburt findet Kaiser Maximilian I. niemanden, der sich bei den Fehden der Häuptlinge um Herrschaftsansprüche als sein Gesandter über die Ems und bis nach Jever traut. Alle, die er fragt, fürchten, sie würden bei den wilden Friesen als Märtyrer enden wie der heilige Bonifatius 700 Jahre zuvor.

Bis zu Marias Geburt haben sich zwischen Ems und Jade drei Häuptlingsdynastien durchgesetzt: die Häuptlinge von Jever, die Häuptlinge von Esens, denen das Harlingerland gehört, und die Häuptlinge von Ostfriesland, die großen Gegenspieler der jeverschen Häuptlingstochter, »die von Embden«, wie sie noch im Alter sagt, die Feinde ihrer Familie, soweit man sich zurückerinnern kann.

»Die von Embden«, die Cirksena, stammen aus Greetsiel. Sie sind eine Familie kluger Politiker und schaffen schnell und geschickt den Aufstieg über kleinere Häuptlinge, bis der Kaiser sie 1464 zu Grafen von Ostfriesland ernennt: Sie verzichten auf die vielbeschworene friesische Freiheit und holen sich Unterstützung beim ganz großen Bruder. Kurz darauf regiert in Emden anstelle ihrer drei kleinen Söhne die verwitwete Gräfin Theda, eine äußerst energische Frau, die vor Waffengängen keineswegs zurückschreckt, sich aber lieber auf ihren Verstand verläßt, was Fräulein Maria viele Jahre später fast um ihr Land bringt. Theda fertigt einen kaiserlichen Lehnsbrief an und datiert ihn auf das Jahr 1454. In dem Brief steht, daß das Land zwischen Ems und Weser Lehen der Grafen von Ostfriesland sei. Als ihr Sohn Edzard – Edzard der Große, unter dem Ostfriesland seine größte Ausdehnung und Macht erlebt – sich sein Lehen 1495 vom Kaiser bestätigen läßt, legt er nicht etwa den echten Lehnsbrief seines Vaters vor, sondern die Heimarbeit seiner Mutter. Der Kaiser bestätigt Edzard auch als Herr von Jever und Esens – entweder merkt er nichts, oder er sieht die Sache als Eroberungsprogramm an, mit dem er einverstanden ist, weil es sein Hoheitsgebiet ausweitet.

Mit dieser Rückendeckung und unter dem Vorwand, er müsse Junker Edo Wiemken, den Seeräuber, bestrafen, zieht Edzard nach Jever und erobert fünf Jahre vor Marias Geburt die Burg. Aber Edo Wiemken erobert die Burg zurück. Edzard hat nun einige Jahre lang westlich der Ems Größeres vor: Der Kaiser hat den Herzog von Sachsen-Meißen mit Westfriesland belehnt. Edzard hilft erst dem Herzog, sein Lehen in Besitz zu nehmen, und als er merkt, daß der Herzog das nicht schafft, beginnt er, Groningen für sich selbst zu erobern.

Edo Wiemken heiratet – seine erste Frau und seine drei Töchter sind an der Pest gestorben – die Gräfin Heilwig von Oldenburg und verbündet sich so mit den Grafen von Oldenburg. Der Häuptling von Esens, Hero Ommeken, der sich bislang ebenso zäh wie Edo gegen Edzard behauptet hat, heiratet Heilwigs Schwester. Hero Ommeken, Marias Onkel, ist als großer Seeräuber bekannt.

Anfang 1499 bekommen Edo und Heilwig die Zwillinge Junker

Christoph und Fräulein Anna, eineinhalb Jahre später, am 5. September 1500, Fräulein Maria, und wieder ein Jahr später, 1501, Fräulein Dorte. Doch 1502 stirbt die Mutter. Wir wissen nichts über Marias Kindheit, können nur aus späteren Zeiten zurückschließen, daß sie ihren Vater sehr geliebt haben muß. Die Kinder sind gute Reiter und jagen mit der Hundemeute – damals gibt es noch Wölfe in Friesland, und Fräulein Maria hält sich bis 1567 eine Meute. Hunde sind sehr beliebt: Wolfshunde, Hetzhunde, Haushunde, Schoßhunde.

Der Vater baut die Burg aus, beginnt einen neuen Burgflügel mit einem großen Saal, läßt den Turm erhöhen und eine Spitze daraufsetzen. Burg Jever wird eine fast viereckige, große Wasserburg, die zwei breite Gräben schützen. Burg und Kirche in Jever liegen auf einem Geestrücken, zehn Meter über dem Meeresspiegel, und sind vor Sturmfluten sicher. Als Kind hat Maria große Fluten erlebt. Im September 1509 zerstört eine Flut die Deiche, verdirbt Trinkwasser und Ernte, so daß eine Hungersnot droht. Der tatkräftige Vater läßt die Deiche ausbessern, doch ehe sie wieder fest sind, reißt eine Springflut im August 1510 sie fort. Im September kommt wieder eine Flut und im November eine dritte: Rüstringen steht dem Meer offen. Grimmige Winterkälte herrscht, dann setzt Tauwetter ein, und in der Nacht vom 16. auf den 17. Februar 1511, es ist Neumond und stockfinster, bricht ein furchtbarer Sturm los. In der Flut am folgenden Tag, dem Antoniustag, gehen sieben Kirchdörfer im Jadebusen unter. Das Wasser reißt das Vieh mit, das Eis zertrümmert die Häuser, viele Menschen ertrinken, manche retten sich auf Dächer oder treiben auf Eisschollen über die Jade bis nach Butjadingen.

Noch hätte Edo Wiemken das vom Seewasser verdorbene Land durch neue Deiche retten können. Doch am Sonnabend vor Ostern, am 19. April 1511 morgens um acht, stirbt der Häuptling auf seiner Burg Jever. Am Ostermontag wird er in der Kirche beigesetzt.

Viele Überlebende in Rüstringen stoßen nun den Spaten in ihren Boden und verlassen das Land. Die Zurückbleibenden können die Deiche nicht wieder aufschütten, und das Land wird wüst.

Christoph und Anna sind zwölf Jahre alt, Maria ist zehn und Dorte neun. Als Edo Wiemken krank lag, hat er zu ihrem Vormund den Grafen von Oldenburg bestimmt. Fünf der angesehensten Häuptlinge haben ihm den Eid geleistet, für sein Land und seine Kinder treu zu sorgen.

Christoph wird am Hof des Herzogs von Braunschweig-Lüneburg erzogen, die Schwestern leben vielleicht teils in Jever, teils auf Schlössern ihrer Oldenburger Verwandten. Kaum ist Christoph erwachsen, beginnt er, politisch zu handeln. Nicht alle fünf Häuptlinge sind so treu, wie sie es seinem Vater geschworen haben, einige maßen sich Gerichtsbarkeit an und befestigen ihre Häuser. Er will ihre Macht im Land zurückdrängen und sein Erbe nach außen gegen Edzard von Ostfriesland schützen.

In der Sächsischen Fehde – die Herzöge von Sachsen und von Braunschweig-Lüneburg wollen Edzards Macht in Groningen brechen und kreisen ihn mit ihren Söldnertruppen ein – verbündet Christoph sich mit Edzards Feinden. Er schreibt in seinem Fehdebrief an Edzard, er werde ungern sein Feind, aber ihm sei durch Plünderungen viel Schaden getan, und nun müsse er seine Ehre verteidigen. Christoph zeigt früh, daß er Edzard Widerstand leisten und nicht auf die fünf Häuptlinge hören will, von denen sich vier mit Ostfriesland verbündet haben.

Doch am Nachmittag des 2. Juni 1517 stirbt der nun 18jährige Christoph in Jever. Er hat mit den Kriegern, die in seinem Dienst stehen, Ball gespielt, und einer, Jost, hat ihm etwas zu trinken gegeben. Christoph kann sich plötzlich nicht mehr auf den Beinen halten. Man trägt ihn zur Burg. Der »boeswicht« ersticht sich, und um vier Uhr stirbt auch Christoph – nicht am kalten Trunk, so meinen die Jeveraner, sondern an Gift.

Fräulein Anna, Fräulein Maria und Fräulein Dorte erben die Herrschaft Jever. Doch sie werden erst mit 25 Jahren volljährig. Die fünf Häuptlinge brauchen zwar die Unterschriften der drei Fräulein unter Urkunden über Rechtsgeschäfte, aber auch die Fräulein können ohne die Häuptlinge nicht regieren.

Ihre Herrschaft über Jever ist in großer Gefahr. Die Sächsische

Fehde ist beendet, Edzard kehrt im Juni 1517 nach Ostfriesland zurück, erobert sich mit Raub und Brand den Weg nach Osten, bis er schließlich vor Jever steht. Seine Räte verhandeln mit den fünf Häuptlingen und den »gemenen landen«, den freien Bauern. Großvater und Vater der Fräulein haben die Bauern von ihrem alten Wahl- und Mitspracherecht immer weiter zurückgedrängt, und nun verhandelt der große Edzard mit ihnen über Huldigung und verspricht zugleich, sie bei einem eventuellen Angriff der deutschen Herren, der alten Feinde der friesischen Freiheit, verteidigen zu wollen.

Neben den Kampfmitteln Plünderung und Verwüstung, Raub und Brand kennt die Fehde das Kampfmittel »Huldigung«: Sie ist ein vorübergehender Eingriff in die Herrenrechte des Gegners – manchmal auch ein dauernder. Sie macht die, die sie leisten, dem stärkeren Herrn zinspflichtig und unterwirft sie seinen Geboten, doch dafür schont und schützt er sie.

Edzard einigt sich mit vier der fünf Häuptlingen und mit den gemenen landen und bestellt die Bauern für den Morgen des 27. Oktober 1517 nach Jever. Am Abend vorher reitet er mit großem Gefolge nach Jever in die Burg, stellt die Fräulein vor vollendete Tatsachen und zwingt ihnen zwei Verträge auf, die sie unterschreiben müssen. Sie müssen ihm und einer Anzahl seiner Gewaffneten die Burg stets offen halten und ihre Beamten und Landsassen ihm eidlich unterstellen. Sie müssen sich damit einverstanden erklären, daß eine von ihnen nach Ablauf von sieben Jahren einen seiner drei Söhne oder ihn selbst heiratet, damit beide Länder zusammengebracht werden.

Fräulein Anna, Fräulein Maria und Fräulein Dorte müssen gekocht haben vor Wut und Ohnmacht.

Viele Bauern und ihre Frauen kommen am nächsten Morgen vom Land nach Jever, und Edzard reitet mit seinem Gefolge auf den Kalkberg, einen erhöhten Platz vor der Burg. Auch die drei Erbfräulein treffen mit den vier Häuptlingen und ihren übrigen Räten ein. Graf Edzard steigt vom Pferd und nimmt die Fräulein nacheinander herzlich in seine Arme. Er berichtet den Bauern, was die Fräulein am Abend zuvor unterschrieben haben. Die Bauern seien nun ihm zinspflichtig, aber er wolle die Fräulein wie seine eigenen Kinder halten, die deutschen Herren sollen außer Landes bleiben, und von nun an wollen alle Anwesenden einträchtig als Friesen miteinander leben. Dann umarmt er die Fräulein noch einmal, küßt sie, legt die Hand auf die Brust und gibt sein gräfliches Ehrenwort, alle Versprechen zu halten und nach sieben Jahren, wenn die Fräulein volljährig sind, auch das Eheversprechen. Und nun solle aller Zwist und Hader »vorgeten und vorgeven« werden, vergessen und vergeben.

Häuptling Menno von Roffhausen, der Edo Wiemken die Treue hält, muß Jeverland verlassen. Edzard setzt einen der übrigen vier Häuptlinge als seinen Drost ein, seinen Amtmann, der außer den Fräulein auch ihm Treue schwören muß, und kehrt nach Ostfriesland zurück.

Später sagen die Fräulein, Edzard habe sie arm wie Dienstmädchen gehalten. Sie sind entschlossen, aus dem vorübergehenden Eingriff in ihre Herrschaftsrechte, der Huldigung, keinen dauernden werden zu lassen. Von Jahr zu Jahr zeichnet sich in den Urkunden deutlicher ab, daß Edzard eine hartnäckige Gegenspielerin in Jever heranwächst: Fräulein Maria. Sie beschützt ihre beiden Schwestern. Fräulein Anna ist kränklich, von Fräulein Dorte, der Jüngsten, hört man wenig. Es sieht so aus, als ob die Fräulein sich die Herrschaftsaufgaben geteilt haben: Anna leitet die Hauswirtschaft in der Burg, Dorte die Pferdezucht und Maria Finanzen und Politik. Die drei verwaisten Schwestern hängen in großer Liebe aneinander. Sie sind umgeben von Männern, die aggressiv ihre Interessen verfolgen, und halten zusammen. Immer häufiger umgeht Maria den Amtmann und die vier Häuptlinge, und Edzard und bald auch seine heranwachsenden Söhne beklagen sich, daß sie allein regiere. Die temperamentvolle Maria will die Machtfülle ihres Vaters zurückerobern und läßt sich nicht einschüchtern. Jever fällt an Ostfriesland, wenn eine der Schwestern einen der ostfriesischen Grafen heiraten muß. Nur wenn die Fräulein unverheiratet bleiben, können sie die Selbständigkeit ihres Landes und ihre eigene retten.

Auch der Graf von Oldenburg nimmt nicht stillschweigend hin, daß Edzard ihn als Vormund der Fräulein übergangen hat. Er wendet sich an Kaiser Karl V. Der Kaiser erneuert Edzard zwar im Mai 1521 die Belehnung mit Jever, aber im Juli mahnt er ihn, er möge mit dem Grafen von Oldenburg friedliches Einvernehmen halten und Burg und Güter der Fräulein wieder räumen.

Die Jeveraner kümmern sich wenig um den Feind ihrer Fräulein, und nun beschwert Edzard sich beim Kaiser. Der Kaiser macht im Januar 1524 allen in Burg und Herrschaft Jever bekannt, daß Graf Edzard sich über etliche Mißgünstige beklage, die die Jeveraner zur Widerspenstigkeit gegen ihn bewegen wollen. Deshalb gebiete der Kaiser ihnen unter Androhung des Verlustes der Lehen, die sie von Graf Edzard tragen, und der Strafe von 100 Mark in Gold, ihre Pflichten gegen ihren Lehnsherrn zu erfüllen. Eine Mark ist ein halbes Pfund Gold. Über das Gebot des Kaisers können die Jeveraner nur lachen. Von einer Lehnsherrschaft Edzards über sie wissen sie nichts.

Der Graf von Oldenburg hat beim Reichskammergericht geklagt, und der Kaiser fordert Edzard nun unter Androhung einer Strafe von 100 Mark in Gold auf, die Vormundschaft über die Fräulein dem Grafen von Oldenburg zu überlassen, über die Verwaltung der Güter der Mündel vor dem Gericht Rechenschaft abzulegen und die Güter dem Grafen von Oldenburg zurückzugeben. Aber Kaiser und Gericht kümmern Edzard nicht.

1524 sind die sieben Jahre vorbei: Fräulein Anna ist mündig. Graf Edzard erscheint mit ansehnlicher Begleitung in Jever und läßt sich das alte Heiratsversprechen aushändigen, um es zweckmäßiger zu formulieren, wie er sagt. Doch er gibt es niemals zurück. Er und seine beiden Söhne Enno und Johann – Ulrich ist wegen Geisteseinfalt für regierungsunfähig erklärt worden – glauben nun, daß sie vornehmere Ehen schließen können, die ihnen mehr einbringen als nur das kleine Jever – das kriegen sie auch so.

Anfang 1525 stürzt Fräulein Dorte vom Pferd und stirbt. Nun sind Anna und Maria allein. Als Maria im April verreist, schickt Edzard einen Gefolgsmann zu Fräulein Anna mit dem Auftrag, die Burg zu übernehmen. Doch auch Anna läßt sich nicht einschüchtern und öffnet ihm die Burg nicht.

Beide Fräulein sind nun mündig, aber die vier Häuptlinge wollen nichts von der Macht, die sie seit Edo Wiemkens Tod gewonnen haben, aufgeben. Als einer von ihnen, Garlich Duren, ein Handelsschiff überfällt und Hering, Käse und Bettzeug raubt, erklären die Fräulein seine Regierungstätigkeit für beendet. Er weist ihren Anspruch auf Oberherrschaft zurück, sein Herr sei der ferne Edzard. Kühl entziehen sie ihm den Hofdienst von etlichen Häusern. Sie sind bereit, um ihr Recht zu kämpfen. Mit ihren Anhängern im Land und angenommenen Kriegsleuten hindern sie andere Häuptlinge, ihre Häuser zu befestigen.

Graf Edzard in Emden ist sehr krank, und für ihn regieren seine beiden Söhne Enno und Johann. Die jungen Grafen finden die Fräulein äußerst lästig, die ihre Oberhoheit einfach ignorieren, ihre Leute nicht in die Burg einlassen und ihre Briefe nicht beantworten. Die Grafen wollen Haus Jever nachts überfallen und erobern.

Aber ihr Jugendfreund Junker Boynck von Oldersum rät ihnen, Jever ohne Blutvergießen durch List einzunehmen. Die Grafen melden sich zu einem freundschaftlichen Besuch bei den Fräulein an und erscheinen als Gäste mit kleinem Gefolge.

Anna und Maria kaufen Bier, beköstigen die Gäste nach bestem Vermögen und sind bekümmert, ihnen nicht mehr bieten und damit den Grafen und ihren eigenen Anhängern ihre Größe eindrucksvoller beweisen zu können.

Enno und Johann lassen heimlich ihre Verwandten und Kriegsleute ins Haus. Als die Anzahl ihrer Getreuen größer ist als die der Verwandten und Kriegsleute der Fräulein, schließen sie das Haus zu. Sie drängen die Anhänger der Fräulein zusammen und zwingen die Kriegsleute, ihnen Treue zu schwören. Auch jeversche Häuptlinge leisten den Treueid, der Landrichter, der Hausvogt, der Pastor zu Minsen – mit wenigen Ausnahmen fallen sie von den Fräulein ab. Maria legt eine Liste mit den Namen der Abgefallenen an: Es sind 23 Häuptlinge und Adlige.

Diesmal aber, anders als zehn Jahre zuvor, versammeln sich die gemenen lande vor der Burg, machen »groten upror und tumult«, Aufruhr und Tumult, und weigern sich, ihrer angeerbten Herrschaft die

Treue zu brechen. Sie schicken Leute zu Balthasar von Esens, dem Vetter der Fräulein im Harlingerland: Wenn er ihnen hilft, wollen sie die Grafen und ihre Kriegsknechte »erwürgen«.

Die Grafen richten das Geschütz der Burg auf den Kalkberg und rufen Truppen aus Emden. Balthasar kommt nicht. Die Fräulein haben verloren. Sie raten nun selbst den gemenen landen, die Huldigung zu leisten. Die jeverschen Bauern wollen sich aber nach Fehderecht nur so lange an den erzwungenen Eid halten, wie die Grafen »des huses mechtich« sind: Wenn sie ihre Macht über Haus Jever verlieren, gilt die Huldigung nicht mehr.

Am 8. und 9. September 1527 huldigen die gemenen lande und der Adel den Grafen von Ostfriesland. Am Abend feiern die Sieger ihren Triumph oben auf dem großen Saal, unter dem die Fräulein wohnen. Die ganze Nacht hören Fräulein Anna und Fräulein Maria über sich das Tanzen und Springen der Grafen.

Junker Boynck

Enno und Johann legen Kriegsknechte in die Burg und lassen Boynck von Oldersum als ihren Drost in Jever, ihren Amtmann. Im Februar 1528 stirbt Edzard, und seine Söhne erhalten die Belehnung auch mit Jever. Sie halten die Herrschaft in ihrem Besitz. Ihr Amtmann vereint die richterliche Gewalt, die Polizeigewalt und die Verwaltung in seiner Person. Maria muß sich den Feinden fügen.

Boynck ist als Kind am Hof von Ostfriesland zum Ritter erzogen worden. Es gibt in Oldersum an der Ems drei Brüder und fünf Schwestern, alle Brüder heißen Häuptlinge von Oldersum und Gödens. Die Mutter war Erbtochter des Besitzes Gödens in Rüstringen, und ihre Familie liegt von alters her im Streit mit den Häuptlingen in Jever. Boyncks Vater, durch Heirat Häuptling in Gödens, stand gegen den Vater der Fräulein auf der Seite Ostfrieslands. Als Witwe hat Boyncks Mutter in Gödens regiert, nun regiert dort einer seiner Brüder.

Doch der neue Amtmann stärkt die Landeshoheit der Herrschaft in Jever – ganz im Sinne der Fräulein, wenn auch im Namen der Grafen. Er modernisiert das Jeversche Landrecht nach ostfriesischem Vorbild und läßt es aufschreiben. Die Bauern haben ihr Recht auf Blutrache an die Häuptlinge von Jever abgetreten, wenn sie sich auch nicht immer daran halten, und Boynck wandelt nun die alte Blutgerichtsbarkeit der Häuptlinge verstärkt in eine Sühnegerichtsbarkeit um. Mit Geschick und Autorität setzt er in einem Mordfall durch, daß der Sohn des Erschlagenen von der Familie des Mörders als Sühne Geld annimmt – ein Verfahren, dem niemand recht traut, aus Angst, er kränke mit dem Verzicht auf Blut seine Ehre und die Nachbarn könnten sagen, er verkaufe seinen toten Vater.

Boynck erwirbt sich zunehmend Respekt und Achtung der Jeveraner, weil er rechtlich denkt, zuverlässig ist und weil er sich sogar der Willkür seines eigenen Herrn entgegenstellt, um ihre Rechte zu schützen. Enno greift immer wieder von Emden aus in Jever ein, will seine Anhänger dort begünstigen und übergeht manchmal seinen Amtmann. Aber Boynck sorgt dafür, daß die Fräulein die Einkünfte, die ihnen zustehen, auch bekommen.

Er ist ein gutaussehender Mann, der Humor hat und sich im Wirtshaus wohl fühlt, und er ist an Frauen gewöhnt, die sich durchsetzen wollen wie Fräulein Maria. Die Grenzen zwischen ihm und den Fräulein liegen fest: Er ist der Amtmann ihrer Feinde, aber er überschreitet seine Befugnisse nicht, und er ist mit einer Häuptlingstochter an der Ems verlobt. Maria kann sich ihm gegenüber gefahrlos liebenswürdig und herzlich zeigen. Auch mit Fräulein Anna versteht Boynck sich gut. Langsam wächst Vertrauen zwischen dem Amtmann der Grafen und den vorerst besiegten Fräulein.

Boynck ist seit zwei Jahren Amtmann, als Graf Enno von Ostfriesland und Graf Anton von Oldenburg, der Sohn und Erbe des Vormunds der Fräulein, am 26. Oktober 1529 einen Heirats- und Bündnisvertrag schließen: Graf Enno heiratet Anna von Oldenburg und verzichtet auf Butjadingen, das Land zwischen Jade und Weser. Graf Anton und seine Brüder treten ihre Erbansprüche an Jever und ihre Vormundschaft über die Fräulein an Enno ab. Enno verpflichtet sich,

Fräulein Maria mit einem Brautschatz einem Grafen oder Herrn ihresgleichen zu verheiraten. Wenn sie sich aber weigere und innerhalb von zwei Jahren keine Heirat zustande komme, werde er ihr 6000 Rheinische Gulden, Kleider und Kleinodien geben, und sie müsse auf Jever verzichten und das Land verlassen. Das kränkliche und ungefährlichere Fräulein Anna ist Enno im Vertrag nur 3000 Rheinische Gulden wert. Die könne sie aber gleich bekommen, wenn sie auf Jever verzichte und außer Landes gehe.

Kurz nach Vertragsabschluß erscheint in Jever in Ennos Namen der Freiwerber eines Grafen Regenstein mit einem Heiratsantrag für Maria. So erfahren Maria und Anna, daß Enno sich nicht nur als ihr Lehnsherr, sondern auch als ihr Vormund betrachtet. Graf Regenstein hat seine Felsenburg am Harz – weit weg von Jever.

Anna und Maria sind mit 30 und 29 Jahren längst volljährig, doch als unverheiratete Frauen stehen sie, das ist jedenfalls die Auffassung der Grafen von Oldenburg und Ostfriesland, unter der Vormundschaft ihrer männlichen Verwandten, die sie verschachern können. Die Grafen haben die Macht, und die Macht gibt ihnen das Recht.

Auch Boynck sieht das so. Er ist der Ansicht, Fräulein Maria müsse heiraten, und redet oft und lange auf sie ein. Maria ist empört und verzweifelt. Doch Heiratsverhandlungen sind noch keine Hochzeit, bis dahin kann viel passieren. Ein Ehemann würde durch sie Herr in Jever und könnte ihr und Annas Erbe gegen die Grafen verteidigen. Wenn sie jedoch eine Heirat ablehnt, wird Enno sie aus Jever vertreiben.

Sie wolle den Grafen Regenstein wohl heiraten, sagt sie, aber sie unterschreibe nichts – das sei in Friesland nicht üblich und außerdem für ein Fräulein unschicklich.

Boynck schreibt Enno, Fräulein Maria sei mit einer Heirat einverstanden. Mehrere Monate lang kommt keine Antwort, und schließlich reitet er nach Emden. Dort behauptet Enno, Maria habe die Heirat ausgeschlagen. Lässig sagt er, er könne sein Geld auch anders verwenden als für Marias Mitgift.

Boynck wird zornig. Wenn Enno so an Maria handeln wolle, dann wolle er nicht länger sein Diener sein. Mit einer Vertreibung der Fräulein aus ihrem Erbe wolle er nichts zu tun haben, denn er habe geschrieben, Maria stimme zu. Was Enno antwortet, weiß man nicht, aber er läßt es nicht zu einem Bruch mit seinem tüchtigen Amtmann kommen.

Marias Rolle bleibt unklar. Vielleicht weiß Boynck nicht alles. Enno behauptet, Maria habe die Heirat ausgeschlagen. Sie behauptet später, Graf Regenstein habe sich von der Heirat zurückgezogen, weil ein abtrünniger jeverscher Häuptling sie auf Anstiften Ennos »verkleinert« habe.

Boynck sieht aber in einem Ehemann für Maria die einzige Hoffnung, den Fräulein ihr Erbe zu erhalten. Enno verstärkt seinen Druck auf Jever, spricht von »unserem Flecken Jever« und nennt die Jeveraner seine Untertanen. In Emden will er Johann aus der Regierung drängen und alleine herrschen.

Johann kommt nun öfter mit seinem Bruder Ulrich nach Jever. Die Fräulein geben sich Mühe, ihre Gäste standesgemäß zu empfangen. Sie kaufen zwei Wasserkannen und zwei Becken aus Messing, damit Johann und Ulrich sich vor Tisch vornehm die Hände waschen können, zwei Messingleuchter und 14 Trinkgläser aus Kristall. Anna kauft bei jeverschen Kaufleuten Äpfel, Nüsse und Kastanien, kleine Mengen Mandeln, Safran, Reis, Ingwer, Nelken, Eier, Rosinen, Weizenmehl und Zucker – wohl für feine Kuchen. Sie kauft Bremer Bier und für Junker Ulrich einmal acht Krüge Hamburger Bier. Ein anderes Mal, als der Pastor von Jever am Weihnachtstag mit Junker Ulrich bei ihr zu Gast ist, kauft sie weißen französischen Wein. Sie kauft nur ein, wenn Besuch da ist, sonst versucht sie, auf der Burg mit dem auszukommen, was sie hat. Die Bauern liefern jährlich 49 fette Schweine, 52 fette Kühe, 18 Tonnen Butter, 28 Tonnen Gerste für Bier, 20 Tonnen Roggen, 1000 Speckseiten, und von der Insel Wangerooge kommen Schollen und Kabeljaus. Auf der Burg werden 41 Personen gespeist, darunter die Jungfern von Anna und Maria, drei Kammerjungen, Drost, Hausvogt, Landrichter, Kaplan, die Schreiber, Handwerker, Knechte und Mägde. Die zahlreichen Kriegsleute verköstigen sich selbst.

Enno überfällt ohne Fehdeansage das Harlingerland und erobert Esens. Boynck ist mit jeverschen Truppen dabei. Enno zwingt Häuptling Balthasar von Esens, den Vetter der Fräulein, ihn in der Kirche von Esens auf den Knien um Verzeihung zu bitten. Boynck muß sehr nachdenklich geworden sein.

Er schickt einen Junker zu Graf Johann und erinnert ihn an das Eheversprechen seines Vaters vom Jahre 1517. In der Unterredung mit dem Abgesandten fällt ein schlimmes Wort. Johann sagt, ob der Drost ihn zu einem »schelme« machen wolle, daß er Fräulein Maria zur Ehe nehmen solle. Schelm ist ein übles Schimpfwort für einen Verächtlichen, Spitzbuben und Ehrlosen, hat mit Pest, Aas, Gestank zu tun: Wer Maria heiratet, verliert seine Ehre, denn sie ist eine Ehrlose.

Später verbreitet sich unter den Bauern in Friesland die Geschichte, Johann sei eines Morgens in Jever erschienen, in Marias Schlafzimmer eingedrungen und habe ihr vorgeworfen, daß sie mit dem Drost in einem unerlaubten Verhältnis stehe. Schon unterwegs von Emden her habe er von ihr in einem Ton geredet, daß viele seiner Diener darüber unnütze Reden führten.

Vielleicht glaubt Johann selbst, daß Boynck und Maria miteinander schlafen. Niemand weiß, wer den Klatsch in die Welt gesetzt hat. Auch über das sanfte Fräulein Anna ist Klatsch im Umlauf.

Boynck und Maria sind so empört und machen die Beschimpfung so öffentlich, daß Johanns Verdacht sicher unbegründet ist. Selbst Enno, der sich später bemüht, Boyncks Ruf zu unterminieren, gelingt es neun Jahre lang nicht, unter den vielen Leuten in der Burg Jever einen zu finden, der ein intimes Verhältnis zwischen Amtmann und Fräulein auch nur andeutet. Die Grafen beschuldigen Maria und den eigenen Amtmann der Ehrlosigkeit. Sie wollen die Fräulein vertreiben, und dazu ist ihnen jedes Mittel recht.

Boynck ist tief getroffen und nun entschlossen, die Fräulein wieder in ihre Herrschaft und ihr Eigentum zu bringen, weil sie die Erbinnen des Landes seien, wie ja jeder wisse. Ein Ritter hat die Pflicht, den zu Unrecht Verfolgten beizustehen. Er nimmt mit Hilfe des Herzogs von Braunschweig-Lüneburg 50 Landsknechte an und entläßt die ostfriesischen Kriegsknechte aus der Burg.

Kurz darauf, um Pfingsten 1531, reitet Johann mit Gefolge nach

Jever. Boynck weigert sich, ihn in die Burg zu lassen. Der Graf redet sich in Zorn, und es kommt zu einem bösen Wortwechsel. Boynck will sich vor den Blutsverwandten des Grafen und allen Leuten in Friesland, vor Kaiser und Reich für seine Weigerung verantworten.

Die Burg ist nicht mehr in der Macht der Grafen, und die Jeveraner fallen von ihnen ab. Fräulein Maria und Fräulein Anna nehmen die Regierung sofort fest in ihre Hände. Maria macht Remmer von Seediek zu ihrem Rentmeister, dem Verwalter ihrer Finanzen. Boynck unterstehen die Kriegsknechte, und er bleibt Amtmann, nun aber im Dienst der Fräulein.

Er ist jetzt besorgt über die Folgen seiner Tat. Er hat Johann angeboten, das Haus Jever mit Pferden und Rüstungen, mit Liebe und Güte wie früher zu halten, aber Johann hat nicht geantwortet. Es fällt Boynck schwer, plötzlich nicht mehr zu dem Kreis gehören zu sollen, in dem er aufgewachsen ist. Maria aber denkt erst und handelt dann. Sie handelt schnell, um den Grafen zuvorzukommen.

Dame und Buben

Maria verhandelt mit Balthasar von Esens, mit den Bischöfen von Münster und Osnabrück, sucht Beistand und Bündnisse. Unerschrokken will sie sich als unverheiratete Frau im Machtspiel kriegerischer Männer behaupten und ihr Erbe nicht zur Beute werden lassen.

Boynck möchte sich mit den Grafen aussöhnen, Maria jetzt selbst heiraten und Herr in Jever werden. Seine Verlobung mit der Häuptlingstochter an der Ems hat er gelöst. Er ist zu Kompromissen bereit, sucht Sicherheiten für die Fräulein und für sich sozialen Aufstieg. Er bittet seinen Bruder in Oldersum und seinen Freund Tide von Inhausen und Kniphausen, mit Graf Enno über seine Ehe mit Maria zu verhandeln: Er und Maria bleiben in Haus und Land Jever, dafür zahlt er den Grafen 1000 Gulden jährlich und ist ihnen ein untertäniger und gehorsamer Lehnsmann. Wenn Maria kinderlos vor ihm stirbt, soll Enno Jever bekommen.

Es sieht so aus, als ob Boynck diese Verhandlungen ohne Maria betreibt, denn ihre Fehde mit den Grafen geht ja gerade darum, daß sie eine ostfriesische Lehnshoheit über Jever ablehnt. Boynck hat ihr geholfen, und vielleicht liebt sie ihren Amtmann und spricht mit ihm sogar über Heirat. Aber in Verhandlungen nennt sie nur zwei Ziele: ihr Land vor dem Zugriff der Grafen zu sichern und Boyncks Ehre wiederherzustellen.

Um die steht es schlimm. Boynck schreibt an Bischöfe, Grafen und Herzöge, sie mögen ihm helfen und raten, aber alle antworten, wenn überhaupt, nur zurückhaltend, er möge erst gründlich die näheren Umstände seiner Weigerung schildern. Es ist ein Vergehen, daß ein Drost Land und Burg, die sein Herr ihm anvertraute, für sich behielt.

Den ganzen Mai und Juni 1531 über wird nach allen Seiten verhandelt. Auch die Grafen verhandeln und rüsten wie Maria. Maria scheut die harte Konfrontation nicht. Sie kann listig sein, ihre Gegner aber auch frontal angehen. Sie greift hart gegen jeversche Adlige durch, die ihr untreu waren, verweist einige des Landes und beschlagnahmt ihre Güter. Damit warnt sie die Schwankenden. Die gemenen lande halten zu ihr, aber viele Adlige hätten lieber Graf Enno als Herrn, der dem Landadel gegenüber eine nachgiebigere Politik betreibt als Maria.

Die Fehde zwischen den unverheirateten Fräulein und den Grafen eröffnet anderen Herren und Glücksrittern die Möglichkeit, Hand und Land eines Fräuleins zu gewinnen. Ein Graf Diepholz läßt bei Maria vorfühlen, wie es mit einer Heirat stehe.

Maria gelingt es, die hochgesteckten Forderungen ihres Vetters Balthasar von Esens herunterzuschrauben und ein Bündnis mit ihm abzuschließen. Er ist ein ruheloser Ritter, der Kampf, Seeraub und Trinkgelage liebt. Aber sie findet keinen anderen Verbündeten.

Enno lehnt Boyncks Vorschlag, als Marias Ehemann sich und Jever ihm zu unterstellen, rundweg ab. Er verlangt von den jeverschen Untertanen Steuer und Heeresfolge und fällt in der zweiten Junihälfte in das Land ein. Anna, Maria und Boynck erheben Klage gegen Enno und Johann beim Reichskammergericht.

Kaiser Karl V. bekämpft das Fehdewesen im Reich. Sein Großvater schon, Kaiser Maximilian der letzte Ritter, hat 1495 auf einem Reichstag zu Worms den Ewigen Landfrieden und die Schaffung eines Gerichts verkündet. Fehde ist nun nicht mehr Ersatz fehlender staatlicher Prozeßführung, sondern Friedensbruch. Doch ein Verbot allein nutzt nichts: Der Kaiser muß den Adel zwingen, den Weg vor Gericht zu wählen, und das Recht, das im Gericht gesprochen wird, muß durch staatliche Vollstreckung ebenfalls erzwungen werden. Das Reichskammergericht, das lange Jahre nicht zustande kam, hat sich auch jetzt noch nicht voll durchgesetzt. Fehde abzuschaffen, heißt: Staat und Recht grundlegend umzubauen. Das braucht Zeit.

Kaiser und Gericht sind weit. Als im September 1531 ein Brief des Gerichts im Namen des Kaisers eintrifft, die Grafen mögen von jeder Gewalttat gegen die Kläger abstehen und vor Gericht kommen, ist der Krieg zwischen den Grafen auf der einen und Maria und Balthasar auf der anderen Seite in vollem Gange.

Maria will die Grausamkeit gegen Frauen verhindern, mit der die Männer die Fehde führen. Sie wirft Ennos Amtmann in Wittmund, dem Sohn eines abtrünnigen jeverschen Häuptlings, vor, er habe gegen Gott und alle Ehre gehandelt und Frauen vergewaltigt. Das solle ihm erst mal jemand beweisen, antwortet er, er sei ein ehrbarer und redlicher Mann, und auf das, was die Leute im Frauengemach erzählten, sei doch kein Verlaß. Auch von Boynck verlangt Maria, daß er die Landsknechte in Disziplin hält und Plünderungen und Vergewaltigungen verhindert. Boynck verheert mit Balthasar ostfriesische Klöster, die Soldaten vergewaltigen die Nonnen und verjagen sie, berauben Land und Leute und verbrennen – was selbst in Fehden verboten ist – die Fluttore der Entwässerungskanäle.

Maria und Anna bitten den Kaiser um Schutz gegen die Grafen, die, allem Recht, der Ordnung des Kaisers und des Reichs und dem Landfrieden zuwider, sich nicht um die Briefe des Kaisers kümmern. Karl V. reagiert sofort. Er wiederholt die Vorladung vor das Reichskammergericht und droht den Grafen die Reichsacht an. Enno bekommt offenbar einen Schreck. Ende Oktober hält er für seinen Bruder Johann um Marias Hand an und beruft sich dabei auf den Vertrag von 1517.

Maria antwortet, sie sei seine Unzuverlässigkeit leid. Wenn man der alten Heiratsvereinbarung hätte nachkommen wollen, so wäre längst Zeit dazu gewesen. Johann habe ihre jungfräuliche Ehre geschmäht, und sie sei zum Heiraten nicht geneigt. Aber vielleicht werde sie nach Schickung Gottes später einmal zu dieser Heirat bereit sein können. Doch die Wahl, wen sie heirate, liege bei ihr und niemand anderem – sie lehnt eine Vormundschaft Ennos über sie ab.

Im Dezember 1531 verhandeln ostfriesische Adlige mit Boynck über den Frieden. Sie schlagen vor, daß der Mann, mit dem Maria sich nach Rat und Willen der Grafen verheirate, vor dem ehelichen Beilager Haus und Herrschaft Jever als ein rechtes Mannslehen von den Grafen empfange und den Lehnseid leiste.

Diese Friedensbedingungen lehnt Maria ab. Ein rechtes Mannslehen heißt: Frauen sollen künftig mit Jever nicht belehnt werden können, aus der Erbfolge ausgeschlossen sein, nicht regieren können. Sie hört nicht auf die Männer, seien es ihre Feinde oder ihre Freunde, deren Kompromisse zu ihren Lasten gehen. Sie will die Rechte, die sie hat, und die Rechte möglicher Nachfolgerinnen in Jever verteidigen.

Militärisch steht es schlecht um sie, aber es gelingt ihr, mit Enno einen Waffenstillstand bis Ostern auszuhandeln. Enno unterschreibt die Urkunde am 15. Dezember 1531 in Jever. Der Hader um Jever soll kommende Ostern den »Herren und Freunden« der Grafen und der Fräulein überlassen werden. Wenn die Schiedsrichter sich nicht einigen, soll der Streit vor den Kaiser und das Reichskammergericht gehen. Enno stellt den Fräulein frei, wen sie heiraten, doch eine Eheschließung dürfe ihm nicht schädlich sein. Boynck wollen die Grafen als aufrichtigen, ehrlichen, frommen, rittermütigen Mann halten und von seinem Eid als Drost, ihnen Jever zu bewahren, entbinden, doch soll er sich als ihr getreuer Untertan schicken.

Enno ist ein gewiefter Politiker, der die Stimmung unter den »Herren und Freunden« in Ostfriesland und Jever kennt. Er gibt seinen Anspruch auf Vormundschaft über die Fräulein auf, der mit einer Heirat sowieso hinfällig wird, besteht aber auf seiner Oberherrschaft über Jever.

Maria sieht nur noch einen Ausweg: Sie muß sich bis Ostern unter den Schutz des mächtigsten Herrn überhaupt stellen, unter den Schutz des Kaisers als Herzog von Burgund – so wie es vor vielen Jahren Graf Edzard gemacht hat, als ihm in der Sächsischen Fehde das Wasser bis zum Hals stand. Sie verhandelt mit Königin Marie, Schwester Kaiser Karls V. und seine Generalstatthalterin in den Niederlanden, und die Fräulein bevollmächtigen Boynck, ihr Land dem Kaiser als Lehen aufzutragen.

Die Generalstatthalterin sieht kein Problem darin, unverheiratete Frauen mit der Regierung eines Landes zu beauftragen. Ennos Anspruch, der Vormund der Fräulein zu sein, interessiert sie überhaupt nicht. Am 12. April 1532 belehnt sie Anna und Maria mit der Herrschaft Jever. Anna bestätigt schriftlich, daß sie die Regierung ihrer Schwester übertragen habe.

Ein kaiserlicher Gesandter kommt nach Jever, und Fräulein Maria und Fräulein Anna leisten den Lehnseid. Der Herzog von Burgund verspricht ihnen Schutz und Schirm, sie geloben ihm Treue. Die Kosten von 24 Mann für die Bewahrung von Haus und Land Jever müssen die Fräulein tragen. Sie müssen dem Kaiser auf sein Verlangen zehn wohlgerüstete Reiter stellen und auf seine Kosten weitere 50 Reiter und 500 Kriegsknechte. Sie behalten alle Rechte an ihrem Land, wie ihre Voreltern sie hatten.

Als Enno von dem Lehnseid erfährt, schreibt er empört der Statthalterin, die Fräulein und Boynck hätten ihm die Treue gebrochen. Jever gehöre ihm. Er werde sich der vom Kaiser geforderten Türkenhilfe entziehen, wenn er ihm sein Lehen nicht zurückgebe. Er schickt der Königin eine Kopie der kaiserlichen Belehnung von 1454, damit sie sehe, daß Jever schon seinen Voreltern gehört habe. Sie möge dafür sorgen, daß er es wieder in die Hand bekäme, damit der meineidige Drost gestraft werde zum Exempel, daß kein Amtmann mehr seinen Herrn verrate.

Maria hat nun einen Lehnsherrn, aber vom Kaiser kommen keine Kriegsleute zu ihrem Schutz. Kurz entschlossen reist sie nach Vollenhove an der Zuidersee zu Schenck von Tautenberg, dem kaiserlichen

Statthalter in Friesland. Ihr Wesen bezaubert den Herrn, ihre Argumente überzeugen ihn, und er wird ihr von nun an ein guter Freund und Berater. Aber Truppen kann er ihr ohne Befehl der Generalstatthalterin nicht schicken.

Enno rückt mit Heeresmacht gegen Jever vor. Anna schickt Boynck zu Maria in die Niederlande, damit er Hilfe bringt. Sie will mit dem Landsknechtshauptmann Coert Voss die Burg verteidigen und als letzte lebendig oder tot darauf verbleiben.

Am 10. September beginnt der Angriff. Jever brennt. Die Einwohner flüchten in die Burg. Sie sagen, die Feinde hätten den Ort geplündert und angezündet. Die Ostfriesen sagen, als die Jeveraner sie mit ihren holsteinischen Kriegsknechten erblickten, hätten sie Jever selbst in Brand gesteckt. Die Kriegsknechte fangen die Pastoren im Wangerland und martern sie um Geld, zünden Häuser an, treiben Vieh weg, fordern von den Bauern Geld, Getreide und Speck oder schlagen sie tot.

Fräulein Anna und Coert Voss halten tapfer die überbelegte Burg. Ende Oktober schlägt Enno den Verteidigern Verhandlungen vor, aber Anna antwortet, »sie seien hier und wollten sich in die Federn legen, wie der Kuckuck thue, der des Sommers warte«.

Auch eine erneut versprochene Hilfe der Generalstatthalterin bleibt aus. Im November verhandeln Maria und Boynck in Zwolle mit dem Herzog von Geldern, ob sie sich unter seinen Schutz stellen sollen. Aber inzwischen hat die Statthalterin kaiserliche Kommissare nach Aurich geschickt, die mit den Grafen verhandeln: Die Belagerung von Jever wird aufgehoben und das Haus mit kaiserlicher Sequestration belegt – der Kaiser läßt es verwalten, bis der Streit vor einem Schiedsgericht entschieden ist.

Fräulein Anna ist erst nach langer Disputation bereit, die Burg den Kommissaren zu übergeben. Am 9. Dezember 1532 übernimmt der kaiserliche Amtmann Johan Mullert Jever. Die Statthalterin lädt die Grafen, die Fräulein und Boynck für Anfang des nächsten Jahres zu sich in den Haag.

Maria ist wieder zu Hause. Der Amtmann Johan Mullert sammelt

Beweismaterial für das Gericht der Königin. Er stellt als Richter in Gegenwart der Fräulein ein Zeugenverhör an über die Fragen, ob den Grafen von Ostfriesland ein Eigentumsrecht am Haus Jever zuzusprechen sei und zu wem die Jeverschen Separatisten von Inhausen und Kniphausen gehören. Geladen sind Bürger, Pastor, Bürgermeister von Jever und die Bauern aus den Kirchspielen, und alle erzählen, wie es früher war und daß Jever immer frei gewesen sei.

Im Februar 1533 reisen Maria und Boynck an den Hof der Statthalterin. Maria hat eine Vollmacht ihrer Schwester bei sich, und Graf Johann trifft mit einer Vollmacht seines Bruders ein. Doch es wird Juni, bis Königin Marie die beiden hartnäckigen Parteien so weit hat, daß sie ihr die Schlichtung des Streits um Jever anheimstellen.

In Jever lädt Johan Mullert zu einem zweiten gerichtlichen Verhör Zeugen aus dem Flecken im Alter von 30, 40, 50, 60, 70, 80, 90 Jahren und ebenso aus allen Kirchspielen. Er geht weit in die Anfänge der Häuptlingszeit zurück, und alle Zeugen sagen dasselbe: Jever habe nie zu Ostfriesland gehört.

Maria bleibt auf Befehl der Königin in den Niederlanden und wartet auf das Urteil, das der Geheime Rat der Königin vorbereitet. Im August heißt es, das Urteil werde innerhalb von fünf Wochen ergehen. Marie folgt dem Hof durch Flandern und Brabant von einer Stadt zur anderen.

Marie, die Schwester Kaiser Karls V., ist Witwe des Königs von Ungarn und Böhmen. Als ihr Bruder sie zur Generalstatthalterin ernennen wollte – als Nachfolgerin ihrer unverheirateten Tante Margarete von Österreich, die für zwei Kaiser über 20 Jahre lang die Niederlande regierte –, stellte sie die Bedingung, daß ihr Bruder ihr keinen neuen Ehemann aufzwingen würde. Marie liebt es, ganze Tage im Sattel zu verbringen, und niemand unter den Herren und Damen ihres Hofes kann mit ihr Schritt halten. Sie ist eine leidenschaftliche Jägerin, jagt Rotwild, Eber oder Wölfe. Einige Damen ihres Hofes pflegen sich an den Wettbewerben der Bogenschützen zu beteiligen.

Am Hof leben verwitwete Frauen, die einige Jahre anstelle ihrer unmündigen Söhne Fürstentümer regiert haben und nun entschlossen sind, nicht noch einmal zum Altar zu gehen. An der Gehorsamspflicht einer Ehefrau ihrem Mann gegenüber ist nicht zu rütteln, und die Damen, die meist sehr jung verheiratet wurden, wollen ihre Freiheit behalten. Sie freuen sich an der Welt und der eigenen Stärke. Vielleicht hat der Kreis um die Königin Fräulein Maria beeinflußt: Wenn sie heiratet, wird ihr Ehemann Jever und sie regieren. Sie hat Boyncks Heiratswunsch nie widersprochen, aber sie macht ihn vor der Königin nicht zum Gegenstand von Verhandlungen. Maria sieht die Königin und kann manchmal persönlich mit ihr sprechen. Vielleicht reitet Königin Marie mit dem fast gleichaltrigen friesischen Fräulein um die Wette und geht mit ihr auf die Jagd – später heißt es, die Statthalterin setze sich ungebührlich für Fräulein Maria ein. An Eleganz, Reichtum, Bildung sind die Damen am Hof Maria überlegen, deren Ländchen nicht einmal eine Hauptstadt hat, aber ihre warmherzige Unmittelbarkeit und ihre Zuversicht, ihre Herrschaft über wilde Friesen behaupten zu können, werden der Königin und ihren Damen gefallen haben.

Maria lernt den Reichtum Flanderns und Brabants kennen – die Klöster, Kirchen und Häuser der Kaufleute, die Schlösser, Gemälde, die in ganz Europa bewundert werden, kostbare Gebetbücher, die reiche Damen sich malen lassen, das vielfältige, farbenprächtige Leben in den Städten und am Hof, die Gegensätze, Spannungen und die Lebenslust einer neuen, freieren Zeit, in der die einzelnen, Männer und Frauen, sich ihrer eigenen, ganz besonderen Kraft bewußt werden. Maria braucht Staatskleider, die mit vergoldeten Silberfäden bestickt sind, trägt schwere Samtkleider und Pelzmäntel, perlenbestickte Brusttücher und Hauben, goldene und mit Edelsteinen besetzte Spangen.

Doch das Leben am Hof und das Führen eines Prozesses sind teuer, und ihr Geld wird knapp. Sie leidet unter der Untätigkeit, hat Heimweh, will nach Hause und ihr Land vor dem kommenden Winter und seinen Stürmen schützen. Viele Leute am Hof sind mit der Jeverschen Sache befaßt, sie muß Besuche machen, Geschenke schicken. Das Urteil läßt auf sich warten, und sie bittet die Königin, ihre Diener und ihre Pferde nach Jever zurückschicken zu dürfen, um Kosten zu vermeiden. Aber die Königin hat mehr zu tun, als sich um ein hartnäckiges kleines Fräulein aus Friesland zu kümmern, und so kommt es vor, daß Maria wochenlang warten muß, ohne sie sprechen zu können. Sie kann ihr nur schreiben und auf Antwort hoffen.

Im September ist Maria in Brüssel und beklagt sich bei der Königin, daß Enno alle Fristen und Termine versäume, die der hohe Rat setzt, und alles hinauszögere. Wieder muß sie dem Hof nach Brügge und weiter nach Gent folgen, aber weder der Graf noch seine Vertreter kommen zur Anhörung vor den Rat. Sie beklagt sich bei der Königin, sie sei unter Gefahr und Angst Tag und Nacht in fremdem Land gereist, sei in Bedrückung ihrer Sinne und Krankheit ihres Leibes und in Armut gekommen. Sie mußte Kleider und Kleinodien, eigene und die ihrer Schwester, verkaufen und kann nicht länger mit Doktoren, Advokaten und Prokuratoren dem Hof ihrer königlichen Majestät folgen – was die Grafen sehr wohl wüßten, denn deshalb seien sie ausgeblieben.

Im Oktober läßt Maria sich aus Jever 250 Philippsgulden kommen. Der kaiserliche Amtmann schickt ihr ein Sammelsurium von Geldstücken, Philippsgulden, Goldgulden, Emder Gulden, Geldersche Ryder und Joachimstaler – anderes Geld ist in Jever nicht zu haben, der Bote muß es irgendwo einwechseln. Der Amtmann konnte zu Michaelis insgesamt nur 340 Gulden an Außenständen der Pacht eintreiben. 50 schickt er an Boynck. Ein Philippsgulden hat den Gegenwert von zehn Schafen.

Graf Enno läßt alle Termine platzen. Die Königin befiehlt Maria, jetzt wieder in Brüssel, die Akten erneut vorzulegen. Aber auch Marias Juristen trödeln, und die Königin muß im Dezember erneut mahnen.

Fräulein Anna ist nun fast ein Jahr allein in Jever und macht sich große Sorgen um Maria und Boynck. Sie mögen sich beide vor Vergiftung vorsehen, schreibt sie Maria. Sie selbst fühlt sich von Gift bedroht. Enno und Johann besteuern die Jeveraner schwer, als ob Krieg wäre, ungeachtet des kaiserlichen Amtmanns, und das Land verarmt.

Endlich, Anfang 1534, setzt die Königin den Tag der Urteilsverkündung fest. Maria und Boynck sind in Brüssel, doch die Grafen lassen nichts von sich hören. Die Königin wartet mehrere Tage vergeblich und spricht schließlich am 26. Januar 1534 das Urteil: Die Töchter von Jever sind berechtigt, in die Herrschaft über Haus, Land und Leute von Jever eingesetzt und geschützt zu werden. Alle Forderungen der Grafen werden abgewiesen. Sie werden zur Zahlung der Prozeßkosten verurteilt und zum Ersatz des Schadens, den die Fräulein und ihr Land durch sie erlitten haben.

Maria und Anna haben den Prozeß gewonnen. Aber auch für sie sind hohe Kosten in den Niederlanden entstanden, und Maria kann sie nicht bezahlen, und in Jever muß sie noch die Kriegsknechte entlohnen. Die Königin hilft ihr und gibt ihr gegen eine Hypothek auf Haus, Land und Herrlichkeit Jever ein Darlehen von 15 000 Karolusgulden, das Maria in Raten sechs Jahre lang zurückzahlen soll. Für die Begleichung kleinerer Schulden bittet Boynck Coert Voss, ihm 17 Ochsen aus Jever zu schicken.

Im April 1534 treffen die kaiserlichen Kommissare in Jever ein. Aus dem ganzen Land kommen die Untertanen und schließen auf dem Kalkberg einen Ring, in den Fräulein Maria und Fräulein Anna treten. Ein Kommissar liest feierlich die Urteilsurkunde vor und überreicht Maria die Schlüssel der Burg. Die Untertanen und Eingesessenen des Jeverlandes schwören dem Kaiser als Herzog von Burgund und den beiden Fräulein die Treue.

Die ostfriesischen Grafen legen gegen das Urteil der Königin Berufung beim Reichskammergericht in Speyer ein. Wieder folgen Briefwechsel, Verhandlungen, Vorladungen, Termine, Terminverschiebungen, und auch die kleinen Grenzstreitigkeiten und der Viehraub zwischen den Ostfriesen und den Jeveranern nehmen kein Ende. Nach zwei Jahren sehen die Grafen keinen anderen Ausweg mehr, als daß Johann Maria heiratet.

Im Sommer 1534 will Maria den Flecken Jever mit Wall und Graben befestigen und reist mit Remmer von Seediek zur Königin, um die Erlaubnis dafür zu bekommen. Außerdem bittet sie um einen langfristigen Kredit, da es ihr nicht möglich sei, das Darlehen der Königin termingerecht zurückzuzahlen. Die Königin ist mit allem einverstanden, aber die Grafen erheben Einspruch gegen die Befestigung, rücken mit Schanzkörben nach Jever vor, und Bogenschützen bedrohen die Untertanen. Königin Marie versucht den Sommer und Herbst über, die streitenden Parteien vor ein Schiedsgericht über die Befestigung zu bekommen, die bis dahin unterbleiben muß.

Das Jahr 1535 steht unter der Drohung, ein Landsknechtshaufen von 2000 Mann unter Evert Overlaker könne in Jever einfallen. Der Haufe zieht durch Münster, Bremen und Oldenburg nach Norden und gibt vor, drei Monate im Dienst des Kaisers und des Hauses Burgund gestanden, aber nur für einen Monat Sold bekommen zu haben. Da Jever sich zu Burgund hält, will er sich seinen Sold dort holen. Im Herbst kommt die Gefahr näher, der Haufe ist auf bald 5000 Mann angewachsen, und im November fällt er in Jever ein. Im ganzen Land heißt es, das habe Graf Johann veranlaßt.

Maria bietet dem Landsknechtsführer Overlaker Geld, zuletzt 3000 Gulden, und es gelingt ihr, einen der Hauptleute Overlakers mit seinem Fähnlein in ihren Dienst zu nehmen. Als Overlaker seine Leute im Stich läßt und heimlich mit nur einem Knecht und einem Jungen das Land auf einem Schiff verlassen will, lauert Boynck ihm auf. Er nimmt Knecht und Jungen gefangen und verwundet Overlaker schwer durch einen Schuß in die Sitzfläche, doch der Mann entkommt. Die Landsknechte wollen nun das Land verlassen und teilen sich in zwei Haufen. Als der erste am Flecken Jever vorüberzieht, macht Boynck nachts mit Einwohnern, die sich in die Burg geflüchtet haben, vorsichtig und leise einen Ausfall und greift die Feinde an. Einige Hundert seien gefallen, berichtet er, die übrigen mußten schwören, das Land zu verlassen, und Geiseln stellen. Der zweite Haufe steht während des Kampfes auf einer Heide und findet den Weg nach Jever nicht. Auf die Kunde von Boyncks Sieg eilt er davon. Maria meint bitter, wenn solche Gewalttaten der Landsknechte vom Kaiser nicht verhindert würden, müßte sie sich bald den Bettelsack um den Hals hängen.

Anfang Februar 1536 stirbt Fräulein Anna nach langer Krankheit. Nun gibt es nur noch ein Fräulein in Jever. Maria ist die letzte aus der jeverschen Häuptlingsfamilie.

Sie hat jetzt die Erlaubnis der Königin, den Flecken zu befestigen, und beginnt im März 1536 mit dem Bau einer Mauer.

Graf Johann ist in den Niederlanden am Hof und betreibt dort den Plan seiner Heirat mit Maria. Auch Königin Marie sieht langsam nur noch in dieser Heirat eine Möglichkeit, die erschöpfende Fehde zwischen den Grafen und Fräulein Maria zu beenden. Der Termin, an dem darüber verhandelt werden soll, hat sich den ganzen Winter über hinausgezögert, und schließlich lädt die Königin Maria ein, bis spätestens Ostern 1536 zu ihr zu kommen.

Am Sonnabend vor Ostern trifft Maria mit Remmer von Seediek in Vollenhove ein und berät sich abends mit dem Statthalter Schenck von Tautenberg. Er erzählt ihr, Graf Johann habe sich am Hof viele Freunde gemacht, aber er, Tautenberg, wisse, daß die Königin sie nicht zur Heirat drängen werde. Er wolle nicht zur Ehe raten, Maria werde schon die richtige Antwort finden. Ein anderer alter Freund Marias, der Amtmann von Vollenhove, warnt sie vor der Ehe, aus der ihr keine Wohlfahrt entstehen könne.

In derselben Nacht reitet sie weiter nach Amsterdam und von dort nach Gent. Sie schreibt dem niedergeschlagenen Boynck und tröstet ihn, er möge sich die Sorgen vom Herzen schlagen und Geduld haben. Sie wolle selbst nicht zweifeln, daß nun alles gut werde, und hoffe, bald wieder bei ihm zu sein. Auch für ihn solle alles gut werden.

Im Mai leitet in Brüssel Magister Philippus Negri als Vertreter des Vorsitzenden des Großen Rats der Königin die Verhandlungen darüber, ob man durch eine Ehe Graf Johanns mit Fräulein Maria Frieden stiften könne. Für Maria sind Remmer von Seediek, ihr Advokat Johan Rolans und Herr Henrick de Monik vom Kloster Östringfelde anwesend, den Grafen Johann vertritt Dr. Thomas Enneus. Remmer trägt vor, Fräulein Maria sei zu allem Gehorsam und zu treuen Diensten bereit unter dem Vorbehalt, daß man ihr die Freiheit lasse, die jeder Mensch besitze, nämlich den Mann heiraten zu können, zu dem sie Liebe und Willen habe. Diese aber habe sie zu Johann nicht, der sie um ihr Erbe gebracht, sie vertrieben und an ihrer jungfräulichen Ehre geschmäht und in Liedern verspottet habe. Wenn er sie aus christlicher

Liebe begehrte, hätte er sie ja früher heiraten können. Ihm ginge es nicht um sie, sondern nur um ihren Besitz, denn als sie ohne diesen Besitz war, habe er sie nicht angesehen. Sie wolle lieber sterben als Graf Johann heiraten.

Magister Negri findet keinen Weg, die Parteien zu einigen. Auch Marias Schadensersatzforderungen an die Grafen aufgrund des Urteils der Königin vor zwei Jahren könne er jetzt nicht durchsetzen, sagt er, weil Graf Enno gegen das Urteil Berufung eingelegt habe. Um ihn zu zwingen, müsse der Kaiser Kriegsvolk nach Friesland schicken, was aber jetzt ungelegen komme. Negri läßt durchblicken, die Grafen drohten mit dem Schwert, falls ihre Berufung abgelehnt werde.

Daraufhin läßt Maria Remmer noch einmal allein mit Dr. Enneus sprechen. Doch der besteht darauf, daß Heirat das einzige Mittel sei, den Streit beizulegen. Als Remmer sich verabschiedet und schon in der Tür steht, fragt Enneus, ob Maria mit dem Drost verlobt sei – mit anderen Worten: ob sie mit ihm schlafe. Diese Frage ist – damals wie heute – höchst interessant und ungehörig, und Remmer antwortet denn auch, danach möge Enneus das Fräulein selbst fragen, sie werde ihm schon Auskunft geben. Er wisse nur, daß Boynck die Werbung zahlreicher Reichsgrafen um Maria bis jetzt verhindert habe, und meint, das beste sei eine Heirat Boyncks mit Maria. Aber dazu, sagt Enneus, müsse Boynck erst die Grafen als Oberherrn anerkennen.

Königin Marie redet Fräulein Maria in einem persönlichen Gespräch zu, Johann zu heiraten. Ein paar Tage darauf warnt sie sie, die Grafen würden sich auf nichts anderes einlassen im Vertrauen darauf, daß der Kaiser ihre Unterstützung in seinen Kriegen gegen die Franzosen und die Türken brauche. Die Königin kann nicht mehr für sie tun, als den Grafen noch einmal Gewalt gegen Jever zu verbieten.

Die Fehde zwischen Ostfriesland und Jever geht weiter. Maria tritt als *hereditaria virgo,* als Erbjungfrau, und Herrin von Jever, Rüstringen, Östringen und Wangerland auf. Der Kupferstich, der sie mit Pelzkragen, Perlenhaube und Straußenfedern zeigt, ist mit einer dicken Rosengirlande geschmückt – Rosen als Symbol der Jungfräulichkeit.

Der ostfriesische Adel will nun die Fehde zwischen den Grafen und dem Fräulein beenden. Der Handelsverkehr ist unsicher, und die aus Jever Vertriebenen oder Geflohenen wollen endlich ihre Landgüter zurück. Vier Ostfriesen, darunter Boyncks Bruder Hero von Oldersum, verhandeln Ende 1536 mit Boynck. Sie wollen für seine Heirat mit Maria eintreten, dafür sollen er und Maria die Grafen als Lehnsherrn anerkennen, und wenn Maria kinderlos stirbt, soll Jever an Ostfriesland fallen.

Boynck redet Maria zu, diesen Vertrag abzuschließen, aber sie lehnt alle Artikel ab, die er mit den Herren ausgehandelt hat. Beharrlich und unbeugsam besteht sie auf ihrer persönlichen Freiheit und der Freiheit Jevers von Ostfriesland. Sie greift niemals an, will niemandem etwas nehmen, aber sie verteidigt, was ihr gehört.

In den nächsten Jahren wirken sich die Kriege im Reich auch in Jever aus. Maria hat schwere Sorgen, und manchmal fehlt es ihr an guter Zuversicht. Rotten streifender Landsknechte haben in ihren Ländern Kirchenvögten das Kirchensilber abgepreßt. Sie läßt sich vom Grafen von Oldenburg Büchsen und Schießpulver schicken.

Im Mai 1538 schließt sie mit Balthasar von Esens, ihrem unruhigen Vetter, erneut ein Bündnis gegen Ostfriesland. Im Herbst 1539 ergreifen die ostfriesischen Adligen erneut die Initiative zum Frieden. Die Verhandlungen ziehen sich bis in den Sommer 1540 hin, aber diesmal enden sie erfolgreich.

Balthasar hat sich als gefährlicher Freund erwiesen. Er geht auf Seeraub, und Maria ist in Verdacht gekommen, sich daran zu beteiligen, und muß sich von ihm trennen. Die Hansestadt Bremen bietet ihr ein Bündnis gegen den Seeräuber an. In Jever ziehen 2000 Landsknechte Balthasars umher, treiben Vieh weg, stecken Häuser in Brand und vergewaltigen Frauen. Auch hört Maria, Enno wolle seine Schwester mit Balthasar verheiraten, und im Mai geht das Gerücht, daß Enno und Balthasar rüsten, um gemeinsam Jever zu überfallen.

So geht sie mit Bremen ein Bündnis gegen Balthasar ein, und am 26. Juni 1540 schließt sie notgedrungen mit Graf Enno Frieden. Diesmal ist die Heirat mit Boynck Bestandteil des Vertrages. Enno nimmt die Berufung beim Reichskammergericht zurück. Er wird, wenn Maria sich mit Boynck verheiratet, keine Ansprüche auf Lehnshoheit daraus ableiten. Maria dagegen verpflichtet sich, eines ihrer künftigen Kinder mit einem Kind Ennos zu verheiraten und die Herrschaft Jever als Heiratsgut mitgehen zu lassen. Falls sie kinderlos stirbt, wird sie ein Fräulein als Erbin einsetzen und dafür sorgen, daß ihre Erbin sich mit einem der Söhne des Grafen verheiratet – eine Vertragsbestimmung, die Maria bis an ihr Lebensende wurmt.

Nun herrscht endlich Friede zwischen Ostfriesland und Jever. Alle Ehehindernisse sind beseitigt, und Boynck kann Maria heiraten. Doch von Hochzeitsvorbereitungen hört man nichts: Maria reist in die Niederlande.

Die Bremer schließen Junker Balthasar in der Festung Esens ein, Boynck belagert die Festung Wittmund. Grafen, Häuptlinge und Adlige sind streit- und kriegsmüde geworden, nur Junker Balthasar will Seeraub und Ritterspiel nicht seinlassen. Enno schreibt im August an Boynck, er sehne sich nach Frieden in Friesland. Boynck antwortet, er wolle schnell Maria schreiben, damit sie heimkomme und mit ihm über den Krieg gegen den lästigen Balthasar berate, und dann Enno Bescheid geben.

Boynck weiß nicht, was Maria in den Niederlanden will. Er hat bei einem Juwelier in Emden ein Kleinod an einem Kettchen für sie gekauft, und nun ist sie fortgereist. Er bittet sie, zurückzukommen.

Wochenlang antwortet sie ihm nicht, schließlich schreibt sie aus Brüssel, sie könne noch nicht heimkehren. Sie sei aus Gründen, die sie ihm nur mündlich erklären könne, verhindert und aufgehalten. Die Hälfte des Briefes verwendet sie darauf, ihr Schweigen damit zu erklären, daß einige ihrer Leute nacheinander krank wurden. Sie versichert Boynck, daß sie nie so ungern von zu Hause fort und an den Hof gegangen sei. Die Zeit hier werde ihr schwer, und es verlange sie sehr nach Hause, und sie wolle weder Arbeit noch Fleiß sparen, daß man doch einmal von dieser Last frei sein werde – eine Anspielung auf den Krieg gegen Balthasar. Sonst wüßte sie ihm nichts Besonderes zu schreiben, er werde sich doch gedulden, sie komme so schnell wie möglich.

Der Brief ist herzlich im Ton und ausweichend. Maria, nun 40 Jahre alt, ist in Heiratspanik.

Graf Enno stirbt am 24. September 1540.

Junker Balthasar stirbt am 17. Oktober 1540. Sein Amtmann verteidigt die Festung Esens weiter.

Am 12. November 1540 trifft Boynck ein Schuß aus der Festung Wittmund und verwundet ihn tödlich.

Im Lager diktiert er sein Testament. Seine Güter in Oldersum, Haus und Herrlichkeit, bekommt sein Bruder Hero. Alle Schulden, die er für den Krieg gemacht hat, wird sein gnädiges Fräulein bezahlen. Ihr vermacht er sein Silberwerk und seine Gobelins, die auf dem Haus Jever sind, das Kleinod, das er in Emden gekauft hat, und seine beiden besten Ringe. Sein Neffe, den er in Jever zum Ritter erzog, soll seine zwei Rüstungen haben, wenn sie ihm gefallen, mit dem Rappen und dem kleinen Delmenhorster Pferd. Eine Schwester kriegt 100 Gulden und seinen schwarzen Damastrock, die andere 100 Gulden und seinen schwarzen Samtrock und die dritte 100 Gulden und seinen roten Samtrock. Die beiden Schwestern, die Klosterjungfrauen geworden sind, bekommen je zehn Gulden. Alle Kirchen in der Herrschaft Jever sollen zwei von den besten Ochsen kriegen oder ihren Wert in Geld, das Gasthaus in Jever aber vier Kühe.

Als Maria in den Niederlanden die Nachricht von Boyncks Tod erhält, reist sie sofort nach Hause. Sie läßt Boynck nach Jever bringen und dort begraben.

Die Landesherrin

Fräulein Maria herrscht von nun an 35 Jahre lang unangefochten in Jever.

Innerhalb einer Woche nach ihrer Rückkehr aus Brabant zieht sie sich aus dem Krieg zurück. Die Stadt Bremen zahlt ihr 12 000 Gulden, und sie sagt dafür zu, keine Kriegsentschädigungen von Esens zu fordern. Sie stellt überhaupt keine weiteren Bedingungen. Der Bremer

Bürgermeister Diderick Hoier verabschiedet ihre Kriegsknechte vor Wittmund.

Marias Land ist verarmt, das Darlehen der Königin noch nicht zurückgezahlt, und Boynck ist tot. Seine Dienstleute und die Neffen, die er in der Burg zu Rittern erzog, gehen fort. In Briefen und Schriftstükken klingt lange Marias tiefe, anfangs verzweifelte, später zärtliche Trauer um Boynck durch.

In Esens regiert Gräfin Onna von Rietberg, die verwitwete Schwester des verstorbenen Balthasar. Ihr Lehnsherr, der Landgraf von Hessen, hat mit Bremen verhandelt, um das Harlingerland Onnas Sohn zu erhalten. Onna und ihr Sohn müssen das Land von Bremen zu Lehen nehmen.

In Emden regiert Gräfin Anna von Ostfriesland, Ennos Witwe, anstelle ihrer unmündigen Söhne. Sie setzt sich gegen ihren Schwager Johann durch: Er hält streng am katholischen Glauben fest, aber die meisten Adligen ziehen die neue Religion vor und unterstützen die Gräfin. Im November 1543 verzichtet Johann auf die Herrschaft und geht in die Niederlande.

Drei Frauen regieren in den drei Ländern zwischen Ems und Jade, deren Häuptlinge sich seit vielen Generationen befehdet haben. Die Krieger sind tot, und die Frauen kommen miteinander aus. Kriegführen ist der Beruf von Männern, den sie von Jugend auf erlernen und der ihnen Ehre und Ruhm bringen soll, adlige Frauen in Friesland dagegen können Güter bewirtschaften und Herrlichkeiten regieren. Sie haben nie gelernt, Heere selbst zu führen, und die Fortsetzung glanzloser politischer Verhandlungen mit klirrenden Waffen widerspricht außerdem ihrem geschärften Sinn für Wirtschaftlichkeit. Wenn die drei Cousinen Onna, Anna und Maria sich auch Kriegsknechte halten, um Verteidigungsbereitschaft nach außen und Herrschaft nach innen zu demonstrieren, greifen sie sich doch nicht an und sind in Konfliktfällen, die nicht ausbleiben, immer wieder verhandlungsbereit.

Während Anna in Ostfriesland Auseinandersetzungen mit dem Adel hat, der sich ihr ebensowenig fügen will, wie er sich Enno fügte, setzt Maria in Jever geschickt und beharrlich ihren Kopf durch, und von ernsthaftem Widerstand gegen sie hört man nichts. Nach dem Ende der Fehde kann sie endlich ihre ganze Kraft ihrem Land zuwenden.

Sie beendet das jahrhundertealte Häuptlingswesen in Jever und führt das Lehnswesen unter ihrer Oberherrschaft ein. Wer in der Fehde zu Ostfriesland hielt und sie damit zwang, ihr Land, das doch seit alters frei war, dem Haus Burgund zu Lehen aufzutragen, der muß nun seinen freien Besitz von ihr zu Lehen nehmen und ihr Treue schwören. Aber im Lauf der Jahre müssen auch andere Häuptlinge ihre Güter als Lehen nehmen. Sie vergibt sie als Kunkellehen: Lehen, die auch Frauen erben können. Sie nimmt Freiheit, aber sie gibt Frieden und Rechtssicherheit dafür, und wenn viele im Adel Maria nicht lieben, so vertrauen sie doch ihrer Kraft. Diejenigen, die zu ihr hielten, macht sie zu ihren Räten, läßt sie zu Ehren und Ansehen in Jever aufsteigen. Gleichzeitig schafft sie einen neuen Adel, auf den sie sich stützen kann: Wer ihr in der Fehde Geld geliehen hat, bekommt seine Herdstätte von ihr als Ritterlehen. Doch sie hält sich mit dem Lehnswesen nicht lange auf, und aus dem gegenseitigen Schirm- und Treueverhältnis wird in der Praxis die Forderung der Landesherrin nach Gehorsam.

Sie stützt sich auch auf die gemenen lande, die Vertreter der Kirchspiele, die sie aber ebenso zielstrebig von ihrer alten genossenschaftlichen Mitsprache bei der Regierung ausschaltet wie die ehemaligen Häuptlinge: Sie ruft die Bauern kaum noch ein. Sie ist freundlich und wohlwollend, aber sie fragt nicht viel.

Ihr stärkster Rückhalt sind die Bürger. Der Flecken Jever gilt seit seiner Befestigung mit Wall und Graben als Stadt. Maria greift in die alte Gemeindeverfassung nur sehr vorsichtig ein, aber neue Rechte gibt es nicht. Das Stadtprivileg, das Remmer von Seediek ausgefertigt hat, bleibt ganz einfach in der Kanzlei liegen. Als die Bürger nachfragen, erklärt Maria es für »fast langwilich to lesende«, fast langweilig zu lesen, und damit hat es sich. Sie läßt ein Neues Willkürliches Stadtrecht schreiben, veröffentlicht es aber auch nicht. Sie umgeht jeden Widerstand, will nichts diskutieren, nichts erzwingen müssen – und damit auch selbst an nichts gebunden sein. Jever erhält das Stadtrecht erst 1572, als sie, schwer erkrankt, ihr Testament entwirft.

Nach den Jahren der Fehde ist Maria eine ausgeprägte Persönlichkeit geworden, und die Leute weichen vor ihrer Kraft oft einfach zurück. Sie regiert durch ihre große Autorität, unbeugsame Beharrlichkeit und durch überlegene Tüchtigkeit, ist den ehemaligen Häuptlingen, die noch lange ihrer verlorenen Freiheit nachseufzen, den Bauern und den Stadtbürgern immer weit voraus. Sie stützt sich auf Amtmann und Rentmeister, wählt weitere Beamte aus dem Adel des Landes und zieht auswärtige Juristen als ihre Schreiber und Sekretäre nach Jever. Allmählich wächst in der Burg eine Landesverwaltung, die die schwerfälligen genossenschaftlichen Einigungen des Adels und der Bauern, die alten Körperschaften der Mitregierung, an Rationalität und Effizienz übertrifft.

Maria macht nichts anderes als zahlreiche Fürsten im Reich auch, die die Herrschaftsgewalten in ihren Gebieten allmählich auf ihre Person konzentrieren. Auffallend an ihr sind ihre Geradlinigkeit und ihr kampfloser Erfolg, ihre Fähigkeit, große Konflikte geschickt zu vermeiden, auch wenn immer wieder geklagt und gemurrt wird. Sie sorgt vor allem für die Wirtschaft in ihrem verarmten Land und hebt seinen Wohlstand, was Unzufriedenen unter den Adligen, Bauern und Bürgern die Münder stopft.

Sie läßt neue Seedeiche bauen, um das in der Antoniusflut 1511 verlorene Land wiederzugewinnen, und schiebt auch an anderen Stellen der Küste die Deiche weiter hinaus. Sie erneuert die Siele und achtet darauf, daß sie in Ordnung gehalten werden, baut das Horumersiel – diese Siele sind Fluttore, Vorläufer heutiger Sperrwerke – und läßt das Hookstief, den schiffbaren Entwässerungskanal und Hauptverkehrsweg des Jeverlandes, der bis dicht an die Stadt reicht, durch ein Siel vom Meer abschließen. Sie verbessert seine Schiffbarkeit, damit auch tiefgehende Schiffe nach Jever geschleppt werden können, und die Stadt bekommt eine Schlachte, ein Bollwerk, an dem Schiffe anlegen können. Handelsschiffe aus Jever segeln unter der gelb-roten Stadtflagge auf Nord- und Ostsee. Aus Hamburg, Bremen, Emden, aus Holland und Brabant bringen Kaufleute Wein, Bier, Essig, Salz, Teer, Bauholz und Getreide und, als es den Einwohnern immer bessergeht, Tuche, Samt,

Damast und holen dafür Pferde, Ochsen, Schweine, Schafe, Federn, Wolle, Leder und Butter ab. Die Zolltarife setzt Fräulein Maria fest.

Die innere Stadt baut sie zu einer starken Festung aus. Die Häuser sind aus Holz und mit Reet gedeckt, und sie bestimmt, daß neue Häuser wegen der Feuergefahr mit Pfannen gedeckt werden. Jeder Hausbesitzer muß Feuerhaken, Leiter und Eimer vor den Türen haben, und die Brunnen in den Straßen müssen stets in Ordnung sein. Sie ist auf alles bedacht in ihrer winzigen Stadt.

Das fruchtbare Land erholt sich von der langen Fehde, und der Wohlstand wächst. Die Friesinnen lieben Kleiderluxus und Goldschmuck, und bald gibt es in Jever eine Goldschmiedezunft. Maria kann der Königin in Brabant das Darlehen zurückzahlen. 1541 hat sie noch kein Geld dafür, doch 1546 sind zwei Drittel zurückgezahlt, und 1547 schickt sie die letzte Rate. Im selben Jahr läßt sie auf ihre Kosten bei Lukas Lossius in Lüneburg junge Jeveraner in Pension und Unterricht geben, die bald darauf in Wittenberg studieren: Sie sorgt für Nachwuchs in ihrer Verwaltung. Als alte Frau stiftet sie eine Lateinschule mit fünf gelehrten Gesellen – das heutige Mariengymnasium.

Im August 1547 ist sie schuldenfrei, und im November kauft sie sich zehn silberne Schüsseln vom Goldschmied Johann in Jever, zwei Jahre später eine silberne, fast ganz vergoldete Kanne vom Goldschmied Henning in Minden und einen goldenen Becher in Emden, und wieder ein Jahr später einen silbernen Leuchter, Glas aus Venedig und zwei Ölgemälde.

Maria baut viele Jahre lang und verwandelt die alte Burg in ein Renaissanceschloß mit Erkern und geschmückten Giebeln. Aus dem Jahr 1548 sind bis heute Rechnungen erhalten über große Lieferungen Holz und Kalk, die Holländer in ganzen Schiffsladungen nach Jever bringen. Der blaue Schiefer für das Dach kommt aus Deventer, Blei aus Amsterdam, und Schiffe aus Emden bringen Eisen und Sandstein. Maurer, Maler, Dachdecker, Zimmerleute, Glaser und Pflasterer schreiben ihre Rechnungen. Maria befestigt ihr Schloß mit Zwingern und Bastionen. Ihre Beamten wohnen und arbeiten im Schloßbezirk, im Keller gibt es eine Folterkammer und ein Gefängnis.

In der Folterkammer sterben Menschen und im Gefängnis ebenfalls. In ganz Europa werden Hexen und Hexenmeister verbrannt, und auch unter Fräulein Maria gibt es Hexenprozesse – aus heutiger Sicht ein tiefer Schatten über ihrer Regierung.

Maria kleidet zwischen 15 und 43 Leute im Jahr – auch der Hofschneider Robert von Köln schickt seine Rechnungen. Sie hat mehrere Jungfern und Mägde, Diener, Stallmeister, Kutscher, einen Koch und drei Unterköche und Spielleute: Peter den Piper, Lubbert den Trommelschläger, Henrick den Trompeter, Johann den alten Trompeter und später noch Greger den Lautenschläger und Jarriken den Harfenschläger.

Sie genießt ihr Leben, aber sie vergißt nichts. Kaum hat sie ein wenig Geld beiseite gelegt, beginnt sie den Prozeß um Kniphausen vor dem Reichskammergericht – die Herrlichkeiten Kniphausen und Inhausen, die durch Personalunion verbunden sind, sollen wieder zu Jever gehören. Häuptling Fulf hat Marias Vater 1493 den Treueid geleistet, aber er wollte zu mächtig werden, und als Edo ihm das verwehrte, ging er zu Edzard über – so hält Remmer von Seediek es in seinen Annalen fest, denn jetzt gibt es in Jever auch Geschichtsschreibung: als Beweismaterial vor Gericht. Ein Notar vernimmt im März und April 1549 37 Zeugen, von denen der älteste 100 Jahre alt ist, und im Mai bestimmt Fräulein Maria Doktoren und Licentiaten der Rechte zu ihren Anwälten und Prokuratoren und reicht die Klage ein.

Sie ist hart, wenn es um ihren Besitz geht, aber in Glaubensfragen, um die im Reich furchtbare Kriege geführt werden, weicht sie gewitzt allen Konflikten aus. Der Kaiser, ihr Lehnsherr, ist katholisch, ihre Untertanen wollen evangelisch sein, und was sie will, weiß man lange nicht. Aber sie hat das Recht, die Kirchen im Land mit Geistlichen zu besetzen, und ihre Untertanen sind zufrieden. Als der Kaiser die Protestanten 1548 mit einem Kompromißvorschlag für die katholische Kirche zurückgewinnen will und allen, die ihm nicht gehorchen, Gewalt androht, läßt Maria untertänig ausrichten, in Ehrerbietung gegen den kaiserlichen Befehl werde sie den Kompromiß ihren Geistlichen vorlegen und seine Annahme empfehlen. Dann befiehlt sie, ohne sich zu übereilen, die Geistlichen nach Jever und bespricht die Sache mit ihnen, und die Versammelten bitten den Kaiser höflich, die Angelegenheit in nähere Erwägung ziehen zu dürfen. Keiner sagt ja, keiner sagt nein, und 1555 wird in Augsburg der Religionsfriede geschlossen, und der Kaiser zieht sich, müde von Türken, Franzosen und Protestanten, nach Spanien in ein Kloster zurück. In Jever wird die Reformation offiziell eingeführt, und Maria erläßt eine neue Kirchenordnung.

Sie ist jetzt reich und kann ihre Residenz mit Kunstwerken schmükken. Drei Jahre lang, von 1561 bis 1564, schnitzen Heinrich Hagart, ein Schüler des berühmten Cornelius Floris in Antwerpen, und sein Geselle in der Kirche von Jever ein Grabmal für Marias Vater, das heute noch bewundert wird: Allegorische Figuren tragen einen achteckigen Baldachin, unter dem ein Marmorsarkophag mit der überlebensgroßen Figur des Häuptlings steht. Für den großen Saal im Schloß, in dem Fräulein Maria bei besonderen Gelegenheiten den Adel des Landes empfängt, schnitzen die Künstler eine Decke aus Eichenholz mit Blumen, Blatt- und Fruchtgehängen, Wappen, Masken, Tieren und Menschen.

Aus der Häuptlingstochter ist im Mikrokosmos Jever eine Renaissancefürstin geworden. Nun läßt sie auch in einem eigenen Münzhaus Silbertaler mit ihrem Namen prägen.

In vielen großen Ländern Europas regieren jetzt Frauen: in Schottland Maria Stuart, in England ist Königin Elisabeth der Königin Mary auf den Thron gefolgt, in Frankreich regiert Katharina von Medici, und in den Niederlanden regiert nun die dritte Frau in über 50 Jahren, Margarete von Parma, die uneheliche Tochter Kaiser Karls V. Witwen und Fräulein auf Königsthronen sind keine Ausnahmen mehr. Sie zeigen ihre Freude an der Macht und am Leben, reiten breitbeinig und kühn zur Jagd. Doch die Anzeichen mehren sich, daß die Freude an der eigenen Stärke und die Liebe zur Welt im Zeichen der Gegenreformation der kirchlichen Forderung nach weiblicher Demut weicht. Die Frauen der nachwachsenden Generation an den Höfen treten seltener mit selbstverständlichem Anspruch auf Erbe und verbrieftes Recht zur Regierung auf, geben sich zunehmend zart und hilflos, kämpfen weniger.

Maria aber läßt sich, als Anna von Ostfriesland den Kaiser bittet, einen ihrer Söhne zum Erben Jevers zu ernennen, zwei Rüstungen schmieden, um selbst mit ihrem Heer reiten zu können – Anna sieht, daß sie zu weit gegangen ist, und lenkt ein. Maria liebt bis ins Alter die Jagd und baut sich südlich von Jever ein Sommerschloß, dessen großer Saal eine ebenso prachtvolle Decke bekommt wie der Saal in Schloß Jever. Heute steht von Marienhausen nur noch ein Turm.

Sie wird streng im Alter, dämmt mit Strafmandaten die Unmäßigkeit ihrer Untertanen im Essen und Trinken und die blutigen Schlägereien bei großen Festen ein. Tatkräftig schickt sie ihre Schiffe hinter Seeräubern her, die Wangerooge überfallen und Betten, Schränke und Töpfe weggenommen haben. Sie sorgt für Ordnung und Sicherheit im Land.

Sie hat alles erreicht, wofür sie von Jugend an kämpfte, und hat mit dem Verzicht auf Ehe und Kinder dafür bezahlt. Nun muß sie bestimmen, wer ihr Land erben soll. Der Prozeß um Kniphausen und Inhausen läuft noch. Dort regiert nun Eva von Rennenberg und wehrt sich gegen Fräulein Maria, zieht die ostfriesische Oberherrschaft mit ihrer größeren Freiheit für den Adel vor. Aber auch hier setzt Fräulein Maria sich durch, und Kniphausen und Inhausen fallen an Jever zurück: 1623 – nach 74 Jahren Prozeßführung. Doch weder Kriegsknechte noch Untertanen haben dafür mit ihrem Leben bezahlt.

Fräulein Walburg

Fräulein Maria will Jever der Familie ihrer Mutter hinterlassen und innerhalb dieser Familie einer Frau. Sie hat nicht die geringste Absicht, sich an den Friedensvertrag mit Enno aus dem Jahre 1540 zu halten, nach dem Jever durch Heirat der Frau, die sie als Erbin aussucht, an Ostfriesland gehen soll, weil sie ihn nur abgeschlossen habe, um ein Bündnis Ennos und Balthasars gegen sie abzuwenden. Mit 72 Jahren erkrankt sie schwer und ernennt Graf Johann von Oldenburg zu ihrem Erben, was aber erst nach ihrer Beerdigung bekanntgegeben werden soll, um »die von Embden« zu überraschen. Das teilt sie je zwei Vertretern aus jedem Kirchspiel, den Kriegsleuten am Hof und dem Adel mit, und alle sind damit einverstanden.

Als Fräulein Maria sich wieder erholt, beginnt sie, die Heirat Fräulein Walburgs von Esens mit Graf Johann von Oldenburg zu betreiben. Der Großneffe Johann soll nämlich die eigentliche Erbin nur mit seiner Macht schützen. Fräulein Walburg ist noch sehr jung, und es ist zudem unwahrscheinlich, daß sie Jever allein gegen die ostfriesischen Grafen halten kann. Sie ist eine »modderen« von Maria – so heißen die Schwestern der Mutter oder deren weibliche Nachkommen: Ermgard, die Schwester von Marias Mutter, hat Hero Ommeken, den Häuptling von Esens, geheiratet. Ihre Tochter Onna von Rietberg – Marias Cousine und Balthasars Schwester – ist Walburgs Großmutter.

Maria schickt Gesandte zu Johann, um die Heirat vorzubereiten. Johann sagt, daß sein Vater ihm eine verwirrte Grafschaft hinterlassen habe, er wolle erst alles wieder richten und dann weiter über Heirat nachdenken – die Gesandten verstehen ihn so, daß er der Heirat wohlgeneigt sei. Maria schickt nun den Landrichter Reineking nach Esens zur Mutter von Fräulein Walburg und macht am 22. April 1573 um acht Uhr morgens ihr Testament, »damit wyr von diesem jamerthal und falscher Welt nicht on ainigen bestendigen letzsten willen und testament abschieden«. Johann von Oldenburg bekommt ihr Land unter dem Vorbehalt, daß er sich in nichts einläßt, wodurch Jever an Ostfriesland kommen könne. Das Testament schickt Maria an Herzog Alba, der jetzt Generalstatthalter der Niederlande ist, und bittet ihn, Graf Johann mit Jever zu belehnen.

Das geht aber nur, wenn die Erblasserin tot ist. Überhaupt ist man ein wenig erstaunt in Albas Umgebung: Einerseits setzt das alte Fräulein Johann von Oldenburg als Erben ein, andererseits hört man von Walburgs älterem Bruder, Graf Hoya, sie wolle ihr Land der Großnichte hinterlassen. Am Hof gehen Gerüchte, die alte Frau sei nicht mehr voll zurechnungsfähig.

Herzog Alba muß sich vergewissern, daß niemand Fräulein Maria das Testament aufgezwungen hat. Ein kaiserlicher Kommissar soll sich persönlich von ihrer Zurechnungsfähigkeit überzeugen und soll auch die Ehe zwischen Fräulein Walburg und Johann von Oldenburg betreiben, die der Herzog sehr begrüßen würde: Wenn Jever an Ostfriesland geht, fällt es damit an das Deutsche Reich, er aber will es als burgundisches Lehen dem König Philipp von Spanien erhalten.

Doctor iuris Georg Westendorp, Syndicus in Groningen, trifft in Jever ein, und am Freitag, dem 12. Juni 1573, morgens um zehn Uhr, empfängt Fräulein Maria ihn. Bei ihr ist ihr Rentmeister Theodor von Seediek, ein Sohn des verstorbenen Remmer. Maria ist aufgebracht und verdächtigt den Grafen Hoya, er sei derjenige, der ihre Zurechnungsfähigkeit anzweifele, um seine Schwester um ihr Erbe zu betrügen und Jever an sich zu bringen.

Als Westendorp eintritt, steht sie lebhaft auf. »Es ist mick leef, her doctor, dass Ihr ein altes verstorben freuwlin kompt besuchen, damit Ihr sehen mogen, dass ich noch lebe und, Gott Lob, bei guter verstandt und sulcher gesontheit sei«, sagt sie, »lieber gott, lebe ich noch, meynen feinden zu pein und meynen freunten zum besten.« Sie will, daß ihr friesisches Land von einer Friesin regiert wird: »ich will hir niemants haben als meine modderen Walburg. Das ist mein dochter, ich hab sie lieb und sol mein dochter bleiben. Zu deren mitbehoiff [Unterstützung] hab ich meinen vettern graf Johann von Oldenburg zu meinem erben constituirt.« Sie hat aus Esens zwar noch keine Antwort, aber wenn Johann Walburg nicht heiratet, wird sie ihn enterben.

Sie ist voller Mißtrauen gegen Graf Hoya, und der gelehrte und umständliche Doctor iuris Westendorp hat alle Mühe, die zornige Gnaden zu beruhigen und seinen Auftrag, die Heirat zu fördern, »aufs zyrlichst« vorzutragen. Als er es geschafft hat, fällt Maria ihm stürmisch um den Hals, was Westendorp in seinem Bericht an Herzog Alba genierlich verschweigt. Aber Fräulein Walburgs Bruder hat einen Spion an Marias Hof, und der erzählt es später. Westendorp muß Maria die Hand darauf geben, daß er die Heirat beim Herzog weiter betreibt, und sie schenkt ihm zur Erinnerung daran zwei Portugaleser. Der Jurist überprüft nun das Testament und seine Bewilligung durch die Landstände und ist sicher, daß »Ihr gnaden gutes vernunfts und gar kainen mangel nach Ihren hohen alter habe, allein das gesicht an ein augen und etwa harthorich ist« – sie hat Star auf einem Auge und ist etwas harthörig, sonst aber klar und munter.

Alles scheint zum besten zu stehen, bis in Marias Umgebung durchsickert, daß Johann, der einzige Mann, dem sie Jever anvertrauen will, seine Tante getäuscht hat – er ist längst mit Gräfin Elisabeth von Schwarzenburg verlobt. Niemand wagt, es Maria zu sagen, und diese äußerst schwierige Aufgabe bleibt an Gräfin Agnes hängen, der Mutter Fräulein Walburgs. Fräulein Maria hat die Gräfin und Fräulein Walburg nach Jever eingeladen, und an einem Vormittag setzt sie sich mit der Gräfin zusammen – das junge Mädchen ist nicht dabei. Die Gräfin macht Ausflüchte, Maria springt zornig auf und sagt: »zu Jeverden konte man alzeit eine braut bekommen.« Die Gräfin deutet vorsichtig an, daß Johann vielleicht eine höhere Standesperson als Fräulein Walburg heiraten wolle, sie werde ihm ihre Tochter jedenfalls nicht anbieten. Maria sagt entschieden, Johann »solte und moste irer mainung werden und folgen, soferne ehr des testaments genießen wolte«. Sie will nun selbst mit Walburg sprechen, aber die Gräfin verhindert es, überhört auch Marias freundliche Einladung, Walburg möge noch 14 Tage in Jever bleiben, und fährt mit ihrer Tochter ab.

Auf Rat ihres Rentmeisters schickt Maria noch einmal Gesandte zu Johann, und nun kommt es heraus: Er ist schon verlobt. Maria kann ihr Land nicht einer Frau vererben und gleichzeitig mit dem Gewicht Oldenburgs sicherstellen, daß es nicht an Ostfriesland fällt.

Sie braucht über ein Jahr, um mit dieser Enttäuschung fertig zu werden, dann erst setzt sie die Eventualhuldigung für ihren Erben Johann an, obgleich die Jeveraner nun die Ostfriesen bei weitem den Oldenburgern vorziehen würden, die nur ihre Bauern drücken. 4000 bewaffnete Bauern kommen zur Huldigung in die Stadt, und ihre Vertreter handeln Johann Zugeständnisse ab: Deichen nur in der Herrschaft Jever und keine Heeresfolge für ihn. Maria liegt krank im Bett und ist besorgt und erregt, als sie vom Widerwillen ihrer armen Untertanen gegen den neuen Landesherrn hört, und der Pastor von Jever kann sie nur mit viel Mühe trösten.

Am Sonntag, dem 20. Februar 1575, stirbt Maria von Jever.

Ihre vertrauten Räte schicken sofort Boten zu Johann und halten, wie sie es befahl, ihren Tod geheim. Einer ihrer Vertrauten ißt die Speisen, die Diener an ihre Zimmertür bringen, und die Diener, die die leeren Schüsseln abholen, glauben, die Herrin lebe noch.

Am zweiten Tag nach ihrem Tod ist Johann in Jever. Er läßt seine Tante in feierlicher Pracht unter dem Baldachin des Erbbegräbnisses in der Kirche beisetzen. Aus dem ganzen Land sind die Bauern gekommen, und ein großer Trauerzug geleitet Fräulein Maria auf ihrem letzten Weg.

Herzog Alba belehnte Johann mit Jever. Die ostfriesischen Grafen strengten einen Prozeß an, aber ihre Klage auf Herausgabe von Jever wurde in zwei Instanzen und nach fast 20 Jahren abgewiesen.

Fräulein Walburg heiratete Graf Enno III. von Ostfriesland, und als sie das Harlingerland von ihrem Bruder erbte, fiel es an Ostfriesland.

Jever ging im Erbgang durch viele Hände, kam mit Oldenburg an Dänemark und weiter an Rußland, wurde zu einem kleinen Anhängsel immer größerer Länder. Nur einmal noch gab es einen Nachhall der verklärten Zeit unter Fräulein Maria, als es der Zarin von Rußland, Katharina der Großen, gehörte. Auch sie wird in Jever heute noch verehrt: Sie übertrug die Regierung des Landes der Witwe ihres Bruders. Friederike Auguste Sophie von Anhalt-Zerbst regierte von 1793 bis 1806 in Jever. Endlich war Jever mehr als eine kleine Herrschaft großer Fürsten, die sich nur alle paar Jahre einmal sehen ließen, endlich wohnte wieder eine Frau im Schloß.

Die Sage bildete sich, Fräulein Maria sei gar nicht gestorben. Sie habe ihr Schloß durch einen unterirdischen Gang verlassen, und sie werde eines Tages wiederkommen. Auf ihren Befehl werde jeden Abend eine Glocke geläutet, damit sie ihren Weg zurückfinde in die idyllische kleine Stadt, in der nun alte Bäume die blanken Grachten säumen. Nur Besserwisser beharren darauf, daß die Glocke ursprünglich kein Sehnsuchtsruf der verlassenen Untertanen war, sondern unter Marias strengem Altersregiment die Polizeistunde einläutete.

»Herrin und unser König« – Maria Theresia

Sie will ihr Geschlecht für eine Krönung nicht noch einmal ändern

Maria Theresia lehnte es ab, sich neben ihrem Mann Franz I. Stephan, dem neugewählten Kaiser, zur Kaiserin krönen zu lassen. Man war ratlos am Wiener Hof. Einerseits schob sie ihre Schwangerschaft als Grund vor, andererseits aber wollte sie trotz Schwangerschaft unbedingt mit zur Krönung nach Frankfurt reisen.

Auf Wunsch von Franz Stephan sprach Hofkanzler Ulfeld noch einmal mit ihr, um wenigstens den wahren Grund ihrer Weigerung zu erfahren. Aber sie sagte ihm nur, daß diese Krönung eine Komödie sei, die sie nicht mitmachen wolle. Der erfahrene Hofbeamte, der Maria Theresia schon lange kannte, meinte nach dem Gespräch, »daß sie möglicherweise diese Krönung geringer einschätze als die beiden männlichen Kronen, die sie trage«, denn sie habe einmal gesagt, daß sie bei einer Krönung ihr Geschlecht nicht mehr ändern wolle.

Maria Theresia ist eine kraftvolle Herrscherin, doch die Ungarn und die Böhmen hatten keine Frau auf ihrem Königsthron gewollt, und sie hatte sich in beiden Ländern als Mann krönen lassen müssen. »Domina et rex noster« nannten die Ungarn und die Böhmen sie, Herrin und unser König.

Die Kaiserkrone war 300 Jahre lang beim Haus Habsburg gewesen, aber als Frau konnte Maria Theresia, die Erbin, nicht Kaiserin werden, und die Kurfürsten hatten nach dem Tod ihres Vaters Karl VI. den bayerischen Kurfürsten zum Kaiser gewählt. Nun hatte sie erreicht, daß die Krone an ihr Haus zurückfiel, und hatte ihren Mann zum Kaiser gemacht – und nun sollte sie, der König von Böhmen, sich in die rangniedrige Ehefrau des Kaisers verwandeln, die seit der Goldenen Bulle von 1356 bei Kaiserkrönungen nur gerade so geduldet wurde? Wie sollte das auch geschehen: Als König von Böhmen war sie der vornehmste der weltlichen Kurfürsten, aber ein weiblicher König war im Krönungszeremoniell nicht vorgesehen, und sie mußte einen Vertreter schicken. Das würde nicht weiter auffallen, denn nicht alle Kurfürsten reisten nach Frankfurt, sondern einige ließen sich vertreten. Als Ehefrau des Kaisers aber müßte sie hinter dem Kaiser, sogar noch hinter dem König von Böhmen gehen – sollte sie nun hinter ihrem eigenen Vertreter herlaufen und so der Welt das Schauspiel einer doppelten Demütigung bieten: als zweitklassiger König von Böhmen und als bedeutungslose Ehefrau? Und alles nur für einen leeren Titel ohne reale Macht?

Maria Theresia drehte in Frankfurt den Spieß um und entlarvte das Zeremoniell als Komödie: Sie, der mächtigste Fürst im Heiligen Römischen Reich Deutscher Nation und die eigentliche Drahtzieherin der Kaiserwahl, nahm daran nicht teil.

Die Kaiserkrönung fand am 4. Oktober 1745 statt, und Johann Wolfgang Goethe hat in *Dichtung und Wahrheit* erzählt, was ältere Leute ihm von ihr berichteten. Maria Theresia, 28 Jahre alt und »über die Maßen schön, habe jener Feierlichkeit an einem Balkonfenster« gleich neben dem Römer zugesehen. Als ihr Mann aus dem Dom kam, hob er wie zum Scherz beide Hände und zeigte ihr den Reichsapfel, das Szepter, die Handschuhe, »worüber sie in ein unendliches Lachen ausgebrochen, welches dem ganzen zuschauenden Volke zur größten Freude und Erbauung gedient, in dem es darin das gute und natürliche Ehegattenverhältnis des allerhöchsten Paares der Christenheit mit Augen zu sehen gewürdiget worden. Als aber die Kaiserin, ihren Gemahl zu begrüßen, das Schnupftuch geschwungen und ihm selbst ein lautes Vivat zugerufen, sei der Enthusiasmus und der Jubel des Volks aufs höchste gestiegen, so daß das Freudengeschrei gar kein Ende finden können.«

Sie blieb nicht auf dem Balkon. Sie verschaffte sich Zutritt zum Krönungsbankett im Kaisersaal des Römers, schob die entsetzten Zeremonienmeister energisch zur Seite und nahm mit bequemem Blick auf den Kaiser Platz. Als gekrönte Ehefrau des Kaisers hätte sie nicht mit ihm an einem Tisch sitzen dürfen, sondern hätte ihren Platz an einem niedrigen Tisch an der Seite der Halle gefunden. Nun saß sie in der ersten Zuschauerreihe und machte das zeremonielle Mahl zum Spektakel, zum Theater, zur Komödie.

Was Goethe nicht erwähnt und vielleicht nicht wußte: Als Maria Theresia zum König von Ungarn gekrönt wurde, durfte ihr Mann an der Krönung nicht teilnehmen und konnte nur vom Fenster eines Privathauses aus zusehen. Das hatte Maria Theresia sehr geärgert. Die Komödie in Frankfurt war auch eine Umkehr der Situation in Ungarn, war auch ein Spiel zwischen ihr und ihrem Mann, ein Veralbern der Zeitgenossen, die mit einem Ehepaar auf dem Thron nichts anderes anzufangen wußten, als einen der Partner deutlich zurückzusetzen.

Einige Zeit nach der Kaiserkrönung nahm Maria Theresia den Titel Kaiserin an. Doch bis heute ist im Bewußtsein zahlreicher Leute sie die eigentliche Kaiserin und Franz Stephan nur Kaiser, weil er mit ihr verheiratet war.

»Habe hertzhaft agieret, alles hazardieret und alle Kräften angespannet«

Maria Theresias Geburt am 13. Mai 1717 ist eine große Enttäuschung für ihren Vater Kaiser Karl VI. Seit Jahren wartet er auf einen Sohn. 1718 folgt wieder eine Tochter, Marianne. Nach der Geburt der beiden Töchter veröffentlicht der Kaiser die Pragmatische Sanktion, die er schon 1713 seinen Geheimen Räten mitgeteilt hat, ein neues Erbgesetz des Hauses Habsburg: Die Habsburger Länder sollen unteilbar und untrennbar sein und an seine Nachkommen fallen, nicht an die Nachkommen der Töchter seines älteren verstorbenen Bruders, und auch eine Frau soll sie erben und regieren können. Die Landtage der Habsburgischen Länder nehmen das neue Erbgesetz an, und in den folgenden

20 Jahren kämpft der Kaiser darum, daß auch die großen Mächte Europas die Erbfolge seiner ältesten Tochter anerkennen, erkauft sich das Einverständnis Englands, Hollands, Preußens durch große Zugeständnisse. 1732 stimmt auch der deutsche Reichstag zu – bis auf Bayern. Die Zustimmung Frankreichs kostet den Kaiser Neapel und Sizilien.

Er liebt seine Töchter, die »Teresl« und die »Nandl«, und er liebt seine Frau, aber manchmal spielt er mit dem Gedanken, wenn sie sterben würde, könnte er noch einmal heiraten und endlich einen Sohn bekommen. Maria Theresia begegnet ihrem Vater mit Ehrfurcht, über die Mutter äußert sie sich nicht. Sie liebt ihre Schwester, und ganz besonders hängt sie an ihrer Erzieherin, Gräfin Charlotte Fuchs, die ihr warme Liebe und beständigen Rückhalt gibt.

Die Erzherzogin ist ein fröhliches, ausgelassenes, lärmendes junges Mädchen. Sie hat eine schöne Singstimme und spielt ausgezeichnet Klavier, aber Musik interessiert sie nicht. Sie lernt Latein, Geographie und Geschichte, Mathematik, Zeichnen, Spanisch, Französisch, Italienisch. Reiten darf sie nicht, aber Bogenschießen. Später klagt sie, sie habe nichts gelernt, was sie zum Regieren brauche, weil es »meinem Herrn Vattern niemahls gefällig ware, mich zur Erledigung weder der auswärtigen noch der inneren Geschäfte beizuziehen«. Aber auch andere Fürsten der Zeit halten ihre Nachfolger von Regierungsgeschäften fern. Auffallend am Kaiser ist, daß er zwar die größten Anstrengungen macht, um seiner Tochter die Nachfolge zu sichern, sie aber nicht offiziell zu seiner Erbin erklärt. Maria Theresia versucht aus Ehrfurcht »gegen meines Herrn Vatters Majestät« alles zu vermeiden, »so einer auch mindesten Regiersucht« gleichsehen könnte. Genau das aber hat sie: Regiersucht.

Als sie 19 ist, beginnen die ausländischen Gesandten in Wien, sie zu beobachten. Den Anstoß dazu gibt die Beharrlichkeit, mit der sie beim Kaiser darum kämpft, den Mann heiraten zu können, den sie liebt. Der englische Gesandte, Sir Thomas Robinson, berichtet nach London: »Sie ist eine Prinzessin voller Feuer. Sie denkt bereits. Die Verluste ihres Vaters sind die ihren. Sie bewundert seine Tugenden, verurteilt jedoch seine Mißwirtschaft, und ihr Naturell ist derart auf

Herrschaft und Ehrgeiz abgestimmt, daß sie in ihm wenig mehr sieht als ihren Verwalter.« Und der venezianische Botschafter berichtet seiner Regierung, daß es seiner Meinung nach auf der Welt keine Frau gebe, die so befähigt sei, die Nachfolge ihres Vaters anzutreten wie Maria Theresia. Nach außen stimme sie ihm zu in seinem Wunsch nach einem männlichen Erben, doch in Wirklichkeit halte sie ihren eigenen Anspruch aufrecht. Sie sei ein Vorbild an Takt und Diskretion, habe Charme und Anmut.

Ihr Vater hat sich vor Jahren mit dem spanischen König über eine Heirat einer seiner Söhne mit ihr verständigt. Sie aber liebt den Herzog Franz Stephan von Lothringen. Er ist mit 15 Jahren zur Erziehung an den Wiener Hof gekommen, als sie sechs war. Später erzählt sie, sie habe sich damals schon in ihn verliebt. Er ist ein heiterer, liebenswürdiger und sanfter junger Mann. Als sein Vater starb, mußte er Wien verlassen und Lothringen regieren. Aber es behagte ihm nicht in seinem kleinen Land. Drei Jahre später übertrug er die Regierung seiner Mutter und kam zurück nach Wien. Der Kaiser machte ihn zum Statthalter in Ungarn.

Franz Stephan liebt Maria Theresia, und sie sieht ihn nachts im Traum und redet mit ihren Hofdamen nur über ihn. Es gelingt ihr nur mit größter Mühe, den Kaiser von seinen politischen Heiratsplänen für sie abzubringen. Als er ihrer Heirat mit dem Herzog von Lothringen endlich zustimmt, läßt er sie unterschreiben, daß sie und ihre Kinder auf alle Erbrechte verzichten, falls ihm noch ein Sohn geschenkt werde. Maria Theresia unterzeichnet, ohne mit der Wimper zu zucken.

Franz Stephan muß für die Heirat mit der reichsten Erbin Europas auf Lothringen verzichten, weil der Kaiser das Herzogtum für ein Geschäft mit dem französischen König braucht. Dafür soll Franz Stephan Großherzog der Toskana werden, sobald der gegenwärtige Herzog gestorben ist. Wenige Tage vor der Hochzeit schreibt die »getreüeste braut« täglich ihrem »hertzliebsten bräutigamb« und schließt mit: »Adieu mäusl, ich umarme dich von ganzem herzen.«

Sie heiraten am 12. Februar 1736 in der Augustinerkirche. Maria Theresia trägt ein prächtiges silbernes Kleid, das über und über mit

Diamanten besetzt ist, Franz Stephan ein weißes Mantelkleid mit schweren Silberapplikationen, weiße Strümpfe und Schuhe. Nach dem Te Deum schmettern die Trompeten und dröhnen die Pauken, und die Kanonen auf dem Platz vor der Kirche und auf den Basteien um Wien donnern Salut. Maria Theresia sieht diesen Tag immer als den glücklichsten ihres Lebens an. Im Februar 1737 bekommt sie ihre erste Tochter, im Oktober 1738 die zweite, und als sie im Januar 1740 eine dritte Tochter zur Welt bringt, macht ihr Vater bittere Bemerkungen. Maria Theresia ist tief gekränkt. Der Kaiser, der sich so gerne noch einmal verheiratet und einen Sohn gezeugt hätte, stirbt am 20. Oktober 1740. Seine Frau überlebt ihn um zehn Jahre.

Es gibt »aufrührerische Stimmen«, meldet der venezianische Gesandte seiner Regierung am Sterbetag, die meinen, »daß es mit der Würde des Staates nicht vereinbar sei, von einer Frau regiert zu werden«. Aber schon im November berichtet er, der Regierungswechsel vollziehe sich in unerwarteter Ruhe.

Maria Theresia übernimmt die Regierung von Ländern, die innenpolitisch in Unordnung sind. Die Armee ist in schlechtem Zustand, die alten Minister ihres Vaters sind uneinig, die Kassen leer – »Mit einem Wort: Alles sache [sah] einem allgemeinen baldigen Zerfall und Zerrüttung gleich«, berichtet sie später in einer politischen Denkschrift. Sie nimmt sich vor, »die mir obliegende Regierungsgeschäfte ruhig und standhaft zu unternehmen« und »allein auf Gott zu trauen, dessen Allmacht ohne mein Zutun noch Verlangen mich zu diesem Stande auserwählet, welcher also auch mich würdig zu machen hätte..., diesem mir aufgetragenen Beruf nach Erfordernüs vorzustehen«.

Sie bemüht sich um genaue Kenntnis ihrer Länder, ihrer Armee, des Regierungsapparats in Wien und unterhält sich oft und lange mit ihren Ministern. Sie hat eine schnelle Auffassungsgabe, und sie ist sehr fleißig. Sie erlaubt niemandem aus ihrer Familie, sich in die Regierung einzumischen. Ihr Mann ist Mitregent, aber das bedeutet nur, daß er bei ihrem Tod für ihre unmündigen Kinder regieren soll. Für ihre Mutter läßt sie Schloß Hetzendorf herrichten, wo sie fern jeder politischen Entscheidung lebt.

Die große Frage dieser ersten Wochen ist, ob die europäischen Mächte, die zusagten, eine weibliche Erbfolge in Wien anzuerkennen, sich nun auch daran halten. Spanien und England führen seit dem Vorjahr einen Handelskrieg. Zwischen Frankreich und England wachsen die Spannungen, seit die Briten in Nordamerika französische Kolonien bedrohen. Der bayerische Kurfürst, der mit Frankreich verbündet ist, protestiert gegen den Regierungsantritt Maria Theresias. Er ist mit einer ihrer Cousinen verheiratet und möchte selbst Kaiser werden.

Jede große Macht sieht mißtrauisch auf die andere, jede ist bereit, sofort ihre Truppen marschieren zu lassen, wenn eine der übrigen sich ein Stück der Habsburger Länder schnappt. Noch ehe jede sich darüber klar ist, was sie selbst tun will, schlägt Preußen zu. König Friedrich II., der wie Maria Theresia 1740 auf den Thron gelangt ist, hat von seinem Vater ein gut geschultes Heer und gefüllte Staatskassen übernommen. Er will Ruhm und Ehre vor den Augen Europas erringen. Schlesien ist das reichste der Habsburger Länder. Er behauptet, Erbansprüche auf schlesische Fürstentümer zu haben, und marschiert mit seinen Truppen am 16. Dezember 1740, acht Wochen nach Maria Theresias Regierungsantritt, über die schlesische Grenze.

In Wien glauben einige der Minister, bei Maria Theresias Unerfahrenheit sei es das beste, dem König von Preußen einen Teil Schlesiens zu überlassen, wenn er dafür ihre übrigen Erbansprüche anerkennt und zusagt, Franz Stephan zum Kaiser zu wählen. Maria Theresia ist auf den Rat der Minister ihres Vaters angewiesen. Die Minister wollen einerseits abwarten, wohin die Sache sich wenden wird, andererseits Schlesien aber auch verteidigen und schicken Friedrich 15 000 Mann entgegen. Später meint Maria Theresia, hätte man ihm doppelt so viele Soldaten entgegengeschickt, wäre der Krieg bald zu Ende gewesen.

Die ersten Nachrichten von Niederlagen der österreichischen Truppen treffen in Wien ein. Maria Theresia bleibt selbst in größten Nöten so ruhig in ihrem Gemüt, »als wann mich die Sachen selbsten gar nichts angiengen«. Ein stolzes Vertrauen in die Gaben, die Gott ihr verliehen hat, erfüllt sie.

In der Nacht vom 12. auf den 13. März 1741, um zwei Uhr morgens, bringt sie einen Sohn zur Welt, Joseph. Die Geburt des Sohnes ist für sie ein persönliches Zeichen Gottes, daß er das »Szepter unserem Hause belassen« wolle.

Doch Friedrich II. gewinnt im April eine große Schlacht bei Mollwitz.

Maria Theresia betreibt ihre Krönung zur Königin von Ungarn. Als ihr Vater noch lebte, haben die ungarischen Adligen erklärt, sie würden sich niemals einer Frau unterordnen und nur einen Mann als König anerkennen. Maria Theresia will bei ihrer Krönung auftreten wie ein Mann. Sie nimmt Reitunterricht und besteht darauf, im Herrensitz zu reiten, hält zum Entsetzen ihrer Umgebung auch ihre Hofdamen dazu an. Auf ihrer Reise zum ungarischen Reichstag nach Preßburg entfaltet sie die ganze Pracht eines barocken Herrschers. Am Schiff, auf dem sie die Donau hinabfährt, flattern lange Wimpel in den Farben Ungarns – rot-weiß-grün –, die Besatzung trägt ungarische Tracht, und zahlreiche Schiffe in ungarischen Farben begleiten das Schiff der Herrscherin. Als ihr Schiff festmacht, legt sie eine goldverzierte und pelzverbrämte ungarische Tracht an und fährt in einer goldenen Kutsche zum alten Schloß in Preßburg.

Sie tritt sicher und gewandt auf dem Reichstag auf, aber die ungarischen Magnaten verhalten sich kalt und abweisend. Zahlreiche Verhandlungen darüber, welche Rechte im Land der König, welche der Adel haben soll, sind nötig, ehe sie mit der Krönung einverstanden sind. Maria Theresia weint vor Zorn über einzelne Forderungen des Adels. Sie will König von Ungarn werden, die Großmacht Habsburg aufrechterhalten wie der Sohn, den ihr Vater sich immer wünschte, es nicht besser tun könnte, und die Preußen aus Schlesien verdrängen.

Schließlich findet die Krönung am 25. Juni 1741 statt. Maria Theresia reitet im zerrissenen, 800 Jahre alten Mantel des ersten ungarischen Königs auf einem Rappen auf den Krönungshügel. Sie trägt die eiserne Stephanskrone und schwenkt ihr Schwert in alle vier Himmelsrichtungen zum Zeichen, daß sie die Feinde der Ungarn abwehren wird, von wo auch immer sie kommen mögen. Das Volk jubelt ihr zu.

Aber auch nach der Krönung muß sie mit dem ungarischen Adel weiterverhandeln. Ende Juli kommt der englische Gesandte Robinson nach Preßburg. England, das bislang Maria Theresia unterstützt hat, drängt sie nun, sich mit Friedrich von Preußen auszugleichen: Frankreich, Bayern und Spanien haben ein Bündnis geschlossen und erkennen die Erbfolge einer Frau in Wien nicht an. Wenige Tage später ist auch Preußen mit Frankreich ein Bündnis eingegangen. Der Kampf um Schlesien hat sich zu einem europäischen Krieg um das österreichische Erbe erweitert. Die Minister der Königin, so berichtet der englische Gesandte, »fielen in ihre Stühle zurück wie tot«.

Von nun an hört Maria Theresia immer weniger auf die alten Herren.

Die Preußen marschieren nach Böhmen und Mähren. Ein bayerisch-französisches Heer rückt auf Wien vor. Spanische Truppen besetzen italienische Gebiete der Habsburger. Sachsen schließt sich der Koalition gegen Maria Theresia an und belagert Brünn. England will Maria Theresia zwingen, auf die preußischen Friedensangebote einzugehen und auf Schlesien zu verzichten.

Sie bleibt standhaft. Sie bittet die Führer des ungarischen Adels auf das Schloß in Preßburg und schildert ihnen ihre Lage. Das Vertrauen, das sie ihnen zeigt, ihre Persönlichkeit und ihr klarer Verstand beeindrucken die Herren – und die Möglichkeit, jetzt ihre Forderungen nach Steuerfreiheit durchzusetzen.

Vier Tage später steht Maria Theresia vor der Vollversammlung der beiden Kammern des hohen und niederen Adels. Sie trägt schwarze Trauerkleider, hat die Krone auf dem Kopf. Auf lateinisch bittet sie den Adel um Hilfe für sich, ihre Kinder, die Krone und das Reich.

Die Szene ist oft beschrieben worden: Maria Theresia strömen die Tränen übers Gesicht, und als sie an die Ritterlichkeit der Ungarn appelliert, weinen auch die Männer. Sie versprechen ihr 40000 Mann, 25000 Pferde und Geld und erkennen Franz Stephan nun doch als Mitregenten an. Am Tag der Eidesleistung zeigt sie dem Reichstag ihren sechs Monate alten Sohn Joseph.

Hinter den Kulissen weint niemand, sondern alle verhandeln hart, aber Maria Theresia inszeniert eine europaweit wirksame Schau. Sie hat sich gegen den Rat ihrer Minister an die Ungarn gewandt. Nach ihrem großen Erfolg wächst ihre Sicherheit.

Franzosen und Bayern besetzen Mitte September Linz. Bayern, Franzosen und Sachsen belagern Prag. Eine Unglücksbotschaft folgt der nächsten.

Nur Maria Theresia glaubt noch an sich. Sie merkt, daß die Männer in ihrer Umgebung ihr nicht die Wahrheit sagen – entweder aus Angst vor ihr, oder weil sie eigene Interessen verfolgen. Sie erkennt die Gefahr, die für sie darin liegt, daß niemand ihr widerspricht, und sieht sich nach einem Lehrer um. Graf Emanuel Silva-Tarouca, der an ihrem Hof bislang für die Niederlande zuständig ist und den sie seit ihrer Kindheit kennt, soll die Mängel ihres Charakters erforschen und ihr stets schonungslos die Wahrheit sagen, soll ihr Gewissen sein.

Tarouca, ein kleiner, dunkler Portugiese und 20 Jahre älter als sie, schafft es, alle Klippen dieses gefährlichen Auftrags zu umgehen, die Feindschaft der Höflinge, das Mißtrauen des Ehemanns. 30 Jahre lang dient er ihr, und sie meint, daß sie ihm Vernunft und Mäßigung verdanke.

Er entwirft einen Tagesablauf für sie, um Ordnung in ihren Alltag in Wien zu bringen und Familie und Politik zu trennen. Sie hält sich an seine Vorschläge, nur steht sie statt um acht, wie er es vorsieht, schon um halb sechs auf. Sie läßt sich ankleiden, hört die Messe. Von halb acht bis neun erledigt sie mit den Kabinettssekretären die Post. Von neun bis zwölf arbeitet sie mit den Ministern und gibt Audienzen. Um zwölf Uhr sieht sie ihre Kinder, ihre Hofdamen, empfängt Besuche, um eins gibt es Essen, danach folgen Unterhaltung, Ruhe, geistliche Lesung. Von vier bis sechs widmet sie sich wieder der Post und den Audienzen, um sechs betet sie den Rosenkranz. Von sechs bis neun stehen Schreiben auf dem Plan, Konversieren, Spazieren, Spielen, amüsante Lektüre.

Maria Theresia ist stets konzentriert, in Freundlichkeit und in Ungnade. Man fürchtet ihre Zornesausbrüche. Sie haßt Zeitverschwendung, die Umständlichkeit der Etikette, drängt überall auf Beschleunigung, bekämpft Weitschweifigkeit und Schlamperei. Ihr Hauptinteresse sind die Staatsgeschäfte, und zur Erholung liebt sie aufregende Vergnügungen. Sie reitet so schnell, daß der Hof sich fürchtet, und auch ihr Mann kann sie nicht davon abbringen. Sie genießt ihr lustvolles Eheleben mit ihm und hält ihn von der Politik fern. Sie liebt Kartenspiele – sie spielt sehr hoch und ist eine schlechte Verliererin –, das Theater, und sie tanzt unermüdlich und anmutig. Sie hat große Lebensfreude und Übermut, Temperament und Kraft, braucht wenig Schlaf und erschöpft ihren Hof. Mit zunehmendem Alter arbeitet sie täglich mehr, oft bis tief in die Nacht, und läßt sich schon morgens beim Ankleiden Geschäftsbriefe und Akten vorlesen.

Die langsame Kriegführung ihrer Generäle macht sie ungeduldig. Das Militär ist ihr besonderes Interessengebiet, und später erzählt sie, daß, »soferne nicht alle Zeit gesegneten Leibes gewesen«, gewiß niemand sie aufgehalten hätte, selbst ihre Truppen gegen Friedrich anzuführen, »Gott aber hat es anders verhängt«. Sie ermuntert ihre Minister, die doch sie ermuntern sollten, und schreibt dem mutlosen böhmischen Kanzler, Graf Kinsky: »Was vor Grillen, warumb solche Gesichter, und nicht die arme Königin noch mehr zu decouragiren, sondern ihr helfen und rathen.«

Bayern, Franzosen und Sachsen erobern im November 1741 Prag, und der bayerische Kurfürst Karl Albrecht läßt sich zum König von Böhmen krönen. Die Minister reden Maria Theresia zu, aufzugeben. Aber sie ist fest entschlossen, alles zu wagen, um Böhmen zu retten, und schreibt Kinsky: »Alle meine Heere, alle Ungarn sollen eher vernichtet werden, als daß ich irgend etwas abtrete.« Er soll das Land nicht schonen und dafür sorgen, daß die Soldaten nichts entbehren: »Ihr werdet sagen, daß ich grausam sei. Es ist wahr; ich weiß aber auch, daß alle die Grausamkeiten, welche ich jetzt begehen lasse, um mir das Land zu erhalten, hundertfältig zu ersetzen im Stande sein werde. Das will ich tun; jetzt aber verschließe ich mein Herz dem Mitleid.« Und sie mahnt ihn: »Ich verlasse mich auf Euch; Ihr wißt, daß ich in Euch mein Zutraun gesetzt habe.«

Das ist ihr Führungsstil. Sie versucht, ihre Mitarbeiter zu überzeugen, statt sie zu zwingen, bittet sie um Hilfe und gibt ihnen zu verstehen, daß sie ihnen sehr viel zutraut. Sie lobt überschwenglich, belohnt und ehrt öffentlich. Der englische Botschafter stellt fest: »Sie hat die Gabe, jeden Mann, der in ihre Nähe kommt, zum Helden zu machen.« Aber sie kontrolliert die Männer erbarmungslos und läßt keine Nachlässigkeit durchgehen, doch hält sie sich an die Befehlshierarchie und spricht nicht hinter ihrem Rücken mit ihren Untergebenen. Sie entläßt niemanden, auch nicht die bequemen und unfähigen Minister ihres Vaters, und ersetzt sie erst, wenn sie sterben, durch Leute, die sie sorgfältig aussucht. Ihre engsten Berater dürfen freimütig ihre Meinung sagen, ohne in Ungnade zu fallen. Aber sie läßt sich ihr Ziel von niemandem ausreden. Sie setzt alles aufs Spiel, um den Krieg zu gewinnen – »habe hertzhaft agieret, alles hazardieret und alle Kräften angespannet«.

Karl Albrecht von Bayern wird im Januar 1742 zum Kaiser gewählt und im Februar als Karl VII. in Frankfurt gekrönt. Maria Theresias Truppen erobern Bayern. Im Juli 1742 tritt sie Schlesien an Preußen ab, um sich vorerst auf ihre übrigen Feinde konzentrieren zu können. Anfang 1743 erobert sie Prag zurück und setzt Karl Albrecht als König von Böhmen ab. Sie zieht mit allem Prunk Ende April in Prag ein und geht hart mit dem böhmischen Adel um, der dem bayerischen Kurfürsten gehuldigt hat: Sie ist die rechtmäßige Erbin des Landes. Am 25. Mai 1743 wird sie zum König von Böhmen gekrönt. Die Krone kommt ihr vor wie ein »Narrenhäubel«.

Die wirtschaftliche Kraft eines Fürsten wird an der Pracht seines Hofes gemessen, und Maria Theresia demonstriert nun ihre Kraft: Sie läßt mit dem Bau von Schloß Schönbrunn beginnen – einem Schloß mit 1500 Räumen hinter einer 230 Meter langen Fassade. Sie hat nicht mehr den riesenhaften Hofstaat ihres Vaters, aber immerhin noch allein 1500 Kammerherrn.

Friedrich von Preußen fühlt sich von ihr im Besitz Schlesiens bedroht. Er erneuert sein Bündnis mit Frankreich und erobert im September 1744 Prag. Doch Maria Theresias Truppen zwingen ihn, Böhmen wieder zu räumen.

Im Januar 1745 stirbt Kaiser Karl VII., und Maria Theresia erreicht trotz großer Widerstände, daß ihr Mann Anfang September zum Kaiser gewählt wird.

In diesem zweiten Krieg um Schlesien hält Sachsen zu Österreich, aber wieder gewinnt Friedrich. Im Dezember 1745 zieht er in Dresden ein. Maria Theresia muß im Dresdner Frieden wieder auf Schlesien verzichten, doch Friedrich erkennt Franz Stephan als Kaiser an.

In den habsburgischen Niederlanden und in Italien kämpfen noch österreichische Truppen, und in den amerikanischen Kolonien kämpfen Franzosen und Engländer gegeneinander. Aber 1748 berufen sie einen Friedenskongreß nach Aachen ein, und Maria Theresia tritt dem Frieden von Aachen bei, der den Österreichischen Erbfolgekrieg in Europa beendet. Sie hat Schlesien verloren und Gebiete in Italien, aber alle europäischen Mächte erkennen ihre Erbfolge nun an.

»Meiner Länder allgemeine und erste Mutter bin«

Maria Theresias Weiblichkeit galt seit ihrer Geburt als politischer Fehler. Diesen Fehler streicht sie als besonderen Vorteil ihrer Regierung heraus: Sie stilisiert sich zur Überfrau, zur großen Mutter.

Sie liebt ihre Familie und ihre Kinder, aber sie ziehe »derer Länder allgemeines Beste denen allezeit« vor, schreibt sie 1750 in einer politischen Denkschrift, »indeme sothaner Länder allgemeine und erste Mutter bin«. Fünf Jahre später schreibt sie, sie habe ihre Untertanen »als eine wahre Mutter immerdar geliebet« und »als eine getreue Mutter« für ihre Länder und ihre Monarchie gesorgt. Auch in Ungarn und Böhmen nennt sie sich jetzt *regina,* Königin. Sie schreibt vom Vaterland, nicht vom Mutterland, doch sie stellt ihre Mütterlichkeit vollkommen gleichwertig neben das Landesvatertum männlicher Fürsten und spricht von ihren Untertanen als Landeskindern. Die Pflicht der Kinder ihr gegenüber ist der Gehorsam.

Das Regieren ist für sie der »Beruf«, den Gott ihr aufgetragen hat. Nur ihm ist sie verantwortlich. Sie meint, daß auch ein Fürst wie jeder Privatmann an die Gesetze eines Landes gebunden sei – darin unterscheidet sie sich von manchen anderen Fürsten. Aber »er hat niemand von seinen Handlungen Rechenschaft zu geben«. Ihre Pflicht ist es, für das Beste aller zu sorgen. Mutter-sein ist ihr Beruf. Sie muß alles regeln, anordnen, überwachen – im Staat und in der Familie.

Sie hat keine Probleme mit der Rollenaufteilung in ihrer Ehe: Sie ist zum Regieren berufen, nicht ihr Mann. Seine Kaiserwürde ist nur noch eine hohe Ehre, die mit wenigen Pflichten verbunden ist. Franz Stephan hat wenig zu tun. Er ist auf seine Weise ebenso im inneren Gleichgewicht wie seine Frau, nur ist er weitaus gelassener. Er muß ja nicht beweisen, daß er so gut ist wie ein Sohn. Sie stilisiert ihre Ehe mit dem besten Gatten der Welt zur glücklichsten Ehe überhaupt. Er schweigt und geht seiner Wege – soweit sie ihn läßt.

Das ist oft nicht sehr weit. Der Beruf der Fürsten ist das Kriegführen. Maria Theresia hat Franz Stephan mehrfach zum Oberbefehlshaber der Armee ernannt, aber immer ist er erfolglos geblieben. Als Friedrich II. im Herbst 1744 mit seinem Einmarsch in Böhmen den zweiten Krieg um Schlesien auslöst, will Franz Stephan wieder zur Armee. Er hat seine Abreise vorbereitet und braucht nun nur noch die Erlaubnis seiner Frau. Ein Brief Maria Theresias an ihre Schwester Marianne verrät, weshalb er in diesen Jahren so blaß und tatenlos wirkt: Sie läßt ihn nicht zur Armee, hat Angst, ihm könne etwas zustoßen. »Ich nahm zu unseren gewöhnlichen Mitteln meine Zuflucht, den Liebkosungen und den Tränen; aber was vermögen sie über einen Gatten nach neunjähriger Ehe; auch ich erreichte nichts, obgleich er der beste Ehemann der Welt ist. Endlich griff ich zum Zorn …« Beide werden krank vor Zorn und Kummer, die Ärzte müssen Maria Theresia zur Ader lassen. Sie hält ihn von einem Tag zum anderen hin, erteilt die Erlaubnis nicht, »aber wenn er dennoch abreisen sollte, folge ich ihm oder schließe mich in ein Kloster ein …«. Marianne ist mit Franz Stephans Bruder Carl verheiratet. Er darf zur Armee und sich auszeichnen. Sie ist Statthalterin ihrer Schwester in den Niederlanden. Zu Maria Theresias großem Kummer stirbt sie im ersten Kindbett.

Franz Stephan, der Ehemann einer so beherrschenden und tüchtigen Frau, hat immer andere Männer irritiert: zu seinen Lebzeiten die

Zeitgenossen und nach seinem Tod die Historiker. Die Fürsten auf den Thronen Europas wollen wissen, was am Hof in Wien vor sich geht und mit welchen politischen Kräften sie rechnen müssen. Der preußische Gesandte Podewils schickt seinem König Friedrich II. eingehende Berichte über das Ehepaar und beschreibt auch, wie Franz Stephan aussieht: Er ist gerade gewachsen und gut gebaut, doch in Haltung und Gang nachlässig und läßt den Kopf sehr nach vorn hängen, was ihm einen krummen Rücken eingetragen hat. Er hat ein viereckiges Gesicht, schöne dunkelblaue Augen und ein angenehmes Lächeln. Er ist höflich, aber kalt und ernst, vor allem gegenüber Leuten, die er nicht kennt. Er haßt Förmlichkeiten und duldet nicht, daß die Damen ihm die Hand küssen.

Über Maria Theresia schreibt Podewils: »Ihr Gesichtsausdruck ist offen und heiter, ihre Anrede freundlich und anmutig. Man kann nicht leugnen, daß sie eine schöne Person ist. Bei ihrer Thronbesteigung fand sie das Geheimnis, sich die Liebe und Bewunderung aller Welt zu erringen. Ihr Geschlecht, ihre Schönheit, ihr Unglück trugen nicht wenig dazu bei.« Sie hat ein rundes, volles Gesicht, eine hohe Stirn, blonde Augenbrauen und blonde Haare, große Augen von hellem Blau, die lebhaft und voller Sanftmut zugleich sind, einen schönen Mund, weiße Zähne und ein angenehmes Lächeln, und sie ist sehr beliebt.

Aber der kluge Gesandte schätzt den Kaiser und betont seinen gesunden Menschenverstand. Der Kaiser sei kaum ehrgeizig und kümmere sich so wenig wie möglich um die Regierungsgeschäfte: »Er will nur das Leben genießen, es angenehm verbringen und überläßt der Kaiserin gern den Ruhm und die Sorgen der Regierung.« Podewils führt das darauf zurück, daß er nicht dazu erzogen wurde, ehrgeizig nach Ruhm zu streben. Aber er habe ein gutes Herz, sei aufrichtig und gerecht, durchschaue die Dinge schnell, und bei mehr Ehrgeiz wäre aus ihm »einer der grösten und klugsten Regenten geworden«.

Die Kaiserin liebt ihn sehr, aber er läßt sich nicht beherrschen. Er führt sein angenehmes Leben, nimmt vormittags an den Konferenzen der Minister teil, spielt nachmittags Billard und sitzt abends im Theater. Er liebt die Jagd, interessiert sich für Naturwissenschaften, Technik und Gartenbau und geht der Kaiserin oft aus dem Weg. In zwei Punkten bietet er ihr die Stirn: bei seinem Geld und seinen Kindern.

Der Kaiser wird am Hof wegen seines Geldverstandes bewundert. Er hat mehrere Millionen zusammengetragen, die er in Banken in Genua, Venedig und vielleicht auch in Amsterdam – so genau weiß das keiner – liegen hat. Er weigert sich, sie Maria Theresia für den Krieg zu leihen, obwohl sie ihn inständig darum bittet, und sie haben sich mehrfach über diese Frage überworfen. Wirtschaft und Finanzen sind das einzige, worauf er Fleiß verwendet. Er hat der Kaiserin gezeigt, wie schlecht ihre Staaten geführt werden, und ihr Pläne für den Wiederaufbau vorgelegt. In Wirtschafts- und Finanzfragen hört sie auf ihn, aber man weiß wenig darüber, weil er, anders als sie, die Werbetrommel zu seinem Ruhm nicht rührt.

Er liebt seine Kinder sehr und vergöttert, wie die Kaiserin, den ältesten, Erzherzog Joseph. Er erkämpft immer wieder Freiräume für die Kinder vor den Ansprüchen der allzu strengen Kaiserin und fängt den Druck ihrer beherrschenden Persönlichkeit ab. Er ist das Haupt der Familie, und die im ganzen wohlwollende, freundliche Atmosphäre dieser Jahre ist sein Werk. Er »würde jedermann glücklich machen, wenn es von ihm abhinge«, sagt Podewils, der immer wieder hervorhebt, daß der sanftmütige Kaiser »ein anständiger Mensch« sei.

Maria Theresia will ihrem Mann gefallen. Sie, die doch sonst den Gaben vertraut, die Gott ihr gab, ist nie zufrieden mit ihrem Aussehen. Sie kümmert sich wenig um ihre äußere Erscheinung und gefällt sich nicht im Spiegel, aber wenn sie will, kann sie strahlend schön sein. Ihr einziger Stolz ist ihr blondes Haar. Sie zupft und ändert an den frisch gekämmten Haaren so lange herum, bis sie neu frisiert werden muß, und während die Kammerfrau alles wieder auskämmt und neue Lockenwickler aufdreht, wird ihre Laune immer schlechter. Sie ist unsicher, mag sich nicht. Sie braucht Bestätigung.

Die bekommt sie nur bedingt von Franz Stephan: Er hat einen Hang zu anderen Frauen. Er lädt heimlich kleine Freundinnen zu galanten Soupers ein, aber wenn Maria Theresia dahinterkommt, ist sie so eifersüchtig und macht ihm das Leben so unangenehm wie möglich, daß er sich in seiner Neigung beschränkt, zumal er keine Frau »der rachsüchtigen Laune dieser Fürstin« aussetzen will, meint Podewils, »die diese Art Beleidigungen selten vergißt«. Sie wird später prüde, läßt eine »Keuschheitskommission« einrichten, die anderer Leute Liebesleben hinterherspioniert. So bietet Franz Stephan mehr gezwungen als freiwillig ein damals an Höfen ungewohntes Bild: das Bild ehelicher Eintracht. »Laß dich warnen«, sagt Maria Theresia einmal zu ihrer Kammerfrau, »und heirathe ja nie einen Mann, der nichts zu tun hat.«

In Finanz- und Wirtschaftsfragen hört sie auf ihn, doch in innen- und außenpolitischen Fragen sucht sie anderswo Rat. Er ist besonnen und wirkt beruhigend auf sie, ist ihr Vertrauter, doch ohne Einfluß – Einfluß hat niemand. Sie sammelt kluge Männer als Ratgeber um sich, die sie respektieren und lieben und viele Jahre mit ihr zusammenarbeiten, und doch geschieht nur, was sie will.

Maria Theresia will Schlesien zurückerobern. Sie braucht Geld für ein schlagkräftiges Heer. Seit dem Dresdner Frieden 1745 arbeitet sie daran, ihre Macht im Innern ihrer deutschen und böhmischen Länder durchzusetzen, den Adel von der bisherigen Mitregierung abzudrängen und die Länder von Wien aus mit ihrem eigenen neuartigen Beamtentum zentral zu regieren.

Sie will nachholen, was in anderen europäischen Staaten längst gelungen ist, wo die Landesfürsten absolut regieren, unbeschränkt von den alten Rechten der Stände – des Adels, der Geistlichkeit und der Städte. In England allerdings haben die Stände diesen Machtkampf gewonnen und den König geköpft, doch das ist 100 Jahre her. Die Reform der vielfältigen Habsburger Länder nennt Maria Theresia ein Werk, das »keiner meiner Vorfahrer anzugreifen sich getrauet hatte«.

Sie stützt sich dabei auf Friedrich Wilhelm von Haugwitz. Er stammt aus Sachsen, dessen Kurfürst früh seinen Anspruch auf Alleinregierung verfolgte, und hat keine Verwandten im österreichischen oder böhmischen Adel. Maria Theresias Minister und die großen Adligen kämpfen im Kronrat gegen ihre Reform und versuchen alles, um die Kaiserin umzustimmen. Adlige fädeln Intrigen am Hof ein, wiegeln in Wien die Bürger und auf dem Land die Bauern auf, um den verhaßten Haugwitz zu stürzen. Aber die Kaiserin steht zu ihm und will zeitlebens der »Providenz Gottes« danken, daß sie ihn gefunden hat.

Die Änderungen setzen 1749 ein. Der Adel muß auf sein Recht, die Steuern zu bewilligen, verzichten, und Adel und Geistlichkeit müssen selbst Abgaben zahlen. Maria Theresia ersetzt die Beamten der Adligen in den Ländern durch eigene Beamte. Ihre deutschen Länder und Böhmen wachsen zu einem Kernstaat Österreich zusammen.

In den nächsten 25 Jahren sucht sie, die Wirtschaftskraft ihrer Länder zu heben. Sie läßt Straßen bauen, das Zollsystem vereinfachen und neue Produktionszweige einführen. Sie arbeitet für die Wohlfahrt der Bevölkerung. Auf Krongütern und Staatsdomänen lockert sie die Erbuntertänigkeit der Bauern, wandelt ihre Zwangsarbeit in Geld- oder Naturalzins um – auf den Gütern des Adels und der Kirche hat sie keine Macht. Sie will, daß es den Bauern bessergeht und sie sich vermehren, was dem Staat nützt und dem Heer Soldaten bringt.

Sie ordnet das Militärwesen neu. In Feldmarschall Leopold Joseph Daun hat sie ein Organisationstalent gefunden. Die Armee ist größer denn je, dennoch wächst, wenn auch zögernd, der allgemeine Wohlstand. Sie fördert die Grundschulen – eine allgemeine Schulbildung hebt ebenfalls den Wohlstand und damit die Steuerzahlungen, und außerdem erzieht die Schule das Volk für Staat und Kaiserin. Wissenschaft und Forschung sind Maria Theresia gleichgültig, aber sie sieht ihre Notwendigkeit ein. Ihr Leibarzt und Freund Gerhard van Swieten baut die Universität in Wien aus und unterstellt sie dem Staat. Maria Theresia entzieht das Unterrichtswesen der Oberaufsicht der Kirche. Sie ist sehr fromm, aber als absolute Fürstin kann sie neben sich keine andere Macht über ihre Untertanen dulden. Sie schränkt die Feiertage und Wallfahrten ein: Die Leute sollen arbeiten.

Das reichste und wirtschaftlich entwickeltste ihrer Länder aber ist Schlesien gewesen. Zu Beginn des Jahres 1749, gleich nach Abschluß des Aachener Friedens, der den Österreichischen Erbfolgekrieg beendet, holt sie von Franz Stephan und ihren führenden Ministern Gutachten über ihre außenpolitische Situation ein.

Franz Stephan will an der Rückeroberung Schlesiens festhalten, doch er rät, leidenschaftslos auf eine günstige Gelegenheit zu warten und zuerst Finanzen und Heer in einen besseren Zustand zu versetzen. Wenzel Anton Graf Kaunitz dagegen nennt die Rückeroberung das wichtigste Ziel der österreichischen Politik, der Verlust Schlesiens sei »unverschmerzlich«. Das ist die Sprache, die Maria Theresia hören will. Aber sie ist klug genug, erst die inneren Reformen entschieden voranzutreiben.

1753 macht sie Kaunitz zum Staatskanzler. Er meint, daß Österreich für seinen Verbündeten England nur das kontinentale Schwert sei in seinem Kampf mit Frankreich um Nordamerika. Er will Frankreich von Preußen abbringen und es mit Österreich verbünden. Der Plan ist sensationell, Frankreich und Österreich sind seit Generationen Feinde. König Ludwig XV. hat nicht die geringste Absicht, sich mit Maria Theresia zu verbünden. Aber Kaunitz läßt sich nicht abschrecken und nimmt Verbindung zur Marquise de Pompadour auf, der einflußreichen Mätresse des Königs.

Die Wende kommt, als im Juli 1755 in Nordamerika der Krieg zwischen Frankreich und England ausbricht. England will Truppen aus Europa abziehen und vereinbart mit Preußen im Januar 1756 Neutralität und zahlt Friedrich Hilfsgelder in der Hoffnung, daß er Krieg gegen Frankreich führen und französische Truppen in Europa binden werde. Über diese Drohung ist Frankreich verstimmt und schließt nun doch im Mai 1756 ein Verteidigungsbündnis mit Österreich.

Maria Theresia schickt auf Drängen ihres Staatskanzlers der Pompadour ein kostbares Geschenk, weigert sich aber, ihr ein persönliches Dankschreiben zu senden. Später streitet sie ab, daß die Bündnisvorbereitungen über die Pompadour gelaufen seien, »nie herrschte irgendwelche Intimität, diese Mittelsperson hätte mir nicht zugesagt«. Sie habe ihr auch nur »ein mehr galantes als prächtiges Geschenk« geschickt, aber natürlich hätten ihre Botschafter der Mätresse den Hof machen müssen, um Zugang zum König zu finden. In Frankreich aber sieht das Volk die Pompadour als Urheberin des neuen Bündnisses mit dem alten Feind Österreich an.

Österreich hat sich auch Rußland angenähert und mit der Zarin Elisabeth, die Ostpreußen und Hinterpommern erobern will, für den Sommer 1756 einen Angriff auf Preußen vereinbart, verschiebt ihn dann aber auf das Frühjahr 1757. Friedrich II. will der Bedrohung zuvorkommen. Am 29. August 1756 marschiert er in Sachsen ein. Der Reichstag in Regensburg schickt ein Heer gegen den Friedensbrecher.

Friedrich nennt Maria Theresia, Madame Pompadour und Elisabeth bei Tisch, in Gegenwart der Lakaien, »die drei ersten Huren Europas«. Für Maria Theresia ist er nur »dieses Ungeheuer«.

Doch das Ungeheuer hat militärischen Erfolg. In Wien sucht Kaunitz die Gründe für die drohende Niederlage in der Innenpolitik. Er findet die Haugwitzschen Reformen unbrauchbar, reorganisiert die Finanzverwaltung, schafft eine Aufteilung der Geschäftsbereiche unter die Minister – die Vorläufer moderner Ministerien. Er will den Erfolg erzwingen. Maria Theresia ist oberster Kriegsherr und kümmert sich um Ausrüstung, Nachschub, Besoldung. Sie studiert die Berichte ihrer Generäle und greift auch in militärische Operationen ein. Je länger der Krieg sich hinzieht, um so gedrückter und trauriger wird sie.

Generationen von Schulkindern müssen später die Orte lernen, in deren Nähe Schlachten stattfinden, die doch keine Wende bringen: Kolin, wo Österreicher über Preußen siegen; Roßbach, wo Preußen über Franzosen und die Reichsarmee siegen; Leuthen, wo Preußen über Österreicher siegen; und Zorndorf, wo sie über Russen siegen; und Hochkirch, wo Österreicher über Preußen siegen; Kunersdorf, wo Russen und Österreicher über Preußen siegen; Liegnitz, wo Preußen über Österreicher siegen.

Kaunitz hat die Möglichkeiten Österreichs weit überschätzt. Aber auch Friedrich kann nicht siegen, England hat den Subsidienvertrag nicht verlängert. Im Januar 1762 stirbt die Zarin Elisabeth. Ihr Neffe folgt ihr auf den Thron und schließt mit Preußen Frieden, und auch als er im Juli ermordet und seine Frau als Katharina II. Zarin wird, hält Rußland sich aus dem Krieg heraus.

Österreich und Preußen sind kriegsmüde, doch erst als England Kanada erobert und mit Frankreich Frieden schließt, folgt am 15. Februar

1763 der Hubertusburger Frieden zwischen Österreich, Preußen und Sachsen. Schlesien bleibt preußisch.

Das ist eine bittere Enttäuschung für Maria Theresia, aber nun verzichtet sie wirklich auf Schlesien und will ihren Ländern den Frieden erhalten. Der Krieg hat vielen Menschen das Leben gekostet. Sein Ergebnis: England hat in Nordamerika und in Indien über Frankreich gesiegt. In deutschen Geschichtsbüchern steht, daß der Krieg ein Triumph für Friedrich den Großen gewesen sei, der eine erhebliche Steigerung des Ansehens seines Staates und seiner Person gewonnen habe: Preußen war und blieb Großmacht. Und in österreichischen Geschichtsbüchern steht, daß Maria Theresia nach dem Krieg viel höher im Ansehen der Welt gestanden habe als zuvor: Österreich war und blieb Großmacht.

Maria Theresia hat Schlesien verloren, und sie hat ihren Mann verloren: Seit den späten 1750er Jahren hat er, der früher mal mit dieser, mal mit jener Dame eine Freundschaft pflegte, eine besondere Neigung zur Fürstin Wilhelmine Auersperg.

Maria Theresia wird trübsinnig, tanzt nicht mehr, reitet nicht mehr, und als Tarouca, ihr Gewissen, sie ermahnt, schreibt sie an den Rand seines Briefes: »Ich bin nicht mehr die gleiche wie vordem, für mich gibt es keine Zerstreuung mehr! Gar nicht daran zu denken, daß so etwas noch sein könnte, aber versuchen wir wenigstens dahin zu leben, und es die anderen nicht merken zu lassen, wie alle diese Jagden, diese Lustbarkeiten mir eine Last sind.«

Die Stimmung in der Familie wandelt sich. Franz Stephan, der so lange für Harmonie gesorgt hat, ist oft fort, und die Kinder vertragen sich mit dem ältesten Bruder Joseph nicht gut, der sie verletzend verspottet. Sie fühlen sich von ihrer Mutter zu hart und sogar ungerecht behandelt. Am Hof kommt es zu Klatsch und Eifersüchteleien.

Auch als der Krieg zu Ende ist, hält Franz Stephan sich weiter fern von seiner Frau. Am 18. August 1765 stirbt er, abends um halb zehn nach einem Schlaganfall, im Alter von 56 Jahren.

Der Hof ist in Innsbruck, um die Hochzeit Leopolds zu feiern, des zweitältesten Sohnes von Maria Theresia und Franz Stephan. Maria Theresia hört vom Gang her den Lärm der Höflinge, die nach Ärzten rufen. Man versucht, ihr den Eintritt in das Zimmer zu verwehren, in das man Franz Stephan getragen hat, aber sie schiebt die Verwirrten beiseite. Als sie ihren Mann sieht, bricht sie zusammen. Sie spricht nicht, weint nicht. Sie kniet neben ihm und bringt keinen Ton hervor, bis man sie aufrichtet und hinauszerrt. Das ganze Schloß ist in Aufruhr.

Maria Theresia läßt niemanden zu sich. Am nächsten Morgen bittet sie ihre Kammerzofen, sie anzukleiden. Als sie ihr das Haar kämmen wollen, befiehlt sie, es abzuschneiden.

Von nun an trägt sie nur noch Trauerkleidung. Sie verteilt ihre Garderobe unter ihre Damen und läßt ihr Schlafzimmer mit grauer Seide ausschlagen. »Du hast den besten, zärtlichsten Vater verloren«, schreibt sie ihrem Sohn Ferdinand, »die Untertanen den größten Fürsten und einen guten Vater, und ich habe alles verloren, einen zärtlichen Gemahl, einen vollkommenen Freund, der allein mein Halt war und dem ich alles verdankte.« Sie nennt Franz Stephan in einem Brief an ihre Tochter Josepha »den einzigen Gegenstand meiner Liebe« und schreibt: »Mein ganzes Mißgeschick seit fünfundzwanzig Jahren erschien mir erträglich, weil ich an ihm eine Stütze hatte.«

Ihr Gedächtnis, ihre Augen, ihr Gehör beginnen zu versagen. Sie denkt über ihr Glück nach und empfindet »bittere Reue, daß ich es nicht genügend ausnützte, als ich es noch hatte«. Am Neujahrstag 1766, vier Monate nach Franz Stephans Tod, schreibt sie an Tarouca: »Ich kenne mich selbst nicht mehr. Ich lebe dahin wie ein Tier, habe kein Gefühl und keine Vernunft, ich vergesse alles. Um fünf Uhr früh stehe ich auf, gehe spät zu Bett und tue den ganzen Tag nichts. Ich denke nicht einmal.«

Jahre vergehen, bis sie ihr inneres Gleichgewicht annähernd wiederfindet.

»Meine liebe Tochter!«

Vier Töchter Maria Theresias heiraten zwischen 1766 und 1770. 16 Kinder hat sie geboren, sechs sind gestorben, sechs Töchter und vier Söhne wachsen heran. Mit 31 Jahren hat Maria Theresia ihrer Cousine Maria Antonia von Sachsen gestanden, sie wäre zufrieden, nicht mehr als zehn Kinder zu bekommen, denn sie fühle, daß die Geburten sie schwächten und für die Kopfarbeit wenig fähig machten. Ihre ersten Schwangerschaften hat sie genossen, von den späteren fühlt sie sich behindert.

Sie hat die Erzieherinnen und Erzieher der Kinder sorgfältig ausgesucht, sie mit Instruktionen versehen und überwacht. Doch ihre Liebe zu ihren Kindern ist mit einer Art Mißtrauen und scheinbarer Kälte gemischt, meint ihre kluge und von ihr sehr geliebte Schwiegertochter Isabella, Josephs erste Frau. Die Kinder verehren die Mutter, aber sie haben Angst vor ihr, und sogar Joseph, den Maria Theresia liebt und bevorzugt und 1765 zum Mitregenten und Kaiser macht, ist oft schwer getroffen von ihrer Strenge.

Sie selbst hat darum gekämpft, den Mann heiraten zu dürfen, den sie liebt, aber drei ihrer Töchter verheiratet sie allein im Interesse der österreichischen Politik. Als fest steht, daß die Erzherzogin Josepha den König von Neapel und Sizilien heiraten wird, schreibt Maria Theresia an die Erzieherin dieser Tochter: »Ich betrachte die arme Josepha als ein Opfer der Politik. Wenn sie übrigens nur ihre Pflichten gegen Gott und ihren Gatten erfüllt und für ihr Seelenheil sorgt, dann würde ich zufrieden sein, selbst wenn sie unglücklich würde.« Josepha stirbt kurz vor der Hochzeit an den Pocken, und der König von Neapel bekommt nun eben eine andere Tochter, Marie Karoline.

Nur Marie Christine kann den Mann heiraten, den sie liebt, und das verdankt sie allein ihrer Mutter, denn ihr Vater hat für sie einen Sohn des Königs von Sardinien ausgesucht. Sie aber liebt den Herzog Albert von Sachsen und wendet sich an ihre Mutter, vor der sie offenbar weniger Angst hat als ihre Schwestern. »Ich kenne die Schwierigkeiten Deiner Lage«, tröstet Maria Theresia und ermuntert die Tochter, Ruhe und Mut zu zeigen. Nach dem Tod des Vaters darf sie ihren Herzog Albert heiraten.

Kurz vor der Hochzeit im April 1766 fragt Marie Christine ihre Mutter, wie sie sich als Ehefrau verhalten solle, und Maria Theresia schreibt ihr einen langen Brief: »Meine liebe Tochter! Du willst, daß ich Dir über Deine künftige Lage einen Rat gebe. Es gibt viele Bücher, welche diesen Gegenstand behandeln; ich will nicht wiederholen, was sie sagen. Du weißt, daß wir Frauen unsern Männern unterworfen, daß wir ihnen Gehorsam schuldig sind, daß unser einziges Streben sein soll, dem Gemahl zu dienen, ihm nützlich zu sein, ihn zum Vater und besten Freund zu machen.« Die christliche Eheauffassung fordert von der Ehefrau, daß sie ihrem Mann untertan sei. Gehorsam sei eine Pflicht, schreibt Maria Theresia, von der sie ihre Tochter nicht entbinden könne.

Diese Tochter hat aus Neigung geheiratet – »Das war der einzige Grund, warum ich Dich etabliert habe« –, und Maria Theresia wünscht ihr, daß sie so glücklich werden möge, wie man es auf dieser Welt nur sein könne. Doch ihr Eheglück ist nicht nur Selbstzweck, denn von der beständigen Liebe des Herzogs hängen auch Stellung und Einfluß seiner Ehefrau am Hof ab. Maria Theresia bestärkt die Tochter, an ihrem Hof mit Anspruch aufzutreten: »Es ist an Dir, den Ton anzugeben, und ich bin überzeugt, daß Du ihn angeben wirst, Du bist ganz geeignet dazu.«

Das wichtigste für die Tochter sei, sich durch ein christliches Leben den göttlichen Segen zu verdienen, und das zweitwichtigste ein lustvolles Eheleben. Je mehr Freiheit sie ihrem Mann lasse, um so liebenswürdiger werde sie ihm sein, »er wird Dich suchen und sich Dir hingeben«. Die Tochter soll sich das Vertrauen ihres Mannes durch Sanftmut, aber auch durch Klugheit sichern. »Trachte ihn zu unterhalten, zu beschäftigen, daß er sich nirgends besser befinde.« Alles Glück der Ehe bestehe in Vertrauen und beständiger Gefälligkeit: »Die törichte Liebe vergeht bald, aber man muß sich achten, sich gegenseitig nützlich sein. Der eine muß der wahre Freund des andern sein, um die Unfälle dieses Lebens ertragen und seine Wohlfahrt begründen zu können.« Die Tochter habe Geist und Talent genug, um glücklich zu werden. Sie mahnt sie zu guter Zeiteinteilung und zu klarer Organisation ihres Hofstaats, die aber ganz dem Willen ihres Mannes entsprechen müsse, und gibt ihr Ratschläge zur Personalführung.

Für ihre anderen Töchter schreibt Maria Theresia ausführliche Instruktionen über ihre Pflichten als Ehefrauen und als Fürstinnen. Diese Töchter sind Objekte der traditionellen Heiratspolitik zwischen Herrschern, die ihre Einflußsphären erweitern und festigen wollen. Als Ehefrauen regierender Fürsten bleiben sie Faktoren im politischen Kalkül. In ihren Instruktionen versucht Maria Theresia, den Widerspruch zwischen dem christlichen Gehorsamsgebot für eine Ehefrau und der althergebrachten Tradition der Fürstinnen, sich an der Regierung zu beteiligen, zu überwinden. Sie selbst hat sich an das christliche Ideal der gehorsamen Ehefrau nie gehalten. Aber sie war eine Erbtochter, und von Anfang ihrer Ehe war klar, daß Regieren ihr Beruf war, nicht der ihres Mannes. Für die Töchter stellt sie das Ehefrauenideal nicht in Frage, sie ist pragmatisch und biegt das Gehorsamsgebot zu einer Strategie um, die sie selbst nicht nötig hatte: Die Töchter sollen durch Sanftmut das Vertrauen ihrer regierenden Ehemänner gewinnen, deren Ratgeberinnen werden und so Einfluß auf die Politik gewinnen – im Sinne der Mutter, aber das teilt Maria Theresia ihnen erst in späteren Briefen bei konkreten Anlässen mit.

In den Eheinstruktionen ermahnt sie die Töchter seitenlang zu Gehorsam und Sanftmut – diese Mahnungen sind offenbar sehr nötig. Maria Theresia setzt wie selbstverständlich voraus, daß ihre Töchter ihren Ehemännern überlegen sind: Sie rät den Töchtern dringend, sich ihre Überlegenheit nicht anmerken zu lassen. Das Einmischen in die politischen Geschäfte sei »ein sehr zarter Punkt«, schreibt sie Marie Karoline, der Königin von Neapel-Sizilien.

Die Königin solle sich in die Regierungsgeschäfte einmischen, aber nur soweit der König es wünsche. Noch verschleiert Maria Theresia ihre eigenen Absichten vor der Tochter, die gerade erst der mütterlichen Vormundschaft entronnen ist, schreibt, »eine andere Mutter würde Dich animieren, zu versuchen, an den Geschäften teilzunehmen, doch ich kenne zu gut die Last und die ganze Unannehmlichkeit der Geschäfte, um Dich hineinziehen zu wollen«. Aber gleich fügt sie hinzu, wenn Marie Karoline dazu in der Lage sei, habe sie die Pflicht, ihrem Nächsten zu dienen und ihm nützlich zu sein, sie müsse nur aufpassen, den Unwillen des Königs nicht zu erregen. Sie rät: »Wenn er selbst Dich an der Regierung teilnehmen läßt, Dich von den Geschäften unterrichtet, mit Dir darüber redet, Dich sogar um Rat fragen will, so rühme Dich dessen niemals, lasse ihm vor der Welt die ganze Ehre und begnüge Dich mit seinem Herzen und seinem Vertrauen, was das einzige Gute ist und höchsten Wert hat.« Macht er Fehler, soll sie ihm weder imponieren noch ihn kritisieren wollen, sondern ihn von seinen Fehlern abbringen, »in dem Du etwas Besseres an die Stelle setzt«.

Maria Theresia will durch ihre Töchter ihre eigene Politik verfolgen, und wenn eine Tochter zum Regieren nicht fähig ist, soll sie wenigstens bei ihrem Ehemann für die österreichische Politik nichts verderben. Sie schreibt liebevoll und wohlwollend an die gebildeten Töchter und ätzend an Maria Amalia, die bei ihrer Erzieherin und ihren Lehrern nichts lernen wollte und die 1769 den Herzog von Parma heiratet: »Was kannst Du einem so geistvollen, unterrichteten Prinzen gegenüber, wie Dein Gemahl ist, anfangen? Womit willst Du ihn unterhalten? Mit Geschichtchen von hier und aus Deiner Kindheit? Mit Deiner Reise? Mit meiner Krankheit?« Die Tochter solle sich hüten, lebhaft zu werden, ihr Französisch sei schlecht und überhaupt: »Ich kenne Deine Art zu erzählen und muß Dir in aller Freundschaft sagen, daß sie recht langweilig und mit Phrasen untermischt ist, die sich wenig für die Dinge, die Du erzählst, eignen.« Geschäfte sind für diese Tochter nichts: »Ich wiederhole Dir und könnte Dir nicht oft genug wiederholen, daß Du nicht gebildet genug und auch sonst nicht geeignet bist, um zu regieren.«

Sie ist offen bis zur Grausamkeit, sagt die Wahrheit, wie sie selbst sie von Tarouca hören will. Bei aller Penetranz, die manche ihrer Briefe für heutige Leser haben, fesseln doch Maria Theresias Menschenkenntnis, ihre Klugheit, ihre reiche Persönlichkeit.

Sie hat Aufpasser an die Höfe ihrer Kinder geschickt, Leibärzte,

Kinderfrauen, Beichtväter, Gesandte, die ihr Bericht erstatten. Nur Maria Amalia wehrt sich gegen die Mutter. »Bei mir und in meinem Haus will ich befehlen«, sagt sie und wirft einen Gesandten ihrer Mutter hinaus. Maria Theresia bricht sofort den Briefwechsel mit der Tochter ab und verbietet allen anderen Kindern, der Schwester zu schreiben – sie isoliert die rebellische Tochter in der Familie und damit auch in der Politik.

Ihre jüngste Tochter verheiratet sie zur Bekräftigung der Allianz mit Frankreich an den französischen Thronfolger. Am Hof von Versailles ist die Gefahr besonders groß, daß die Tochter und künftige Königin von Frankreich den politischen Einfluß nicht erlangen kann, den Maria Theresia für sie wünscht. Seit 100 Jahren haben königliche Ehefrauen dort keine Rolle gespielt: Die jeweilige offizielle Mätresse gab den Ton an.

Als Maria Antonia (Marie Antoinette) Wien im April 1770 verläßt, ist sie 14 Jahre alt, der Dauphin ein Jahr älter. Maria Theresia schreibt ein »Rêglement«, das die Tochter »alle Monate« lesen soll: »Wenn Du am Morgen aufwachst, stehe gleich auf, bete auf den Knien...« Sie überschüttet sie mit Befehlen für das Leben in Versailles, korrespondiert mit ihr regelmäßig durch geheime Kuriere. Ihre Briefe werden im Lauf der Jahre nörgelig und weitschweifig, und sie wird immer besorgter um die Stellung ihrer Tochter am französischen Hof, schreibt ihr, wie sie sich benehmen soll, an wen sie sich anschließen, bei wem sie sich zurückhalten, wie sie sich kleiden soll. Sie soll keine Grimassen schneiden und sich die Zähne besser putzen und nicht dick werden. Und vor allem: Sie soll einen Sohn bekommen. Erst wenn sie einen Thronfolger geboren hat, kann ihre Stellung – und damit Maria Theresias Einfluß in Frankreich – sicher sein. Marie Antoinette soll es ihr sofort mitteilen, wenn ihre Regel ausbleibt.

Was aber alle mütterlichen Pläne über den Haufen wirft: Der Dauphin vollzieht die Ehe nicht. Maria Theresia rät ihrer Tochter, liebenswürdiger zu sein, sich schön zu machen, sie soll zärtlich sein, ihrem Mann schmeicheln, aber auch keinen zu großen Eifer zeigen, das könne alles verderben.

Marie Antoinette gibt sich verzweifelt Mühe, aber viele Jahre vergehen, ohne daß sie schwanger wird. Was immer sie und ihr Mann in qualvollen Nächten treiben: Mit Beischlaf hat es wenig zu tun. Tausende von Augen in Versailles sind auf den Thronfolger und seine Frau gerichtet, an allen Höfen Europas wartet man auf die Nachricht einer Schwangerschaft, und doch findet sich niemand, die beiden so aufzuklären, daß sie auch verstehen, was gemeint ist.

Am 10. Mai 1774 stirbt Ludwig XV., und Marie Antoinette wird, 19jährig, Königin von Frankreich. Noch mehr als zuvor sucht ihre Mutter, sie politisch zu beeinflussen, fürchtet das Scheitern der Ehe. Die Tochter hat die Lust an den nächtlichen Eheübungen verloren, sie schläft getrennt vom König, und tagsüber amüsiert sie sich mit anderen Leuten. Maria Theresia tadelt sie ohne Unterlaß. Den Ärzten in Versailles ist nun klargeworden, woran es hapert: Der König hat eine Vorhautverengung, er muß beschnitten werden. Doch er fürchtet die Schmerzen und weigert sich.

Wieder vergehen Jahre, bis schließlich Kaiser Joseph im April 1777 nach Paris fährt, um dem König von Frankreich Mut zur Operation zuzusprechen. Joseph gewinnt die Liebe seiner kleinen Schwester und das Vertrauen seines Schwagers und findet heraus, daß von Vorhautverengung keine Rede ist. Der König, schreibt er seinem Bruder Leopold, habe Erektionen, wie man sie sich nur wünschen könne, aber er wisse nicht, obgleich er manchmal feuchte Träume habe, was eine Ejakulation sei.

Ludwig XVI. ist nach der Abreise des Kaisers beschämt und verwirrt, und es wird August, bis Marie Antoinette ihrer Mutter schreiben kann, die Ehe sei richtig vollzogen: »wie groß wird nun Ihre Freude sein! Ich freue mich darüber, wie über meine eigene.«

Im Frühjahr 1778 ist sie endlich schwanger, und im Dezember bringt sie ein Mädchen zur Welt, Maria Theresia Charlotte. Diese Tochter ist 14, als ihr Vater im Januar 1793 hingerichtet wird und ihre Mutter im Oktober 1793 auf die Guillotine gehen muß und bis zuletzt auch ihre Feinde durch ihre Haltung und Würde beeindruckt.

Das muß Maria Theresia nicht mehr erleben. Sie ist glücklich über

1 Kaiser Otto II. und Kaiserin Theophanu,
von Christus gekrönt. Einbanddeckel aus Elfenbein.
Byzantinisch, 11. Jahrhundert.
Paris, Musée de Cluny

3 *Links:* Blick durch das Kirchenschiff von St. Pantaleon

4 *Unten:* Sarkophag der Kaiserin Theophanu im südlichen Querhaus von St. Pantaleon in Köln, gestaltet 1965 von Sepp Hürten. Die Umschrift lautet: »Die Kaiserin Theophanu, die Gattin eines Kaisers und Mutter eines Kaisers, die dieser Kirche des hl. Pantaleon besondere Gunst erwies und sie aus ihrem Besitz großzügig beschenkte, ließ sich an dieser Stelle bestatten.«

2 *Linke Seite:* Das Westwerk von St. Pantaleon in Köln, errichtet zwischen 984 und 1000

5 *Oben:* Seite aus dem *Großen Hildegard-Codex* mit einer Darstellung der Hildegard von Bingen in ihrer Klosterzelle

6 *Rechte Seite:* Matthias Grünewald, *Weihnachtsbild* auf dem *Isenheimer Altar,* um 1513–1515, geöffneter Zustand. Colmar, Musée d'Unterlinden. Die Kirche rechts auf dem Gemälde soll die im Dreißigjährigen Krieg zerstörte Klosterkirche der Abtei auf dem Rupertsberg darstellen.

7 *Rechts:* Marie, Königin von Ungarn und Böhmen und Generalstatthalterin der Niederlande. Holzschnitt, um 1525

8 *Unten:* Ansicht der Stadt Jever, um 1671

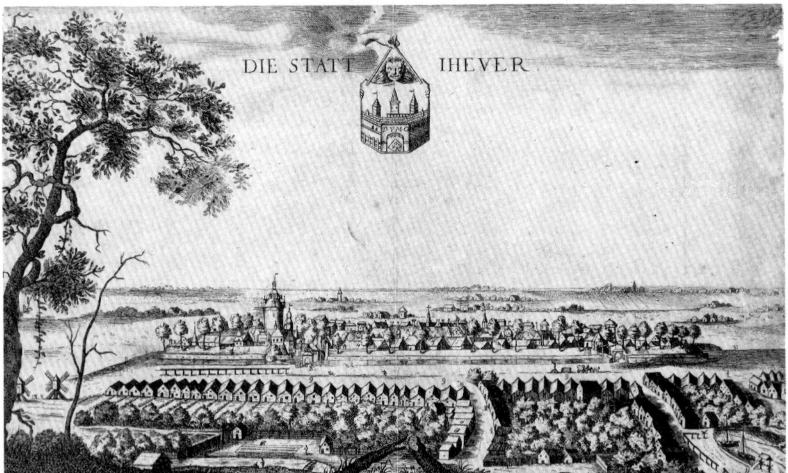

MARIA, HÆRE DITARIA VIR GO ET DOMI NA IN IHEVERA, RUSTRINGIA, OST- RINGIA, ET WANGERLANDIA.

9 Maria von Jever. Kupferstich

10 *Rechts:* Maria Theresia von Habsburg. Gemälde von Hubert Maurer

11 *Unten:* Schloß Schönbrunn. Hofseite. Gemälde von Bernardo Bellotto, genannt Canaletto, 1759–1761

12 *Links:* Franz I. Stephan und Maria Theresia im Kreis der Familie. Gemälde aus der Werkstatt von Martin van Mytens oder Meytens, um 1754

13 *Links:* Françoise d'Aubigné, Marquise de Maintenon. Zeitgenössischer Kupferstich von P. Giffart

14 *Rechts:* Anna Constantia von Cosel, geb. Brockdorff

15 *Rechts:* Franziska von Hohenheim, geb. von Bernardin. Holzstich nach einem Gemälde von Adolph von Menzel, um 1845

16 *Links:* Clara Elisabeth von Platen, geb. von Meysenbug. Kupferstich von M. Bernigeroth

17 *Linke Seite:* Jeanne Antoinette Poisson, Marquise de Pompadour. Pastell von Maurice Quentin de La Tour, um 1752–1755. Paris, Musée du Louvre

18 *Oben:* Königin Luise von Preußen, Gemahlin Friedrich Wilhelms III. Gemälde von Joseph Grassi, 1802. Berlin, Schloß Charlottenburg

19 *Nachfolgende Doppelseite:* Napoleon empfängt den Zaren Alexander von Rußland, Königin Luise und König Friedrich Wilhelm III. von Preußen am 6. Juli 1807 in Tilsit. Stich nach einem Gemälde von Nicolas-Louis-François Gosse

20 *Oben:* Königin Luise und König Friedrich Wilhelm III. im Kreis der Familie. Aquatinta-Radierung von Dähling, 1807

die kleine Enkelin, aber sie setzt nach: Ein Sohn muß her. Bis jetzt sei sie diskret gewesen, meint sie, nun werde sie zudringlich werden. Sie, die als Kind darunter litt, daß ihr Vater nur einen Sohn gelten lassen wollte, ist nun genauso erpicht auf einen männlichen Erben, wie er es war. Nur ein Sohn und Erbe sichert die Stellung der Königin von Frankreich.

Bis an ihr Lebensende versucht Maria Theresia, ihre Töchter aus der Ferne zu beherrschen. Sie wird kränker von Jahr zu Jahr, wird sehr dick, rot im Gesicht. Ihre Füße sind geschwollen, ihre Augen schlecht, sie kann nicht richtig durchatmen. Sie läßt sich ein kleines Pult bauen, das sie sich vor die Brust schnallt, damit sie beim Gehen vor offenen Fenstern schreiben kann. Sie ist häufig bedrückt, hat Sorgen um ihre Kinder, das Leben macht ihr keine Freude mehr. Seit dem Tod ihres Mannes fühlt sie sich oft unsicher. Lebenslust, Humor, Selbstbewußtsein, Siegeszuversicht sind dahin. Sie ist mit sich selbst noch erbarmungsloser als mit ihren Töchtern. Sie findet, daß sie zur Arbeit immer weniger tauge. Aber es fällt ihr schwer, etwas geschehen zu lassen, ohne einzugreifen. Sie muß alles in der Hand behalten, kann auch ihren Sohn Joseph nicht loslassen.

»Ich habe heüt gloriose meine carriere geendigt«

Maria Theresia hat Joseph seit seinem 15. Lebensjahr am Staatsrat teilnehmen lassen. Bei allen ihren Kindern kämpft sie gegen die Einflüsse der Hofleute an, und bei ihrem Nachfolger ist sie besonders streng. Die Höflinge dürfen ihm nicht schmeicheln, und er darf sie nicht verspotten, weil sie sich ihm gegenüber nicht wehren können. Sie wünscht kein Nachäffen, kein Witzeln über die Schwächen anderer – was zu Josephs Jugend aber gerade modern wird. »Die Welt ist jetzt so leichtfertig, so wenig wohlwollend«, klagt sie ihrem Leibarzt van Swieten, als Joseph 24 ist. »Ich für meine Person liebe das alles nicht, was man Ironie nennt. Niemals wird irgend jemand durch sie gebessert, wohl aber geärgert, und ich halte sie für unvereinbar mit der Liebe des Nächsten.«

Joseph findet Geistreicheleien herrlich, kommt sich seiner Mutter gegenüber als der weit Modernere, Fortschrittlichere vor. Er hat, anders als sein Vater, politischen Ehrgeiz, ist ebenso glänzend begabt wie seine Mutter und dickköpfig wie sie, doch eine schwierige Natur. Sie hat Wärme und liebt die Menschen, er ist kalt und zynisch. Er bewundert sie, und sie versteht ihn nicht. Seit er 1765 Mitregent und Kaiser wurde, verkrampft sich ihr Verhältnis immer mehr. Er will sich vor ihr behaupten, sie weiß alles besser und reibt ihm das unter die Nase. Ihr ist klar, daß sie ihrem Erben und Nachfolger nicht im Weg stehen darf, aber sie hat kein Zutrauen zu seinem politischen Urteil. Er ärgert und kränkt sie.

Als sie 1767 die Pocken bekommt und Lebensgefahr besteht, ist er außer sich vor Angst, sie zu verlieren, und bleibt Tag und Nacht an ihrem Bett. Er liebt sie, braucht sie, weiß, daß sie meist recht hat – das ist das Unerträglichste an ihr.

Sie beklagt sich über die große Arbeitslast, die sie nicht mehr bewältigen könne, und will doch die Regierung in ihrer Hand behalten. Sie überläßt ihm ihr Lieblingsgebiet, das Militärwesen, aber hinter seinem Rücken kontrolliert sie seine Verfügungen und greift in die Verwaltung ein. Sie nennt sich seine »leidenschaftliche Freundin, die ihre Pflicht tun muß und unter gar keinen Umständen ihrer Überzeugung und Erfahrung zuwider nachgeben könnte«.

Sie hängen aneinander und können sich nicht ertragen. Sie mißtrauen und bespitzeln einander und verletzen sich. Jeder fühlt sich dem anderen überlegen. Er ist ein Mann, der Thronfolger, das Ideal, das ihr immer entgegengehalten wurde. Aber sie, die Mutter ihrer Länder, beweist, daß sie weit fähiger ist als er. Er ist der Nebenbuhler, der Nachfolger, den sie bekämpft, und der sie doch lieben und loben soll.

Sein Vorbild aber ist Friedrich II. von Preußen, ihr alter Feind. Joseph trifft sich im August 1769 und im September 1770 mit ihm. Das zweite Mal begleitet Staatskanzler Kaunitz den Kaiser. Friedrich will mit seiner Annäherung an Joseph die Zarin Katharina II. zu einem Bündnis mit Preußen bewegen. Die Feindschaften zwischen Österreich, Preußen und Rußland sind wieder gewachsen, bis man nun auf die Idee kommt, Polen zu teilen und so die Spannungen der Großen auf Kosten eines Schwachen auszugleichen.

Für Maria Theresia ist es moralisch nicht zu verantworten, ein wehrloses Volk zu berauben, und Joseph und Kaunitz haben die größte Mühe, ihr die Zustimmung zur polnischen Teilung abzuringen. Im August 1772 schließen die drei Mächte den Vertrag, Galizien fällt Österreich zu. Niedergeschlagen schreibt Maria Theresia ihrem Sohn Ferdinand, »die Wahrscheinlichkeit, allein einen Krieg gegen Rußland und Preußen führen zu müssen, Elend, Hungersnot und verderbliche Krankheiten in meinen Ländern zwangen mich, auf diese unseligen Vorschläge einzugehen, die einen Schatten werfen auf meine ganze Regierung«. Sie, die so viele Jahre ihr Erbe verteidigt hat, hat nun selbst mit dem Recht des Stärkeren zugegriffen.

Joseph hat genug von den ständigen Meinungsverschiedenheiten mit seiner Mutter und bittet sie, ihn aus der Mitregentschaft zu entlassen. Das will sie nicht, dann geht lieber sie. Es ist nicht das letzte Mal, daß sie sich gegenseitig den Rücktritt anbieten, aber sie kommen nicht voneinander los.

Joseph will religiöse Toleranz in seinen Ländern einführen, ihm gefällt der aufgeklärte Absolutismus Friedrichs von Preußen. Religiöse Toleranz ist für Maria Theresia ein rotes Tuch. Ohne Religion werde die Autorität der Herrscher untergraben, warnt sie Joseph, »und dabei werden wir die Hereingefallenen sein«. Die Beamten würden dann nur ihre eigenen Interessen verfolgen – »Was für ein Zügel paßt für diese Art Menschen? Keiner, weder Galgen noch Rad, nur die Religion.« Nur sie hält die Menschen zum Gehorsam gegen ihre Fürsten an – »Ich spreche nur politisch, nicht als Christin. Nichts ist so nützlich und heilsam wie die Religion.« Die Untertanen müssen bevormundet werden und katholisch sein, es graust sie vor Protestanten und besonders vor Juden. Die neuen Ideen ihrer Zeit interessieren sie nicht. Sie laufen für sie nur auf eine eingebildete Freiheit hinaus, die nie bestehen könne und nur in Ungebundenheit und gänzlichen Umsturz ausarten würde. Sie ist aristokratisch durch und durch, glaubt nicht, daß Bürger auch Verstand und Willen haben und für sich entscheiden können.

Zwei Jahre vor ihrem Tod kommt es zum letzten großen Konflikt mit ihrem Nachfolger. Joseph ist nun 37 Jahre alt und sucht Ruhm. Er will die alte Vormachtstellung Habsburgs wiederherstellen, den preußischen Emporkömmling Friedrich überrunden: Als der Kurfürst von Bayern im Dezember 1777 stirbt, will er Niederbayern erobern. Der Erbe, der Kurfürst von der Pfalz, ist bereit, Bayern gegen die Niederlande zu tauschen. Österreichische Truppen rücken in Bayern ein.

Staatskanzler Kaunitz unterstützt Joseph, aber Maria Theresia findet, Joseph riskiere das Haus Habsburg und das Wohl von Tausenden von Menschen. Friedrich werde es nicht beim Widerspruch seiner Diplomaten belassen, Rußland und Frankreich seien schon mißtrauisch geworden, der Einmarsch in Bayern könne zu einem europäischen Krieg führen. Sie wünscht friedliche Koexistenz. Aber sie steht mit dieser Meinung ganz allein am Hof.

Als Joseph im April 1778 zur Armee reist, schreibt sie ihm: »Was für ein abscheuliches Geschäft ist doch der Krieg; er ist gegen die Menschlichkeit und gegen das Glück!« Sie hört von einer neuen Erfindung weittragender, mörderischer Geschütze und hofft, Gott möge alle bewahren vor »Erfindungen, die das Menschengeschlecht schon von weitem vernichten«.

Die Münchner sind gegen die Österreicher. Friedrich von Preußen beredet den eigentlichen Erben, nun doch Protest beim Reichstag einzulegen. Plötzlich steht Friedrich als Beschützer des Reichs gegen den raubgierigen Kaiser da.

Maria Theresia bearbeitet Joseph, diesen Krieg aufzugeben, dieses »Niederbayern«, es lohne nicht der Mühe. Joseph hört nicht auf sie. Sie ist verzweifelt: »Jede Tür, die der Wind zuschlägt, jeder Wagen, der ein bißchen schneller fährt, Frauen, die rascher gehen, machen mich zittern. Ich predige mir selbst, suche mir zurückzurufen, wie es mir ging, als ich sechsunddreißig Jahre alt war, aber damals war ich jung und hatte einen Gemahl, der mir alles ersetzte.«

Am 5. Juli 1778 marschiert Friedrich über die böhmische Grenze. Der Bayerische Erbfolgekrieg hat begonnen.

Joseph hat sich ein Feldlager anders vorgestellt, hält eine Niederlage für unausweichlich. Bei Maria Theresia treffen drei Panikbriefe von ihm ein – die Wiederherstellung des Friedens unter ehrenhaften Bedingungen wäre ein großes Glück. Sie handelt unverzüglich. Auch Kaunitz will den Krieg nun abblasen und entwirft Friedensvorschläge für den König von Preußen. Maria Theresia schreibt persönlich an Friedrich, bittet ihn, geheime Friedensverhandlungen mit ihr aufzunehmen. Sie wendet sich zwar in der Rolle der »kummervollen Frauen« an ihn, doch sie fühlt sich stark wie seit Jahren nicht. Hier ist Gefahr: ihr Lebenselixier. Dann teilt sie Joseph ihren Schritt »diesem Monstrum gegenüber« mit. Sie will die Verhandlungen ganz nach ihrem Kopf führen, es gehe um ihn und um die Monarchie. Joseph ist entsetzt, daß sie Friedensverhandlungen angeboten hat. Er hat den ersten Schock überwunden und erkannt, daß seine Lage gar nicht ungünstig ist. Vielleicht hat Maria Theresia seine Briefe bewußt mißverstanden. Vielleicht ist es jetzt, wo die Mama ihn retten wird, einfach, wütend zu sein und sie zu beschuldigen, sie schädige seinen Ruhm.

Die Friedensverhandlungen ziehen sich zehn Monate hin. Der Krieg geht als ruhmloser Kartoffelkrieg in die Geschichtsbücher ein, weil die österreichischen und preußischen Armeen, die sich nicht angreifen, Verpflegungsprobleme bekommen. Aber es ist nicht lächerlich, wenn zwei erbitterte Feinde am Ende ihres Lebens sich noch einmal hochgerüstet gegenüberstehen, aufgehetzt von einem ruhmsüchtigen Jüngeren, und, alt und einsichtig geworden, diesen Krieg zu verhindern suchen. Die Hauptschwierigkeit dabei liegt in der Wahrung des Ansehens vor den übrigen europäischen Mächten.

Maria Theresia will gerne nachgeben. »Wir waren eine Großmacht, jetzt sind wir es nicht mehr«, schreibt sie Joseph. Die Untertanen sollen glücklicher werden »als sie unter meiner unglücklichen Regierung waren, immer in dieser Idee, sich trotz unserer Verluste in diesem Vorrang behaupten zu wollen«. Damals wollte sie Großmacht bleiben, so wie ihr Vater es ihr aufgetragen hatte. Jetzt macht sie sich frei von den Zwängen ihrer Jugend und der Sucht nach Ruhm und Ehre: Was der Vater wollte, war falsch.

So verhandeln eine alte Füchsin und ein alter Fuchs miteinander, beide mißtrauisch und gerissen. Sie hätte eben doch gern das Innviertel, und er ihre Anerkennung seiner Erbfolge in Ansbach und Bayreuth. Einmal lehnt er Vorschläge ihrer Unterhändler ab, »aber ich könnte nicht über Ungehörigkeit klagen«, meint sie. Ein anderes Mal, als die Lage sich zuspitzt – Joseph will eine Schlacht –, zieht Friedrich sich zu ihrem großen Staunen militärisch zurück. Das Ganze ist der letzte Akt einer lebenslangen Feindschaft mit äußerst rührendem Ausgang, eine Komödie, die zwei alte Füchse vor den Augen der Welt aufführen. Und als die Verhandlungen sich festfahren und sie nicht mehr weiterwissen, kommt, wie bestellt aus den Kulissen, Katharina II. zu Hilfe und droht. In Wien fürchtet man einen russischen Angriff, in Berlin glaubt man nicht an russische Unterstützung. Am 13. Mai 1779 unterschreibt Friedrich den Friedensvertrag, an Maria Theresias Geburtstag – ein Salut an seine größte Gegnerin, den sie wohl versteht.

Als die Glocken des Stephansdoms zum Dankgottesdienst für den Frieden läuten, schreibt sie an Kaunitz: »ich habe heüt gloriose meine carriere geendigt... das übrige wird nicht mehr in villen bestehen.«

Im Herbst 1780 hat sie keinen Lebensmut mehr. Sie leidet unter ihrem schweren rheumatischen Körper, unter dem Verfall ihres durchdringenden Verstandes. Bei einer Fasanenjagd im Regen erkältet sie sich, spielt das herunter, obwohl sie nur noch in ihrem Lehnsessel schlafen kann. Sie ist 63 Jahre alt, als sie Joseph am 26. November ruhig sagt, nun wolle sie die Sterbesakramente empfangen.

Sie muß um jeden Atemzug kämpfen, hat Krampfanfälle. Ihr Arzt, Dr. Störck, muß ihr versprechen, ihr den Augenblick ihres Todes anzukündigen. Am 28. November sagt er ihr, nun sei es soweit. Man möge allen Familienangehörigen sagen, sie empfange jetzt die Letzte Ölung, antwortet sie, aber niemand sei verpflichtet, dabeizusein. Doch alle versammeln sich um sie, und sie freut sich darüber.

Sie lebt noch zwei Tage. Nach einem besonders schweren Krampfanfall fragt sie Dr. Störck: »Sind das die letzten Züge?« – »Noch nicht ganz«, antwortet er. »Also noch Ärgeres steht mir bevor«, sagt sie.

Sie tröstet ihre Kinder, dankt ihnen für alles, was sie für sie getan haben, schickt sie oft weg und spricht lange allein mit Joseph. Sie sitzt in ihrem Sessel, unterzeichnet Dokumente, schreibt Briefe. Schmerzstillende Mittel lehnt sie ab, weil die nur ihr Leben und damit das Leid der anderen verlängern würden. Schlafen will sie nicht: »Ich kann jeden Augenblick zu meinem Schöpfer berufen werden, da habe ich Angst zu schlafen. Ich will nicht überrascht werden. Ich will den Tod kommen sehen.«

Am Abend des 29. November kann sie kaum noch atmen, glaubt, die Fenster seien geschlossen, aber sie stehen weit offen, und es ist sehr kalt im Zimmer. Sie erhebt sich schwerfällig aus ihrem Stuhl und schwankt zum Sofa. Joseph stützt sie. Der Kaiser sagt: »Ihro Mayst. liegen sehr übel.« – »Ja«, sagt sie, »aber gut genug um zu sterben.« Sie macht noch drei, vier Atemzüge und ist tot.

Die Todesnachricht stieß bei ihren Untertanen auf Gleichgültigkeit, rief höchstens ein Aufatmen hervor. Die einstmals so beliebte Kaiserin war eine konservative Frau geworden, man wollte die unbeschränkte Alleinherrschaft eines Fürsten nicht mehr.

Erst das 19. Jahrhundert entdeckte sie wieder, als die Völker der Habsburger Monarchie die Bildung von Nationalstaaten anstrebten, und als der Kampf zwischen Österreich und Preußen um die Vorherrschaft in Deutschland 1866 zum Krieg führte. Der Nationalgedanke im Innern und von außen Preußen bedrohten den Zusammenhalt der Monarchie, und man erinnerte sich an Maria Theresia, die aus der bunten Vielzahl von Ländern in den 40 Jahren ihrer Regierung einen einheitlichen Staat gemacht und die Monarchie gegen zahlreiche Feinde, vor allem gegen Preußen, verteidigt hatte. Die »mütterliche Herrscherin« wurde zum Mythos, zum Symbol für die Zusammengehörigkeit der Habsburger Länder, zur Verkörperung des österreichischen Staatsgedankens.

Maria Theresias Zeitgenosse Friedrich II. von Preußen konnte mit einem Nationalbegriff noch nichts anfangen. Für ihn waren Ehre und Ruhm noch an die Person eines Herrschers, nicht an einen Staat geknüpft. Er sagte auf die Todesnachricht: »Sie hat ihrem Throne Ehre gemacht und ihrem ganzen Geschlechte.«

»Die vollkommenste Frau von Welt« – Die Gräfin Cosel und andere Mätressen

Die offiziellen Mätressen der Fürsten waren politische Karrierefrauen. Die Institution der *maîtresse régnante* oder *maîtresse en titre*, der regierenden Mätresse, der Gebieterin am Hof, entstand mit dem Absolutismus, und mit ihm verschwand sie wieder. Was blieb, war ein bürgerliches Mißverständnis.

Das Wort Mätresse sank ab zum eleganten Ausdruck für die heimliche Geliebte, die bezahlte Geliebte, die Hure. Die großen Mätressen des 17. und 18. Jahrhunderts wurden zum Inbegriff weiblicher Unmoral. Die Historiker kamen ihnen nicht zu Hilfe: Die Bürger hatten im 19. Jahrhundert genug vom Absolutismus. Für den englischen Historiker und Schriftsteller Thomas Carlyle war die Pompadour nur eine Frau, von der man möglichst nicht sprach, und der deutsche Historiker Theodor Distel befand, die Gräfin Cosel sei kein besonders würdiger Gegenstand der Forschung. Wenn man heute in historischen Handbüchern nachschaut, hat man den Eindruck, bei diesen Urteilen über Mätressen ist es geblieben.

Doch Moralbegriffe, gleich welcher Zeit, sollten wir zunächst vergessen, wenn wir eine Erscheinung verstehen wollen, die auch ein Kapitel in der politischen Geschichte der Frauen ist. Eine Mätresse – das heißt Gebieterin, Lehrerin, auch Geliebte – übte Einfluß und Macht aus in einer uns heute fremden Welt. Heute wäre ein Regierungschef erledigt, der sich im Wahlkampf mit einer außerehelichen Geliebten am Arm den Fernsehkameras stellte, und auch die Geliebte könnte danach nicht mehr auf eine politische Karriere, gleich in welcher Partei, hoffen. Damals trat bei wichtigen offiziellen Anlässen die *maîtresse régnante* Seite an Seite mit dem König und der Königin auf.

»La femme du monde la plus parfaite«, die vollkommenste Frau von Welt, nannte der Premierminister Augusts des Starken die Mätresse seines Königs, die Gräfin Cosel. Damals gab eine Mätresse einem Regierungssitz Glanz. Gleichzeitig war sie eine politische Macht: Der König brauchte sie in seinem Kampf gegen den Adel.

In ganz Europa versuchten die Könige im 17. Jahrhundert, Aristokratie und Ständeparlamente von der traditionellen Mitregierung abzudrängen. Sie wollten oberster Richter, Gesetzgeber, Machtausüber in einer Person werden, wollten mit einem neuartigen Heer und einer neuen Verwaltung ihre Länder allein und zentral regieren. Der Feudaladel wehrte sich gegen seine Entmachtung, es gab blutige Kämpfe in Frankreich und in England und weniger blutige, aber ebenso erbitterte in Dänemark und in deutschen Fürstentümern. Doch die Könige verstanden es – außer in England –, sich allmählich durchzusetzen. Sie stützten sich dabei auf Leute, die ihre Stellung am Hof nur ihnen verdankten, auf Günstlinge, die ins Nichts fielen, wenn sie die königliche Gnade verloren: die Minister, die Mätressen und die Bastardsöhne.

Die dänischen Könige pflegten genau aufzuschreiben, wie sie alles geregelt haben wollten. Christian V. erließ 1680 eine neue Rangordnung für den Hof in Kopenhagen und ließ sie in den Zeitungen veröffentlichen. So erfuhr jeder, der sich eine Zeitung leisten und lesen konnte, wer in der Ersten Rangklasse am Hof stand und damit Vortritt vor allen Großen des Landes hatte: »Die Königlichen Natürlichen Kinder.«

Die Kinder des Königs mit seiner Mätresse waren eine Elitegruppe am Hof, die den alten hohen Adel in Schach hielt, der seinerseits dafür sorgte, daß die Bastardsöhne und überhaupt die neuen Günstlinge nicht übermächtig wurden. Der König förderte dieses Spannungsgleichgewicht. Es war eine der Voraussetzungen für seine Herrschaft und verhinderte, daß alter und neuer Adel sich gegen ihn zusammenschlossen.

Christians Mätresse war die Gräfin Danneskjold-Samsö. Bis sie 15 war, hieß sie Sophie Amalie Moth. Sie war die Tochter eines bürgerlichen Leibarztes am Hof. Christian machte sie zur ersten offiziellen Mätresse Dänemarks. Er erhob sie zur Gräfin, und sie wurde offiziell von der Königin empfangen, gehörte nun zum Hofstaat. Christian ließ ihr ein Wochengeld reichen, das, so hieß es, das der Königin übertraf. Einer ihrer Söhne wurde General, ein anderer Admiral. Der König schenkte seiner Mätresse die schöne Insel Samsö im Kattegat, wo beider Nachfahren noch heute in einem roten Backsteinschloß wohnen. Wir wissen nicht viel über diese Mätresse, vielleicht war sie klug und taktvoll, vielleicht nur unbedeutend. Es hieß, sie erweise der Königin Charlotte Amalie stets die gebührende Ehre.

Das gehörte sich für eine Mätresse. Durch seine Königin war ein König mit den regierenden Fürsten Europas verbunden. Fürstliche Heiraten wurden aus politischen Gründen vereinbart, oft lernten sich die Ehepartner erst am Tag vor der Hochzeit kennen. Die hochfürstliche Geburt der Königin, ihre Verwandtschaft und ihre Erbansprüche erhöhten das Ansehen und die Macht eines Königs. Nur ihre Kinder konnten sein Haus fortführen.

Die dänische Königin Charlotte Amalie verbarg, ob es sie kränkte, daß ihr Mann offiziell eine Mätresse hatte. Sie war Realistin, hielt den Nacken steif und erfüllte gelassen ihre Pflichten als Königin. Sie ritt an der Seite ihres Mannes in den Krieg und zuckte selbst unter Kugelhagel nicht mit der Wimper. König und Königin mochten sich gut leiden. Sie trafen sich oft zum Kartenspiel, das sich meist bis in die frühen Morgenstunden hinzog. Und Kinder gab es auch noch – das erforderte schon die Pflicht gegenüber dem königlichen Haus.

Die Pflicht der aristokratischen Ehepartner gegenüber der Gesellschaft war die Aufrechterhaltung des Ansehens und der Ehre des Hauses. Die Menschen damals hatten andere Begriffe von Liebe, Ehe und Familie als wir – vor allem die, die in der verschwundenen Welt absolutistischer Höfe lebten. Das heißt aber nicht, daß sie nicht auch Wärme, Zärtlichkeit und Geborgenheit suchten, Liebe, wie wir sie verstehen. Die Geschichte dieser Zeit ist voll von unglücklichen Königinnen, die neben einer glänzenden Mätresse um ihren Rang am Hof und um die Liebe ihres Mannes kämpften.

Die Königin von Frankreich litt vor aller Augen unter den Mätressen Ludwigs XIV. Marie Therèse, Tochter des Königs von Spanien, wird als häßliche, langweilige Naive geschildert, klein und dick wie eine Tonne, unscheinbar jedenfalls neben der Mätresse, der Marquise de Montespan, einer üppigen, charmanten und klugen Blondine. Marie Therèse war sehr eifersüchtig auf die Mätresse, dabei hatte sie selbst diese Hofdame dem König zugeschoben, weil sie ihn von seiner Geliebten Louise de La Vallière trennen wollte, was ihr aber nicht gleich gelang. Der Hof staunte über Ludwig, der mit drei Damen zugleich spazierenging: der Königin, der ehemaligen Geliebten und der offiziellen Mätresse.

Die absoluten Könige bauten ihre Höfe zu einem raffinierten Instrument der Herrschaft über den Adel aus. Der Hof wurde zum Zentrum der Politik und der Kultur – ein Olymp der Macht. Dazu gehörte eine schöne, gebildete, geistreiche Frau, die jeden anzog und den Hof zu einem beachteten Mittelpunkt machte. Die Aufgaben einer regierenden Mätresse in dieser uns fernen Welt waren – mit heutigen Worten – die Personal- und die Kulturpolitik.

Françoise de Montespan war eine schöne, lebhafte Frau mit großer Ausstrahlung, doch wird auch von Anmaßung und Hochmut berichtet. Acht Jahre dauerte ihre enge Verbindung mit Ludwig XIV., von 1668 bis 1676, in denen sie ihm sieben Kinder gebar, die später alle zu Herzögen und Grafen erhoben wurden. Acht Jahre lang drängten sich am Hof die Adligen um die Marquise de Montespan. Sie sah den König täglich, über sie konnte man vielleicht an ihn herankommen und eine Gunst erlangen: Amt und Einkommen in der neuen Verwaltung oder ein Kommando im Heer oder ein besoldetes Ehrenamt am Hof.

Adlige durften keine bürgerlichen Berufe ausüben, und die Regierungsämter waren meist erblich oder verkäuflich. So hingen die Erwerbschancen für Adlige zum großen Teil von der Gunst des Königs und seiner Vertrauten, allen voran der Mätresse, ab. Der König spielte die Mitglieder des höfischen Adels, seine adligen und bürgerlichen Ratgeber gegeneinander aus, erhöhte und erniedrigte Menschen.

Von allen Königen feilte besonders Ludwig XIV. das System des

Hofdienstes aus. Der Dienst am König wurde zur Verehrung eines Gottes. Die geschriebene Hofordnung regelte den Rang der Adligen nach ihrer vornehmen Geburt. Diese Ordnung wurde sichtbar beim Zeremoniell, nach dem das Levée des Königs, seine Andachten, die Tafel, Récréation und Couché eingerichtet waren, an der Etikette also. Sie schrieb jedem vor, was er zu tun hatte, wenn der Fürst aufstand, betete, aß, sich vergnügte und zu Bett ging und wie er ihn dabei zu bedienen und zu verehren hatte. Aber das Zeremoniell schrieb nicht alle Handlungen den Angehörigen bestimmter Familien zu. Der König konnte eine Reihe von Aufgaben beliebig und jeden Tag aufs neue an Personen seiner Wahl übertragen, konnte auf der Jagd, bei der Redoute, in der Oper diesen oder jenen in seine Nähe holen und damit vor allen anderen auszeichnen. Jeder in den goldenen Sälen der Schlösser versuchte, näher an den Thron zu kommen, stritt um die kleinsten Vorrechte, an denen eine Erhöhung seines Ranges für alle deutlich abzulesen sein könnte – wer darf welche Zimmer betreten und zu welchen Tageszeiten, wer darf vor wem durch eine Tür gehen, wer darf sich setzen und worauf: auf einen Hocker, auf einen Stuhl, mit Armlehnen, ohne Armlehnen, wer muß stehen bleiben? Jedes Heranziehen eines Konkurrenten in die Nähe des Königs bedeutete die eigene Entfernung, den Verlust der Ehre, der Einkommenschancen, die soziale Deklassierung. Dieses Unglück konnte täglich eintreten. Alle am Hof lebten in Unsicherheit und Spannung, unterminierten fortwährend Ansehen und Stellung der anderen, drängten sich bei jeder Gelegenheit vor. König und Mätresse hielten den Adel in Atem.

Sie führten neue Moden ein für Herren und Damen, bestimmten, wie man sich zerstreute. Festroben, kostbare Juwelen, Waffen, rassige Pferde und vor allem hohe Einsätze beim abendlichen Glücksspiel ruinierten den Adel, der seit jeher seine Ehre im Wettstreit der Pracht suchte.

König und Mätresse machten aus Rittern Höflinge. Zur verfeinerten Lebensweise gehörten neue Umgangsformen. Der Dreißigjährige Krieg hatte die Sitten verrohen lassen. Die Damen, allen voran die Mätresse, die Gebieterin am Hof, die Lehrerin, gaben den neuen Ton an: Sie verlangten Liebenswürdigkeit, Gefälligkeit, Rücksichtnahme – alles, was auch uns noch als *Höf*lichkeit vertraut ist. Pracht und feine Sitten allein aber reichten noch nicht aus für einen Höfling oder eine Dame, der/die am Hof eine Rolle spielen wollte. In besonderem Ansehen stand, wer sich geistreich und gewandt unterhalten konnte, und zwar nicht nur über die kleinen Vorkommnisse des Alltags, sondern über Politik und Geschichte. Vor allem aber mußten Kavaliere und Damen tanzen können. Der Körper sollte durch wohlanständige Bewegungen höfisch zivilisiert werden. Ludwig XIV. selbst nahm über Jahrzehnte Tanzunterricht.

Der Hof wurde zu einer eigenen Welt, zum herausgehobenen Schauplatz, an dem die Zeitgenossen sich orientierten. Die Fürsten vertraten die göttliche Gewalt und Ordnung, und der Hof galt den Untertanen als Abbild dieser Ordnung. Der Hofmann wurde zum Ideal des Menschen, der alle Fähigkeiten ausbildete. Das galt auch für Damen.

König und Mätresse und mit ihnen die Damen und Herren des Hofes ritten, jagten und tanzten auf anmutige Weise, unterhielten sich geistreich und gewandt über Geschichte und Politik. Die Montespan fügte ihrem Vornamen Françoise den Namen Athénaïs hinzu, eine Anspielung auf eine gebildete Kaiserin des Altertums und auf die Göttin Athene.

In Wirklichkeit war die Montespan nicht besonders gebildet, und auch mit den feinen Sitten haperte es etwas. Daran scheiterte sie schließlich: Sie war doch eine Nummer zu klein für eine Gebieterin am Hof. Als ihr Name in einem Polizeibericht auftauchte – möglicherweise zu Unrecht – in Zusammenhang mit einem Prozeß, der in Paris einer Hexe und Giftmischerin gemacht wurde, war ihre Karriere beendet. Ludwig XIV. konnte nicht dulden, daß die herausgehobenste Frau an seinem Hof mit Aberglauben, Zauberei und Abtreibungen in Verbindung gebracht wurde.

Der König suchte nun mehrere Jahre nach einer Frau, die das Format für eine regierende Mätresse hatte. Er hielt den Hof in Atem, weil er sich dieser und jener Dame zuwandte oder zuzuwenden schien –

alle waren verwirrt und wußten nicht so recht, welche Partei sie meiden, welcher sie sich anschließen sollten. Als die ersten Gerüchte über Ludwig und die Marquise de Maintenon auftauchten, staunte der Hof: Sie war 45 Jahre alt, drei Jahre älter als der König.

Die Marquise de Maintenon war als Françoise d'Aubigné zur Welt gekommen, eine kleine Adlige aus unbedeutender Familie, Tochter eines hochverschuldeten Vaters. Mit 16 war sie Waise, und die Patentante, die sie aufzog und möglichst schnell loswerden wollte, zwang sie, den 25 Jahre älteren bürgerlichen Dichter Paul Scarron zu heiraten. Françoise wollte lieber ihn heiraten, als ins Kloster gehen.

Acht Jahre nach der Hochzeit starb ihr Mann und ließ sie ohne einen Sou zurück. Aber sie war ehrgeizig. Sie hatte durch ihren Mann wichtige Leute in Paris kennengelernt und war als geistreiche Frau in der Gesellschaft sehr beliebt. Eine ihrer Freundinnen war die Marquise de Montespan. Als die Montespan ihr erstes Kind vom König erwartete, war sie noch verheiratet. Der König wünschte keinen Skandal und suchte eine vertrauenswürdige Frau, die das Kind vorerst im geheimen aufziehen sollte. So wurde die Witwe des bürgerlichen Dichters Erzieherin der natürlichen Kinder des Königs: Die Montespan bekam jedes Jahr ein Kind und kaufte ein Haus am Boulevard du Montparnasse, wo Madame Scarron mit den Kindern lebte, eine eigene Karosse und Dienstleute hatte. Im Dezember 1673 erkannte der König seine Kinder offiziell an, und Madame Scarron siedelte mit ihnen an den Hof über. Sie konnte sich bald das Schloß Maintenon kaufen, und der König machte sie zur Marquise de Maintenon. Sie war eine intelligente und gebildete Frau, sanft und sehr schön. Sie habe, sagte eine Dame in Versailles, ein gewisses Etwas, dem die Jahre nichts anhaben könnten und das der größten Schönheit vorzuziehen sei.

Als Mätresse wirkte die Maintenon mäßigend auf die Sitten am Hof ein – fast zu mäßigend für den Geschmack einiger Zeitgenossen. Sie sorgte für Schicklichkeit und würdiges Benehmen, für die Aura von Erhabenheit, die der König wünschte. Sogar die Königin lebte auf, denn der König besuchte sie jetzt wieder und ehrte sie, wie es sich gehörte. Im Juli 1683 starb die Königin in Versailles, und im daraufpolgenden Winter – das genaue Datum weiß man nicht – heiratete Ludwig XIV. seine Mätresse. Der Beichtvater des Königs traute das Paar in der Kapelle von Versailles, und einer der Trauzeugen war der Erzbischof von Paris. Die Ehe war geheim, aber selbstverständlich wußte der Hof Bescheid.

Der hohe Adel war entrüstet über diese unstandesgemäße Verbindung mit der Witwe eines Bürgers, und der Herzog von Saint-Simon berichtete voller Empörung seinen Freunden von dem unerhörten Schauspiel, das *die Scarron* – so nannten ihre Feinde die mächtige Marquise von nun an – vor den Augen ganz Europas bot. Minister, Generäle, die königliche Familie würden ihr zu Füßen liegen. Alles habe sie in der Hand: die Menschen, die Staatsgeschäfte, die Rechtsangelegenheiten, die Gerichtsurteile, die Begnadigungen, die religiösen Angelegenheiten.

Ganz so, wie der Herzog klagte, war es nicht, doch ihr Einfluß war bedeutend, auch wenn man ihn nicht exakt umreißen kann. Schon allein solche Gerüchte steigerten ihn. Sicher ist, daß die Maintenon, wenn es um eine Auszeichnung oder einen Posten am Hof ging, den zuständigen Minister zu einer Besprechung bat, ehe dieser seinen Vorschlag dem König unterbreitete.

Jeden Abend um sechs kam Ludwig in das Appartement der Maintenon und brachte den Minister vom Dienst mit, um gemeinsam mit ihm zu arbeiten. In ihrem mit rot-grün-goldenem Damast tapezierten Zimmer stand rechts vom Kamin der Schreibtisch des Königs, links saß sie in einem Sessel und las oder strickte. Oft fragte der König sie nach ihrer Meinung. Sie antwortete stets zurückhaltend, aber sie brachte ihn fast immer dazu, für einen Posten jemanden zu wählen, den sie für geeignet hielt. Der Minister, der schon am Nachmittag bei der Vorbesprechung nicht gewagt hatte, sich ihrem Willen zu widersetzen, wagte nun noch weniger, vor dem König und in ihrer Gegenwart zu widersprechen.

Das heißt nicht, daß sie Frankreich regierte. Doch sie war immer dabei, schob Leute vor und begründete Existenzen, wehrte andere ab, redete mit bei Heiraten der königlichen Familie. Mit zunehmendem

Alter wurde sie immer frommer und bekehrte auch den König zum Beten, die Beichtväter gewannen an Bedeutung. Sie hülle Versailles in eine Wolke von Weihrauch, hieß es. Man lag der Maintenon zu Füßen, und man haßte sie. 31 Jahre dauerte die Ehe, bis Ludwig 1715, im Alter von 77 Jahren, starb.

Das Leben der Maintenon umreißt die volle Laufbahn einer erfolgreichen Mätresse: vom Status einer Frau in ungefestigter Standesposition zwischen Bürgertum und niedrigem Adel bis zur Heirat mit einem König. Peter der Große heiratete seine Mätresse Katharina, und nach seinem Tod 1725 herrschte sie als Zarin in Rußland. Die Mätressen waren soziale Aufsteiger, bereit, die besonderen Anstrengungen auf sich zu nehmen, die Voraussetzung für einen solchen Aufstieg waren: Die ganze Frau, die Körper, Geist und Seele kultivierte, war gefragt. Fast alle Mätressen waren zu Beginn ihrer Karriere erwachsene Frauen, selten jünger als 25 Jahre und oft schon mit einem kleinen Adligen verheiratet, der sie an den Hof gebracht hatte. Die Karriere des weiblichen Günstlings war die steilste, die es für Frauen mit Ehrgeiz und Mut im ausgehenden 17. und im 18. Jahrhundert gab. Sie war nicht an allen Höfen möglich – manche Fürsten lebten glücklich und zufrieden mit ihrer Fürstin, die dann aber meist selbst eine anziehende und gebildete Frau war, eine Gebieterin und Lehrerin am Hof.

Auslösend für eine Karriere war fast immer eine Liebesgeschichte. Doch die Liebe genügte nur in Ausnahmefällen, um offizielle Mätresse zu werden. Geliebte der Fürsten hat es zu allen Zeiten gegeben, und es gab sie auch weiterhin – neben den Titularmätressen. Wer am Hof aufsteigen wollte, brauchte eine Partei, die für ihn – oder sie – arbeitete. Für die 15jährige Sophie Amalie Moth in Dänemark hatte eine ehrgeizige Mutter gesorgt, für die Montespan in Frankreich die Königin. Die Maintenon arbeitete zwar selbst für sich, stand aber in vertrautem Verhältnis zu den natürlichen Kindern des Königs, die sie erzogen hatte. Häufig sorgten Ehemänner dafür, daß ihre Frau zur Mätresse aufstieg.

In Hannover gab es nicht nur eine regierende Mätresse, sondern gleich ein regierendes Ehepaar: Franz Ernst Freiherr von Platen und seine Frau Clara Elisabeth, geborene von Meysenbug. Der Kammerrat schob seine Frau am Hof vor, sie wurde erst Mutter eines herzoglichen Töchterchens und dann offizielle Mätresse des Herzogs Ernst August und begleitete ihn auf seiner Reise nach Venedig. Ihr Mann, der Kammerrat, wurde erst Hofmarschall, dann sogar Premierminister, und beide Ehepartner wurden Graf und Gräfin und sehr reich. Er war der mächtigste männliche Günstling, sie der mächtigste weibliche Günstling am Hof.

Das Ehepaar von Platen trat großartig auf. Die Mätresse machte der Herzogin und späteren Kurfürstin Sophie den Vortritt streitig und übertrumpfte sie in Kleidung und Schmuck. Die Familie von Platen galt in Hannover als tonangebend. Die Kurfürstin litt unter der Zurücksetzung, die ihrem Ansehen am Hof abträglich war, litt darunter, ihren Mann, den sie einmal sehr geliebt hatte, zu verlieren. Aber es war inzwischen üblich geworden, daß zu einem Hof eine offizielle Mätresse gehörte, und sie fand sich, zumindest nach außen, damit ab. Sie war eine feine Frau, die noch nach nun bald drei Jahrhunderten fasziniert, und die in jeder Beziehung robuste Frau von Platen spielte sie mit Leichtigkeit an die Wand.

Auch in Berlin nahm ein Ehepaar die beiden höchsten Günstlingsstellen – Premierminister und Mätresse – ein. Als der Kurfürst von Brandenburg 1701 König wurde, hielt sein Oberstallmeister Johann Kasimir von Kolbe ihm vor, daß der Hof eines Königs ohne offizielle Mätresse unvollständig sei, und schlug für diesen Posten seine Frau vor. Friedrich I. liebte seine Königin Sophie Charlotte, obwohl sie sich nicht viel aus ihm machte und seiner Gesellschaft die gelehrten Gespräche mit dem Philosophen Leibniz vorzog. Aber er stimmte der Aufnahme einer Favoritin am Hof zu, und Katharina von Kolbe wurde offizielle Mätresse in Berlin. Der König hatte nicht die Absicht, mit ihr zu schlafen, und dabei blieb er auch.

Es hieß, daß er jeden Abend in der Dämmerung eine Stunde lang mit seiner Mätresse auf und ab ging, im Winter in den königlichen Gemächern, im Sommer in einem kleinen Garten am Schloß. Katharina von Kolbe war die schöne Tochter eines Weinhändlers aus Emmerich im Herzogtum Cleve und eine erotische Abenteurerin. Ihr Geliebter war der englische Gesandte. Doch da sie ihre Pflichten am Hof nicht vernachlässigte, machte das offenbar nichts aus. Herr von Kolbe wurde de facto Premierminister. Er zog die gesamte Finanzverwaltung an sich, schaltete dabei den preußischen Adel und die Königin aus und wurde schließlich Reichsgraf von Wartenberg.

Trotz der sexuellen Freizügigkeit an vielen Höfen war offener Ehebruch nicht selbstverständlich. Im bürgerlichen Leben wurde Ehebruch zwischen Verheirateten mit dem Tode bestraft. Für adlige Herren und Damen sah die Welt anders aus – je höher der Adel, desto größer die Freiheit –, und manche verheirateten Damen an den Höfen standen in ihren Eskapaden manchen Königen nicht nach. Ihre Ehemänner hatten, sofern sie nicht in ihre Frau verliebt waren, selten etwas dagegen, unter einer Bedingung: Das Ansehen des Hauses mußte nach außen gewahrt bleiben. Verschwiegenheit innerhalb eines begrenzten Kreises aber war gerade nicht der Sinn der Institution einer offiziellen Mätresse am Hof. Sie sollte ja weiblicher Mittelpunkt des Hofes sein und öffentlich neben dem Fürsten auftreten. So erhob sich in einigen Ländern anfangs die Frage, ob der Ehebruch eines verheirateten Fürsten mit einer Mätresse nicht doch strafbar sei.

Die Juristische Fakultät der Universität Halle hat dazu ein Gutachten erstellt. Gutachter waren die Professoren Thomasius, Gundling und von Ludewig, und sie kamen zu dem Ergebnis: »Das odium in concubinas muß bei großen Fürsten und Herren cessiren, indem diese den legibus privatorum poenalibus nicht unterworfen, sondern allein Gott von ihren Handlungen Rechenschaft geben müssen, hiernächst eine Concubina Etwas von dem Splendeur ihres Amanten zu überkommen scheint.« Übersetzt heißt das: Die Verachtung, die eine außereheliche Geschlechtsgemeinschaft verdient, entfällt bei großen Fürsten und Herren, da diese den Strafgesetzen nicht unterworfen sind, sondern allein Gott über ihre Handlungen Rechenschaft geben müssen. Auch scheint sich auf eine Konkubine etwas von der glanzvollen Größe ihres Geliebten zu übertragen.

Die Gottähnlichkeit des Herrschers hob also auch seine Mätresse über gewöhnliche Sterbliche und ihre Gesetze empor. Sicher haben die Herren Juraprofessoren bei diesem Gutachten auch daran gedacht, daß ihr bürgerliches Fortkommen vom Wohlwollen ihres Landesherrn abhing.

Die Könige wollten mit Hilfe ihrer Mätressen über den Adel herrschen, und der Adel versuchte, durch die Mätressen die Könige zu beherrschen. In Dresden schlossen sich Herren und Damen des Hofes zusammen, um die polnische Mätresse König Augusts des Starken durch eine deutsche zu ersetzen, die sie und ihren Anhang in die wichtigen Ämter bringen würde. So stieg Anna Constantia von Cosel auf, la femme du monde la plus parfaite, die vollkommenste Frau von Welt in Person und Lebensweise, die der König in einem Staatsfest für alle Untertanen sichtbar zu dem Frauenideal überhöhte, das hinter der Institution der *maîtresse régnante* stand.

Anna Constantia von Cosel war die Tochter des holsteinischen Ritters Joachim Brockdorff und der reichen Kaufmannstochter Anna Margarethe Marselis aus Hamburg. Doch der Reichtum beider Familien schmolz während ihrer Kindheit dahin. Zudem versuchte der Adel, dessen Macht immer mehr schwand, zur Abwehr des allmählich aufsteigenden Bürgertums die Anzahl der adligen Ahnen zu erhöhen, die jemand nachweisen mußte, der bestimmte Ämter einnehmen wollte. Anna Constantia Brockdorff, Tochter eines verarmten Ritters und einer Bürgerlichen, wuchs, vom sozialen Abstieg bedroht, auf und lernte doch zugleich, daß es nichts Wichtigeres gab für eine Adlige, als Rang und Ehre zu erhöhen. Als sie Hoffräulein in Wolfenbüttel wurde, fiel ihre große Schönheit auf. Zeitgenossen berichten von ihrer bezaubernden Anmut, ihrer majestätischen Haltung, ihrem zu Herzen gehenden Lächeln. Sie war intelligent, witzig, schlagfertig, eine gewandte Reiterin, Jägerin, Fechterin und eine glänzende Tänzerin. Ein Minister Augusts des Starken, Adolf Magnus von Hoym, heiratete sie und brachte sie an den Hof nach Dresden.

Der Hof in Dresden war der glanzvollste unter den deutschen Fürstenhöfen. August der Starke war Kurfürst von Sachsen und König von

Polen und wollte aus beiden Ländern eine europäische Großmacht schaffen. Als 18jähriger war er in Versailles gewesen und hatte sich dort gelangweilt. Nach seiner großen Tour durch Europa schrieb er über Dresden: »man kunte sagen, das es der schenste hoffe war, den ein König zu der Zeit hatte.« Als Erwachsener wurde August zum Idealbild des barocken Königs, und der Soldatenkönig in Berlin – Sohn jenes Friedrich, der mit seiner Mätresse nur spazierenging, und strenger Vater Friedrichs des Großen – hielt ihn für den größten Fürsten, der je regierte.

Adolf Magnus von Hoym entpuppte sich als brutaler Ehemann. Einmal vergewaltigte er seine Frau. Sie schwor, nie wieder mit ihm zu schlafen, und reichte beim zuständigen Kirchengericht die Scheidung ein. Ihr Schwur war etwas Unerhörtes, denn eine Ehefrau mußte ihrem Mann bedingungslos zur Verfügung stehen. Das Kirchengericht erkannte die Vergewaltigung auch nicht als Scheidungsgrund an. Trotzdem hielt die schöne, temperamentvolle Madame Hoym vor den Oberkonsistorialräten an ihrer Weigerung fest, und die Gerichtssache zog sich hin.

Inzwischen war sie der Clique am Hof aufgefallen, die den König von seiner langjährigen polnischen Mätresse, der Fürstin Lubomirska, abbringen und sächsische Einflüsse am Hof stärken wollte. Ursula Katharina Lubomirska war eine Nichte des Kardinalprimas von Polen, der lange zu den erbittertsten Gegnern Augusts gehört hatte, und verband den König mit den großen Adelsfamilien Polens, was seine Stellung im Land erheblich stärkte. Doch als eine Adelsversammlung in Polen einen Gegenkönig ausrief, brauchte August seine polnische Mätresse nicht mehr.

Als August aus Warschau nach Dresden zurückkam, verliebten er und Madame Hoym sich leidenschaftlich ineinander. Mätresse wollte sie nicht werden, das war unehrenhaft in ihren Augen. Aber sie lebte in Scheidung, würde, falls sie Erfolg hatte, den Hof verlassen und heimkehren müssen auf das Gut in Holstein, mit dem es immer weiter abwärtsging. Hier nun eröffnete sich ihr eine steile Karriere. Mutig griff sie ganz nach oben: Sie wollte den König heiraten und eines Tages, nach dem Tod der Königin, selbst Kurfürstin und Königin werden. Die Königin Christiane Eberhardine hatte sich bei der Wahl ihres Mannes zum König von Polen vor Jahren geweigert, katholisch zu werden und jemals einen Fuß ins katholische Polen zu setzen. Sie lebte zurückgezogen in ihrem Schloß in Pretzsch, das sie bei ihrer Hochzeit als möglichen Witwensitz erhalten hatte, und kam nur selten an den Hof nach Dresden.

Auf Bigamie stand für Bürger Todesstrafe, aber wer wollte einen absolut regierenden Monarchen vor Gericht stellen – und so gab es immer wieder Doppelehen an den Höfen. Constantia von Hoyms früherer Landesherr, der König von Dänemark, hatte neben seiner Königin eine zweite Ehefrau. Auch in Sachsen war die Frage, ob ein Fürst zwei Ehefrauen haben könne, schon einmal durchgespielt worden von Augusts älterem Bruder, dem verstorbenen Kurfürsten Johann Georg, mit dem Ergebnis, daß »keineswegs in der heiligen Schrift zwei Weiber zu haben verboten, sondern exempla anzuführen wären, worin es selber von unserer Kirche zugelassen«. Martin Luther höchstpersönlich hatte ein Gutachten geschrieben zugunsten der Doppelehe des Landgrafen Philipp von Hessen.

Doch der katholische König August wollte die evangelischen Geistlichen in Sachsen, die strenger waren als der Reformator, nicht gegen sich aufbringen. Er war bereit, die geschiedene Madame Hoym zu heiraten und ihr einen Ehevertrag zu geben, aber am Hof sollte sie als offizielle Mätresse auftreten. 1705 bekam sie den Vertrag. Der König gab ihr das große Rittergut Pillnitz mit Schloß und Dörfern, Weinbergen und Wäldern als Witwensitz und Erbgut künftiger gemeinsamer Kinder. Am Hof galt das Rittergut an der Elbe als Geschenk, mit dem der König die neue offizielle Mätresse für ihr Amt ausstattete. Die Ehe Constantias mit dem König blieb über Jahrhunderte geheim.

Madame Hoym wurde eine glänzende Mätresse. Der Kaiser in Wien machte sie zur Reichsgräfin Cosel und Exzellenz, und König August ließ ihr von seinem Hofbaumeister Pöppelmann neben dem Schloß ein prachtvolles Palais bauen. Die Gräfin Cosel bekam vergoldete Silbermöbel und Kostbarkeiten aus dem Grünen Gewölbe, der berühmten Schatzkammer der sächsischen Kurfürsten. Wer das Palais der Cosel betrete, glaube Zauberwerk vor Augen zu haben, hieß es in Dresden. Alles sei von erlesenem Geschmack, jedes Stück einzigartig. Sie hatte die rassigsten Pferde, die schönste Kutsche, die kostbarsten Kleider und Juwelen. Vor ihrem Palais stand ein Doppelposten als Ehrenwache – unter allen Ministern am Hof genoß nur sie diese Auszeichnung des Königs.

Des Vormittags drängten sich Minister und hohe Adlige in ihren Vorzimmern, und Gesandte fremder Höfe machten Besuch. Abends mußte sie in ihren Festsälen Soupers und Bälle für den König und seine Gäste geben. Sie bewirtete den Prinzen Eugen, als er nach Sachsen kam, den Herzog von Marlborough, Winston Churchills Urahn, damals ein mächtiger Mann in Europa, den dänischen König. Trompeter bliesen zur Tafel, und viele Bediente waren um die Gäste besorgt, unsichtbare wie die Köche, Bratenmeister, Pastetenbäcker und Konditoren, die alle zahlreiche Gehilfen hatten, die Küchenfrauen, Silbermeister, Silberwäscherinnen, die Tafeldecker und Kaminheizer, die Waschfrauen und der Rattenfänger; sichtbare wie die Lakaien, die Musiker und die adligen Pagen, die bei Tisch bedienten. König August umgab die Gräfin Cosel mit einem großen Hofstaat. Pracht galt als Zeichen von Macht. Die Untertanen sollten den Monarchen und seine Mätresse von einem Glanz umgeben sehen, der sie an die Herrlichkeiten des Himmels erinnerte.

Die Lebensmittel für die Soupers kamen größtenteils vom Rittergut der Mätresse. Sie leitete das Gut selbst und war eine erfolgreiche Geschäftsfrau. Mit Immobilienhandel und Kreditgeschäften verdiente sie ein großes Vermögen. Auch andere Damen am Dresdner Hof leiteten ein Stadthaus, ein Landgut und machten Geschäfte, meist auf dem Immobilienmarkt. Aber so langsam wurde die selbständige Geschäftstätigkeit dieser Frauen unüblich, sie begann als Relikt aus alten Zeiten zu gelten. Doch noch wurden ihre geschäftlichen Erfolge anerkannt. Der Premierminister Jakob Heinrich Graf von Flemming, der selbst durch ausgedehnten Güterhandel reich wurde, bewunderte, daß Constantia von Cosel sich perfekt auf Ökonomie verstehe, ohne privat geizig zu sein. Erst die Historiker des 19. Jahrhunderts tadelten die Geschäftstüchtigkeit von Frauen als Ehrgeiz und Habgier.

Der Alltag der Mätresse war angefüllt mit Repräsentationspflichten. Auf den Festen und Jagden des Königs war sie neben ihm, und auch, wenn die Großen ihn zu ihren Gesellschaften einluden. Sie begleitete den König auf seinen häufigen Inspektionsreisen durch Sachsen, und auf seinen Wunsch mußte sie oft bei ihm sein, wenn er mit den Ministern arbeitete. Sie griff in Kabinettsreformen ein und machte Minister.

Zum Auftakt der Rückeroberung Polens gab August 1709 ein Staatsfest. Mit diesem Fest warb er um Bundesgenossen und um Vertrauen in seine Politik: Wirtschaft und politische Kraft eines Landes wurden nach dem Aufwand und Glanz seines Hofes beurteilt. Sechs Wochen lang feierten Hof, fürstliche Gäste und Bürger, und in ganz Deutschland berichteten die Zeitungen über das Fest. Im ersten Drittel der Festwochen glänzte August mit seiner Erfindung, dem Damenfest, im zweiten zeigten die Fürsten sich in Umzügen und Turnieren als Herren der Welt, im dritten als Götter.

Beim Damenfest im Zwinger in Dresden standen zum erstenmal im Barock die Damen im sportlichen Mittelpunkt. Es war ein Ringreiten, ähnlich dem Ringreiten, das heute noch in Dithmarschen und Eiderstedt üblich ist und bei dem ein Reiter in vollem Galopp mit einer Lanze einen hoch aufgehängten kleinen Ring treffen und herunterholen muß. Damals kämpften 24 Mannschaften gegeneinander: je eine Dame von einem Rennwagen aus und zwei Kavaliere zu Pferd. König August hatte die Farben der Kleider, Rennwagen, Federbüsche der Pferde ausgesucht und die Reihenfolge der Mannschaften festgelegt: Es gab eine Mannschaft in Purpur, eine in Klatschmohn-Rot, in Kirschrot, in Violett, Himmelblau und Bleumourant, einem schmachtenden Blau. Es gab Wassergrün, Feldgrün, Meergrün, Zimt und Muskat und eine weiße Mannschaft. Constantia von Cosel führte die Mannschaft Couleur de Rose, die Farbe der Rose, der Blume der Liebe. Ihr Kutscher war der König von Dänemark, einer ihrer Kavaliere König August. Die Mätresse stand im Mittelpunkt des Damenfestes.

Höhepunkt des Staatsfestes aber war ein Götteraufzug: Die Großen und ihre Damen zeigten sich mit ihrem Gefolge als Götter in den Straßen Dresdens. Dresdner und Touristen standen an den Straßenrändern und staunten. König August war Apoll, der Gott des Lichtes, der Gott der jugendlichen Schönheit, der von allen Geliebte, der Erretter, dessen Pfeile die finsteren Mächte der Erde überwinden, der Schutzherr der Dichtkunst und der Musik, der Schöpfer dieses großen Festes, einer Welt der Ordnung und der Schönheit. Er trug eine goldene Sonnenmaske. Vier Poeten begleiteten ihn und acht Musikanten.

Im Fest wurde die Wirklichkeit sichtbar, die hinter dem Alltag stand, die wahre Welt: Der König *war* Apoll. Die niederen Götter und ihr Gefolge, die Damen und Herren des Hofes, verehrten im Fest den absoluten Fürsten als Gott. Das strenge Hofzeremoniell des Alltags wurde im Fest zur Liturgie. Im Fest offenbarte ein Fürst sein Wesen. Für Stunden wurde es sichtbar, greifbar, fühlbar und strahlte so, auch wenn die Erscheinung vorüber war, als Anspruch auf den Alltag zurück.

Die Königin Christiane Eberhardine saß im Wagen der vestalischen Jungfrauen, der Priesterinnen der Vesta, der Göttin des Herdfeuers, der Familie und des Staates, um die Apoll gefreit hat. Die vestalischen Jungfrauen im antiken Rom gingen eine symbolische Ehe mit dem König ein. Sie lebten keusch und hüteten das heilige Feuer.

Die Mätresse aber, in einem Wagen, den zwei weiße Hirsche zogen, war Diana, die Zwillingsschwester Apolls, seine Partnerin. Apoll war der Sonnengott, Diana die Mondgöttin – die anspruchsvollste Frau am Götterhimmel, die am schwersten zu gewinnende, die Göttin der Jagd, die mit Waffen umgeht und eine Verletzung des Anstands durch einen Mann tödlich bestraft.

Für jede offizielle Mätresse bestand die Gefahr des politischen Scheiterns. Eine Mätresse war niemals sicher. In Dresden kam es anläßlich einer Kabinettsreform zu einem Machtkampf zwischen den beiden großen Günstlingen Augusts: der Mätresse und dem Premierminister. In diesem Kampf siegte die Mätresse und setzte ihren Kandidaten für einen Ministerposten beim König durch. Doch von nun an wartete der Premierminister auf seine Gelegenheit.

Als August Polen zurückgewann, brauchte er wieder eine polnische Mätresse. Die Cosel wollte keine offizielle Mätresse in Warschau neben sich dulden und mußte gehen. Die Liebe am Hof war keine Privatsache. Man liebte die Person, die einem am meisten von Nutzen sein konnte. Jedes andere Gefühl galt als unhöfisch. August liebte die Cosel, mit der er drei Kinder hatte, und war zunächst im Zweifel, ob er der politischen Klugheit und den höfischen Sitten nachgeben sollte. Schließlich half der Premierminister nach, und der König ließ die Mätresse fallen.

Häufig blieb eine Mätresse nach ihrem Sturz noch eine Weile am Hof, ehe sie sich auf ihr Landgut zurückzog. Man wünschte keinen Skandal. Es kam auch vor, daß sie nach Jahren wieder an den Hof zurückgerufen wurde, wie die Fürstin Lubomirska, die 15 Jahre nach ihrem Sturz für August, der zu der Zeit ohne Mätresse war, die Rolle der Gastgeberin an seinem Hof übernahm. Doch die Gräfin Cosel, die glänzendste Mätresse in der ersten Hälfte des 18. Jahrhunderts, fiel tief.

Sie mußte Dresden 1713 verlassen und nach Pillnitz gehen. Drei Jahre lang wehrte sie sich verzweifelt gegen ihren Sturz, dann war sie bereit, ihren Ehevertrag auszuliefern und so die heimliche Ehe mit dem König aufzulösen. Doch diesen Vertrag bewahrte ihr Vetter, Graf Rantzau, in seinem Schloß bei Hamburg im Familienarchiv auf. Der Vetter aber saß in Berlin-Spandau auf der Festung, und der Soldatenkönig wollte den Gefangenen nur gegen Zahlung einer großen Geldsumme freilassen. Die Cosel verließ heimlich Pillnitz und reiste nach Berlin, um mit dem Vetter zu verhandeln.

August glaubte, sie wolle den Ehevertrag nicht ausliefern und sei geflohen. Er fürchtete, sie würde in Berlin Staatsgeheimnisse verraten und die geheime Ehe ausplaudern: Er stand kurz vor seinem großen Ziel, seinen Sohn mit einer Tochter des Kaisers zu verheiraten, und ein Bigamist würde am Wiener Hof nicht als geeigneter Schwiegervater gelten. Die Cosel war für August nun nur noch eine Untertanin, die sich gegen ihren König auflehnte. Er veranlaßte, daß sie in Preußen verhaftet und im Tausch gegen preußische Deserteure an Sachsen ausgeliefert wurde.

Die Offiziere, die sie an der Grenze abholten und in Festungshaft brachten, vergewaltigten sie unterwegs. Ihre Briefe erreichten den König nicht. Er ließ die Cosel auf die Festung Stolpen bringen. Dort lebte sie, von aller Welt abgeschnitten und von 46 Soldaten streng bewacht.

Politische Gefangene kamen ohne Urteil auf die Festungen. Meistens holte eine Clique am Hof sie wieder heraus, wenn die königliche Gnadensonne sich ihr wieder zuwandte. Auch die Cosel hatte in ihrer Glanzzeit Minister und deren Verwandte aus Festungen befreit. Doch sie hatte keine Partei am Hof. Um die Clique, die sie dem König zugeschoben hatte, hatte sie sich seit Jahren nicht gekümmert. Sie hatte auf ein privates Gefühl gesetzt: auf die Liebe. Die vollkommenste Frau am Hof scheiterte an ihrer unhöfischen Liebe.

49 Jahre blieb sie gefangen. Niemand sollte erfahren, was bei ihrer Verhaftung vorgefallen war, und niemand durfte von der Doppelehe des Königs wissen. Als August 1733 starb, glaubte die Cosel, daß sie nun, nach 17 Jahren Einzelhaft auf der Festung, freigelassen würde. Sie bat den neuen König wiederholt um ihre Freiheit, schrieb ihrem Vormund, den man in Dresden für sie bestimmt hatte: »Sollte es denn keine Möglichkeit sein, S(eine) K(önigliche) H(oheit) dahin zu disponieren, das Sie mit Gnaden die edle Freiheit mir zustünden, den was ist ihnen mit der lengern Qwahl einer alten ungesunden Frau gedient, die so viele trübselige Gewitter ausgestanden, und wenn es zu sagen wehre, umb der Warheit und Billigkeit Hiobs Leyden und Vorwürfe erdulden und noch tragen muß.«

Als Augusts Nachfolger 30 Jahre später starb, lebte die Cosel noch immer, und noch immer war sie gefangen. Alle Mitspieler aus ihrer großen Zeit waren von der Bühne abgetreten, ein Licht nach dem anderen verloschen, und sie saß vergessen im Turm der Festung. Es war niemand mehr da, der wollte, daß sie gefangen blieb, aber auch niemand, der die Verantwortung auf sich zu nehmen wagte, die Staatsgefangene zu entlassen, und so verwaltete die Bürokratie sie weiter.

Nach 49 Jahren Festungshaft starb sie – 1765, ein Jahr nach der

Pompadour, die gleich ihr eine der ganz großen Mätressen war, wenn auch in einer veränderten Zeit.

Die großen Hoffeste, bei denen der barocke König mit seinem Hofstaat durch die Straßen der Hauptstadt zog, gehörten nun der Vergangenheit an. Der absolutistische Staat war in den meisten europäischen Ländern gefestigt, Könige und Fürsten zogen sich in die Privatheit des Rokoko zurück. Den Bürgern galt der Hof immer weniger als Abbild der göttlichen Ordnung. Andere Ideale beflügelten die Menschen, sie wollten nicht länger Untertanen sein, ertrugen den Polizeistaat immer weniger, wollten ihr politisches und gesellschaftliches Zusammenleben selbst bestimmen. Die wachsende Kritik der neuen Zeit traf als erste die Mätressen. Die Bürger in Frankreich griffen die Marquise de Pompadour an und meinten Ludwig XV. In der elften Stunde, ehe mit der Französischen Revolution alles vorüber war, entfaltete sich die Institution der *maîtresse régnante* noch einmal zu vollem Glanz.

Jeanne-Antoinette de Pompadour, geborene Poisson, kam aus dem sozial aufsteigenden Kreis bürgerlicher Finanzleute. Von klein auf wollte sie Mätresse des Königs werden und arbeitete geschickt darauf hin, bis der König sich bei einem Maskenball im Rathaus von Paris in sie verliebte. Bürgerliche waren am Hof in Versailles nicht zugelassen. Ludwig adelte seine Geliebte, ließ ihr Unterricht geben in den Sitten der höfischen Welt, und als sie offiziell der Königin vorgestellt wurde, hatte niemand etwas an ihrem Benehmen auszusetzen. Sie war eine schöne Frau, voll sprühender Lebenslust, gescheit und amüsant, modern in ihren Anschauungen. 20 Jahre lang herrschte sie in Versailles, blieb, auch als der König längst mit anderen Frauen schlief, *maîtresse en tître* bis zu ihrem Tod. Sie war zart und oft krank und machte sich nichts aus körperlicher Liebe.

Ludwig XV. war scheu, er hatte Schwierigkeiten im Umgang mit Menschen, die er nicht gut kannte. Madame de Pompadour wurde seine Privatsekretärin. In Kunst und Politik arbeiteten König und Mätresse zusammen. Er entschied, und sie erteilte die Befehle.

Sie förderte Literaten und Naturforscher an einem Hof, an dem

König und Königin den Beichtvätern gehorchten. Der Schriftsteller Voltaire verdankte ihr seine Aufnahme in die Académie Française. Doch sie konnte weniger für ihre Freunde unter den Freigeistern tun, als sie anfangs gehofft hatte: Die intellektuelle Tafelrunde im Appartement seiner Mätresse war dem König nicht geheuer, und so löste sie sie auf. Auf dem Gebiet der dekorativen Kunst war ihre Zusammenarbeit erfolgreicher.

Ludwig XV. ernannte den Bruder der Pompadour zum Intendanten der königlichen Bauten, und die Geschwister und der König bauten – La Place de la Concorde in Paris, das kleine Trianon in Versailles, Schlösser, Pavillons und Sommerhäuser. Die Pompadour kaufte Schlösser und baute sie um. Auch der Elysee-Palast hat einmal ihr gehört. Sie förderte Maler, Bildhauer, Kabinettmacher und bezahlte die Künstler pünktlich. Frankreichs Kultur stieg unter ihrem Einfluß auf nie geahnte Höhen. Sie ließ die Porzellanfabrik in Sèvres bauen. Sie sammelte Bilder, Möbel, Statuen, schöne Stoffe, edle Steine, Vasen. Sie war eine unermüdliche Festmeisterin am Hof, ideenreicher als manche Kulturbehörde heutzutage, schuf ein Theater und brachte selbst innerhalb von fünf Jahren 61 Stücke, Opern und Ballette auf die Bühne.

Gerade dieses Theater prangerten die Pariser Bürger als Musterbeispiel höfischer Verschwendungssucht an. In Paris erschienen Schmähschriften über die Pompadour, und wenn sie in die Stadt fuhr, wurde ihre Kutsche mit Straßendreck und Steinen beworfen. Sie, die Bürgerliche, war zur verhaßten Regierungsschicht übergegangen. Ludwig XV. verstand das wohl und ließ sich kaum noch in Paris sehen.

Die politische Zusammenarbeit zwischen König und Mätresse war weniger erfolgreich als die künstlerische. Der fähigste der Minister, der Herzog von Choiseul, war ein Schützling der Pompadour. Sie hatte ihre Hand im Spiel, als Frankreich sich mit seinem alten Feind Österreich gegen die deutschen protestantischen Fürsten verband. Doch im Siebenjährigen Krieg zerschlug der preußische König Friedrich II. die schlecht geführten französischen Armeen, und die Engländer vertrieben die Franzosen aus Kanada. Für alle Niederlagen machte man in Paris die Pompadour verantwortlich.

In Schillers *Kabale und Liebe*, einer flammenden Kritik des Absolutismus und seiner Menschenverachtung, kommt die Mätresse überraschend gut weg. Das Stück wurde 1784 uraufgeführt, fünf Jahre vor Beginn der Französischen Revolution. Lady Milford ist Mätresse des Herzogs geworden, um ihren Rang und ihren Lebensstandard zu retten, doch hat sie zuvor mit ihm einen Vertrag geschlossen: »Die Glückseligkeit Ihres Landes war die Bedingung meiner Liebe.« Als sie erfährt, daß er 7000 Landeskinder als Soldaten nach Amerika verkauft hat, um ihr einen Brillantschmuck schenken zu können, verläßt sie ihn.

Auch Schillers Landesherr, Herzog Karl Eugen von Württemberg, hatte eine Mätresse, die seine Tyrannei milderte und ihn sogar dazu brachte, daß er von den Kanzeln des Landes ein Bekenntnis seiner früheren Sünden und das Gelöbnis verlesen ließ, zum Wohl des Volkes regieren zu wollen. Franziska von Leutrum, geborene von Bernardin, wird als liebenswürdige und gebildete Frau geschildert. Nach ihrer Scheidung wurde sie Reichsgräfin von Hohenheim, zehn Jahre später, um 1786, heiratete der Herzog sie, und schließlich wurde sie als Herzogin von Württemberg anerkannt, was die Bürger sehr begrüßten. Doch die Hand des Herzogs lastete schwer auf den Schülern seiner Verwaltungs- und Militärakademie, zu denen auch Friedrich Schiller sieben Jahre lang gehörte.

Lady Milford hat als *maîtresse régnante* Kerker gesprengt und Todesurteile zerrissen. Trotzdem läßt Schiller sie sagen: »... die höchste Wonne der Gewalt ist doch nur ein elender Behelf, wenn uns die größere Wonne versagt wird, Sklavinnen eines Manns zu sein, den wir lieben.« Die Mätresse Milford, die einmal ihren Einfluß zum Wohl vieler Menschen nutzte und politische Gefangene befreite, preist mit ihren Worten Ideale des Bürgers Schiller. Schiller macht hier für Frauen aus Liebe und politischer Macht ein Gegensatzpaar. Liebe heißt für die Lady, Sklavin des Geliebten zu sein – sklavische Unterwerfung unter einen Mann sei erstrebenswerter als politisches Handeln. Schillers Lady Milford will keine Diana mehr sein, keine Partnerin Apolls, die Zwillingsschwester des Sonnenkönigs im barocken Fest.

Wenn auch das Leben erfolgreicher Mätressen am Hof, dem Regierungssitz, nichts mit dem Leben der Mehrheit der Frauen zu tun hatte, so war die Mätresse als Verkörperung eines Frauenideals doch so real, daß Schiller sich eingehend mit ihr befaßte: Sie verband Liebe und politische Macht. Mit der Wandlung der Lady Milford versuchte er, diesem Ideal den Todesstoß zu geben. Und nicht nur er verwarf es.

Die alte Diskussion über die Frage, ob Weiber auch Menschen seien, über die im 17. Jahrhundert Philosophen, Pädagogen und Theologen stritten, war nun entschieden. Viele gelehrte Herren hatten die Ansicht vertreten, aus der Natur lasse sich keine Überlegenheit des Mannes ableiten, und die natürliche Gleichheit des mit Vernunft begabten Individuums, unabhängig von seinem Geschlecht, behauptet. Nun, wo es ernst zu werden schien mit der Emanzipation der Bürger von der Vormundschaft der Fürsten, und die Frage auftauchte, ob Emanzipation der Bürger auch Emanzipation der Bürgerinnen bedeute, siegten die Vertreter der Gegenrichtung. Sie meinten, in der weiblichen Natur sei die Abhängigkeit vom Mann angelegt und Freiheit und Gleichheit auch für Frauen verstoße somit gegen die Gesetze der Natur. Die Frau sei geboren, um einem Mann zu gehorchen, behauptete der französische Schriftsteller Jean-Jacques Rousseau, und da der Mann unvollkommen und voller Fehler sei, müsse sie frühzeitig lernen, Ungerechtigkeit und Unrecht klaglos zu ertragen und sich in Sanftmut zu üben. Rousseau, der 1778 starb, wußte immerhin noch, daß Frauen diese Unterwerfung von Natur aus schwerfiel – deshalb gerade mußten sie sie ja erst erlernen, und zwar von Jugend an.

Aus Liebe hatte der ideale Fürst Ende des 17. Jahrhunderts der vollkommensten Frau an seinem Hof Einfluß eingeräumt, sie zur Gebieterin und Lehrerin gemacht. Die Könige hatten die Hilfe der Mätressen in ihrem Machtkampf gegen den Adel gebraucht, aber nun, im Kampf der Bürger gegen die Höfe, rückten Könige und Adel zusammen: Die Könige brauchten die Mätressen nicht mehr. Aus Liebe sollte Ende des 18. Jahrhunderts die ideale Bürgersfrau jeder Mitsprache entsagen und Sklavin des Mannes, des einzig freien Menschen, sein.

Mit der Französischen Revolution war die Zeit der großen Mätressen vorüber. Die letzte offizielle Mätresse in Dänemark war Frau

Dannemand. Die Königin mochte nicht mehr mit dem König schlafen, und so beschaffte 1808 dessen Generaladjutant die schöne 18jährige Tochter eines Drehers auf der Marinewerft. Die Bürger waren empört, pfiffen und johlten hinter ihr her, wenn sie in ihrer Kutsche durch Kopenhagen fuhr. 30 Jahre blieb der König mit Frau Dannemand zusammen. Nicht die bürgerliche Mätresse mußte lernen, wie man sich am Hof benimmt, wie einst Madame de Pompadour, sondern der König wurde bürgerlich. Er verließ den Hof nach Feierabend, wie ein Berufstätiger seinen Arbeitsplatz, und tauchte in ein behagliches Wohnzimmer ein, wo die Puschen am Ofen auf ihn warteten.

Lola Montez war nur noch skandalös. 1846 kam die Tänzerin nach München und eroberte den 60jährigen König Ludwig I. Als er sie einbürgern wollte, um sie zur Gräfin machen zu können, verweigerte der Kabinettschef die Unterschrift unter die Urkunde. Der König befehle, ließ Ludwig ihm mitteilen, und die Minister hätten zu gehorchen. Der Minister dankte ab. Lola Montez wurde Gräfin von Landsfeld. Doch es kam in München zu einem Kampf um die Verfassung. Es gab Straßenschlachten und Revolution, Lola mußte gehen und am Schluß der König auch.

Mit dem Bürgertum hatte auch der Puritanismus gesiegt. Der abendliche Schritt des dänischen Königs zu seinem doppelten Leben mit Frau Dannemand war auch ein Schritt zur doppelten Moral. Das alte Ideal des Hofmannes, des ganzen Menschen, ging verloren, es gab nun einen Mann in der Öffentlichkeit und einen im Privatleben – das bezog sich nicht nur auf die sexuelle Moral. Auch das höfische Ideal der vollkommenen Frau, die Körper, Geist und Seele ausbildete, zerfiel in Stücke.

Die Idealfrau der herrschenden Bürgerschicht war reizend hilflos: unsportlich, ungebildet und unsexuell – die unentwickelte Frau, ein Kind, auch wenn sie äußerlich längst Matrone war. Sie lebte fern der Öffentlichkeit und hielt zu Hause ihrem Mann den Rücken frei für den bürgerlichen Konkurrenzkampf, pflegte ihn und zerstreute seine Sorgen, von denen sie doch nichts begriff. Doch neben ihr stand die heimliche Geliebte aus einer niedrigeren Gesellschaftsklasse, wurde toleriert als Mittel der Körperpflege für den Herrn, auf das schwer zu verzichten war.

Diese Entwicklung verdunkelte ein Kapitel weiblicher Karriere und Einflußnahme in einer früheren Zeit. Sicher: Neben den klugen Mätressen gab es die dummen, die niederträchtigen, die abstoßenden. Und immer waren die Mätressen abhängig von einem Mann, dem Fürsten – aber das waren die Premierminister damals auch. Heute ist ein Minister nicht mehr Günstling eines Fürsten. Der Bürger hat sich emanzipiert von der Bevormundung durch einen Alleinherrscher. Seine Frau hat er dabei vergessen – er hat ihr lange nicht erlaubt, sich zu emanzipieren, und sie hatte nicht den Mumm dazu. Seitdem sind die Zentren der Macht – fast – ohne Frauen.

»Als Gattin und Mutter« – Luise Königin von Preussen

Er reitet sie nach seiner Hand und braucht bisweilen den Sporen

König Friedrich Wilhelm II. von Preußen schlug seinen Söhnen die mecklenburgischen Prinzessinnen Luise und ihre Schwester Friederike als Bräute zur Auswahl vor. Der jüngere Ludwig fand die unfreie Wahl lästig und überließ sie dem Kronprinzen Friedrich Wilhelm: Er werde die nehmen, die der Bruder nicht haben wolle. Der Kronprinz ließ sich von älteren Personen in seiner Umgebung beraten und entschied sich nach einigem Zögern für Luise, weil seine Ratgeber ihm ihren Charakter wärmer empfahlen. Er heiratete sie am 24. Dezember 1793 in Berlin.

Drei Monate nach der Hochzeit schrieb der König seinem Sohn eigenhändig einen Brief: Die Schwiegertochter müsse lernen, daß sie wie jede Frau dazu dasei, dem Willen ihres Ehemannes zu gehorchen. Der Kronprinz solle sie »nur nach seiner Hand reiten und bisweilen den Sporen brauchen«.

Der Kronprinz versicherte dem König umgehend, er werde sich genau nach seinen Befehlen richten. Er werde sich niemals von seiner Frau beherrschen lassen.

Luise verhandelte mit Napoleon über Preußens Schicksal und wurde nach ihrem Tod zur beliebtesten preußischen Königin. Herausgeber ihrer Briefe und einige ihrer Biographen bestreiten, daß sie Einfluß auf die Politik hatte. Bedeutende Historiker, in deren Darstellungen deutscher Geschichte Frauen sonst fast gar nicht vorkommen, rühmen dagegen die Königin als »Helferin« der preußischen Staatsreformer, die von ihrem Mann erfolgreich die Entlassung eines ganzen Ministeriums gefordert und die Berufung eines ihr genehmen Staatskanzlers durchgesetzt habe, oder erwähnen sie zumindest als »bedeutende und tatkräftige Frau«.

Königin Luise regierte nicht wie Theophanu als Witwe, war keine Erbtochter wie Maria von Jever oder Maria Theresia – »als Gattin und Mutter« wandte sie sich an Napoleon. Über die Frage, ob sie wirklich politischen Einfluß ausübte, gingen die Meinungen schon zu ihren Lebzeiten auseinander.

Luise kommt am 10. März 1776 als sechstes Kind von Karl von Mecklenburg-Strelitz und seiner Frau Friederike zur Welt. Der Vater ist Gouverneur von Hannover und Thronfolger des Herzogs von Mecklenburg-Strelitz, seines älteren, kinderlosen Bruders. Die Mutter ist die Tochter eines jüngeren Sohnes des Landgrafen von Hessen.

Als Luise sechs Jahre alt ist, stirbt ihre Mutter bei der Geburt eines zehnten Kindes. Der Vater bringt seine drei jüngsten Töchter zu seiner verwitweten Schwiegermutter nach Darmstadt und geht auf Reisen. Fünf Jahre später zieht er mit seinen Söhnen ebenfalls nach Darmstadt.

Luise wächst bei der Großmutter in einer ungezwungenen Atmosphäre fröhlicher Geselligkeit auf. Eine fromme Gouvernante, Fräulein Salomé von Gelieu aus Neuchâtel, lehrt sie Gottvertrauen und sonst fast nichts. Luise schwärmt für moralisierende Gedanken, und sie ist faul, weiß nicht einmal, wo die Hauptstädte Europas liegen. Sie ist ein liebevolles, anmutiges junges Mädchen, das anderen harmlose kleine Streiche spielt und sie mit ihrem guten Herzen doch immer wieder rührt. Die Geschwister nennen sie »das unbändige Pferd«.

Mit ihrer Verlobung ist die 17jährige sehr einverstanden. Es gefällt ihr, Königin von Preußen zu werden. Der schmale, hochgewachsene Kronprinz ist zwar steif und schüchtern, doch sie findet, er sei ein redlicher Mann.

Die Verlobten dürfen einen Sommer lang Briefe wechseln und sich manchmal sehen, und sie verlieben sich ineinander. Luise schämt sich für ihre französische Rechtschreibung, meint aber, ihr Verlobter solle auch ihre Fehler kennenlernen. Sie schreibt ihm voller Übermut und guter Laune. Ihre künftige Ehe sieht sie nüchtern und, als die Hochzeit näher rückt, mit wachsender Sorge, doch sie hat den guten Willen, ihm das Leben schön zu machen, und vertraut ihm.

Friedrich Wilhelm ist fasziniert von Luises gelöster Heiterkeit. Er ist 22 Jahre alt, ein verschlossener, wortkarger Mann ohne Freunde, ohne Bindung zu den Eltern, die sich kaum um ihn gekümmert haben. Sein Großonkel Friedrich der Große ließ ihn erziehen, und er wuchs einsam in Gesellschaft seiner Lehrer auf, trockener, älterer Herren, die sich streng nach den Anweisungen des strengen Königs richteten und den spröden kleinen Jungen zur Vernunft anhielten. Er wurde ein pedantischer, ordnungsversessener Erwachsener, der sich an feste Gewohnheiten hält. Er denkt nüchtern, interessiert sich für nichts, was ihn nicht interessieren soll, und für das, was ihn angeht, auch nur aus Pflicht. Auffallend: seine Kriegsunlust und sein Blick für die Leiden der Soldaten. Der künftige König von Preußen ist ein Pazifist.

Luise gegenüber schließt er sich auf. Er fühlt sich wohl bei ihr und in ihrem geistig anspruchslosen Familienkreis. Seine Briefe an sie sind voller Liebe.

Doch nach der Hochzeit ist Luise verändert. Sie ist abweisend zu ihrem Mann. Über ihre Nächte mit ihm weiß man nichts. Tagsüber behandelt sie ihn verächtlich.

Als Kronprinzessin hat sie einen Hofstaat, den die 64jährige Oberhofmeisterin Sophie von Voß leitet. Aber Luise vermißt die Geschwister und die Großmutter und fühlt sich einsam im Kronprinzenpalais Unter den Linden. Sie leidet unter den Mittagsmahlzeiten, die man in tödlicher Stille einnimmt, denn der Kronprinz hat die Gewohnheit, beim Essen zu schweigen.

Luise geht zu Empfängen und Diners, zweimal die Woche zur Königin Friederike, geht in Opern, Schauspiele, auf Bälle. Sie ist liebenswürdig und tanzt mit Leidenschaft. Auf ihren Wunsch spielt die Kapelle Walzer, obgleich die Königin Walzer schockierend findet. Am Hof schwärmt man für die Kronprinzessin, und als sie sich ein Tüchlein um den Kopf bindet, um eine kleine vorübergehende Schwellung zu verstecken, wird das Tuch zum Modehit der Saison. Prinz Louis Ferdinand, der gutaussehende, welterfahrene Cousin des Kronprinzen, macht ihr den Hof. Manchmal fährt sie allein mit ihrer Schwester Friederike spazieren, nimmt Einladungen an oder lädt selbst ein, ohne sich mit ihrer Oberhofmeisterin zu beraten.

Auf Luises Geburtstagsball am 10. März, sie wird 18 Jahre alt, tanzt Louis Ferdinand ausgiebig mit ihr. Sie sind ein auffallend schönes Paar. Luise kennt die Feindschaften innerhalb der königlichen Familie nicht. Der Prinz hat sich in den Berliner Salons abfällig über Politik und militärische Führung in Preußen geäußert, und der König ließ ihm sagen, auch Prinzen seien schon auf die Festung gekommen. Nun sieht es aus, als halte die Kronprinzessin zu ihm. Die Sympathie für sie läßt nach. Man fürchtet den König.

Der Kronprinz tadelt Luises Benehmen, und als er sie einmal wegen ihrer Unpünktlichkeit zurechtweist, kommt es zu einer großen Szene zwischen ihnen. Zwei Tage später hört die Oberhofmeisterin wieder Szenen ohne Ende.

Am Tag darauf kommt aus dem Schloß der Brief des Königs, in dem er dem Kronprinzen für seine Frau Erziehungsmethoden aus dem Reitstall empfiehlt. Was bei Pferden hilft, wird bei einer königlichen Zuchtstute auch wirken. Wenn es aber nicht wirkt, soll der Kronprinz ihr mit der Ungnade des Königs drohen.

Der Kronprinz bittet den König, die Verfehlungen seiner Frau nicht ihrem Charakter, sondern ihrer Lebhaftigkeit und Unbändigkeit zuzuschreiben, und spricht mit Luise. Niemand weiß, was er ihr sagt, doch sie ist von einem Tag auf den anderen vollkommen verändert.

Vielleicht hat er ihr erzählt, daß der König seine erste Frau wegen Ungehorsams verbannte und sich von ihr scheiden ließ. Die ungehorsame Kronprinzessin hieß Elisabeth von Braunschweig-Wolfenbüttel, und das einzige, was der König von ihr erwartete, war ein Thronfolger. Sie aber hatte sich unter Eheleben mehr vorgestellt und verlangte, daß ihr Mann seine Geliebte, Wilhelmine Encke, aufgab. Sie fügte sich nicht klaglos seinen Launen, und schließlich streikte sie – sie verweigerte ihm den Beischlaf. Das war ihr Ende als künftige Königin. In zweiter Ehe heiratete der König die Mutter des Kronprinzen. Königin Friederike muß sich mit der Geliebten ihres Mannes und mit einer offiziellen Nebenfrau abfinden: Er hat zur Linken ein preußisches Adelsfräulein geheiratet. Doch Ungnade des Königs bedeutet Verbannung, Scheidung.

Luise ist nach dem Gespräch mit ihrem Mann zutiefst erschrocken, verliert ihre Fröhlichkeit und Selbständigkeit. Eine Woche später übersiedelt der Kronprinz mit ihr zu den Manövern nach Potsdam, und sie unterwirft sich ihm und seinen Gewohnheiten. Sie lebt nur zum Vergnügen ihres Mannes, wie er es von ihr verlangt, und schreibt später ihrem Bruder und einzigen Vertrauten Georg: »... so ganz nach seinem Willen habe ich gelebt, und fühlte das Glück, solch ein Leben zu führen, nie lebhafter, als wenn ich von Berlin Nachricht bekam: heute ist großer Ball oder heute ist groß Konzert und Souper.« Sie kleide sich einfach, wie ihr Mann es wünsche, und schwatze ihm vor, wie sehr sie ihn liebe und schätze. Aber Mitte Mai müssen der Kronprinz und sein Bruder Ludwig fort in den Krieg nach Polen, und Luises Fassade bricht zusammen.

Sie bleibt mit ihrer Schwester Friederike den Sommer über in Sanssouci. Prinz Ludwig liebt Friederike nicht, ist kalt und herzlos zu ihr. An der Schwester und an der Schwiegermutter erkennt Luise, daß einzig die Liebe ihres Mannes sie vor einem öden, leeren Leben in Bedeutungslosigkeit und Mißachtung des Hofes bewahrt. Sie nimmt sich vor, dankbar dafür zu sein, daß ihr Mann sie liebt, und doch lehnt sie sich dagegen auf, ihren eigenen Willen abtöten zu sollen. Sie fühlt sich verlassen, ist weinerlich, mißtraut ihrer Umgebung, kritisiert und klatscht, ist so verschlossen und streitsüchtig, daß es ihr selbst auffällt. Sie schreibt lange, wehmütige Ergüsse an ihren Mann, und er versichert ihr, wie sehr er sie liebe mit Leib und Seele. Sie beteuert ihm ihre Liebe in rührseligen Phrasen und stellt erschrocken fest: »Mein Geist ist garkeiner lebhaften Freude mehr empfänglich, eine gewisse Kälte und Gleichgültigkeit entdecke ich manchmal in mir, wo mir selbst vor grauet...«

Ende September darf sie nach Berlin fahren, am Tag darauf trifft der Kronprinz ein. Sie freut sich, ihn zu sehen, spürt wieder den alten Übermut: Luise ist abermals verändert. Sie sollte gebrochen werden und hat sich unter Zwang gefügt und ihre Lebensfreude verloren. Nun versucht sie, die Erniedrigung zu verinnerlichen, bejaht nun, daß eine Frau nur dazu dasei, ihrem Mann zu gehorchen, hat wieder eine Perspektive: Sie will ihn glücklich machen und ihm beistehen. Sie ist nicht gebrochen, sie biegt sich, überwindet ihre Bitterkeit, ist liebenswürdig wie früher.

Sie vermeidet von nun an alles, was den Frieden ihrer Ehe stören könnte. Als ihre Großmutter sie um Protektion für einen ihrer Schützlinge bittet, schlägt sie ihr diesen Wunsch ab – der König wolle nicht, daß eine Frau sich in irgend etwas einmische, was Politik betreffe.

Über Politik spricht man im Kronprinzenpalais nicht. Der König hält seinen Nachfolger von allen Geschäften fern. Kronprinz und Kronprinzessin leben unberührt von den Erregungen, die eine ganze Welt umstürzen – als gäbe es weder Französische Revolution noch Krieg in Europa. Friedrich Wilhelm hat seine Pflichten als Offizier und kann sich sonst ganz seinem Privatleben widmen. Sein Privatleben – das ist Luise.

Luises erste Tochter, die im Oktober 1794 zur Welt kam, ist vor der Taufe gestorben. Am 15. Oktober 1795 bekommt sie ihren Sohn Friedrich Wilhelm und am 22. März 1797 ihren Sohn Wilhelm – 74 Jahre später wird er deutscher Kaiser.

Luises Schwester Therese, die Fürstin von Thurn und Taxis, hat im Dezember 1796 die kleinen Schwestern in Berlin besucht und dem Bruder Georg berichtet, daß Luise glücklicher sei als Friederike, ihr Glück aber nicht etwa ihrem schwierigen Ehemann verdanke, sondern ganz allein sich selbst: »Was das unbändige Pferd zu dem gemacht hat, was es ist, ist ein vortreffliches Herz, Vernunft durch guten Rat befestigt, Nachdenken, Erfahrung und das mächtigste aller Mittel, die Liebe.«

Sie will gern das Opfer werden

König Friedrich Wilhelm II. erkrankt im Herbst 1797 schwer. Luise weiß, daß ihr Mann sich fürchtet, die Regierung zu übernehmen, und will ihn stützen und ihm helfen. Sie, die sich einmal gefreut hat, Königin zu werden, schreibt nun ihrem Bruder: »Ich bin nicht zur Königin geboren, das glaube mir, doch will ich gern das Opfer werden...«

Am 16. November 1797 abends um neun stirbt der König. Luise schreibt ihrem Vater, Gott »helfe meinem Mann in seinen schweren Arbeiten, die schrecklicher sind, als man glaubt«.

Die erste Verfügung des neuen Königs Friedrich Wilhelm III. betrifft Wilhelmine Encke, geadelte Gräfin Lichtenau, die er seit seiner Kindheit haßt. Er läßt sie und ihre Kinder verhaften, beschuldigt sie, Geld und Juwelen seines Vaters beiseite geschafft zu haben. Ihr Prozeß zieht sich über drei Jahre hin und endet mit ihrer vollständigen Rehabilitation.

Außenpolitisch setzt der neue König fort, was sein Vater begonnen hat: Er will Preußens Neutralität im Krieg der europäischen Dynastien gegen das revolutionäre Frankreich wahren – zum Ärger Frankreichs, das Preußen als Bundesgenossen gewinnen will, und zur Sorge Österreichs, Rußlands und Englands, die fürchten, Preußen könne sich doch mit Frankreich gegen sie verbünden.

Friedrich Wilhelm III. bleibt im Kronprinzenpalais wohnen, weil die Hofhaltung dort billiger ist als im Schloß. Auch Luises Bezüge erhöht er nicht. Nach seinem Wunsch muß sie sich weiter äußerst einfach kleiden.

Die Repräsentation, die der König scheut, erweist sich als Luises Stärke. Sie ist eine liebenswürdige, charmante Gastgeberin. Im Frühjahr 1798 nimmt der König sie mit auf eine sechswöchige Huldigungsreise durch Ostpreußen. Ihm graut vor Ehrenpforten, Blumengirlanden, Untertanen am Straßenrand, Reden von Bürgermeistern, Soupers. Wenn Luise bei ihm ist, geht alles leichter. Ihn kümmert nicht, daß sie zu Beginn der Reise im achten Monat schwanger ist und nicht mehr in rumpelnden Kutschen über die Chausseen fahren sollte. Luise verteidigt ihn gegenüber ihrem besorgten Bruder Georg: »dieser Wunsch, ich möchte ihn begleiten, machte mich sehr glücklich, ein neuer Beweis seiner Liebe kann mir nicht gleichgültig sein.« Einmal werfen die Pferde ihren Wagen um und sie stürzt auf die Straße. Vierzehn Tage nach der Rückkehr bekommt sie eine Tochter.

Im Spätsommer ist Georg in Berlin, und er durchschaut, welche ungeheure Selbstbeherrschung Luise täglich zeigt. Es sei hart für sie, »so gänzlich willenlos zu sein, sobald der König den kleinsten Wunsch äußert, und täglich mit dem Bewußtsein, den größten Dank zu verdienen, humeurs [schlechte Launen] mit Lächeln ertragen zu müssen«, schreibt er seiner Schwester Therese. »Daher fließt denn manche Träne im stillen, die nicht gesehen wird oder deren Ursache nicht klar wird…«

Friedrich Wilhelm ist stolz auf Luises Schönheit. Nun will er, daß sie die eleganteste Frau am Hof wird. Sie liebt Kleiderluxus, der ihr Einkommen von tausend Talern im Monat weit übersteigt, doch als ihre Schneiderrechnungen 64000 Taler betragen, begleicht Friedrich Wilhelm sie ohne Einwand. Luise arrangiert Empfänge, Feste und phantasievolle Kostümbälle im Schloß und macht die Wintersaison 1799 zur glanzvollsten, die Berlin je erlebt hat. Dem König gefallen Geselligkeiten, auf denen er sein Weibchen zur Schau stellen kann.

Manche Adlige tadeln, die Königin übertreibe die modische Kleidung im griechischen Stil, nach der Frauen nur ein Hemd anhaben unter einem hauchdünnen Kleid, das alle Formen freigibt. Was sie trage, sei nicht mehr der elegante Anzug eines eleganten Hofs, sondern der einer sehr niedlichen Schauspielerin.

Luise will sich bilden. Es fällt ihr schwer, ihre schwungvolle Natur zu unterdrücken, und sie will sich veredeln, lernen, ihrer Bestimmung als gehorsame Ehefrau zu leben und doch dabei ihre Seelenruhe zu finden. Zugleich meint sie, daß sie sich nicht mehr wie ein junges Mädchen nur von ihren Empfindungen leiten lassen dürfe. Sie sei jetzt »in tausend Verhältnisse verwickelt«, schreibt sie Georg, und so bräuchten ihre »Handlungen auch mehr Überlegung«.

Als der russische Gesandte in Berlin herausfinden soll, ob die Königin für ein Bündnis mit Rußland zu gewinnen sei, ersucht er sie um eine Audienz. Er ist überrascht, wie wenig sie über die allgemeine politische Lage weiß. Nach der Audienz meint er, daß sie sich nicht für eine politische Rolle eigne.

Luises Geschwistern mißfällt ihre seichte Lektüre – sie liest die sentimentalen Familien- und Liebesromane, die der König so schätzt –, und sie drängen sie seit langem, sich mit Geschichte und Politik zu befassen. Luise nimmt bei Oberkonsistorialrat Zöllner Geschichtsunterricht, außerdem Stunden in Englisch, Zeichnen und Singen. Von den Offiziersfrauen in Potsdam läßt sie sich Bücher empfehlen, besonders von der klugen, warmherzigen Marie von Kleist. Auch ihre Hofdame Charlotte von Moltke und Karoline von Berg, eine Freundin ihrer Geschwister, empfehlen ihr zeitgenössische Autoren. Schiller begeistert Luise.

Friedrich Wilhelm mißfällt ihr Bildungseifer. Wenn er Zeit hat, »mit ihr einige Zeit zu verplaudern um mir zu erheitern«, schickt er ihre Lehrer fort. Er meint, ihr natürlicher Instinkt als Frau werde durch die Beschäftigung mit Büchern beeinträchtigt. Er ist eifersüchtig auf die Kleist und die Berg. Luise durchschaut ihn, schreibt Marie von Kleist, er fürchte, »daß ich mich ändern könnte und daß ich ihn weniger erträglich finden würde, wenn ich mehr Bildung hätte…«. Luise hat nie Ausdauer beim Lernen geübt und kann sich auf die Unterrichtsstunden nicht konzentrieren. Der König sagt es später geradeheraus: Sie ist träge. Aber auch ihr Leben als Königin und Ehefrau fördert die Dekonzentration, sie hat Pflichten, die sie ablenken. Ein Brief an Georg über ihre Lektüre endet: »Ich möchte gern noch viel sagen; aber nach einem großen Diner und während man Tee trinkt, kann ich nicht.«

Ihr Bildungseifer erlahmt unter dem dreifachen Angriff von äußeren Pflichten, innerer Trägheit und dem Widerstand ihres Mannes. Bildung sollte ihr Kraft zur Selbstaufopferung geben, nun bringt sie sie in Konflikt mit ihm. Als Georg ihr rät, sich auch mit Philosophie zu beschäftigen, antwortet sie ihm, ein reines Herz brauche keine Philosophie. Über Pflichten gegen Gott, die Menschen und sich selbst, über Pflichten als Gattin und Mutter, über häusliche und öffentliche Angelegenheiten brauche man nicht zu debattieren, denn »es ist nur ein Weg glücklich zu werden, nämlich der, der Stimme seines Gefühls, seines Herzens zu folgen«. Sie hörte einmal zu, wie ihre Schwester Therese bei einem Besuch in Berlin mit einer Freundin philosophierte »und sich doch beide des Todes verwunderten, wie es möglich wäre, so ganz seinen Pflichten zu leben wie ich, seinen eigenen Geschmack zu verleugnen und alles zu tun, was zum Glück eines guten, geliebten Gatten beitragen konnte. Dabei, mein Gott, dachte ich, zu was denn all das Studieren, wenn es einem nicht einmal Kraft gibt, seinen Geschmack, Lieblingsideen und Gewohnheiten aufzuopfern, um einen anderen glücklich zu machen?«

Das neutrale Berlin erlebt in diesen Jahren eine Kulturblüte. Philosophen und Dichter diskutieren über eine neue Gesellschaft, über die Emanzipation der Bürger. In den Salons der Rahel Levin, Henriette Herz, Dorothea Schlegel treffen sich Frauen und Männer, Christen und Juden, Bürger und Aristokraten, in den Salons des Adels reformfreudige Beamte und Offiziere, Brüder des Königs, auch die Freundinnen der Königin, Kleist, Moltke, Berg. Aber Luise kennt nicht einmal den eleganten Zirkel der Herzogin von Kurland und ihrer vier schönen Töchter, von denen drei verheiratet sind und trotzdem allein über ihr Vermögen verfügen.

Die Königin lebt abgeschlossen in ihrem Palais. Dafür wissen die Damen um so mehr von ihr. Sie finden sie hausbacken, ungebildet und in Vorurteilen befangen. Als ihr Madame de Staël vorgestellt wird – ihr jüngster Bestseller verteidigt das Recht der Frauen auf außereheliche Beziehungen –, tauscht Luise Höflichkeitsfloskeln mit ihr aus: Sie weiß nicht, worüber sie mit der berühmten Schriftstellerin sprechen könnte.

Sie gibt die langweiligen Unterrichtsstunden beim Oberkonsistorialrat auf. Doch eine unruhige Neugier auf das, was um sie her vorgeht, bleibt, und sie liest weiter. Aber sie versteckt ihre Lektüre vor ihrem Mann.

Er versichert ihr immer eifriger, sie sei sein einziger Freund auf der Welt, er habe nur sie. Er zieht den Kreis um sie immer enger und pocht auf ein selbstgenügsames Familienleben – eine Gegenwelt zum Leben seines Vaters.

Später wird es heißen, Königin Luise habe für ein glückliches Familienleben gesorgt. In Wirklichkeit denkt der König es sich aus. Die Liebe zwischen König und Königin verwirrt die Herren und Damen am Hof. In ihren Augen ist dieses Familienleben bürgerlich. Doch Friedrich Wilhelm und Luise sind Aristokraten, denen nichts ferner liegt, als sich wie Bürger zu benehmen, auch wenn sie im Herbst beim Erntedankfest auf Paretz tanzen, dem abgelegenen Gut, das Friedrich Wilhelm sich als Kronprinz gekauft hat. Bürgerlich heißt, daß die Königin den Anspruch der adligen Dame auf eigene Lebensführung aufgibt und daß der König bei ihr immer eine stille kleine Welt findet, in der sich alles um ihn dreht. Maria Theresia instruierte ihre Töchter über ihre Pflichten als Ehefrauen und über ihre Pflichten als Fürstinnen. Luise ist nur noch Ehefrau. Sie ist die Frau an seiner Seite, die selbst nicht handelt, aber bei Bedarf für eine Atmosphäre sorgt, die den Geschäften der Männer zuträglich ist.

Er nimmt sie im Juni 1802 mit nach Memel zum Treffen mit Zar Alexander. Alexander ist ein schöner Mann, 33 Jahre alt, charmant, galant, heiter und gebildet. Er brennt ein Feuerwerk von Ideen, mit denen er die Menschheit retten will, vor dem gehemmten König und der schönen Königin ab, die sich so gern unterhält, aber kein Gespräch in Gang bringen kann. Sie ist überwältigt, verehrt ihn als jungen Herkules, verliebt sich in ihn. Sie glaubt an einen Gleichklang ihrer Seelen, er sei so gut und anständig, daß sie ihn nur mit dem König vergleichen könne – sein Bild schiebt sich über das ihres Mannes.

Im Februar 1804 bekommt sie ihr siebtes Kind, eine Tochter, die sie Alexandrine Helene nennt, nach dem Zaren und seiner Schwester. Sie fürchtet sich vor weiteren Schwangerschaften.

Ihrem Mann zuliebe vernachlässigt sie ihre kaum gewonnenen Freundinnen, aber sie leidet unter ihrer Einsamkeit, besonders im Winter in Potsdam. Sie sieht nur Leute, die ihm angenehm sind, aber kaum jemand ist ihm angenehm, und es fällt ihr immer schwerer, seine Verdrießlichkeit mit Geduld zu ertragen. Endlich findet sie eine Freundin in ihrer 18jährigen Schwägerin Marianne, die im Januar 1804 Prinz Wilhelm geheiratet hat, den jüngsten Bruder des Königs.

Marianne lernt die Kehrseite des gepriesenen königlichen Familienlebens kennen. Die beiden Frauen sind fast immer allein, müssen sich aber für den Fall bereithalten, daß ihre Männer nach ihnen verlangen. Vormittags hören sie nur Kommandogeschrei, Waffengeklirr und Gewehrschüsse. Das Mittagessen nimmt man gemeinsam mit einigen Offizieren ein. Der König ist verdrießlich und schweigsam, der Königin fällt nichts ein, was sie sagen könnte. So sagt niemand etwas während der Mahlzeiten. Nach dem Essen langweilt man sich im Zimmer bis drei Uhr, um vier gibt es eine Ausfahrt oder einen Spaziergang, um sechs Tee im gelben Zimmer. Nach dem Tee beginnen der König und seine Brüder zu lesen, und Luise und Marianne müssen schweigen. Manchmal setzen sie sich in ein anderes Zimmer, aber das ist dem König nicht recht. Um halb neun gibt es Abendessen. Gewöhnlich spricht niemand, man unterhält sich mit dem Lesen der Speisekarte. Um halb elf dürfen die Frauen sich zurückziehen.

Die Unterordnung unter Willen und Gewohnheiten des Königs ist für Luise ein beständiger innerer Kampf. Ihren Geschwistern gegenüber verteidigt sie ihren Mann, aber vor Marianne, ihrer Leidensgenossin in der glücklichen Familie, weint sie über die müßige Öde ihres Lebens und beklagt sich über die unerträglichen Launen des Königs.

Ihr Fluchtort ist ihr Bett. Sie steigert die Zurückgezogenheit im Haus, die der König von ihr verlangt, zur Privatheit des Bettes, zieht sich in Passivität zurück. Er ist Frühaufsteher, sie steht mit den Jahren immer später auf, meist erst kurz vor dem Mittagessen – erst ab ein Uhr steht sie ihm zur Verfügung, kann ihn zu Truppenparaden begleiten.

Sie frühstückt – drei Tassen Schokolade mit Sahne und etwas Zwieback, sie will dicker werden, Statur gewinnen – und läßt sich die Kinder bringen. Die toben über Tisch und Bett, verstecken sich hinter den Gardinen und erschrecken die alte Oberhofmeisterin Voß. Luise liest Zeitung, Bücher, schreibt Briefe.

Der König läßt die Königin von Josef Grassi malen. Sie ist nun 28 Jahre alt und zum achtenmal schwanger. Grassi malt sie als elegante Kindfrau: ein großäugiges zartes Mädchengesicht mit kindlichen Löckchen über einem schweren mütterlichen Busen – Mädchen und Mutter, das Ideal der Frau, die nicht erwachsen wird.

Im Herbst 1805 versucht Luise zum erstenmal, Friedrich Wilhelm politisch zu beeinflussen.

Für den König wird es immer schwieriger, Preußens Neutralität zu wahren. Der Zar fordert in drohendem Ton, mit seinen Truppen durch Preußen nach Westen ziehen zu dürfen. Der König verfügt die Generalmobilmachung. Der Zar will den König besuchen, doch der will ihn nicht sehen. Dann meldet ein Kurier, daß französische Truppen ins preußische Ansbach marschieren. Alexander kommt Ende Oktober nach Berlin, und am 3. November unterzeichnen er und Friedrich Wilhelm einen Vertrag: Ein preußischer Abgesandter soll Napoleon auffordern, sich aus preußischem Gebiet zurückzuziehen. Falls er ablehnt, tritt Preußen der Koalition Rußlands und Österreichs bei. Friedrich Wilhelm unterschreibt schweren Herzens.

Luise ist enttäuscht, daß sie nie allein mit Alexander zusammensein kann. Während eines Festes im Schloß Bellevue bricht sie heftig in Tränen aus.

Beim Abschiedssouper in Potsdam wünscht Alexander plötzlich, die Gruft Friedrichs des Großen zu sehen. Kurz nach Mitternacht reichen sich der Zar von Rußland, der König und die Königin von Preußen am Sarg Friedrichs die Hände zum Bund gegen Napoleon – eine erhebende Szene, groß und rührend. Kaum ist der Zar abgereist, gibt der König dem Grafen Haugwitz, den er zu Napoleon schickt, die Weisung, einen Bruch mit Frankreich möglichst zu vermeiden.

Auch Luise bittet Haugwitz zu sich. Sie verlangt, daß er Napoleon gegenüber mit allem Nachdruck auf den preußischen Forderungen bestehe. Zahlreiche Damen am Hof treten für den schönen Alexander ein und wollen Krieg gegen Napoleon. Doch französische Diplomaten berichten ihrem Kaiser, die Königin sei der Mittelpunkt der Kriegspartei.

Napoleon schlägt die russische und die österreichische Armee am 2. Dezember 1805 bei Austerlitz. Er fordert nun ein Bündnis mit Preußen gegen England und bietet dafür Hannover. Ablehnung bedeute Krieg, berichtet Haugwitz dem König. Der Zar hat sich nach Rußland zurückgezogen. Hannover lockt Friedrich Wilhelm. Er stimmt dem Bündnis mit Napoleon zu und befiehlt die Demobilisierung der preußischen Armee.

Luise ist außer sich. Napoleon hat den König und die Königin von Neapel abgesetzt. Von nun an hat sie Angst, daß er auch ihren Mann und sie vom Thron verjagt. Sie versteht nicht, wieso Friedrich Wilhelm nicht weiter zu Alexander hält, und fordert von ihm Krieg gegen Napoleon.

Er verlangt scharf, daß sie sich aus der Politik heraushalte. Sie widerspricht. Es kommt zu heftigen Wortwechseln. Am Hof heißt es, er habe ihr einen Strickstrumpf zugeworfen – der sei der Beruf der Frauen.

Friedrich Wilhelm läßt sich von niemandem beeinflussen, von seinen Räten nicht und nicht von seiner Frau. Aber er will sich bei ihr über seine Sorgen aussprechen können, sucht Bestätigung. Er versperrt ihr laut und hart eine Einmischung in die Politik, eröffnet ihr aber eine Aufgabe als seine Zuhörerin. Auch er hofft auf Alexander, erfährt sie nun, und ist in großer Sorge über sein Bündnis mit Napoleon, das ihm einen Handelskrieg gegen England aufzwingt.

Wieder versucht Luise, ihre Zurückweisung innerlich zu bejahen und die Gattin zu sein, die ihr Mann sich wünscht. Ihre Ehe ist für sie ihre gottgewollte Bestimmung. Von nun an trägt sie politische Ängste für zwei – ihre eigenen und die ihres Mannes.

Ihr Besitz hält ihn für tausend Ungemach schadlos

Er ist ihr Herr und zugleich ihr Kind. Als sie Mitte Juni 1806 zur Kur nach Bad Pyrmont reist, schreibt er ihr fast jeden Tag. Er langweilt sich ohne sie, versichert ihr, sie sei das Liebste, was er auf Erden habe. Er sieht es als Glück an, wenn ein Tag ruhig vorübergegangen ist ohne neue politische Schreckensmeldungen, die Entscheidungen von ihm erfordern. »Überhaupt ist mehr Selbstvertrauen das einzige, was Dir fehlt«, schreibt sie ihm, »hast Du es erst einmal gewonnen, wirst Du viel schneller einen Entschluß fassen, und hast Du den Entschluß gefaßt, so wirst Du viel strenger darauf halten, daß man Deine Befehle befolgt.«

Er klagt über seine schwierigen Minister und legt ihr kleine Fragen über Staatsangelegenheiten vor. Sie will ihn vom endlosen Abwägen von Argumenten befreien, aber wann immer sie seine Meinung nicht errät, weist er sie schroff zurück. Immer wieder bestärkt sie ihn in seinen Absichten, macht ihm Mut. »Ihr Besitz hielt mich für tausend Ungemach und Unglück anderer Art schadlos«, schreibt er später. »War ich bey ihr so befand ich mich wohl und vergaß leicht manchen Kummer und Sorgen.«

Einzelne Minister glauben, über die Königin den unzugänglichen König erreichen zu können. Außenminister Karl August von Hardenberg hat ihr im Frühjahr 1806 das Gutachten vorgelegt, das Finanzminister Karl vom Stein über eine Reform der Regierungsspitze geschrieben hat.

Der König regiert Preußen mit uneingeschränkter Macht. Die Minister haben keinen Zutritt zu ihm, er berät mit seinen Kabinettsräten über ihre schriftlichen Vorlagen. Stein will den Dauerkonflikt zwischen den Räten, die entscheiden und keine Verantwortung haben, und den Ministern, die nicht mitentscheiden dürfen und Verantwortung tragen müssen, beenden und fordert die Beseitigung der Kabinettsregierung und einen Rat aus fünf Fachministern – eine Beschränkung der absoluten Regierung des Königs. Hardenberg fürchtet, daß die scharfen Formulierungen Steins beim König Widerwillen hervorrufen, und rät ihm, erst einmal die Meinung der Königin einzuholen.

Luise mag Hardenberg sehr. Er hat im Haus ihrer Eltern in Hannover verkehrt, und er kann gut mit dem König umgehen, der großen Wert auf Ehrerbietung legt. Sie läßt das Gutachten wochenlang ungelesen liegen und antwortet auf Hardenbergs Rat schließlich dem drängenden Stein, er solle den Ton abmildern und mehrere einflußreiche Personen am Hof sollten die Vorschläge mit unterschreiben.

Im April 1806 entläßt der König Hardenberg aus außenpolitischen Rücksichten. Damals glaubt Hardenberg, die Königin habe an seiner Entlassung mitgewirkt. Später erst durchschaut er, daß der König sich von niemandem beeinflussen läßt. Die Königin ist nur sein Echo.

Brüder des Königs und hohe Offiziere unterschreiben das umformulierte Gutachten und lassen es dem König im September 1806 in Gegenwart der Königin überreichen. Der König bekommt einen Wutanfall, wirft den Prinzen Meuterei und Gefährdung der Krone vor und befiehlt ihnen, zu ihren Heeresteilen abzureisen.

Die Reformer sind enttäuscht, daß die Königin die Prinzen mit keinem Wort verteidigt hat. Trotzdem glauben viele von nun an, sie unterstütze die Reformpartei. In Wirklichkeit macht Luise ihrer Schwägerin Marianne Vorwürfe, daß deren Mann, Prinz Wilhelm, zu denen gehöre, die die Macht des Königs beschränken wollen. Es kommt zu einem heftigen Streit zwischen den beiden Ehefrauen, in dem jede den Standpunkt ihres Mannes verteidigt.

Luise darf im Sommer 1806 für den König Billetts an Hardenberg schreiben, von denen niemand etwas wissen soll. Hardenberg führt für Preußen geheime Verhandlungen mit Rußland und England. Aber Napoleon erfährt davon und läßt drohend Truppen in Thüringen aufmarschieren.

Friedrich Wilhelm will keinen Krieg gegen Napoleon, und Napoleon will keinen Krieg gegen ihn. Und doch stehen sich am 14. Oktober bei Jena und bei Auerstedt je eine preußische und eine französische Armee gegenüber – Schlußpunkt einer Eskalation von Notenwechseln und Truppenaufmärschen.

Der König ist am 20. September mit Luise ins Hauptquartier seiner Armee gereist. Die meisten Offiziere finden die Anwesenheit der Königin bei einer Armee, die kurz vor einer Schlacht steht, unpassend. Minister Haugwitz dagegen erhofft sich von ihr einen günstigen Einfluß auf den König – wenn sie bei ihm ist, ist er umgänglicher.

Napoleon verläßt Paris am 24. September. Er hat 175 000 Mann in Marsch gesetzt. Chirurgen und Pfleger reisen mit der Armee, bereiten Unterkünfte für Verwundete vor. Die Truppen sind gut genährt, gut ausgerüstet, kriegserfahren. Spione berichten über die preußische Armee: 143 000 Mann, schlecht verpflegt, schlecht gekleidet, so gut wie keine Lazarettversorgung.

Die Stimmung im preußischen Hauptquartier ist gedrückt. Die Offiziere sehen die Überlegenheit der Armee eines freien Landes gegenüber der eines absoluten Staates, dessen Methoden der Kriegführung von der Furcht beherrscht sind, die Soldaten könnten davonlaufen. Ein Teil der Armee ist immer damit beschäftigt, den anderen am Desertieren zu hindern. Man greift in langen, überschaubaren Linien an, zieht taktische Aufmärsche einer Schlacht vor, will den Gegner ermatten.

Die französischen Soldaten dagegen sind vom Bewußtsein getragen, die Früchte der Revolution zu verteidigen, die Gleichheit der Bürger, den freien Landbesitz der Bauern. In Napoleons Armee steigen die fähigsten Soldaten zu Offizieren auf. Er läßt in Sturmkolonnen angreifen, schickt kleinere Heeresteile zu Gefechten. Er will die Streitkräfte des Gegners aufsuchen und vernichten.

Luise ist niedergedrückt von schweren Sorgen um den Ausgang der Schlacht. Als Sprachrohr des Königs schreibt sie dem Zaren: »Wir gehen den Weg der Ehre, der schreibt uns unsere Schritte vor, und lieber unterliegen als zurückweichen.« König und Königin fahren am 4. Oktober nach Auerstedt, umringt von Soldaten, Kanonen und Geschützwagen – für den österreichischen Diplomaten Friedrich Gentz ein feierliches, imponierendes und trauererregendes Schauspiel. Am 12. Oktober schreibt Napoleon aus Gera einen letzten Brief an Friedrich Wilhelm und beschwört ihn noch einmal, das Blutvergießen zu verhindern und zu verhandeln. Doch der preußische Pazifist glaubt, er verliere seine Ehre, wenn er seine Truppen zum zweitenmal innerhalb eines Jahres nach Hause schickt.

Er läßt Luise am 13. Oktober in seinem Feldwagen von Weimar Richtung Auerstedt fahren. Der preußische Oberbefehlshaber, der 72jährige Herzog von Braunschweig, schickt sie vom Schlachtfeld. Der

König drückt ihre Hand zweimal, kann kein Wort hervorbringen. Sie fährt nach Weimar zurück und schreibt ihm: »Ich liebe Dich wahr und innig und bete für Dich! Adieu« und fügt als Nachschrift hinzu: »Ich darf Dich noch einmal bitten, nehme mehr Zutrauen zu Dich selber und führe das Ganze; es gehet gewiß besser.«

Am nächsten Morgen reist sie nach Berlin. Unterwegs holt ein Kurier sie mit dem Brief eines Adjutanten des Königs ein: »Der König lebt, die Schlacht ist verloren.«

In Berlin empfängt der Hof sie verzweifelt und verwirrt. Der Gouverneur der Stadt hat die königlichen Kinder mit ihren Erziehern nach Schwedt geschickt. Luise läßt einen Kurier vor, der gerade von der Armee kommt.

»Wo ist der König?« fragt sie außer sich.

»Das weiß ich nicht, Euer Majestät.«

»Aber mein Gott, ist der König denn nicht bei der Armee?«

»Die Armee? Sie existiert nicht mehr.«

Tausende von Berlinern sammeln sich abends vor dem Kronprinzenpalais und rufen nach der Königin. Viele haben Männer, Väter, Söhne, Brüder bei der Armee, doch keiner von denen, die auszogen, ist zurückgekehrt. Die Menschen warten in dumpfem Entsetzen. Doch Luise läßt nur mehrmals sagen, sie sei nicht fähig, sich zu zeigen. Sie bereitet ihre Flucht aus Berlin vor. Die ersten Wagen reicher Berliner verlassen hoch bepackt die Stadt. In einer Fensternische des Palais stehen drei Prinzessinnen, unter ihnen Prinzessin Marianne, und beobachten die Menge. Sie hören Ausrufe des Schmerzes, Murren. Die Menschen sind ihnen unheimlich: Die Aristokraten fürchten das Volk.

Die Königin reist am nächsten Morgen nach Schwedt und am Tag darauf mit den Kindern weiter nach Stettin. Sie schreibt ihrem Mann täglich, irgendwo werden die Kuriere ihn schon finden: »Du hast noch Truppen, das Volk verehrt Dich und ist bereit alles zu tun... Der Augenblick ist kostbar; handle, wirke, schaffe, überall wirst Du im Lande guten Willen und Unterstützung finden...« Sie erfährt, daß der König in Küstrin ist, schickt die Kinder nach Königsberg und reist sofort zu ihm. Sie findet ihn starr und unzugänglich.

Am 24. Oktober zieht Napoleon im Potsdamer Schloß ein. Die preußischen Festungskommandanten öffnen kampflos die Festungen, Magdeburg, Stettin kapitulieren. König und Königin fliehen über die Weichsel nach Graudenz.

Luise erfährt, daß Napoleon in Berlin Bulletins herausgeben läßt, in denen es heißt, sie sei hübsch, aber ohne Geist und unfähig, die Folgen ihres Tuns zu übersehen, das ihr Land ins Unglück gestürzt habe. Er hält sie für eine »böse Intrigantin, kriegslüsterne Amazone«, die ihre Truppen zu Pferd angetrieben habe: »sie wollte Blut.« Er verhöhnt den Bund am Grabe Friedrichs des Großen und deutet an, sie habe ein Verhältnis mit Alexander. Luise ist besonders von diesen sexuellen Andeutungen verletzt.

Friedensverhandlungen beginnen. Der König zeigt sture Gleichgültigkeit. Manchmal spricht er von Abdankung. Luise ist entsetzt, sie will Königin bleiben. Offiziere, Räte, Minister hoffen, daß ihr Einfluß den König aus seiner Lethargie reißt. Er läßt sich kaum sprechen und nur, wenn die Königin bei ihm ist. Sie versucht, der allgemeinen Mutlosigkeit entgegen Zuversicht zu verbreiten. Aber erst als ein Brief des Zaren eintrifft, sein General Bennigsen bringe mit 140000 Mann Hilfe, löst sich die Erstarrung des Königs. Er weist alle Forderungen Napoleons zurück und will den Krieg fortsetzen. Mit Luise reist er nach Masuren, der russischen Armee entgegen. Napoleon setzt seine Armee nach Ostpreußen in Marsch.

Endlich erhält Luise von Friedrich Wilhelm die Erlaubnis, zu ihren Kindern nach Königsberg zu fahren. Dort erkrankt sie an Typhus. Die Russen ziehen sich vor den Franzosen zurück. Der Hof muß Königsberg verlassen.

Man trägt die kranke Königin am 8. Januar 1807 bei großer Kälte im Schneesturm in eine Kutsche und bringt sie über die Kurische Nehrung nach Memel. Hufeland, ihr Arzt, erzählt: »Wir brachten drei Tage und drei Nächte, die Tage teils in den Sturmwellen des Meeres, teils im Eise fahrend, die Nächte in elendesten Nachtquartieren zu – die erste Nacht lag die Königin in einer Stube, wo die Fenster zerbrochen waren und der Schnee ihr auf das Bett geweht wurde, ohne erquickende Nahrung... Und dennoch erhielt sie ihren Muth, ihr himmlisches Vertrauen auf Gott aufrecht, und er belebte uns alle.«

Memel ist tief verschneit. Die kleine Hafenstadt ist überfüllt mit Ministern, Offizieren, Diplomaten, kann den Hof kaum unterbringen. Luise und Friedrich Wilhelm wohnen im Haus des dänischen Konsuls. Die Kinder, ihre Erzieher und Bedienten sind auf andere Häuser verteilt.

Am 7. Februar 1807 kommt es zu einer blutigen Schlacht bei Eylau, südlich von Königsberg, der ersten, die Napoleon nicht gewinnt: Man trennt sich unentschieden. Französische und russische Soldaten plündern Ostpreußen aus. Gutshäuser gehen in Flammen auf, ganze Dörfer verschwinden für immer von der Landkarte.

Napoleon bietet Friedrich Wilhelm einen Sonderfrieden an. Der französische Abgesandte verlangt auch eine Audienz bei der Königin: Napoleon bitte sie, ihren Einfluß für einen Frieden geltend zu machen. Er wisse doch, antwortet Luise, daß Frauen über Krieg und Frieden nicht mitzureden hätten.

Kanonendonner verkündet in Memel am 2. April die Ankunft des Zaren Alexander. Luise empfängt ihn mit tränenerstickter Stimme. Sie liebt ihn noch immer, den starken Herkules, der Preußen retten kann. Der König reist mit dem Zaren ins russische Hauptquartier und schließt ein Bündnis mit ihm: Krieg bis zur völligen Niederlage Napoleons, Wiederherstellung Preußens in den Grenzen von 1805. Luise ist froh, daß ihr Mann nun Hardenberg zum Ersten Minister ernannt hat – der König ist weniger schwierig, wenn Hardenberg bei ihm ist. Alexander hat zu erkennen gegeben, daß er Luise nicht sehen will, und gesagt, bei Geschäften dürften Frauen nicht zugegen sein.

Luise reist nach Königsberg, aus dem die Franzosen abgezogen sind, und wohnt zwei Monate bei ihrer Schwester Friederike. Sie blüht auf ohne ihren Mann, kann endlich leben, wie sie will. Sie empfängt Leute, die sich in ihrer Bedrängnis an die Hofdamen wenden, gibt Geld für Verwundete und Kranke, schreibt Empfehlungen. Sie wird Mittelpunkt der Exil-Geselligkeit in Königsberg. Den Damen fällt auf, daß sie sich schnell für neue Menschen begeistert, sie aber ebenso schnell wieder vergißt.

Im Juni schlägt Napoleon Bennigsen bei Friedland. Der Kaiser lädt den Zaren nach Tilsit ein. In Petersburg wächst die Opposition gegen den sieglosen Alexander. Seine Generäle drängen zum Waffenstillstand.

Kaiser und Zar treffen sich in der Mitte des Njemen auf einem Floß, auf dem ein mit Laubgirlanden geschmücktes Holzhaus steht. Sie sprechen eineinhalb Stunden miteinander. Friedrich Wilhelm wartet im strömenden Regen mit russischen Offizieren am Ufer.

Alexander muß Preußen fallenlassen. Napoleon schließt Hardenberg von den Verhandlungen aus und fordert seine Entlassung. Kaiser und Zar machen ein Geschäft. Napoleon braucht Rußland für den Wirtschaftskrieg gegen England. Alexander versucht, wenigstens Preußens Existenz zu retten.

Friedrich Wilhelm schreibt Luise fast jeden Tag. Für sie ist Napoleon »das Ungeheuer«, der »Quell des Bösen! die Geißel der Erde!«, und sie bedauert ihren Mann, daß er gezwungen ist, »den Höllenmenschen« zu sehen. Mag Napoleon die Hälfte Preußens nehmen, wenn der König nur den Rest in vollem Besitz behält. Hardenberg dürfe nicht geopfert werden, und sie bittet, »daß Du in diesem Handel alle Energie anwendest, deren Du fähig bist. Ich wiederhole: Was ist Opfer an Land im Vergleich mit dem Opfer der Freiheit des Geistes, der Freiheit zu ehrenhafter Handlung, mit einem Wort, der Unabhängigkeit?« Sie sinnt auf politische Auswege, unterbreitet ihrem Mann Vorschläge, auf die er nicht eingeht, wünscht, sie könne selbst in Tilsit verhandeln. Sie kann ihre Passivität kaum noch ertragen, ist trostlos und ungeheuer aggressiv, fragt, ob der Zar Bennigsen nicht erschießen oder wenigstens mit der Knute züchtigen werde, sie könne Bennigsen schlagen und seine Freunde in Petersburg bespucken.

In Tilsit sind König, Erster Minister, Außenminister und Generalfeldmarschall am Ende ihrer politischen Kunst. Sie fürchten, daß Napoleon Preußen auflösen wird, und wissen nicht weiter. Generalfeldmarschall Kalckreuth hat als erster die Idee, und die anderen greifen sie in ihrer Panik auf: Der König bittet die Königin, nach Tilsit zu kommen und für ihn mit Napoleon Frieden zu schließen und Preußen zu retten. Wie kleine Jungen laufen die Geschlagenen zur Mutter – Mama, der große Junge nimmt mir mein Spielzeug weg – und schicken sie vor. Der Soldatenstaat versteckt sich hinter den Rockzipfeln Luises.

Luise versteht nicht, warum plötzlich sie mit Napoleon Frieden schließen soll, und ist erschreckt über die Art der Aufforderung – Napoleon hat sie nicht eingeladen, Alexander will sie nicht sehen. Sie versteht auch nicht, weshalb die Männer versuchen, Napoleon zu gewinnen, statt ihm Vorschriften zu machen, so wie er glaubt, allen Vorschriften machen zu können – sie ist nicht einmal richtig über die militärische Lage informiert. Sie könne nur kommen, wenn Napoleon ihren Mann darum bitte.

Friedrich Wilhelm weiß darauf keine Antwort, schreibt, Hardenberg bitte sie, keinen Augenblick zu verlieren.

Sie reist mit Oberhofmeisterin Voß, der Hofdame Tauentzin und einem Kammerherrn, trifft nach einer Fahrt von zehn Stunden im Schulhaus von Piktupöhnen ein, wo ihr Mann wohnt. Noch am selben Abend hat sie ein langes Gespräch mit Hardenberg.

Der Minister erklärt ihr die militärische und politische Situation. Er weiß inzwischen, daß sie keinen Einfluß auf den König hat, aber er kennt ihren verborgenen Unternehmungsgeist, glaubt, daß sie als Regentin energische Männer um sich sammeln und ihren Rat suchen würde. Er hat ihr genau aufgeschrieben, wie sie das Gespräch mit Napoleon führen soll, und rät ihr, nur als Gattin und Mutter seine Großmut anzurufen. Er weiß, daß alles verloren ist, wenn der ihr intellektuell weit überlegene Napoleon sie in einen Disput verwickelt.

Luise lernt Hardenbergs Text auswendig. Am 6. Juli kleidet sie sich im Schulhaus für das Gespräch mit Napoleon. Sie trägt ein silberbesticktes weißes Crêpekleid, das ihre Formen zur Geltung bringt, ihren Perlenschmuck und ein Diadem von Perlen im Haar. Sie ist in ängstlicher Spannung, aber die Gräfin Tauentzin meint, sie nie schöner gesehen zu haben.

Nachmittags um vier fährt die Königin mit der Gräfin und der Oberhofmeisterin nach Tilsit. An der Fähre über den Fluß erwartet Generalfeldmarschall Kalckreuth sie: Sie solle nur an den König, die Rettung des Königreichs und ihre Kinder denken. Sie muß den aufgeregten Marschall abwehren, will ihre Gedanken sammeln.

Im preußischen Quartier kommt im Zimmer des Königs der Zar auf sie zu: »Die Dinge gehen nicht gut, alle unsere Hoffnung ruht auf Ihnen, auf Ihrem Vermögen, nehmen Sie es auf sich und retten Sie den Staat.« Außenminister Goltz sagt ihr niedergeschlagen, seine letzte Hoffnung ruhe auf ihr. Luise ist »erfüllt von der großen Idee meiner Pflichten«.

Plötzlich heißt es: »Der Kaiser kommt!« Der König geht ihm mit allen Adjutanten bis zur Haustür entgegen. »La Reine est là haut?« fragt Napoleon und steigt die Treppe hinauf. Ist die Königin oben? Der besiegte Friedrich Wilhelm führt den Sieger zu seiner Frau und verläßt das Zimmer.

Luise schildert einige Tage später dem schwedischen Gesandten Carl Gustav von Brinckmann ihr Gespräch mit Napoleon, und Brinckmann schreibt es für seinen König in Stockholm so wörtlich wie möglich auf.

»Ich lerne Ew. Majestät in einem für mich höchst peinlichen Augenblick kennen«, sagt die Königin zu Napoleon. »Ich sollte vielleicht Bedenken tragen, zu Ihnen über die Interessen meines Landes zu sprechen. Sie haben mich einst angeklagt, mich zuviel in Politik zu mischen, obgleich ich wirklich nicht glaube, diesen Vorwurf je verdient zu haben.«

»Seien Sie ganz überzeugt Majestät, daß ich niemals das alles geglaubt habe, was man während unserer politischen Zwistigkeiten so indiskret verbreitet hat«, antwortet Napoleon. Luise läßt durchscheinen, daß sie ihm das nicht ganz glaube, sie ihm jetzt aber nichts nachtrage: »Sei dem, wie ihm wolle, ich würde es mir nie vergeben, wenn ich diesen Moment nicht benutzte, freimütig mit Ihnen zu sprechen, als Gattin und Mutter. Ich schmeichele mir, daß ich beständig die Pflichten zu erfüllen gesucht habe, die mir diese Eigenschaften auferlegten.« Sie sagt ihm, wie besorgt sie sei über das Schicksal ihrer Familie und ihrer Kinder. Napoleon beruhigt sie: von der Vernichtung Preußens sei keine Rede. Sie antwortet, der Friede, den er in Aussicht stelle, könne die Vernichtung für die Zukunft vorbereiten.

Äußerst geschickt bringt sie das Gespräch jedesmal auf die Gegenwart zurück, wenn Napoleon es auf vergangene Ereignisse lenken und sein Verhalten und Preußens Verhalten mit ihr abwägen will. Sie appelliert an die Großmut des Siegers, verspricht ihm dafür Dankbarkeit und fordert schließlich die Landesteile zurück, die er von Preußen abtrennen will.

»Sie verlangen viel«, sagt Napoleon, »aber ich verspreche Ihnen, darüber nachzudenken.«

Damit ist das Gespräch beendet. Als der Kaiser aus dem Zimmer kommt und die Treppe hinuntergeht, findet Gräfin Tauentzin die Königin »in gänzlich veränderter Stimmung, wahrhaft beglückt durch die Hoffnung, die Napoleon ihr gegeben«.

Abends um acht ist Diner bei Napoleon. Luise sitzt zwischen den Kaisern und ist in gehobener Stimmung. Napoleon, das Ungeheuer, gefällt ihr gut als Mann, und dann ist da neben ihr Alexander. Die Unterhaltung ist lebhaft, und als Napoleon sagt, es sei ihm unbegreiflich, daß eine so kleine Macht wie Preußen es gewagt habe, sich gegen ihn zu erheben, antwortet sie: »Der Ruhm Friedrichs II., Sire, erlaubte uns, unsere Kräfte zu überschätzen.«

Napoleon bewundert Luises Haltung und ihre Würde und schreibt seiner Frau nach Paris: »Die Königin von Preußen ist wirklich bezaubernd, ist voller Koketterie zu mir.« Aber an ihm gleite alles ab: »Es käme mir teuer zu stehen, den Galanten zu spielen.«

Als Luise sich am nächsten Tag erneut für ein Diner mit Napoleon in ein elegantes Kleid helfen läßt, zu dem sie einen rot-goldenen Schal und einen Turban aus indischem Musselin tragen will, erhält sie ein Billett des Königs: »Die Dinge haben sich völlig geändert, und die Bedingungen sind erschreckend.«

Außenminister Goltz hat den Friedensvertrag gesehen. Napoleon macht aus den preußischen Provinzen westlich der Elbe das Königreich Westfalen und aus den Gebieten, die Preußen bei den polnischen Teilungen an sich gebracht hat, das Herzogtum Warschau. Das um die Hälfte verkleinerte Preußen bleibt französisch besetztes Gebiet und wird erst geräumt, wenn es die Kriegsentschädigungen bezahlt hat, die noch errechnet werden.

Am Abend sitzt Luise wieder zwischen Napoleon und Alexander. Die Stimmung ist frostig.

Napoleon reist nach Paris, Alexander nach Petersburg, und Friedrich Wilhelm kehrt mit Luise nach Memel zurück.

Napoleon spricht von nun an mit Respekt von ihr und rühmt ihre tiefen politischen Ansichten. Für die Hofdamen der Königin aber bleiben seine Äußerungen befremdlich, »da sie unter uns weder für eine Meisterin der Rede noch für besonders vertraut mit irgendeiner Wissenschaft« gilt.

Luise leidet unter dem Gefühl einer tiefen persönlichen Niederlage. Sie zweifelt nicht am Ideal der Gattin und Mutter, die mächtig ist, wenn sie ihre Pflicht tut, nicht am Ideal der schönen, charmanten, eleganten Frau, die einen Eroberer um den kleinen Finger wickeln kann. Sie zweifelt an sich. Sie hat als Frau versagt.

Wochenlang versucht sie, über die Ursachen ihrer Niedergeschlagenheit nachzudenken. Sie beginnt zu ahnen, daß König, Militärs und Minister einen phantastischen Mißbrauch mit ihr getrieben haben, und nennt ihr Zusammentreffen mit Napoleon, in dem sie sich vor dem Sieger demütigte und mit ihm kokettierte, ein großes Opfer, das sie für den König und ihre Kinder gebracht habe. Hauptgrund für ihre Niedergeschlagenheit aber sei der König mit seiner Schwäche, seinem mangelnden Selbstvertrauen, seinen üblen Gewohnheiten und den schlimmen Ungeschicklichkeiten, die er begehe, und seinem Starrsinn.

»Aus der Haut möchte man fahren, wenn man das so sieht und nicht helfen darf«, schreibt sie an Georg, der diesen Brief verbrennen soll. Der König wolle abdanken, was sie »mit aller Indignation« zurückgewiesen habe. Sie zweifele an einer Zukunft und beweine den Verlust Hardenbergs, dem der König endlich Vertrauen geschenkt hat und den er auf Napoleons Befehl entlassen mußte. Hardenberg habe unentwegt überlegt, wie er den Staat retten könne, er sei für sie das Bild der »wahren *männlichen Tugend*«. Sie ist tief enttäuscht von ihrem Mann, grollt ihm.

Sie sucht innere Harmonie

Luise ist zerrissen im Konflikt zwischen ihrem Wunsch, ihrer Bestimmung als gehorsame Ehefrau zu leben, und dem Drang, ihren Mann aufzurütteln, damit er für sich, für sie und für die Kinder den Thron erhält. Sie kann die Spannungen, in die ihre unterdrückte Aktivität sie versetzen, kaum aushalten, ist oft krank und weint viel – wahre Tränenfluten stürzen uns aus ihren Briefen entgegen, sie scheint sich aufzulösen, verschwimmt, wird blaß. Sie sucht Fehler bei sich, will sich bessern, für die Menschen ihrer Umgebung dasein, gibt sich bittere Mühe, dem Weiblichkeitsideal des Königs zu entsprechen.

Sie leidet unter dem ostpreußischen Klima, unter dem beengten Wohnen in Memel und der Langeweile, fühlt sich abgeschnitten von der Welt. Sie liest und denkt viel und hat mitten in allem Schmerz Tage, an denen sie zufrieden ist. »Die Menschen freilich haben keinen Teil daran«, schreibt sie Karoline von Berg, »ich verschaffe mir alles selbst, abgesehen von der Freundschaft des Königs, seinem Vertrauen und seinem gütigen, zärtlichen Verhalten mir gegenüber, das sich sicherlich mit jedem Tag erhöht. Das ist doch noch ein großes Gut.«

So lähmend ihr das Leben fern von Berlin auch vorkommt – für Friedrich Wilhelm ist es eine Zeit eifriger und fruchtbarer Arbeit. Er will Napoleon besiegen und dazu seinen Staat umbauen, auch Bauern und Bürgern Freiheiten einräumen und das Heer reformieren. Schon kurz nach seiner Thronbesteigung hat er angefangen, über eine Beschränkung der Privilegien des Adels nachzudenken, wollte aber zwischen den Junkern, die am feudal-ständischen System festhalten, und den hohen Beamten, die demokratische Grundsätze in einer monarchischen Regierung fordern, langsam einen Ausgleich herbeiführen. Nun hat nach Tilsit die Reformpartei gesiegt. Stein trifft am 30. September 1807 in Memel ein, der König hat ihn schon ungeduldig erwartet.

Luise hat Angst, daß es zu Zusammenstößen zwischen dem König, der Untertänigkeit fordert, und dem schroffen, leicht aufbrausenden Stein kommt. Sie beschwört den Minister, Geduld zu haben, besänftigt ihn, der Kabinettsrat Beyme, an dem der König noch immer festhält, würde bestimmt entlassen. Am 9. Oktober schon erläßt der König das erste große Reformgesetz, die Bauernbefreiung. Stein arbeitet an einer Reform der Verwaltung, an einer Städteordnung, und in Königsberg bereiten Neidhardt von Gneisenau und Gerhard Scharnhorst, verborgen vor den Franzosen, eine Modernisierung des Heeres nach französischem Vorbild vor.

Luise ist entsetzt über die Höhe der Kriegsentschädigung, die Napoleon fordert, hofft, daß Stein Mittel und Wege ersinnt, die ungeheure Summe aufzutreiben. Der König muß Domänen verpfänden, Wucherkredite aufnehmen, die Steuern erhöhen, die Beamtenbezüge kürzen. Er verkauft das goldene Tafelservice, und Luise verkauft ihre Diamanten. Preußen wird arm, die Bevölkerung leidet Not.

Luise vermißt Hardenberg. Der König mit seinen Sorgen und Ängsten lastet nun wieder ganz allein auf ihr. Karoline von Berg mahnt Stein aus der Ferne zu Geduld mit der Königin, sie sei nicht geeignet, in das einzelne der Verwaltung einzugehen, aber sie müsse eine Stütze finden, er solle ihr helfen.

Doch Stein erwartet politische Hilfe von der Königin. Das Frauenideal der Bürger hat sich in Hof- und Regierungskreisen noch nicht überall durchgesetzt. Anfangs gibt Stein sich Mühe um die Königin, unterstützt ihren Wunsch, die Residenz ins Schloß von Königsberg zu verlegen. Sie ist schwanger, sehnt sich nach Bequemlichkeit, aber der König zögert so lange mit der Übersiedlung, bis sie fast nicht mehr reisen kann. 14 Tage später bekommt sie ihr neuntes Kind.

Stein geht auch auf ihren Wunsch ein, an Napoleon und Alexander zu schreiben, oder schlägt es ihr selbst vor, läßt sie so ein wenig mitarbeiten an der Rettung Preußens. Unermüdlich schreibt sie an befreundete Fürsten, an die Kaiserin in Wien. Doch als Stein erkennt, daß Luise sich weder ernsthaft für die Reformen interessiert noch den König beeinflussen kann, zieht er sich von ihr zurück. Ihr Gefühlsüberschwang ist ihm lästig. Er findet sie liebenswürdig, aber ihre oberflächliche Bildung und ihre nur vorübergehenden Gefühle für das Gute, für seine Reformen, stoßen ihn ab. Sie sei gefallsüchtig, ihr fehle die Zartheit des Gefühls für Würde und Anstand.

Luise spürt, daß er sie für ein Weibchen hält und sie verachtet. Aus ihrer Bewunderung für Stein wird Abneigung, die, als er sich ihrem ältesten Sohn gegenüber hart und unbedacht verhält, in Erbitterung und Aggression umschlägt.

Stein denkt an eine deutsche Volkserhebung gegen Napoleon. Französischen Spionen fällt ein verräterischer Brief von ihm in die Hände. Napoleon fordert Steins Entlassung. Am 19. November 1808 unterschreibt der König die neue Städteordnung, die die Selbstverwaltung der Bürger stärken soll, und entläßt Stein in allen Ehren. Hardenberg, der jenseits der russischen Grenze im Exil lebt, will die Reformen im stillen fortsetzen.

Ohne Stein befürchten die Reformer ein Stocken ihrer Arbeit. Sie sind von der Königin enttäuscht, von der sie sich den Sommer 1808 über verstanden fühlten und meinten, sie werde sie beim König unterstützen. Später urteilen sie hart über Luise, sie sei zu sehr Frau gewesen, zu wenig Königin und unfähig, sich auf einen hohen Standpunkt zu stellen oder darauf zu halten. Nach Steins Entlassung klagt Gneisenau einem Freund: »Die schöne Frau, die einmal des Abends nach dem Tee uns mit so hinreißendem Enthusiasmus von einer besseren Ordnung der Dinge sprach, ist nicht mehr in unserem Interesse.«

In den Jahren in Ostpreußen, in denen sich Luises Hoffnung, nach Berlin zurückkehren zu können, immer wieder zerschlägt, beginnt Friedrich Wilhelm sie zu ermüden. In Berlin hatte sie Repräsentationspflichten, die ihr Freude machten. Hier hat sie nichts zu tun. Ihr Mann arbeitet, die Kinder haben ihre Erzieher.

Liebe und Ehe sind ihr Beruf, und darüber denkt sie nach. Sie möchte eine vertraute Freundin haben und lädt Frau von Berg ein. Ihr Gast kommt Anfang Februar 1808 nach Königsberg und bleibt ein Vierteljahr.

Karoline von Berg, geborene von Haeseler, die Witwe eines Kammerherrn, ist 14 Jahre älter als die Königin und gilt in der Berliner Gesellschaft als männliche Frau, eine kühne Reiterin, die Kant liest und ihr Vermögen selbst verwaltet, was ihm allerdings nicht gut bekommt. Nun hat sie sich auf die Politik verlegt und stilisiert sich zur einflußreichen Freundin der Königin, was ihr in Berlin Bedeutung verleiht.

Luise ist sehr empfänglich für das, was ihr Mann »Mittheilende Herzensergießung« nennt. Sie spricht mit Frau von Berg über den König, seine Schwäche und Unentschlossenheit, die die Berg mit seiner Kindheit, seinen Lehrern und der Mätresse erklärt, die den Vater von ihm abgewandt habe, spricht mit ihr vor allem über Alexander, der sie noch immer anzieht, und über ihre Möglichkeiten, die Politik zu beeinflussen. Frau von Berg bestärkt sie darin, sich zu bilden. Schön, anmutig und gebildet dazu, könne die Königin entscheidenden Einfluß auf das Große und Edle in der Welt erlangen.

Friedrich Wilhelm paßt es nicht, daß Luise die Berg für ein edles Wesen hält, das auf einer höheren Stufe der Kultur stehe als sie. Er hält die Berg für eine Frau, die mit sich selbst nicht ins reine gekommen ist, verabscheut ihr Gemisch von Enthusiasmus und hoher Poesie mit Trivialität, ihre unterwürfige Schmeichelei und warnt Luise vor ihr. Wenn er Luises Zimmer betritt, geht die Berg schnell hinaus.

Aber Luise widerspricht ihm und meint, er sei gegen ihre Bildung, da auch er in solchen Dingen nicht besonders bewandert sei und keine große Vorliebe dafür zeige. Liebevoll versteht er ihr Bedürfnis nach einer gebildeten Seele, die sie leiten könnte, ist ratlos, weil er ihr nicht helfen kann, und bleibt bei seiner nüchternen Einschätzung der Berg. Friedrich Wilhelm weiß, daß viele Menschen glauben, seine Frau habe Einfluß auf die Regierungsgeschäfte, aber das stört ihn nicht. Er redet nach wie vor gern mit Luise über seine Hoffnungen und Besorgnisse, und wenn sie ihm mit eigenen politischen Ansichten entgegentritt, diskutiert er nun freundschaftlich mit ihr. Allerdings macht es ihn ungeduldig, wenn aus ihr die Berg spricht, die ihn über Luise beeinflussen will, und es kommt zum Streit.

Luise selbst gefällt das versteckte Hinarbeiten auf Einfluß nicht.

»Sie haben sehr recht, wenn Sie mich unfähig glauben, durch kleine Kunstgriffe Einfluß und Macht zu gewinnen. Mein *ganzes* Leben soll eines rechten Vertrauens würdig sein, aber keine *Beeinflussung*«, schreibt sie der Berg und setzt auf deutsch darunter: »Basta, dabei bleibt es.«

Aber Bildung, zu der die Freundin rät, scheint ihr ein Ausweg zu sein aus dem Konflikt zwischen ihrem Wunsch nach Gehorsam und ihrem Drang zur Tat. Sie läßt sich die Geschichtsvorlesungen geben, die Professor Süvern im Winter in Königsberg vor Männern und Frauen der Hofgesellschaft gehalten hat. Der Text wird ihr »unbeschreiblich schwer, ich arbeite mich aber wacker durch, und etwas bleibt gewiß hängen«, berichtet sie ihrem Schwager Wilhelm nach Paris. »Der ganze Zweck dieser Vorlesung ist, das Göttliche als Offenbarung in dem Bildungsgang des Menschen zu erkennen.« Sie fühle sich »hingerissen, die Aufgabe meines Lebens, mich mit klarem Bewußtsein zu innerer Harmonie zu bilden, nicht zu verfehlen, sondern ihr zu genügen«.

Sie wünscht sich sehr, daß ihr ältester Sohn viel lernt. Der Kronprinz soll, anders als seine Mutter, einmal die Prinzipien dessen, was geschieht, durchschauen können.

Auf ihrer Suche nach innerer Harmonie wendet sie sich verstärkt der Religion zu, dem Gott ihrer Kindertage, der alles lenkt und dem man nur vertrauen muß. Im Sommer 1808 meint sie, sie sei zu Seelenruhe und innerem Frieden gelangt, und hofft, sie werde mit der Fassung und Demut einer echten Christin alle Fügungen Gottes und alle Leiden ertragen, die ihr zu ihrer Läuterung geschickt werden.

Doch sie verliert die frischgewonnene Seelenruhe, als Zar Alexander seinen Besuch in Königsberg anmeldet. Er ist auf der Durchreise nach Erfurt zu Napoleon.

Die Aussicht, ihn wiederzusehen, der für sie das Ideal männlicher Stärke ist und der doch zu Napoleon umschwenkte, bringt sie durcheinander. Sie will ihn zum Guten und Edlen führen, so wie Frau von Berg es ihr zutraut. Sie kann nicht schlafen, hat Zahnweh, Fieber, entwirft einen Brief an Alexander: »Ach, lieber Vetter, warum kann mein Geist Sie nicht unsichtbar begleiten, um Ihr schützender Genius zu sein?« Sie sei seine Freundin, wie er auf der Welt keine zweite habe.

Sie wünscht, die Berg wäre bei ihr und sie könnte sich ihr an den Hals werfen. Sie will mit Alexander reden, Stein soll ihr eine kleine Ausarbeitung machen – wie damals Hardenberg für das Gespräch mit Napoleon. »Könnte ich nur *allein* zu ihm, nicht immer öffentlich mit ihm erscheinen«, schreibt sie Frau von Berg, »...ich gestehe Ihnen, er wird mir niemals gleichgültig sein, es bringt mich zur Verzweiflung, daß er diesen Niedergang der Achtung verdient hat.« Sie schreibt zweigleisig von ihrem Wunsch, ihn wieder auf Preußens Seite zu ziehen, und ihren Gefühlen für ihn. Sie möchte mit der Berg über die Gründe reden, die diesen Wechsel zu Napoleon bei Alexander herbeigeführt haben und die sie statt in militärischem Mißerfolg und russischer Innenpolitik in seiner Erziehung und Lebensweise vermutet. Mit Marianne könne sie nicht reden, die sei Alexander gegenüber so kalt: »Sie ist ja nie in meinem Fall gewesen, sie ist erst seit kurzem verheiratet und war in dieser kurzen Zeit meistens getrennt, so daß sie noch nicht weiß, woran sie ist und wie man leidet, wenn die Illusion, der Morgentau der Verhältnisse, Lügen gestraft wird.«

Alexander trifft am 18. September in Königsberg ein, und sie kann ihn nicht allein sprechen. Aber auf seiner Rückreise von Erfurt lädt er Friedrich Wilhelm und Luise nach Petersburg ein. Sie reisen am 27. Dezember 1808 ab, bei minus 22 Grad, im Wagen sind noch minus 14 Grad, und kommen zehn Tage später an. Friedrich Wilhelm ist erstaunt, wie Luise, die so oft krank ist, bei außerordentlichen Gelegenheiten Ermüdung und Anstrengung ertragen kann. Sie blühe wie eine frische Rose, meint er nun.

Der Zar verwöhnt seine Gäste, und Luise genießt den lang vermißten Luxus, doch ihren sehnlichsten Wunsch erfüllt er nicht: Sie spricht ihn nie allein. Beim Souper sitzt er zwischen der Zarin und seiner Geliebten, der Fürstin Narischkin. Am 10. Februar ist Luise wieder in Königsberg. Sie hat ihn nicht zum Guten und Edlen beeinflussen können, er hat keinen Wert auf sie, seinen guten Genius, gelegt.

Luise wird krank, liegt im Bett und denkt über Alexander nach. Sie erkennt, daß sie sich einer Täuschung hingab. In ihr tobt es, die Brust zerspringt, glaubt sie, sie hat einen Traum verloren, sieht keine Perspektive mehr für sich. Sie bittet Gott, daß er ihr Herz nicht der Menschenliebe verschließe und ihren Charakter nicht verbittere – dann würde sie unwiederbringlich und rettungslos unglücklich und verloren sein.

Im April erfährt sie, daß der König von Schweden durch eine Militärrevolte abgesetzt worden ist, und vermutet dahinter Napoleon. Aber Friedrich Wilhelm ist dagegen, den Kampf gegen die Franzosen zu wagen: Preußen ist noch nicht bereit.

Den ganzen Sommer 1809 über ist Luise krank, hat Fieber, Atemnot, Brustkrämpfe, leidet unter ihrer zehnten Schwangerschaft, sucht Trost in der Religion. Sie meint, daß sie nicht als große Frau in die Geschichte eingehen werde, und wünscht, daß ihre Kinder Großes und Gutes für die Menschen tun.

Am 4. Oktober bekommt sie einen Sohn, Albrecht. Sie erholt sich lange nicht, wird erst gesund, als sie Ende November hört, daß sie nun endlich nach Berlin zurückkehren kann. Ihr ist elend vor Seligkeit.

Friedrich Wilhelm und Luise ziehen am 23. Dezember 1809 in Berlin in einer Kutsche ein, die die Stadt der Königin geschenkt hat, Wagen und Pferdegeschirr in ihren Lieblingsfarben Lila und Silber. Die Berliner stehen im Wintersonnenschein am Straßenrand, von allen Türmen wehen weiße Fahnen, Kirchenglocken läuten und Kanonen donnern. Später erscheint Luise auf dem Balkon des Kronprinzenpalais Unter den Linden und weint. Sie hat im vergangenen Jahr so viel geweint, daß die Gräfin Schwerin ihr verschwollenes Gesicht kaum wiedererkennt. Luise glaubt, das Volk nehme sie mit rührender Freude auf und habe nichts dagegen, daß sie Königin bleibe. Aber die Berliner sind keineswegs königsfreudig, doch das hält man von ihr fern.

Der jetzige Finanzminister Altenstein weiß nicht mehr, wie er die Zahlungen an Napoleon aufbringen soll. Der König möchte Hardenberg zurückholen. Doch Napoleon ist dagegen, und das Ministerium

Altenstein will sich nicht verdrängen lassen und rät, einen Teil Schlesiens an die Franzosen abzutreten. Im Winter und Frühjahr 1810 verhandelt der König mit Frankreich über Hardenberg, verhandelt mit dem jetzigen Ministerium, ob es nicht doch Geld aufbringen könne und wie, verhandelt mit Hardenberg, der sich mehr Kompetenzen als früher ausbedingt.

Frau von Berg ist häufig bei der Königin, und unter ihrem Einfluß versucht Luise, in die politischen Meinungsfindungen und Auseinandersetzungen einzugreifen: Sie schreibt eine »Aufzeichnung für das Ministerium«, und vielleicht denkt der König an diese Schrift, wenn er später schreibt, unter dem Einfluß der Berg auf die Königin seien Dinge geschehen, die besser unterblieben wären.

Luise meint in ihrer Denkschrift, daß ein Mensch, der den Grundsatz habe, Preußen sei ohnehin verloren, zum Staatsdiener nicht tauge. Sie fordert, »dem König das gesamte Volk und dem gesamten Volk seinen rechtmäßigen König zu erhalten«. Dieser Gedanke müsse die Seele aller Staatsmänner anfeuern und allein den Leitfaden ihrer Handlungen ausmachen. Ein wahrer Staatsdiener müsse sich ernste Mühe geben, um den Forderungen, die von außen an den Staat gestellt werden, Genüge zu leisten – also das Geld herbeischaffen, das Napoleon verlangt.

Luise schickt ihre Schrift einem der Minister, der nicht recht weiß, wie er auf soviel Moral reagieren soll – die Minister versuchen ja, eine holländische Anleihe zu bekommen.

»Warum kann ich nicht durch meine Gegenwart alle Sorgen und Verdrießlichkeiten unseres Standes von Dir fernhalten!« klagt Luise Friedrich Wilhelm.

Ende Mai erlaubt Napoleon Hardenbergs Rückkehr, und Anfang Juni ernennt der König ihn zum Staatskanzler. Luise möchte, daß Wilhelm von Humboldt Außenminister wird, dessen Besuch in Königsberg sie in guter Erinnerung hat, und behauptet, Hardenberg habe ihr das versprochen. Hardenberg aber will den bisherigen Außenminister Goltz behalten. Er gibt Humboldt einen Ministertitel und schickt ihn als Gesandten nach Wien. Die Königin hat auch auf den Staatskanzler keinen Einfluß.

Trotzdem ist sie froh über die Rückkehr Hardenbergs, der so geschickt im Umgang mit dem König ist. Friedrich Wilhelm vertraut ihm und wird nicht mehr die ganze Last seiner Sorgen und seiner verdrießlichen Laune auf Luise wälzen.

Luise möchte ihren Vater wiedersehen und muß wie ein Kind bei ihrem Mann um eine Reise nach Strelitz betteln. Als er ihr die Reise schließlich erlaubt, freut sie sich wie seit Jahren nicht mehr. »Bester Päp! Ich bin tull und varucky«, schreibt sie dem Herzog. »Ich glühe vor Freude und schwitze wie ein Braten... ich weiß nicht, was ich alles sagen soll für Dankbarkeit gegen Gott und den König, der mir die Freude bereitet...«

Am Montag, dem 25. Juni 1810, reist sie zu einem übermütigen, fröhlichen Besuch zu ihrem Vater. Ihre Geschwister Georg, Friederike und Karl sind bei ihm, die Großmutter aus Darmstadt und die Freundin Karoline von Berg. Am Donnerstag kommt Friedrich Wilhelm, die Stimmung wird steifer in Strelitz, aber Luise ist glücklich und freut sich, ihn zu sehen. Sie legt ein Blatt Papier auf den Schreibtisch ihres Vaters: »Mein lieber Vater! Ich bin sehr glücklich heute als Ihre Tochter und als die Frau des besten Gatten!« Sie bemüht sich, die Forderungen, die an sie gestellt werden, zu verinnerlichen, hat auch die Enttäuschung über Alexander und ihren Haß auf Napoleon verarbeitet. »Ja, es gibt Wunden, die unheilbar sind«, hat sie Anfang Juni ihrer Schwester Therese aus Potsdam geschrieben. »Meine Seele ist grau geworden durch Erfahrungen und Menschenkenntnis, aber mein Herz ist noch jung. Ich liebe die Menschen, ich hoffe so gern, und ich habe allen, ich sage *allen* meinen Feinden verziehen. Die Menschen sind dennoch recht schlecht... Ich habe gelebt und gelitten, das ist wahr, es mußte aber so kommen, um mich zu läutern und festzustellen im Glauben und Demut vor Gott, die die wahre Erkenntnis ist. In diesen wenigen Zeilen hast Du mein ganzes Bild –.«

Die Familie reist nach Hohenzieritz, dem Sommerschloß des Herzogs. Friedrich Wilhelm verabschiedet sich, aber er bringt es doch nicht über sich, Luise allein zu lassen, und tritt überraschend im Park aus einem Busch hervor. Die gemeinsame Abreise wird auf den 3. Juli festgesetzt, doch als es soweit ist, wird Luise krank. Friedrich Wilhelm muß zurück nach Berlin, bekommt dort selbst Fieber. Er schickt seinen Leibarzt Heim nach Hohenzieritz, der mit der Nachricht zurückkommt, die Königin habe Lungenentzündung. Aber dann erhält Heim vom erschrockenen Leibarzt des Herzogs die Nachricht, die Königin habe Kreislaufstörungen und Brustkrämpfe. Heim fährt sofort mit einem weiteren Arzt nach Hohenzieritz.

Ein Eilkurier bringt dem König am 18. mittags die Nachricht, die Königin sei in Todesgefahr. Mit seinen beiden ältesten Söhnen fährt er die Nacht durch und trifft am Morgen des 19. Juli um Viertel vor fünf in Hohenzieritz ein.

Luise ist wach, seit Mitternacht hat sie Brustkrämpfe. »Lieber Freund, wie freue ich mich Dich zu sehen, gut daß Du wieder da bist«, sagt sie, »es ist doch besser beyeinander zu seyn, es ist doch mehr Trost.« Sie umarmt und küßt ihn, er muß ihre Hand halten, das beruhigt sie, sie küßt seine Hand. Auch die Ärzte, ihre Schwester Friederike und Karoline von Berg müssen ihr die Hand halten. Luise verlangt nach Wickeln aus warmen Servietten um die Arme und die Hände, die dann gerieben werden sollen. Sie kann nur kurz Atem holen, stöhnt, ruft: »Luft, Luft.« Sie möchte ihre Söhne Fritz und Wilhelm sehen, doch nach einer Weile meinen die Ärzte, sie würde ruhiger werden, wenn Söhne und Ehemann wieder hinausgingen. Heim folgt dem König und sagt ihm, daß Luise sterben werde. Der König solle ihr nicht alle Hoffnung nehmen, es ihr aber doch sagen und sie fragen, ob sie noch einen Wunsch habe.

Friedrich Wilhelm geht zu ihr hinein, versucht zu sprechen, aber sie will nichts hören, unterbricht ihn. Er sinkt auf die Knie, küßt ihre Hand: »Es ist nicht möglich, daß es Gottes Wille seyn kann, uns zu trennen. Ich bin ja nur durch Dich glücklich, und nur durch Dich hat das Leben nur allein noch Reiz für mich, Du bist ja mein einziger Freund, zu dem ich Zutrauen habe.« – »Und Hardenberg«, sagt Luise. Friedrich Wilhelm sagt: »Sollte Gott aber anders gebieten, so nimm mich mit.«

Er fragt nach ihren Wünschen, ihr fällt nichts ein, er fragt wieder, und sie sagt: »Dein Glück und die Erziehung der Kinder.« Er weint, und sie sagt: »Mache mich nicht noch so eine Szene, und bedauere mich nicht, sonst sterbe ich.« Er geht hinaus. Der Arzt versucht, sie über das Sterben zu beruhigen, Friedrich Wilhelm kommt wieder herein, sie sagt: »Fürchte Dich nicht, ich sterbe nicht.«

Aber ihre Hände sind kalt, sie bekommt kaum Luft, »ich sterbe von oben herunter«, sagt sie. Und »Herr Gott, Herr Jesus, verlaß mich nicht« und ganz zuletzt, als sie kaum noch Atem bekommt: »Herr Jesus, mache es kurz.« Dann ist sie tot, am 19. Juli 1810 um neun Uhr früh. Sie ist 34 Jahre alt geworden.

Am nächsten Morgen öffnen die Ärzte den Körper der toten Königin. Sie berichten dem König von schweren organischen Fehlern in der Lunge und in der Leber. Der Tod, sagen sie ihm, sei unvermeidlich gewesen.

Die Oberhofmeisterin Voß erzählt, die Ärzte hätten am Herzen der Königin einen Polypen gefunden, der eine Folge zu großen und anhaltenden Kummers sei. Frau von Berg setzt in die Welt, seit Tilsit sei das Herz der Königin gebrochen gewesen. Später heißt es, das Herz der jungen, schönen Königin und Mutter kleiner Kinder sei über dem Schicksal Preußens gebrochen.

»Ewig lebt die Königin«

Friedrich Wilhelm hat Luise gezwungen, sich dem Ideal der Frau anzupassen, die im häuslichen Kreis nur für ihren Mann und ihre Kinder lebt, wenig von der Welt weiß und sich nicht in die Politik mischt. Schließlich verkörperte sie nach außen dieses Ideal so vollkommen, daß sie für die Frauen des besitzenden national gesinnten Bürgertums zum Vorbild wurde.

Mit dem deutschen Nationalismus wuchs im 19. Jahrhundert die Legende der Königin Luise. Zwei Hauptstränge verbanden sich in der Luisen-Legende: Einerseits galt die Königin als Begründerin eines bürgerlichen Familienlebens, des stillen häuslichen Glücks eines berufsgeplagten Gatten, andererseits als kämpferischer Schutzgeist der deutschen Nation in ihrer Auseinandersetzung mit Frankreich. Oft hieß es sogar, sie habe Napoleon mildere Friedensbedingungen abgerungen.

Am Anfang der Legende stand ein konservativer, nationaler Männerbund in Berlin, die *Christlich-Teutsche Tischgesellschaft*, die der Dichter Achim von Arnim im Januar 1811 gründete. Frauen und Juden war der Zutritt verboten, doch der Geist der toten Luise umstrahlte die Herrenrunde. Die Mitglieder verklärten sie zur Schützerin Preußens und der deutschen Sache und spielten sie gegen den König aus, der sich in seiner politischen Nüchternheit so wenig zur Heldenfigur eignete und, statt gleich gegen Napoleon loszuschlagen, wartete, bis er eine Chance zum Sieg sah. Achim von Arnim dichtete im Eröffnungslied der Gesellschaft:

Nimmer sollen Fremde herrschen / Über unsern Deutschen Stamm / Allen wilden Kriegesmärschen / Setzt die Treue einen Damm. / Unseres Volkes treue Herzen / Bindet eine Geisterhand, / Und wir fühlen sie in Schmerzen, / Sie, die uns von Gott gesandt, / Daß sich Glaub' und Liebe finde, / Und in Hoffnung sich verkünde, / Ewig lebt die Königin.

Auch Friedrich Wilhelm versuchte, aus seiner toten Frau politisches Kapital zu schlagen. Am 10. März 1813, an ihrem Geburtstag, stiftete er das Eiserne Kreuz für die Dauer des Krieges gegen Napoleon, einen Orden, der nicht einer bestimmten Geburtsklasse vorbehalten war, sondern den Soldaten aller Ränge sich durch Tapferkeit verdienen konnten. Man erzählte sich, nach der Eroberung von Paris habe Feldmarschall Blücher gesagt, nun sei Luise gerächt.

1814 veröffentlichte Karoline von Berg ein Buch über die Königin und verklärte Luise zum Engel der Freiheitskriege – das Volk hätte sich gegen die Franzosen erhoben und für Luise gekämpft –, zur Verfechterin der deutschen Einheit und der bürgerlichen Freiheiten. Berg brachte in ihrem Buch einen angeblichen Brief Luises an ihren Vater vom April 1808, der im 19. Jahrhundert immer wieder abgedruckt wurde:

»Es wird mir immer klarer, daß alles so kommen mußte, wie es gekommen ist. Die göttliche Vorsehung leitet unverkennbar neue Weltzustände ein, und es soll eine andere Ordnung der Dinge werden, da die alte sich überlebt hat und in sich selbst als abgestorben zusammenstürzt. Wir sind eingeschlafen auf den Lorbeeren Friedrichs des Großen, welcher, der Herr seines Jahrhunderts, eine neue Zeit schuf. Wir sind mit derselben nicht fortgeschritten, deshalb überflügelt sie uns.« Die moderne Forschung traut der Wahrheitsliebe der Karoline von Berg nicht, und die Historikerin Malve von Rothkirch stellt die Echtheit des Briefs »ausdrücklich in Zweifel«.

Die zweite Auflage des Buchs der Frau von Berg erschien 1849, bearbeitet von Friedrich Adami. Auch er wollte die Forderungen der Bürger nach politischen Rechten und nationaler Einheit mit einem Rückgriff auf die Königin Luise legitimieren. Bei der Verherrlichung Luises schob er aber gleich den Ansprüchen der Frauen, die vor und während der Revolution 1848/49 die Teilnahme am politischen Leben forderten, einen Riegel vor: Luise biete »das hohe, weithin durch das Land leuchtende Vorbild eines wahrhaft deutschen Familienlebens«. Er stellte die stille Seelengröße einer Frau heraus, die nicht handelt, sondern wirkt.

1870 rief noch einmal ein preußischer König an Luises Geburtstag Deutsche zum Kampf gegen Franzosen auf: Wilhelm, ihr zweiter Sohn, stiftete erneut das Eiserne Kreuz. Der König, der an ihrem Todestag am Grab »im stillen Gebet sich die Kraft holte« für den Kampf um Ehre und Selbständigkeit, kehrte aus Frankreich als deutscher Kaiser zurück.

Über die Königin Luise erschienen von nun an Biographien und Romane voll schwärmerischer Bewunderung, die oft hohe Auflagen erzielten. Bis heute ist sie die meistbeschriebene Frau in Deutschland. Zu ihrem 100. Todestag im Jahr 1910 verkündete der Berliner Lehrerverein: »Luise ist preußischen Mädchen und Frauen ein Vorbild in allen Tugenden des deutschen Weibes geworden, und sie wird es bleiben, solange man ihren Namen nennt.«

Kaiser Wilhelm II. erhob 1910 in einer Rede in Königsberg Vorwürfe gegen die Frauenbewegung und verwies auf die Königin Luise, von der die Frauen lernen sollten, »daß die Hauptaufgabe der deutschen Frau nicht auf dem Gebiet des Versammlungs- und Vereinswesens, nicht in dem Erreichen von vermeintlichen Rechten, sondern in der stillen Arbeit im Haus und in der Familie beruht«.

Auch die Nationalsozialisten bedienten sich Luises. Sie wurde zur »wesenhaften deutschen Frau«, die die »Kräfte der deutschen Volks- und Staatsgemeinschaft« in sich verkörpere.

Die Luisen-Legende des 19. Jahrhunderts hob den Widerspruch zwischen der stillen Arbeit Luises im Haus und ihrem tatkräftigen Eintreten für den deutschen Nationalstaat im diffusen *Wirken* einer Ehefrau auf. Dieses Wirken und Umstrahlen des Ehemanns galten als hinreichende politische Einflußmöglichkeit für Frauen.

In manchen historischen Darstellungen gilt das Wirken der Königin Luise heute noch als politischer Einfluß. Sie suggerieren mit dem ungeprüften Nachhall der Luisen-Legende die politische Macht einer Ehefrau. Die Luisen-Legende ist auch ein Versuch, Frauen mit einem Appell an ihre Weiblichkeit zu beschwichtigen – eine wahre Frau könne Einfluß ausüben, auch ohne verbriefte Rechte zu haben –, der auf die Eitelkeit von Frauen baut. Doch es ist nirgends nachweisbar, daß die Königin den König zu einer Entscheidung zwingen, überreden oder auch nur drängen konnte, die er ablehnte.

Königin Luise hätte gern politisch gehandelt, aber sie besaß kein Recht auf Mitwirkung an der Regierung. Sie litt zeitweilig stark unter ihrer politischen Ohnmacht. Sie wollte ihrem Mann helfen, unterstützte einige Male, was er anstrebte, und zuckte stets erschrocken zurück, wenn sie seine Meinung nicht traf.

Sie ist aufgrund ihrer zahlreichen Briefe die vielleicht erste gut beschreibbare Berufsgattin. In ihren Briefen ist mehrfach der Kreislauf zu verfolgen: Erniedrigung, Auflehnung und Versuch, die Erniedrigung zu bejahen. Anrührend an ihr sind der gute Wille, mit dem sie sich immer wieder dem Weiblichkeitsideal ihres Mannes anzupassen versuchte, und ihr verzweifeltes Streben nach innerer Harmonie.

»Ich bin so einzig, als die grösste Erscheinung dieser Erde« – Rahel Varnhagen

»Und kann ein Frauenzimmer dafür, wenn es auch ein Mensch ist?«

»Der Mensch ist ein Kunstwerk«, erkannte Rahel Varnhagen, »sich selbst zur tâche [Arbeit] aufgegeben, Stoff, Künstler und Werkstatt, in uns selbst.« Er müsse sich seiner natürlichen Gaben und der Einflüsse, unter denen er in seiner historischen Zeit lebt, bewußt werden und sich zu seiner Individualität ausbilden – das koste »ein ganzes Leben voll Anstrengung«.

Zum Ausbilden der Individualität gehörte für Rahel neben Lernen und Erkennen das Gebrauchen der natürlichen Gaben: eine Tätigkeit. Auch ihr Zeitgenosse Goethe ließ seinen Faust, der im ersten Teil des Dramas auszieht, um die Wahrheit zu erkennen – *um zu sehen, was die Welt im Innersten zusammenhält* –, im zweiten Teil das tätige Leben preisen.

Beim Gebrauchen ihrer Gaben stieß Rahel jedoch an feste Grenzen. Für eine Frau wie sie gab es keine Berufsmöglichkeiten und für eine Jüdin keinen Platz in der Gesellschaft, zu der sie gehören wollte. So schuf sie für sich einen Berufsersatz: Salonière und Briefeschreiberin. Sie wurde eine gefeierte Frau, zu der berühmte Männer kamen wie zu einem Orakel, und blieb doch eine Randexistenz. Sie fühlte sich von ihrer Zeit verschüttet und versuchte, ihre Geschichte einer kommenden Zeit zu überliefern, in der die Menschen zum Fortschritt für das allgemeine Wohl bereit wären: Sie wollte die Wahrheit berichten vom Leiden des Menschen, dem die Gesellschaft keine Chance gibt, seine Individualität, seine unverwechselbare Persönlichkeit, auszubilden.

Diese Wahrheit vom Leiden des Individuums durch die Gesellschaftsordnung hielten die staatlichen Behörden damals für äußerst gefährlich und explosiv. Noch über 30 Jahre nach Rahels Tod wurde die Herausgeberin ihrer Briefe und der Tagebücher ihres Mannes Karl August Varnhagen mit Strafandrohung verfolgt und mußte ins Exil gehen.

Rahels Geschichte beginnt mit ihrer *infamen Geburt*, wie sie sagt. Wir nennen das heute schlechte Startchancen: Sie ist ein Mädchen, und sie ist Jüdin.

Sie kommt am 19. Mai 1771 in Berlin zur Welt und ist so klein und zart, daß ihre Mutter sie in Baumwolle hüllt und eine Zeitlang in einer Schachtel aufbewahrt. Ein Jahr später wird ihr Bruder Markus geboren, 1778 ihr Bruder Liepman, 1781 die Schwester Rose und 1785 der jüngste Bruder Moritz.

Von Rahels Mutter Chaie Levin heißt es, sie sei gut und sanft und ein wenig beschränkt. Rahels Vater Markus Levin aber ist streng und heftig, launenhaft, ein geistreicher, witziger, verletzender Despot, ein häuslicher Tyrann. Er ist Juwelenhändler und Bankier, im Siebenjährigen Krieg durch Münzprägung für den preußischen König reich geworden, und Schutzjude Friedrichs II. – das heißt, er durfte sich für viel Geld einen besonderen Schutzbrief kaufen, der ihm beruflich die gleichen Rechte gibt, wie christliche Kaufleute sie haben, und muß weniger unter Demütigungen und Verboten leiden als die große Masse der armen Juden. Dieser Schutzbrief muß immer wieder verlängert werden, was kostspielig ist, denn der König braucht Geld: Nur mit Geld kann ein Jude den alltäglichen Bedrückungen durch Christen entgehen.

Einige der wenigen reichen Juden Berlins, die mit christlichen Kaufleuten in Berührung kommen, wollen Bürger werden wie diese auch und am Geistesleben der Zeit teilnehmen. Sie sehen auf Moses Mendelssohn, den Kaufmann und Philosophen, der nicht mehr auf die Rabbiner hört, die das Studium der deutschen Sprache verbieten, und der mit Lessing und Friedrich Nicolai befreundet ist. Philosophen und Dichter denken nach über eine neue Gesellschaft, in der nicht mehr

Geburtsstand und Religion die Menschen mit lebenslänglichen Schranken umgeben und sie voneinander trennen, sondern die vernünftig geregelt ist, denken nach über gleiche Rechte für alle Menschen. Die herrschende Standesgesellschaft privilegiert den Adel und hemmt die Entfaltung der Nichtadligen, ganz gleich, wie fähig sie sind. Doch immer mehr Bürger wollen sich vom Zwang des Überkommenen befreien, glauben an die Vernunft, an die Aufklärung.

Bildung scheint der Schlüssel zu sein zur Freiheit. Männer, die wie Markus Levin in Moses Mendelssohn ein Vorbild sehen, glauben, die Voraussetzung für die Emanzipation der Juden sei eine gute Bildung: Gebildet könnten sie teilhaben an der Emanzipation aller Bürger. Auch die Töchter dieser jüdischen Kaufleute dürfen mehr lernen, als die Töchter reicher christlicher Bürger zu lernen pflegen.

Rahel Levin ist ungewöhnlich intelligent und sensibel. Sie leidet unter ihrem despotischen Vater, dessen Wille Gesetz im Haus ist, hat eine unglückliche Kindheit, fühlt sich vom Vater gebrochen. Und doch liebt der Vater seine älteste Tochter und ist stolz auf sie. Er sorgt dafür, daß sie eine sorgfältige Erziehung bekommt: die schöngeistige Erziehung einer jungen Dame der guten Gesellschaft.

Rahel lernt als Kind die hebräische Schrift, lernt Deutsch und Französisch, hat Klavierunterricht – sie liebt Bach und Mozart –, Tanz- und Handarbeitsstunden. Sie ist neugierig und eifrig, hört auch, als sie längst über 20 ist, nicht auf, sich weiterzubilden in Französisch und Deutsch, in Englisch und Italienisch, hat Geigenunterricht und Kompositionslehre. Sie entwickelt sich zu einer Kennerin der Werke zeitgenössischer Autoren wie Jean Paul, Friedrich Schlegel, Ludwig Tieck, Germaine de Staël, kennt natürlich Lessing, Wieland, Schiller, Rousseau. Sie liest Shakespeare und Hume, Dante, Tasso, Homer. Von Goethe liest sie alles. Seinem Denken fühlt sie sich verwandt.

Sie ist eine Aufklärerin, lehnt Empfindsamkeit und Schwärmerei ab, setzt auf Vernunft. Erziehung soll auf das gesellschaftliche Wohl gerichtet sein, meint sie.

Doch für eine Frau ist Bildung Selbstzweck. Rahel nennt sich ihr Leben lang eine Ignorantin: Sie hat nicht die systematische Bildung bekommen wie Männer, die von Kindheit an gezielt auf das Gymnasium und dort für die Universität vorbereitet werden, die wiederum zu kanonisierten Abschlußexamen führt. Bildung erschließt bürgerlichen Männern neue Berufe, wird zur Eintrittskarte in den staatlichen Dienst, zum sozialen Aufstieg. Für jüdische Männer erweitert Bildung das Spektrum der ihnen bislang erlaubten wenigen Berufe. Rahels Bruder Markus zwar macht, als der älteste der Söhne, eine kaufmännische Lehre, aber ihr Kindheitsfreund David Veit reist zum Medizinstudium nach Göttingen, und auch ihr Bruder Liepman, der sich bald Ludwig Robert nennen wird, geht selbstverständlich auf die Universität. Erst nach dem Universitätsabschluß, wenn sie einen der neuen Berufe auch ausüben wollen, stehen Juden vor größeren Hindernissen als Christen.

Rahel aber muß von Anfang an zu Hause bleiben. Sie ist von Gymnasium und Universität ausgeschlossen. Die Gleichheit der Menschen, über die so viele nun sprechen, gilt nicht für Frauen.

1790 stirbt ihr Vater, und ihr Bruder Markus übernimmt, 18jährig, das Geschäft. Rahel wünscht sich einen Beruf, will in der Firma mitarbeiten. Aber Markus lehnt ihren Wunsch entschieden ab. Sie muß sich dem jüngeren Bruder fügen. Außerdem ist sie nun finanziell von ihm abhängig. Beides kränkt sie.

Sie erzieht die jüngeren Geschwister, unterstützt die Mutter im Haushalt und sucht nach einer Möglichkeit, wie sie ihre Gaben anwenden könnte. Mit 22 Jahren schreibt sie verzweifelt an David Veit nach Göttingen: »...und kann ein Frauenzimmer dafür, wenn es auch ein Mensch ist? Wenn meine Mutter gutmütig und hart genug gewesen wäre, und sie hätte nur ahnden können, wie ich würde, so hätte sie mich bei meinem ersten Schrei in hiesigem Staub ersticken sollen.« Sie ist ein ohnmächtiges Wesen, das zu Hause bleiben muß, ohne daß jemand ihre Arbeit in der Familie anerkennt, und das »Himmel und Erde, Menschen und Vieh« gegen sich hätte, wenn es weg wollte, und für alles, was es möchte, nur Vorwürfe bekommt.

Sie leidet darunter, daß sie sich nicht an den Diskussionen in den Literaturzeitungen beteiligen kann, weil sie eine Frau ist. Es tut ihr weh, Artikel zu lesen, die sie besser schreiben könnte, denn sie weiß genau, wenn sie nicht »das erbärmlichste Nichts« wäre, würden ihre Buchbesprechungen, ihre Urteile und Gedanken gedruckt. So aber kann sie sie nur David Veit schicken – und selbst das wagt sie nur zurückhaltend: Sie hat Angst, als gelehrtes Frauenzimmer bekannt zu werden, als Pedantin, als unweiblich.

Sie leidet darunter, daß sie auch innerhalb der weiblichen Welt nicht dazugehört, weil sie zu intelligent ist, zu begabt, zu gebildet, nicht dem entspricht, was man von einer Frau erwartet. Sollte doch einmal ein Artikel von ihr erscheinen, würden die Frauen und Männer ihres täglichen Umgangs sie »als das schamloseste Geschöpf« verabscheuen.

Sie weiß nicht, daß in Deutschland schon 1754 eine Frau promoviert hat: Dorothea Erxleben an der Universität Halle zum Doktor der Medizin. Als Unverheiratete veröffentlichte die Arzttochter unter ihrem Mädchennamen Leporin eine »Gründliche Untersuchung der Ursachen, die das weibliche Geschlecht vom Studium abhalten, darin deren Unerheblichkeit gezeiget, und wie nötig und nützlich es sei, daß dieses Geschlecht der Gelahrtheit sich befleiße, verständlich dargestellt wird«. Sie heiratete den Diakon Erxleben, einen Witwer mit fünf Kindern, und bekam selbst noch vier dazu. Die junge Mutter war fest davon überzeugt, »daß der Ehestand das Studiren des Frauenzimmers nicht aufhebe, sondern es sich in Gesellschaft eines vernünftigen Ehegatten noch vergnügter studieren lasse«. Dreimal fragten die gelehrten Professoren wegen dieser Frau mit dem beunruhigenden Wunsch nach einer Promotion beim König nach, und dreimal wies Friedrich II. die Herren an, ihr keine Schwierigkeiten zu machen. Mit 39 Jahren legte sie in Halle ihre Examen ab.

Dieser akademische Erfolg einer Frau ist vergessen. Rahel scheint auch die Schrift *Über die bürgerliche Verbesserung der Weiber* nicht zu erreichen, die der Königsberger Jurist Theodor Gottlieb von Hippel 1792 anonym herausgibt und in der er fordert, der Bürger solle seiner Frau die gleiche Freiheit, die gleichen Menschen- und Bürgerrechte geben, die er von der Obrigkeit für sich selbst beansprucht. Von der Promotion der Dorothea Schlözer zum Doktor der Philosophie 1787 dagegen muß sie gewußt haben.

Dorothea Schlözer ist das Wunderkind des ehrgeizigen Geschichtsprofessors Schlözer in Göttingen, der an seiner Tochter die Vorzüge seiner Erziehungsmethode demonstrieren will. Der Orientalist Professor Michaelis hat die 17jährige zu den Promotionsprüfungen vorgeschlagen, die sie glanzvoll bestand. Aber als Frau durfte sie an ihrer eigenen Proklamation zum Doktor nicht teilnehmen. Sie gilt nun als gelehrter Exote, wird bewundert und verspottet. Eine Frau mit soviel Talent und Geist könne wahres Glück und Achtung nicht erwarten, denn: »Man schätzt ein Frauenzimmer nur nach dem, was sie als Frauenzimmer ist.« Das schreibt Caroline, die Tochter von Professor Michaelis und spätere Frau August Wilhelm Schlegels und Frau Friedrich Wilhelm von Schellings, die sich selbst über gesellschaftliche Konventionen hinwegsetzen und sich dabei doch am gängigen Frauenideal festklammern wird. Eine Frau mit Kenntnissen, meint Caroline, sei leicht der Gegenstand des Spottes und gar nicht geehrt. Das gelehrte Frauenzimmer wird verachtet als Karikatur der Weiblichkeit, als Frau, die ein Mann sein will, was sie ja doch, wie jeder weiß, nicht sein kann.

Es gibt keinen Beruf für gebildete Frauen wie Rahel. Alles, was außerhalb des Hauses liegt, gilt als Öffentlichkeit, und ein Auftreten in der Öffentlichkeit ist ihnen verboten. Gleichzeitig verheißen Philosophen und Dichter in diesen Jahren den bürgerlichen Frauen neue Aufgaben in der privaten Sphäre, denn die Bildungsbürger, die sich der Vernunft verschworen haben, wollen sich zu Hause als Ehemänner nicht langweilen müssen. Die Frauen sollen ihren Ideen folgen können, sollen, selbst gebildet, die Männer daheim beflügeln zum Bau der neuen bürgerlichen Gesellschaft, der Gesellschaft der Vernunft und Menschlichkeit. Berühmte Männer machen sich Gedanken über das Wesen der Frau: Fichte, Schleiermacher, Friedrich Schlegel, Wilhelm von Humboldt, Schiller schreiben über die neue Weiblichkeit. Sie sehen Frauen als gleichwertig an mit Männern, aber als prinzipiell anders. Sie entwerfen das Ideal der Frau, die in den Männern – die nach wie vor allein die Welt bewegen – das Gute und das Edle weckt: die Frau als Trägerin der Humanität, eine Priesterin.

Rahel ist damals wohl einverstanden mit dem Ideal der Frau als Vermittlerin einer höheren Menschlichkeit. Sie erkennt noch nicht die prinzipielle Abwehr, die dahintersteckt, wenn Philosophen und Dichter anfangen, von Liebe zwischen Mann und Frau zu reden, wann immer Frauen nach Rechten fragen. Sie will zur Gesellschaft gehören, zum Leben außerhalb des Hauses, und glaubt, daß es nur an ihr liege, wenn ihr das nicht gelingt, sieht noch nicht die Gemeinsamkeiten ihrer Biographie mit den Biographien anderer Frauen. Ihre Situation ist für sie ein ganz persönliches, einzigartiges Schicksal, das nur sie betrifft als Folge ihrer angeborenen Unzulänglichkeit als Frau – und als Jüdin.

Rahel verbirgt ihre jüdische Herkunft nie und empfindet sie zugleich als Schmach. Sie macht sich über die Bräuche engstirniger jüdischer Traditionalisten lustig, die die Juden vor der christlichen Umwelt abschirmen sollen, und will alles Beschränkende im jüdischen Leben hinter sich lassen, will aus dem Judentum heraus. Aber ebenso kritisiert sie engstirnige Denkweisen, mit denen Christen sich von anderen Menschen abschließen. Sie gehört, wie David Veit, zu den Juden, die meinen, wenn sie sich kulturell anpassen und vielleicht sogar zum Christentum übertreten, würden sie in die Gesellschaft der Bürger integriert sein, die sich anschicken, eine allgemeine Menschlichkeit anzustreben. Doch immer wieder erfahren Rahel und David Veit auch von unerwarteter Seite Schikanen gegen Juden, Kränkungen. Rahel fühlt sich, so schreibt sie David Veit, als habe bei ihrem Eintritt in die Welt ein außerirdisches Wesen ihr mit einem Dolch die Worte ins Herz gestoßen: »Ja, habe Empfindung, sieh die Welt, wie sie Wenige sehen, sei groß und edel, ein ewiges Denken kann ich dir auch nicht nehmen, Eins hat man aber vergessen; sei eine Jüdin! und nun ist mein ganzes Leben eine Verblutung.« David Veit antwortet: »... schwerlich hat je ein Mensch kläglicher und wahrer über die Juden geschrieben, als Sie.«

Rahel sieht noch nicht, daß sie auch hier – wie als Frau – ein typisches Schicksal erlebt. Sie und David Veit erleben ihr Ausgestoßensein so, als ob es nur ihnen persönlich geschieht und als ob es nur an ihnen liegt, wenn sie mit ihm nicht fertig werden.

Aber zugleich will Rahel daran mitwirken, die Schranken einzureißen, die die Menschen nach Herkunft und Religion trennen. Männer und Frauen, die bereit sind, diese Schranken zu überwinden, sollen miteinander sprechen – in ihrem literarischen Salon.

»Ich liebe unendlich Gesellschaft«

Wie Rahel auf die Idee kam, einen literarischen Salon zu eröffnen, und wie sie dabei anfangs praktisch vorging, weiß man heute nicht mehr. Vielleicht hat Henriette Herz sie dazu angeregt, die Frau eines Arztes und Tochter der jüdischen Kaufmannsfamilie de Lemos, die mit der Familie Levin befreundet ist. Henriette Herz ist sieben Jahre älter als Rahel und hat schon seit den 1780er Jahren einen wöchentlichen Empfangsabend, einen Salon. Vielleicht lernt Rahel dort Frauen und Männer kennen, die sie irgendwann mit ihren eigenen Freundinnen und Bekannten zu sich einlädt. Man amüsiert sich bei Rahel, die Gäste kommen in der nächsten Woche wieder, bringen ihre Freunde und Bekannten mit.

Es ist modern, aus der nach Ständen geordneten Gesellschaft herauszutreten. Es ist modern, für Gleichheit zu sein, mit Juden, mit Frauen zu sprechen. Doch es gibt keine öffentlichen Treffpunkte. Adlige gehen nicht in bürgerliche Häuser, und anständige Berliner Bürger empfangen weder Juden noch Schauspielerinnen. Aber einige reiche jüdische Kaufleute und Bankiers führen ein offenes Haus. Bei ihnen trifft man Ausländer aller Stände, Geschäftsfreunde des Hausherrn, Gelehrte auf der Durchreise, trifft schöne, gebildete Frauen. In den jüdischen Salons kann man sich zwanglos kennenlernen, und wer kommt, beweist damit, daß er weder Juden noch Frauen scheut, daß er modern ist. Der jeweilige Hausherr hält sich, vielbeschäftigt, zurück, seine Frau steht als Gastgeberin im Mittelpunkt – das gibt dieser neuen Form von Geselligkeit eine angenehme Unverbindlichkeit, Neutralität.

Adel und Bürger treffen sich bei der jüdischen Minderheit. Die Gebildeten proben die gemischte, die ideale Gesellschaft. Jeder Mensch von Talent ist willkommen und wird sich amüsieren. Die Berliner Salonkultur blüht in den Jahren von 1795 bis 1806, in denen Preußen in den Kriegen Österreichs, Englands und Rußlands gegen Napoleon neutral bleibt – eine Insel des Friedens. Die Salons ersetzen die fehlende Öffentlichkeit, die sich allmählich aus und mit den Salons bildet, sind Orte des Gedankenaustauschs, der Diskussion.

Rahel wird im Lauf der Jahre die bekannteste unter den jüdischen Salonièren Berlins. Ihr Salon steht lange in Konkurrenz mit dem Salon von Henriette Herz. Henriette ist sehr schön, worauf Rahel eifersüchtig ist, und Rahel spricht sehr gut. Ihr Witz, ihr Charme, ihr Geist, ihre große Gabe des Zuhörens und ihre Güte ziehen bedeutende Menschen an. Ihre Stimme ist klangvoll und weich. Sie sammelt Freunde und Gleichgesinnte um sich.

Sie empfängt ihre Gäste in den Gesellschaftsräumen des elterlichen Hauses in der Jägerstraße oder auch in ihrer Dachstube. Die Dachstube wird zum Symbol des neuen geselligen Umgangs miteinander – keine aufwendige Repräsentation soll die Gäste hemmen und voneinander trennen, nicht einmal das Essen die Gespräche stören: Rahel läßt die Dienerin Line nur Tee und Butterbrote herumreichen. Hier, unter Lessings Bild, treffen sich die Verfechter tätiger Humanität und Toleranz – außerhalb der herkömmlichen Gesellschaftsordnung und in der Hoffnung, diese zu verändern.

Doch wenn auch die ideale Gesellschaft nur das Gespräch sucht, den geistigen Genuß, und höchstens Tee und Butterbrote zu sich nimmt, um nicht abgelenkt zu werden, sind diese Empfangsabende in Wirklichkeit so kostspielig, daß nur reiche Frauen Salons führen können: Henriette Herz muß ihren Salon 1804 schließen, als ihr Mann stirbt und sie kein Geld mehr hat. Auch mit dem Nichtbeachten von Standesunterschieden kann es in der Praxis Schwierigkeiten geben. Rahel empfängt ihre Gäste nicht nach deren Rang und verstößt damit mehr als die übrigen Salonièren gegen das Herkommen. Damit verärgert sie einige ihrer Gäste, wie Wilhelm von Humboldt, Friedrich Gentz, Clemens Brentano. Umgekehrt zeichnen gerade die Besuche des Prinzen Louis Ferdinand von Preußen Rahels Salon vor den übrigen Inseln der Gleichen in Berlin aus. Rahels Seelenfreundschaft mit ihm macht sie fast berühmt: In die vorgeblich freie Gesellschaft der neuen Menschlichkeit fällt der alte Glanz des Königshauses, vor dem viele sich dann doch gerne beugen. Louis Ferdinand bringt seine Geliebte mit, Pauline Wiesel, eine Frau, die die Regeln der Gesellschaft einfach nicht zur Kenntnis nimmt und Rahels engste Freundin wird.

In Rahels Salon treffen sich die bedeutendsten Männer und Frauen Berlins – Schriftsteller und Schriftstellerinnen, Philosophen, Diplomaten, Wissenschaftler, Offiziere, Staatsbeamte, Bildhauer, Architekten, Schauspielerinnen. Zu den Gästen gehören Friedrich Schleiermacher, Ludwig Tieck, Alexander und Wilhelm von Humboldt, der mit seiner Frau Karoline regelmäßig kommt, Adam Müller, Friedrich Schlegel, Jean Paul, der schwedische Diplomat Carl Gustav von Brinckmann. Zahlreiche Freundinnen Rahels kommen, unter ihnen Dorothea und Henriette Mendelssohn, die Töchter von Moses Mendelssohn, und Rahel schließt Freundschaft mit den unkonventionellen Gräfinnen Josephine von Pachta und Karoline von Schlabrendorff. Auch Rahels Geschwister und ihre Mutter nehmen an den Abenden teil.

Man spricht über Literatur, Kunst, Philosophie, das Leben, über neue Bücher, Theateraufführungen, Universitätsvorlesungen, hört Autoren und Autorinnen zu. Über Politik spricht man nicht. Rahels Salon ist eine literarische Institution: Künstler, Leser, Kritiker treffen sich hier. »Denn Geselligkeit«, schreibt Friedrich Schlegel begeistert 1799, »ist das wahre Element für alle Bildung, die den ganzen Menschen zum Ziele hat«, und ein Jahr später: »Wo die Künstler eine Familie bilden, da sind Urversammlungen der Menschheit.«

Viele Gäste Rahels erwähnen noch in späteren Jahren ihre Zusammenkünfte in Rahels berühmtem Salon, und doch können heute Literaturwissenschaftler Einflüsse dieses Salons kaum nachweisen. Die Gespräche sind verflogen, nur wenige konkrete Spuren des Salons sind übriggeblieben. Ein französischer Graf Salm hat einen Abend im Jahre 1801 geschildert – ein großes Erlebnis für ihn.

Er beschreibt Rahel – »weder groß noch schön, aber fein und zart gebildet, von angenehmem Ausdruck«. Sie hat einen frischen Teint, dunkle, lebhafte Augen und ein kraftvolles Wesen. Sie gilt als »Mädchen von außerordentlichem Geist, klug wie die Sonne, und dabei herzensgut; durchaus eigenthümlich; alles versteht, alles empfindet sie und was sie sagt ist in amüsanter Paradoxie oft so treffend wahr und tief, daß man es sich noch nach Jahren wiederholt, und darüber nachdenken und erstaunen muß«. Die Gesellschaft spricht vom Theater, von Schauspielern, von den öffentlichen Vorlesungen August Wilhelm Schlegels über Literatur und Kunst, zu denen auch die Damen gehen. Graf Salm: »Die kühnsten Ideen, die schärfsten Gedanken, der sinnreichste Witz, die launigsten Spiele der Einbildungskraft wurden hier an dem einfachen Faden zufälliger und gewöhnlicher Anlässe aufgereiht.« Aber am meisten beeindruckt ihn Rahel, und immer wieder kommt er in seinem Bericht auf sie zurück: »Mit welcher Freiheit und Grazie wußte sie um sich her anzuregen, zu erhellen, zu erwärmen!« Ihre Munterkeit ist für ihn unwiderstehlich, und von ihren Worten fühlt er sich wie in einem Wirbel herumgedreht und kann nicht mehr unterscheiden, was Witz, Tiefsinn, Genie oder Grille ist: »Kolossale Sprüche hörte ich von ihr, wahre Inspirationen, oft in wenig Worten, die wie Blitze durch die Luft fuhren, und das innerste Herz trafen!«

Rahel lebt für ihren Salon, eine Utopie der Menschlichkeit, die weiterwirken soll, vertraut auf die menschliche Vernunft. Doch das Beispiel der gemischten Geselligkeit von Adligen und Bürgern, Christen und Juden, Männern und Frauen wirkt nicht weiter. Männer der unterschiedlichsten Kreise kommen zu ihr und bringen doch ihre Ehefrauen nicht mit – Humboldt ist eine Ausnahme. Rahel ist als Jüdin in den Häusern ihrer Gäste und bei deren Frauen nicht willkommen, zählt nicht zur guten Gesellschaft, der Welt außerhalb ihres Hauses, wird nicht eingeladen. Die Männer nennen sie *die kleine Levi* und kommen zu ihr, weil sie ihnen mit aufrichtiger Teilnahme zuhört. Sie nehmen, was sie bietet, und geben nichts zurück.

Einer von Rahels Gästen, der Theologe und Philosoph Friedrich Schleiermacher, beschreibt in seinem *Versuch einer Theorie des geselligen Betragens* 1799 teilweise schon, was vor sich geht: Die Menschen – er meint die Männer – wollen in der Geselligkeit aus ihren bürgerlichen Verhältnissen heraustreten und dem freien Spiel ihrer intellektuellen Tätigkeit Raum geben. Er akzeptiert die sich anbahnende Spaltung in Berufsleben einerseits und Erholung davon bei Kunst und Geselligkeit andererseits. Die Frauen seien die Stifter dieser besseren Gesellschaft, wie sie sich im Salon zeige, sie gehören zum Bereich des Schönen, der im Gegensatz stehe zu dem des Nützlichen. Geselligkeit habe ihren Zweck an sich.

Die jüdischen Salons bleiben im Berliner Leben merkwürdige Erscheinungen, die nichts bewegen. Die unkonventionellen Frauen, die sich bei Rahel treffen, können nicht nach außen wirken, nichts verändern. Rahel hat den Weg aus dem inneren Haus in die Halböffentlichkeit der Gesellschaftsräume gefunden, aber aus ihrem Salon kommt sie nicht weiter in die Welt, in der doch ihre Gäste sich tagsüber bewegen, und kommt nicht in die gute Gesellschaft Berlins, gehört immer noch nicht dazu.

Manchmal beneidet sie diejenigen ihrer jüdischen Freundinnen, denen es gelingt, einen christlichen Mann zu heiraten und in die gute Gesellschaft überzuwechseln. Sie liebt ihren Salon und die ideale Gesellschaft, die sie um sich versammelt, und zugleich hat sie die Rolle der Muse auch satt, will sich damit nicht zufriedengeben. Auch sie versucht, durch Heirat den Einstieg in die Gesellschaft zu schaffen.

Warum Rahel nicht, wie es doch üblich war, in jüngeren Jahren von ihrer Familie verheiratet worden ist, weiß niemand – vielleicht, weil ihr Vater starb, als sie 19 war, und die jüngeren Brüder sich der älteren Schwester gegenüber, die ein so kraftvolles Wesen hat, nicht durchsetzen konnten. Aber heiraten will sie, denn eine ledige Frau gilt nichts, hat keine Freiheit. Doch mit einer üblichen Ehe kann sie sich nicht zufriedengeben. Sie will eine Heirat aus Liebe.

Die Männer und Frauen, die sich einmal wöchentlich in der neuen idealen Gesellschaft von Rahels Salon treffen, haben auch eine neue Idee von Liebe, sprechen von Gleichwertigkeit der Geschlechter. Männliches und Weibliches zusammen erst bilden die volle, ganze Menschheit. Hingabe führe zu dieser idealen Einheit, in der aber doch die Identität beider gewahrt bleibe.

Rahel hat im Winter 1795/96 den Grafen Karl Finck von Finckenstein in der Staatsoper Unter den Linden kennengelernt. Er hat sich in sie verliebt, und sie sich in ihn. Er ist 29 Jahre alt, korrekt, blond, gesellschaftlich etwas ungeschickt und kommt aus einer der angesehensten Adelsfamilien Preußens. Eine Ehe mit ihm wäre ein grandioser sozialer Aufstieg, dann würde sie endlich dazugehören.

Die Beziehung entwickelt sich stürmisch und dauert vier Jahre. Für ihren Kreis ist er nur ein dummer Krautjunker, und für seinen Kreis ist sie nur ein kleines Judenmädchen.

Rahel empfindet ihre Liebe als höchste Schmach. Sie muß warten, nachgeben, fühlt sich dem Klatsch ausgesetzt. Er wirbt, wenn sie sich zurückzieht, und zieht sich zurück, wenn sie wirbt. Sie kann sich nicht kleinmachen und erkennt: »Ich kann nicht heirathen; denn ich kann nicht lügen.« Trotzdem kämpft sie um ihn, leidet unter ihrer Rolle als Frau und Jüdin, bis ihr klar wird, daß er nie ernsthaft daran gedacht hat, sie gegen den Widerstand seiner Familie zu heiraten: Sie ist eben auch für ihn nur eine Jüdin.

Sie löst die Verbindung, wird schwer krank. Im Sommer 1800 fährt sie mit Karoline von Schlabrendorff nach Paris. Sie genießt Paris, besucht häufig Wilhelm und Karoline von Humboldt, die jetzt dort leben, hat einen neuen Verehrer und bleibt doch traurig. Im Frühjahr 1801 besucht sie in Amsterdam ihre Schwester Rose, die einen holländischen Juristen geheiratet hat, kehrt nach Berlin zurück und lernt den spanischen Legationssekretär Raphael d'Urquijo kennen.

Sie liebt ihn leidenschaftlich, glüht. Er ist eifersüchtig. Sie bricht ihren geselligen Umgang weitgehend ab und widmet sich ganz ihm. Aber er verdächtigt sie weiter. Nach eineinhalb Jahren ist diese Beziehung zu Ende. Er liebt sie, aber er schätzt sie nicht, weil sie eine Frau ist, und er verachtet ihre Intellektualität. Er will sie ducken, sie an ihren Platz als Frau verweisen. Das ist eine Erniedrigung, die sie nicht erträgt.

»Negerhandel, Krieg, Ehe!« schreibt sie 1803. Alles drei schließt aus, Mensch zu sein, mißachtet die persönliche Freiheit. Sie will als Frau geliebt und als Intellektuelle geschätzt werden – so wie sie ist, ohne sich verstellen zu müssen.

Von nun an bleiben die Beziehungen zwischen ihr und den Männern, die sich in ihrem Salon treffen, freundschaftlich. Sie verehren sie, weinen sich bei ihr aus, sind fasziniert von ihrer Fähigkeit, ihre Mitmenschen und deren Gedanken zu verstehen, und preisen sie als Ausnahmefrau – und sie ist gekränkt durch diese Bewunderung aus der Ferne, fühlt sich angestaunt wie ein Monstrum, ausgeschlossen. So gut sie auch analysieren kann, wie Menschen in gesellschaftliche und psychologische Muster und Zwänge verstrickt sind, so gut sie auch erkennt, was sie selbst hemmt und sie in Rollen zwängen will, so sieht sie doch jedesmal, wenn sie scheitert, die Hauptursache in einem Mangel ihrer Person: Sie findet sich nicht schön, ohne innere Grazie, ohne Harmonie.

Zugleich wehrt sie sich dagegen, als Frau, Jüdin, geistreich, nur ein Nichts sein zu sollen. »Ich bin so einzig, als die größte Erscheinung dieser Erde«, schreibt sie David Veit 1805. »Der größte Künstler, Philosoph oder Dichter ist nicht über mir. Wir sind vom selben Element. Im selben Rang, und gehören zusammen. Und der den andern ausschließen wollte, schließt nur sich aus. Mir aber war das Leben angewiesen; und ich blieb im Keim, bis zu meinem Jahrhundert und bin von außen ganz verschüttet, drum sag' ich's selbst.« Doch der Schmerz, wie sie ihn kenne, sei auch ein Leben, meint sie bitter. »Mich kann niemand trösten.«

Elf Jahre lang ist Rahel eine erfolgreiche Salonière. Im Oktober 1806 besiegen die Franzosen die Preußen bei Jena und Auerstedt. Wirtschaftliche Not zwingt Rahel, ihren Salon zu schließen.

»Mein Leben soll zu Briefen werden«

Napoleon zieht am 27. Oktober 1806 in Berlin ein. Zahlreiche Adlige und Diplomaten fliehen aus der Stadt. Durch den Krieg und die Kontributionsforderungen der Franzosen kommt das Familiengeschäft, das Rahels Bruder Markus leitet, in große finanzielle Schwierigkeiten, und Markus muß zeitweise sogar die Zahlungen einstellen.

Rahel sitzt nun allein an ihrem Teetisch. Sie macht nur alle acht bis zehn Tage Tee, wenn doch noch einmal einer zu Besuch kommt, der sie trotz ihrer eingeschränkten Lebensweise nicht verlassen hat. Sie leidet unter ihrer Einsamkeit, bekommt Fieber, kann nicht mehr schreiben, und als sie sich erholt und wieder Briefe schreibt, ist sie stolz, will ihre Verlassenheit verbergen, teilt sich nur sehr wenigen Freunden mit. Sie langweilt sich, lebt ohne Geist, Güte, Hoffnung um sie her. Alles ist vorbei, die deutschen Freunde »wie gestorben, wie zerstreut!« schreibt sie im Januar 1808 an Brinckmann. Seele, Herz und Geist liegen brach – sie fühlt sich allein in einer unendlichen Ödnis.

Das Familienleben der Levins ist nie harmonisch gewesen, nun verschärfen sich die Spannungen unter der Geldnot. Rahel empfindet es als Kränkung, daß Markus ihr keinen Einblick in die Geschäfte gibt, in denen doch ihr Erbe steckt. Als noch Angehörige der Berliner Gesellschaft in ihrem Salon ein und aus gingen, verkehrten auch ihre Brüder in diesem Kreis. Nun werfen sie ihr offenbar ihre bisherige Lebensführung vor, bei der nicht einmal eine Heirat herauskam. Rahel, jetzt Ende 30, ist nichts weiter als eine lästige alte Jungfer, eine Frau, die keinen Mann gefunden hat, verschroben und unnütz.

Im Sommer 1808 zieht ihre Mutter heimlich aus der Wohnung in der Jägerstraße aus. Rahel kann die Wohnung allein nicht bezahlen und sucht sich eine andere. Doch nun wirft die Familie ihr vor, die neue Wohnung sei zu groß und ein Diener neben der Dienerin Line für sie zu viel. Sie fühlt sich gekränkt, gesteinigt, getötet. Auch später, als sie sich mit ihrer Mutter wieder versöhnt, die Mutter ihr Geld leiht und sie, als die Mutter erkrankt, sie bis zu ihrem Tod pflegt, fühlt sie sich als ein Nichts.

Sie erkennt, daß das Ideal der neuen Weiblichkeit, das ihr die Chance gab, ihren Salon aufzubauen, nicht hält, was es versprach. Auch die Männer, die von der idealen Einheit des Männlichen und des Weiblichen in neuen, wahrhaften Liebesbeziehungen schwärmten, weisen den Frauen nun ihren alten Platz wieder an. Das Ideal der neuen gemischten Gesellschaft ist passé, und mit ihm haben die Frauen als gleichwertige Stifterinnen der Menschlichkeit ausgespielt. Frauen, die wie Rahel den Anspruch, ihre Individualität ausbilden zu können wie die Männer, von der Idee der neuen Liebe beschwichtigen ließen, erkennen nun, daß die alten Beschränkungen für sie weitergelten, die alten Unfreiheiten, Rechtlosigkeiten. Rahel ist ernüchtert, erbost. Sie würde gerne diese Liebeslüge, »worauf sich die Besten unseres Zeitalters etwas einbilden, und welche zum Teil die ganz neue europäische Liebe konstituirt«, auseinandernehmen, entlarven, »damit sie nie wieder lebe«, aber sie hat nicht die Kraft dazu.

Das geistige Klima in Berlin hat sich geändert. Nicht nur Rahel sitzt allein an ihrem Teetisch. Wer im Berliner Geistesleben zählt oder zählen will, meidet nun die jüdischen Salons. Man trifft sich jetzt in den Salons des alten Adels.

Die Reformen des preußischen Königs heben auch die Sondergesetze für Juden allmählich auf, und das Emanzipationsedikt von 1812 erkennt sie als Staatsbürger an. Aber preußische Junker bekämpfen die Reformen der liberalen Beamten um den König erbittert, fürchten um die Vorrechte des Adels in einem »neumodischen Judenstaat«. Zahlreiche adlige Intellektuelle und Schriftsteller stützen die Opposition gegen die Reformen. Gegenströmungen zum aufgeklärten, toleranten Geist der jüdischen Salons, die es schon in den Jahren zuvor gegeben hat, werden nun zu Hauptströmungen. Einflußreiche Romantiker wie die Dichter Achim von Arnim und Clemens Brentano eifern gegen die »alles zerstörende, von Juden entfachte Vernunft« der Salons.

Die Salons, in denen Männer und Frauen aller Nationalitäten und Glaubensrichtungen sich trafen, werden abgelöst von Männerbünden. Achim von Arnim gründet im Januar 1811 in Berlin die *Christlich-Teutsche Tischgesellschaft.* Frauen, Juden und Franzosen ist der Zutritt verboten. Dafür halten die Mitglieder, männlich, christlich, national, Reden über Frauen und Juden. Clemens Brentano sagt in seiner Eröffnungsrede über Juden, jeder könne »diese von den ägyptischen Plagen übriggebliebenen Fliegen in seiner Kammer mit alten Kleidern, an seinem Teetisch mit Theaterzetteln und ästhetischem Geschwätz, auf der Börse mit Pfandbriefen und überall mit Ekel und Humanität und Aufklärung, Hasenpelzen und Weißfischen genugsam einfangen«. Und der Freiheitsphilosoph Johann Gottlieb Fichte, Rektor der Universität Berlin, trägt seine Theorien von der »unbegrenztesten Unterwerfung der Frau unter den Willen des Mannes« in der Ehe vor. Und alle gemeinsam stoßen auf die Königin Luise an.

Rahel, verlassen und einsam, denkt nach über die Wechselwirkungen zwischen dem einzelnen und der Gesellschaft, in der er lebt. Unbeirrt vom nun überschwappenden Gefühlskult der Romantiker, setzt sie weiter auf die menschliche Vernunft. Mein »Herz und meinen Geist kann niemand als durch Gründe regieren«, schreibt sie dem Dichter Friedrich de la Motte Fouqué, Mitglied der *Christlich-Teutschen Tischgesellschaft*, der zu denen gehört, die vor den Unvollkommenheiten der Gegenwart in die vermeintliche Vollkommenheit der Vergangenheit fliehen, und sich Ritterromane und Gespenstergeschichten ausdenkt. Sie aber will die Wahrheiten der Gegenwart erkennen, glaubt an das Fortschreiten des Geistes, an die Möglichkeit einer besseren Gesellschaft in der Zukunft. Wäre sie ein Mann – ein Christ –, könnte sie mit ihrem Denken in der Öffentlichkeit wirken, hätte vielleicht an der Universität einen Lehrstuhl für Philosophie. Sie leidet unter ihrer Isolation und Ohnmacht. »Wir sind neben der menschlichen Gesellschaft«, schreibt sie ihrer engsten Freundin Pauline Wiesel. »Für uns ist kein Platz, kein Amt, kein eitler Titel da!«

Rahel hat immer enge Freundschaften mit Frauen gepflegt, besonders mit berufstätigen Frauen, die allein leben – Schauspielerinnen, Schriftstellerinnen, Hauslehrerinnen. Aber Pauline Wiesel, die Abenteurerin, ist der einzige Mensch, von dem sie sich ganz verstanden fühlt. Doch Pauline hat Berlin 1808 verlassen – Prinz Louis Ferdinand ist im Oktober 1806 gefallen – und lebt nun abwechselnd in Frankreich, in der Schweiz, in Italien und Süddeutschland. Rahel bleibt nur das briefliche Gespräch mit ihr. Sie schreibt niemandem so offen über sich und ihr Leben wie Pauline.

Pauline ist vorurteilslos wie Rahel und liebt wie sie die Natur, das Grüne und die Wahrheit. Im Unterschied zu Rahel setzt sie sich über die Zwänge der Gesellschaft hinweg. Sie hat Liebhaber, stößt mit ihren Moralvorstellungen Familie und Bekannte vor den Kopf und macht sich nichts daraus, außerhalb der Gesellschaft zu leben. Sie ist sehr schön, sehr selbstbewußt und berichtet Rahel witzig und ironisch, wie sie ihr vagabundierendes Leben mit »List, Mut und Energie« und manchmal mit einem neuen Mann meistert.

Rahel bewundert die innere Stärke und Unabhängigkeit Paulines. Pauline ist für sie ihr anderes Ich, ihre ungelebte Seite. Pauline meint, auch Rahel solle die Gesellschaft verlassen, und versucht, sie aus Berlin herauszulocken. Sie soll mit ihr in der Nähe von Paris auf dem Land leben oder in Rom, wo sie sich beide als Bettlerinnen durchschlagen und Orangen stehlen wollen. Rahel überlegt sich das. Pauline, meint sie, lebe frei und wahrhaftig, weil sie Mut hat und Glück. Sie dagegen denke sich das meiste nur, weil sie kein Glück hatte und nicht mutig ist. Sie leidet an der Gesellschaft, aber sie will nicht aussteigen. Sie glaubt nicht an eine Freiheit außerhalb der Gesellschaft, will sie verändern und von Vorurteilen befreien.

Sie bleibt in Berlin, krank und unglücklich. Sie weiß, daß ihre Krankheiten eine Wurzel in den Kränkungen haben, die ihre früheren Freunde und ihre Familie ihr zufügten und zufügen, und die ihr Lebensfreude und Übermut töteten. Sie leidet an Erkältungen, Rheuma, Migräne, Herzkrämpfen. Es geht ihr sofort besser, wenn jemand sie besucht oder wenn sie bei gutem Wetter ins Freie hinauskommt. Nun hat sie keine Kutsche mehr zu ihrer Verfügung und fühlt sich in der Stadt zunehmend eingesperrt.

Sie schließt neue Freundschaften, beginnt Briefwechsel mit jungen Männern, die sie bewundern, wie Alexander von der Marwitz und Karl August Varnhagen. Sie will ihr Schicksal anderen schildern, damit sie daraus etwas über die Gesellschaft lernen, will ihre Zeitanalysen, ihre Einsichten mitteilen – will lehren. Als Marwitz sie nach einer sinnvollen Lebensbestimmung fragt, antwortet sie: »Sie *können* der Zeit nicht entfliehen. Es giebt nur Lokal-Wahrheiten, und die Zeit ist nichts, als die Bedingung, unter welcher sie sich bewegen, entwickeln, leben, wirken. Alle bekannte Wesen sind darin streng gebannt; jeder Mensch in seine Zeit. Unsere ist die des sich selbst in's Unendliche, bis zum Schwindel, bespiegelnden Bewußtseins.«

Rahel bespiegelt ihr Bewußtsein und schickt ihre Befunde und Erkenntnisse in Briefen in die Welt. Von früher Jugend an hat sie Briefe geschrieben, ist auch in ihrer großen Zeit als Salonière eine gerühmte Briefeschreiberin. Ihre Briefe werden gesammelt, gepriesen, weitergezeigt, besprochen, aufgehoben. Die Denkerin, die kein Amt, keinen Titel, keinen Platz in der Gesellschaft hat, legt nun ihre geistige Kraft in ihre Briefe.

Sie schätzt am Ende ihres Lebens, daß sie über 10000 Briefe an 300 Adressaten geschrieben hat. Briefe haben eine lange literarische Tradition, sind eine hochgeschätzte Literaturgattung. Es gibt Briefwechsel über Fragen der Kunst und der Wissenschaft, es gibt berühmte Briefromane wie Goethes *Werther* und Hölderlins *Hyperion*. Frauen gelten im 18. und im frühen 19. Jahrhundert als Meisterinnen der Briefkunst.

Zugleich aber setzt eine Entwicklung ein, die der Briefform ihre große Bedeutung nimmt. Der Kreis der Leute, die sich Bücher kaufen können und wollen, weitet sich aus, und die Verleger wollen weg von Texten, die nur versteht, wer – modern ausgedrückt – Insider-Informationen hat, und die daher nur wenige Käufer ansprechen. In Wechselwirkung mit den Erfordernissen des Marktes – und zur Befreiung der Kunst von den Fesseln fürstlicher Wohlgeneigtheit – bildet sich das ästhetische Ideal des geschlossenen Kunstwerks, des Werks, das für sich steht. Ein Leser soll ein Buch verstehen und genießen können, auch wenn er vom Schriftsteller nichts weiß, und der Schriftsteller soll für Leser schreiben, die er nicht kennt. Der Literaturmarkt professionalisiert sich immer mehr, und die ersten hauptberuflichen Schriftsteller, Männer, meiden die schwerverkäufliche Briefform. Der Brief verliert seinen Rang als literarische Gattung, gilt immer weniger als literarischer Text, immer mehr als persönliche Mitteilung von Frauen, als nur noch historisches Zeugnis. Eine Folge heute: Rahel Varnhagen kommt in der Literaturgeschichte, wenn überhaupt, nur als Anregerin berühmter Männer vor, nicht als eigenständige Autorin, die sich als literarische Form den Brief wählt und sie weiterentwickelt.

Rahel kann die epische, lyrische oder dramatische Form nicht gebrauchen. Diese Kunstgattungen, meint sie, seien künstlich, keine von ihnen ermögliche ein »reines Auffassen der Welt«. Sie lehnt den abgehobenen Bereich der Kunst für sich ab, will gerade den Zusammenhang von Leben und Kunst zeigen und damit auch den Zusammenhang von Kunst und Leben. Ein Brief soll das Porträt eines Gesprächs sein, ein Porträt des Augenblicks, in dem er geschrieben wird – mit anderen Worten: eine Reportage über das Entstehen von Gedanken. Der Leser soll dabeisein.

Ihre Sprache erfindet sie sich selbst. Sie will Neues, das Leben aufnehmen, dafür ist die gewohnte Sprache ungenügend. Die vorgegebenen Versatzstücke der Grammatik und die vertrauten fertigen Phrasen sind wie ein Spiegel der etablierten Gesellschaft, die sie aufbrechen will. Sie versucht, mit einer neuen Sprache altes Leben und Denken abzustreifen: Das Denken formt die Sprache, die Sprache formt das Denken, neues Denken formt eine neue Sprache – Rahel setzt frisch an in diesem alten Kreislauf. Indem sie vorgeformte Sprache sprengt, sprengt sie vorgeformtes Leben – so wie heute Frauen unsere vertraute Sprache aufzubrechen suchen, in der Frauen als Subjekte kaum vorkommen, und Sprachformen erproben, die einer Gleichberechtigung von Männern und Frauen entsprechen. Rahels Sprache ist manchmal holperig, aber sie sei immerhin echt, meint sie.

Auch Rahels Interpunktion löst sich von der Grammatik. Das Komma wird zum Zeichen für eine Sprechpause. Man soll ihre Briefe laut lesen: Die Autorin versucht, Schrift und Papier zu überwinden und zum Leser zu sprechen. Ihr Thema ist das »Tagesleben«. Sie nimmt ihre Zeit auf: »Mein Leben soll zu Briefen werden.« Sie schreibt über Literatur, Schauspielkunst, Tanz, Malerei, Musik, schildert, manchmal sehr poetisch, den Alltag in der Stadt und notiert philosophische Erkenntnisse. Sie schreibt dagegen an, daß Frau-sein, Jüdinsein wieder als Schande gilt. Als Frau und Jüdin ist sie in der Gesellschaft gescheitert – aber das ist für sie nicht mehr, wie in ihrer Jugend, ihre Schande: Das ist die eigentliche Schande im Menschengeschlecht. Sie rebelliert gegen ihr Schicksal und will es allen Menschen bekanntmachen, damit sie begreifen, was die Gesellschaft ihr antut, damit sie erkennen, wie so etwas vor sich geht und daß es auch ihnen geschehen kann, wenn man sie zu Außenseitern stempelt. Sie leidet öffentlich, schwankt manchmal, ob nicht doch sie versagt hat, legt in einer oft furchtbaren, quälenden Auseinandersetzung beschreibend die Strukturen der Gesellschaft bloß. Sie versucht zu analysieren, weshalb die Aufklärung mit ihren Forderungen nach Vernunft, Toleranz, Menschlichkeit gescheitert ist.

Aber immer noch schreibt Rahel kaum über Politik.

Ihr Briefwerk wächst, und auch der Plan, die Briefe zu veröffentlichen. Schon 1800 hat Rahel eine Freundin gebeten, im Falle ihres Todes alle ihre Briefe bei Freunden und Bekannten zu sammeln und sie drucken zu lassen. Doch die Zeiten haben sich geändert, und während der französischen Besetzung Preußens kommt eine Veröffentlichung nicht in Frage. Aber Rahel versucht weiter, Briefe aus ihren früheren Jahren zurückzubekommen. 1808 hat sie schon Tausende zusammengetragen. Sie bittet einen jungen Mann, ihr beim Ordnen zu helfen: Karl August Varnhagen. Sechs Jahre später ist sie mit ihm verheiratet.

»Freiheit, Freiheit! besonders in einem geschlossenen Zustand, wie die Ehe«

Rahel Levin lernt Karl August Varnhagen im Jahre 1808 näher kennen – er hat sie fünf Jahre zuvor zum erstenmal erlebt und war schon als 18jähriger tief beeindruckt von ihr. Er stammt aus einer Ärztefamilie, die die Ideen der Französischen Revolution vertrat, wuchs teilweise in Straßburg auf. Als er 14 war, starb sein Vater. Varnhagen machte die kurze Ausbildung zum Militärarzt, aber sein besonderes Interesse galt der Literatur. Er wurde Hauslehrer bei jüdischen Familien in Berlin und Hamburg, studierte dann in Halle weiter Medizin.

Er ist 14 Jahre jünger als Rahel, ein unfertiger junger Mann, und die Leidenschaft, die er ihr zeigt, verwirrt und verletzt sie. Als er im Herbst 1808 sein Medizinstudium in Tübingen fortsetzt, schreibt sie ihm als erwachsene Frau, die einen jungen Mann lenken will. Doch allmählich erkennt sie, daß er nicht nur für sie schwärmt, sondern sie so liebt, wie sie ist. Sie braucht sich nicht zu verstellen, keine Rolle zu spielen. Dieses ungeheure Glück, das ihr hier so unerwartet begegnet, will sie mutig und klug ergreifen: Er ist »der Einzige in der ganzen Welt, der mich je lieb hatte, der mich behandelt wie ich andere«. Sie bringt ihm keine große Leidenschaft entgegen, aber sie liebt und achtet ihn, vertraut ihm, nennt ihn Kind, Sohn.

Die Beziehung zwischen beiden ist schwierig. Sie ist so viel älter, und er hat ein Verhältnis zu einer Frau in Hamburg, das er aber im Frühjahr 1809 löst. Er ist mittellos und weiß nicht, was er beruflich werden soll und kann. Medizin interessiert ihn nicht mehr. Er liebt die Literatur, ist aber streng mit sich und meint, daß sein Talent zum Dichter nicht reiche. Ihn reizt eine diplomatische Laufbahn, aber um im Staatsdienst vorwärtszukommen, fehlt ihm ein Adelstitel. Im Sommer 1809 meldet er sich bei der österreichischen Armee und wird im Krieg gegen Napoleon dem Grafen Bentheim als Fähnrich zugeordnet. Er wird schwer verwundet, gerät in Gefangenschaft, wird gegen französische Gefangene ausgetauscht und bleibt nun einige Jahre Adjutant beim Grafen Bentheim. Er reist mit ihm, lebt in Paris, lernt Diplomaten und Minister kennen, schreibt Rahel Liebesbriefe und will sie irgendwann auch einmal heiraten.

Rahel sieht die Lächerlichkeit dieses sich hinziehenden Verhältnisses, hat Angst, daß auch dieser Heiratsplan scheitert, und nagelt ihn fest. »Wen ich liebe, muß mit mir leben wollen; bei mir bleiben«, hat sie Pauline Wiesel geschrieben. Die Zeit, in der nur sie die Gebende war, ist vorbei: »Meine Freunde, außer Sie, denken alle, ich kann von der Luft lieben, und leben. Sie freuen sich, ein Herzspiel zu sehen wie das meinige, und ich soll ohne Liebe leben! Es ist vorbei, es ist zu viel!« Doch als sie mit Varnhagen einig ist, verhindern äußere Umstände die Heirat.

Im März 1813 erklärt Preußen Frankreich den Krieg. Preußen, Rußland und Österreich haben sich gegen Napoleon verbündet, die Befreiungskriege beginnen. Varnhagen wird Hauptmann in russischem Dienst und zieht mit Tettenborns Armee in Hamburg ein.

Rahel verläßt Berlin im Mai 1813 mit ihrer Familie und reist ins sichere Prag. Im Oktober kommt es zur großen Völkerschlacht bei Leipzig, die Napoleon verliert. Die Franzosen beginnen, sich aus Deutschland zurückzuziehen.

Rahel bleibt bis Sommer 1814 in Prag. Verwundete werden in die Stadt gebracht, die Lazarette sind überfüllt. Rahel, die von sich meint, daß ihr der Mut zur Tat fehle, organisiert nun tatkräftig Hilfsaktionen wie die Verteilung von Essen und Kleidern, Unterkunft und Pflege für die Verwundeten, schreibt deren Angehörigen, sammelt Geld bei ihren wohlhabenden Bekannten. Sie erweist sich als fähige Organisatorin und genießt in dem allgemeinen Unglück doch ihr tätiges, ausgefülltes Leben. Als sie schließlich zusammenbricht und mit einer rheumatischen Lähmung wochenlang im Bett liegt, denkt sie darüber nach, wie sie alle europäischen Frauen auffordern könnte, »daß sie den Krieg niemals mitmachen wollen; und gemeinsam allen Leidenden helfen wollen; dann könnten wir doch *ruhig* sein, von *einer* Seite; wir Frauen, mein' ich«. Wieder wird ihr alter Wunsch nach einer Berufstätigkeit in ihr wach. Aus öffentlicher Wohltätigkeit könne sich doch, überlegt sie, ein Beruf für sie ergeben. Aber sie sieht keinen Weg, wie das vor sich gehen soll.

Am 30. Mai 1814 schließen die siegreichen Alliierten den Frieden von Paris und verbannen Napoleon nach Elba. Am 27. September 1814 heiraten Rahel Levin und Karl August Varnhagen in Berlin. Vier Tage zuvor hat Friedrich Schleiermacher Rahel getauft, denn nur als Christin kann sie einen Christen heiraten. Varnhagen hat einen Adelstitel in seiner Familie ausgegraben, und so heißt Rahel nun Friederike Antonie Varnhagen von Ense. Nun ist sie doch verheiratet und adlig, glaubt, daß sie endlich zur guten Gesellschaft gehört: Varnhagen ist jetzt Diplomat und steht am Beginn einer glänzenden Karriere.

Er reist im Oktober 1814 mit der preußischen Delegation zum Friedenskongreß nach Wien. Rahel folgt ihm im November. Sie trifft in Wien alte Freunde wieder, Wilhelm und Karoline von Humboldt, Friedrich und Dorothea Schlegel, geborene Mendelssohn, Friedrich Gentz. Die große Welt beeindruckt sie nicht. Sie beobachtet die politischen Verhandlungen, wünscht Frieden in Europa und für Preußen eine Regierung, die auf einer Verfassung beruht. Aber sie muß ihren Geschwistern nach Berlin schreiben, daß die gekrönten Häupter »die Welt wie ein Rad in seinem Lauf zurückhalten und auf die alte Stelle, wo es ihnen gefiel, zurückführen möchten«.

Nach dem Zwischenspiel von Napoleons Flucht aus Elba und nach dem Abschluß des Wiener Kongresses im Juni 1815 geht Varnhagen mit dem preußischen Staatskanzler Hardenberg nach Paris. Rahel bleibt den Sommer über bei jüdischen Freunden in Wien. Am 26. September 1815 schließen Preußen, Rußland und Österreich in Paris eine Heilige Allianz: Es soll alles wieder so werden wie vor der Französischen Revolution, politische Rechte für Bürger soll es nicht geben.

Rahel ist bei Freunden in Frankfurt. Sie ist jetzt ein Jahr verheiratet. Sie schreibt Varnhagen nach Paris: »Ich will ja nur leben, weil Du es wünschest, weil ich mit Dir leben kann. Von Dir hab' ich ja erfahren, daß auch ich geliebt und gehegt werden kann, wie ich andere hege und liebe; daß ich kein verzaubertes monstre bin: worüber ich, Du weißt es, ganz gefaßt und vergnügt war. Ich liebe Dich Deiner Liebe wegen.« Nicht, weil er sie liebt, nein: »weil ich solchen gehaltenen, erglühten Ernst nie sah, und sah ihn nie, weil er nur selten, weil er so schön ist; ein Gelungenes!«

Varnhagen hat die verzauberte Prinzessin erlöst und gerettet und sie, wie im Märchen, geheiratet. Aber in ihrem Alltag als Ehefrau erfährt sie neue gesellschaftliche Zwänge. Sie wird nicht mehr als Rahel Levin gesehen, sondern als Frau August Varnhagen, wird seinetwegen geachtet, nicht mehr um ihrer selbst willen. Sie muß zu Leuten freundlich sein, die ihr gleichgültig sind, muß sich mit Rücksicht auf seinen Beruf zurückhalten und leben, wo die preußische Regierung ihn hinschickt. Und zu Hause muß sie sich seinem Lebensstil und seinen Wünschen anpassen, was ihr, obgleich er rücksichtsvoll ist und sie sich Mühe gibt, doch oft schwerfällt. »Freiheit, Freiheit! besonders in einem geschlossenen Zustand, wie die Ehe. Ah – a! die alte *Rahel!* Ah! –«, schreibt sie ihrer Schwester Rose.

Varnhagen wird zum preußischen Geschäftsträger in Karlsruhe ernannt. Baden ist ein Zentrum der süddeutschen Liberalen, die eine

Verfassung fordern. Auch Varnhagen ist politisch liberal eingestellt, und so meint man in Berlin wohl, er sei der Rechte für den Posten in Karlsruhe. Im Oktober 1817 befördert man ihn zum Ministerresidenten.

Rahel findet sich anfangs schwer in der kleinen Residenzstadt zurecht, in der sie niemanden kennt und in der niemand sie kennt. Sie muß Gesellschaften geben, auch wenn ihr nicht danach zumute ist, und ist selbst als Jüdin, trotz ihrer Taufe, zu den Gesellschaften am Hof des Großherzogs nicht zugelassen. Sie muß auf die herrschenden Moralvorstellungen Rücksicht nehmen, und aus Angst, Varnhagen zu schaden, wagt sie nicht, sich mit Pauline Wiesel zu zeigen, ihrer liebsten Freundin, die sie nur in Abständen von mehreren Jahren einmal sieht.

Allmählich findet sie neue Menschen, richtet sich ein, kann kleine Reisen machen. Aber sie genießt ihren sozialen Aufstieg und die Reisen nicht mehr so, wie sie es früher getan hätte. Die Leiden, mit denen ihr Körper auf die Kränkungen ihrer Seele reagierte, sind chronisch geworden. Sie sei zu alt, zu klug, zu faul, um noch Vergnügen an fremden Orten zu finden, meint sie und wünscht sich nur einen kleinen Kreis wirklicher Freunde um sich.

Unter Varnhagens Einfluß wächst ihr Interesse an Politik, und in ihren Briefen an ihn zeigt sie einen scharfen Blick für historische Zusammenhänge. Beiden ist das »neuchristliche Glaubenswesen« mit seinen reaktionären und antisemitischen Tendenzen verhaßt. Sie erkennt darin »ein dunkles Bedürfnis, etwas zu vergöttern, weil das Bedürfnis der Vernunft, und der Sinn für das, was *da ist*, nicht scharf genug ist«. Aus diesem Bedürfnis entstehe ein »Gelichter von epidemischen Geisteskrankheiten«, das in der nun verschrienen Aufklärungsepoche die braven Aufklärer durch Lächerlichmachen gehemmt hätten, das aber nun um sich greife. Rahel sieht mit der prophetischen Klarsicht der scharfen Analyse in die Zukunft, in das 20. Jahrhundert, sieht Unglück voraus, wenn die Narren noch länger fortarbeiten: »Jeden großen Irrthum, nämlich der in seinen Folgen so groß werden kann, werden Nationen nur durch Blutvergießen los. Jemehr in Massen gehandelt wird und geschieht, je schwerer wirken *menschliche* Gedanken.« Und sie klagt: »O! armer Novalis, armer Friedrich Schlegel, der gar noch leben bleiben mußte; *das* dachtet ihr nicht von euren seichten Jüngern. Großer, lieber, *ganz blind* gelesener Goethe, feuriger, ehrlicher Lessing, und all ihr Großen, Heiteren, das dachtet ihr nicht; konntet ihr nicht denken. Eine *schöne* Säuerei!«

Varnhagen unterstützt die Liberalen. Vielerorts regt sich Widerstand gegen die Heilige Allianz, gegen die zunehmende politische Knebelung der Bürger, denen die Fürsten vor dem Kampf gegen Napoleon Verfassungen versprochen haben, wovon sie nun nichts mehr wissen wollen. Im Dezember 1818 stirbt der Großherzog von Baden, und sein streng konservativ-ständisch gesinnter Onkel folgt ihm nach. Im Juli 1819 erhält Varnhagen seine Abberufung, ohne Angabe von Gründen – allerdings hat unangenehmes Aufsehen erregt, daß er mit einer Jüdin verheiratet ist.

Der österreichische Außenminister, Fürst Metternich, lädt die führenden Minister der Staaten des Deutschen Bundes nach Karlsbad ein, wo sie sich auf die berüchtigten Karlsbader Beschlüsse einigen: Wiedereinführung der Zensur für die Presse, Entlassung revolutionär gesinnter Professoren als Warnung für die liberal eingestellten, Überwachung der Universitäten.

Ende August 1819 kommt es in Deutschland zu antisemitischen Ausschreitungen, zu Mißhandlungen von Juden, Straßentumulten, eingeworfenen Fensterscheiben. Rahel ist grenzenlos traurig. Seit drei Jahren hat sie einen solchen Sturm gegen die Juden befürchtet. Vertreiben will man die Juden nicht. »*Behalten* wollen sie sie; aber zum Peinigen u(nd) Verachten; zum Judenmauschel schimpfen; zum kleinen dürftigen Schacher; zum Fußstoß, und Treppenrunterwerfen«, schreibt sie ihrem Bruder Ludwig Robert. »*Dies* ist der deutsche Empöhrungs Muth.« Den Mut, von der Obrigkeit Rechte und Verfassung zu fordern, hat das Volk nicht, es weiß nicht einmal, was es fordern soll. Aber unter den Gebildeten, die es ihm beibringen könnten, sind viele mit rohen Herzen, die die Gebildeten unter den Juden beneiden, die neue Konkurrenz fürchten. »Die Gleißnerische Neuliebe zur Kristlichen Religion Gott verzeihe mir meine Sünde, zum Mittelalter, mit seiner Kunst, Dichtung und Gräueln, hetzen das Volk zu dem *einzigen* Gräuel zu dem es sich aufhezen *läßt*!« Sie zählt Professoren auf, die seit Jahren in den Zeitungen hetzen, nennt auch von Arnim und Brentano. Es ist nicht mehr der alte Religionshaß, der sie treibt. Rahel sieht eine neuartige, rassistische Judenfeindlichkeit. Politisch und wirtschaftlich Unzufriedene reagieren sich gefahrlos an den Juden ab und gewinnen aus dem Peinigen der Schwächeren ein Gefühl der Stärke und Überlegenheit.

Rahel kehrt mit ihrem Mann im Oktober 1819 nach Berlin zurück. Es heißt, Metternich habe sich gegen Varnhagens weitere Verwendung in Deutschland ausgesprochen. In Berlin bietet man ihm einen Posten in Nordamerika an. Er lehnt ab und wird in den Wartestand versetzt. Jahrelang bleibt in der Schwebe, was aus ihm werden soll, sein vermindertes Gehalt kommt unregelmäßig, manchmal monatelang nicht. Nach sechs Jahren der Ungewißheit wird er schließlich als Geheimer Legationsrat in den Ruhestand versetzt, und ein Jahr danach wird als Trostpflaster sein Adelstitel offiziell von denen anerkannt, die reaktionär geworden sind und Karriere gemacht haben. Varnhagen ist tief enttäuscht über das Ende seiner Laufbahn und zugleich auch froh, daß er nun als freier Publizist arbeiten kann. Zehn Jahre später hat er sich zum brillanten historisch-politischen Schriftsteller entwickelt, der seine Epoche mit scharfer Beobachtungsgabe besichtigt.

Rahel fühlt sich anfangs fremd in ihrer Heimatstadt Berlin und der bedrückten Atmosphäre in der Stadt. Sie ist empört über die herrschende Restauration. Alles kommt ihr alt vor, häßlich. Sie sieht ihre Jugendfreundinnen wieder, geht zu Abendgesellschaften bei Abraham und Lea Mendelssohn-Bartholdy und ist sonntags ihr Gast, wenn die Kinder Felix und Fanny ihre Kompositionen aufführen. Mit ihren Brüdern und deren Familien pflegt sie engen Kontakt, schreibt sich täglich mit den Schwägerinnen, tauscht Rezepte aus und fertige Gerichte, hütet Kinder, was ihr größtes Glück ist. Sie blüht auf, wenn Kinder um sie sind, und ist sehr unglücklich, wenn die Kinder nach einigen Wochen bei ihr wieder zu ihren Eltern zurückkehren.

In den finanziell unsicheren Jahren vor Varnhagens Pensionierung leben Rahel und Varnhagen in möblierten Zimmern in der Französischen Straße. Manchmal geben sie große Essen und Musikabende, und bald ist Rahel Mittelpunkt einer wachsenden Geselligkeit. Sie sei ruhig in Geist und Seele, schreibt sie 1826 Pauline nach Paris, sie bestaune das Leben selbst, aber frei sei sie nicht: »Man ist nicht frei, wenn man in der bürgerlichen Gesellschaft etwas vorstellen soll; eine Gattin, eine Beamtenfrau etc.« Pauline und der alte Kreis fehlen ihr, hier herrschten »Dummheit, Leerheit, Pedanterie, Frömmelei«.

Sie beeindruckt die Menschen mehr denn je. Der österreichische Dichter Friedrich Grillparzer berichtet von einer Gesellschaft, zu der er eigentlich gar nicht gehen wollte: »Nun fing aber die alternde, vielleicht nie hübsche, von Krankheit zusammengekrümmte, etwas einer Fee, um nicht zu sagen einer Hexe ähnlichen Frau zu sprechen an, und ich war bezaubert. Meine Müdigkeit verflog oder machte vielmehr einer Trunkenheit Platz. Sie sprach und sprach bis gegen Mitternacht, und ich weiß nicht mehr, haben sie mich fortgetrieben oder ging ich von selbst fort. Ich habe nie in meinem Leben interessanter und besser reden gehört.«

1827 ziehen die Varnhagens in eine Wohnung in der Mauerstraße und richten sich einfach und elegant ein. Aus hellblau tapezierten, großen Zimmern hat man nach vorne Ausblick auf die Straße, nach hinten auf große Gartenbäume. In Rahels Salon stehen ihr Klavier, Sofas, Bücherschränke, zahlreiche Blumentöpfe und zwei Büsten: Prinz Louis Ferdinand und Friedrich Schleiermacher. Mit ihnen erinnert sie an ihren ersten Salon. Die Büste des Prinzen weist auf die Geselligkeit hin, in der Adel und Bürger sich gleichberechtigt trafen, und die Büste Schleiermachers, der die Theorie des freien geselligen Umgangs schrieb, darauf, daß damals jeder sich in seiner Besonderheit als Individuum darstellen konnte. Rahel hält an den Idealen ihrer Jugend fest, an der Utopie der freien Gesellschaft, die nicht Wirklichkeit geworden ist: Nun hat der Adel wieder Vorrang im Staat, und die Zensur unterdrückt den Meinungsaustausch der Bürger.

Auch Rahels zweiter Salon ist eine Insel des freien Wortes und neuer Ideen. Doch vieles ist anders als in ihrem ersten Salon, der Insel der Gleichen. Durfte damals die Bewirtung die Gespräche nicht stören, so bietet Rahel ihren Gästen nun auch üppige Tafeleien, und Berufssänger tragen Lieder vor, Berufsautoren ihre Texte. Mit der Professionalisierung des Literaturmarktes zeichnet sich ein Wandel vom »räsonnierenden« zum »konsumierenden« Publikum ab: Im ersten Salon sprachen die Gäste und stellten sich selbst dar, im zweiten lassen sie sich unterhalten und prüfen kritisch den Konsumwert des Dargebotenen auf dem Markt. Rahel bringt junge Autoren mit Verlegern zusammen, so den noch unbekannten Heinrich Heine mit dem berühmten Verleger Cotta. Sprach man in Rahels erstem Salon kaum über Politik, so kommen in den zweiten junge oppositionelle Schriftsteller, für die Kunst und Politik zusammengehören. Man diskutiert über Verfassung und Republik.

Rahels Interesse für Geschichte nimmt zu. Auch der Philosoph Georg Wilhelm Friedrich Hegel ist Gast im Salon der Varnhagens, und Rahel studiert seine Schriften und bewundert sie, geniert sich aber, ihm das zu sagen – so wie sie schon vor Goethe, den sie so sehr verehrt und viermal traf, ihre große Bescheidenheit bedeutenden Denkern gegenüber nicht überwinden konnte und schwieg. Jeden Tag liest sie zwei Pariser Zeitungen und sieht, daß es in Europa im ganzen genommen überall ziemlich gleich zugeht. »In Amerika nur gestaltet sich in etwas eine neue Art Leben«, schreibt sie Pauline Wiesel. »Es kann auf den alten Mauern kein anders als das alte Gebäude entstehen, ohne immer wieder umzufallen.«

Rahel denkt mit zunehmendem Alter politischer.

»Wahrheit und Offenheit«

Rahel glaubt: »uns selbst ist es überlassen, Menschen aus uns zu machen.« Noch wenige Monate vor ihrem Tod schreibt sie ihrem Bruder Ludwig Robert: »Arbeite immer an dir: so schaffen wir uns weiter; *erschaffen* meine ich.« Man müsse sich fortwährend über sich selbst klarwerden und über die Gesellschaft, die Zeit, in der man lebt. Man müsse die Wahrheit suchen und sie aussprechen: »Jeder Gegenstand ist in einem Verhältnis mit allen übrigen; die richtige Bestimmung, wie er sich zu ihnen verhält, ist die Wahrheit, die man über ihn auszusprechen vermag: also kann über alles geirrt und gelogen werden; dies auch bei dem unwichtigsten Gegenstand zu verhindern, ist ein großer Genuß.«

Als junges Mädchen hat sie geglaubt, auch sie als Frau und Jüdin könne ihre unverwechselbare Persönlichkeit innerhalb der Gesellschaft entwickeln, wenn sie sich nur anstrenge, und sie hat, als alle Hoffnungen auf eine Tätigkeit scheiterten, an sich selbst gezweifelt. Mit dem Alter verfestigt sich ihre Erkenntnis, daß nicht sie versagt hat, und ihre Kritik an der Gesellschaft und den in ihr vorherrschenden Meinungen über Frauen und Juden nimmt zu.

Sie ist fast 50, als sie ihrer Schwester Rose über Frauen schreibt: »Es ist Menschenunkunde, wenn sich die Leute einbilden, unser Geist sei anders und zu andern Bedürfnissen konstituirt, und wir könnten z(um) E(xempel) ganz von des Mannes oder Sohns Existenz mitzehren.« Die Behauptung, eine Frau kenne nichts Höheres in der Welt als die Ansprüche ihres Mannes oder die Wünsche ihrer Kinder, sei falsch: »man liebt, hegt, pflegt wohl die Wünsche der Seinigen; fügt sich ihnen; macht sie sich zur höchsten Sorge, und dringendsten Beschäftigung: aber erfüllen, erholen, uns ausruhen, zu fernerer Thätigkeit, und Tragen, können die uns nicht; oder auf unser ganzes Leben hinaus stärken und kräftigen.« Scharf schildert sie, wie Frauen abgerichtet werden: Sie haben »keinen Raum für ihre Füße, müssen sie nur immer *da* hin setzen, wo der Mann eben stand, und stehen will«. Jeder Versuch, jeder Wunsch, diesen unnatürlichen Zustand zu verändern, werde Frivolität genannt »oder noch für strafwürdiges Benehmen gehalten«.

Sie ist 60, als sie dem erfolgreichen Publizisten und Staatsbeamten Friedrich Gentz, einem alten, engen Freund, der sich über die Nutzlosigkeit von 40 Jahren Arbeit bei ihr ausweinen will, den Kopf wäscht: »*Genuß* war die: und was brachte sie Ihnen ein! Allen Lebensgenuß und Wohlhabensheitsfülle, Persönlichkeitsbefriedigung; Ehre, Ansehen, Wohlhabenheit, Geselligkeitsgenuß; Reisen, Garten, Pferde,

Anregung, Leben jeder Art.« Wie bescheiden gucke sie dagegen aus ihrem Winkel »hervor und hinauf«.

Aber Rahel kennt kaum noch andere Frauen, die rebellieren. Die Frauen, die einmal wie sie die Emanzipation der Bürger als Emanzipation der Männer und der Frauen verstanden haben, sind gestorben oder in der Ehe verstummt. Die einzige geistreiche Frau, die sie noch spricht, ist Bettina von Arnim. Rahel sieht allein Bettina als Gleichrangige neben sich, und sie pflegt die manchmal schwierige Freundschaft mit der Jüngeren und hört sogar über ihre antisemitischen Äußerungen hinweg.

Jüdin zu sein ist ihr nun keine Schmach mehr. Viele Jahre lang wollte sie aus dem Judentum heraus. Nun durchschaut sie, daß diese Gesellschaft nichts von Toleranz wissen will. 1830 kommt es wieder zu Krawallen gegen Juden, was Rahel nicht überrascht. Einer Gesellschaft, die ihre Ohnmachtsgefühle und Ängste an den Juden abreagiert, will sie sich nicht anpassen, und sie schreibt an Heinrich Heine: »Was so lange Zeit meines Lebens mir die größte Schmach, das herbste Leid und Unglück war, eine Jüdin geboren zu sein, um keinen Preis möchte ich das jetzt missen.«

Doch Rahel resigniert nicht. Sie korrespondiert mit jungen Schriftstellern, die in der Kunst eine Möglichkeit sehen, zu einer moralisch-politischen Veränderung fortzuschreiten. Sie meint, daß die alte gesellschaftlich-politische Ordnung im anbrechenden Zeitalter der Technik überholt sei, meint, jetzt in einer wirklichen neuen Zeit zu leben und ist »auf Großes, Neues gefaßt«. Durch Heine lernt sie den Sozialismus des Franzosen Claude Henri de Saint-Simon kennen. Sie studiert die Schriften Saint-Simons, in denen er sich mit der Ausbeutung des Menschen durch den Menschen in der beginnenden Industrialisierung auseinandersetzt und eine Gesellschaft ohne Besitzklassen, eine Gesellschaft der Gleichen anstrebt. Rahel hält auch im Alter an ihrem Glauben fest, daß mit Vernunft die Welt zu Verständnis und Wohlstand, zu Glück und Glücksbereitung fortschreiten werde.

Sie begrüßt 1830 die Juli-Revolution in Frankreich, in der Bürger für ein demokratisches Wahlrecht kämpfen. Doch die meisten Regierungen des Deutschen Bundes verfolgen die Liberalen, ersticken nach wie vor die politischen Äußerungen der Bürger.

Wie zwei Verschwörer sitzen Rahel und Karl August Varnhagen in ihrer hellblauen Wohnung in der Mauerstraße in Berlin und bereiten Rahels Werke für eine Veröffentlichung vor – nach ihrem Tod. Varnhagen liest seiner Frau aus ihren Briefen und Tagebüchern vor, sie wählt Texte aus und gibt an, was geändert werden soll. Sie schreibt Listen und legt die abwechselnde chronologische Anordnung von Briefen und Tagebucheintragungen fest, arbeitet mit Schere, Leim, Nadel und Zwirn in ihren Manuskripten.

Die Varnhagens arbeiten an einer Botschaft an die Zukunft. Sie wollen die Ideen der Aufklärung, der Menschlichkeit und der Vernunft retten und weitergeben über die dunkle Zeit hinweg, in der sie leben. Später einmal wird wieder eine helle Zeit kommen, eine Zeit des Fragens nach Ursachen und Folgen, des Umbaus der Gesellschaft und des Staates zum Wohle aller. Dann wird es den Menschen Mut machen, wenn sie erfahren, daß es schon früher Männer und Frauen gab, die die Wahrheit über das Verhältnis von Individuum und Gesellschaft suchten und dachten und strebten wie sie. Dann werden auch Frauen öffentlich denken und schreiben können.

Bislang hat Rahel sich gescheut, ihre Gedanken drucken zu lassen, obwohl sie das schon lange möchte. Sie fürchtet sich, die Halböffentlichkeit ihres ausgedehnten Freundes- und Bekanntenkreises zur allgemeinen Öffentlichkeit auszuweiten. Varnhagen hat sie oft zu einer Veröffentlichung gedrängt. Zum erstenmal hat sie 1812 zugestimmt, und im *Morgenblatt für gebildete Stände* erschien von ihr *Über Goethe. Bruchstücke in Briefen*, allerdings ohne ihren Namen. Auch als 1816 wieder Teile aus ihren Briefen erscheinen, will sie nicht, daß ihr Name daruntersteht. »Er ist mir so bequem wie ein dunkeles Kleid«, schreibt sie dem Redakteur, »würde er hell, es fröre mich, ich könnte mich nicht mehr einwicklen.«

Sie will jede unnötige Aufregung vermeiden, sich nicht zum Gegenstand von Diskussionen machen. Wenn sie sich als Autorin zu erkennen gäbe, würde man nicht ihre Gedanken kritisieren – das scheut sie nicht –, sondern die Tatsache, daß eine Frau sie äußert. Immer wieder einmal wird in der Öffentlichkeit diskutiert, ob Frauen überhaupt denken und Gedanken ausdrücken können, ob Frauen schreiben sollen. So wenig wie in der Gesellschaft und im Staat gibt es für Rahel in der Literatur einen Platz, eine Schublade, in die sie paßt. Sie will Autorin sein, sich aber zugleich in ihrer Freiheit von niemandem hemmen lassen, auch nicht vom Literaturmarkt. Die Frauenliteratur, die akzeptiert wird, meist Familienromane, schreibt sie nicht, und das, was sie schreibt, ist nur Männern gestattet. Aber als Mann will sie sich nicht ausgeben, will nicht unter männlichem Pseudonym schreiben. Und als Frau will sie sich keine »bändigungsreden« anhören müssen, mit denen Weibern das spekulative Denken ausgeredet, mit denen ihnen verwehrt wird, Mensch im Sinne der Aufklärung zu sein.

Auf Varnhagens Zureden veröffentlicht sie einige Male in den 1820er Jahren Briefe, und als sie 1825 fürchtet, an ihrem Stil erkannt zu werden, begründet sie dem Redakteur ihre Angst vor der Öffentlichkeit damit, daß sie furchtsam und außerdem verheiratet sei. Sie muß Rücksicht nehmen: Es ist das Jahr, in dem Varnhagen auf Halbpension gesetzt wird. Rahel, die so viel Mut zum Denken hat, weiß, daß ihr immer schon die Courage fehlte, im täglichen Leben Ärger zu ertragen. Sie will aufklären, nicht aber zur Zielscheibe von Angriffen auf eine denkende und schreibende Frau werden.

Aber nun ist sie alt und krank und wird bald sterben. Varnhagen soll ihr erstes Buch gleich nach ihrem Tod herausbringen, und, wenn es gut aufgenommen wird, nach und nach weitere Bücher, so, wie die politischen Verhältnisse es gestatten. Das Ausgehen, die Besuche von vielen Menschen und das Schreiben werden ihr immer beschwerlicher. Oft kann sie wochenlang ihr Zimmer nicht verlassen, manchmal nicht einmal ihr Bett.

Am 7. März 1833 stirbt Rahel Varnhagen. Sie wird auf dem Dreifaltigkeitsfriedhof in Berlin beigesetzt – dort kann man noch heute unter schattigen Bäumen spazierengehen und ihr Grab und das ihres Mannes besuchen, der sie um 25 Jahre überlebte.

Varnhagen gab Mitte Juli 1833 *Rahel. Ein Buch des Andenkens für ihre Freunde* als Privatdruck heraus. Ein Jahr später folgte eine erweiterte dreibändige Neuausgabe. Das Buch erregte besonders bei Schriftstellern und Politikern großes Aufsehen.

Schriftsteller feierten Rahel als Leitfigur ihrer eigenen Forderungen nach Emanzipation des Individuums in Staat und Gesellschaft. Rahels Geschichte als Frau und Jüdin übersahen sie dabei allerdings.

Politiker bekamen Angst, es nicht mehr mit den Emanzipationsideen einzelner Schriftsteller zu tun zu haben, sondern mit einer revolutionären Verschwörung. Der österreichische Gesandte in Berlin schrieb im November 1835 an Staatskanzler Metternich nach Wien über Varnhagen: »Diejenigen, welche die vor ein paar Jahren von ihm herausgegebenen Briefe seiner Frau kennen, halten es nicht für unmöglich, daß er zu einer Genoßenschaft gehöre, welche die schon damals aus jenen Briefen hervorleuchtenden unmoralischen Grundsätze nun zu einem System erheben wollen.« Im Dezember 1835 wurden die Schriften junger, meist jüdischer Schriftsteller, von denen die Politiker meinten, daß sie zu einer Gruppe *Junges Deutschland* gehörten, durch Bundestagsbeschluß verboten – eine solche Gruppe gab es bislang nicht, der Bundestag schuf sie erst durch das Verbot. Varnhagen wurde gezwungen, sich in einer Presseerklärung vom *Jungen Deutschland* zu distanzieren, blieb jedoch als Herausgeber von Rahels Briefen verdächtig. Die Herrschenden fürchteten Rahels Wahrheiten. Ihre Gedanken und ihre Person galten als gefährlich.

Varnhagen arbeitete weiter an Rahels Nachlaß, trieb manchmal einen regelrechten Rahel-Kult. Er wollte an den Kreis erinnern, dessen Mittelpunkt Rahel in ihrem ersten Salon war, und plante, wie der Schatz ihrer Schriften in drei Etappen zu retten sei. In der ersten Etappe, in der das Interesse an der Aufklärung weiter abnahm, wollte er ihre Briefe weiter sammeln und archivieren. Als seine Nachfolgerin und Nachlaßverwalterin bildete er seine Nichte Ludmilla Assing aus. In der zweiten Etappe, eine Generation später, werde die Zeit zwar noch nicht für Rahels Gedanken reif sein, aber dann möge man immerhin drucken, was sie »wohl weiterzugeben im Stande sein kann«. In der dritten Etappe, wenn die Nation »mit Leidenschaft sich auf die schönen Anfänge ihrer Geistesbildung zurückwerfen« wird, werde Rahels Geschichte, wie sie wirklich war, einer endlich aufgeklärten Nachwelt lesbar sein.

Nach Varnhagens Tod gab Ludmilla Assing mehrere Briefbände heraus, aber auch ihre Zeit – das letzte Drittel des 19. Jahrhunderts – war dem Geist der Aufklärung nicht günstig, die staatlichen Behörden drohten der Herausgeberin mit Gefängnis, und sie ging nach Italien. Varnhagen galt nun in der reaktionären Geschichtsschreibung als unzuverlässiger Chronist, wurde als liberaler Schriftsteller verunglimpft und als unbedeutender Privatsekretär einer berühmten Frau lächerlich gemacht. Von Rahel dagegen hieß es, sie sei gar keine bedeutende Frau gewesen, ihr Mann habe sie und ihr Genie erfunden. Man erwähnte sie höchstens noch als Muse bedeutender Männer und als »Salonblaustrumpf«.

Ludmilla Assing vermachte die Sammlung Varnhagens der Berliner Staatsbibliothek. Wer wollte, konnte seit ihrem Tod 1880 Rahels Briefe dort lesen – es wollte nur kaum jemand. Die Forschung entdeckte allmählich die Briefe und Briefromane Bettina von Arnims, der Schwester Clemens Brentanos und Frau Achim von Arnims, aber der Nachlaß einer Jüdin interessierte nicht. Nur einige deutsche Juden befaßten sich mit Rahel, unter ihnen die Philosophin Hannah Arendt, die ihr Manuskript über Rahel auf der Flucht vor Hitler 1933 mit ins Exil nahm. Als Bomben auf Berlin fielen, wurde die Sammlung 1941 gemeinsam mit anderen Beständen der Berliner Staatsbibliothek in über 500 Kisten ausgelagert. Nach Kriegsende galten die Kisten fast 35 Jahre lang als verschollen und verloren.

Im Mai 1977 besuchte der polnische KP-Chef Edward Gierek den SED-Generalsekretär Erich Honecker in Ost-Berlin. Als Gastgeschenk brachte er ihm Musikpartituren Mozarts, Beethovens und Bachs mit. Sie stammten aus der ehemaligen Preußischen Staatsbibliothek in Berlin. Gierek kündigte die Rückgabe weiterer Schätze an.

Nun klärte sich das Schicksal der 500 verlorenen Kisten der Staatsbibliothek auf. Man hatte sie im Krieg zunächst in das Schloß Fürstenstein in Schlesien gebracht und von dort weiter in die Benediktinerabtei Grüssau. Das Schloß ist verbrannt, und lange hieß es, auch die Abtei sei in Flammen aufgegangen. Doch die Kisten standen sicher auf der Kirchenempore und kamen irgendwann nach Krakau in die Jagellonische Bibliothek. Mitte der 1970er Jahre öffneten die Bibliothekare sie und staunten über die großen und unerwarteten Entdeckungen. In der Bundesrepublik berichteten die Zeitungen freudig über Originales von Bach, Mozart, Beethoven, Hegel – von Briefen und Tagebüchern einer Rahel Varnhagen war nicht die Rede.

Die ersten Forscher aus dem Westen konnten Varnhagens Sammlung 1979/80 in Krakau sehen. 6000 Briefe gehören dazu, die Rahel mit den Größen ihrer Zeit gewechselt hat. Die Literaturprofessorin Ursula Isselstein öffnete Sammlungskästen, hielt Blätter mit der Handschrift von Varnhagen, von Rahel in der Hand, Listen von Briefen, das Konzept der Bücher. In einem Kasten fand sie einen Brief, den Varnhagen am 14. November 1834 geschrieben hat – einen Brief auch an sie:

»Wer auch immer, nach meinem Ableben, diese Handschriften Rahels, den Schatz meines Lebens, in Verwahrung, zur Verfügung, oder zur Herausgabe empfängt, er laße sich dieselben empfohlen sein, und verwalte sie treu, nach ihrem eignen Sinn und Geist! Besonders werde nichts unterdrückt oder vernichtet, sondern alles was zur Zeit noch keiner Mittheilung fähig sein möchte, für spätere aufbewahrt!« Und nach einigen Empfehlungen, wie weitere Ausgaben von Rahels Briefen aufgebaut werden sollten, ermuntert er die Nachgeborenen: »Nur keine ängstliche Scheu! Wahrheit und Offenheit; darin lebte Rahel, dies sei auch das Element ihres Andenkens, und das meine.«

»Bis der Hauch der Freiheit über die Lande weht« – Louise Otto-Peters

Eine unangepaßte junge Dame

Louise Otto war in einer Zeit, in der bürgerliche Frauen ins Haus gehörten, eine sehr erfolgreiche berufstätige Frau. Sie verdiente ihren Lebensunterhalt als Journalistin und Schriftstellerin, gründete die erste politische Frauenzeitung in Deutschland und den ersten überregionalen Frauenverband: Frauen sollten sich zusammenschließen und gemeinsam ihre Teilnahme am staatlichen Leben und ihr Recht auf Berufstätigkeit erkämpfen. Sie hielt auch in Jahren politischer Verfolgung an ihren Zielen fest.

Sie war kühn, beharrlich, erfolgsorientiert und nannte sich selbst eine Idealistin. Das Auffallendste an ihr aber war, daß sie auch als Erwachsene die gewisse Naivität, Direktheit und Stärke einer Jugendlichen behielt. Sie war 16 Jahre alt, als ihre Eltern starben. Die häusliche Erziehung zur Weiblichkeit hatte noch nicht ganz gegriffen, und trotz ihres zarten weiblichen Äußeren, trotz Strickstrumpf und Kanarienvogel war Louise Otto ein Mädchen, dem die Schwungfedern noch nicht beschnitten, das noch nicht in seine Form als Frau gezwungen war. Sie war eine unangepaßte junge Dame – und unangepaßt blieb sie bis ins Alter.

Louise Otto kommt am 26. März 1819 in Meißen zur Welt, im Jahr der Karlsbader Beschlüsse, die das Streben der Bürger nach Teilnahme am Staat unterdrücken. Sie ist das Nesthäkchen der Familie, ein sehr geliebter Nachkömmling. Ihre drei Schwestern Clementine, Franziska und Antonie sind sechs bis acht Jahre älter als sie, und ihre Mutter, Charlotte Otto, geborene Matthäi, die schöne Tochter eines Porzellanmalers, ist bei der Geburt 38 Jahre alt. Sie liest ihrer jüngsten Tochter, die erst mit vier Jahren anfängt zu laufen und vorher unterhalten werden will, das vor, was sie selbst interessiert: Schillers Dramen und Gedichte. Der Vater, Fürchtegott Wilhelm Otto, ist Gerichtsdirektor und ein konservativer Patriarch, der aber stolz ist auf seine vier Töchter und sie zu unabhängig denkenden Frauen erziehen will.

Die Familie wohnt in Meißen in einem großen Haus am Baderberg. Außerdem besitzen die Eltern einen Garten und an der Elbe einen Weinberg mit einem Sommerhaus. Im Stadthaus leben die Eltern, die vier Töchter und Tante Amalie, die unverheiratete Schwester der Mutter, zwei Schreiber und ein Dienstmädchen. Zu diesen zehn Personen kommen oft Hausgäste, Vettern und Cousinen, die monatelang bei der Familie leben, Freundinnen der Mutter oder der Tante – Louise wächst in einem großen Haushalt auf, in dem alle Frauen zupacken müssen. Wenn sie gemeinsam Gemüse putzen oder Obst zum Einmachen vorbereiten, liest eine von ihnen vor: Walter Scott, James Fenimore Cooper, Edward Bulwer, Wilhelm Hauff, Schiller, Jean Paul – »man hatte ja das ganze Köpfchen angefüllt von Romantik und Idealismus, voll Schiller und Jean Paul, und höher klopfte das Herz vor der Fülle von Poesie, die es in sich aufgenommen«, erzählt Louise Otto später.

Lesen gilt für Frauen damals als Zeitverschwendung und ist nur erlaubt, wenn sie dabei arbeiten. Abends sitzen die Frauen im Wohnzimmer um den runden Tisch und stricken, und jede liest dabei ihr Buch, oder sie machen andere Hausarbeiten, und eine liest ihnen – strickend – vor. Der Strickstrumpf ist das Symbol dafür, daß Frauen nicht frei und konzentriert lesen und lernen dürfen wie Männer: Ihre Aufgaben sind die häuslichen Arbeiten. Meißner Damen, die zu Besuch kommen, schütteln oft mißbilligend die Köpfe darüber, daß Frau Otto und ihre vier Töchter so viel lesen.

Der Vater bringt jeden Abend die Zeitung mit ins Wohnzimmer und gibt sie seiner Frau und den Schulmädchen, und bei besonderen politischen Ereignissen sagt er: »Lest das ja, denn wenn Ihr davon sprechen hört und wißt nichts davon, müßtet *Ihr Euch ja schämen*!« Erst viele Jahre später begreift Louise Otto, daß ihr Vater eine seltene Ausnahme unter den Männern war, wenn er »schon vor 30 und 40 Jahren Ansichten hegen und in seinem Hause selbst zur Geltung bringen konnte, um derentwillen noch heutzutage *unzählige* sogenannte ›demokratische‹ Väter ihren Töchtern zürnen und sie ihnen auszutreiben versuchen!«

Die Pariser Julirevolution 1830 löst im Hause Otto große Diskussionen aus. Der französische König hat die Verfassung gebrochen, die Regierung die Kammer aufgelöst, in der die Liberalen die Mehrheit hatten, die Pressefreiheit aufgehoben und das Wahlrecht so geändert, daß fast nur noch Großgrundbesitzer wählen können. Studenten und Arbeiter errichten Barrikaden, und ein Teil der Truppen geht zu ihnen über. Der König flieht, die alte Kammer wählt einen neuen König, den Herzog Louis Philippe von Orléans, den Bürgerkönig. Die Erblichkeit der Thronrechte soll nicht mehr gelten, das Volk wählt seinen Regenten selbst – er wird König durch den Willen des Volkes.

Eine Welle zustimmender Begeisterung geht durch Europa und erfaßt auch die Töchter Otto. Die Erwachsenen sprechen von nichts anderem als von der Julirevolution. Die Kinder – Louise ist elf – verschlingen die Zeitungen mit Begierde, und die Lehrer in der Schule erklären ihnen, was sie noch nicht verstehen können, Demokratie und Republik, die Teilnahme aller Bürger am Staat.

Seit Louise sechs Jahre alt ist, darf sie mit ihren Schwestern zur Schule gehen. Im Haus ihrer Eltern lebt ein Kandidat der Theologie und unterrichtet in einem großen Schulzimmer im dritten Stock zwölf bis sechzehn Kinder Meißner Bürger, Jungen und Mädchen, vormittags von acht bis zwölf und nachmittags von zwei bis vier. Die Jungen lernen für die Aufnahmeprüfung des Gymnasiums, für die Mädchen ist Lernen Selbstzweck. Während der Lehrer die großen Kinder unterrichtet, sollen die kleinen auf ihren Schiefertafeln Schreiben und Rechnen üben. Aber Louise übt nicht: Sie hört zu, wenn die Großen aus der Weltgeschichte vortragen oder Gedichte aufsagen. Sie geht schon ein Jahr zur Schule, als ihr Vater feststellt, daß sie immer noch alle Buchstaben und Zahlen verwechselt, und es gibt ein Donnerwetter für den Lehrer. Einen Monat später kann sie lesen.

Ihre älteste Schwester Clementine lernt mit den Jungen Latein und Griechisch, und als die Jungen sich zur Aufnahmeprüfung für das Gymnasium melden, sagt der Lehrer, Clementine würde die Prüfung am besten bestehen. Aber mit der Konfirmation muß sie die Schule verlassen und darf nur noch lernen, was jungen Mädchen erlaubt ist: Französisch, Klavier, Singen, Zeichnen, Sticken und Tanzen.

Als Louise neun wird, ist auch die jüngste Schwester Antonie konfirmiert, und der private Unterricht im Elternhaus hört auf. An der Stadtschule hat ein neuer Rektor eine Klasse für Mädchen eingerichtet. Aus ganz Meißen gehen nur zwischen zwölf und achtzehn Mädchen dorthin, unter ihnen Louise. Anfangs ist sie furchtsam und scheu. Sie begeistert sich für Geschichte – »worin speziell bei den *ausgezeichneten* Frauen verweilt wurde«, erzählt Louise Otto später –, hat Rechnen, Geographie, Literatur, Naturwissenschaften. Die Lehrer ermuntern die Mädchen und versichern ihnen, sie seien in der Schule genauso gut wie die Jungen und noch besser. Einmal liest ein Lehrer in der Jungenklasse aus den Heften zweier Mädchen vor und sagt, es sei für die Jungen beschämend, so von Mädchen überflügelt zu werden. Daraufhin beschließen die Jungen, sich an den beiden Mädchen zu rächen und sie durchzuprügeln: »Zum Glück unterblieb aber der für die Art, wie vom männlichen Geschlecht gegen die weibliche Intelligenz gekämpft wird, charakteristische Entschluß.«

Ostern 1833 wird sie konfirmiert, sie ist gerade 14 Jahre alt, und seit Weihnachten schon bestürmt sie ihre Eltern, sie noch ein Jahr länger als üblich zur Schule gehen zu lassen. Wenn der Vater auch dafür ist, daß seine Töchter etwas lernen – »Lernt etwas, dann braucht Ihr nicht zu heiraten, wenn Ihr nicht wollt«, hat er ihnen einmal gesagt –, so bleibt er doch fest bei der Tradition, daß die Mädchen mit der Konfirmation aus der Schule genommen werden, und sieht den Widerspruch zwischen seinen Worten und seinen Taten nicht. Aber dann bringt er es doch nicht über sich, seiner Jüngsten den Wunsch abzuschlagen, und sie darf bis Ostern 1834 zur Schule gehen.

Der Abschied fällt ihr schwer. Von nun an gibt es für sie nur noch Privatstunden in Französisch, Musik, Zeichnen und feinen Handarbeiten. Die Jungen verspotten sie, daß sie nun nichts weiter zu tun brauche, als die große Dame zu spielen. Für sie ist es eine Ungerechtigkeit, daß Mädchen gerade jetzt, wo es in der Schule interessant wird, nicht weiterlernen dürfen und in den engen Bereich des Hauses zurückgeholt werden, und am meisten empört sie, daß das als Vorteil gilt. Sie dichtet heimlich und hat beim Nähen immer Papier und Bleistift in der Schürzentasche.

Als Louise 16 ist, stirbt ihre Mutter an Schwindsucht, und ein halbes Jahr später stirbt der Vater. Die älteste Schwester Clementine ist vier Jahre zuvor an Schwindsucht gestorben.

Franziska, Antonie und Louise leben nun mit ihrer Tante Amalie allein im Haus. Ihr Vormund ist der Advokat Otto Lindner: Franziska ist 24, Antonie 23, aber Frauen sind Untertanen in einer von Männern geregelten Welt, dürfen über ihr Vermögen nicht frei verfügen. Advokat Lindner ist ein umgänglicher, liberaler Mann, und doch ist es für die drei Schwestern ein Grund zum Feiern, als 1838 in Sachsen die Geschlechtsvormundschaft der Männer aufgehoben wird. Von nun an werden sächsische Mädchen mit 21 Jahren für mündig erklärt, dürfen selbst entscheiden, was sie mit ihrem Geld machen, und vor Gericht eine gültige Unterschrift ablegen: Unverheiratete Frauen und Witwen sind erlöst von der rechtlichen Gleichstellung mit Kindern und Geisteskranken – Ehefrauen nicht.

Die drei Schwestern sind nicht reich, aber sie haben genügend Geld geerbt, um das Haus in Meißen und den Weinberg an der Elbe behalten zu können. Sie leben in einer ungewöhnlichen Freiheit. Kein Erwachsener zwingt Louise, sich der Rolle, die die Gesellschaft für bürgerliche Frauen bereithält, weiter anzupassen, niemand zwingt ihr einen Ehemann auf. Die Ideale ihres Vaters über weibliche Selbständigkeit bleiben für sie Realität. Über die Ansichten der unverheirateten Tante, die selbst erlebt hat, wie bitter es sein kann, keinen eigenen Hausstand zu haben, lachen die Mädchen nur. Tante Amalie meint, sie müßten unbedingt heiraten und Kinder kriegen, denn für eine Frau gäbe es nur eine natürliche Bestimmung, die Ehe. Louise behauptet, eine Frau könne auch anders leben. Sie träumt davon, Dichterin zu werden. »Ist es denn nicht auch eine Pflicht, dieser Bestimmung, die uns Gott ebenso gab wie jene, zu folgen?« fragt sie in ihrem Tagebuch. Aber sie weiß, daß es ein großes Wagnis ist, wenn eine Frau unter ihrem eigenen Namen Gedichte und Romane drucken läßt. Eine Frau, die nicht heiratet, kann nur Gouvernante werden oder Hausdame, falls sie nicht zu ihren Geschwistern zieht und ihnen im Haus hilft.

Doch im Frühjahr 1839 hat Louise ein befreiendes Erlebnis. Sie fährt mit ihren Schwestern und Freundinnen nach Dresden, um die Eröffnung der Leipzig-Dresdner-Eisenbahn mitzuerleben – ein neues Weltwunder. Die vielen Menschen sind ihr unheimlich, aber sie vergißt ihre Scheu, als sie die Lokomotive sieht: Dies ist der Fortschritt. Je mehr die Menschen aufhören können, niedrige Dienste zu verrichten, je mehr werden ihre Bildung und ihre Gesittung vorwärtsschreiten. Der Schienenstrang wird für Louise zum Symbol für die neuen Bahnen, in denen das Leben verlaufen muß und wird. So wie die Eisenbahn werden auch die Frauen sich durchsetzen: auf neuen Bahnen. Die Technik wird eine Verbesserung der Lage aller Frauen im Haus und im Staat bringen. Als kleines Mädchen hat sie miterlebt, wie die Streichhölzer erfunden wurden und sich in den Haushalten durchsetzten. Vorbei war das zeitraubende, mühselige Feueranmachen mit Stahl, Schwefel, Zunder, Feuerstein. Die Erfindung der Streichhölzer ist für Louise »so weltbewegend, so befreiend, so symbolisch, wie die Anlegung der Eisenbahnen«. Die Streichhölzer bringen Licht in jeden Winkel, und die Eisenbahn ist die Rennbahn in die Freiheit, ein »Sieg des Menschengeistes«.

Im November 1839 ist das gemeinsame idyllische Leben der drei Schwestern vorbei: Antonie heiratet den Gerichtsdirektor Dennhardt und zieht mit ihm nach Oederan ins Erzgebirge. Anfang des neuen Jahres besucht Louise die Schwester in Oederan. Hier sieht sie zum erstenmal die Lebensbedingungen von Fabrikarbeiterinnen und ist erschüttert. Dieses Erlebnis habe ihr ganzes Leben beeinflußt, sagt sie später. Sie sieht das Elend der Mädchen und Frauen, die bei stundenlanger Arbeit weniger verdienen, als sie zum Leben brauchen. Der

Winter ist besonders hart. Louise schreibt zwei Gedichte, *Klöpplerinnen* und *Weberlied*. Sie träumt davon, das Gewissen der Welt mit ihren Gedichten wachzurütteln.

Franziska, die älteste der drei Schwestern, heiratet im Mai 1840 den Apotheker Burkhardt in Mühlberg. Louise ist nun mit Tante Amalie allein im großen Meißner Haus. Sie grübelt darüber nach, was sie mit ihrem Leben anfangen könnte. Nach der Erbschaftsteilung mit den Schwestern könnte sie hier, wenn auch sehr bescheiden, leben und alt werden. Doch sie will jemand werden. Sie braucht eine Berufstätigkeit. Sie ist bereit, den Kampf mit allen Vorurteilen gegen Frauen aufzunehmen, mit der ganzen Welt.

Heiraten ist ansteckend. Am 14. Juli 1840 verlobt sie sich mit dem Rechtsanwalt Gustav Müller aus Dresden, einem schwärmerischen Dichter. Sie liebt ihn mit der ganzen Stärke ihres Herzens. Aber Gustav Müller hat Schwindsucht. Sie pflegt ihn in einer Sommerwohnung in der Umgebung von Dresden. Am 1. Mai 1841 stirbt er in ihren Armen.

Sie ist tief getroffen, wird lange krank. Als sie sich erholt, will sie nur noch für »das Allgemeine« dasein, ihr Glück in einem Leben für die Menschheit suchen. Immer mehr Menschen wehren sich gegen die Bevormundung durch die Obrigkeit, gegen die politische Ohnmacht der Bürger. Sie wird Gedichte und Artikel in Zeitschriften veröffentlichen und »mitten im Kampf der Zeit« stehen.

Das *Meißner gemeinnützige Wochenblatt* veröffentlicht 1842 das erste Gedicht von Louise Otto. Sie stellt einen Band mit Gedichten zusammen und bietet ihn mehreren Verlagen an. Doch immer wieder bringt der Postbote das Paket zurück. Fünf Jahre lang wandert ihr Gedichtband von einem Verlag zum anderen. Louise Otto ist eine Frau, die Selbstzweifel für sich behält. Aber später gibt sie zu, daß dieser erste Gedichtband sie auf eine harte innere Probe stellt.

Es gelingt ihr, Ernst Keil kennenzulernen, den Verleger der Zeitschrift *Unser Planet*. Im Februar 1843 erscheint ihr erster Artikel: Sie verteidigt die beiden Vorträge über Frauenemanzipation, die

Dr. Eduard Vehse in Dresden gehalten hat und die großes Aufsehen erregen. Emanzipation sei das Stichwort des Tages, schreibt sie. Alles ringe aus alten, hemmenden Institutionen sich in neue. Doch unter »all diesen regen Bestrebungen nach selbständiger Entwicklung ist fast das weibliche Geschlecht allein – *vergessen* worden«. In dieser Zeit des Fortschritts müsse sich auch die Stellung der Frauen in Gesellschaft und Staat ändern. Aber das, was man bislang unter dem Schlagwort der Emanzipation der Frauen verstehe, die Emanzipation des Fleisches der *femme libre*, der freien Frau, weist sie als schamlos weit von sich. Sie fordert für Frauen die Emanzipation des Geistes.

Der Artikel erscheint unter dem Namen Otto Stern. In einem »Geständnis« an ihre Leser, mit dem sie sich zwei Jahre später von dem männlichen Pseudonym verabschiedet, erzählt sie, sie habe es nicht aus Scheu vor der Öffentlichkeit gewählt – sie wisse, wenn man sich ins journalistische Gedränge begebe, müsse man darauf gefaßt sein, gestoßen und getreten zu werden –, sondern aus List. Die Literatur und die Presse werden allein von Männern gelenkt, Frauen gestehe man nur zu, Novellen und Gedichte zu liefern. Sie aber wolle über Tagesthemen schreiben und »gerade für diejenigen Interessen das Wort führen, für welche entweder andere Frauen sich nie begeistert oder die Männer das Wort ihnen noch nie gestattet hatten«. Es gefällt ihr nicht, sich hinter einem Männernamen zu verstecken, aber alles wäre für sie verloren gewesen, wenn man ihr den Eintritt zum journalistischen Kampfplatz verwehrt hätte, weil sie eine Frau ist – »mein ganzes Leben verfehlt und vergiftet«. Jahre später erst gibt sie zu, daß diese List weder ihre Idee noch freiwillig war: Ernst Keil habe das männliche Pseudonym von ihr verlangt und gesagt, sie dürfe sonst keine unweiblichen Themen behandeln.

Robert Blum, der Herausgeber der *Sächsischen Vaterlandsblätter*, ist weniger ängstlich als Keil und druckt Louise Ottos ersten Beitrag für seine Zeitung im September 1843 unter ihrem eigenen Namen. Ihr Beitrag ist ein Brief auf einen Artikel Blums über »Das Verhältnis der Frauen zum Staate«. Ihre Schreibweise ist noch weitschweifig und gefühlvoll, ganz im Stil der Zeit: »Es kann und wird niemand einfallen, einem Weibe das Recht streitig zu machen, das Vaterland zu lieben. Wo aber die Liebe recht groß ist, da fragt sie nicht: habe ich das *Recht*, an den geliebten Gegenstand zu denken? habe ich die *Pflicht*, mich mit ihm zu beschäftigen? Nein! sie fragt nicht – sie *muß* des Geliebten denken, *muß* sich wenigstens im Geist und Gemüt mit ihm beschäftigen, *kann nicht* gleichgültig bei seinen Schicksalen bleiben.« Frauen liebten ihr Vaterland und den Staat ebenso wie die Männer, und es sei unsittlich, wenn sie sich nicht damit befassen, »weil es widernatürlich« sei. Auch die Männer äußerten ihre Teilnahme am Staat erst seit kurzem, was erkläre, weshalb »bis jetzt noch wenig daran gedacht worden ist, welche neue Stellung bei der neuen Ordnung der Dinge den Frauen gebühre«. Aber: »An der Stellung, welche die Frauen in einem Land einnehmen, kann man sehen, wie dick von unreinen Nebeln oder wie klar und frei die Luft eines Staates sei; – die Frauen dienen als Barometer der Staaten.«

Die Redaktion der *Sächsischen Vaterlandsblätter* schreibt unter den Brief: »Genügt dem wackern, vaterlandsliebenden deutschen Mädchen unsere Aufforderung, so hoffen wir, ihre Ansichten recht bald wieder hier ausgesprochen zu sehen.«

Im November 1843 bringen die *Sächsischen Vaterlandsblätter* schon Leitartikel von Louise Otto auf der Titelseite. Von nun an schreibt sie regelmäßig über Frauen und Politik. Artikel von ihr erscheinen in Ernst Keils Zeitschriften *Unser Planet, Leuchtturm* und *Wandelstern* – ab Sommer 1845 steht auch hier ihr eigener Name darunter. Sie geißelt es als Mißstand, daß die meisten Frauen Politik nicht für ihre Aufgabe halten, und fordert mehr Bildung für Frauen, längeren Schulunterricht für Mädchen. Sie prangert an, daß Frauen, die mehr lernen als Sprachen und Putz, unweiblich genannt werden – »zu *Puppen* der Männer werden sie gemacht und sollten doch ihre *Gefährtinnen* sein!« Frauen sollen selbständig denken, selbständig handeln, »sich überhaupt freier durchs Leben bewegen lernen und bewegen dürfen«. 35 Jahre, ehe Henrik Ibsen mit seinem Drama *Nora oder Ein Puppenheim* berühmt wird, schreibt sie: »Die meisten Frauen bleiben Zeit ihres ganzen Lebens hindurch – Kinder.«

Sie ruft Frauen auf, sich für Politik zu interessieren, und sie verteidigt diejenigen, deren Interesse erwacht ist, rüttelt am Staat. Ein neuer Geist mache sich auch unter dem weiblichen Geschlecht geltend, erklärt sie, die politische Poesie habe die deutschen Frauen aufgeweckt. In Sachsen sei die Damengalerie, auf der Frauen den Sitzungen der zweiten Kammer des Landtags zuhören dürfen, niemals leer: »Gebt unserm Staate ein größeres öffentliches Leben, Öffentlichkeit des Gerichtsverfahrens, allen Städten Öffentlichkeit der Stadtverordnetensitzungen, Öffentlichkeit allen Vereinen und Versammlungen, welche dem Wohl einer vaterländischen Anstalt gewidmet sind, und ihr sollt sehen, wie bald und schnell und allgemein die Frauen ihre Teilnahmslosigkeit an der Politik aufgeben werden.«

Louise Otto wird rasch populär bei den demokratisch gesinnten Lesern, denn wie so oft, wenn eine aufsteigende Schicht neuer Männer Machtpositionen erobern will, vergewissern sich auch die Liberalen der Hilfe der Frauen. Süddeutsche Liberale haben schon 1832 zum Hambacher Fest, auf dem sie Demokratie, Republik und Einheit Deutschlands forderten, auch Frauen eingeladen: »Deutsche Frauen und Jungfrauen, deren politische Nichtachtung in der europäischen Ordnung ein Fehler und ein Flecken ist, schmücket und belebet die Versammlung durch eure Gegenwart.« Damals wurden die Redner zu Gefängnis verurteilt, sofern sie nicht fliehen konnten. Nun finden sich immer mehr freiheitlich Gesinnte zusammen und erheben ihre Forderungen. Louise Otto will gemeinsam mit den liberalen Männern als ihre »ebenbürtige Schwester« kämpfen.

Gleichzeitig mit ihr beginnen auch andere Frauen, über ihre eigene Freiheit nachzudenken und sich ihren Weg als sozialkritische Schriftstellerinnen und Publizistinnen zu suchen – Fanny Lewald, Luise Dittmar, Luise Mühlbach, Ida Hahn-Hahn, Mathilde Franziska Anneke, Louise Aston. Aber Louise Otto kennt kaum eine der neuen Schriftstellerinnen persönlich, die wie sie in der eigenen Biographie die Geschichte von Millionen Frauen erkennen. Diese Frauen, die zum gemeinsamen Widerstand aufrufen, kämpfen noch vereinzelt, entwickeln sich vereinzelt.

Louise Otto ist damals den übrigen voraus mit ihrer Forderung nach Teilnahme der Frauen am Staatsleben. Sie denkt politischer und praktischer als die meisten, hat beruflich am weitesten Fuß gefaßt. Sie verläßt Meißen und die entsetzte Tante Amalie immer häufiger und hält sich in Leipzig auf, dem Zentrum der Liberalen in Sachsen. Sie bewegt sich in einer Welt der Männer und sucht Verbindungen zu Verlegern, zu Schriftstellern und Demokraten, die ihr helfen, ihre Schriften zu veröffentlichen und mit ihnen auch das notwendige Geld zu verdienen. Ihre Erbschaft reicht nur für ein zurückgezogenes Leben in Meißen und nicht für die Reisen nach Leipzig, außerdem will sie nun mit ihrer Arbeit auch ihren Lebensunterhalt verdienen, für sich selbst einstehen können wie ein Mann. Sie lernt, wie hart es ist, sich in dieser Männerwelt durchzusetzen, muß als Frau schlechte Werkverträge hinnehmen, weil Verleger aus Habgier so tun, als ob Genies und Frauen von der Luft leben könnten. Sie muß Artikel ändern, weil Herausgeber anderer Meinung sind als sie oder weil sie fürchten, daß ein Artikel nicht durch die staatliche Zensur kommen werde.

Nirgends in Deutschland darf eine Zeile gedruckt werden, die nicht zuvor ein Zensurbeamter gelesen hat. Die Beamten streichen alles, was auch nur entfernt nach einer Kritik an der jeweiligen Regierung aussieht. Ihre Streichungen in Zeitungen und Büchern dürfen den Lesern nicht durch Lücken auffallen: Mit dieser Bestimmung fördert die Regierung den vorauseilenden Gehorsam von Herausgebern, die Kosten sparen müssen oder wollen. Die Zensur verbietet Louise Ottos Roman *Schloß und Fabrik* »wegen aufregenden Inhalts«.

Ihr erster Roman *Ludwig der Kellner* ist 1843 noch unter ihrem Pseudonym Otto Stern erschienen. Sie befaßt sich in ihren Romanen mit den Widersprüchlichkeiten in der Gesellschaft: mit den Problemen eines Kellners, der gebildet ist, mit der mangelhaften Erziehung eines Mädchens, das sein Geld verdienen muß, mit den Versuchen der Jesuiten, die Stellung einer Frau zu untergraben. *Schloß und Fabrik* ist ein Roman über die Lebensverhältnisse der Arbeiter und Arbeiterinnen. Mit ihren Romanen will sie diejenigen aufklären, die keine Zeitung lesen: Poesie soll das breite Publikum erreichen.

Sie kämpft gegen das Verbot ihres Romans, dringt bis in das Arbeitszimmer des sächsischen Kultusministers vor. Der Minister will das Verbot aber nur aufheben, wenn sie bestimmte Stellen streicht. Damit ist Louise Otto einverstanden.

Sie ist bereit, Kompromisse zu schließen, um ihr Hauptziel verfolgen zu können. Sie will sich lieber der Zensur fügen, als das Ganze preisgeben. Wenn einer ihrer Romane wegen Äußerungen verboten wird, die für das Ganze unwesentlich sind, hat er seinen Zweck verfehlt, nämlich eine breite Leserschaft zu erreichen. Nur Literaten können sich ihn nach einem Verbot noch unter der Hand verschaffen. Dann bekommt sie zwar einen guten literarischen Ruf, aber daran liegt ihr nichts.

An dieser Meinung hält sie ihr Leben lang fest, was ihr wiederholt den Vorwurf der Anpassung und auch Verachtung einträgt. Aber sie will keinen Ruf als Schriftstellerin, sie will etwas verändern.

Sie fordert eine gute Ausbildung für Mädchen, damit Frauen auch ohne Ehemann für sich sorgen können und nicht heiraten müssen. Sie möchte, daß Frauen zu kaufmännischen Berufen und verstärkt zum Lehrberuf zugelassen werden. Sie fordert Volkserziehung, Bildung auch für die unteren Klassen, die in Elend, Armut, Hilflosigkeit leben. Die Bourgeoisie dürfe die Rechte des Proletariats nicht verleugnen, sonst werde eine Zeit kommen, in der das Proletariat gegen die Bourgeoisie auftritt – so wie jetzt die Bourgeoisie gegen den Adel, der ihre Rechte verleugnet. Sie legt die Ursachen der Prostitution dar: Hunger und Unwissenheit und eine Frauenerziehung, die als einziges Lebensziel und einzigen Lebensinhalt einer Frau den Mann hinstellt. Sie will Arbeiterinnen durch Unterricht einen festen moralischen Halt geben und die Gelegenheit, sich Kenntnisse zu erwerben, durch die sie ihr Brot verdienen können. Man solle den Frauen Arbeit und für ihre Arbeit ausreichenden Lohn geben.

Politische Gegner lachen über Louise Ottos Tendenzromane. Ihre Bekannten unter den Meißner Damen finden ihr Engagement unweiblich. Ihre Freundinnen zittern für sie, sie könne in Zukunft noch mehr Schwierigkeiten mit Behörden bekommen. Doch das einzige, was sie verzweifeln läßt, ist, daß Redakteure und Verleger ihr immer wieder sagen, sie habe zwar Talent, aber einen zu kleinen Horizont. Sie müsse raus aus Meißen, reisen, die Welt und die Menschen kennenlernen. Aber dazu hat sie kein Geld.

Von einem Romanhonorar kann sie sich endlich 1845 eine Reise nach Thüringen leisten. Sie will nach Weimar zu Schillers Grab, auf die Wartburg und weiter bis Hannover. Das ist eine große Reise, denn die Eisenbahn endet in Leipzig, und von dort geht es nur mit der Postkutsche weiter.

Verwandte und Bekannte in Meißen sind außer sich. Louise Otto ist 26 Jahre alt, doch ein Mädchen – so heißen ledige Frauen damals – darf sich nie allein zeigen, es muß von einer verheirateten Frau begleitet sein – nicht einmal Tante Amalie genügt als Garant für Sitte und Anstand. Die Tante rät von der Reise ab, mißbilligt, daß Louise politische Reisebriefe für den *Wandelstern* schreiben will, nennt die Reise eine »Extravaganz«.

Aber Louise Otto will beweisen, daß auch eine Frau sich frei bewegen kann, wenn sie nur will. Um weiteren Warnungen und Ermahnungen aus dem Weg zu gehen, erklärt sie den Meißner Damen, daß sie nur zu Verwandten nach Leipzig und Naumburg fahre. Sie näht sich ihr Geld ins Korsett, packt etwas Wäsche und ein schwarzseidenes Kleid für besondere Gelegenheiten in die Reisetasche, zieht einen Staubmantel über ihr grauwollenes gestreiftes Reisekleid und setzt sich ihren italienischen Strohhut mit dem blauen Schleier auf. Allen Mahnungen und eigenen Ängsten zum Trotz fährt sie von Naumburg weiter mit der Postkutsche nach Jena. Frei wie eine Lerche kommt sie sich vor, und obwohl ihr unter den unbekannten Menschen in der Kutsche etwas beklommen zumute ist, ist sie doch voller froher Erwartungen.

Aber sie muß auf dieser Thüringen-Reise erleben, daß sie als alleinreisende Frau für vogelfrei gilt, daß man sie bestenfalls nicht ernst nimmt.

Der Lohnkutscher in Gotha will nicht mit ihr sprechen, sondern verlangt nach dem Herrn, den er fahren soll. Er kann gar nicht fassen, daß sein Passagier eine Frau ohne Begleitung ist. In Liebenstein gibt ihr ein wohlerzogener Herr mit Ordensstern falsche Auskunft über den Weg zu einer Burgruine, verfolgt sie dann im einsamen Wald und wird zudringlich. Sie rennt zurück ins Kurhaus und ist so erbittert über die Erniedrigung, daß sie die ganze Nacht nicht schlafen kann. Immer wieder fragt man sie, wo denn ihre Herrschaft sei oder ob sie nicht für die Weiterreise auf Gesellschaft warten wolle. Schließlich hat sie selbst Angst vor einem Mann, der ihr bei Kassel nur freundlich den Weg zeigt.

Ihre Reise beweist ihr die verachtete Stellung der Frau in der Gesellschaft. Aber sie bleibt eine unangepaßte, extravagante junge Dame. Mit dem Honorar für den Roman *Schloß und Fabrik*, der 1846 erscheint, reist sie allein in die Weberdörfer der Lausitz und des Riesengebirges.

Sie träumt von Einheit der Nation und demokratischen Freiheitsrechten, und was sie schreibt, fühlen und denken Frauen in weiten Kreisen des freiheitlich gesinnten Bürgertums. Als ihr Gedichtband *Lieder eines deutschen Mädchens* 1847 erscheint, feiern zahlreiche Leserinnen und Leser sie als »Lerche des Völkerfrühlings«. Der Schriftsteller Alfred Meißner nennt sie »ein Schwert in Rosen« – das gefällt ihr, sie wiederholt es noch viele Jahre später. »Es waren Freiheitslieder, wie eben damals überall, aber doch selten von Mädchen gesungen wurden«, erzählt sie. »›Grüße der Toten u. der Lebenden – im Dienst der Freiheit – für die Armen – aus deutschen Landen – Wandrungen (enthält auch mehrere Balladen) – Wartburg –‹ diese Abteilungen waren ihr Inhalt.«

Leserinnen und Leser besuchen Louise Otto in Meißen und sind erstaunt, eine einfache, bescheidene Frau zu sehen. Sie wird als äußerst ruhig und zurückhaltend, aber auch als humorvoll beschrieben: eine kleine Frau in einem faltenreichen, weichen pastellfarbenen Gewand mit weiten offenen Ärmeln und Spitzenmanschetten an Kragen und Ärmeln. Sie hat einen großen Kopf, ein Gesicht mit stark ausgeprägten Zügen, eine eckige Stirn, lange, leichte hellblonde Locken, einen rosigen Teint und blaue Augen. Sie sei nicht schön, aber ungewöhnlich, meint die Schriftstellerin Auguste Scheibe und berichtet von einem Gesamteindruck »überzarter Weiblichkeit«, der männliche und weibliche

Besucher anziehe. Auch diese Besucherin ist erstaunt über die kleine, zerbrechliche und schüchterne Erscheinung, die leise Stimme, die zögernde Redeweise, »die in so seltsamem Widerspruche zu ihrer geistigen Schlagfertigkeit und ihrer Unerschrockenheit« steht.

Auguste Scheibe wird für Louise Otto eine lebenslange Freundin. Der Verlauf ihres Besuches wiederholt sich in Louise Ottos Leben: Leserinnen oder Leser, die begeistert sind von ihrem Schwung und kämpferischen Mut, besuchen sie – oft spontan ohne Anmeldung –, sind erstaunt über die schüchterne Frau und ihre in sich ruhende Persönlichkeit, die eine gewisse Nüchternheit, Strenge und Stärke ausstrahlt, und werden langjährige Freundinnen oder Freunde.

Louise Otto hat ungewöhnlichen Erfolg für eine junge Frau. Sie hat bis 1847 zahlreiche Artikel geschrieben, vier Romane und einen gefeierten Gedichtband. Die *Sächsischen Vaterlandsblätter* sind nun verboten. Die Zeit wird schwieriger, enger. Und dann bricht im Frühjahr 1848 in Deutschland die Revolution aus.

»Wer sich nicht selbst zu helfen bereit ist,
ist auch nicht wert, daß ihm geholfen werde!«

Im Frühjahr 1848 ist Louise Otto bei ihrer Schwester Franziska in der kleinen sächsischen Stadt Mühlberg an der Elbe zu Besuch. Louise ist begeistert über die Revolution. Zu ihrem Geburtstag am 26. März 1848 – sie wird 29 Jahre alt – bekommt sie Taschentücher mit schwarz-rot-goldener Stickerei und Briefe mit schwarz-rot-goldenen Rändern. Die deutschen Farben waren bislang als hochverräterisch verboten. Nun flattert eine schwarz-rot-goldene Fahne auf dem Mühlberger Marktplatz.

Den Anstoß zur Revolution in Deutschland gab die Februarrevolution in Frankreich, die sich am Streit um das Wahlrecht entzündete. Es war an einen so hohen Steuersatz gebunden, daß kaum eine Viertelmillion Bürger wählen durften – Louis Philippe, der einstmalige Bürgerkönig, regierte undemokratisch. Die aufständischen Reformer besiegten seine Truppen, erzwangen seine Abdankung und riefen am 25. Februar 1848 die Republik aus.

Die Revolution griff sofort auf die deutschen Staaten über. Am 27. Februar forderte eine Volksversammlung in Mannheim Pressefreiheit, Schwurgerichte, Volksbewaffnung, ein gesamtdeutsches Parlament. Am 5. März forderten Abgeordnete der süddeutschen Landtage in Heidelberg die Republik und die Wahl zu einem gesamtdeutschen Parlament, das in Frankfurt tagen sollte. In den Mittel- und Kleinstaaten traten die alten Regierungen zurück aus Furcht vor der Gewalt, die sie nun, nachdem sie die Bürger jahrzehntelang unterdrückt hatten, erwarteten, und liberale Oppositionelle übernahmen die Ministerämter. In Wien kämpften Studenten und Bürger am 13. März gegen das Militär, Staatskanzler Metternich floh nach England. In Berlin versprach König Friedrich Wilhelm IV. am 18. März vom Balkon des Schlosses aus Pressefreiheit und eine Verfassung, und die Bürger auf dem Schloßplatz ließen ihn hochleben. Doch dann räumte Militär den Platz, Gewehrschüsse fielen, Menschen bluteten.

Arbeiter, Handwerker und Bürger, Männer, Frauen und Kinder bauten Barrikaden, stürzten dazu Pferdewagen um, schleppten Möbel aus den Häusern, rissen das Straßenpflaster auf und verteidigten sich gegen 15 000 Soldaten des Königs, die mit Kanonen auf sie schossen. Erst am Morgen des 19. März ließ der erschrockene König das Feuer einstellen. Im Schloßhof neigte er sich vor den 200 Leichen, die die Bürger anklagend aufgebahrt hatten, den Märzgefallenen. Zwei Tage später reitet er mit Ministern und Generälen hinter schwarz-rot-goldenen Fahnen durch Berlin, ein neuer Bürgerkönig, der nun verspricht, für ein gesamtdeutsches Parlament eintreten zu wollen, für Einheit und Demokratie.

Als Louise Otto nach Meißen zurückkehrt, läßt sie triumphierend die schwarz-rot-goldene Fahne von ihrem Haus flattern.

Sie fragt sich, was in der Revolution ihre Aufgabe sei. Schreiben kann sie mit den Männern, aber sie will auch kämpfen, reden, handeln, wählen, organisieren. Doch der Tatkraft einer Frau sind enge Grenzen gesetzt. »Und ich bin nichts als ein gefesselt Weib!« klagt sie im *März-*

lied eines deutschen Mädchens. Dieses Gedicht erscheint in den *Sächsischen Vaterlandsblättern*, die nun wieder herauskommen, und wird in unzähligen Zeitungen nachgedruckt. Alle Zeitungen erscheinen nun ohne Zensur. Louise überlegt: »Jetzt, wo endlich die Männer sich selbst helfen und so viel zu tun haben, nehmen sie wohl auch meine wie andrer Frauen Hilfe an, aber sie denken nicht daran, daß auch wir der Hilfe bedürfen. Nun, wer sich nicht selbst zu helfen bereit ist, ist auch nicht wert, daß ihm geholfen werde!« Frauen müssen ihre Rechte selbst vertreten. Zum erstenmal denkt sie daran, eine Zeitung für Frauen herauszugeben, Frauenvereine in vielen Städten zu gründen.

Doch vorerst bleibt die Frauenzeitung nur eine Idee. Seit einem Jahr vertritt Louise Otto in der ersten Zeitung der sächsischen Arbeiter die Interessen der Arbeiterinnen. Nun fordert die Schneider-Innung vom neuen liberalen Ministerium in Sachsen den Schutz der Männer vor weiblicher Arbeit. Dabei dürfen Schneiderinnen sowieso nur bei männlichen Meistern lernen und kein eigenes Geschäft aufmachen, nur als Hausschneiderinnen zu ihren Kunden gehen. Die Innung macht Razzien in Wohnungen von Schneiderinnen, beschlagnahmt Stoffe und Nähzeug, will die weibliche Konkurrenz ganz ausschalten. Das Ministerium ernennt eine »Kommission zur Erörterung der Gewerbs- und Arbeitsverhältnisse«.

Louise Otto schickt die *Adresse eines deutschen Mädchens* an die Kommission. Sie verlangt bessere Arbeitsmöglichkeiten für Frauen, denen sonst nur die Prostitution bleibe: »Glauben Sie nicht, meine Herren, daß Sie die Arbeit genügend organisieren können, wenn Sie nur die Arbeit der Männer und nicht auch die der Frauen mit organisieren. Und wenn man überall vergessen sollte, an die armen Arbeiterinnen zu denken – ich werde sie nicht vergessen!«

Ihre Adresse erregt ungeheures Aufsehen. Mehrere Zeitungen drucken sie ab. Zwei Minister bitten Louise Otto zu sich, besuchen sie einige Zeit später in ihrer Wohnung in Meißen, um ihre Vorschläge zu hören. Zahlreiche Arbeiter und Arbeiterinnen kommen zu ihr, erzählen von ihren Existenzsorgen und ihrer Ohnmacht gegenüber den Zünften. Die Revolution hat die herrschende wirtschaftliche Krise verschärft. Wer Kapital hat, hält es zurück, wartet den Ausgang der revolutionären Machtkämpfe ab. Zahlreiche Menschen sind ohne Arbeit, hungern.

Louise Otto wird zur Fürsprecherin einer liberalen Gewerbepolitik. Sie, die idealistische Dichterin, ein Liebling des Publikums, wird nun scharf angegriffen. Sie nimmt es gelassen hin: Für Dichterinnen sei jetzt die Zeit der Praxis gekommen.

Sie kämpft für höhere Löhne für Frauen, mehr Arbeitsplätze, dafür, daß auch Frauen Schneiderwerkstätten einrichten dürfen. Sie appelliert an das neue Zeitbewußtsein von Freiheit und Gleichheit und ruft in der *Leipziger Arbeiterzeitung* den Männern, die sich nur für die Rechte der Arbeiter stark machen, zu: »Wenn Sie sich untereinander *verbrüdern*, so vergessen Sie nicht, daß Sie auch *Schwestern* haben, mit deren Wohl und Wehe das Ihrige Hand in Hand geht und gehen muß!«

Immer deutlicher zeichnet sich ab, daß die Männer die neuen politischen Rechte nur für sich beanspruchen. Frauen gründen in vielen Städten demokratische Frauenvereine und sammeln Geld für Freiheitskämpfer und politisch Verfolgte, doch in den zahlreichen neuen politischen Vereinen und Clubs sind nur Männer zugelassen. Keine Frau sitzt in der Nationalversammlung in Frankfurt. In der Paulskirche richtet man eine Damentribüne mit 200 Plätzen ein. Sie ist immer voll besetzt: Frauen nehmen brennenden Anteil an der Arbeit der Abgeordneten an einer demokratischen Verfassung und einem deutschen Nationalstaat. Aber mitreden dürfen sie nicht. Die Revolution ist der zweite große Anlauf der Bürger, sich zu emanzipieren, und wie schon beim ersten am Ende des vorigen Jahrhunderts vergessen sie wieder ihre Frauen.

Louise Otto erkennt, daß ihr Einfluß in den Zeitungen, die von Männern geleitet werden, nur sehr begrenzt ist. Sie will ungehindert für die Rechte der Frauen eintreten, sich ihre Tatkraft nicht einengen lassen, sich selbst eine Plattform schaffen. Sie hat keine Angst, als unweiblich zu gelten. Was als weiblich gelte, sei meist nur eine Verkrüppelung geistiger Anlagen, meint sie. Jahrelang hat sie pragmatisch eine Politik der kleinen Schritte verfolgt und sich, schüchtern, naiv, mit leiser Stimme, in die Welt der Männer gedrängt. Nun wagt sie einen großen Schritt: Sie gründet eine Frauenzeitung.

Louise Otto ist noch mitten in den Vorbereitungen für die Frauenzeitung, als sie im Januar 1849 ihren späteren Ehemann August Peters kennenlernt. Er ist Mitarbeiter an der Berliner Zeitung *Der Volksvertreter* und hat ihr auf ihre *Adresse eines deutschen Mädchens* hin geschrieben. Sie haben ein paar Briefe gewechselt und sehen sich zum erstenmal, als Louise ihre Schwester Antonie in Oederan besucht. Peters ist der Sohn eines erzgebirgischen Strumpfwirkers und zwei Jahre älter als Louise. Er verspricht, für ihre Zeitung zu schreiben.

Noch etwas geschieht, ehe die Zeitung erscheinen kann: Die Nationalversammlung in Frankfurt beendet ihre Arbeit. In zehn spannungsgeladenen Monaten haben über 500 ungeübte Abgeordnete erstmals Grundrechte der Bürger formuliert und einen neuen deutschen Staat entworfen. Sie haben eine Fülle von Problemen, die die alten Regierungen seit Jahren nicht lösen konnten, teils gelöst, teils entschärft. Die Versammlung ist von Nationalitätenkämpfen erschüttert worden und hat zunehmend unter der Drohung der wieder erstarkenden Dynastien gearbeitet. Die Reichsverfassung ist nur der kleinste gemeinsame Nenner, auf den sich die Abgeordneten der unterschiedlichsten politischen Richtungen einigen konnten, und die Frauen, die Hälfte der Bevölkerung, haben sie vergessen. Trotzdem ist die Verfassung eine große Leistung.

Am 28. März 1849 verkündet der Präsident der Nationalversammlung die Reichsverfassung in der Paulskirche, und die Abgeordneten wählen mit 290 zu 248 Stimmen den preußischen König zum Staatsoberhaupt, zum Kaiser der Deutschen. Die meisten Abgeordneten fühlen sich bei dieser Wahl nicht wohl. Viele, die gegen den König stimmten, sehen trotzdem ein, daß es begründet ist, den neuen Staat unter den Schutz der preußischen Armee zu stellen, und viele, die für ihn stimmen, wissen dabei, wie verfehlt es ist, einen König zum Staatsoberhaupt zu wählen, der sich von Gott gesandt fühlt und dem trotz seines Märzritts im Jahr zuvor nichts mehr zuwider ist als das Volk, das nun behauptet, es sei der eigentliche Souverän. Doch nur er hat die Macht, den neuen Staat, zu dem Österreich nicht mehr gehören wird, zusammenzuhalten und die neue Verfassung in allen kleineren deutschen Staaten durchzusetzen.

Eine Deputation der Abgeordneten reist nach Berlin und bietet dem preußischen König die Krone an. Doch die Fürsten auf den Thronen sind in den Monaten, in denen die Nationalversammlung tagte, wieder so stark geworden, daß Friedrich Wilhelm IV. es nicht mehr nötig hat, sich als Freund der Bürger auszugeben. Er lehnt die Krone ab. Damit ist die Politik der Paulskirche gescheitert.

Von dieser Niederlage erholt sich das Bürgertum in Deutschland lange nicht. Bis heute ist die ehrenvolle Geschichte der 1848er Revolution ein blinder Fleck im Bewußtsein der meisten Bürger geblieben. In den Jahrzehnten nach der Revolution wandelt sich der idealistische Liberalismus des Bürgertums in einen vorwiegend wirtschaftlichen Liberalismus: Die Bürger konzentrieren ihre Energie auf Industrie und Handel.

Louise Otto bringt die erste Nummer ihrer *Frauen-Zeitung für höhere weibliche Interessen* am 21. April 1849 heraus, eine Woche ehe der preußische König endgültig ablehnt, Staatsoberhaupt eines demokratischen Deutschland zu werden. Sie finanziert die Zeitung aus ihrem Erbe. Von nun an muß sie den größten Teil ihres Lebensunterhalts mit Romanen verdienen.

Ihre Zeitung ist die erste politische Frauenzeitung in Deutschland, allerdings nicht dem Namen nach: In Köln hat die Schriftstellerin Mathilde Franziska Anneke, auch sie eine ungewöhnliche und kühne Frau, die *Neue Kölnische Zeitung* gegründet und sie, als die preußische Regierung das Blatt wegen revolutionärer Ideen verbot, in zwei Nummern als *Frauen-Zeitung* herausgebracht. Louise Ottos wöchentliche *Frauen-Zeitung* ist auf Frauen und ihre Probleme zugeschnitten. Sie will die Masse der Frauen erreichen, von denen viele noch kaum wagen, sich in die Gesellschaft vorzutasten. »Dem Reich der Freiheit werb' ich Bürgerinnen« ist das Motto ihrer Zeitung.

In der ersten Nummer stellt sie ein Programm auf: Die Frauen sollen sich zusammenschließen und gemeinsam kämpfen – damals eine sensationelle Forderung. Die Frauen sollen gemeinsam ihren Teil fordern, nämlich »das Recht, das Rein-Menschliche in uns in freier Entwicklung aller unserer Kräfte auszubilden, und das Recht der Mündigkeit und Selbständigkeit im Staat«. Frauen sollen sich ihren Teil verdienen, indem sie Freiheit und Humanität überall verbreiten, wo sie nur können, in der Presse und in der Familie. Und Frauen sollen gemeinsam für die Ärmsten unter ihnen eintreten, die Arbeiterinnen.

Louise Otto bittet Schriftsteller und Schriftstellerinnen, die sich bislang für die Rechte der Frauen eingesetzt haben, sie mit Artikeln zu unterstützen. Doch die meisten, die eine Mitarbeit an ihrer Zeitung versprochen haben, werden nun politisch verfolgt. In Deutschland bahnt sich ein Bürgerkrieg zwischen radikalen Liberalen und den Fürsten an. August Peters führt im Maiaufstand der Liberalen in Dresden die erzgebirgischen Freischärler. Das Militär schlägt den Aufstand nieder, Peters flieht nach Baden. Louise Otto wendet sich brieflich an die »Übriggebliebenen«, fragt, ob sie nicht Mitarbeiter für sie wüßten – »es ist ja kein honetter Mann in D. mehr frei«.

Die Freunde sind geflohen, gefangen, erschossen. Die Freundinnen behaupten, zu niedergedrückt zu sein, um jetzt Artikel schreiben zu können. Louise Otto muß die ersten Nummern ihrer Zeitung fast allein bestreiten, was viel Arbeit bedeutet, zumal sie einige vorbereitete Artikel zur Seite legen muß, die sie bei dem Kriegszustand, »der mich vorsichtig, aber nicht feig gemacht«, jetzt nicht abdrucken kann. Trotz allem bleibt sie unwandelbar. Ihre Bekannten weichen ihr aus und grüßen sie nicht mehr auf der Straße. Die *Frauen-Zeitung* ist ihr einziger Trost – »es ist doch ein Mittel zum Wirken«.

August Peters nimmt am badisch-pfälzischen Feldzug teil, mit dem radikale Liberale die Reichsverfassung der Paulskirche verteidigen. Die badische Armee tritt auf die Seite der Revolutionäre über. Doch einen Monat später marschieren preußische Truppen in der Pfalz und in Baden ein. Die badische Revolutionsarmee muß sich in die Festung Rastatt zurückziehen.

21 Rahel Varnhagen von Ense, geb. Levin.
Bleistiftzeichnung von Wilhelm Hensel, 27. Juli 1822.
Berlin, Nationalgalerie SMPK

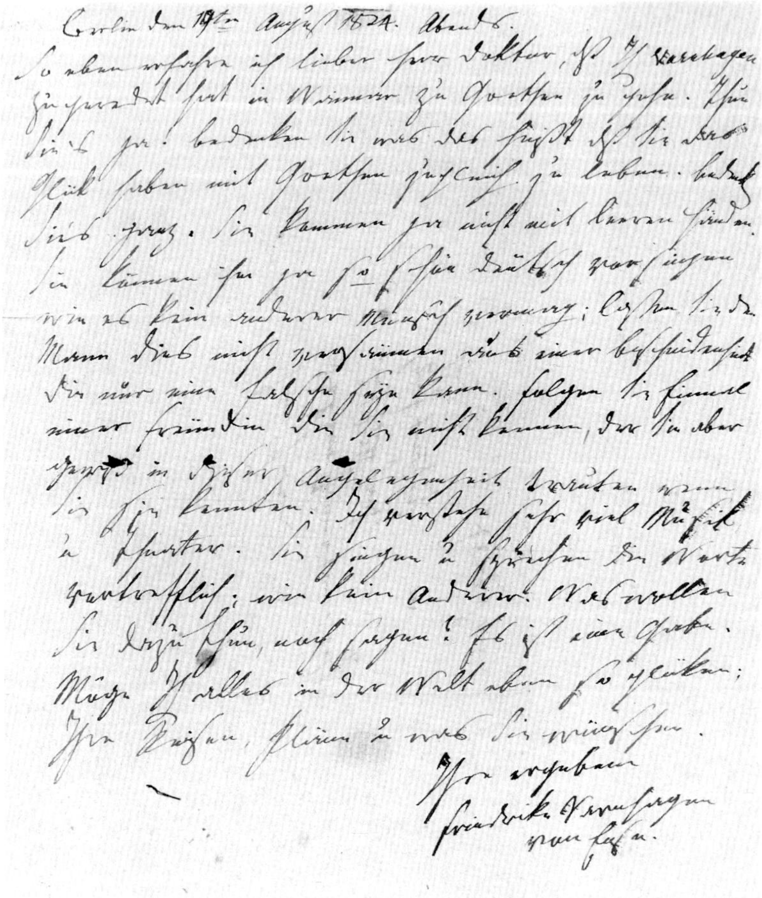
Berlin den 14ten August 1824. Abends.
So eben erfahre ich lieber Herr Doktor, daß Ihr Varnhagen zugeredet hat in Weimar zu Goethen zu gehen. Thun Sie's ja! bedenken Sie was das heißt daß Sie das Glück haben mit Goethen gleichzeitig zu leben. bedenkt Sie's ganz. Sie kommen ja nicht mit leeren Händen Sie können ihm ja so schön deutsch vorsingen wie es kein anderer Mensch vermag; lassen Sie den Mann dies nicht versäumen durch eine Bescheidenheit die nur eine falsche sein kann. folgen Sie einmal einer Freundin die Sie nicht kennen, die Sie aber gerade in dieser Angelegenheit beraten wenn Sie sie kennten. Ich verstehe sehr viel Musik u Theater. Sie singen u sprechen die Worte vortrefflich; wie kein Anderer. Was wollen Sie dazu thun, noch sagen! Es ist eine Gabe. Möge Ihr Alles in der Welt eben so gelten; Ihr Wünschen, Plänen u was Sie wünschen.
Ihre ergebene
Friederike Varnhagen
von Ense.

22 Brief Rahel Varnhagens an Carl Grüneisen
vom 14. August 1824. Marbach am Neckar,
Schiller-Nationalmuseum/
Deutsches Literaturarchiv

23 *Links:* Karl August Varnhagen von Ense. Bleistiftzeichnung von Wilhelm Hensel, 27. Juli 1822. Berlin, Nationalgalerie SMPK

24 *Unten:* Teegesellschaft bei Rahel Varnhagen von Ense. Radierung von Erich M. Simon, 19. Jahrhundert

Frauen-Zeitung.

Jeden Sonnabend erscheint eine Nummer.

Inserate werden mit 6 Pf. pro Zeile berechnet.

Redigirt von Louise Otto.

Preis: 15 Ngr. vierteljährlich.

Alle Postämter und Buchhandlungen nehmen Bestellungen darauf an.

Motto: Dem Reich der Freiheit werb' ich Bürgerinnen!

No. 2. Sonnabend, den 28. April. 1849.

Krieg.

„Wie? Die Sittlichkeit will Duell-Mandate nur Einzelwesen, nicht Völkern geben? Eher müßte sie die Zweikämpfe als die Millionen-Kämpfe sekundiren; denn jene zeugen mehr Ehre, diese mehr Unglück. — Das Unglück der Erde war bisher, daß Zwei den Krieg beschlossen, und Millionen ihn ausführten und ausstanden, indeß es besser, wenn auch nicht gut gewesen wäre, daß Millionen beschlossen hätten u. Zwei gestritten. Denn da das Volk fast ganz allein die ganze Kriegsfracht auf Quetschwunden zu tragen bekommt und nur wenig von dem schönen Fruchtkorbe des Friedens, und oft die Lorbeerkränze mit Pechkränzen erkauft; — da es in die Mord-Lotterie Leiber und Güter einsetzt und bei der letzten Ziehung (der des Friedens) oft selber gezogen oder als Niete herauskommt: so wird seine verlierende Mehrheit viel seltener als die erbeutende Minderzahl ausgedehntes Opfern und Bluten beschließen. Wenn jetzt der Krieg nur wider, nicht für die Menge, und fast nur von ihr geführt und erduldet wird —: so willigte gewiß ein jetziges Land in einen mehr opfernden als reichenden Krieg viel langsamer als sonst die barbarischen, hungernden Völker, welche nicht anders sich satt essen konnten, als mit dem Schwerte in der Hand als Gabel."

Wenn ein Weib seinen sittlichen Abscheu gegen den Krieg aussprechen will, so muß es wohl auf seiner Hut sein, daß die Leser nicht wegwerfend die Achseln zucken und meinen: so kann nur ein Weib sprechen! Ich habe deshalb mit den Worten eines edlen deutschen Mannes begonnen — mit denen unsres Jean Paul. Sie stehen in seiner „Kriegserklärung gegen den Krieg" in seinen „Dämmerungen für Deutschland", einem Buche, das gerade vor vierzig Jahren erschien. Und immer noch leben wir in diesen Dämmerungen! Jean Paul ist ihnen schon lange entrückt und sieht vielleicht wie er es so oft geschildert, aus seinen Sonnen-Höhen herab auf seine liebe Erde und lächelt wehmüthig, daß wir's in Deutschland immer noch nicht weiter als bis zur Dämmerung gebracht haben, wenn auch der Gedanke, den vor vierzig Jahren vielleicht er allein von Tausenden unbeachtet oder belächelt aussprach, jetzt von eben so Vielen ihm nachgesprochen wird, der Gedanke: „Auf der kleinen Erde sollte nur ein Staat liegen — um den häßlichen Widerstreit zwischen Moral und Politik, zwischen Menschenliebe und Landesliebe auszutilgen —; nicht aber eben eine Universal-Monarchie sollte sein, weil diese wenigstens die Bürgerkriege zuließe, sondern eine Universal-Republik von vereinigten Provinzen." —

Da liegen sie vor mir die Zeitungsberichte vom Kriegsschauplatze aus Schleswig-Holstein. — Ich brauche es nicht erst in den Zeitungen zu lesen, ich les' es auf hundert Gesichtern um mich her, welch ein Ungeheuer der Krieg ist! Da ängstigen sich alte Eltern um den einzigen Sohn, der ihnen noch keine Kunde gesendet, ob er noch lebend und unverletzt ist — da betrauert die Mutter ihren Einzigen, der die Stütze ihres einsamen Alters war und von dessen Tod ihr bereits die schreckliche Gewißheit geworden — da irren Witwen und Waisen einher, die noch gestern glückliche Gattinen und glückliche Kinder waren — da jammern Hunderte über ihre Lieblinge, die sie beim Abschied in der Blüthe der Kraft und Gesundheit verließen und die sie nun entweder gar nicht oder mit verstümmelten Gliedern wiedersehen. — —

Aber ihr sagt, das sind nur Weiber-Schmerzen, die wiegen Nichts, wo es sich um Völker-Schicksale

25 *Linke Seite:* Titelseite der *Frauen-Zeitung* vom 28. April 1849 mit dem Artikel »Krieg« von Louise Otto

26 *Oben:* Louise Otto-Peters – Schriftstellerin, Gründerin der deutschen Frauenbewegung und Mitbegründerin des Allgemeinen Deutschen Frauenvereins (1865). Stich, 1892

27 *Oben:* Richard und Cosima Wagner. Fotographie von Luckhardt, Wien 1872

28 *Rechte Seite oben:* Richard Wagner mit Cosima und Hans von Bülow in der Münchner Maximilianstraße. Karikatur von M. Schultze, 1864

29 *Rechte Seite unten:* *Tristan und Isolde* in der Inszenierung von Cosima Wagner, Bühnenbild von Max Brückner (III. Akt: Burg Kareol)

In der Maximilians
Straße nach den Probe
zu Tristan u. Isolde.
Nach der Natur
gezeichnet 1864 von
M. Schultze.
PARTITUR
ISOLD
MARKES
KLAGE.

LASSALLE

30 *Vorhergehende Doppelseite:* Rosa Luxemburg spricht auf dem Sozialistenkongreß 1907 in Stuttgart.

31 *Oben:* Leo Jogiches

32 Rosa Luxemburg

Nr. 29 — Jahrgang 1918 | Sonnabend, 14. Dezember 1918 | Preis 10 Pfg.

Die Rote Fahne

Zentralorgan des Spartakusbundes

Redaktion u. Expedition: Berlin SW 11, Königgrätzer Str. 40/41
Nacht-Auslieferung: Möckernstraße 144, Erdgeschoß, (gegenüber Anhalter Bahnhof).
Fernsprecher: Amt Lützow 4313 und 4314

Schriftleitung:
Karl Liebknecht und Rosa Luxemburg

Abonnementspreis monatlich 1.50 M.
Anzeigenpreis: die 7gespaltene Nonpareille-Zeile 75 Pf.
Kleine Anzeigen Ueberschriftswort 30 Pf., jedes weitere Wort 15 Pf.

Was will der Spartakusbund?

I.

Am 9. November haben Arbeiter und Soldaten das alte Regime in Deutschland zertrümmert. Auf den Schlachtfeldern Frankreichs war der blutige Wahn von der Weltherrschaft des preußischen Säbels zerronnen. Die Verbrecherbande, die den Weltbrand entzündet und Deutschland in das Blutmeer hineingetrieben hat, war am Ende ihres Lateins angelangt. Das vier Jahre lang betrogene Volk, das im Dienste des Molochs Kulturpflicht, Ehrgefühl und Menschlichkeit vergessen hatte, das sich zu jeder Schandtat mißbrauchen ließ, erwachte aus der vierjährigen Erstarrung — vor dem Abgrund.

Am 9. November erhob sich das deutsche Proletariat, um das schmachvolle Joch abzuwerfen. Die Hohenzollern wurden verjagt, Arbeiter- und Soldatenräte gewählt.

Aber die Hohenzollern waren nie mehr als Geschäftsträger der imperialistischen Bourgeoisie und des Junkertums. Die bürgerliche Klassenherrschaft: das ist der wahre Schuldige des Weltkrieges in Deutschland wie in Frankreich, in Rußland wie in England, in Europa wie in Amerika. Die Kapitalisten aller Länder: das sind die wahren Anstifter zum Völkermord. Das internationale Kapital — das ist der unersättliche Baal, dem Millionen auf Millionen dampfender Menschenopfer in den blutigen Rachen geworfen werden.

Der Weltkrieg hat die Gesellschaft vor die Alternative gestellt: [illegible] Fortdauer des Kapitalismus, neue Kriege und [illegible] und in der Anarchie, oder Abschaffung der kapitalistischen Ausbeutung.

Mit dem Ausgang des Weltkrieges hat die bürgerliche Klassenherrschaft ihr Daseinsrecht verwirkt. Sie ist nicht mehr imstande, die Gesellschaft aus dem furchtbaren wirtschaftlichen Zusammenbruch herauszuführen, den die imperialistische Orgie hinterlassen hat.

Produktionsmittel sind in ungeheurem Maßstab vernichtet. Millionen Arbeitskräfte, der beste und tüchtigste Stamm der Arbeiterklasse hingeschlachtet. Der am Leben Gebliebenen harrt bei der Heimkehr das grinsende Elend der Arbeitslosigkeit. Hungersnot und Krankheiten drohen die Volkskraft an der Wurzel zu vernichten. Der finanzielle Staatsbankrott infolge der ungeheuren Last der Kriegsschulden ist unabwendbar.

Aus all dieser blutigen Wirrsal und diesem gähnenden Abgrund gibt es keine Hilfe, keinen Ausweg, keine Rettung als im Sozialismus. Nur die Weltrevolution des Proletariats kann in dieses Chaos Ordnung bringen, kann allen Arbeit und Brot verschaffen, kann der gegenseitigen Zerfleischung der Völker ein Ende machen, kann der geschundenen Menschheit Frieden, Freiheit, wahre Kultur bringen. Nieder mit dem Lohnsystem! Das ist die Losung der Stunde. An Stelle der Lohnarbeit und der Klassenherrschaft soll die genossenschaftliche Arbeit treten. Die Arbeitsmittel müssen aufhören, das Monopol einer Klasse zu sein, sie müssen Gemeingut Aller werden. Keine Ausbeuter und Ausgebeutete mehr! Regelung der Produktion und Verteilung der Produkte im Interesse der Allgemeinheit. Abschaffung wie der heutigen Produktionsweise, die Ausbeutung und Raub, so des heutigen Handels, der nur Betrug ist.

An Stelle der Arbeitgeber und ihrer Lohnsklaven: freie Arbeitsgenossen! Die Arbeit Niemandes Qual, weil Jedermanns Pflicht! Ein menschenwürdiges Dasein Jedem, der seine Pflicht gegen die Gesellschaft erfüllt. Der Hunger hinfür nicht mehr der Arbeit Fluch, sondern des Müßiggängers Strafe!

Erst in einer solchen Gesellschaft sind Völkerhaß, Knechtschaft entwurzelt. Erst wenn eine solche Gesellschaft verwirklicht ist, wird die Erde nicht mehr durch Menschenmord geschändet. Erst dann wird es heißen:

dieser Krieg ist der letzte gewesen.

Sozialismus ist in dieser Stunde der einzige Rettungsanker der Menschheit. Ueber den zusammensinkenden Mauern der kapitalistischen Gesellschaft lodern wie ein feuriges Menetekel die Worte des „Kommunistischen Manifests“:

Sozialismus oder Untergang in der Barbarei!

II.

Die Verwirklichung der sozialistischen Gesellschaftsordnung ist die gewaltigste Aufgabe, die je einer Klasse und einer Revolution der Weltgeschichte zugefallen ist. Diese Aufgabe erfordert einen vollständigen Umbau des Staates und eine vollständige Umwälzung in den wirtschaftlichen und sozialen Grundlagen der Gesellschaft.

Dieser Umbau und diese Umwälzung können nicht durch irgend eine Behörde, Kommission oder ein Parlament dekretiert, sie können nur von der Volksmasse selbst in Angriff genommen und durchgeführt werden.

In allen bisherigen Revolutionen war es eine kleine Minderheit des Volkes, die den revolutionären Kampf leitete, die ihm Ziel und Richtung gab, und die Masse nur als Werkzeug benutzte, um ihre eigenen Interessen, die Interessen der Minderheit zum Siege zu führen. Die sozialistische Revolution ist die erste, die im Interesse der großen Mehrheit und durch die große Mehrheit der Arbeitenden allein zum Siege gelangen kann.

Die Masse des Proletariats ist berufen, nicht bloß der Revolution in klarer Erkenntnis Ziele und Richtung zu stecken. Sie muß auch selbst, durch eigene Aktivität Schritt um Schritt den Sozialismus ins Leben einzuführen.

Das Wesen der sozialistischen Gesellschaft besteht darin, daß die große arbeitende Masse aufhört, eine regierte Masse zu sein, vielmehr das ganze politische und wirtschaftliche Leben selbst lebt und in bewußter freier Selbstbestimmung lenkt.

Von der obersten Spitze des Staates bis zur kleinsten Gemeinde muß deshalb die proletarische Masse die überkommenen [illegible] Parlamente, Gemeinderäte durch eigene Klassenorgane: die Arbeiter- und Soldatenräte ersetzen, alle Posten besetzen, alle Funktionen überwachen, alle staatlichen Bedürfnisse an dem eigenen Klasseninteresse und den sozialistischen Aufgaben messen. Und nur in ständiger, lebendiger Wechselwirkung zwischen den Volksmassen und ihren Organen, den A.- und S.-Räten kann ihre Tätigkeit den Staat mit sozialistischem Geiste erfüllen.

Auch die wirtschaftliche Umwälzung kann sich nur als ein von der proletarischen Massenaktion getragener Prozeß vollziehen. Die nackten Dekrete oberster Revolutionsbehörden über die Sozialisierung sind allein ein leeres Wort. Nur die Arbeiterschaft kann das Wort durch eigene Tat zum Fleische machen. In zähem Ringen mit dem Kapital, Brust an Brust in jedem Betriebe, durch unmittelbaren Druck der Massen, durch Streiks, durch Schaffung ihrer ständigen Vertretungsorgane können die Arbeiter die Kontrolle über die Produktion und schließlich die tatsächliche Leitung an sich bringen.

Die Proletariermassen müssen lernen aus toten Maschinen, die der Kapitalist an den Produktionsprozeß stellt, zu denkenden, freien, selbsttätigen Lenkern dieses Prozesses zu werden. Sie müssen das Verantwortungsgefühl wirkender Glieder der Allgemeinheit erwerben, die Alleinbesitzerin alles gesellschaftlichen Reichtums ist. Sie müssen Fleiß ohne Unternehmerpeitsche, höchste Leistung ohne kapitalistische Antreiber, Disziplin ohne Joch und Ordnung ohne Herrschaft entfalten. Höchster Idealismus im Interesse der Allgemeinheit, straffste Selbstdisziplin, wahrer Bürgersinn der Massen sind für die sozialistische Gesellschaft die moralische Grundlage, wie Stumpfsinn, Egoismus und Korruption die moralische Grundlage der kapitalistischen Gesellschaft sind.

Alle diese sozialistischen Bürgertugenden, zusammen mit Kenntnissen und Befähigungen zur Leitung der sozialistischen Betriebe, kann die Arbeitermasse nur durch eigene Betätigung, eigene Erfahrung erwerben.

Sozialisierung der Gesellschaft kann nur durch zähen unermüdlichen Kampf der Arbeitermasse in ihrer ganzen Breite verwirklicht werden, auf allen Punkten, wo Arbeit mit Kapital, wo Volk mit bürgerlicher Klassenherrschaft einander ins Weiße des Auges blicken. Die Befreiung der Arbeiterklasse muß das Werk der Arbeiterklasse selbst sein.

III.

In den bürgerlichen Revolutionen war Blutvergießen, Terror, politischer Mord die unentbehrliche Waffe in der Hand der aufsteigenden Klassen.

Die proletarische Revolution bedarf für ihre Ziele keines Terrors, sie haßt und verabscheut den Menschenmord. Sie bedarf dieser Kampfmittel nicht, weil sie nicht Individuen, sondern Institutionen bekämpft, weil sie nicht mit naiven Illusionen in die Arena tritt, deren Enttäuschung sie blutig zu rächen hätte. Sie ist kein verzweifelter Versuch einer Minderheit, die Welt mit Gewalt nach ihrem Ideal zu modeln, sondern die Aktion der großen Millionenmasse des Volkes, die berufen ist, die geschichtliche Mission zu erfüllen und die geschichtliche Notwendigkeit in Wirklichkeit umzusetzen.

Aber die proletarische Revolution ist zugleich die Sterbeglocke für jede Knechtschaft und Unterdrückung. Darum erheben sich gegen die proletarische Revolution alle Kapitalisten, Junker, Kleinbürger, Offiziere, alle Nutznießer und Parasiten der Ausbeutung und der Klassenherrschaft wie ein Mann zum Kampf auf Leben und Tod.

Es ist ein toller Wahn zu glauben, die Kapitalisten würden sich gutwillig dem sozialistischen Verdikt eines Parlaments, einer Nationalversammlung fügen, sie würden ruhig auf den Besitz, den Profit, das Vorrecht der Ausbeutung verzichten. Alle herrschenden Klassen haben um ihre Vorrechte bis zuletzt mit zähester Energie gerungen. Die römischen Patrizier wie die mittelalterlichen Feudalbarone, die englischen Kavaliere wie die amerikanischen Sklavenhändler, die walachischen Bojaren wie die Lyoner Seidenfabrikanten — sie haben alle Ströme von Blut vergossen, sie sind über Leichen, Mord und Brand geschritten, sie haben Bürgerkrieg und Landesverrat angestiftet, um ihre Vorrechte und ihre Macht zu verteidigen.

Die imperialistische Kapitalistenklasse überbietet als letzter Sproß der Ausbeuterkaste die Brutalität, den unverhüllten Zynismus, die Niedertracht aller ihrer Vorgänger. Sie wird ihr Allerheiligstes, ihren Profit und ihr Vorrecht der Ausbeutung mit Zähnen und mit Nägeln, mit jenen Methoden der kalten Bosheit verteidigen, die sie in der ganzen Geschichte der Kolonialpolitik und in dem letzten Weltkriege an den Tag gelegt hat. Sie wird Himmel und Hölle gegen das Proletariat in Bewegung setzen. Sie wird das Bauerntum gegen die Städte mobil machen, sie wird rückständige Arbeiterschichten gegen die sozialistische Avantgarde aufhetzen, sie wird mit Offizieren Metzeleien anstiften, sie wird jede sozialistische Maßnahme durch tausend Mittel der passiven Resistenz lahmzulegen suchen, sie wird der Revolution zwanzig Vendeen auf den Hals hetzen, sie wird den äußeren Feind, das Mordeisen der Clemenceau, Lloyd George und Wilson als Retter ins Land rufen, — sie wird lieber das Land in einen rauchenden Trümmerhaufen verwandeln, als freiwillig die Lohnsklaverei preisgeben.

All dieser Widerstand muß Schritt um Schritt mit eiserner Faust, mit rücksichtsloser Energie gebrochen werden. Der Gewalt der bürgerlichen Gegenrevolution muß die revolutionäre Gewalt des Proletariats entgegengestellt werden. Den Anschlägen, Ränken, Zettelungen der Bourgeoisie die unbeugsame Zielklarheit, Wachsamkeit und stets bereite Aktivität der proletarischen Masse. Den drohenden Gefahren der Gegenrevolution die Bewaffnung des Volkes und Entwaffnung der herrschenden Klassen. Den parlamentarischen Obstruktionsmanövern der Bourgeoisie die tatenreiche Organisation der Arbeiter- und Soldatenmasse. Der Allgegenwart und den tausend Machtmitteln der bürgerlichen Gesellschaft — die konzentrierte, zusammengeballte, aufs Höchste gesteigerte Macht der Arbeiterklasse. Die geschlossene Front des gesamten deutschen Proletariats: des süddeutschen mit dem norddeutschen, des städtischen mit dem ländlichen, der Arbeiter mit den Soldaten, die lebendige geistige Fühlung der deutschen Revolution mit der Internationale, die Erweiterung der deutschen Revolution zur Weltrevolution des Proletariats, vermag allein die granitne Basis zu schaffen, auf der das Gebäude der Zukunft errichtet werden kann.

Der Kampf um den Sozialismus ist der gewaltigste Bürgerkrieg, den die Weltgeschichte gesehen, und die proletarische Revolution muß sich für diesen Bürgerkrieg das nötige Rüstzeug bereiten, sie muß lernen es zu gebrauchen — zu kämpfen und Siegen.

Eine solche Ausrüstung der kompakten arbeitenden Volksmasse mit der ganzen politischen Macht für die Aufgaben der Revolution, das ist die Diktatur des Proletariats, und deshalb die wahre Demokratie. Nicht wo der Lohnsklave neben dem Kapitalisten, der Landproletarier neben dem Junker in verlogener Gleichheit sitzen, um über ihre Lebensfragen parlamentarisch zu debattieren: dort, wo die millionenköpfige Proletariermasse die ganze Staatsgewalt mit ihrer schwieligen Faust ergreift, um sie wie der Gott Thor seinen Hammer den herrschenden Klassen aufs Haupt zu schmettern: dort allein ist die Demokratie, die kein Volksbetrug ist.

33 *Die Rote Fahne* vom 14. Dezember 1918, Nummer 29, mit einer Karikatur Friedrich Eberts

Um dem Proletariat die Erfüllung dieser Aufgaben zu ermöglichen, fordert der Spartakusbund:

I. Als sofortige Maßnahmen zur Sicherung der Revolution:

1. Entwaffnung der gesamten Polizei, sämtlicher Offiziere, sowie der nichtproletarischen Soldaten. Entwaffnung aller Angehörigen der herrschenden Klassen.
2. Beschlagnahme aller Waffen- und Munitionsbestände, sowie Rüstungsbetriebe durch A.- und S.-Räte.
3. Bewaffnung der gesamten erwachsenen männlichen proletarischen Bevölkerung als Arbeitermiliz. Bildung einer Roten Garde aus Proletariern als aktiven Teil der Miliz, zum ständigen Schutz der Revolution vor gegenrevolutionären Anschlägen und Zettelungen.
4. Aufhebung der Kommandogewalt der Offiziere und Unteroffiziere. Ersetzung des militärischen Kadavergehorsams durch freiwillige Disziplin der Soldaten. Wahl aller Vorgesetzten durch die Mannschaften unter jederzeitigem Rückberufungsrecht. Aufhebung der Militärgerichtsbarkeit.
5. Entfernung der Offiziere und der Kapitulanten aus allen Soldatenräten.
6. Ersetzung aller politischen Organe und Behörden des früheren Regimes durch Vertrauensmänner der A.- und S.-Räte.
7. Einsetzung eines Revolutionstribunals, vor dem die Hauptschuldigen am Kriege und seiner Verlängerung, die beiden Hohenzollern, Ludendorff, Hindenburg, Tirpitz und ihre Mitverbrecher, sowie alle Verschwörer der Gegenrevolution abzuurteilen sind.
8. Sofortige Beschlagnahme aller Lebensmittel zur Sicherung der Volksernährung.

II. Auf politischem und sozialem Gebiete.

1. Abschaffung aller Einzelstaaten; einheitliche deutsche sozialistische Republik.
2. Beseitigung aller Parlamente und Gemeinderäte und Uebernahme ihrer Funktionen durch A.- und S.-Räte, sowie deren Ausschüsse und Organe.
3. Wahl von Arbeiterräten über ganz Deutschland durch die gesamte erwachsene Arbeiterschaft beider Geschlechter in Stadt und Land, nach Betrieben, sowie von Soldatenräten durch die Mannschaften, unter Ausschluß der Offiziere und Kapitulanten. Recht der Arbeiter und Soldaten zur jederzeitigen Rückberufung ihrer Vertreter.
4. Wahl von Delegierten der A.- und S.-Räte im ganzen Reich für den Zentralrat der A.- und S.-Räte, der den Vollzugsrat als das oberste Organ der gesetzgebenden und vollziehenden Gewalt zu wählen hat. Zusammentritt des Zentralrats vorläufig mindestens alle drei Monate — unter jedesmaliger Neuwahl der Delegierten — zur ständigen Kontrolle über die Tätigkeit des Vollzugsrats und zur Herstellung einer lebendigen Fühlung zwischen der Masse der A.- und S.-Räte im Reiche und ihrem obersten Regierungsorgan. Recht der lokalen A.- und S.-Räte zur jederzeitigen Rückberufung und Ersetzung ihrer Vertreter im Zentralrat, falls diese nicht im Sinne ihrer Auftraggeber handeln. Recht des Vollzugsrats, die Volksbeauftragten sowie die zentralen Reichsbehörden und -beamten zu ernennen und abzusetzen.
5. Abschaffung aller Standesunterschiede, Orden und Titel. Völlige rechtliche und soziale Gleichstellung der Geschlechter.
6. Einschneidende soziale Gesetzgebung. Verkürzung der Arbeitszeit zur Steuerung der Arbeitslosigkeit und unter Berücksichtigung der körperlichen Entkräftung der Arbeiterschaft durch den Weltkrieg; sechsstündiger Höchstarbeitstag.
7. Sofortige gründliche Umgestaltung des Ernährungs-, Wohnungs-, Gesundheits- und Erziehungswesens im Sinne und Geiste der proletarischen Revolution.

III. Nächste wirtschaftliche Forderungen.

1. Konfiskation aller dynastischen Vermögen und Einkünfte für die Allgemeinheit.
2. Annullierung der Staats- und anderer öffentlichen Schulden sowie sämtlicher Kriegsanleihen, ausgenommen Zeichnungen von einer bestimmten Höhe an, die durch den Zentralrat der A.- und S.-Räte festzusetzen ist.
3. Enteignung des Grund und Bodens aller landwirtschaftlichen Groß- und Mittelbetriebe; Bildung sozialistischer landwirtschaftlicher Genossenschaften unter einheitlicher zentraler Leitung im ganzen Reiche; bäuerliche Kleinbetriebe bleiben im Besitze ihrer Inhaber bis zu deren freiwilligem Anschluß an die sozialistischen Genossenschaften.
4. Enteignung aller Banken, Bergwerke, Hütten, sowie aller Großbetriebe in Industrie und Handel durch die Räterepublik.
5. Konfiskation aller Vermögen von einer bestimmten Höhe an, die durch den Zentralrat festzusetzen ist.
6. Uebernahme des gesamten öffentlichen Verkehrswesens durch die Räterepublik.
7. Wahl von Betriebsräten in allen Betrieben, die im Einvernehmen mit den Arbeiterräten die inneren Angelegenheiten der Betriebe zu ordnen, die Arbeitsverhältnisse zu regeln, die Produktion zu kontrollieren und schließlich die Betriebsleitung zu übernehmen haben.
8. Einsetzung einer zentralen Streikkommission, die unter ständigem Zusammenwirken mit den Betriebsräten der beginnenden Streikbewegung im ganzen Reich einheitliche Leitung, sozialistische Richtung und die kräftigste Unterstützung durch die politische Macht der A.- und S.-Räte sichern soll.

IV. Internationale Aufgaben.

Sofortige Aufnahme der Verbindungen mit den Bruderparteien des Auslands, um die sozialistische Revolution auf internationale Basis zu stellen und den Frieden durch die internationale Verbrüderung und revolutionäre Erhebung des Weltproletariats zu gestalten und zu sichern.

V.

Das will der Spartakusbund!

Und weil er das will, weil er der Mahner, der Dränger, weil er das sozialistische Gewissen der Revolution ist, wird er von allen offenen und heimlichen Feinden der Revolution und des Proletariats gehaßt, verfolgt und verleumdet.

Kreuziget ihn! rufen die Kapitalisten, die um ihre Kassenschränke zittern.

Kreuziget ihn! rufen die Kleinbürger, die Offiziere, die Antisemiten, die Preßlakaien der Bourgeoisie, die um die Fleischtöpfe der bürgerlichen Klassenherrschaft zittern.

Kreuziget ihn! rufen die Scheidemänner, die wie Judas Ischariot die Arbeiter an die Bourgeoisie verkauft haben und um die Silberlinge ihrer politischen Herrschaft zittern.

Kreuziget ihn! wiederholen noch wie ein Echo getäuschte, betrogene, mißbrauchte Schichten der Arbeiterschaft und Soldaten, die nicht wissen, daß sie gegen ihr eigen Fleisch und Blut wüten, wenn sie gegen den Spartakusbund wüten.

Im Hasse, in der Verleumdung gegen den Spartakusbund vereinigt sich alles, was gegenrevolutionär, volksfeindlich, antisozialistisch, zweideutig, lichtscheu, unklar ist. Dadurch wird bestätigt, daß in ihm das Herz der Revolution pocht, daß ihm die Zukunft gehört.

Der Spartakusbund ist keine Partei, die über der Arbeitermasse oder durch die Arbeitermasse zur Herrschaft gelangen will. Der Spartakusbund ist nur der zielbewußteste Teil des Proletariats, der die ganze breite Masse der Arbeiterschaft bei jedem Schritt auf ihre geschichtlichen Aufgaben hinweist, der in jedem Einzelstadium der Revolution das sozialistische Endziel und in allen nationalen Fragen die Interessen der proletarischen Weltrevolution vertritt.

Der Spartakusbund lehnt es ab, mit Handlangern der Bourgeoisie, mit den Scheidemann-Ebert, die Regierungsgewalt zu teilen, weil er in einer solchen Zusammenwirkung einen Verrat an den Grundsätzen des Sozialismus, eine Stärkung der Gegenrevolution und eine Lähmung der Revolution erblickt.

Der Spartakusbund wird es auch ablehnen, zur Macht zu gelangen, nur weil sich die Scheidemann-Ebert abgewirtschaftet und die Unabhängigen durch die Zusammenarbeit mit ihnen in eine Sackgasse geraten sind.

Der Spartakusbund wird nie anders die Regierungsgewalt übernehmen als durch den klaren unzweideutigen Willen der großen Mehrheit der proletarischen Masse in ganz Deutschland, nie anders als kraft ihrer bewußten Zustimmung zu den Ansichten, Zielen und Kampfmethoden des Spartakusbundes.

Die proletarische Revolution kann sich nur stufenweise, Schritt für Schritt, auf dem Golgathaweg eigener bitterer Erfahrungen, durch Niederlagen und Siege, zur vollen Klarheit und Reife durchringen.

Der Sieg des Spartakusbundes steht nicht am Anfang, sondern am Ende der Revolution: er ist identisch mit dem Siege der großen Millionenmassen des sozialistischen Proletariats.

Auf Proletarier! Zum Kampf! Es gilt eine Welt zu erobern und gegen eine Welt anzukämpfen. In diesem letzten Klassenkampf der Weltgeschichte um die höchsten Ziele der Menschheit gilt dem Feinde das Wort: Daumen aufs Auge und Knie auf die Brust!

Der Spartakusbund.

Politische Uebersicht.

Ebert wieder entlarvt.

Washington, 11. Dezember. (Reuter). Die in den ausländischen Blättern gebrachte Meldung, wonach Staatssekretär Lansing erklärt habe, wonach keine Lebensmittel nach Deutschland gesandt würden, bevor die Nationalversammlung gewählt sein wird, wird für unrichtig erklärt.

Der beinahige Präsident der deutschen Republik.

Ebert der Erste.

Die zweite Proklamation Eberts zum Präsidenten.

Diesmal war's nicht ein Spiro, sondern ein kommandierender General. Der übernahm beim gestrigen Truppenempfang, in Vertretung Ebert-Haases, die Begrüßung der weiter einziehenden Gardetruppen. Er forderte die Truppen auf, geschlossen hinter die Regierung zu treten bis hinauf zum Präsidenten.

Zum zweitenmal wird Cäsar Ebert die Präsidentenkrone angeboten. Diesmal geschlossene Truppen und ein kommandierender General an der Spitze.

Zweite stärkere Beschwörung also.

Wird Cäsar Ebert einer dritten Beschwörung widerstehen können?

Ein passender Abschluß der großen Szene:

Brutus Molkenbuhr, Mitglied des Vollzugsrats, will noch sprechen. Offiziere auf der Rednertribüne winken, die Militärmusik fällt ein, übertönt ihn, die Truppen ziehen weiter und lassen das Mitglied des Vollzugsrats stehen.

Eberts zweite Proklamation zum Präsidenten fällt also zusammen mit der Ausschaltung des Vollzugsrates.

Im selben Augenblick, in dem Ebert an die Staatsspitze steigt, verschwindet der Vollzugsrat in der Versenkung: die Szene auf dem Pariser Platz legt diesen Zusammenhang plastisch-greifbar dar.

Die Rede Molkenbuhrs, in der Presse gedruckt, ist eine Rede, die sie nicht erreichte, — nämlich die Hörer.

Festgenagelt!

Auf alle unsere Enthüllungen in der gestrigen Nummer schweigt die gesamte bürgerliche, regierungssozialistische und auch die unabhängige Presse wie erschossen. Es schweigt die Morgenpresse, es schweigt die Abendpresse.

Die Pille hat gewirkt.

Der lebendige Leichnam.

Wenn ein Frosch schon tot ist, kann man, wenn man gewisse Nerven mit einem elektrischen Strome reizt, bewirken, daß der Tote noch einmal mit den Beinen strampelt.

Diesem Experiment ähnlich ist das Verfahren, das jetzt mit dem deutschen Reichstag beliebt wird. Der Reichstag ist tot und ihm helfen weder Doktor noch Pfarrer mehr. Nichtsdestoweniger gibt er noch Zeichen von sich, wie wenn er lebe, ja, sein ehemaliger Präsident will sich des Kunststücks unterziehen, ihm wirkliches Leben noch einmal zu verleihen: er hat ihn nach einem näher noch nicht zu bestimmenden Orte einberufen.

Aber der Reichstag, der am 9. November eines unseligen Todes starb, ist wirklich nicht mehr zum Leben zu erwecken. Diese Vertretung des „deutschen Volkes", die von drei zu drei Monaten dem deutschen Volke zu erklären sich bemühte, daß sie zu ihm „in Treue stehen wolle" — so sagte Herr Friedrich Ebert in jener erlauchten Versammlung —, jene Versammlung, da man sich von Westarp bis zu Scheidemann als „einig Volk" konstituierte und in dem die großen Schichten des Proletariats auch noch die „Volks"-Vertreter waren, dieser Reichstag ist tot.

Wenn, was ja nicht ausgeschlossen ist, eine Versammlung mit diesen alten Gesichtern zustande kommen sollte, so ist sie weithin sichtbar die Organisation der Konterrevolution und die Devise: hie Reichstag — hie Proletariat — hie Kapitalismus — hie Revolution, ist mit aller Klarheit aufgeworfen.

Das haben wir nicht zu bedauern. Wir leben nicht von der Verwirrung, sondern von der Entwirrung der politischen Begriffe.

Das Merkwürdigste aber an diesem Vorgang ist: die Bourgeoisie scheint es gar nicht mehr für nötig zu halten, zu warten, bis ihr die Ebert-Haasesche Regierung in Gestalt einer Nationalversammlung das bringt, was sie sich jetzt selber nimmt. Sie glaubt, die ferneren Dienste der Herren Ebert und Konsorten bereits entbehren zu können und dankt für weitere Bemühungen. So zieht für die Ebertsche Partei die Gefahr herauf, statt auf dem Präsidententhrönchen zwischen den berühmten zwei Sesseln zu sitzen. Daher der auffällige Eifer, mit dem die Nationalratswahlen betrieben werden. Gestern abend meldet der „Vorwärts" in der Form, in der Regierungsorgane offizielle Mitteilungen zu machen pflegen, daß die Nationalratswahlen zu einem früheren Termin als zu dem 16. Februar einberufen würden.

Rührend ist diese Bitte der Ebertschen an die anderen Konterrevolutionäre: „Ach nur, ach nur ein Viertelstündchen noch."

Rührender freilich, wenn in demselben Atemzug der „Vorwärts" Herrn Fehrenbach einen Vortrag über nationale Würde hält, weil Herr Fehrenbach seinen Block stütze auf den drohenden Einmarsch der Entente. Derselbe „Vorwärts", der seit vier Wochen mit der drohenden Aushungerung und gleichfalls mit dem drohenden Einmarsch herumflunkert, wenn es in seinen Kram paßt.

Das war zu allen Zeiten das Ergötzlichste: wenn ein Betrüger dem anderen einen Vortrag über die Ehrlichkeit hält.

Noch einer.

In dem wirren Knäuel der Wilhelme, Vater und Sohn, Bethmann, Lerchenfeld usw., die, nach der Pleite des Imperialismus, übereinander herfallen und jeder den anderen als den alleinigen Schuldigen festzunageln suchen, kommt nun auch der Graf Czernin, Brest-Litowskschen Angedenkens, um ebenfalls „die andern" anzuklagen und sich selber zu entlasten. Man erfährt bei dieser Gelegenheit zweierlei interessante Dinge:

1. Daß Czernin am 17. April ein Exposé an die deutsche Regierung richtete, daß Deutschland über den Spätsommer hinaus nicht mehr auf Oesterreich rechnen könne, da es am Rande seiner Kräfte sei, die Wirkung des U-Bootkrieges zweifelhaft und die Erzwingung des Friedens durch die Revolution drohe. Die deutsche Regierung lehnte ein konkretes Friedensangebot ab.

2. Bei den Friedensverhandlungen zu Brest-Litowsk stellte Ludendorff Kühlmann ein dreitägiges Ultimatum für die Beendigung der Verhandlungen mit Rußland. Kühlmann erhielt den Befehl, außer den bisher von ihm verlangten Gebieten noch Livland und Esthland zu verlangen.

Ueber seine eigene infame Rolle in Brest-Litowsk geht

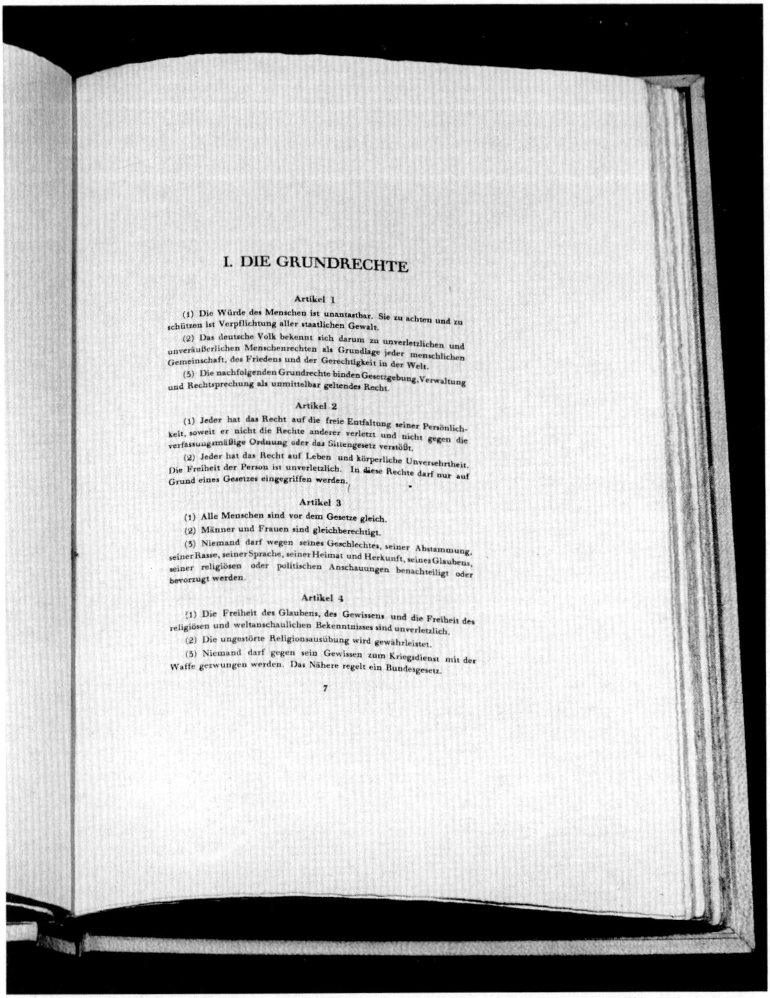

I. DIE GRUNDRECHTE

Artikel 1

(1) Die Würde des Menschen ist unantastbar. Sie zu achten und zu schützen ist Verpflichtung aller staatlichen Gewalt.

(2) Das deutsche Volk bekennt sich darum zu unverletzlichen und unveräußerlichen Menschenrechten als Grundlage jeder menschlichen Gemeinschaft, des Friedens und der Gerechtigkeit in der Welt.

(3) Die nachfolgenden Grundrechte binden Gesetzgebung, Verwaltung und Rechtsprechung als unmittelbar geltendes Recht.

Artikel 2

(1) Jeder hat das Recht auf die freie Entfaltung seiner Persönlichkeit, soweit er nicht die Rechte anderer verletzt und nicht gegen die verfassungsmäßige Ordnung oder das Sittengesetz verstößt.

(2) Jeder hat das Recht auf Leben und körperliche Unversehrtheit. Die Freiheit der Person ist unverletzlich. In diese Rechte darf nur auf Grund eines Gesetzes eingegriffen werden.

Artikel 3

(1) Alle Menschen sind vor dem Gesetze gleich.

(2) Männer und Frauen sind gleichberechtigt.

(3) Niemand darf wegen seines Geschlechtes, seiner Abstammung, seiner Rasse, seiner Sprache, seiner Heimat und Herkunft, seines Glaubens, seiner religiösen oder politischen Anschauungen benachteiligt oder bevorzugt werden.

Artikel 4

(1) Die Freiheit des Glaubens, des Gewissens und die Freiheit des religiösen und weltanschaulichen Bekenntnisses sind unverletzlich.

(2) Die ungestörte Religionsausübung wird gewährleistet.

(3) Niemand darf gegen sein Gewissen zum Kriegsdienst mit der Waffe gezwungen werden. Das Nähere regelt ein Bundesgesetz.

7

34 *Vorhergehende Doppelseite:* Die »Mütter des Grundgesetzes«, die 1948 den Gleichberechtigungs-Artikel 3,2 des Grundgesetzes der Bundesrepublik Deutschland durchsetzten. V. l. n. r.: Helene Wessel (Zentrum), Helene Weber (CDU), Friederike Nadig (SPD) und Elisabeth Selbert (SPD)

35 *Oben:* Grundgesetz für die Bundesrepublik Deutschland, Artikel 3,2: »Männer und Frauen sind gleichberechtigt.«

Zahlreiche Frauen kämpfen mit ihren Männern gegen die preußischen Truppen. Nur von wenigen kennt man heute noch die Namen: Frau Blenker, Amalie von Struve, Emma Herwegh, Mathilde Hitzfeld, Mathilde Franziska Anneke, die als Ordonnanzoffizier ihres Mannes hoch zu Pferd mit in den Krieg zieht.

Am 23. Juli 1849 müssen die 6000 Verteidiger der Festung Rastatt bedingungslos kapitulieren. Jeder zehnte wird standrechtlich erschossen. Der schwer erkrankte August Peters bleibt am Leben. Er gilt als Hochverräter, der die Todesstrafe verdient – doch er ist zu krank, um ordnungsgemäß im Stehen erschossen zu werden. Nach Monaten der Ungewißheit wird er zu sechs Jahren Zuchthaus verurteilt.

Louise Otto gibt nicht auf. Eisern bringt sie ihre *Frauen-Zeitung* heraus. Die ersten beiden Jahrgänge sind heute verschollen, und so ist von ihnen nur wenig zu berichten. Louise Otto druckt Beiträge von Frauen, die zum erstenmal den Mut finden, von sich und ihrem Leben zu erzählen, und die es nicht wagen, unter ihrem vollen Namen zu schreiben – eine Georgine, eine Friederike, eine Alma, eine Caroline, eine Meta. Sie berichtet auch über die politischen Gefangenen, kämpft dagegen an, daß sie in der lähmenden Resignation, die sich unter den Bürgern ausbreitet, vergessen werden. Aus Briefen, die August Peters ihr schreibt, stellt sie den »Brief eines Maigefangenen« zusammen, mit dem sie ihre Leserinnen aufruft, »zu kämpfen und zu dulden«. Sie bringt einen Bericht – »Ein Blick auf die politischen Gefangenen« – über das Zuchthaus Bruchsal, wo Peters seit Mai 1850 in Einzelhaft sitzt und wo die Gefangenen mit Nummern angeredet werden und nicht mit »ihren gefeierten Namen«.

Diese Ausgabe der *Frauen-Zeitung* wird beschlagnahmt, was Louise Otto – harmlos oder listig? – ihren Leserinnen in der nächsten Ausgabe mitteilt: »Wir werden also künftig solche Blicke nicht mehr tun dürfen.«

Louise Otto muß Haussuchungen ertragen, Verhöre. Freundinnen brechen den Umgang mit ihr ab, legen eine »Pestzone« zwischen sich und sie. Sie ist isoliert, verfemt, enttäuscht und manchmal bitter. Die Schwierigkeiten bei der Herausgabe und Verbreitung der *Frauen-Zei-*

tung wachsen. Die preußische Regierung hat im März 1850 eine Verordnung erlassen, nach der Frauen, Schüler und Lehrlinge nicht Mitglied in politischen Vereinen sein und an den Versammlungen politischer Vereine nicht teilnehmen dürfen. Die sächsische Regierung erläßt Ende 1850 ein Pressegesetz: Nur Männer dürfen als Redakteure arbeiten und eine Zeitung leiten.

Louise Otto nennt diesen Paragraphen »Lex Louise Otto«: Man hat ihn als Waffe gegen sie in das Gesetz aufgenommen. Sie gibt sich geschlagen. »Ich kann nicht umhin, darin eine Anerkennung des Wirkens der Frauenzeitung zu finden«, kommentiert sie in der letzten Nummer vom 31. Dezember 1850 das Gesetz. »Scheinbar nur in die alte Unmündigkeit zurückgeworfen, sind die Frauen nie für mündiger in den Dingen des Staats erklärt worden als durch diesen Gesetzesparagraphen. Sie werden an Selbstbewußtsein und Selbstvertrauen gewinnen, was man ihnen jetzt durch Entziehung eines Rechts geraubt hat.« Den Ausweg, die *Frauen-Zeitung* zum Schein von einem Mann herausgeben zu lassen, lehnt sie ab. »Wir weichen lieber der Gewalt«, schreibt sie, »als daß wir als unmündige Kinder unsere Zuflucht zu einem Schirmherrn nehmen, dessen wir nicht bedürfen.«

Nach dieser Abschiedsausgabe erhält sie zahlreiche Leserbriefe, und Frauen aus Preußen und Schlesien überhäufen sie mit Bitten, die Zeitung dort erscheinen zu lassen. Diese überwältigende Resonanz ermutigt Louise Otto, die Zeitung außerhalb Sachsens weiter herauszubringen. Sie findet einen Verleger in Gera, allerdings ist die Entfernung von Meißen so groß, daß die verantwortliche Redaktion nun nicht mehr bei ihr, sondern beim Verlag liegt.

Doch in der ersten Nummer aus Gera am 5. Februar 1851 teilt sie mit: »Die Tendenz der ›Frauen-Zeitung‹ bleibt die alte. Sie ist ein Organ für die höheren weiblichen Interessen. In der Zeit der gegenwärtigen politischen Kirchenstille werden wir es mehr als früher mit unseren sozialen, denn wie mit den politischen Angelegenheiten zu tun haben.« Aber sie resigniert nicht: »Denn die Zukunft ist unser.«

Im Sommer 1851 darf Louise Otto zum erstenmal August Peters im Zuchthaus Bruchsal besuchen. Der Direktor des Zuchthauses empfängt sie sehr freundlich, und sie hat den Eindruck, daß er den politischen Gefangenen das Leben soweit wie möglich erleichtert. Er gibt ihr die Erlaubnis, August Peters an drei Tagen sehen zu dürfen. Doch als sie zum ersten Besuchstermin geht, sagt man ihr, daß sie den Gefangenen nur dieses eine Mal und nur eine Stunde sehen dürfe.

Im Sprechsaal steht sie vor einem Gitter. Hinter einem zweiten Gitter steht August Peters, und zwischen den beiden Gittern geht ein Beamter auf und ab. Sie kann kaum sprechen. August Peters tröstet sie.

In der Nacht nach dem Besuch schreibt sie ihm: »Ich schlief nicht --- mein Herz schlug laut und hörbar die ganze Nacht – aber es war mehr Wonne als Schmerz.« Sie ist getröstet, weiß ihn in guten Händen, er ist trotz Einzelhaft gesund und unverändert an Körper und Geist: »Ich sah keinen Gefangenen, ich sah einen heiligen Helden vor mir stehen – ich konnte ihm nichts sagen, als daß ich ihn liebe, ihm treu sein werde.«

Am nächsten Morgen geht sie zur Polizei und fragt, weshalb ihr nur ein Besuch erlaubt werde. Das brauche sie nicht zu wissen, heißt es. Aber dann bringt sie den Beamten dazu, daß er ihr eine Mitteilung der sächsischen Regierung vorliest, mit der sie die badische Regierung vor der gefährlichen Besucherin warnt und vor den Verbindungen, die sie habe. Die sächsische Regierung hat bei einer Haussuchung in Meißen Briefe von Peters beschlagnahmt. Louise Otto kann ihn nicht noch einmal sehen. Doch das Gefängnispersonal ist offenbar nicht damit einverstanden, daß die Kämpfer für die bürgerliche Freiheit eingesperrt sind. Ein Gefangenenverwalter schickt Louise Otto einen Brief von August Peters und bittet sie in einem Begleitschreiben, sie möge dem Gefangenen die Treue halten, er verdiene es.

Sie ist nun mit August Peters verlobt.

Tapfer und beharrlich gibt Louise Otto ihre Zeitung weiter heraus. Sie kann viele Probleme nur noch indirekt ansprechen, geht von offener Kritik an Staat und Gesellschaft zu einem »Ideenschmuggel« über. Sie fordert für Frauen das Recht, berufstätig zu sein, und sie fordert Gleichheit der Frauen vor dem Gesetz – aber ihre Forderungen bleiben in diesen Jahren oft verschwommen, vor allem die Forderung nach politischer Gleichheit: Frauen sollen durch Beeinflussung der Gatten und Söhne mitwirken. Unter der gegenwärtigen politischen Lähmung besteht kein Bedarf an Präzisierung.

Sie tritt weiter für Arbeiterinnen ein und schlägt das Einrichten von Sonntagsschulen vor, in denen die unterbezahlten und deshalb sittlich gefährdeten Frauen einen festen moralischen Halt finden. Damit bewegt sie sich ganz im Rahmen, in dem Bürger bisher für die Armen gesorgt haben, in dem nun aber Bürgerinnen ihre fürsorgenden und erzieherischen Aufgaben in der Familie auch in die Gesellschaft verlagern sollen.

Ängstliche Frauen ermuntert sie, die enge Häuslichkeit zu verlassen und im Allgemeinen und für das Allgemeine zu wirken, und begabte Frauen mahnt sie, teilweise recht scharf, sich nicht in ihr eigenes Ich zu versenken und darüber die Außenwelt zu vergessen. Sie erstrebt die volle Entfaltung der weiblichen Persönlichkeit, verwirft aber eine nur den eigenen Gesetzen, dem eigenen Wollen und Wünschen entspringende Entfaltung des Individuums als »Subjektivität«. Frauen seien für die Gesellschaft verantwortlich, für die ganze Menschheit: »Eine große Individualität, die sich an das Allgemeine hingibt, opfert jene nicht diesem auf, sondern erweitert sie nur durch dessen Aufnahme.«

Das soziale Verhalten der Frauen in der Familie soll sich ausdehnen auf die Gesellschaft. Auch ihr Wirken im Allgemeinen soll immer noch ein Leben in anderen und durch andere sein. Weiter geht Louise Otto nicht. Die unterschiedlichen Rollen, die die Gesellschaft für Männer und Frauen vorsieht, tastet sie nicht an.

Aber auch die Mehrzahl der Männer kann sich nun nur noch indirekt politisch äußern, indirekt in Schützenvereinen, Gesangs- und Turnvereinen – Arbeitervereine sind jetzt verboten – ein gemeinsames Streben für das allgemeine Wohl fordern, worin sie sich mit ihren Gegnern treffen, denn auch die Konservativen rufen nach dem allgemeinen Wohl.

Louise Ottos Tätigkeit als Journalistin ist nun anstößiger als ihre einzelnen Forderungen, die sie damals kaum weiterentwickelt, auf denen sie aber öffentlich beharrt. Ihre Zeitung sollte ursprünglich der erste Schritt zur Gründung eines großen Frauenvereins sein. Doch an diesen zweiten Schritt ist jetzt nicht mehr zu denken. Sie muß mit den Vereins-Vorschlägen auf bessere Zeiten warten. Viele Frauen, die sich ihr angeschlossen haben, als sie die Zeitung gründete, haben sich nun zurückgezogen, haben die gemeinsame Arbeit aufgegeben. »Viele, welche damals am lautesten forderten und riefen, am weitesten gehen zu wollen, am entschiedensten auftraten und mir zuweilen grollten, wenn ich Mäßigung forderte und zu halten wüßte –, viele sind verstummt und schüchtern still geworden, wohl gar abgefallen, von unsrer Sache, für die sie nichts mehr haben als ein vornehmes Lächeln, vielleicht auch ein geringschätzendes oder mitleidiges«, stellt Louise Otto im November 1851 fest. Sie ruft die wenigen Verbliebenen zum Aushalten auf, dazu »im Sklaventum einer kleinen Zeit auch noch mit gefesselten Händen, kaum bemerkt und dennoch verfolgt, rastlos fortzuarbeiten – und wenigstens mit den Ketten zu klirren, die man nicht lösen kann«.

Doch die Emanzipationsbewegung der Frauen ist erstarrt. 1852 muß selbst eine Louise Otto die *Frauen-Zeitung* einstellen, muß warten, »bis der Hauch der Freiheit über die Lande weht«.

Eine berufstätige Ehefrau

August Peters wird 1852 in Baden begnadigt und an Sachsen ausgeliefert. Dort wird er wieder zu einer langjährigen Zuchthausstrafe verurteilt und ins Zuchthaus Waldheim gebracht. Louise Otto kann ihn ab 1853 zwei- bis viermal im Jahr besuchen. Die Besuche sind qualvoll für sie.

Als bekannte Liberale hat sie große berufliche Schwierigkeiten. Sie kann keine sozialpolitischen Artikel, keine belehrenden Romane mehr verkaufen. Bis jetzt hat sie fast jedes Jahr einen Roman veröffentlicht,

Erzählungen, Gedichtbände. Aber unter dem brutalen Druck der reaktionären Regierungen haben sich auch die Buchverlage umorientiert. Nur kulturhistorische Romane haben jetzt eine Chance auf dem Literaturmarkt. Drei Jahre lang erscheinen keine Bücher von Louise Otto.

Sie sitzt in der Königlichen Bibliothek in Dresden, liest Hexenchroniken, schreibt Hexengeschichten für eine Dresdner Zeitung. Sie schreibt über Frauen, die von einer unwissenden, angst- und haßerfüllten Gesellschaft gefoltert und gemordet wurden. Die Zeit der Hexenverfolgung beweist ihr: Der »einmal umnebelte Menschenverstand läßt sich allmählich das Dümmste und Unsinnigste gefallen«. Man muß gegen Umnebelung ankämpfen – gegen die fortschreitende Umnebelung in ihrer eigenen Zeit. Damals wurden kluge Frauen als Hexen verbrannt, nun werden sie verfolgt. Louise Otto ist vereinsamt, fühlt sich erniedrigt, hilflos – wie eine Hexe.

Am 8. Juli 1856 wird August Peters endlich begnadigt. In diesem Jahr erscheinen zwei Romane von Louise Otto, und sie kann sich eine Erholungsreise in die Schweiz leisten. Von nun an bringt sie wieder jedes Jahr ein Buch heraus, meist einen historischen Roman.

Bei August Peters' Entlassung melden die sächsischen Zeitungen, er und Louise Otto seien verlobt. Louise ist glücklich, doch zugleich schreckt sie davor zurück, daß aus der Verlobung über Gefängnisgitter hinweg eine Ehe werden soll. Immer wollte sie unverheiratet bleiben und frei ihrer schriftstellerischen Laufbahn folgen. Nun kann sie es sich nicht vorstellen, ihre Unabhängigkeit und persönliche Freiheit aufzugeben – als Ehefrau stünde sie unter seiner Vormundschaft. Außerdem sind die Berufsaussichten für Peters schlecht, und ihre Einkünfte als Schriftstellerin sind unsicher. Sie fürchtet sich vor einer Ehe, in der alle Poesie an Geldsorgen zugrunde gehen müsse.

Gemeinsam mit August Peters rechnet sie und überlegt, wo er eine Anstellung als Redakteur finden oder selbst eine Zeitung herausgeben, für welche Zeitungen sie selbst arbeiten könnte und wieviel beider Arbeit einbringen würde. August Peters stimmt ihr schließlich zu: Sie wollen lieber in Freundschaft vereint für ihre Ideale streben als sich durch eine Ehe gegenseitig unglücklich machen.

Diese Freundschaft hält bis zum Sommer 1858. August Peters redigiert jetzt nach langer Arbeitslosigkeit die Zeitschrift *Jugendgarten* unter dem Pseudonym Elfried von Taura, und auch Louise Otto schreibt für diese Zeitschrift – unter einem Pseudonym, da sächsische Lehrer, die ihren Namen unter einem Artikel lasen, sich über ihre Mitarbeit entrüstet haben. Sie ist verzweifelt und krank, denn sie glaubt, daß August Peters eine andere liebt, ein junges schönes Mädchen, das ihn ihr rauben wolle. Als eine Dresdner Freundin Louise Otto einlädt, den Winter mit ihr in der Schweiz zu verbringen, nimmt sie die Einladung an: Sie will aus Sachsen flüchten, um sich und ihm die Trennung zu erleichtern. Vor der Abreise fährt sie zu ihrer Schwester Franziska, der Apothekerfrau in Mühlberg.

August Peters reist ihr nach und bittet sie, ihn zu heiraten. Sie ist wieder glücklich und zukunftsfroh, kehrt nach Meißen zurück und lebt in einem Wirrwarr aus Arbeit und Besorgungen. Aus der Schweizer Reise wird nichts, statt dessen werden die Verlobten im Dom aufgeboten.

Louise Otto und August Peters heiraten am 24. November 1858 im Meißner Dom. Die Braut ist 39 Jahre alt. Sie zieht mit ihrem Mann nach Freiberg ins Erzgebirge, wo er die Bergarbeiterzeitung *Glückauf* herausgibt. 1859 erscheint ihr Roman *Nürnberg*, und zum erstenmal bekommt sie gute Kritiken für einen Roman.

Aber *Glückauf* bringt so gut wie nichts ein, und 1860 ziehen sie nach Leipzig, wo Peters am *Generalanzeiger* arbeitet. Ein Jahr später gründet das Ehepaar die *Mitteldeutsche Volkszeitung*. Louise leitet das Feuilleton. Sie schreibt Kunstkritiken, Theater- und Musikkritiken – sie ist eine leidenschaftliche Wagner-Verehrerin – und Buchbesprechungen. Sie schreibt oft so, als ob auch bei ihr die kämpferischen Tage lange vorüber wären – vielleicht freiwillig, vielleicht mit Rücksicht auf die Leser, denn Geld verdienen sie und ihr Mann immer noch nicht ausreichend. Sie haben oft niederdrückende Sorgen.

In Leipzig heißt es, daß sie eine glückliche und harmonische Ehe führen. Eine Zeitgenossin berichtet später, daß nur die äußere Erscheinung »dieses einzigen Paares« nicht harmonisch war: »Peters war langaufgeschossen, hager und bleich von den Entbehrungen der langen Kerkerhaft, und wo er öffentlich erschien, hing an seinem Arm wie ein wohlgefüllter Pompadour die kleine rundliche Gattin, eingehüllt nach der Mode jener Tage in einen weiten Beduinenmantel. Aber niemandem kam ein Lächeln bei diesem grotesken Anblick – wo sie sich zeigten, schritt die höchste Achtung vor ihnen her.«

Leipzig ist immer noch ein Mittelpunkt des Liberalismus und der Demokratie, und wo es nur irgend möglich ist, regt sich freieres Leben. Man beginnt wieder, sich gegen die staatlichen Verbote zu sträuben, und führt wieder, wenn auch zaghaft, politische Diskussionen. Man ehrt Kämpfer wie August Peters und Louise Otto, kennt die Schicksale der Achtundvierziger und weiß, was es bedeutet, so lange im Gefängnis gelitten zu haben. Obwohl Louise Otto-Peters niemals darüber spricht, haben Freunde und Bekannte den Eindruck, daß die siebenjährige Haft August Peters zerbrochen hat. Die Welt ist ihm fremd geworden, seine Kräfte reichen nicht mehr für den Neuanfang.

Louise macht einen großen Teil der Arbeit ihres Mannes, Genaues weiß man nicht, schreibt Novellen, Romane – veröffentlicht insgesamt in ihrem Leben neun Novellensammlungen und 26 meist mehrbändige Romane. Sie wird allmählich als Schriftstellerin weit bekannt, manche ihrer Romane kommen in mehreren Auflagen heraus, und mit *Nürnberg* und *Die Schultheißentöchter von Nürnberg* erwirbt sie sich auch literarisch Anerkennung. Sie kennt Zweifel und Zaghaftigkeit, macht das aber mit sich allein ab. Jeder kenne diese Zustände, meint sie, aber was besagten sie schon.

Aus der schwärmerischen Dichterin ist eine professionelle Schriftstellerin geworden, die nüchtern ihren Fleiß und ihre Begeisterung mit der Höhe ihrer Honorare und den Einkommen in anderen Berufen vergleicht. Man solle das literarische Kunstgerede und das Gerede vom Genie seinlassen, fordert sie, und Schriftsteller anständig bezahlen: »Und wenn Ihr den Künstlern Lorbeern und einen Namen gebt – habt Ihr auch bedacht, wie Ihr ihnen Brot gebt?« Über 100 Jahre später ruft Heinrich Böll den deutschen Schriftstellern zu: »Streuen wir den Lorbeer in die Suppe!«

Louise Otto warnt Frauen davor, Schriftstellerinnen werden zu wollen, denn dies sei kein Beruf, in dem man Geld verdienen könne. Man gehe geistig unter, wenn man nichts anderes tun und denken dürfe, als wie man Brot schafft. Selbst große Genies müssen mit bitteren Sorgen kämpfen: »Wer dem Schriftstellerstand angehört, der kennt auch die selbst im glücklichsten Falle nie ausbleibenden Leiden dieser Laufbahn.«

Doch die Zahl der Schriftstellerinnen nimmt zu. Immer mehr Frauen schreiben für Hungerhonorare, sind froh, überhaupt etwas verkaufen, überhaupt Geld auf gesellschaftlich erlaubte Weise verdienen zu können. Das Leben der bürgerlichen Frauen hat sich gewandelt, seit Louise Otto im großen Haushalt ihrer Eltern mit Schwestern, Tanten und Freundinnen der Mutter Erbsen palte und Bohnen schnitzelte. Die Industrialisierung hat – wie Louise es bei der Eröffnung der Dresden-Leipziger-Eisenbahn voraussah – die Arbeit im Haus erleichtert und verringert. Vieles, was man früher selbst herstellen mußte, kann man nun kaufen, und man braucht die heranwachsenden Töchter nicht mehr als Hilfen im Haushalt. Der Vater, der Alleinverdiener, kann sie auch nicht mehr alle ernähren und für alle über seinen Tod hinaus sorgen, denn die Söhne brauchen nun für die neuen Berufe in Industrie und Handel eine bessere und längere Ausbildung als früher. Das Geld dafür sparen viele Väter an der Aussteuer für die Töchter. Die Töchter verkaufen Näh- und Stickarbeiten heimlich – der bürgerliche Schein muß gewahrt bleiben. Eltern drängen ihre Töchter zur Ehe, denn es ist besser, einen ungeliebten Mann zu heiraten, als unversorgt als unbezahltes Dienstmädchen bei Verwandten zu leben.

Die tüchtigsten Mädchen lehnen das heimliche Sticken und Verkaufen und das Warten auf eine Versorgungsehe ab. Die Töchter der »höheren Stände« drängen in Scharen in die Lehrerinnenseminare und in die wenigen Berufe, die ihnen erlaubt sind: Lehrerin, Erzieherin, Gesellschafterin. Das Überangebot an arbeitswilligen jungen Frauen ist riesig. Sie werden schlecht bezahlt, müssen gegen Vorurteile und Skepsis kämpfen und Spott ertragen. Ihre schlimmsten Gegner sind Männer und Frauen, die den Beruf der Gattin und Mutter glühend als natürlich und heilig vertreten und in einem berufstätigen Mädchen eine »verkommene, unsittliche Person« wittern.

Louise Otto-Peters sieht diese Entwicklung, aber von ihr hört man lange nichts: Ihr Mann ist krank, sie pflegt ihn. Am 4. Juli 1864 stirbt er an einem Herzleiden.

Ihr Haushalt verändert sich. Sie wohnt mit ihrer verwitweten Schwester Antonie zusammen, und als der Witwer ihrer Schwester Franziska 1864 stirbt – Franziska ist vier Jahre zuvor gestorben –, nehmen die beiden Schwestern die drei Söhne Franziskas zu sich, die zwischen 15 und 20 Jahre alt sind.

Über Louise Ottos Privatleben weiß man heute wie damals wenig.

Die Leipziger Lehrerin Auguste Schmidt hat sich schon lange gewünscht, Louise Otto persönlich kennenzulernen. Als ihre Schwester Clara Schmidt im Februar 1865 ein Konzert gibt, in dem sie Schubertlieder singt, schreibt Louise Otto eine lobende Besprechung in der *Mitteldeutschen Volkszeitung*. Daraufhin besuchen die beiden Schwestern Schmidt Louise Otto einfach am nächsten Sonntag. Sie sind zaghaft, unsicher, ob die verehrte Frau ihren Besuch als zudringlich empfindet, Louise Otto kommt ihnen sehr zurückhaltend vor. Plötzlich sagt sie: »Wollen Sie nicht Donnerstag Abend zu mir kommen? Meine Freunde haben meine Donnerstagabende Unschuldsbund getauft, weil an diesen die Herren ausgeschlossen sind und ich fast nur ältere und jüngere Mädchen einlade.«

Am nächsten Donnerstag treffen die Schwestern in Louise Ottos enger Wohnung Schauspielerinnen, Musikerinnen, Schriftstellerinnen – eine große Anzahl kluger, meist lediger Frauen. Sie sprechen über Louise Ottos Plan, einen Frauenbildungsverein zu gründen. Zahlreiche Arbeiterbildungsvereine sind seit Beginn der 1860er Jahre in Sachsen gegründet worden, im Parlament ist der Einfluß liberaler Politiker gestiegen, und immer mehr Arbeiter und Bürger fangen wieder an zu glauben, daß die politische Zukunft ihnen gehöre. Louise Otto, die keine Klassen kennt und nur die Frauen sieht, sagt zu Auguste Schmidt: »Es hat mich ein wunderlicher Heiliger besucht, der mit unserer Hilfe einen Frauenverein gründen will. Ich habe ihm versprochen, Sie auch zu einer demnächstigen Versammlung aufzufordern. Soll ich aber Moses sein, müssen Sie mein Aron werden.«

Aron war Moses' Bruder: Louise Otto hat mit diesem Vergleich Auguste Schmidt aufgefordert, gemeinsam mit ihr zu kämpfen. Die 14 Jahre jüngere Lehrerin ist redegewandt und schlagfertig, und Louise Otto scheut sich vor öffentlichem Sprechen und schreibt lieber. Auguste Schmidt lacht und wehrt ab. Doch zwei Wochen später, am 7. März 1865, hält sie in der Buchhändlerbörse einen öffentlichen Vortrag über die Frauenfrage und ruft aus: »Wir verlangen nur, daß die Arena der Arbeit auch für uns und unsere Schwestern geöffnet werde.« Im Anschluß an den Vortrag gründen die anwesenden Frauen den Leipziger Frauenbildungsverein.

Die Zeit der Lähmung ist vorüber.

»Am wenigsten darf man an sich selbst verzweifeln, an der eigenen Kraft«

Louise Otto begründet 1865 die bürgerliche Frauenbewegung. Aus heutiger Sicht wirkt ihr Auftreten harmlos, sind ihre Forderungen bescheiden. Damals ist sie die radikalste Frau in der Öffentlichkeit. Es gibt »keine kühnere Feder unter den deutschen Frauen«, sagt Mathilde Weber, ein Vorstandsmitglied des *Allgemeinen Deutschen Frauenvereins*, den Louise Otto im Herbst 1865 gründet.

Sie beruft dazu eine Frauenkonferenz ein. Der neue Verein soll als Dachverband schon bestehende Vereine zusammenfassen und dazu anregen, in zahlreichen Städten weitere Vereine zu gründen. Noch nie hat es in Deutschland einen bürgerlichen Frauenkongreß gegeben und noch nie hat eine Bürgerin einen Kongreß geleitet. Aber Louise Otto fürchtet keinen Spott.

Als Tagungstermin wählt sie den 16. bis 18. Oktober, das Datum der Völkerschlacht bei Leipzig und des Nationalfestes auf der Wartburg, zu dem die Burschenschaften 1817 aufgerufen hatten. Sie will damit betonen, daß die Ziele der Frauen mit den Forderungen nach

Demokratie und nationaler Einheit eng verbunden sind, will betonen, daß die Emanzipation der Frauen zur politischen Emanzipation der Bürger gehört. Direkt an die Revolution von 1848 anzuknüpfen, kann sie nicht wagen.

Etwa 150 Frauen aus ganz Deutschland kommen zum Kongreß nach Leipzig. Sie diskutieren mit führenden Männern der neuen Arbeiterbildungsvereine, die Louise Otto eingeladen hat, über Frauenarbeit, Fortbildungsschulen für Frauen, den neuen Verein und sein Programm. 34 der anwesenden Frauen gründen den *Allgemeinen Deutschen Frauenverein.* Louise Otto wird Vorsitzende, Auguste Schmidt Schriftführerin. Männer sind im Verein nur als Ehrenmitglieder mit beratender Stimme zugelassen: Louise Otto fürchtet, daß die Frauen, die in öffentlichen Diskussionen ungeübt sind, sich von Männern an die Wand drücken lassen. Im ersten Absatz des Vereinsprogramms heißt es:

»Die erste deutsche Frauenkonferenz erklärt die Arbeit, welche die Grundlage der ganzen neuen Gesellschaft sein soll, für eine Pflicht und Ehre des weiblichen Geschlechts, sie nimmt dagegen das Recht der Arbeit in Anspruch und hält es für notwendig, daß alle der weiblichen Arbeit im Wege stehenden Hindernisse entfernt werden.«

Vereinszeitung wird die Frauenzeitung, die ein Hauptmann a. D. Korn herausgibt – der wunderliche Heilige, von dem Louise Otto Auguste Schmidt erzählte. Über Hauptmann a. D. Korn weiß man heute nur, daß er eben diese Frauenzeitung herausbrachte, Vorträge in Leipzig hielt und Louise Otto den Anstoß gab, wieder aktiv zu werden. Noch ist es damals Frauen offiziell verboten, eine Zeitung zu leiten, doch schon im Dezember 1865 gründet Louise Otto die Vereinszeitung *Neue Bahnen*, und von Hauptmann Korn hört man nichts mehr. Wie die Eisenbahn sollen Frauen nun auf »Neuen Bahnen« in die Zukunft eilen.

Louise Otto ist wieder voller Schwung. 1866 veröffentlicht sie ihre Schrift *Das Recht der Frauen auf Erwerb.* Sie muß lange nach einem Verleger suchen und findet ihn schließlich im liberalen Hamburg, wo die aufrührerische Schrift – nach einigen Streichungen – erscheinen kann. Mit ihr fordert Louise Otto entschieden für ledige Frauen das Recht auf Berufstätigkeit. Sie meint, daß auch verheiratete Frauen der bürgerlichen Schichten berufstätig sein könnten und sollten, doch sie hält sich da vorsichtig zurück. Ehe und Mutterschaft seien nicht der einzige, von der Natur den Frauen vorgezeichnete Beruf, schreibt sie, betont aber zugleich, daß die Ehe das höchste Gut im Leben sei – allerdings auch für Männer. Sie konzentriert sich auf die Frauen, die noch nicht verheiratet sind oder die gar nicht heiraten und nun ihr Glück woanders finden müßten. Unverheiratete Frauen sollen die Möglichkeit haben, mit ihrer Berufsarbeit Gutes für die Allgemeinheit zu tun und dabei zugleich für sich selbst zu sorgen.

Das Recht auf Berufstätigkeit ist für Louise Otto die Grundlage für die politische Gleichberechtigung der Frauen, doch auch dieses Fernziel läßt sie vorsichtig im Hintergrund. Sie will niemanden verprellen, will nüchtern einen kleinen Schritt nach dem anderen machen: erst bessere Bildung für Frauen und Recht auf Berufstätigkeit, dann wirtschaftliche Unabhängigkeit und dann – später – als Belohnung für die Arbeit in der Gesellschaft Zugang zu anspruchsvolleren Berufen und das politische Stimmrecht.

Ihre Schrift erregt großes Aufsehen, und auch ihr liberal-demokratischer *Allgemeiner Deutscher Frauenverein*, der seine Ziele so vorsichtig absteckt und sie durch weibliches Wohlverhalten verdienen will, ist geradezu revolutionär. In Berlin gründet 1866 Dr. Adolf Lette den *Verein zur Förderung der Erwerbsfähigkeit des weiblichen Geschlechts*: Die Frauen sollen etwas lernen, damit die Familienväter von den überflüssigen Töchtern finanziell entlastet werden. »Was wir nicht wollen«, erklärt Lette, »und niemals, auch nicht in noch so fernen Jahrhunderten wünschen und bezwecken, ist die politische Emanzipation und Gleichberechtigung der Frauen.«

Der Lette-Verein steht unter der Schirmherrschaft der preußischen Kronprinzessin, und 300 Männer und Frauen »der intelligentesten Gesellschaftsklassen Berlins« treten ihm sofort bei. Von solchen Mitgliederzahlen kann Louise Otto nur träumen. Ihr *Allgemeiner Deutscher Frauenverein* hat ein Jahr nach seiner Gründung 75 Mitglieder.

Die Schriftstellerin und Journalistin wird zur zähen und geschickten Verbandspolitikerin. Sie reist viel, hält Vorträge, gründet Zweigvereine, wirbt neue Mitglieder, leitet die jährlichen Generalversammlungen des *Allgemeinen Deutschen Frauenvereins*, bereitet Petitionen vor und reicht sie ein – wie die Petition an den Norddeutschen Bund, Frauen zu gestatten, beim Post- und Telegraphendienst zu arbeiten, wie sie es in Sachsen schon dürfen. Doch solche Petitionen sind selten, die Vereinsarbeit in der Öffentlichkeit kommt nur langsam voran. Haupthindernis: Die deutsche Frauenbewegung ist arm.

Die wenigen Frauen, die es überhaupt wagen, zu den Vorträgen der Frauenbildungsvereine zu gehen, einem Verein sogar beizutreten und regelmäßig an seinen Sitzungen teilzunehmen, haben kein eigenes Geld: Das Vermögen der Bürgerinnen oder der Lohn der Arbeiterinnen gehört ihren Ehemännern, und die Frauen müssen über ihre Ausgaben Rechenschaft ablegen.

Jahrelang steht Louise Otto im Leipziger Frauenbildungsverein vor dem immer wieder gleichen Problem: einen billigen Saal zu finden. Immer wieder richtet sie Bittschriften an den Stadtrat, dem Verein an einem Abend in der Woche einen Saal zur Verfügung zu stellen. Ein Saal, der 300 Mitglieder faßt, ist zu teuer. Der Kleine Saal der Buchhändlerbörse ist viel zu klein. Für die Sonntagsschule des Vereins, in der Frauen Unterricht in deutscher und französischer Sprache geben, in Rechnen und weiblichen Handarbeiten, überläßt ihnen der Leipziger Arbeiterbildungsverein, dessen Vorsitzenden August Bebel Louise Otto gut kennt und der sie sehr schätzt, sein Lokal. Doch als die Frauen das Unterrichtsangebot erweitern wollen, haben sie wieder Saalprobleme und ebenso, als sie nach ein paar Jahren eine Abendschule für konfirmierte Mädchen einrichten und nicht wissen, wie sie Miete und Saalbeleuchtung bezahlen sollen. Noch nach elf Jahren, als der Verein zahlreiche Mitglieder gewonnen hat, kann er sich finanziell kaum rühren: Die Frauen richten im November 1876 eine Speiseanstalt für berufstätige Frauen am Neumarkt in Leipzig ein – um die 50 kommen regelmäßig, Lehrerinnen, Verkäuferinnen, Schülerinnen des Konservatoriums. Damit das Essen preiswert bleibt, will der Verein die

Miete übernehmen, bekommt das Geld aber nicht zusammen. Immer wieder springt der Bildungsverein der Arbeiter ein und hilft den Frauen. Bürgerliche Männer geben kein Geld.

Louise Otto sieht nach England und in die Schweiz, wo die Frauenbewegung damals weiter ist als in Deutschland, und sie fordert die Frauen in den *Neuen Bahnen* und in Vorträgen auf, eifrig die Zeitung zu lesen und aufmerksam zu verfolgen, wie Frauen in anderen Ländern kämpfen. In Großbritannien haben Frauen Rechte an ihrem Vermögen, und wohlhabende Frauen in den Vereinen richten eigene höhere Mädchenschulen und Frauenkrankenhäuser ein und fordern das Wahlrecht. In Zürich sind Frauen zum Medizinstudium an der Universität zugelassen, und im Dezember 1867 promoviert dort die erste Frau zum Doktor der Medizin, eine Russin. In Deutschland sind Frauen von den Universitäten und den staatlichen Kunstakademien ausgeschlossen. »Man darf nie und nirgends am Sieg der Humanität und des Fortschritts verzweifeln. Am wenigsten darf man an sich selbst verzweifeln, an der eigenen Kraft«, mahnt Louise Otto ihre Leserinnen 1868 in den *Neuen Bahnen*.

In diesem Jahr feiert sie ihr 25jähriges Schriftstellerjubiläum. Der Verein richtet ihr ein Fest im Großen Saal der Buchhändlerbörse aus, und über 1000 Frauen kommen und feiern mit. Vor 25 Jahren ist Louise Otto in den *Sächsischen Vaterlandsblättern* für die Teilnahme der Frauen am Staatsleben eingetreten. Nun hält sie sich zurück. Sie sei für das Frauenwahlrecht, sagt sie in einem Vortrag in Berlin, aber »ich spreche dies nur im Prinzip aus, dafür wirken zu wollen, wäre noch zu früh«.

Die überwiegende Mehrzahl der bürgerlichen Frauen schaut naserümpfend auf die Frauenbewegung herab und dient sich den Männern durch Betonung einer Weiblichkeit an, die für Louise Otto nichts als eine Verkrüppelung geistiger Anlagen ist. Die wenigen Frauen in den Vereinen sind oft noch nicht fähig, berufstätig zu sein oder ihre Rechte zu vertreten.

Louise Otto, die den Vereinsfrauen weit voraus ist, will Rücksicht nehmen auf die Mitglieder. Sie ist erfolgsorientiert wie in ihrer Jugend, doch ihre Zivilcourage ist nüchtern geworden, scheint manchmal hinter der alltäglichen Kärrnerarbeit für das politisch Machbare zu verschwinden. Aber sie hat schon einmal erlebt, wie große Aufschwünge scheiterten und sie plötzlich mit ihren Forderungen allein dastand. Sie will Geduld haben, bis nicht nur glänzende einzelne, sondern zahlreiche Frauen für ihre Rechte eintreten können, will die Frauen geduldig vorbereiten und die Öffentlichkeit geduldig überzeugen.

Trotz ihrer Geduld und Nachsicht greifen die Frauen im *Allgemeinen Deutschen Frauenverein* sie häufig an. Bürgerlichen Frauen geht sie zu rasch vor, und sie finden den Ausschluß der Männer vom Verein zu radikal. Arbeiterinnen hingegen haben ganz andere Sorgen als die Damen und wollen sich verschärft für bessere Arbeitsbedingungen einsetzen. Es kommt immer wieder zu Flügelkämpfen im Verein, in denen Louise Otto sich behaupten muß.

An einen entschiedenen gemeinsamen Kampf in der Öffentlichkeit für die Rechte der Frauen kann Louise Otto nicht denken, es bleiben nur die »sanften Waffen«: Arbeit, Leistung, Pflichterfüllung. Frauen sollen durch Bildung, treu geübte Pflichten und Wohlverhalten beweisen, daß sie würdig und fähig sind, auch andere Pflichten und damit Rechte zu übernehmen – wie Kinder dem Vater gegenüber.

Die liberalen Bürger – Louise Ottos *Brüder*, mit denen sie 1848 gemeinsam kämpfte – wollen von einer Emanzipation ihrer Frauen nichts wissen. Besonders Akademiker äußern sich entrüstet über Louise Ottos Forderung nach einem Recht der Frauen auf Berufstätigkeit, die an ihrem Bild von den Geschlechterrollen in der bürgerlichen Gesellschaft rüttelt. Sie haben Angst davor, daß das System männlicher bezahlter Berufsarbeit und weiblicher unbezahlter Hausarbeit umgewälzt wird. Als auch noch das Buch des Engländers John Stuart Mills über die Unterdrückung der Frauen 1871 in Deutschland in zweiter Auflage erscheint, bricht ein wahrer Sturm der Entrüstung los. Mills stellt fest, daß der einzige gesetzliche Sklave, den es noch gäbe, in jedem Haus die Ehefrau sei. Er fordert die Gleichberechtigung der Frauen in Gesellschaft und Staat.

Geschichtsprofessoren, Theologieprofessoren, Volkswirtschaftsprofessoren, Rechtsprofessoren, Medizinprofessoren greifen von nun an zur Feder und erheben die Stimme, und einmütig heißt es: Die Frau gehöre von Natur aus ins Haus. Sie habe den Mann zu erquicken und zu stärken für seine große Arbeit in der weiten Welt, in Wissenschaft und Staat. »Dem Manne gebührt der Kampf und die Arbeit, aber das Weib wischt den Schweiß von seiner Stirn und stärkt seine Kraft, indem sie durch Sinn und Walten das Haus zu einer Stätte des Friedens, zu einer idealen Welt bildet«, befindet der Theologe Hermann Jacobi.

Die Aufgeregtheit der Bürger über die außerhäusliche Berufstätigkeit der Frauen steht in einem grotesken Verhältnis zur winzigen Zahl bürgerlicher Frauen, die tatsächlich arbeiten. Um die vielen Arbeiterinnen in den Fabriken, um Dienstmädchen, Köchinnen, Wäscherinnen, sorgen die Herren sich nicht. Sie haben Angst vor der geistig selbständigen Frau am eigenen Eßtisch.

Louise Otto und der *Allgemeine Deutsche Frauenverein* vermeiden eine offene Auseinandersetzung mit den aufgescheuchten Professoren. Doch als 1876 die Schriftstellerin Hedwig Dohm *Der Frauen Natur und Recht* veröffentlicht, läßt Louise Otto das Buch von einem Hamburger Vereinsmitglied ausführlich in den *Neuen Bahnen* besprechen und gibt ihm Öffentlichkeit, soweit sie kann.

Hedwig Dohm greift geistreich und temperamentvoll in brillanten Kampfschriften die Männer an. Die Arbeitsteilung in weibliche Hausarbeit und männliche Berufsarbeit entspreche keineswegs der Natur der Frauen, sondern nur dem Vorteil der Männer. »Aus ihrer Macht über die Frauen leiten die Männer ihre Rechte den Frauen gegenüber her. Die Tatsache der Herrschaft ist aber kein Recht«, schreibt sie. »Solange es heißt: der Mann will und die Frau soll, leben wir nicht in einem Rechts-, sondern in einem Gewaltstaat.« Jede Klasse, die am politischen Leben unbeteiligt sei, werde unterdrückt. Hedwig Dohm ruft alle Frauen dazu auf, um das Wahlrecht zu kämpfen und damit um politische Macht.

In der Besprechung ihres Buches in den *Neuen Bahnen* heißt es zustimmend, nur wenn Frauen an der Gesetzgebung beteiligt seien, könnten sie hoffen, daß die Gesetze, die auf Unterdrückung der Frauen abzielten, abgeschafft würden.

Einige Monate lang sieht es so aus, als ob sich im *Allgemeinen Deutschen Frauenverein* die politischen Kämpferinnen durchsetzen. Der Verein petitioniert beim Reichstag in Berlin für den unabhängigen Rechtsstatus verheirateter Frauen, für eheliche Gütertrennung und die Einschränkung der väterlichen Rechte – 100 Jahre ehe diese Forderungen erfüllt werden. Doch schließlich siegt bei den Frauen im Vorstand wieder die Rücksicht auf die Masse der zögernden, unsicheren, ängstlichen Vereinsmitglieder. Auguste Schmidt ist immer weit konservativer als Louise Otto, aber auch Louise Otto will das Häufchen der Vereinsfrauen nicht erschrecken und zersplittern. Sie glaubt, daß in Zukunft weibliche Abgeordnete mit den Männern in den Parlamenten sitzen werden, aber sie sieht keine Chance, das Wahlrecht für Frauen jetzt in den Parlamenten durchzusetzen – die Frauen haben keinen Rückhalt in den bürgerlichen Parteien oder in der Sozialistischen Arbeiterpartei. Sie muß weiter auf weibliches Wohlverhalten und Hoffnung auf Belohnung setzen.

Trotz dieser politischen Zurückhaltung ist der *Allgemeine Deutsche Frauenverein* um die Mitte der 1870er Jahre die fortschrittlichste Deutsche Frauenorganisation. Doch der Schwung neuer Vereinsgründungen ist abgeebbt. Auf der Generalversammlung 1877 berichtet Louise Otto, etwa 20 Vereine gehörten zum *Allgemeinen Deutschen Frauenverein* und »mindestens 11–12000 Frauen« als Einzelmitglieder. Diese Mitgliederzahl ist wahrscheinlich geschönt: Die Frauenbewegung stagniert.

Die Liberalen verlieren ihren politischen Einfluß endgültig, werden von der Mitwirkung an der inneren Modernisierung des Deutschen Reichs abgedrängt. Sie teilen sich in Fortschrittspartei und Nationalliberale. Die Nationalliberalen suchen von nun an nur noch ihren wirtschaftlichen Vorteil, lassen ihre demokratischen Forderungen als Jugendtorheiten hinter sich. 1878 tritt das »Gesetz gegen die gemeingefährlichen Bestrebungen der Sozialdemokratie« in Kraft: Die Sozialistische Arbeiterpartei wird verboten. Im Deutschen Reich geben

Adel und Militär wieder allein den Ton an. Das liberale Bildungsbürgertum bangt um seinen Status in der Gesellschaft.

Frauen, die den Zugang zu den Universitäten fordern und behaupten, was Männer können, könnten sie auch, lösen verschärft Konkurrenzängste aus. Haben einige Universitäten bislang Frauen als Gasthörerinnen zugelassen, so ist es nun wieder vorbei damit. Die Bildungsbürger haben Karrieresorgen und sind von der politischen Entwicklung in eine Identitätskrise gestürzt. Die politisch Ohnmächtigen holen sich Trost in einem Kult der Männlichkeit. Sie fühlen sich in ihrer Männlichkeit bedroht und definieren Männlichkeit aus der künstlichen Unterlegenheit des anderen Geschlechts, gewinnen Stärkegefühle aus der Verachtung der Schwachen, der Frauen. Die ehemals Liberalen, die sich nun als Untertanen in einem autoritären Herrschaftssystem wieder beugen müssen, wollen wenigstens in der eigenen Familie mit der Faust auf den Tisch schlagen können.

»Obrigkeit ist männlich«, belehrt der Geschichtsprofessor Heinrich von Treitschke seine Studenten. »Regieren bedeutet: bewaffneten Männern gebieten, und daß bewaffnete Männer sich den Befehl eines Weibes nicht gefallen lassen.« Die wirkliche Obrigkeit wird ausgespart als politischer Gegner. Gegner ist das Weib, und wer das Weib beherrscht, regiert.

»Sorgen wir vor allem, daß unsere Männer Männer bleiben!« wehrt der Juraprofessor Otto von Gierke die Teilnahme der Frauen am öffentlichen Leben ab. »Es war stets ein Zeichen des Verfalls, wenn die Männlichkeit den Männern abhanden kam und sie ihre Zuflucht zu den Frauen nahmen.«

Doch die Entwicklung in Industrie und Handel ist längst über die bürgerlichen Ideale von Weiblichkeit hinweggegangen: Die aufblühende Wirtschaft braucht Arbeitskräfte. Je mehr die Zahl der berufstätigen Frauen steigt, je mehr Frauen bessere Bildung und Berufsausbildung fordern, um so lauter bemühen sich Bürger, die Frauen in schlechtbezahlte Berufe abzudrängen. So fordern Mediziner, Frauen sollten Krankenschwestern und Hebammen bleiben. Professoren aller Richtungen treibt die Sorge um das Niveau der wissenschaftlichen Leistungen an den Universitäten, da man sich ja bei einer Öffnung des Studiums für Frauen den minderen geistigen Fähigkeiten der Damen anpassen müsse. Die stärksten Bundesgenossinnen finden solche Männer in den von Konventionen eingeengten verheirateten bürgerlichen Frauen. Diese haben Angst, den Männern, die sie versorgen, nicht zu gefallen, erziehen Töchter – und Söhne – weiter nach den alten Vorstellungen von Weiblichkeit, halten andere Frauen dazu an, so zu sein, wie man es von ihnen erwartet. Ihre Gegnerschaft zur Frauenemanzipation ist in den 1880er Jahren das größte Hemmnis für den *Allgemeinen Deutschen Frauenverein.*

Louise Ottos Zeitschrift *Neue Bahnen* bringt in den 1880er Jahren zahlreiche Artikel zum Bürgerlichen Gesetzbuch, dessen Neufassung der Reichstag debattiert. Louise Otto tritt unbeirrt im Ehe- und Familienrecht für die Gleichstellung von Männern und Frauen ein. Doch selbst im Verein gibt es Frauen, die das ablehnen.

Trotz aller Enttäuschungen seit Gründung des Vereins bleibt Louise Otto beharrlich und hält den Verein aufrecht. Sie fordert weiter bessere Arbeitsverhältnisse für Arbeiterinnen und bessere Mädchenbildung. Auch Frauen sollen Abitur machen, studieren, beweisen dürfen, daß der weibliche Verstand dem männlichen gleichwertig ist. Sie versucht, jede große Niederlage zu vermeiden, hält an ihrer Politik der kleinen, aber immer weitergehenden Schritte fest. Der *Allgemeine Deutsche Frauenverein* reicht erst eine Petition zum Frauenstudium ein, als er durch Spenden – 130000 Mark von einem kinderlosen Ehepaar – auch wirklich selbst Mädchen auf das Abitur vorbereiten kann.

Wie in ihrer Jugend bleibt sie fest in einer niederdrückenden Zeit. Im Geleitwort zu den *Neuen Bahnen* 1883 erklären sie und Auguste Schmidt, nun tue es gerade doppelt not, nicht zu wanken, nicht zum Alten zurückzukehren, wie es auf so vielen Gebieten versucht werde: »Es ist immer so gewesen, daß nur eine kleine Minderzahl in irgendeiner Sache das Zukünftige vorausgesehen hat, so sei es auch uns vergönnt, an eine Zukunft zu glauben, in welcher die Frau das ihren Fähigkeiten entsprechende Arbeitsgebiet und mit ihm das freie Bürgerrecht auf Erden gewinnt.«

Mit Beginn der neunziger Jahre kommt wieder Schwung in die Frauenbewegung. Drei von vier Frauen, die in Berlin heiraten, haben jetzt einen Beruf. Ein Drittel aller Berufstätigen in Deutschland sind Frauen. Immer noch sind die meisten Arbeiterinnen und Dienstmädchen, aber die Zahl der Lehrerinnen, Postbeamtinnen, Krankenschwestern, der Laden- und Bürofräulein wächst. Trotz aller Widerstände bürgerlicher Männer in der Theorie nimmt in der Praxis die Zahl gut ausgebildeter, tüchtiger Frauen zu.

Doch Lehrerinnen dürfen nur an Mädchenschulen unterrichten und müssen ihren Beruf aufgeben, wenn sie heiraten. Frauen verdienen fast immer nur zwei Drittel dessen, was ein Mann für die gleiche Arbeit bekommt.

Die berufstätigen Frauen fangen an, sich in Berufsverbänden zu organisieren. 1889 entsteht der *Kaufmännische Verband für weibliche Angestellte*, 1890 der *Allgemeine Deutsche Lehrerinnenverein* als Dachverband mehrerer Lehrerinnenvereine, die sich nun gemeinsam um Stellenvermittlung, um Krankenkassen und Pensionskassen kümmern und Feierabendhäuser und Ferienheime einrichten. Auguste Schmidt gehört zum Vorstand, erste Vorsitzende ist Helene Lange, Jahrgang 1848, Oberlehrerin an einer privaten höheren Töchterschule in Berlin. Eine neue Generation von jungen, selbstbewußten Frauen meldet sich zu Wort, fordert scharf und sachlich höhere Schulbildung für Mädchen und Zugang zu allen akademischen Berufen.

Auf dem Internationalen Arbeiterkongreß 1889 in Paris hält Clara Zetkin ihre erste Rede über die Befreiung der Frau. Sie will die Arbeiter davon abbringen, das Weiblichkeitsideal der Bürger – die Frau gehöre ins Haus – zu übernehmen. Gerade die Arbeit außerhalb der Familie mache die Arbeiterin ökonomisch unabhängig. Die wirtschaftliche Selbständigkeit aber sei die Voraussetzung für soziale und politische Gleichberechtigung. Erst wenn Frauen über eigenes Geld verfügen, könnten sie frei werden. Die Sozialistin Clara Zetkin hat das Lehrerinnenseminar besucht, das Auguste Schmidt in Leipzig leitet. Sie führt die Gedanken Louise Ottos weiter, wenn sie bei der wirtschaftlichen Selbständigkeit der Frauen ansetzt, will aber, daß die Arbeiterinnen die

Hilfe bürgerlicher Frauen als soziale Wohltätigkeit zurückweisen und sich ihre Rechte selbst erkämpfen.

1890 wird die Sozialistische Arbeiterpartei wieder zugelassen und nennt sich nun Sozialdemokratische Partei Deutschlands. Die feindselige Haltung der Arbeiter gegenüber weiblicher Konkurrenz ist in den zwölf Jahren der Verfolgungszeit einem Gefühl der Solidarität gewichen: Wieder einmal sichert sich eine politisch aufsteigende Schicht von Männern die Hilfe ihrer Frauen. Das Buch des Parteivorsitzenden August Bebel, des alten Freundes von Louise Otto, *Die Frau und der Sozialismus*, erlebt Dutzende von Auflagen – es ist heute noch lesenswert. Auf dem Parteitag 1891 fordern Sozialdemokraten das Wahlrecht für Frauen und die Abschaffung aller Gesetze, die Frauen Männern gegenüber benachteiligen. Clara Zetkin gibt von nun an die sozialdemokratische Frauenzeitung *Die Gleichheit* heraus.

Louise Otto ist alt geworden. 1887 ist ihr letzter Roman erschienen. Ihre körperliche Leistungsfähigkeit nimmt stark ab. Mit ihr altert ihr Verein: Es kommen nun keine neuen Mitglieder mehr hinzu. Sie selbst bleibt geistig rege und unbeirrbar, arbeitet weiter an den *Neuen Bahnen*, hat Ideen und Pläne, setzt sich weiter dafür ein, daß Frauen auch in Deutschland endlich Medizin und Jura studieren dürfen, und schreibt weiter über die Rechte lediger und verheirateter Frauen, über die Änderungen in der Gesellschaft, die die Industrialisierung mit sich bringt, über Arbeiterschutzkonferenzen. Doch ab 1891 kommt sie nicht mehr zu den Generalversammlungen des *Allgemeinen Deutschen Frauenvereins* und legt auch den Vorsitz des Leipziger Frauenbildungsvereins nieder. Als Ostern 1894 endlich das erste Gymnasium für Mädchen in Leipzig eingeweiht wird, erscheint sie zum letztenmal in der Öffentlichkeit.

1894 schließen sich zahlreiche Frauenvereine, darunter auch der *Allgemeine Deutsche Frauenverein*, zum *Bund deutscher Frauenvereine* zusammen. Der neue Bund schließt Arbeiterinnenvereine und sozialdemokratische Frauen von der Mitgliedschaft aus. Die bürgerlichen Frauen begründen diesen Ausschluß mit ihrer angeblichen Furcht vor einem staatlichen Verbot ihres Bundes – noch immer ist in

Preußen Frauen die Mitgliedschaft in politischen Parteien und der Besuch politischer Versammlungen verboten. In Wirklichkeit haben die konservativen Mitgliederverbände gesiegt: Die Solidarität mit den Männern der eigenen Klasse siegt über die Solidarität aller Frauen. Louise Ottos *Allgemeiner Deutscher Frauenverein*, der 1865 so aufrührerisch begonnen hat, geht in einem konservativen Frauenbund unter.

Niemand weiß, wie Louise Otto über den Ausschluß der Arbeiterinnen denkt. Sie muß darüber entsetzt gewesen sein: Sie hat als erste vorgemacht, daß Frauen sich organisieren und gemeinsam kämpfen können, daß eine Frau nicht die Feindin anderer Frauen ist. Doch sie hat sich nach fast 30 Jahren Arbeit aus dem Verein zurückgezogen, kann nichts mehr beeinflussen und schweigt.

In den nächsten Jahrzehnten werden die bürgerlichen Frauenvereine immer konservativer und verdunkeln mit ihrem Rechtsschwenk das Bild Louise Ottos – zu Unrecht, aber nachhaltig.

Louise Otto-Peters stirbt am 13. März 1895, nachmittags um halb fünf, in Leipzig. Dr. Anna Kuhnow, die erste Ärztin in Leipzig, ist bei ihr. Clara Schmidt, Sängerin und Schwester Auguste Schmidts, erzählt: »Am Tage ihres Todes war mir das Glück beschieden, einen Augenblick des Bewußtseins zu erleben, ihr letztes Wort zu mir war: ›Die Neuen Bahnen sind fertig.‹«

Das muß man nicht symbolisch verstehen. Das sind die Worte einer berufstätigen Frau, einer Journalistin, die sich bis zuletzt um das pünktliche Erscheinen ihrer Zeitung sorgte.

Eine Karriere wider alle Vernunft – Cosima Wagner

Schwarzverhängte Gondeln legten von der Wassertreppe des Palazzo Vendramini in Venedig ab und glitten im fahlen Sonnenlicht über den Canale Grande. Sie brachten den Sarg Richard Wagners, Wagners Familie, seine Mitarbeiter, seinen Bankier, sein Personal zum Bahnhof. Die Witwe Cosima Wagner saß tiefverschleiert allein in einer Gondel.

Drei Tage zuvor, am 13. Februar 1883 nachmittags um halb vier, war Richard Wagner im Alter von 69 Jahren an einem Herzanfall gestorben. Cosima Wagner hatte den Toten in ihre Arme genommen und sich, starr und stumm, erst gegen Abend des nächsten Tages aus seinem Zimmer führen lassen. Sie hatte ihr langes blondes Haar abgeschnitten und es zu ihm in den Sarg gelegt. Die 45jährige wollte sterben.

Zehn Monate später schrieb Franz Liszt, Cosimas Vater: »Meine Tochter Cosima tut alles mögliche, um Wagner nicht zu überleben.« Doch da trog der Anschein schon, wie so oft bei ihr: Sie hatte einen Ausweg für die Errettung ihrer Seele gefunden.

Sie überlebte Wagner um 47 Jahre. Sie machte aus seinem Privattheater in Bayreuth einen Tempel, den Mittelpunkt eines Wagner-Kults, dessen Hohepriesterin sie wurde. Die Herrschaftseliten des deutschen Kaiserreichs, Adel, Bildungsbürger und Industrielle, wallfahrteten nach Bayreuth und erlagen Cosima Wagners kultisch-inszenatorischen Verführungskünsten und der Musik des Meisters. Adolf Hitler, der *Lohengrin* als zwölfjähriger Schüler in Österreich hörte und Wagners Schriften zu seiner Lieblingslektüre erklärte, sagte später, niemand könne das nationalsozialistische Deutschland begreifen, ohne Wagner zu kennen.

Cosima Wagner leitete die Bayreuther Festspiele, inszenierte Wagners Opern, machte die Öffentlichkeitsarbeit. Sie wurde für ihre Zeitgenossen zur Meisterin, zur herrlichen, großartig-schrecklichen, zur Hohen Frau. Allein vollendete sie die Karriere, die sie durch Wagner gemacht hatte – eine Karriere wider alle Vernunft.

»Seine ganze Persönlichkeit«

Cosima Liszt sieht Richard Wagner zum erstenmal, als sie 16 Jahre alt ist – ein hochaufgeschossenes, eckiges Mädchen mit einer großen langen Nase, dem die Geschwister den Spitznamen Storch gegeben haben. Franz Liszt hat seinen Freund Wagner mit nach Paris gebracht, wo Cosima, ihre zwei Jahre ältere Schwester Blandine und ihr zwei Jahre jüngerer Bruder Daniel leben. An einem Abend liest Wagner der Gesellschaft um Liszt und seinen Kindern aus dem letzten Akt der *Götterdämmerung* vor. Die Zuhörer sind gerührt, und Cosima laufen die Tränen über die lange Nase, obwohl sie nicht alles verstanden hat, weil ihre Deutschkenntnisse noch begrenzt sind.

Wagner kann sich später nur an ihre anhaltende Schüchternheit erinnern, und für sie ist er damals nur eine der zahlreichen glänzenden Figuren aus dem Leben des berühmten Vaters, der als Konzertpianist in den Hauptstädten Europas umjubelt wird, nach dem sie sich gesehnt und den sie acht Jahre lang nicht gesehen hat. Der Vater schätzt Wagner, und so liest sie ein paar Tage nach dem Kennenlernen eifrig *Lohengrin* und *Tannhäuser*. Aufregender als Wagner aber ist für sie die Frau, die der Vater mitgebracht hat und die sein Leben und aus der Ferne auch Cosimas Leben regiert, die Fürstin Carolyne Sayn-Wittgenstein. Die Fürstin hat drei Jahre zuvor ihre eigene frühere Gouvernante von St. Petersburg nach Paris beordert, damit die Töchter ihres Geliebten eine Erziehung wie Prinzessinnen erhalten. Die über 70jährige Madame Patersi de Fossombroni soll außerdem auf Liszts Wunsch jeden Kontakt der Kinder zu ihrer Mutter unterbinden.

Cosima und ihre Geschwister sind für ihre Eltern nur Mittel, sich gegenseitig zu verletzen. Dabei hat die Beziehung einmal so ideal als

Bund der freien Liebe begonnen. Die Mutter, Gräfin Marie d'Agoult, hat einen adligen Ehemann und zwei Kinder verlassen, um frei von allen Standesschranken mit dem sechs Jahre jüngeren Franz Liszt zu leben, dem Sohn eines Haushofmeisters der Fürsten Esterházy und gefeierten Klaviervirtuosen. Cosima ist als zweites Kind dieses Liebesbundes am 25. Dezember 1837 in Bellagio am Comer See geboren und erhielt, da sie den Namen des verlassenen Ehemanns der Mutter schlecht tragen konnte, den Mädchennamen der Mutter: Flavigny. Erst mit sieben Jahren bekam sie den Namen Liszt.

Vater und Mutter waren inzwischen mehrfach auseinander- und wieder zusammengezogen. Auch ein drittes Kind, der Bruder Daniel, konnte den Liebesbund nicht retten. Die Eltern trennten sich endgültig, der Vater reiste von Konzertsaal zu Konzertsaal, die Mutter baute sich in Paris ein Leben als Schriftstellerin auf. Keiner wollte die Kinder haben, aber keiner wollte, daß der andere sie hatte. Die Kinder kamen erst zur Großmutter Liszt, dann zur Gouvernante Patersi de Fossombroni und ihrer ebenso alten Schwester Madame de Saint Mars.

Liebe erfährt Cosima allein von ihren Geschwistern. Von den Erwachsenen lernt sie sie nur als Forderung nach Unterwerfung, nach Auslöschen des eigenen Willens kennen. Die Fürstenerzieherin ist eine harte, strenge Frau. Sie unterrichtet die feine Lebensart in der großen Gesellschaft. Sie bringt den Mädchen bei, wie man eine Herzogin und wie eine Bürgerin begrüßt, ohne sich etwas zu vergeben. Cosima lernt das Übliche für junge Damen von Stand, die in einem Salon Konversation machen und sich ansonsten selbst still beschäftigen können sollen: Sprachen, ein wenig Geschichte, Lektüre, Klavier und das Sticken feiner Handarbeiten. Sie lernt, sich zumindest nach außen den Anschein der Unterwerfung zu geben und ihre Persönlichkeit, die noch kaum entwickelt ist, zu unterdrücken. Nur durch Lügen, Täuschen und Betrügen ist es ihr möglich, eigenen Wünschen heimlich nachzugehen, zum Beispiel ihre Mutter zu sehen.

Selbst den gefühlskargen Briefwechsel mit dem fernen, ersehnten Vater hat Madame Patersi de Fossombroni weitgehend unterbunden. Die Kinder dürfen ihrem Vater nur alle 14 Tage schreiben, und sie müssen die Briefe vorzeigen, ehe sie abgeschickt werden. Manchmal läßt die Gouvernante sie wochenlang ungelesen liegen.

Endlich nun, im Jahre 1853, ist der Vater gekommen. Aber Cosima sieht ihn nie allein, er ist ständig in der Pariser Gesellschaft unterwegs. Die Fürstin allerdings schließt Cosima und ihre Schwester liebevoll in die Arme, küßt und lobt sie und schenkt ihnen kleine Golduhren. Die Fürstin hat einen Ehemann in Rußland verlassen, um mit Liszt zusammenzuleben. Anders als Cosimas Mutter hat sie ihre Tochter aus dieser Ehe mitgenommen in ihr neues Leben.

Die Geliebte des Vaters, die Mutter und die Freundin der Mutter, die Baronin Aurore de Dudevant, sind die drei wichtigsten Frauen im Leben der heranwachsenden Cosima. Sie und ihre Schwester besuchen nach der Abreise des Vaters die Mutter nun öfter in ihrem Haus auf den Champs-Élysées, genießen die elegante Atmosphäre des Salons, in dem Marie d'Agoult abends bedeutende Musiker und Dichter bei sich sieht, bewundern ihr Arbeitszimmer und die in rotes Leder gebundenen Bücher ihrer Bibliothek. Die Mutter hat Erfolg als Romanschriftstellerin unter dem Namen Daniel Stern. Auch ihre Freundin ist Schriftstellerin: Baronin Aurore de Dudevant ist berühmt unter dem männlichen Pseudonym George Sand. Ihr Roman *Indiana* ist damals Cosimas Lieblingsbuch, und der Titel ihres Theaterstücks *Cosima oder der Haß in der Liebe* zeigt der schüchternen Cosima, daß der Baronin zumindest ihr Name gefällt. Auch diese Frau ist eine Adlige, eine Mutter, die ihren Ehemann verlassen hat und mit einem jungen Genie lebte – mit Frédéric Chopin.

Cosimas späteres Leben ähnelt den Biographien der Fürstin, der Mutter und der Freundin der Mutter. Alle drei haben jung einen standesgemäßen Adligen geheiratet: Die adlige Heirat bedeutet, daß sie wenigstens über einen Teil ihres ererbten Vermögens verfügen können und wirtschaftlich unabhängiger sind als bürgerliche Ehefrauen. Alle drei haben einen Ehemann verlassen, um ungeachtet des gesellschaftlichen Skandals mit einem Geliebten zusammenzuleben. Alle drei sind Schriftstellerinnen in einer Zeit, in der andere Berufe ihnen verschlossen sind und in der Frauen anspruchsvolle Bücher oft nur unter Männernamen veröffentlichen können. Die Mutter und die Fürstin haben das Leben eines berühmten Künstlers in die Hand genommen, um auf diese Weise der Kunst und sich selbst zu dienen.

Als 16jährige will Cosima eine berühmte Schriftstellerin und Journalistin werden – oder Papst. Das eine deutet auf die realen Vorbilder der Mutter und ihrer Freundin George Sand hin, das andere – nur scheinbar ein Scherz – verrät den Wunsch nach Größe und Macht: Das von den Eltern verlassene, von der Erzieherin eingeengte Mädchen will die Größte von allen werden, Gottes Stellvertreterin auf Erden. Der Tagtraum, sich die Größe eines anderen auszuborgen und damit über die Peiniger zu triumphieren, überrascht bei einem Kind nicht. Aber Cosima wird zeit ihres Lebens daran festhalten.

Die Fürstin beeindruckt sie damals am meisten. Cosimas Mutter ist eine Schönheit, die Fürstin reizlos wie Cosima selbst. Sie hat Cosimas unerreichbares Ziel erreicht: Sie lebt mit dem Vater, dem großen Künstler, hat teil an seinem Ruhm.

Cosima beschreibt nach Wagners Tod als über 70jährige die Grundzüge dieses Verhältnisses Frau–Künstler in einem *Gedenkblatt* für ihren Vater. Die Fürstin opfert für den Künstler Vaterland, Geld, gesellschaftliche Stellung, ihren Ruf – alles, was auch Cosima für Richard Wagner opfert. Sie schafft ihm ein Heim, wacht über seine geistige Tätigkeit, pflegt seine Gesundheit und kümmert sich um all seine Angelegenheiten mit rastloser Teilnahme – wie Cosima. Zum Opfer gehört für Cosima die Belohnung: »Was konnte der Künstler ihr dafür entgegenbringen? Seine ganze Persönlichkeit und alles, was diese in sich schloß. Soviel das heißt, so können wir doch nicht anders finden, als daß er ihr dies schuldig war.«

Cosima schildert zuerst die Frau, die für einen Künstler alles opfert, ihm dient und dafür seine Persönlichkeit fordert – er ist sie ihr »schuldig«. Dann dreht sie das Verhältnis Opfernde–Genie, Schwäche–Stärke um und enthüllt damit die Motive der Frau: »Beinahe beständig sagt er ihr, daß er nicht zu schreiben versteht, daß er ein Träumer sei, und daß er nur durch sie die Fähigkeit des Denkens und Schaffens erhalte.« Ihre Selbstaufgabe ist nur scheinbar: Nur durch sie kann er schreiben und komponieren. Sie wirkt durch ihn, sein Werk ist auch ihres. Für die alte Cosima ist im Verhältnis Frau–Künstler im Grunde sie die Stärkere, Bedeutendere. Aber sie, eine Frau, der die Gesellschaft enge Schranken setzt und die sich seit ihrer Kindheit nicht entfalten darf, braucht »seine ganze Persönlichkeit«: um ein Kunstwerk zu schaffen, um an die Öffentlichkeit zu kommen – Öffentlichkeit und persönliches Leben sind für Cosima austauschbare Begriffe –, um Ruhm zu erringen.

Die Lebensläufe der Fürstin Sayn-Wittgenstein und der Gräfin d'Agoult lassen ein Muster für eine Möglichkeit weiblichen Einflusses erkennen, das die europäische Gesellschaft in der ersten Hälfte des 19. Jahrhunderts mit dem Geniebegriff hervorbringt: das Wirken durch einen männlichen Künstler als Ersatz für eigene künstlerische Arbeit. Beide Frauen verwerfen nach einigen Jahren des Zusammenlebens mit ihrem Genie dieses Muster – die Fürstin verläßt im Alter Franz Liszt – und suchen wieder ihren eigenen Weg, schreiben und veröffentlichen selbst.

Die eine Generation jüngere Cosima aber lebt dieses Muster voll aus und wird berühmt, heiratet sogar ihr Genie, das nur zwei Jahre jünger ist als ihr Vater. So übertrifft sie einerseits ihre Mutter und die Geliebte ihres Vaters, ist die Stärkste und Erfolgreichste der Frauen, die um Liszt konkurriert haben. Andererseits aber bleibt sie die Schwächste, kann am wenigsten innerlich unabhängig und selbständig leben.

Cosima, inzwischen Baronin von Bülow, sieht Richard Wagner zum zweitenmal als 19jährige auf ihrer Hochzeitsreise.

Franz Liszt hatte seine Töchter zur Mutter seines Lieblingsschülers Hans von Bülow nach Berlin geschickt. Hans von Bülow, Pianist und Dirigent, unterrichtete Cosima am Klavier. Sechs Wochen nach ihrer Ankunft in Berlin war sie mit ihm verlobt, zwei Jahre später, am 18. August 1857, heiratete sie ihn. Nach Jahren schreibt sie ihrer Tochter Daniela: »Ohne eine Laune meinerseits, ohne eine Bewegung, namentlich ohne ein Grübeln kam es zur Hochzeit.« Zwei verlorene Kinder haben sich gefunden und wollen zusammenhalten. Auch Hans war als Kind ein Spielball seiner geschiedenen Eltern, litt unter seiner harten, strengen Mutter. Er ist empfindsam, gehemmt und hochgespannt: Er will Beachtung, Ruhm. Cosima, die Tochter seines verehrten Lehrers, versteht ihn. Sie spürt, daß er sie braucht, und liebt ihn dafür. Er ist hochmütig und heftig, aber er ist ein brillanter Musiker, und ihr Vater sagt ihm eine große Karriere voraus.

Liszt ist zur Trauung nach Berlin gekommen. Cosima geht mit Ehemann und Vater auf Hochzeitsreise nach Weimar, wo der Vater nun lebt. Von dort reisen Bülows zu Wagner nach Zürich.

Richard Wagner hat sich in Zürich bei Otto und Mathilde Wesendonck, einem reichen Gönnerpaar, eingerichtet. Das Ehepaar Wesendonck wohnt im Haupthaus, Wagner und seine Frau Minna leben auf demselben Grundstück in einem kleinen Haus, dem Asyl. Wagner arbeitet an *Tristan und Isolde.* Mathilde Wesendonck ist seine Muse, die Frau, die dem Künstler finanziell hilft und ihn durch ihren unwiderstehlichen Zauber zu seinem großen Werk hinreißt. Minna Wagner sieht sich mit Tristan und Isolde unter einem Dach. Das macht sie mißtrauisch, und sie denkt darüber nach, wo die Grenze zwischen Kunst und Leben verläuft. Sie liebt ihren Mann, mit dem sie seit 21 Jahren verheiratet ist, und ist eifersüchtig.

Die junge Frau von Bülow, groß, mager, mit schönem dunkelblondem Haar und aufmerksamen Augen, hält sich zurück. Wenn ihr Mann Wagners Musik spielt und Wagner sie anschließend anspricht, fängt sie an zu weinen.

Wagner ist irritiert. Er liebt die Gegenwart von Frauen und kann ein hinreißender Gesellschafter sein, warmherzig, phantasievoll, lustig, vor allem, wenn er jemanden beeindrucken und für sich gewinnen will. Doch dieser großen Frau Cosima entlockt der kleine Mann – Wagner ist 1,53 Meter – bestenfalls Tränen.

Wieder in Berlin gibt Cosima sich Mühe, sich und ihren Mann in der Gesellschaft zu etablieren. Sie spielt die Gattin des berühmten Dirigenten mit Eleganz und Leichtigkeit. Bülow ist der kommende Mann im Berliner Musikleben. Doch die Ehe ist schwierig, und Cosima ist unglücklich und verzweifelt. Er ist launenhaft, besessen von Perfektion und wütend auf alle, die sie ihm verpatzen, hat eine spitze Zunge und ständig Streit mit irgendwelchen Leuten. Das Leben mit ihm ist enttäuschend.

Cosima beginnt, Kompositionslehre zu studieren, aber sie ist mit ihren Fortschritten nicht zufrieden und gibt bald auf. Sie übersetzt für eine französische Zeitschrift deutsche Gedichte, die auch anonym erscheinen, und versucht, bei dieser Zeitschrift Berliner Korrespondentin für politische Themen zu werden, aber das gelingt ihr nicht. Sie ist tatkräftig und ehrgeizig und kennt überragende Künstler und ihre Maßstäbe. Sie wird sich darüber klar, daß sie weder eine große Pianistin, Komponistin noch eine große Schriftstellerin werden wird. Andere Berufsmöglichkeiten gibt es für eine Frau wie sie nicht. Aber sie ist begabt, will an der Entstehung eines Kunstwerks mitwirken, weiß nur nicht wie.

Ihr Mann soll komponieren, nicht nur dirigieren und anderer Leute Werke berühmt machen. Sie will ihn anspornen und ermutigen. Ihr Vater komponiert auch. Sie weiß, daß Bülow von der Figur des Merlin, des Zauberers am Hof König Artus', fasziniert ist. Heimlich schreibt sie ein Merlin-Stück und schenkt es Bülow zu Weihnachten. Er ist glücklich über ihr Geschenk, verspricht ihr, gleich mit der Vertonung zu beginnen, im Frühjahr werde der erste Akt fertig sein.

Doch nichts geschieht.

Dasselbe wiederholt sich mit einer Vertonung der Orestie: Cosima entwirft einen Text, Bülow verspricht ihr die Musik – und wieder fällt ihm nichts ein.

Im Sommer 1858 besucht das Ehepaar Bülow erneut Richard Wagner. Das Haus Asyl ist voller Gäste. Zwischen Wagner und seiner Frau gibt es heftige Szenen wegen Mathilde Wesendonck. Minna und Mathilde nehmen Cosima zur Seite, überschütten sie mit ihren Klagen, ziehen sie in die Intrigen des Kreises um Wagner.

Wagner ist produktiv. Er will die Oper erneuern und hält sich selbst für den größten Komponisten der Gegenwart. Das glaubt Cosima ihm. Sie liebt das Genie und den Ruhm. Aber dieses Genie hat schon zwei Frauen – eine Ehefrau und eine Muse.

Es ist alles sehr schwierig.

Cosima trifft sich mit ihrer Mutter und fährt mit ihr nach Genf zu Blandine. Karl Ritter, ein Jugendfreund von Bülows, begleitet die Damen. In Genf rudert er Cosima auf den See hinaus. Er ist unglücklich in seiner Ehe und will sich von seiner Frau trennen. Cosima ist in ihrer Ehe unglücklich und sieht keinen Ausweg. Karl soll sie töten. Sie fleht ihn an, sie über Bord zu stoßen. Karl sagt, das würde er schon tun, aber nur, wenn er ihr in den Tod folgen dürfe. Das will sie nun wieder nicht, und so überleben beide.

Cosima kehrt ins Asyl zurück. Es wird Zeit, nach Berlin zu reisen. Beim Abschied von Wagner beugt sie sich plötzlich über seine Hand und bedeckt sie mit Tränen und Küssen.

In den folgenden Jahren erlebt Cosima eine Niederlage nach der anderen, Enttäuschung, Verwundung, Schmerz, Verlust. Ihr Leben ist öde und leer.

Ihr Bruder Daniel zieht zu ihr nach Berlin und stirbt in ihren Armen an Schwindsucht. Sie bekommt am 12. Oktober 1860 eine Tochter und nennt sie Daniela. Das Kind stört ihren Mann.

Cosima wird krank, reist 1861 nach Bad Reichenhall und bekommt dort Besuch von ihrer Schwester Blandine, die einen französischen Anwalt geheiratet hat, und von Richard Wagner. Sie verliert ihre Scheu ihm gegenüber. Von nun an sieht sie ihn mehrmals im Jahr, denn Bülow hat wachsenden Erfolg als Dirigent, und Wagner bemüht sich um seine Freundschaft.

Blandine stirbt im September 1862 in Italien. Cosima fühlt sich jetzt ganz allein. Sie ist schwanger, wagt lange nicht, es ihrem Mann zu sagen, und als sie sich schließlich dazu überwindet, ist er schroff und abweisend. Ihre zweite Tochter kommt am 20. März 1863 zur Welt. Als die Wehen einsetzen, sagt Cosima niemandem etwas. Ihr Mann ist zu Hause, ihre Schwiegermutter wohnt bei ihnen, es gibt genug Personal, aber, so schreibt sie später in ihr Tagebuch, »ich wanderte einsam im Salon und wand mich wie ein Wurm und winselte; ein unaufhaltsamer Schrei weckte das Haus, und sie trugen mich auf mein Bett, wo *Boni* denn auch herauskroch«. Sie nennt ihre Tochter Blandine. Ihr

Mann beachtet das Kind nicht. Vielleicht ist diese Mißachtung, dieses Zurückstoßen dessen, was sie hervorgebracht hat und liebt, der letzte Anstoß zum Bruch der Ehe.

Richard Wagner kommt am 28. November 1863 zu einem Besuch nach Berlin. Er schläft mit Cosima. Ihr erstes großes sexuelles Erlebnis erschüttert und befreit sie. Später erzählt sie: »Unter Tränen und Schluchzen besiegelten wir das Bekenntnis, uns einzig gegenseitig anzugehören. Uns war Erleichterung geworden.«

Für Cosima von Bülow ist das Liebeserlebnis mit Richard Wagner ein bindender Schwur. Für Wagner ist es gar nichts.

In seinem Leben tritt von außen eine entscheidende Wendung ein. Bisher hat er mit seinen Opern Aufsehen erregt, Erfolge erlebt, aber auch Niederlagen. Er ist in ständigen Finanznöten. Da, in der Stunde der Not, als alle bisherigen Gönner sich taub stellen und Wagner kaum noch einen Pfennig in der Tasche hat, kommt – wie im Märchen – der Bote des Königs. Zwar reitet er nicht herbei, sondern reist zeitgemäß mit der Eisenbahn, aber er bringt, wie es sich gehört, Ring und Porträt des Königs und die Botschaft: König Ludwig II. von Bayern will Richard Wagner als Herzensfreund an seiner Seite haben und ihn vor jeder Unbill des Schicksals schützen.

Der König bezahlt Wagners Schulden, gibt ihm ein ansehnliches Gehalt und ein Haus bei Starnberg. »Mein innigst Geliebter!« schreibt er ihm, und »Mein geliebter, herrlicher Freund«, antwortet Wagner. »Ein und All! Inbegriff meiner Seligkeit«, schreibt der König. »O Heiliger, ich bete Dich an!«, und Wagner revanchiert sich mit: »Mein angebeteter, engelgleicher Freund.«

Der König ist homosexuell, Wagner nicht. Ihm fehlt jetzt nur noch eine Frau. Seine Frau Minna lebt nun in Dresden, und er bittet eine alte Freundin, ihn zu heiraten, falls Minna stirbt. Die Freundin zögert mit der Antwort auf diesen vorausschauenden Heiratsantrag. Wagner lädt die Bülows ein, und prompt erscheint Cosima mit ihren beiden kleinen Töchtern bei Wagner. Sie will ihn, und er soll sie wollen und keine andere.

Eine Woche später folgt Bülow, aber für ihn ist es nun zu spät. Cosima bekommt, was sie will, wenn auch vorerst der Anschein ehelicher Treue und Tugend gewahrt bleiben muß, um den König, von dem Wagner abhängt, nicht zu verprellen. In den nächsten fünf Jahren folgt ein Spiel zu viert, das die Münchner empört und das sie gleichzeitig genießen. Die Mitspieler: König Ludwig, Hans von Bülow, Richard Wagner, Cosima von Bülow. Aller Wünsche überkreuzen und hemmen sich, kein Mitspieler ist der, für den er – und sie – sich ausgibt oder sich selbst hält, es wird betrogen und gelogen.

König Ludwig will nur Wagner und seine Musik, die seiner seltsam wunden Seele Heilung und Erlösung vorgaukelt. Dafür gibt er ihm Geld und die Möglichkeit, seine neuen Opern aufzuführen.

Bülow – auf Wagners Betreiben nun Königlicher Vorspieler und Dirigent in München – will Wagners Opern dirigieren und Karriere machen. Und er will seine Frau behalten.

Wagner will aller Welt zeigen, daß er ein Genie ist, er will seine Opern aufführen und neue komponieren, und er will das alles in größtmöglichem Luxus tun. Er braucht den König als Geldgeber und Bülow als einfühlsamen Dirigenten. Cosima aber will er auch haben. Sie ist – man lebt inzwischen in München, sie hält sich mehr in seiner Villa als in der ihres Mannes auf – seine Geliebte, seine Zuhörerin, Sekretärin, Beraterin und – seit dem 10. April 1865 – Mutter seiner Tochter Isolde. Wagner hat sich immer Kinder gewünscht. Kurz: Er will alles haben.

Cosima will Wagner.

Der König darf nichts wissen, Bülow darf nichts wissen, denn wenn der Ehebruch bekannt würde, könnte Wagner alles verlieren.

Wagner mischt sich in Regierungsgeschäfte ein und muß auf Betreiben der Minister München Ende 1865 verlassen. Anfang 1866 stirbt seine Frau Minna. Er wäre jetzt frei, aber aus Rücksicht auf den König und auf Bülow bleibt die Situation vorerst unverändert.

Gemeinsam mit Cosima sucht er in der Schweiz ein Haus für sich, und sie finden auf einer Landzunge am Vierwaldstätter See die große, schöne Villa Tribschen. Der König zahlt die Miete für das erste Jahr.

Cosima lebt nun abwechselnd, für alle sichtbar, bei ihrem Ehemann in München, der dort die Uraufführung von *Tristan und Isolde* vorbereitet, und heimlich bei Wagner in Tribschen.

Wagner ist der Mann, den sie braucht. Er fasziniert sie erotisch, und er ist ein Genie. Vater und Mutter haben sie nicht geliebt, ihre Geschwister sind tot, ihr Ehemann ist ein abweisender, verkrampfter Mensch. Wagner aber liebt sie. Sie fühlt, daß sie lebt. Alles, was sie bisher gemacht hat, sind nur tastende Versuche gewesen, die ins Nichts führten. Er ist ein Künstler, der Aufsehen erregt, der umjubelt wird wie ihr Vater. Bei ihm zu sein ist das Lebensmuster, das sie kennt, von ihrer Mutter, von der Fürstin.

Für ein Leben mit ihm lügt und betrügt sie. In einer Münchner Zeitung erscheint eine Karikatur: Wagner mit der einen Kopf größeren Cosima am Arm und hinter ihnen Bülow, der sich mit der Tristan-Partitur abschleppt – Marke, dem der Freund die Frau ausspannt. Eine andere Zeitung nennt Cosima, die mit zwei Männern lebt, Madame Hans. So heißt eine Bordellmutter in München. Sie aber bringt den ahnungslosen König dazu, öffentlich zu erklären, sie habe kein Verhältnis mit Wagner.

Nach fünf Jahren dieses Spiels fällt die Entscheidung. Im Juni 1868 wird die Uraufführung der *Meistersinger von Nürnberg*, die Bülow leitet, ein großer Triumph für Wagner. Im Herbst verläßt Cosima ihren Ehemann und ihre beiden Töchter aus dieser Ehe und weiht sich dem Genie.

Der belogene König hält, auch nach großen Zweifeln, sein Leben lang immer wieder zu Wagner.

Eineinhalb Jahre später hat Cosima, inzwischen Mutter von drei Wagner-Kindern – Eva kam im Februar 1867 zur Welt, Siegfried im Juni 1869 –, die Scheidung erreicht, und am 25. August 1870, dem Geburtstag König Ludwigs, heiratet sie Richard Wagner.

»Erretter meiner Seele«

Cosima beginnt wenige Wochen nach ihrem endgültigen Einzug in Wagners Villa am Vierwaldstätter See ein Tagebuch. Wagner hat schon vorher angefangen, ihr seine Autobiographie *Mein Leben* zu diktieren, die er bis in die Gegenwart fortführen will. Ab jetzt, vom 1. Januar 1869 an, soll sie täglich aufschreiben, wie es ihm geht, was er tut und was er sagt.

Cosima soll in ihrem Tagebuch Wagners Größe, sein Genie festhalten und will zugleich mit dieser Größe vor ihren Kindern rechtfertigen, weshalb sie die Ehe gebrochen und ihren Mann verlassen hat. Die Kinder sollen das Tagebuch lesen, wenn sie einmal groß sind. Wagner liest es schon jetzt hin und wieder: Das Tagebuch ist auch ihre Selbstdarstellung vor ihm, enthält Botschaften für ihn.

Die Kinder sollen verstehen, daß ein Leben mit Wagner und die Sorge für ihn der Beruf ihrer Mutter ist, den das Schicksal ihr auferlegte. Bis sie diesen »wahren innersten Beruf« erkannte, war ihr Leben »ein wüster, unschöner Traum«. Bis dahin hat sie noch gar nicht gelebt: Wagner ist der »Erretter meiner Seele«. Ihre Liebe ist eine Wiedergeburt, eine Erlösung: »Ich bin immer so überwältigt von seiner Güte zu mir, bei dem steten tieferen Innewerden seiner Größe, daß ich eigentlich in seiner Gegenwart immer in Tränen zerfließen möchte.«

Sie hat Schuldgefühle gegenüber Hans von Bülow – Gewissensbisse, sagt ihr Vater. Über dieses Wort kann sie nur lachen. Sie ist keine gewöhnliche Ehebrecherin. Sie würde jederzeit wieder tun, was sie getan hat, weil sie es tun mußte: »Daß ich Hans verlassen mußte, dünkt mich grausam, ich muß es mir sagen, wem diese Grausamkeit galt. Auch empfinde ich es deutlich, wie eine Gottheit in mir waltet, die mich bestimmt hat, und daß *ich* nicht gewollt und gewählt habe.«

Sie hat Mitleid mit Bülow, der sie braucht. Sie haben sich einmal versprochen, für immer zusammenzuhalten. Bülow ist für sie wie ein Bruder, ein Mitverschworener gegen eine verständnislose Umwelt, den sie im Stich gelassen hat. Das ist ihre Schuld, meint sie, auch wenn sie damals nicht wußte, was sie versprach, weil sie Leidenschaft und ihren Beruf, für ein Genie zu sorgen, noch nicht kannte. Viele Jahre später, als Bülow ihr verziehen hat, nennt er sie Schwester. Aber jetzt, 1869, will er sie nicht freigeben.

Cosima ist im ersten Jahr in der Villa Tribschen besonders unausgeglichen und weint viel, vielleicht mitbedingt durch ihre fünfte Schwangerschaft. Ihre Bekannten haben sich von ihr zurückgezogen, niemand schreibt ihr, niemand besucht sie. Der Ehebruch einer verheirateten Frau ist ein Bruch mit der Gesellschaftsordnung, der, wenn er bekannt wird, auch andere etwas angeht: Sie wagt anfangs kaum, das Grundstück zu verlassen und sich den Augen Neugieriger auszusetzen. Sie hat Angst, wie der König, von dessen Gehalt Wagner und sie leben, sich zu ihr stellen wird – noch hat er sich nicht geäußert –, sorgt sich, wie alles weitergehen wird. Ihr Vater ist gegen ihren Scheidungswunsch, und sie leidet darunter, daß sie ihre beiden ältesten Töchter bei Bülow zurückgelassen hat. Nach einigen Monaten aber schickt Bülow die Kinder zu ihr.

Ihr Schuldgefühl ihm gegenüber klingt ab nach der Geburt ihres Sohnes Siegfried und besonders nach ihrer Heirat mit Wagner. Sie fühlt sich sicher, es geht ihr gut wie nie zuvor. Sie lebt mit einem Mann, der zwar sehr anspruchsvoll sein kann, der sie aber liebt, ihr dafür dankt, wie sie auf ihn eingeht, was sie für ihn tut, und der ihr vor allem immer wieder sagt, wie glücklich es ihn mache, daß sie einfach dasei.

Wagner genießt das Familienleben mit Kindern. Cosima ist seine Sekretärin, entwirft die Briefe, die er schreiben muß, und sorgt für seine Bequemlichkeit. Sie führt einen großen Haushalt mit acht Bediensteten und Gouvernanten und einem Musiker, der für Wagner Noten kopiert, mit zahlreichen Haustieren der Kinder und Wagners großen Hunden. Alte Bekannte melden sich allmählich wieder, und neue Freunde, wie Friedrich Nietzsche, kommen in ihre Abgeschlossenheit. Nach Cosima und Wagners Heirat bringt Nietzsche seine Schwester Elisabeth mit, die als alte Dame erzählt, wie Cosima und Richard Wagner damals aussehen:

»Cosima trug ein rosa Kaschmirgewand mit breiten, echten Spitzenaufschlägen und einen großen Florentinerhut mit einem Kranz aus rosa Rosen – das ergab den eigenartigsten Gegensatz zu dem riesigen, schwarzen Neufundländer, der sie begleitete.« Richard Wagner habe ein niederländisches Malerkostüm angelegt: einen schwarzen Samtrock, schwarze Atlasskniehosen, schwarzseidene Strümpfe, eine lichtblaue Atlaskrawatte, »dazu ein Hemd aus feinem Leinen mit echten Spitzen und das Künstlerbarett auf den damals noch üppigen braunen Haaren«.

Wagner und Cosima leben in Tribschen und später in Bayreuth den Alltag als Theater, als eine große, fortwährende Inszenierung, spielen seine Opern im Wohnzimmer aus. Sie leben füreinander mit Pathos vor Publikum und, wenn keine Gäste da sind, dann doch vor der Nachwelt. Cosima notiert in ihr Tagebuch, was Wagner beim Frühstück sagt, beim Mittagessen, beim Kaffee und was beim Abendbrot. Sie schreibt in gestelzter, aufgesetzter Sprache, oft formelhaft und eintönig, beschreibt weniger, was ist, als was sein soll, und wählt hehre Worte für schlichte Alltagsvorkommnisse. Als sie ihre älteste Tochter zur Volksschule anmeldet – ein Erlebnis, das sicher viele Eltern bewegt –, ist das für sie gleich ein heiliger Akt. Bei der Lektüre ihrer Tagebücher ist Wagners Sinn für Komik eine wahre Erleichterung. Auch Cosima muß Sinn für Humor gehabt haben, doch ganz deutlich wird er in ihren Zeilen nicht. Meist verwandelt sie Wagners lautes Lachen in ruhige olympische Heiterkeit.

Sie stilisiert ihr Verhältnis zu ihm zum Verhältnis einer Dienerin zu einem Gott. Sie will ihm dienen, sich seine Liebe verdienen, will opfern, ihn anbeten, sein Wesen soll sie ganz erfüllen: »mir ist, als ob jedes persönliche Leben für mich aufgehört habe und ich nur noch in ihm und den Kindern sei.« Sie bettelt um seine Liebe und nimmt sich vor: »Immer tiefere Einsicht in den eigenen Unwert, immer freiere frohere Abbüßung dieses Unwertes, vollständigere Brechung des Eigenwillen, Abwendung von jeder Lebenseitelkeit, Zurückziehung auf das Eine.« Das Eine: ihm dienen, widerspruchslos.

Nach der Geburt des Sohnes, den Wagner sich sein Leben lang gewünscht hat, sagt er ihr, sie sei »groß, wahrhaft groß«. Als sie sich im nächsten Jahr wieder schwanger glaubt, ihm dann aber sagen muß, daß sie sich geirrt habe, weint Wagner vor Enttäuschung. Sie ist ihm dankbar dafür, daß er sie liebt und liebt, was sie als Frau hervorbringen kann – die Kinder. Sie sagt ihm, sie sollten sich fotografieren lassen, »ich vor ihm kniend, denn das sei meine Stellung«.

Sie ist süchtig danach, daß er ihr Größe bestätigt. Je mehr sie dient, um so sicherer muß die Belohnung kommen. Sie verdient sie sich keineswegs im verborgenen, opfert sich nicht schweigend auf, besteht darauf, daß er den Pakt zwischen Frau und Genie einhält. Sie erinnert ihn von Zeit zu Zeit nachhaltig an das größte Opfer, das sie für ihn gebracht hat: Ihr Ehebruch ist für sie ein Bruch der Weltordnung, Schuld, die sie auf sich laden mußte. Das gibt dem Ehebruch auch nach vielen Jahren und drei Kindern mit Wagner Erhabenheit und ihr ein Mittel, bei Bedarf das Lob ihrer Größe einzufordern.

Abnutzungserscheinungen beugt sie vor: Wer die Grenze überschreite, meint sie, müsse gewärtig sein, daß er dafür bestraft werde. Sie hat nicht nur Schuld für ihn auf sich genommen, sie lebt auch seitdem unter der Drohung einer furchtbaren Strafe. Durch Entbehren und Opfern will sie alles gutmachen, doch wenn auch das nichts nützen sollte, ist sie bereit, für ihn auch noch die Strafe zu tragen. Als ihr drei Wochen alter Sohn eine Hirnhautentzündung bekommt, fragt sie: »ob mein Tod Sühne und Heil brächte?« Wie das genau funktionieren soll, ist aus dem Tagebuch nicht ersichtlich, auch nicht, was der Augenarzt davon hält – im Prinzip soll ein Menschenopfer den Bruch der Weltordnung wiederherstellen. Wagner wird schon alles verstehen, wenn sie ihn an ihre Schuld erinnert. Aus seinen Randbemerkungen in ihrem Tagebuch sieht sie, daß er das Buch zu dieser Zeit liest, und sie notiert, seit Hans gesagt habe, daß er sie nicht entbehren könne, fühle sie sich schuldig, aber sie wolle es niemand ahnen lassen; »meine Aufgabe«. Prompt sagt Wagner ihr zwei Tage später im Garten bei den Kindern, sie sei für ihn »die Offenbarung des Göttlichen«.

Er spielt nicht immer mit, und das irritiert sie. Sie will zwar ihr Heil in Leiden und Selbstaufopferung suchen, aber dann protestiert sie doch, als er ihr sagt, er würde seine Konfession – er ist protestantisch, sie katholisch – nicht aufgeben, um sie heiraten zu können. »Zuerst ward ich verdutzt, da ich augenblicklich es empfand, daß ich doch alles aufgebe, Religion und das übrige noch, um mich ihm zu vereinigen, dann aber verstand ich ihn. Die Frau darf und soll alles dem Geliebten aufopfern, der Mann aber kann und soll einen Punkt haben, wo er nicht weicht noch wankt.« Sie sieht das aber nicht gleich ein: »es ist schwer, sofort die Einsicht der Dinge zu erlangen, die uns über einen schmerzlichen Anschein des Unterschiedes der Liebe beim Mann und beim Weib emporhebt; und da bei mir alles langsam geht, habe ich wohl den ganzen Nachmittag an dem Fall laboriert.« Sie laboriert noch ein paar Tage weiter. Sie liest in dieser Zeit eine Goethe-Biographie und notiert, wahrscheinlich über Charlotte von Stein: »Seltsam erscheint es mir auch, daß Frauen, welche von großen Männern geliebt worden sind, nicht empfinden, daß sie alles durch diese Menschen und durch diese Liebe sind, und sich einbilden, [daß sie] noch außerdem etwas durch sich sind.«

Obwohl sie am Schreibtisch voller guter Vorsätze ist, den eigenen Willen aufzugeben, gibt es im Alltag immer wieder Verstimmung, denn sie bleibt tatkräftig und beherrschend. Wagner aber verlangt, daß sich alles um ihn dreht und sie sich ihm fügt. Gibt es Krach, hat sie Angst, seine Liebe zu verlieren, will sich noch mehr selbst verleugnen: Jedes Opfer, das sie bringt, sei eine Befreiung für sie, »der Eigenwille und die Eigenliebe sind der schwere Ballast, die den Seelenflug hemmen«.

Wagner versteht offenbar, was in ihr vorgeht, weiß, was sie braucht, und gibt es ihr bis zu einem gewissen Grad. Immer wieder hält sie fest, er habe sie groß genannt oder göttlich, und meint: »Groß kann aber an mir nur die Widerspiegelung seines Wesens sein.« So etwas hört er gern.

Sie macht ihn zum Gott und wird durch ihn göttlich. Doch nur Widerspiegelung seines Wesens zu sein reicht ihr auf die Dauer nicht. Sie will aufgehen in ihm, er soll sie sein und sie er: »allein ich fühle und sage es ihm, daß unsere vollkommene Vereinigung erst in dem Tod, in der Erlösung von den Schranken der Individualität sein wird.« Erst in der Todesumarmung wird sie ihm sagen können, wie sie ihn liebt.

»Darum weine ich stets, wenn ich mich ihm nähern will und ihm sagen, wie meine Seele ihn anbetet.«

Wagner braucht die Anbetung seines Weibes, er findet ja selbst, daß er der Größte ist, aber seine Individualität für sie aufgeben – das geht ihm im Alltag zu weit. Er teilt nicht. *Tristan und Isolde* im Wohnzimmer darf nicht zu anstrengend werden. Er ist nicht der Mann, der mehr gibt, als er bekommt, und schon gar nicht etwas, das er behalten will: seine Einzigartigkeit.

Cosima gibt ihm, was er braucht: Bestätigung, Ruhe, die Kinder, Vornehmheit. Für ihn ist sie stolz und vornehm, seine »gute Muse«, was sie ohne Kommentar notiert, denn das war Mathilde Wesendonck ihm auch. Sie aber sei ihm die einzig vertraute Seele. Sein Leben wäre gar nicht mehr möglich gewesen ohne sie – jedenfalls schreibt sie das in ihr Tagebuch. »Daß du alles das für mich getan«, sagt er zu ihr, »jetzt erst muß ich der Welt etwas Rechtes dünken, da du für mich alles verließest und mir alles gabst!« Das ist es, was sie hören will. Ihr wahrer, innerster Beruf ist die Sorge für seine Arbeit, für »sein göttliches Werk«. Eifrig notiert sie, er habe gesagt, wenn sie fortginge, könne er nicht mehr leben und arbeiten.

Manchmal ist er trüber Stimmung, glaubt, daß nach seinem Tod seine Werke vergessen würden und er nur »wie ein Phantom im Gedächtnisse der Menschheit leben wird«. Zahlreiche Musikkritiker und Operndirektoren lehnen seine Musik ab. Er verzagt manchmal, es kommt ihm sinnlos vor, Partituren zu schreiben, die doch nie aufgeführt würden. Cosima tröstet ihn, die Zeiten würden sich ändern, hält ihn zum Arbeiten an: »es ist mir, als ob der Segen unsrem Bund fehlen wird, wenn die Nibelungen unvollendet bleiben.« Wenn er sich schwach und matt fühlt und nichts essen kann, ist sie »dadurch wie der Seele beraubt«.

Er erzählt ihr in der Mittagspause und abends, was er komponiert. Als er ihr aus der *Walküre* vorspielt, schreibt sie über diese Töne: »Ich kann sie nicht hören, ohne zu vergehen.« Sie ist süchtig nach seiner Musik. Musik, das ist für ihn die Sprache der Leidenschaft. Er spielt aus *Tristan und Isolde*, und sie ist »tief erschüttert davon, ja kaum meiner mächtig«, und will für ihn sterben. Ein anderes Mal kann sie die Tristan-Musik kaum ertragen, graut sich vor der Gewalt des Genius, der die unergründlichen Geheimnisse des Daseins vor ihr aufdeckte: »Ich sehe mich blind, höre mich taub und fühle bis zum Vergehen all die Pracht.« Und: »Wir armen Weiber, die nur lieben können, wohl sind wir zu beklagen, wenn wir des Genius' Geheimnis ahnen! Und doch, was sind wir ohne diese Teilnehmung an dem Genius.«

Ihre Seele ist »wie eine Knospe, die nur unter den Strahlen seiner Musik erblühen kann«. Sie sitzt an ihrem Tagebuch und hört ihn am Klavier, und »es ist mir, als erschließe sich etwas in meiner Seele, was sonst immer gefangen gehalten, und versinke mein Geist in einem Traumzustande; die Realität verschwindet gänzlich, und es waltet nur die Liebe«.

Sie tut alles für ihn und kann dabei jedes Augenmaß verlieren. Als er die Sauberkeit der Kinder lobt – er fühle sich richtig vornehm –, bekommt ein paar Tage darauf die dreijährige Eva die Rute von ihrer Mutter »wegen unaustilgbarem Schmutz«. Aber Wagner will nicht, daß sie die Kinder schlägt, die sie, wie er findet, überhaupt viel zu streng erzieht. Also wird Eva die Rute nicht mehr bekommen.

Wagner verlangt, daß sie sich mit allem beschäftigt, was ihn interessiert. Er wirft ihr vor, daß sie nicht liest, was er ihr empfiehlt, und sie muß sich »dadurch rechtfertigen, daß, seitdem ich Kinder habe, ich eigentlich gar nicht mehr zum Lesen komme«. Aber brav nimmt sie sich den *Oedipus* von Sophokles vor, auch als sie abends wegen der Kinder unruhig wird und lieber noch einmal nach ihnen sehen würde.

Wagner ist sehr belesen und liest ihr fast jeden Abend vor. Bücher, die die ungeübte Leserin und beschäftigte Mutter als zu langweilig wochenlang liegenließ, werden ihr nun lebendig. Auch diesen kaum verwunderlichen Vorgang überhöht sie: »Die ganze Welt ist mir nur erkennbar in ihm und durch seine Vermittlung.«

Aber sie kann nur schwer hinnehmen, daß er mehr gelesen hat und mehr weiß als sie. Wagner behauptet, der Mond erhalte sein Licht von der Erde, Cosima sagt, er erhalte es von der Sonne. Sie streiten, sehen im Lexikon nach, und stolz notiert sie im Tagebuch, daß sie recht hat.

Sie überhöht auch die Lektüre im Hause Wagner: Sie beide würden nur die Griechen, die Spanier, Shakespeare und Goethe lesen. Das ist nicht wahr. Wagner liest alles, was ihm in die Hände kommt, ist versessen auf Zeitschriften. Er ist Dramatiker, der Bühne verfallen, geht Literatur und Geschichte der Welt durch und sucht, was bühnenwirksam ist, beeindruckend, fesselnd. Ihn interessiert nicht der Wahrheitsgehalt eines Textes, sondern ob eine Idee, ein dramatischer Konflikt auf der Bühne wirkungsvoll sein könnte.

Immer wieder liest er Cosima aus Schopenhauers Werken vor. Schopenhauers Philosophie bietet in der verwirrenden Welt des 19. Jahrhunderts, in der neue Wirtschaftsformen, neue Wissenschaften und die Technik die Gesellschaft in nie für möglich gehaltenem Ausmaß rasch umwälzen, einen Ausweg. Die Welt wird komplizierter, und es wird immer anstrengender zu verstehen, was eigentlich vorgeht. Einerseits glaubt man an den Fortschritt, andererseits fühlt man sich von ihm bedroht, leidet am Untergang der bekannten Welt, weiß nicht, wohin die ungeheuren Umwälzungen führen, ist unsicher, wo der eigene Platz in der neuen Gesellschaft sein wird.

Gegen das Tempo des Industriekapitalismus, gegen den Anspruch der neuen Wissenschaften auf Welterklärung, gegen den Fortschrittsglauben der Optimisten stellt Schopenhauer einen tiefen Pessimismus. Er glaubt nicht an Vernunft, hält nichts von Verbesserung der Gesellschaft, von Liberalismus und Demokratie. Für ihn ist der Inhalt der Geschichte immer und überall derselbe, die Menschen fügten sich bei allen äußeren Veränderungen doch nur immer wieder dieselben alten Leiden zu. Allem Sein liege ein blinder Wille zum Leben zugrunde. Ziel des Menschen müsse es sein, diesen Willen zu überwinden. Eine Erlösung sei dem Gebildeten durch die Religion nicht mehr möglich, aber durch die Kunst. Die Kunst tritt an die Stelle der Religion, wird zur neuen Religion, durch die die Menschheit sich retten kann.

Wagner will und wird der Erlöser sein. Das sieht Cosima auch so. Schopenhauer macht alles so einfach: Man braucht sich gar nicht um Realität, um die anstrengende Erkenntnis dessen, was tatsächlich um einen her geschieht, zu bemühen, weil ja sowieso in der Weltgeschichte nur immerzu dasselbe passiert. Dieser Gedanke Schopenhauers wird der Freifahrschein zum Triumph der Ungebildeten und der Bequemen. Man kann über alles mitreden, kreuz und quer durch Geschichte und Literatur hopsen und sich projizieren, Bestätigung finden für das, was man glaubt und fühlt.

Wagner und Cosima lesen und lesen – und sehen immer nur sich. Das kritische Denken, das die Wissenschaft seit der Aufklärung, dem Zeitalter der Vernunft, des Suchens nach Ursachen und Folgen, entwickelt hat, ist weder Cosimas noch Wagners Sache. Sein Hauptinteresse gilt der Bühne. Er will die Menschen berauschen, will Erfolg. Alles andere ist Stoff. Gefragt ist die Rückwendung zum Mittelalter und Germanentum als den angeblich großen Zeiten deutscher Geschichte, die geradezu nach der Bildung eines deutschen Nationalstaates schreien, gefragt sind Märchen und Mythen. Wagner rafft sie zusammen, verbindet verschiedenste Sagen und Sagenkreise zu neuen spannenden Geschichten. Er durchjagt Berge von Büchern auf der Suche nach Erfolgversprechendem für die Bühne, prüft Gedanken, Ideen, Handlungen, probt, verwirft, erfindet – er probt immer.

Er verzichtet dabei nicht auf Argumentation, im Gegenteil, er will seine Kunst und ihren Anspruch auf Erlösung begründen, sucht sein Werk durch Werbeschriften zu erklären, sieht sich selbst mehr als Denker und Dichter und weniger als großen Musiker. Er hängt sich das Mäntelchen intellektueller Bedeutsamkeit um, schreibt Sinn und Unsinn bröckchenweise durcheinander, zaubert Tiefsinn. Das einzige, was sich folgerichtig in seinen Schriften wiederholt: Richard Wagner ist der Größte.

Cosima gilt manchen Verehrern als hochgebildet: Sie ist von Jugend auf mit bedeutenden Leuten zusammengekommen und kann mit der überlegenen Miene der großen Dame die oberflächlichsten Urteile von sich geben, ist Meisterin im gesellschaftlichen Bildungsbluff. Sie ist zutiefst abergläubisch, fürchtet sich vor Fledermäusen und Spinnen als Anzeichen des Bösen. Möglicherweise ist Lernen ihr zu anstrengend. Als Wagner mit ihr über dramaturgische Regeln spricht, ist sie glücklich, daß er sie belehrt und erhebt, meint aber, daß Frauen diese

Probleme nicht so betrachten könnten – nur empfinden könnten sie, lieben, sich hingeben.

Eilfertig notiert sie die Schätze aus der Fülle von Wagners Geist. Wagner meint, »daß die Geschichte einzig an der Hand eines Künstlers wie W(alter) Scott genießbar ist«, sonst sei sie das Ödeste, Abschreckendste. Die jetzigen historisch-wissenschaftlichen Menschen förderten nichts, nur »hellsehende, schwarzsehende« Menschen. Er verachtet Professoren und ist doch höchst geschmeichelt, als der junge Professor Friedrich Nietzsche hingerissen ist von Wagners Persönlichkeit und seiner Musik. Wagner bemüht sich um seine Freundschaft. Doch Nietzsche entfernt sich mit den Jahren von Wagner. Das ist für Wagner und Cosima finsterster Verrat. Nietzsche liebt Cosima. Er sieht in ihr anfangs das Opfertier in der Wagnerschen Ehe und später eine der Frauen, die ihre Männer auffressen. Ihre Liebe zu Wagner ist für ihn nur ein feinerer Parasitismus, ein Sich-Einnisten in eine fremde Seele. Nietzsche erweist sich zur Enttäuschung des Ehepaares als völlig ungeeignet zum Hofphilosophen.

Für Cosima werden Wagners Ansichten zu Offenbarungen, die sie noch zu übertreffen sucht.

Er haßt die Franzosen. Sie, die Französin, wird zur fanatischen Franzosenhasserin. Als Paris im November 1870 beschossen wird und Menschen sterben, kommentiert sie: »wer nicht hören will muß fühlen, kann man da populär sagen.«

Wagner haßt die Juden. Sie wird zur fanatischen Antisemitin.

Wagner läßt seine Broschüre *Das Judentum in der Musik* neu erscheinen und erlebt die empörte Zurückweisung durch ein noch starkes liberales Bürgertum: Das Publikum pfeift seine Opern aus, gibt Karten zurück. Wann immer Schwierigkeiten auftauchen bei der Aufführung einer seiner Opern, wittert er eine Verschwörung von Bürokratie, Judentum und Theaterdirektoren. Anfang 1872 kommt er von einer Reise nach Berlin zurück und erzählt Cosima, er habe »viel Jüdisches« erlebt. Jüdisches – das ist sein Wort für alles, was gegen ihn ist, ihn hindert und bedroht.

Jüdisch sind die Kritiker an seinem Werk, und jüdisch ist die moderne Welt, »das englisch-amerikanische Wesen«. In seiner unklaren Angst vor der modernen Gesellschaft und ihren Spannungen rennt er mit denen mit, die sich in den Juden ein konkretes Feindbild schaffen. Jüdische Musiker dirigieren zwar seine Opern und verehren ihn, und 1878 meint er, eigentlich habe er gar nichts gegen Juden, seine Broschüre würde er heute anders schreiben. Aber dann wieder sprechen er und Cosima mit Gästen erregt über das Übel, »welches die Juden über uns Deutsche gebracht«. Cosima notiert: »Persönlich habe er die besten Freunde unter den Juden gehabt, aber ihre Emanzipation und Gleichstellung, bevor wir Deutschen etwas waren, sei verderblich gewesen.« Wagner schreibt König Ludwig II. von Bayern, dessen Toleranz gegen Juden ihn aufbringt, »daß ich die jüdische Rasse für den geborenen Feind der reinen Menschheit und alles Edlen in ihr halte: daß namentlich wir Deutschen an ihnen zugrundegehen werden, ist gewiß, und vielleicht bin ich der letzte Deutsche, der sich gegen den bereits alles beherrschenden Judaismus... aufrechtzuerhalten wußte«.

Wagner neidet Jacques Offenbach seit Jahren den Erfolg. Als am 8. Dezember 1881 das Wiener Ringtheater kurz vor Beginn einer Vorstellung von *Hoffmanns Erzählungen* brennt, hält Cosima fest: »Daß 416 Israeliten bei dem Brand umkamen, steigert R.'s Teilnahme für das Unglück nicht.« Am nächsten Tag sagt er »im heftigen Scherz, es sollten alle Juden in einer Aufführung des ›Nathan‹ verbrennen«.

Cosima und Wagner lernen in Italien den Grafen Joseph Arthur Gobineau kennen. Für Gobineau sind die Arier die »Eliterasse«, der die Beherrschung aller anderen zukomme. Der Starke solle sich in der Geschichte verwirklichen. Cosima möchte, daß Gobineaus *Versuch über die Ungleichheit der Menschenrassen* ins Deutsche übersetzt wird.

Gläubig notiert Cosima auch, was Wagner über Frauen sagt. Wagner, eine Autorität auch bei Vererbungsgesetzen, meint, das Weib verhalte sich wie die Erde zur Sonne, »sie sei ganz passiv, und nur, was der Mann hineinlegt, kommt heraus«. Die Orientalen »betrachten mit Recht das Weib wie den Acker, in welchen sie den Samen streuen«. Für ihn ist die »Frauen-Befreiung« ein jetztzeitlicher Unsinn, den er – und damit auch Cosima – verabscheut. Im Orient, »da, wo die Frau angeblich niedriger gestellt ist, ist die Mutter heilig«. Der Vater beschützt Mutter und Kind, übernimmt das Verhältnis nach außen, die Frau hat nichts mit der äußeren Welt zu tun. »Freilich ist ihr Einfluß unermeßlich, doch nicht dadurch, daß sie mitwählt und zur Mannsperson sich macht, die sie doch niemals wird.« Cosima kann nun »gar nicht begreifen, wie eine Frau, die ein Kind hat, nur daran denken kann, etwas andres zu betreiben als die Erziehung dieses Kindes, auf diesem Gebiete ist sie die unersetzliche Herrscherin«.

In Wirklichkeit bewältigt die tatkräftige Cosima weit mehr als die Erziehung ihrer fünf Kinder, und in Wirklichkeit findet Wagner, sie solle sich lieber weniger um die Kinder kümmern. Das Thema Frauenbefreiung erhitzt ihn kaum – Cosima gehorcht ihm ja. Er hat in erster Ehe eine berufstätige Frau geheiratet, eine Schauspielerin, und als er den Eindruck bekommt, seine kleine Tochter Eva würde sicher eine schöne Stimme entwickeln, meint er, dann müsse sie zur Bühne gehen. Nun ist es Cosima, die ihm seine Ansichten zurückgibt: »Ich halte es nicht für möglich für eine Frau, der Öffentlichkeit anzugehören und zugleich ihren weiblichen Beruf zu erfüllen...« Sei Eva vom Schicksal für die Bühne bestimmt, so würde sie ihre Tochter als ein Opfer betrachten und sich dazu.

Später ändern sich Wagners und Cosimas Ansichten zur Frauenemanzipation etwas, sie finden, es sei schwer, »da ein gerechtes Urteil zu fällen; da die Lage der Frauen eine derartige ist, daß sie sehr oft darauf angewiesen sind, ihre Familie zu ernähren und wie die Männer zu arbeiten, so ist es ihnen nicht zu verdenken, wenn sie auch Männerrechte fordern«.

Cosima hat für sich den Weg gefunden, auf dem sie sich den Regeln der bürgerlichen Gesellschaft perfekt anpaßt und zugleich ihrem verbotenen Wunsch nach einer künstlerischen Tätigkeit folgt: Sie dient dem Genie, wirkt durch einen Künstler.

Nur wenn sie Wagner allzuoft an ihr großes Opfer für ihn erinnert, kann er ziemlich harthörig werden. Ihm paßt die ganze »Entsagungs-Wirtschaft« nicht. Er will keine Heilige im Haus haben und sich zu nichts verpflichten lassen. Aber er ist Cosima dankbar, daß sie sein »Verhältnis nach außen« immer mehr in die Hand nimmt. Ohne sie, sagt damals Wagners alte Freundin Malwida von Meysenbug und sagen heute die Touristenführer in Bayreuth, hätte es keine Wagner-Festspiele gegeben.

»Das wird unsre Schöpfung« – die Festspiele von Bayreuth

Cosima begleitet Ende April 1871 Richard Wagner nach Bayreuth, um das bezaubernde Opernhaus anzusehen, das Markgräfin Wilhelmine, die Schwester Friedrichs des Großen, im Rokoko bauen ließ. In Bayreuth wollen sie sich niederlassen – fern vom feindlichen München, aber doch noch in Bayern unter dem Schutz König Ludwigs. Wagner plant die ersten Festspiele für 1873.

Er fühlt sich von Theaterdirektoren und vom Publikum mißverstanden: Seinem neuartigen Musikdrama ist das Repertoiretheater nicht gewachsen, vor allem mit der Schauspielkunst hapert es an den Opernbühnen. Er will in einem eigenen Haus zeigen, wie er sich seine Opern vorstellt.

Aber die Bühne des markgräflichen Opernhauses erweist sich als zu klein für seine Pläne. Die Stadtväter jedoch, die eine Chance sehen, ihrer abgelegenen Kleinstadt durch jährliche Musikfestspiele Bedeutung zu geben, wollen Wagner halten. Der Gemeinderat stellt ihm für ein neues großes Festspielhaus ein Grundstück zur Verfügung, und im Lauf des Jahres gründen Wagner-Anhänger die ersten Wagner- und Patronatsvereine zur finanziellen Unterstützung der geplanten Festspiele. Es bleibt also bei Bayreuth.

»Das wird unsre Schöpfung«, sagt Wagner zu Cosima, »du wirst die Markgräfin von Bayreuth.«

Er kauft ein Grundstück für ein Wohnhaus. Bayreuther Stadtväter und Bankiers gründen einen Verwaltungsrat für die Festspiele. Bei Schwierigkeiten mit Wagner wenden sie sich zunehmend an Cosima, die geschickt zwischen ihnen und dem Meister vermittelt.

Sie will teilhaben, mitschaffen am neuen Musikdrama. Sie liest wieder einmal Schopenhauer, »wo er das Wesen des Genies beschreibt, war es mir, als hätte er es auf R. geschrieben«, und fragt sich: »wie nur R.'s wert sein; das Glück seiner Liebe verdienen.« Sie will Wagner durch ihre Herrschsucht auch nicht stören und bittet ihn, »überzeugt zu sein, daß ich gar keinen eignen Willen habe und daß mein einziges Glück in dem Bestreben liege, ihn in der kleinsten Kleinigkeit zu verstehen und ihm zur Seite zu stehen. O könnte ich ihm wirklich helfen.«

Die Familie Wagner zieht Ende April 1872 von Tribschen nach Bayreuth, und am 22. Mai, Wagner wird an diesem Tag 59 Jahre alt, ist die Grundsteinlegung für das Festspielhaus. Bayreuth kann die fast tausend Gäste und die Musiker, die im Festkonzert spielen, kaum unterbringen. »Wer die Weihstunden jenes Tages miterlebte«, schreibt Richard Wagner später, »mußte die Empfindung gewinnen, als sei die Ausführung meines weiteren Unternehmens zu einer gemeinsamen Angelegenheit vielverzweigter künstlerischer und nationaler Interessen geworden.«

Doch die Empfindung täuscht. Der erhoffte Geldstrom bleibt aus. Wagner steht erst am Anfang eines langen schwierigen Kampfes um Anerkennung und Geld. Er reist in den nächsten Jahren mehrfach durch Europa, um Konzerte zu geben und zur Gründung weiterer Wagner-Vereine anzuregen, Geld zu verdienen. Cosima, schlank, elegant in fließenden Seidenkleidern und mit aufrechter Haltung, ist stets an seiner Seite.

Sie und der Bayreuther Bankier Feustel sehen, wo das große Geld sitzt. Sie wollen Wagners Kunst etablieren bei den Reichen, den Mächtigen und denen, die es sein wollen. Zugleich will Cosima die Ordnung wiederherstellen: Das illegitime Kind, die Ehebrecherin und geschiedene Frau sucht gesellschaftliche Anerkennung, einen guten Ruf.

In Berlin tritt sie auf als Frau Wagner, vormals Baronin von Bülow, geborene Gräfin d'Agoult – was sie nie war. Eine ihrer besten Freundinnen ist Marie von Schleinitz, die Ehefrau des Hausministers der Hohenzollern. Sie öffnet Cosima die Türen zu den höchsten Gesellschaftskreisen der neuen deutschen Hauptstadt.

Wagner liest im Januar 1873 im Salon der Frau von Schleinitz aus der *Götterdämmerung* vor. Marie Schleinitz hat Cosima vorher gebeten, daß einige Details der Einleitung – »das Begatten, die Schwangerschaft« – ausfallen möchten, der Prüden wegen. Wagner liest vor ausgewähltem Publikum: Prinzen, Minister, Diplomaten, Bankiers, Professoren. Anscheinend stören sie sich nicht an der einfältigen Sprache, die er als Dichtung ausgibt. Cosima notiert stolz: »Viele freundliche Frauen (Fürstin Biron, Gräfin Voß, Frau v. Rochow), Marie Schl. sagt, ich hätte einen großen Succes, und R. sagt mir scherzend, ich verdürbe ihm seine Erfolge, lenkte die Aufmerksamkeit ab!«

Am nächsten Abend treffen sie in Hamburg ein, und zahlreiche Leute empfangen sie auf dem Bahnhof mit Hoch- und Hurra-Rufen. Eine Woche später sind sie wieder in Berlin. Cosima ist besorgt, als sie erfährt, daß Kronprinz Friedrich sich nichts aus Wagners Kunst mache. Aber er und sein Kreis haben wenig Einfluß: Kaiser Wilhelm I. kommt mit Kaiserin Augusta in das Konzert, das Wagner dirigiert. Der Kaiser schätzt Wagners Musik, und der Hof und alle, die dazugehören wollen, stürzen dem kaiserlichen Geschmack hinterher zu Wagner.

Wagner ist kein Parvenue. Er kommt aus einfachen Verhältnissen und verbirgt das nie. Ihm ist es nicht ganz recht, daß seine Festspiele nur für die Reichen dasein sollen – aber er läßt es geschehen.

Ihre Erfolge machen Cosima mutig. Sie wagt sich selbst mit einer Regiearbeit an die Öffentlichkeit – als Überraschung zu Wagners 60. Geburtstag, an dem auch das Richtfest für das Festspielhaus gefeiert wird. Sie beauftragt den Komponisten Peter Cornelius, eine Novelle zu einer Jugendarbeit von Richard Wagner für Orchester und Chor zu schreiben, *Künstlerweihe*, mit lebenden Bildern nach Bonaventura Genelli: Der Maler Genelli führt den jungen Wagner der dramatischen Muse zu. Dies soll ein kleines Festspiel von Cosima Wagner werden.

Heimlich probt sie mit den Damen und Herren vom Chor im Bayreuther Opernhaus. Sie hat große Mühe, von Wagner fortzukommen, vor allem abends. Die Orchester-Aufstellung ist schwierig, weil zu wenig Platz da ist, »meine Vorschläge entsetzen durch ihre Kühnheit«, schreibt Cosima – ganz wie der Meister.

Am Geburtstagsmorgen hat Wagner Kopfschmerzen, weil er am Vorabend zuviel getrunken hat, und sie ist enttäuscht, »mein edler guter Wille wird mir ein wenig verdorben«. Mittags um zwölf überwacht sie die letzte Probe, »es geht ganz gut«. Abends lotst sie Wagner unter einem Vorwand ins Opernhaus. Zu seiner Überraschung ist es gedrängt voll. Er sei wie betäubt, sagt er und bedankt sich nach der Aufführung bei den Künstlern – aber nicht bei Cosima. Hier führt nur einer Regie: er.

Sie ist tagelang deprimiert, grübelt, »mir ist es immer, als ziemte es sich für mich nicht, als hätte ich persönlich mit einem Wunsch, mit einer Tat nie dazusein und nur durch freundliches Mitraten des Lebens zu wirken; hat mich der Enthusiasmus hingerissen, so empfinde ich wie eine Schuld – schwer zu erklärendes Gefühl –, und eine unüberwindliche Melancholie bemächtigt sich meiner, die Sehnsucht aus dem Dasein, wo selbst Freude ein Leiden ist!« Wieder hat ihr selbständiges Arbeiten, wie schon zu Beginn ihrer ersten Ehe, nur Zurückweisung eingebracht. Sie weiß nichts von einer Rahel Varnhagen, die schon über 40 Jahre zuvor erkannte, wie Frauen abgerichtet werden, wie jeder Wunsch nach eigener Tätigkeit Frivolität genannt oder »für strafwürdiges Benehmen gehalten« werde. Cosima ist keine Rebellin, sie hat Selbstmordgedanken und sieht nur einen Ausweg: daß Wagner »glücklich wäre, ruhig, zufrieden, und daß mein armseliges Ich nicht mehr in irgendeiner Form erschiene«. Es ist doch sicherer für eine Frau, sich dem Herkommen zu fügen und nur durch das Genie eines anderen zu wirken.

An ihrem eigenen Geburtstag, am 25. Dezember 1873, geht sie mit Wagner zum Festspielhaus, und beide klettern »trotz Samt und Atlas-Pracht« über Baugerüste in die Bühnenhalle: »grandioser Eindruck, wie ein assyrischer Bau erhebt sich das Ganze unbeschränkt, wie Sphinxe reihen sich unten die Pfeiler aneinander, wie geheimnisvolle Gänge breiten sich die Seitenflügel aus; mehr wie Vergangenheit als wie Zukunft scheint das Ganze.« Besonders mit dem Zuschauerraum ist sie zufrieden: »wie die Vorbereitung zum Mysterium wird in einem Augenblick der Eintritt in diesen Raum wirken.«

Die Bauleute wenden sich, wie die Bankiers, lieber an Cosima als an Wagner. Endlich wird auch das neue Wohnhaus fertig. Wahnfried nennt Wagner die Villa: wo sein Wähnen Frieden fand. Cosima richtet das Haus mit grandiosem Pomp ein, mit schweren Vorhängen, dicken Teppichen, überlädt es mit Möbeln, ganz im Stil der Zeit. Im großen Gartensaal läßt sie die Wappen der Städte anbringen, in denen es Wagner-Vereine gibt. Ihr eigener Salon im ersten Stock ist in Lila gehalten. Sie schreitet in weißen Seidenroben durch die Räume. Wagner bevorzugt sein Meistersinger-Kostüm, und als er Blei gießt zu Silvester, sieht er das Bild der Unsterblichkeit für sich. Das ist es, was er will, nicht mehr und nicht weniger. Endlich hat er das Gefühl, für seinen Nachruhm gesorgt zu haben: »ich lebe jetzt nach meinem Tode, das muß man erreichen können.«

Nun bekommt auch Cosima, seine Helferin, ihre Belohnung. Als zwei Damen aus Straßburg sie besuchen, küssen sie ihr die Hand, was Wagner außerordentlich gefällt: »Wer dich erkennt, muß vor dir auf die Knie fallen.«

In diesem Jahr 1874 steht das Festspielunternehmen vor dem Ruin. Im Jahr zuvor hat eine schwere Weltwirtschaftskrise eingesetzt, die erst 1879 überwunden sein wird. Sie hemmt den Geldstrom, der nach Bayreuth fließen sollte. Retter in der Not ist wieder einmal König Ludwig. Cosima hat von nun an fast immer Geldsorgen, sucht mit Bankier Feustel und seinem Schwiegersohn Groß nach Auswegen. Zahlreiche finanzielle und organisatorische Fäden laufen nun bei ihr zusammen. Das ist gerade das Richtige für ihre Tatkraft und ihren Unternehmungsgeist, und sie will es »dem Himmel und der Erde danken, daß sie mich werden ließen, da mir eine Sendung zu Teil wurde«. Es gibt viel Ärger um die Aufführungsrechte von Wagners Opern, täglich neue Aufregungen und Sorgen, und oft auch Verstimmungen mit Wagner. Cosima wird ihm zu beherrschend, und sie weiß langsam nicht mehr, wie sie sich geben soll, um ihn zu überzeugen, daß alles, was für ihn gut ist, auch ihr recht sei.

Wagner vollendet die Partitur des *Ring des Nibelungen* im November 1874, geht im nächsten Jahr wieder auf Konzertreisen und beginnt im August mit den Proben. Auch im Jahr darauf muß er Konzerte geben, und am 20. März 1876 dirigiert er *Tristan und Isolde* in Berlin. Der Kaiser und der gesamte Hof kommen, bis zu 150 Mark bieten die, die dazugehören wollen, für einen Parkettplatz, in den Korridoren herrscht unerhörter Andrang. Der Kaiser empfängt Wagner in der Pause. Er verspricht, zu den Festspielen im Sommer zu kommen, und ordnet an, daß der Reinerlös der Tristan-Aufführung dem Bayreuther Festspielfonds überwiesen wird. Die Besucher verlassen die Oper »schachmatt, wenn auch gebührend hingerissen«, wie Baronin Spitzemberg, die Frau des württembergischen Gesandten, berichtet.

Wagner feiert Erfolge, und er hat große Sorgen, fühlt sich oft unverstanden. Zu den Mühen der Öffentlichkeitsarbeit, des Geldauftreibens und der Festspielorganisation kommt die aufreibende Probenarbeit. Cosima ist bei allen Proben dabei.

So konventionell Wagner oft in seinen Ansichten mit der Mehrheit läuft, so neuartig ist er auf der Bühne. Er fordert Achtung vor dem Kunstwerk. Die Solisten sollen nicht mehr voller Eitelkeit mit einem großen Lied an die Rampe treten und das Publikum ansingen, sondern ihre Mitspieler. Jeder Mitwirkende soll sich ein- und unterordnen im Dienst am Kunstwerk. Wagner verlangt Ensemblegeist. Gesten und Gesichtsausdruck der Sänger sollen mit der Musik übereinstimmen. Seine Opern sollen Gesamtkunstwerke sein, zu denen alle Künste gleichberechtigt beitragen. Er klettert auf die Bühne, spielt vor, ist enttäuscht, wenn die Sänger den neuen Geist nicht verstehen wollen, nicht spielen können, leidet, seine Gesundheit ist angegriffen – niemand erkennt den Beginn einer schweren Herzkrankheit. Er bringt die Bühnentechniker mit seinen neuen Ideen an ihre Grenzen, fordert neuartige Beleuchtung, Maschinen, Vernebelung auf der Bühne, Schleiervorhänge, Wandeldekorationen. Er will Regie führen wie noch kein Opernregisseur vor ihm.

Bankier Feustel aber fragt Cosima, ob sie mit ihrem zu erwartenden Vermögen für die Sache eintreten werde, es stünde schlimm, niemand kaufe Patronatscheine. Cosima will geben, was sie hat, und dann ihren Vater um ihre Mitgift bitten.

Wagner sorgt für seine Künstler. Ihnen muß es gutgehen. Die Nerven aller Beteiligten sind zum Zerreißen gespannt, entsprechend heftig sind die Kräche. Cosima versteht nicht, daß die Sängerinnen, Sänger und Orchestermusiker sich abends von der Anspannung lösen müssen, daß sie Spaß brauchen, Albernheiten. Die Künstler sind für sie nur ausführendes Personal, stehen gesellschaftlich weit unter ihr. Sie hält hof in Wahnfried, schmeichelt Adligen und ist anmaßend und arrogant zu Künstlern, versucht gouvernantenhaft, sie zu erziehen. Wagner macht es Kummer, daß die Künstler die Gesellschaften in seinem Haus nach Möglichkeit meiden. An einem verrückten, ausgelassenen Abend macht er ihnen trotz Cosimas ernüchternder Anwesenheit einen Kopfstand vor. Schließlich zwingt er seine Frau einmal, sich bei Künstlern, die sie zurechtgewiesen hat, wenigstens halbwegs zu entschuldigen. Von nun an hört man nichts mehr von ihren Erziehungsversuchen.

Die Festspiele rücken näher, Wagner läßt täglich proben. Jeder Tag kostet 2000 Mark. Bankier Feustel meldet Cosima, daß das Geld nur noch für drei Wochen reiche.

Zur Generalprobe kommt heimlich zur Nachtzeit der König von Bayern nach Bayreuth, ein anspruchsvoller Gast. Er will von niemandem gesehen werden, verbietet alle Ovationen im Festspielhaus und ist verwundert, als er keine bekommt.

Immer mehr Gäste treffen ein, wollen abgeholt werden vom Bahnhof, in den überforderten Hotels der Stadt gut untergebracht, abends auf Festen in der Villa Wahnfried unterhalten werden. Am 12. August 1876 kommen Kaiser Wilhelm I., zahlreiche Großherzöge mit ihren Großherzoginnen, Grafen und Gräfinnen. Cosima bleibt in Rangfragen vollkommen sicher und notiert in ihr Tagebuch, für das sie jetzt kaum Zeit findet: »R. empfängt auch den Kaiser, welcher sehr freundlich gestimmt von einem Nationalfest spricht. Endlich.«

Wagner bietet in diesem Sommer dreimal den gesamten Ring. Wenn Cosima gegen Ende der Festwochen manchmal so müde ist, daß sie nicht mehr zu jedem Akt im Festspielhaus sitzen kann, kommt Wagner und holt sie. Er will sie dabeihaben.

Seine Musik überwältigt die Zuhörer, entrückt sie, erregt und berauscht sie, in der perfekten Akustik des Festspielhauses spielen die Töne auf ihrer Haut und ihren Nerven. Wagners Kunstsagen greifen auf Altertümliches, Halbbekanntes zurück, bieten sich an als Ausdruck des deutschen Wesens, der deutschen Seele und bannen die Katastrophenfurcht: Beim Weltbrand findet sich ein jeder sicher auf seinem Theaterstühlchen wieder.

Wagner selbst ist mit den Aufführungen unzufrieden. Zu vieles hat technisch nicht geklappt, zu vieles wirkte nicht so, wie er es sich vorgestellt hat. Er will im nächsten Jahr alles besser machen, dann endlich zeigen, was er eigentlich meint.

Cosima hat viel geleistet, das gibt ihr eine gewisse Ruhe und Gelassenheit. Der Ton in ihrem Tagebuch hat sich verändert, sie schreibt nun öfter *wir* statt *er, wir* haben gemacht, *wir* hinterlassen ein Werk. Doch an zweite Festspiele schon im nächsten Jahr ist nicht zu denken. Das Defizit der ersten Festspiele beläuft sich auf fast 150000 Mark.

Cosima bezahlt ein Drittel davon aus ihrem Erbe. Aber die Gläubiger werden ungeduldig und teilen Anfang 1878 Bankier Feustel mit, sie wollten gerichtlich vorgehen. Feustel wendet sich an Cosima und schlägt ihr einen Ausweg vor: Wenn das Münchner Hoftheater, das durch Wagners Opern große Einnahmen hat, ihm aber keine Tantiemen zahlt laut Abmachungen, die Wagner früher mit dem König traf, jährlich einen Betrag von 10000 Mark für die nächsten zehn Jahre zusicherte, dann würde er sich mit den Gläubigern einigen können. Cosima wendet sich an König Ludwig, der nach einigem Zögern dem leicht veränderten Finanzierungsplan zustimmt.

Sie hält alles Störende von Wagner fern, schirmt ihn ab vor Geldfragen und Alltagsärger, damit er arbeiten kann: Er komponiert *Parsifal.* Er wird immer kränker, fühlt sich alt, und sie beschützt ihn, fühlt sich stark. Als sie merkt, daß Wagner eine andere Frau liebt und mit ihr Oper spielt, macht sie innerhalb von drei Tagen dem Spuk ein Ende.

Wagner hat während der Festspiele 1876 mit der schönen Judith Gautier ein Verhältnis begonnen, von dem niemand weiß, wie weit es ging: Er liebt sie, verzehrt sich nach ihr. Nach den Festspielen schickt Judith ihm aus Paris einschmeichelnde Seiden für seine empfindliche

Haut und betörende Düfte. Den verfänglichen Briefwechsel – Wagner: »O teure Seele! Innig geliebte Seele!« – besorgt der Bayreuther Bader Schnappauf. Am 6. Februar 1878 heißt es noch »Teure, die ich liebe!«, und am 10. Februar teilt er ihr mit, er habe Cosima gebeten, sich mit den Seiden- und Parfümbestellungen zu befassen und die Korrespondenz mit ihr fortzusetzen.

Wie Cosima hinter diese Geschichte gekommen ist, weiß man nicht. Sie hat Wagners Liebesbeziehungen zu anderen Frauen immer verschwiegen, ist eifersüchtig auf seine Vergangenheit, gegen die sie nicht kämpfen kann. Aber in der Gegenwart unterbindet sie den schwülen Briefwechsel kurzerhand. Sie macht Wagner klar, daß es in seinem Leben nur eine Frau gibt, sie, Cosima. Ein kleinlauter Wagner bleibt zurück.

In ihrem Tagebuch geht sie nach dem gewohnten Muster auf den Vorfall ein und erinnert an ihr großes Opfer, allerdings nur sehr kurz: »Das Leid, vor welchem mir bangte, blieb nicht aus; von außen brach es herein! Gott helfe mir!... Schmerz, du mein alter Geselle, kehre nun wieder ein und wohne bei mir...« Wann, fragt sie, bringt der Schmerz seinen Bruder, den Tod – sie ist bereit, die Strafe auf sich zu nehmen. Wagner hat seit Jahren keine Randbemerkungen mehr in die Tagebücher geschrieben. Vier Tage später aber fragt er, ob sie heiter sei, nur dann lebe seine ideale Welt für ihn, nur dann könne er arbeiten. Das hilft ihr, die Wolken zu verscheuchen.

Sie sind nun ein eingespieltes Ehepaar, das sich braucht und sich durchschaut – wobei Wagner allerdings Cosima voraus ist –, und das vertraute Verhaltensmuster Opfer–Belohnung leiert manchmal etwas aus. Statt Schicksalsoper gibt es nun auch schon mal tragische Komödie am Kaffeetisch.

Als Wagner einen verdorbenen Magen hat, klagt sie sich an, daß sie ihren »moralischen Mut von ehemals« ganz verloren habe und ihm nicht sagte, er solle irgend etwas nicht essen. »So«, sagt Wagner, »ich habe dich also ganz zertrümmert, ganz umgeknetet?« Von Cosima kommt nur ein schwaches: »Ich hoffe es.«

Einen Tag später folgt dieses Gespräch:

»Nein, dieses Glück, daß ich dich kriegte«, sagt mir R., »das heißt, daß du vorhanden warst, denn das Kriegen war nicht gar leicht.«

Cosima: »Du vergißt, daß ich nur durch dich vorhanden bin.«

Wagner: »Ach, pah, andere waren mit mir ja auch vorhanden.«

Gelassen zieht sie ihre größte Trumpfkarte: »Es ist schön aber, daß wir Kinder haben, sie gehören dazu, sie sind das Siegel.«

Wagner wird diese Ehe eng, aber Cosima fühlt sich jetzt so sicher, daß sein Unbehagen ihr wenig ausmacht. Jeder weiß ja, was Richards gute alte Freundin Malwida von Meysenbug sagt: Ohne sie, Cosima, hätte es keine Festspiele gegeben.

Doch Wagner stört sie aus ihrem Gefühl der Sicherheit auf. Er zeigt ihr einen Brief, in dem er König Ludwig II. schreibt, seine Seele gehöre ewig ihm an. Cosima: »wie einen Schlangenbiß fühle ich es im Herzen...«

Sie muß sich seine Seele wieder verdienen. Es gibt keine Sicherheit für sie. Am 16. November 1878 ist es zehn Jahre her, daß sie zu Wagner nach Tribschen kam. Sie geht mit ihm die Einzelheiten ihres gemeinsamen Lebens durch, »und wenn R. mich segnet, wie muß ich ihn segnen, der alles, alles, alles mir gab!« Wagner meint, nur »dienen, dienen« wie Kundry im *Parsifal* hätte sie damals gewollt. An ihrem Geburtstag weckt er sie mit Parsifal-Musik. Morgens ist sie in »Gebet und Verzükkung«, und abends hört sie den Ruf des Heilands zur Erlösung an eine nicht hörende Welt: Er erlöst Kundry. Cosima-Kundry notiert über Wagner-Heiland an ihrem Geburtstag zwei Jahre später: »Der Abend wird beschlossen, andächtig knie ich vor Dem, dessen Segen einzig mich seiner würdig machen kann.«

Für sie folgen innerlich ruhigere, für Wagner arbeitsreiche Jahre, in denen der einzige wirkliche Kummer seine Gesundheit ist, die immer schlechter wird. Der große Wagner-Haushalt reist im Salonwagen mehrfach für Monate nach Italien. Cosima ist auch von Italien aus für Wagners Ruhm tätig, kümmert sich um die *Bayreuther Blätter*, eine Zeitschrift für Wagners Jünger, für seine »Gemeinde«. Der Herausgeber Hans von Wolzogen, ein strammer Antisemit, schickt Cosima die Manuskripte und bittet um ihre Meinung, was veröffentlicht werden soll, was nicht. Die redaktionelle Arbeit macht ihr Spaß. Als Wagner sie ermuntert, doch selbst für die *Bayreuther Blätter* zu schreiben, wagt sie sich nach ihren enttäuschenden Erfahrungen mit selbständiger Arbeit zunächst nicht in die Öffentlichkeit:

Es komme ihr absurd vor, daß eine Frau schriftstellere, sie sei Schaffnerin, Weberin, Sibylle, an allem Schöpferischen teilnehmend, sich zur heiligsten Aufopferung erhebend. Wenn sie, Cosima, überhaupt ein persönliches Leben haben dürfe, dann nur als Geheimnis in den Gedanken ihrer Kindes-Kinder: Auch nach Jahren der Anpassung bedeutet persönliches Leben für sie unverändert eigene schöpferische Arbeit in der Öffentlichkeit. Dann, als sie sicher ist, daß Wagner seinen Vorschlag ernst meint und ihr keine Strafe von seiner Seite droht, schreibt sie doch Aufsätze für die Zeitschrift, und als Wagner sie lobt und auch noch ihr Vater ihre Aufsätze liest, ist sie sehr stolz auf sich.

Parsifal ist nun fertig, und der kranke Wagner will die zweiten Bayreuther Festspiele 1882 mit der Uraufführung eröffnen. Cosima ist wie früher bei allen Proben dabei, doch diesmal macht sie selbständig Vorschläge, kümmert sich um die Auftritte der Gralsritter – sie ist Wagners Regieassistentin, seine Hilfsregisseurin. Ihr ist ganz träumerisch zumute in dem Glück, mit ihm arbeiten zu dürfen, vor allem als Wagner nach einem langen, anstrengenden Probentag sagt, sie beide hätten doch viel zusammen gemacht.

Wagner nennt *Parsifal* ein Bühnenweihfestspiel. Er fürchtet, daß der feierlich-religiöse Charakter der Oper an kleinen Bühnen ins Lächerliche gezogen wird, und will, daß *Parsifal* nur in Bayreuth gegeben werden darf. König Ludwig ist einverstanden.

Das Orchester spielt verborgen in einem Graben vor der Bühne. Auch auf der Bühne soll alles unsichtbar sein, was an Theaterspielen erinnert: Die Zuschauer nehmen teil an einem Mysterium. Die Uraufführung am 26. Juli 1882 wird ein großer Erfolg. Doch dieser Erfolg beruht in Wagners Augen auf Unverständnis des Publikums. Niemand verstünde, was er wolle, niemandem könne er sein Werk anvertrauen. Die Besucher würden *Parsifal* nur als Barocktheater und nicht als Bühnenweihfestspiel sehen.

Kritiker erschrecken, wie die Masse der Zuschauer sich durch Wagners Musik und die Pracht seiner Inszenierung betäuben läßt, und erheben Einspruch gegen die aufgedrungene Pseudo-Religiosität der Oper. Der gesunde Menschenverstand werde hier unter Weihrauchqualm zu Grabe getragen und die »Unvernunft« als Fetisch auf den Thron erhoben.

Nach den Festspielen reisen Wagner und Cosima wieder nach Italien. Seine Herzanfälle werden häufiger, seine Abhängigkeit von Cosima, aber auch seine Ausbrüche gegen sie nehmen zu.

Der Abend des 12. Februar 1883 geht friedlich zu Ende. Am Tag zuvor haben sie gemeinsam *Undine* gelesen, die Erzählung eines ihrer Bekannten über die weiblichen Wassergeister, die nur durch ihre Verbindung mit einem Mann eine unsterbliche Seele bekommen. Cosima berichtet in ihrem Tagebuch: »Wie ich schon zu Bett liege, höre ich ihn viel und laut sprechen, ich stehe auf und gehe in seine Stube: ›Ich sprach mit dir‹, sagt er mir und umarmt mich lange und zärtlich: ›Alle 5000 Jahre glückt es!‹ – ›Ich sprach von den Undinen-Wesen, die sich nach einer Seele sehnen.‹« Als Wagner im Bett liegt, sagt er noch: »Ich bin ihnen gut, diesen untergeordneten Wesen der Tiefe, diesen sehnsüchtigen.«

Am nächsten Morgen haben Cosima und Wagner eine heftige Auseinandersetzung, vermutlich über Carrie Pringle, eine junge Sängerin, die in den Parsifal-Aufführungen als Soloblume in Klingsors Zaubergarten blühte und die Wagner wohl zu sich nach Venedig einladen will. Nachmittags bekommt er einen Herzanfall und stirbt. 25 Stunden lang sitzt Cosima starr neben seiner Leiche.

Das Tagebuch bricht ab.

»Ich hatte das Gefühl, wenn ich auf die Bühne trat, als sei ich da eigentlich zu Hause«

Zwei Tage nach Richard Wagners Tod trifft Adolf Groß, Bankier aus Bayreuth und Vorsitzender des Verwaltungsrats der Festspiele, mit seiner Frau in Venedig ein. Beide fallen vor Cosima auf die Knie.

Nach Wagners Beisetzung in der Gruft im Garten der Villa Wahnfried zieht Cosima sich in ihr Zimmer zurück, ist monatelang für niemanden zu sprechen, ißt kaum, will sterben.

Groß – später von Groß – ist Vormund der Kinder. Im März ist das Erbe geregelt: Cosima und Siegfried erben zu gleichen Teilen das Festspielhaus, die Villa, alle Kunstschätze und Dokumente, die Urheberrechte. Die Töchter gehen leer aus. Der Lebensstandard der Familie ist finanziell nicht gesichert. Aus München kommt die Nachricht, König Ludwig trage sich mit dem Gedanken, der Witwe das Gehalt für Wagner zu streichen. Das Festspieltheater hat bisher nur zweimal im Sommer gespielt, nach jahrelangen Proben und allergrößten Anstrengungen. Im kommenden Sommer 1883 soll noch einmal *Parsifal* gegeben werden. Der Verwaltungsrat glaubt, daß die Festspiele nur bestehen konnten, weil Wagners Persönlichkeit ein Publikumsmagnet war. Andere einflußreiche Leute meinen, man müsse sie bedeutenden Musikern wie Franz Liszt oder Hans von Bülow anvertrauen und aus ihnen ein Festival der Neuen Musik machen.

In das verdunkelte Zimmer der Witwe des Meisters dringen die alarmierenden Nachrichten von Adolf Groß: Man will ihr die Festspiele aus der Hand nehmen, sie ausmanövrieren, sie entmachten. Gleichzeitig hört sie vom mangelnden Eifer der Solisten in den Parsifal-Aufführungen, von Ungenauigkeiten auf der Bühne. Die Anordnungen des Meisters seien schon vergessen, und auf der Bühne herrsche reines Komödiantentum. Cosima greift ein.

Sie entwirft im Herbst 1883 einen Festspielplan für die nächsten fünf Jahre und entläßt die Leute, die für sie Verräter an den Ideen des Meisters sind. Planvoll und zügig geht sie daran, das Familienunternehmen weiterzuführen.

Der Gott wird weiterleben – durch sie. Sie wird seine Opern aufführen und seine Ideen verbreiten. Sie wird das Festspielhaus zu einem Tempel der Kunst machen, einem Ort der Weihe. Kunst ist Religion. Nur sie weiß, wie der Meister seine Opern inszeniert sehen wollte. Sie wird das Medium sein, durch das der Meister spricht, eine erhabene Hohepriesterin.

Sie verläßt ihr Trauerzimmer, will das Abendmahl unter den Klängen der Gralsfeier empfangen. Doch für den Bayreuther Pastor ist die Parsifal-Musik zu weltlich, und er hält sich an seine Liturgie. Das schmerzt Cosima tief.

Manche Leute glauben, eine Frau könne nicht Opernregie führen. Aber Cosima hat die Unterstützung von Adolf Groß. Im Sommer 1884 steht wieder *Parsifal* auf dem Festspielprogramm, die Oper, die 30 Jahre lang nur in Bayreuth gezeigt werden darf und die die Festspiele finanziell sichern soll. Cosima läßt sich einen Holzverschlag auf der Bühne bauen und überwacht alle Proben: Noch scheut sie davor zurück, sichtbar in der Öffentlichkeit der Bühne zu arbeiten. Sie schickt dem Dirigenten und dem Spielleiter täglich ihre Korrekturzettel mit genauen Anweisungen für das Orchester, den Einsatz und das Spiel der Sänger, überwacht auch die zehn Vorstellungen. Mit ihren kenntnisreichen Anordnungen gewinnt sie die Achtung der Künstler. Die Stimmen, die meinten, eine Frau könne nicht Regie führen, verstummen.

Sie kann etwas, und sie kann sich durchsetzen. Als die Richard-Wagner-Vereine eine Richard-Wagner-Stiftung gründen und Cosima damit entmachten wollen, fegt sie die Pläne der Konkurrenz vom Tisch: Sie wird die deutsche Jugend in der Kunstreligion belehren, die Sänger durch regelmäßige Aufführungen im Stil des neuen Kunstwerks einüben, und ihr Sohn Siegfried wird ihr nachfolgen. Jede Art von institutionellen Neugründungen zur Bewahrung von Wagners Erbe sei überflüssig. Für 1886 bereitet sie die Neuinszenierung des *Tristan* vor. Sie berichtet König Ludwig von ihrer Arbeit und schreibt von der »Inbrunst, mit welcher ich von Gott die Ertötung jeder Eigensucht in mir erflehe, damit der Geist, dem ich zu dienen habe, allmächtig in mir walte und das bewirke, wofür ich wohl noch hier gebannt bin«.

Sie ist nur ein Gefäß, die Priesterin, durch die der Gott spricht, dem sie zu dienen hat, seine Stellvertreterin – Päpstin. Doch in dem Wust von pseudoreligiösen Formen, mit dem sie ihre Arbeit umgibt, hinter ihrem Reden von Ehrfurcht, Treue, Begeisterung, Weihe und Zauber, zeichnet sich das klare Bild einer berufstätigen Frau ab. Von nun an bringt sie eine Wagner-Oper nach der anderen auf die große Bayreuther Bühne – nicht in dem Tempo, das sie ursprünglich plante, sie muß sich nach der Gelddecke strecken, aber kompetent, beharrlich, fleißig. Sie etabliert die Festspiele.

Von nun an gibt es jedes zweite Jahr, oft auch jedes Jahr Aufführungen in Bayreuth. Sie bringt neun Neuinszenierungen, leitet insgesamt 274 Aufführungen. Nur in den ersten Jahren hält sie sich an Wagners Vorgaben, dann wagt sie zunehmend Neues. Ihr Name steht auf keinem Regiezettel: Eine Hohepriesterin arbeitet nicht.

Tristan ist ihre erste Neuinszenierung. Eigentlich wollte sie sofort an einer der früheren romantischen Opern Wagners zeigen, daß auch für sie der Bayreuther Stil gilt: ruhige Erhabenheit, ewige Wahrheit, der Sieg des Dramas über die Oper. Doch das Geld reicht nicht, eine Inszenierung des *Tristan* kommt billiger.

Sie zeigt ein seelisches Kammerspiel, fordert sparsame Gesten von den Sängern, korrigiert ihr Spiel bis zur Haltung der Finger und der Stellung der Augen. Nur an wenigen Stellen erlaubt sie leidenschaftliche Aktionen. Sie dämpft den Orchesterklang, damit die Musik den Text nicht übertönt.

Ihr *Tristan* wird künstlerisch ein Erfolg. Doch erschreckend viele Plätze im Festspielhaus bleiben leer. Sie will *Tristan* im nächsten Jahr wiederholen, meint, man müsse jedes Jahr in Bayreuth spielen. Groß widerspricht, findet das zu teuer. Sie ist bereit, Geld zuzusetzen, aber Groß bleibt unerbittlich. Er will nicht einmal eine neue Oper in den nächsten Spielplan aufnehmen. Hier aber setzt Cosima sich durch: »Glaube es mir, lieber Adolf, die Stimme, welche hier ertönt, ist die Stimme Gottes. Hier ist die einzige Stätte in der Welt, wo sie zu vernehmen ist, wir dürfen sie nicht verstummen lassen, wenn anders wir der Kraft des Segens nicht verlustig werden wollen.«

Zwei Jahre später, 1888, inszeniert sie *Die Meistersinger von Nürnberg*, 1891 *Tannhäuser und der Sängerkrieg auf der Wartburg*. Diese Arbeit wird für sie zu einem »Kampf auf Leben und Tod zwischen Oper und Drama«. Sie bereitet die Inszenierung jahrelang vor, vergleicht alle Äußerungen Wagners, seine unterschiedlichen szenischen Anweisungen im Textbuch, im Klavierauszug, in der Partitur, und macht mit ihrer psychologischen Zeichnung der Figuren doch vieles anders als er. 1894 folgt *Lohengrin*, für den es kein von Wagner autorisiertes Vorbild für die Inszenierung gibt, und sie versucht, auch diese Oper als Musikdrama zu spielen.

Dann wagt sie sich an eine Neuinszenierung von *Der Ring des Nibelungen*. Wagner hat drei Jahre geprobt, und sie bereitet ihre Inszenierung noch gründlicher vor. Überzeitlich will sie die vier Opern bringen, einfach, erhaben, will alles Realistische verbannen und ewige Wahrheiten verkünden.

Den zweiten Zyklus des *Ring* im Festspieljahr 1896 dirigiert Siegfried Wagner. Cosima kritisiert ihren Sohn so streng, daß seine Schwestern von einer grenzenlosen Härte und Grausamkeit der Mutter sprechen.

Diesmal bringt ihre Inszenierung einen Verlust für den Festspielfonds. Ihre Stilisierung mißfällt den Alt-Wagnerianern: Tableauwirkung, heißt es, lebende Bilder, Statuen statt Sänger. Sie wollen in Bayreuth Ausbrüche der Leidenschaft erleben.

Als letzte der Opern, die Wagner als geeignet für Bayreuth erklärte, inszeniert Cosima 1901 den *Fliegenden Holländer*. Aus dem Holländer, bislang ein statuarischer Grande mit steifer spanischer Halskrause, macht sie den ewig Gejagten, aus der Heldin Senta ein junges, empfindsames Mädchen. Auch dabei beruft sie sich, wie immer, auf den Willen des Meisters.

Die Festspiele bringen nun Gewinn, und von zahlreichen Bühnen strömen die Tantiemen für Wagners Opern. Cosima wird mehrfache Millionärin.

Sie verpflichtet die besten Künstler, die sie bekommen kann, und wenn sie auch unentwegt von »der großen Sache« spricht und von allen

Künstlern »Hingabe an die Sache« und Dienst am Meister verlangt, ist sie doch bereit, hohe Gagen zu zahlen. Sie kann sehr geschickt sein im Umgang mit Dirigenten, Sängerinnen und Sängern, lobt viel, dankt, schreibt ihnen Briefe, bei deren Lektüre auch ein Marktschreier den Glauben bekommen muß, er könne singen, und dann tadelt sie, macht neue Vorschläge, ermutigt, verspricht, den Künstler zu noch größeren Höhen seines Könnens zu führen. Sie kann Menschen sehr beeindrukken und für sich einnehmen. Sie ist nun über 60, immer noch schlank, hat ein langes, schmales blasses Gesicht, schneeweißes Haar und trägt nur schwarze, weich herabfallende Kleider.

Oft springt sie auf die Bühne und spielt vor, wie sie etwas haben will. Die Sängerin Anna von Mildenburg erzählt: »Da stürmte sie als Brünnhilde mit Schild und Speer die Felsen hinauf, stampfte als Riese daher und flatterte als Loge herum, schmiedete Siegfrieds Schwert und begrüßte dann wieder als Brünnhilde Sonne und Erde... Und wie konnte sie einen Schleier tragen! Er nahm unter ihren Händen förmlich Leben an, wurde mit zum Verführer, wenn sie sich als Kundry lockend und lechzend über Parsifal beugte, und beim Gang über die Bühne nach der großen Kundry-Erzählung schien nur aus dem Schleier die bewegende Kraft auf sie überzugehen, so schwebend und gleitend erschien ihre Gestalt.«

Eine Probe mit ihr sei immer etwas Besonderes, erzählt ein musikalischer Assistent, wenn sie fehle, sei es »doch nur eine gewöhnliche Theaterprobe«.

Cosima kümmert sich um alles, um die Bühnentechnik, die Beleuchtung, die Lüftung im Zuschauerraum, die Notlampen, um die Hausordnung, das Rauchen in den Ankleidezimmern. Sie ist Theaterdirektorin, Musikerin, Dramaturgin, Chorregisseurin, Inspizientin. Bei Meinungsverschiedenheiten kann sie sehr laut werden.

Es gibt Widersprüche gegen die sklavische Unterwerfung, die sie fordert, dagegen, daß alles, was von Wahnfried kommt, als unfehlbar zu gelten habe. Man wirft ihr Mumifizierung Wagners vor.

Cosima versucht, Maß und Ordnung in die Opern zu bringen, verlangt Einheit von Musik, Spiel und Sprache, klare, deutliche Aussprache. Doch ihre richtigen Grundsätze erstarren zu Prinzipien. Man beklagt ihren militärischen Drill, die »Konsonantenspuckerei«, findet Bühnenbild, Kostüme, Beleuchtung langweilig.

Sie ist unbeugsam. Alles soll so bleiben, wie der Meister es haben wollte, er habe seine Inszenierungen endgültig festgelegt. Sie beruft sich auf eine erhabene Tradition: Tradition ist, was sie will. Sie ist jedem gegenüber mißtrauisch, der auf dem Theater und in der Opernmusik neue Ideen bringt, sieht das als Verrat an der Sache: Wagner darf nicht veralten, nicht übertroffen, ihr Gott ihr nicht genommen werden.

Cosima, die Hohepriesterin, herrscht wie eine Fürstin. Wahnfried ist für sie ein Fürstensitz, und ihre Kinder sind Fürstenkinder. Blandine hat noch zu Wagners Lebzeiten einen sizilianischen Grafen geheiratet. Als sich keine weiteren Grafen bei Cosima melden, müssen die übrigen Töchter aus Wahnfried vorerst zu Hause bleiben. Die Töchter müssen sich ihr unterwerfen, und sie tun es auch.

Daniela heiratet mit 35 Jahren den Kunsthistoriker Henry Thode, den sie seit 15 Jahren kennt, läßt sich bald wieder scheiden und kehrt zu ihrer Mutter zurück. Isolde heiratet, ebenfalls mit 35, den Dirigenten Franz Beidler, doch auch ihre Ehe ist nicht glücklich. Blandine, nun verwitwet, hält sich mit ihren Kindern oft in Bayreuth auf. Siegfried komponiert Opern. Bei den Festspielen 1892 ist keine Rede davon, daß er mit 23 Jahren die Festspielleitung übernimmt, wie Wagner es einmal wollte. Siegfried ist homosexuell und denkt nicht an Heirat. Eva schließlich darf mit 41 Jahren Houston Stewart Chamberlain heiraten, den Cosima damit noch enger als bisher an sich fesselt: Das Ehepaar Chamberlain läßt sich in Bayreuth nieder.

Cosima hat mit Chamberlain, was Wagner sich wünschte: einen Hofphilosophen. Anders als Nietzsche, der sich Wagner entzog und ihn einen Verführer der Bourgeoisie nannte, liegt Houston Stewart Chamberlain Cosima zu Füßen: Er hält sie für ein Genie. Sie hat ihn 1888 kennengelernt, sieht ihn häufig und korrespondiert mit ihm – 20 Jahre lang, bis er Eva heiratet. Chamberlain ist, auch anders als Nietzsche, nicht anstrengend. Die hohe Freundin lenkt und bereichert ihn. Sie macht den unbekannten englischen Schriftsteller berühmt.

Er knüpft an Gobineau an und behauptet, die Rassenmischung sei eine der stärksten Mächte im Leben der Völker. Cosima hat vor Jahren angeregt, Gobineaus Buch über die *Ungleichheit der Menschenrassen* und die erwünschte Vorherrschaft der Arier ins Deutsche übersetzen zu lassen. Ein Mitglied des Bayreuther Kreises, Ludwig Schemann, veröffentlicht 1898 eine Übersetzung. Ein Jahr später, 1899, erscheint Chamberlains Buch *Die Grundlagen des 19. Jahrhunderts*, in dem er die These von der schöpferischen Überlegenheit der rassereinen Germanen und der rassischen Minderwertigkeit der Juden entwickelt.

Chamberlain empfiehlt sich seinen Lesern gleich zu Anfang seines Buches damit, daß er ein ungelehrter Mann sei. Nur ein Ungelehrter habe den Mut zu einem solchen Thema finden können, womit der Ungelehrte – dem es selbstverständlich an Kenntnis nicht mangele – sich dem Fachwissenschaftler als überlegen erweise. Damit sichert er sich sein Publikum: nicht Klugheit, Mut ist die Eigenschaft des Märchenhelden. Cosima versichert Chamberlain, »daß die Bücher, die ich gelesen habe, auf einem Brett Raum hätten, und seit manchem Jahr besteht meine Lektüre eigentlich nur im Wiederlesen«.

Doch auch Gebildete lesen gern, daß die Weltseele durch den deutschen Geist zu Licht und Wahrheit gelangen müsse. Das könne sie aber nur – so Chamberlain –, wenn der Körper, in dem dieser Geist wohne, unbefleckt bleibe: Die edlen Germaninnen dürfen sich nicht mit finsteren Juden vermischen. Denn was dabei herauskomme, könnten doch nur »Mißgeburten zwischen Mensch und Affe« sein – das ist nun schon Adolf Hitler in *Mein Kampf*, dem Buch, das er 1924 auf der Festung Landsberg schreibt, gestärkt durch Freßpakete aus Wahnfried. Für ihn ist die »Erhaltung des rassischen Daseins der Menschen« der Zweck des Staates, und elf Jahre später erläßt er das *Gesetz zum Schutz des deutschen Blutes und der deutschen Ehre*: Arier und Juden dürfen nicht heiraten und germanische Dienstmädchen nicht in jüdischen Haushalten arbeiten. Als Chamberlains Buch 1899 herauskommt, gibt Cosima ihm das Prestige von Wagner und Bayreuth. Es erreicht rasch mehrere Auflagen und macht auch auf Kaiser Wilhelm II. großen Eindruck.

Cosima hat in Bayreuth einen Wallfahrtsort für Kunstjünger und für national fühlende Deutsche geschaffen. Sie versteht sich auf Öffentlichkeitsarbeit, ist ein Werbetalent. Sie wendet sich, wie schon zu Wagners Zeiten, an die adligen Frauen einflußreicher Männer: Eine Reise nach Bayreuth wird zum gesellschaftlichen Muß. Wenn sie nach Berlin fährt, wird sie bei denen herumgereicht, die in Bayreuth ihre Gäste sind. Die kritische Baronin Spitzemberg hält fest: »Frau Wagner ist eine so überaus bedeutende und anziehende Persönlichkeit, daß man wohl faßt, wie man ihr huldigt, wenn mir auch der Sinn abgeht für die Anbetung, die ihr vielfach bezeigt wird.«

Cosima macht Bayreuth zum sommerlichen Treffpunkt der Herrschaftseliten, die in der Mischung aus Pseudoreligion und Erotik, Mystik und Schwulst, Sentimentalität und Gewalttätigkeit das herausfinden, was sie brauchen. Sie spielen mit in den Zuschauerritualen in den Pausen auf dem grünen Hügel von Bayreuth, sind Teil des Welterlösungsdramas, wenn *Parsifal* gegeben wird, und *Parsifal* wird immer gegeben. Die Presse schreibt mit, und ganz Deutschland, ganz Europa kann lesen, wer dazugehört in Bayreuth. In Festkleidung und ohne intellektuelle Anstrengung – doch in dem Bewußtsein, in den vier Teilen des *Rings* auf harten Stühlen eine große Leistung vollbracht zu haben – kann man sich hier der Wahrheit nähern.

Die leidenschaftliche und gewalttätige Musik streichelt die Körper und putscht sie auf, spannt die Gemüter an und löst sie in Tränen, ist ein Bad der Sinne, zerschmilzt zur Einheit mit den schwülen Dingen, über die man sonst nicht spricht, das Begatten, Ehebruch, Inzest. Auf der Bühne rollt ein ewiges Drama von Macht und Größe ab, von Schicksal und Verhängnis, Blut und Erde. Die Damen und Herren des neuen Zeitalters der Maschinen, der Naturwissenschaften, der Weltwirtschaft, der Parlamente und Gewerkschaften sind gebannt von Wasserwesen, Erdtöchtern, Feuergeistern, Zaubertränken. Sie können sich hier vergewissern, daß in der Geschichte doch ewig alles gleichbleibt. Das stärkt die Alltagsposition der Einflußreichen, und für die weniger Einflußreichen wird es sinnlos, etwas ändern zu wollen.

Die Zeit des liberalen, emanzipatorisch gesinnten und nationalen Bürgertums, dessen Anhänger noch Wagners Antisemitismus mit schärfster Kritik begegnet sind, ist vorüber. Seit der Weltwirtschaftskrise in den 1870er Jahren werden die Bürgerlich-Liberalen aus der Reichspolitik verdrängt. Die gesellschaftlichen und politischen Spannungen sind groß innerhalb des neuen Deutschen Reichs, und das Bedürfnis der Bürger nach Gemeinschaft wächst, nach einer ideologischen Integrationskraft: Ein neuer Reichsnationalismus hält die Bürger zusammen, aggressiv, imperialistisch, teilweise schon rassistisch, der Glaube an die Größe des Deutschen Reichs, an eine Sendung der Deutschen in der Welt.

An politischen Gegenkräften fehlt es damals keineswegs und auch nicht an Wagner-Kritikern. Für den Dramaturgen Julius Bab ist der Kampf gegen Wagner »in Wahrheit ein Kulturkampf – vielleicht der entscheidungsvollste, in dem unsre Zeit steht«. Das, »was unsre deutschen Klassiker unter der sittlichen Freiheit des Menschen verstanden, das droht in diesem prunkenden Barbarentum unterzugehen«.

Am 6. Dezember 1906 erleidet Cosima – sie ist zu Besuch bei Fürst Ernst zu Hohenlohe auf Schloß Langenburg – einen körperlichen Zusammenbruch, eine Art Kollaps. Sie kann zwar nach einigen Tagen nach Bayreuth zurückreisen, doch die Ärzte verbieten ihr von nun an jede Anstrengung. Mit 69 Jahren ist Richard Wagner gestorben, und mit 69 Jahren überläßt Cosima die Leitung der Festspiele ihrem Sohn Siegfried.

In den nächsten Jahren reist sie viel, führt ausgedehnte Korrespondenzen – sie diktiert die Briefe ihrer Tochter Eva – und versucht, Wagners Briefe aufzukaufen und sein Bild weiter in der Öffentlichkeit und vor der Nachwelt zu stilisieren.

1910 verleiht ihr die Philosophische Fakultät der Universität Berlin den Ehrendoktor der Philosophie und der freien Künste, weil sie nach dem Tod ihres Gatten »sein Andenken und seine Kunst heilig hält und verteidigt und alles, was er bestimmt hat, mit so glücklicher Treue bewahrt, daß man vom ganzen Erdkreis zusammenkommt, deutscher Kunst Heiligtum zu besuchen«. Seit zwei Jahren dürfen Frauen auch in Berlin studieren, und den Professoren fällt zur Hundertjahrfeier ihrer Universität vor allem der Protest ein, einer Frau eine akademische Würde nicht für eigene Leistung, sondern dafür zu verleihen, daß sie das Werk ihres Mannes bewahrt.

Im selben Jahr sagt Kaiser Wilhelm II., die Frauen sollten von der Königin Luise lernen, daß die Hauptaufgabe der deutschen Frau »nicht in dem Erreichen von vermeintlichen Rechten, sondern in der stillen Arbeit im Haus und in der Familie« beruhe. Cosima nimmt die Ehrung der Universität an, die, wie sie schreibt, »der geweihten Kunststätte« gelte, und weist mit dieser auf den ersten Blick so demütigen Bemerkung auf ihr eigenes Werk hin.

1913 steht sie im Mittelpunkt eines aufsehenerregenden Vaterschaftsprozesses. Ihre Tochter Isolde Beidler, geborene von Bülow, will legal als Wagners Tochter anerkannt werden und so für ihren Sohn einen Anteil am Wagnerschen Millionenvermögen und seinen Anspruch in der Bayreuther Thronfolge sichern, denn Siegfried ist noch immer unverheiratet. Cosima bittet erst Isolde, das langgehütete Geheimnis nicht an die Öffentlichkeit zu zerren, und streitet dann Wagners Vaterschaft ab: Sie sei ihrem Mann Hans von Bülow damals treu gewesen. Siegfried bietet Isolde an, ihr jährliches Einkommen zu erhöhen. Aber das genügt Isolde nicht, und sie reicht die Klage ein.

Die Richter versuchen herauszufinden, wann die nun 76jährige vor 50 Jahren mit wem geschlafen hat. Für Cosima verschärft sich damit der alte Kampf um den Anschein von Tugend und Treue. Wenn die Öffentlichkeit nun schon erfährt, daß sie Bülow wesentlich früher untreu wurde, als sie bisher vorgab, dann soll sie wissen, daß sie wenigstens Wagner treu war. So erklärt sie vor Gericht, daß sie vom 12. Juni bis 12. Oktober 1864 ausschließlich mit Wagner geschlafen habe. Aber eine alte Haushälterin Wagners sagt aus, wenn Bülow zu Besuch kam, habe sie sein Schlafzimmer geteilt. Das Gericht muß im Juli 1914 Isoldes Antrag zurückweisen: Es sei nicht auszuschließen, daß sie die Tochter Hans von Bülows ist.

Der Briefträger bringt Schmähbriefe nach Wahnfried, und 400 Vorbestellungen für die Festspiele werden abgesagt. Doch da bricht der Erste Weltkrieg aus, und der Skandal wird vergessen.

Das Festspielhaus ist geschlossen. Cosima kennt in Berlin die richtigen Leute, und es gelingt ihr, Siegfried vom Kriegsdienst freistellen zu lassen. Sie regelt die Erbfolge in Bayreuth: Siegfried, schon 46 Jahre alt, muß jetzt heiraten. Sie wählt ihre Erbin selbst aus, Winifred, die englische Adoptivtochter eines befreundeten Musikers und somit aus gut deutsch-nationalem Haus. Die 18jährige liebt Cosima zärtlich, sitzt ihr zu Füßen, und Cosima streichelt ihr Haar. Winifred hat das Zeug, ihre Nachfolgerin zu werden, und gehorsam heiratet Siegfried sie. 1917 kommt ein erstes, 1918 ein zweites, 1919 ein drittes und 1920 ein viertes Kind zur Welt.

Im März 1920 hat Cosima einen schweren Schlaganfall. Wochenlang liegt sie im Bett, und ihre Tochter Daniela pflegt sie. Sie erholt sich nie mehr richtig.

Mit dem verlorenen Krieg haben die alten Herrschaftseliten abgewirtschaftet. Die meisten Leute wählen demokratische Parteien und könnten sich eine Reise nach Bayreuth nicht leisten. Die Inflation frißt das Wagnersche Vermögen. Zum Leben reicht es in der Villa Wahnfried schon noch, aber nicht zum Wiedereröffnen der Festspiele. Die Stille auf dem Festspielhügel schmerzt Cosima.

Im Sommer 1923 besucht Adolf Hitler zum erstenmal Wahnfried, und Houston Stewart Chamberlain schreibt ihm: »Daß Deutschland in seiner höchsten Not einen Hitler gebiert, das bezeugt seine Lebendigkeit.« Chamberlains Seelenfreundin Cosima lobt Mussolini und dessen staatsmännische Persönlichkeit, die »auf Kraft schließen lasse«. Hitlers Münchner Putsch im November 1923 mißlingt, er kommt auf die Festung Landsberg.

Siegfried Wagner hat an national gesinnte Kreise appelliert und kann die Festspiele im Sommer 1924 wiedereröffnen. Die kleine Stadt erwacht aus ihrer Schläfrigkeit. Winifred sammelt bei ihren Gästen Unterschriften für Hitlers Freilassung und schickt ihm Lebensmittelpakete. Sie hat jetzt Cosimas Platz als starke Frau von Bayreuth eingenommen.

Cosima lebt oft in einem Dämmerzustand, ist nur stundenweise klar. Nun, da ihre eiserne Hand fort ist, kommt das ganze Elend ihrer

Töchter ans Licht. Daniela, geschieden, 60 Jahre alt, eine abhängige Frau ohne eigenen Lebensinhalt, haßt ihren Schwager Chamberlain und ihre Schwägerin Winifred. Daniela ist intelligent und tatkräftig, und ihre Nichte Friedelind meint viele Jahre später, hätte sie einen Beruf ergreifen dürfen, wäre sie wohl sehr erfolgreich geworden. Aber Cosima hat sie in den enggesetzten Schranken eines Mädchens der guten Gesellschaft erzogen. Danielas ungenutzte Energie macht sich in Wutanfällen Luft, die sie danach in Tränen bitterlich bereut.

Isolde ist 1919 gestorben.

Eva pflegt ihre Mutter und ihren bettlägerigen Ehemann: Chamberlain leidet an einer schleichenden Lähmung.

Daniela und Eva wetteifern um Siegfrieds Zuneigung und sind sich nur einig in ihrem Haß auf Winifred. Winifred macht klar, daß nach Cosimas Tod nur sie und Siegfried regieren werden.

Cosima lebt zurückgezogen in den oberen Räumen der Villa. Wenn an ihren hellen Tagen die Enkel nachmittags zu Besuch kommen, wissen weder Großmama noch Kinder, was sie sagen sollen.

Eva beginnt, Mamas letzte Worte zu notieren. Die alte Frau, die in ihren wenigen guten Stunden über die Vergangenheit nachdenkt, sagt: »Ich hatte das Gefühl, wenn ich auf die Bühne trat, als sei ich da eigentlich zu Hause.«

Cosima Wagner starb am 1. April 1930 im Alter von 92 Jahren.

»Mit allen Problemen Fangball spielen, das ist's, was sein muss« – Rosa Luxemburg

Eine gefährliche Frau

Rosa Luxemburg war kaum einen Meter fünfzig groß und zog beim Gehen das linke Bein nach. Sie sah so bescheiden und anspruchslos aus, daß Menschen, die in politischen Versammlungen Anfang des Jahrhunderts die berühmte Frau zum erstenmal sahen, verwundert ausriefen: »Das ist Rosa Luxemburg?«

Wenn sie auf der Rednertribüne zu sprechen begann, wurde es sehr still im Saal. Sie ging beim Reden auf und ab und entwickelte ihre Gedanken. Ihre Stimme war hell, doch voll und warm und auf allen Plätzen gut zu verstehen. Die Zuhörer lauschten ihr gebannt. Wissensbruchstücke ordneten sich für sie zu Mustern, bisher Halbverstandenes wurde ihnen klar: Sie durchschauten Zusammenhänge.

Zwei Leidenschaften bewegten Rosa Luxemburg. Die eine war Denken: alles kritisch analysieren, nichts ungeprüft hinnehmen, stets nach Ursache und Folge fragen. Die zweite war konsequentes Handeln: die Ergebnisse des Denkens in die Tat umsetzen, die Welt verändern.

Wenn die Rednerin die Schwächen in den Gedankengängen politischer Gegner bloßlegte und ihre Forderungen erhob – nun temperamentvoll und mit scharfen Worten –, jubelten die Menschen ihr zu. Doch nicht alle: Manche begannen, diese Frau zu fürchten. Die geistige Unerschrockenheit Rosa Luxemburgs begeisterte ihre Zuhörer oder empörte sie, erweckte Anerkennung oder Haß – in manchen beide Gefühle zugleich.

Aus Anerkennung und Haß gab der ehemalige Generalstabsoffizier,

Hauptmann Waldemar Pabst, während der Revolution im Winter 1918/19 den Befehl, Rosa Luxemburg zu ermorden. Die Gefährlichkeit dieser Frau lag für ihn vor allem in ihrer Lust am Denken. Er meinte, daß auf der Seite der Gegenrevolution niemand der gesammelten Kraft dieses Denkens etwas entgegenzusetzen hätte.

Seine untergebenen Offiziere und Soldaten erschlugen, erschossen, ertränkten Rosa Luxemburg – ein Arzt konnte an ihrer Leiche nicht mehr feststellen, woran sie am 15. Januar 1919 starb.

Als 55 Jahre nach dem Mord die Bundespost eine Briefmarke mit dem Bild Rosa Luxemburgs herausgab, gingen Hunderte von wütenden Protestbriefen beim Bundespostminister und bei den Tageszeitungen ein. Viele Schreiber empörten sich, daß die Post eine Kommunistin als bedeutende Frau ehre, andere luden einen Wust aus Haß und Unwissenheit ab und schmähten Rosa Luxemburg als gewalttätiges rotes Flintenweib.

In der früheren DDR dagegen wurde Rosa Luxemburg in den letzten Jahren zum Sinnbild der Demokratie und der Freiheit. Bei Demonstrationen an ihrem Todestag trugen Männer und Frauen, die vergeblich einen Ausreiseantrag gestellt hatten, ein Transparent mit einem berühmten Satz Rosa Luxemburgs hoch über ihren Köpfen: »Freiheit ist immer Freiheit der Andersdenkenden.« Die Polizei verhaftete sie.

In der Bundesrepublik gab es wieder Protestbriefe und Zeitungsartikel, als 1987 ein Berliner Architekt Rosa Luxemburg ein Denkmal im Berliner Bezirk Tiergarten errichtete, dort, wo die Mörder sie in den Landwehrkanal geworfen hatten. Manche Leute halten Rosa Luxemburg immer noch für so gefährlich, daß nicht einmal ein Denkmal am Ort ihres Todes an sie erinnern soll. Zahlreiche andere aber haben Rosa Luxemburg und die Erinnerung an sie verteidigt – 1974 die Briefmarke, 1987 das Denkmal.

Auffallend ist, daß Angreifer und Verteidiger sich nicht säuberlich nach politischen Überzeugungen unterscheiden lassen. Nichtkommunisten greifen Rosa Luxemburg an, und Nichtkommunisten verteidigen sie. Offenbar ist es weniger der Sozialismus Rosa Luxemburgs, der Bundesbürger in den immer wieder aufflammenden Diskussionen um sie entzweit. Offenbar geht es auch heute noch vor allem um ihre geistige Unerschrockenheit, die für die einen eine Bürgertugend ist und die den anderen Angst einjagt.

Der Anfang

Rosalie Luxemburg wird am 5. März 1871 in Zamość geboren, einer Provinzstadt in Polen. Sie ist das jüngste von fünf Kindern. Ihr Vater, Eliasch Luxemburg, ein jüdischer Holzhändler, ist in Deutschland zur Schule gegangen, und auch ihre Mutter Lina, geborene Löwenstein, spricht Deutsch und Polnisch, nicht Jiddisch.

1873 ziehen Eltern und Kinder nach Warschau. Mit fünf Jahren wird Rosa krank und muß ein Jahr im Bett liegen. Doch ihr Hüftleiden wird falsch behandelt, ein leichtes Hinken bleibt zurück, unter dem sie ihr Leben lang leiden wird.

1880 kommt sie auf ein Mädchengymnasium. Sieben Jahre später macht sie Abitur. Sie erhält fünfmal die Note »sehr gut« und 14mal die Note »ausgezeichnet«. Später heißt es, die Lehrer hätten ihr die Goldmedaille der Schule verweigert, weil sie Autoritäten gegenüber voller Widerspruchsgeist gewesen sei.

Frauen dürfen in Warschau nicht studieren. Rosa wohnt weiter bei ihren Eltern und arbeitet in einer geheimen politischen Oppositionsgruppe mit. Polen ist kein selbständiger Staat. Preußen, Österreich und Rußland haben es unter sich aufgeteilt. Warschau gehört zu Rußland. Russische Beamte unterdrücken die polnische und die jüdische Bevölkerung.

Um die Zeit von Rosa Luxemburgs Abitur gelangen die Schriften von Karl Marx nach Polen. Rosa Luxemburg muß sie gelesen und über eine neue Gesellschaft nachgedacht haben, »worin die freie Entwicklung eines jeden die Bedingung für die freie Entwicklung aller ist« – so steht es im *Kommunistischen Manifest.* Ihr Doktorvater in Zürich sagt später, sie sei als fertige Marxistin aus Polen zu ihm gekommen.

Bei Marx findet sie ein Gedankengebäude, das sie von nun an fasziniert. Er versucht, Gesetze aufzuspüren, nach denen die Geschichte fortschreitet, findet heraus, daß die Wirtschaft ausschlaggebend ist für Politik und Kultur einer Gesellschaft. Er denkt über die Gesetzmäßigkeiten nach, nach denen der Kapitalismus sich weiterentwickelt bis hin zum Industriekapitalismus, über den Motor des wirtschaftlichen Wachstums. Soziale Veränderungen in einer Gesellschaft gehen nach seiner Theorie aus den Konflikten zwischen ihren Klassen hervor. Marx ist der Begründer der wissenschaftlichen Soziologie. Heute ist die Soziologie über seinen Klassenbegriff hinausgegangen, aber damals eröffnen seine kühnen, brillanten Gedanken neue Möglichkeiten, das eigene Jahrhundert zu verstehen.

Marx sagt den Zusammenbruch des Kapitalismus voraus. Die herrschende Klasse, die Bourgeoisie, werde untergehen aus den inneren Gesetzen des Kapitalismus heraus, dann werde die Revolution des Proletariats kommen und mit ihr die klassenlose Gesellschaft. Rosa Luxemburg sieht nur in der Revolution die Möglichkeit, die Gesellschaft zu verändern.

Die Polizei spürt die kleine Oppositionellengruppe, der sie angehört, im Oktober 1888 auf. Im Dezember sind fast alle Mitglieder verhaftet. Rosa Luxemburg versteckt sich in der Provinz. Ein angesehener Sozialist und erfahrener Verschwörer, Martin Kasprzak, sorgt dafür, daß man sie auf einem Bauernwagen, unter Stroh versteckt, über die Grenze nach Deutschland bringt. Sie ist erfüllt von der Erwartung auf etwas Großes, Wunderbares – auf das wirkliche Leben.

An der Universität Zürich können auch Frauen studieren, und sie reist in die Schweiz. Sie schreibt sich an der Philosophischen Fakultät ein, wechselt 1892 zur Juristischen Fakultät und studiert Öffentliches Recht und Nationalökonomie. Die überzeugte Marxistin studiert Nationalökonomie, um Marx besser verstehen und seine Argumentation überprüfen zu können. Seine Werke sind für sie keine Bibel, sondern ein Quell der Anregung.

In den Seminaren stellt sie unbequeme Fragen, greift Autoritäten an, ist voller Spottlust. Damit gewinnt sie nicht nur Freunde. Aber sie ist frei vom Zwang, sich anpassen zu wollen, um Beifall zu finden,

Nestwärme. Sicherheit gibt ihr das Denken. Sie kann sarkastisch und witzig sein, humorvoll und selbstironisch.

Sie verliebt sich in ihren Kommilitonen Leo Jogiches. Er ist vier Jahre älter als sie und kommt aus einer wohlhabenden jüdischen Familie in Litauen. In der Organisation junger Sozialisten in Wilna hatte er eine führende Stellung, war wegen revolutionärer Tätigkeit ein halbes Jahr im Gefängnis, konnte fliehen. Er ist klug, verschlossen und von Selbstzweifeln geplagt, doch energisch, und er liebt es, in den Kreisen der polnischen Sozialisten aus dem Hintergrund alle Fäden in der Hand zu halten. Später sagen Freunde, er sei so konspirativ, daß er selbst nicht wisse, wo er wohne.

In Zürich studieren zahlreiche Emigranten aus Polen und Rußland, die fast ebenso viele Grüppchen bilden wie die Sozialisten zu Hause und gegeneinander intrigieren. Der Kreis um Rosa Luxemburg und Leo Jogiches meint, nicht der Nationalstaat Polen müsse das Ziel ihres Kampfes sein, sondern der Sieg des Proletariats. Über alle Landesgrenzen hinweg müßten die Arbeiter gemeinsam die kapitalistische Gesellschaft bekämpfen. Die Freunde gründen eine Zeitung, die *Sache der Arbeiter*, die Leo finanziert. Wegen der Schweizer Gesetze kommt die erste Nummer im Juli 1893 in Paris heraus.

In den nächsten beiden Jahren pendelt Rosa Luxemburg zwischen Zürich und Paris. In Paris sorgt sie für den Druck der Zeitung und sucht in Bibliotheken und Archiven nach Material für ihre Doktorarbeit. Sie promoviert bei Julius Wolf in Zürich über die industrielle Entwicklung Polens. Sie ist sehr fleißig und doch empört, wenn Leo ihr nach Paris nur seitenlange Briefe über die »Sache« schreibt. Sie liebt ihn, hat Sehnsucht nach ihm, doch er kennt nur eins: die Revolution.

Als Rosa Luxemburg auf dem III. Internationalen Sozialistenkongreß im August 1893 in Zürich als Journalistin ein Mandat beansprucht, fechten ihre Gegner unter den Emigranten es an. Zum erstenmal spricht sie vor den versammelten Sozialisten Europas. Sie steigt auf einen Stuhl, damit alle sie gut hören, und gestandene Arbeiterführer erinnern sich noch Jahre später an ihren ersten Auftritt: Sie hat große, leuchtende Augen, spricht scharf, eifernd und doch hinreißend. Dennoch darf sie am Kongreß nicht weiter teilnehmen. Drei Jahre später, auf dem Sozialistenkongreß in London, wird ihr Mandat nicht angefochten. Doch die Delegierten halten sich aus dem Streit zwischen den polnischen Sozialisten um Nationalismus oder Internationalismus heraus.

Rosa Luxemburg, Leo Jogiches und ihre Freunde haben im März 1894 eine Partei gegründet, die Sozialdemokratie des Königreichs Polen. Das Parteiprogramm sieht vor, daß die polnischen Sozialisten in den sozialistischen Parteien des Deutschen Reichs, Österreichs und Rußlands mitarbeiten sollen. Doch die *Sache der Arbeiter* müssen sie einstellen, weil niemand die Zeitung kauft.

Rosa Luxemburg schreibt Artikel und bietet sie großen Parteizeitungen in Deutschland und Italien an. Die übrigen polnischen Emigranten grenzen sich sofort scharf von ihr ab, nennen sie »ein hysterisches und zänkisches Frauenzimmer«, das kein Recht habe, im Namen des polnischen Sozialismus zu sprechen. Doch die »doktrinäre Gans« gewinnt mit ihren Artikeln zunehmend Aufmerksamkeit und Achtung.

Am 1. Mai 1897 promoviert sie magna cum laude, mit großem Lob. Sie bespricht mit Leo ihren Entschluß, nach Berlin zu gehen und Einfluß in der deutschen Sozialdemokratie zu gewinnen, der größten und führenden sozialistischen Partei Europas. Über eine mögliche Berufstätigkeit scheint sie sich keine Gedanken gemacht zu haben. Als Frau und als Jüdin ist die promovierte Volkswirtin eine Außenseiterin, chancenlos. Jammern und Klagen liegen ihr fern. »Die Philosophen haben die Welt nur verschieden interpretiert, es kömmt darauf an, sie zu verändern«, hat Marx gesagt. Das entspricht ihrem Temperament: nachdenken, zu einem Ergebnis kommen und dann selbst etwas tun, um die Verhältnisse zu ändern.

Für eine Parteikarriere in Berlin braucht sie die preußische Staatsangehörigkeit. Eine ältere polnische Freundin, Olympia Lübeck, drängt ihren Sohn Gustav, Rosa zum Schein zu heiraten. Er ist 24 Jahre alt, ein Schreinereimaschinist, der als Tagelöhner arbeitet, und preußischer Staatsangehöriger. Er wagt nicht, seiner Mutter zu widersprechen. Am 19. April 1898 ist die Ziviltrauung. Die jungen Eheleute möchten sich sofort scheiden lassen, aber das ist nicht so einfach wie das Heiraten. Fünf Jahre vergehen, bis sie geschieden sind.

Leo Jogiches bleibt in Zürich, um sein Studium abzuschließen. Am 16. Mai 1898 trifft Rosa Luxemburg in Berlin ein.

»Die Freude am Gefecht giebt der Polemik einen hellen Klang«

Rosa Luxemburg will Karriere in einer politischen Partei machen, obwohl Frauen die Mitgliedschaft in Parteien nach preußischem Gesetz verboten ist. Sie hat, wie alle Frauen im Deutschen Reich, nicht einmal das Wahlrecht. Sie will Karriere machen in einer Partei, in der die Mehrzahl der Männer meint, Frauen gehörten ins Haus.

Berlin, die große Stadt, erschreckt und bedrückt sie. Sie hat Heimweh nach Zürich, sehnt sich nach Leo. Am Tag nach ihrer Ankunft überlegt sie in einem Brief an ihn, ob die Konsequenz, die sie aus ihrem politischen Denken gezogen hat, wirklich richtig ist: »Wäre es nicht glücklicher, statt eines solchen abenteuerlichen Lebens irgendwo in der Schweiz mit Dir zu zweit still und herzlich zu leben und die Jugend zu genießen und sich aneinander zu erfreuen.« Aber sie findet heraus, daß sie sich nach ihrer eigenen Phantasie sehnt: »Wir lebten doch weder zusammen, noch hatten wir aneinander Freude, und da gab es auch nichts Glückliches.« Sein Herz sei treu und beständig wie ein Fels und ebenso hart und unzugänglich. Dabei hat sie so »verdammt Lust«, glücklich zu sein: »Hast Du eine Vorstellung, wie ich Dich liebe?« Sie hat nicht die Wahl zwischen persönlichem Glück in Zürich und politischer Arbeit in Berlin, sie hat nur die Wahl zwischen »zwei Tracht Prügeln«. Die blauen Flecken an ihrer Seele verleihen ihr Mut zu ihrem neuen Leben.

Der Parteivorsitzende August Bebel ist verreist, und so geht sie zum Parteisekretär Ignaz Auer. Sie sagt ihm, es gebe unter den polnischen Arbeitern in Oberschlesien keine sozialdemokratische Werbung um Stimmen für die bevorstehende Reichstagswahl. Als Auer widerspricht, sagt sie, sie sei nicht gekommen, um sich zu beschweren, sondern um bei der Arbeit zu helfen. Sie weiß, was sie will, gibt ein wenig an, ist ein bißchen frech, auch kokett, aber das macht Auer offenbar Spaß, zumal sie gut Bescheid weiß und Polnisch spricht. Er ist bereit, sie gleich nach Schlesien zu schicken. Sie fragt, ob sie nicht Redakteurin bei einer Parteizeitung werden könne, doch er meint, erst käme der Wahlkampf.

Er stellt ihren Mut mit einer schwierigen Aufgabe auf die Probe. Die Sozialdemokratische Partei ist nach zwölfjährigem Verbot im Deutschen Reich seit 1890 wieder zugelassen, aber immer noch gehört für Bergleute und Fabrikarbeiter in Schlesien Mut dazu, für die Partei zu stimmen. Die Polizei verhaftet Flugblattverteiler, Arbeitgeber kündigen ihnen. Ein Gastwirt, der der Partei seinen Saal vermietet, verliert seine Konzession.

Der Parteisekretär in Breslau empfiehlt Rosa Luxemburg, sich auf das naturgegebene Wirkungsfeld einer Frau in der Partei zurückzuziehen, auf die Frauenbewegung. Daran, so macht sie ihm klar, denke sie nicht im geringsten. Sie schult in seiner Wohnung Wahlhelfer und schreibt polnische Flugblätter. Sie reist nach Niederschlesien, wo sie öffentlich reden kann. Die Verkehrsverbindungen sind schlecht, die Übernachtungsmöglichkeiten primitiv. Aber, so Rosa an Leo: »ich sprach mit solcher Anteilnahme, daß der ganze Saal vor Erregung bebte und manche Frauen weinten.« Als sie einige Wochen später nach Berlin zurückfährt, lassen die Genossen sie dreimal hochleben und schenken ihr einen Strauß aus Rosen und Reseden. Sie ist ausgepumpt, aber stolz auf sich und sehr glücklich.

Im Regierungsbezirk Oppeln zum Beispiel, in dem die SPD bei der letzten Reichstagswahl 10000 Stimmen erhielt, bekommt sie jetzt 25000. Sicher ist das nicht allein das Verdienst von Rosa Luxemburg. Aber die Parteifunktionäre in Berlin sehen, daß sie tüchtig ist, kämpfen kann und bei den polnischen Arbeitern Erfolg hat.

Sie wird Chefredakteurin der *Sächsischen Arbeiterzeitung* in Dresden. Der bisherige Chefredakteur, der Pole Alexander Helphand, und sein engster Mitarbeiter Julian Marchlewski, ein Studienfreund Rosa

Luxemburgs, sind aus Sachsen ausgewiesen worden und haben ihre weitere Arbeit für die Zeitung davon abhängig gemacht, daß Rosa sie leitet.

Ehe sie nach Dresden fährt, nimmt sie Anfang Oktober 1898 am SPD-Parteitag in Stuttgart als Delegierte für zwei oberschlesische Wahlkreise teil. Von den 252 Delegierten auf dem Parteitag sind sechs Frauen. Rosa Luxemburg greift mit ihrer ersten Rede gleich in einen Streit ein, der sich in Stuttgart erst anbahnt, der die Partei in den kommenden Jahren erschüttern und bei dem sie eine wichtige Rolle spielen wird.

Eduard Bernstein, einer der anerkanntesten Theoretiker der Partei, hat in einer Artikelserie gefordert, die Partei solle mit dem marxistischen Reden von Klassenkampf und Revolution aufhören und sich zu dem bekennen, was sie in Wirklichkeit schon längst sei, nämlich eine demokratisch-sozialistische Reformpartei. Er könne das Reden vom Endziel des Sozialismus nun langsam nicht mehr hören.

Seine Anhänger meinen auf dem Parteitag, die Partei müsse vor allem Wählerstimmen gewinnen, und dabei schrecke das marxistische Vokabular nur ab. Rosa Luxemburg dagegen prangert an, daß sich die Beziehung zwischen dem alltäglichen politischen Kampf und dem Endziel verdunkle. Im Kampf um bessere Arbeitsbedingungen, Sozialreform und Demokratisierung unterscheide die Partei sich nur wenig von den bürgerlichen Parteien, gerade Demokratie habe die Bourgeoisie schon vor den Sozialisten auf ihre Fahne geschrieben. Die Eroberung der politischen Macht aber sei das Endziel der Sozialisten, und sie werde beim Zusammenbruch der kapitalistischen Gesellschaft kommen. Dann erst könnten die Sozialisten die Interessen des Proletariats zur vollen Geltung bringen. Nur das Endziel mache Geist und Inhalt des sozialistischen Kampfes aus.

Als ein alter Parteigenosse ihr vorwirft, daß sie als junger Rekrut der Bewegung die Veteranen belehren wolle, meldet sie sich noch einmal zu Wort: »Daß ich mir meine Epauletten in der deutschen Bewegung erst holen muß, weiß ich; ich will es aber auf dem linken Flügel tun, wo man mit dem Feind kämpfen, und nicht auf dem rechten, wo man mit dem Feind kompromisseln will...« Einschüchtern läßt sie sich nicht: Wenn jemand gegen ihre Ausführungen nur das Argument vorbringe, »Du Gelbschnabel, ich könnte ja Dein Großvater sein, so ist das für mich ein Beweis, daß er mit seinen logischen Gründen aus dem letzten Loch pfeift«.

Nach dem Parteitag reist sie nach Dresden, entschlossen, mit dem behäbigen, hölzernen Stil der Arbeiterzeitung aufzuräumen und eine regelmäßige Wirtschaftsseite zu bringen. Es kommt zum Streit mit der Redaktion, Männern, die noch nie unter einem weiblichen Chefredakteur gearbeitet haben und die das auch nicht wollen.

Nicht nur die *Sächsische Arbeiterzeitung*, die gesamte Parteipresse ist ihr zu schwunglos. Sie greift den *Vorwärts* in Berlin an: ihm fehle eine politische Linie. Der *Vorwärts*-Redakteur Georg Gradnauer, Reichstagsabgeordneter und Anhänger Bernsteins, wirft ihr und ihren radikalen Freunden vor, sie hätten höchst überflüssigerweise auf dem Parteitag Streit angefangen. Darstellung und Gegendarstellungen folgen, der Streit wächst sich aus, Gradnauer findet, die Parteizeitung in Dresden schulde ihm als Reichstagsabgeordneten Respekt. Das kann Rosa Luxemburg nun gar nicht einsehen. Das Ende einer langen, unerfreulichen Geschichte: Redaktionskollegen fallen ihr in den Rücken, der Parteivorsitzende Bebel schaltet sich ein – Rosa Luxemburg zeige sich zu sehr als Frau und zu wenig als Parteigenossin. Sie muß die Chefredaktion aufgeben und geht nach Berlin zurück. Sie hat den Kampf verloren, weil sie neu ist in der Partei, weil sie sich nicht an die Spielregeln hält und mit Leuten, die ihre Ruhe haben wollen, rücksichtslos umgeht, weil sie nicht nachgeben kann, wenn sie sich im Recht fühlt, weil sie eine Frau ist.

Zwei Jahre später, im Winter 1901, bietet man ihr noch einmal einen Posten als Chefredakteurin an: Sie soll neben Franz Mehring die *Leipziger Volkszeitung* leiten. Diesmal muß sie nach zwei Monaten aufgeben, und nach dem Streit mit Mehring vergehen einige Jahre, bis sie wieder Freunde sind. Sie ist unbequem für die Männer – Mehring wirft ihr Herrschsucht vor –, und sie muß sich als Frau mit großen Widerständen herumschlagen: Man will ihr als Chefredakteurin nicht die gleichen Befugnisse geben wie ihren männlichen Vorgängern. Aber ihre Äußerungen zur Gleichberechtigung sind selten. Die Emanzipation der Frauen werde sich von ganz alleine ergeben in der allgemeinen Emanzipation aller Menschen von Bevormundung, für die sie kämpft.

Innerhalb der Arbeitshierarchie der Männer scheitert sie, aber außerhalb, als Autorin und Rednerin, wächst ihr Erfolg. Nach der Niederlage in Dresden schreibt sie im Frühjahr 1899 eine Aufsatzreihe *Sozialreform oder Sozialrevolution?*, mit der sie sich gegen die Reformpolitiker um Bernstein wendet, und die in der *Leipziger Volkszeitung* erscheint, wird auch eine geachtete Autorin der *Neuen Zeit*, die Karl Kautsky in Berlin herausgibt, der Papst des europäischen Marxismus. August Bebel schätzt Rosa Luxemburg und will, daß man sie in Ruhe läßt.

Eine geistige Arbeit, die sie ganz in Anspruch nimmt, ist für sie der größte Genuß im Leben. Das Denken gibt ihr Sicherheit, sich in der Welt zurechtzufinden und zu behaupten. Sie liebt die Auseinandersetzung mit Andersdenkenden. Meinungsaustausch, freie und offene Kritik sind für sie die Lebensluft der modernen Arbeiterbewegung. Nur im Konflikt der Ideen könne man der Wahrheit näherkommen, meint sie. Körperlich ist sie klein und schwach, aber im Kampf der Argumente spürt sie Riesenkräfte, funkelt und sprüht mit Worten, ist ein Adler unter Hühnern, wie Lenin später sagt. Auf Vorurteile, Engstirnigkeit, Dummheit reagiert sie höhnisch, manchmal boshaft. Sie ist intellektuell und pathetisch, kämpferisch und gütig, warmherzig und witzig. Sie erschreckt die Genossen mit der Rücksichtslosigkeit, mit der sie die Überlegenheit des scharfen Denkens vorführt, und nimmt sie für sich ein mit ihrer persönlichen Bescheidenheit, ihrer Güte und ihrer kindlichen Freude an allem Schönen und an der Natur.

Sie ist eine mitreißende Rednerin. Auf den jährlichen Parteitagen vertritt sie oberschlesische Wahlkreise und setzt sich unermüdlich für die etwa 3,5 Millionen Polen in Deutschland ein. Sie hält Wahlreden in Oberschlesien und Posen, in Sachsen und Thüringen, im Rheinland und im Ruhrgebiet, in Hamburg und Schwaben, wird bekannt und beliebt und gewinnt der Partei viele Stimmen. Sie meint, daß Auseinandersetzungen über sozialistische Theorien nicht nur etwas für Akademiker seien, sondern daß gerade Arbeiter verstehen müßten, wofür sie eigentlich kämpfen.

In der ersten Zeit in Berlin sehnt sie sich nach Leo Jogiches: Wann schließt er endlich seine Promotion ab, wann werden sie zusammenwohnen? Sie liebt ihre Häuslichkeit, hat einen Putzfimmel, den ihre Freunde verspotten, und legt Wert auf hübsche Kleider. Sie möchte mit Leo in einer kleinen Wohnung leben, still und regelmäßig arbeiten, mit ihm Spaziergänge durch die Natur machen, in die Oper gehen, einen kleinen Kreis von Bekannten sehen und jeden Sommer für einen Monat aufs Land fahren. Und ein Kind haben. Und nie miteinander streiten.

Das alles will Leo nicht. Er kommt nicht klar mit seiner Doktorarbeit, hat ein Gefühl von Stillstand und Nutzlosigkeit. Mit dem Sozialismus in Polen geht es nicht voran, seine Partei hat keine 1000 Mitglieder, und vielleicht ist er eifersüchtig auf Rosas Karriere in der deutschen Sozialdemokratie. Vom Sommer 1900 bis Ende 1901 wohnt er in ihrer Wohnung in Berlin, dann geht er für längere Zeit zu seinem Bruder nach Algerien, kehrt zurück nach Berlin. Sie überlegt in Briefen an ihn, ob sie sich nicht trennen sollten. Es ekele sie, daß stets die Parteiarbeit vor dem persönlichen Verhältnis kommt, sie will sichtbares, praktisches, gewöhnliches Leben.

Luise Kautsky, Rosas enge Freundin und Karl Kautskys Frau, wagt nicht, Rosa Luxemburg nach ihrer Beziehung zu Leo zu fragen. Rosa ist bei aller Munterkeit, Mitteilsamkeit und scheinbarer Offenheit doch eigentlich eine verschlossene Natur, meint Luise. »Du weißt, daß ich mich nicht gern zeige, wenn bei mir schlechtes Wetter ist«, schreibt Rosa ihr einmal aus einem Arbeitsurlaub in Italien. Zweifel an sich und ihrem Weg macht sie fast immer mit sich allein ab.

Eine andere enge Freundin von ihr ist Clara Zetkin. Sie ist 14 Jahre älter und engagiert sich mit Kraft und Schärfe für die Arbeiterinnen, die elf, zwölf Stunden am Tag arbeiten für Löhne, die weit unter denen der Männer für gleiche Arbeit liegen, und die, wenn sie nach Hause kommen, die Familie versorgen müssen – denn auch der Arbeiter ist, wie der Kapitalist, zu Hause Patriarch. Seit 1891 gibt sie *Die Gleichheit* heraus, eine Zeitschrift für die Interessen der Arbeiterinnen. Auch über Clara Zetkin hält der Parteivorsitzende August Bebel seine Hand. Er hat ein vielbeachtetes Buch geschrieben – *Die Frau und der Sozialismus* – und teilt die Vorurteile vieler seiner Genossen gegenüber Frauen nicht. Clara Zetkin gehört wie Rosa Luxemburg auf den Parteitagen zu den Radikalen, die die Revisionisten, die das Parteiprogramm ändern wollen, bekämpfen.

Die Auseinandersetzungen zwischen Revisionisten und Radikalen nehmen an Schärfe zu. Beide greifen die Politik des Parteivorstandes an. Die Revisionisten halten die Voraussage von Marx, der Kapitalismus werde zusammenbrechen, für eine Utopie, glauben im Gegenteil, daß die kapitalistische Wirtschaftsordnung noch lange bestehen werde. Daher solle die SPD mit den bürgerlichen Parteien für politische Reformen kämpfen. Gemeinsam mit dem linksstehenden Bürgertum könne die Arbeiterpartei die Mehrheit in den deutschen Parlamenten erreichen und das herrschende Militärsystem erschüttern. Reformerische Sozialdemokraten in den süddeutschen Landtagen sind nun bereit, die Haushaltsvorlagen der jeweiligen Landesregierung zu unterstützen. Das paßt August Bebel nicht. Statt aber mit den süddeutschen Genossen selbst zu sprechen, ermuntert er Rosa Luxemburg, auf den Parteitagen Bernsteins Thesen zu bekämpfen.

Für Radikale wie Rosa Luxemburg ist die Annahme, eine gerechte Verteilung der Güter werde von alleine kommen, wenn nur mehr Menschen an Gerechtigkeit glauben, eine Utopie. Marx habe den Zeitraum bis zum Zusammenbruch des Kapitalismus zu kurz angenommen. Sie sehen schon für die nächste Zeit große Kriege und Revolutionen voraus. Die Arbeiter müßten sich auf Kämpfe und Machtübernahme vorbereiten und sich an die Waffe des politischen Generalstreiks gewöhnen.

Weder Reformisten noch Radikale erschüttern den Parteivorstand. August Bebel läßt alles, wie es ist: in der Theorie eine radikale marxistische Sprache und in der Praxis parlamentarischer Kampf um Reformen, um wirtschaftliche Verbesserungen für die Arbeiter und ein gerechtes Wahlrecht. In Preußen gilt ein Wahlrecht nach drei Steuerklassen, so daß die Stimme eines Reichen bei weitem mehr zählt als die Stimme eines Armen. Hinter Bebel stehen die meisten Parteimitglieder und die Gewerkschaftler. Sie bekämpfen die Regierung und machen sich kaum Gedanken, wie der Staat verändert werden soll. In der Praxis finden sie sich mit dem kaiserlichen Staat, in dem der Adel den Ton angibt und die wichtigsten Posten in Verwaltung und Heer besetzt, und mit der kapitalistischen Gesellschaftsordnung mehr und mehr ab. Man glaubt noch an die Revolution, aber sie rückt in immer weitere Ferne.

Der Anhang der intellektuellen Radikalen in der Arbeiterschaft ist gering. Das ist ein Ansporn für Rosa Luxemburg. In ihren Reden erklärt sie den Arbeitern und Arbeiterinnen, auf welchen wirtschaftlichen Prozessen ihre Ausbeutung durch die Kapitalisten beruhe, erläutert ihnen Zusammenhänge zwischen Wirtschaft und Politik. Polizeispitzel sitzen zwischen den Arbeitern und schreiben einzelne Sätze mit, zum Beispiel in einer Versammlung 1903: »Der Mann, der von der guten und gesicherten Existenz der deutschen Arbeiter spricht, hat keine Ahnung von den Tatsachen.« Der Mann, den Rosa Luxemburg meint, ist Kaiser Wilhelm II. Sie wird wegen Majestätsbeleidigung in Zwickau angeklagt und zu drei Monaten Gefängnis verurteilt. Die Strafe muß sie am 26. August 1904 antreten in einer Zelle, die sieben Schritt lang und vier breit ist.

Im Gefängnis denkt sie über ihre Arbeit nach und über sich, schreibt Luise Kautsky: »Das Leben spielt mit mir ewiges Haschen. Mir scheint es immer, daß es nicht in mir, nicht dort ist, wo ich bin, sondern irgendwo weit.« Als kleines Mädchen in Warschau schlich sie sich in den frühen Morgenstunden ans Fenster und sah in den Hof und über die Dächer in den Himmel: »Damals glaubte ich fest, daß das ›Leben‹, das ›richtige‹ Leben, irgendwo weit ist, dort über die Dächer hinweg. Seitdem reise ich ihm nach. Aber es versteckt sich immer hinter irgendwelchen Dächern. Am Ende war alles ein frevelhaftes Spiel mit mir, und das wirkliche Leben ist gerade dort im Hof geblieben...«

In anderer Stimmung ermuntert sie Karl Kautsky, weiter gegen die Revisionisten zu kämpfen, aber er solle es mit Lust und Freude tun:

»denn das Publikum fühlt die Stimmung des Kämpfenden immer heraus, u(nd) die Freude am Gefecht giebt der Polemik einen hellen Klang u(nd) eine moralische Überlegenheit.«

Nach sechs Wochen amnestiert ein neuer König in Sachsen die politischen Gefangenen. Rosa Luxemburg will keine Gnade von einem Monarchen, und man muß sie dazu überreden, ihre Zelle zu verlassen.

Und dann sieht es so aus, als hätten die Radikalen doch recht: In Rußland bricht die Revolution aus. 200 000 Arbeiter ziehen am 22. Januar 1905 vor den Winterpalast in Sankt Petersburg. Sie tragen Zaren- und Heiligenbilder mit sich, denn viele meinen, wenn der Zar nur von ihrer Not wüßte, würde er ihnen helfen. Militär schießt in die Menge, Hunderte bleiben tot, Tausende verletzt vor dem Palast liegen. In Sankt Petersburg bricht ein Generalstreik aus, in Moskau, in den großen Städten Rußlands und Polens kommt es zu Streiks, Demonstrationen, Zusammenstößen mit dem Militär, Toten.

Leo Jogiches verläßt Berlin und fährt ins österreichische Krakau. Von hier kann seine Tausend-Mitglieder-Partei mit Zeitungen nach Warschau und Lodz wirken. Er will Rosa nicht dabeihaben, sie sei den Strapazen einer Revolution nicht gewachsen, die russische Geheimpolizei werde sie sofort an ihrem Gang erkennen und verhaften.

Im November 1905 hissen die Matrosen in Sewastopol am Schwarzen Meer auf den Panzerkreuzern Ostschkoow und Potjomkin rote Fahnen. Die Schwarzmeerflotte fordert die Einberufung einer verfassunggebenden Versammlung.

Leo Jogiches reist nach Warschau. Die Sozialdemokratie des Königreiches Polen und Litauen, wie seine Partei jetzt heißt, ist auf 25 000 Mitglieder angewachsen.

Rosa Luxemburg hält es nicht länger in Berlin. Der Parteivorstand hat sie am 1. November 1905 in die Gruppe der vier Redakteure berufen, die im *Vorwärts* die Revisionisten ablösen sollen. Das ist ein Sieg. Nun will sie die Revolution sehen. Die Familie Kautsky bringt sie am 28. Dezember zum Bahnhof Friedrichstraße an den Zug. Die Großmama hängt ihr einen blauen Lodenmantel um, Karl Kautsky deckt sie mit seinem großen warmen Plaid zu, und Luise hängt ihr ihre Uhr um den Hals, da Rosa geklagt hat, sie müsse in die Revolution gehen, »ohne genau zu wissen, wieviel es geschlagen habe«.

Nach Warschau fahren keine Züge mehr. Sie reist nach Ostpreußen und schmuggelt sich in einen Militärzug ein. Sie ist die einzige Frau im Zug. Er ist ungeheizt, unbeleuchtet, kriecht langsam durch das nächtliche Polen – die Soldaten haben Angst vor Sabotage.

Warschau ist wie ausgestorben. Die Arbeiter haben den Generalstreik ausgerufen, um die Moskauer Arbeiter zu unterstützen. In den Straßen sieht man russische Soldaten. Jeden Tag werden zwei, drei Personen mit Bajonetten erstochen.

Rosa Luxemburg hat einen Paß auf den Namen Anna Matschke. Sie macht sich gleich an die Arbeit und redigiert eine Zeitung, die *Rote Fahne*. Ihre Genossen müssen den Druck täglich mit dem Revolver in der Hand in den bürgerlichen Druckereien erzwingen. Sie genießt dieses Leben, die Tage großer Erwartung und großer Anspannung, die geheimen Sitzungen der Parteiführung, die Zusammenarbeit mit Leo.

In Moskau bricht der Aufstand zusammen. Tausende werden eingekerkert, verbannt, erschossen. In Warschau steigt die Mitgliederzahl der Partei auf 30000. Die Hausdurchsuchungen und die Verhaftungen nehmen zu.

Am Sonntag, dem 4. März 1905, werden Rosa und Leo abends verhaftet. Die russischen Gendarmen, die sie in der grünen Minna ins Gefängnis im Rathaus bringen, zeigen Achtung und Respekt für die beiden Gefangenen, die für eine bessere Gesellschaft kämpfen. Im Rathaus sind politische Gefangene, Kriminelle, Geisteskranke, Prostituierte in einer Zelle zusammengepfercht, 14 Frauen. Aber, so schreibt Rosa Luxemburg an die Kautskys in Berlin, ihre Stimmung sei vorzüglich, und die Freunde sollen munter und fröhlich sein. Sie weiß, daß die Kautskys sich um sie sorgen, und tröstet sie. Sie fordert sehr wenig von ihren Freunden – vom Intellektuellen abgesehen, wo sie alles fordert. Andere sind ihr nichts schuldig, im Gegenteil: Sie ist für sie verantwortlich.

Sie will nicht, daß ihre Freunde sich für sie an die russische Regierung wenden, denn eine Sozialdemokratin bitte solche Herren nicht um Schutz. Wenn Bebel ihretwegen mit Reichskanzler Bülow spreche, könne sie nicht mehr über Bülow und die Regierung so frei reden, wie es sich gehöre. Vor allem empört sie, daß ein Mensch im Gefängnis nicht bloß von der Obrigkeit, sondern auch von seinen Freunden sofort entmündigt und ohne Rücksicht auf seine Meinung behandelt werde. Sie wird in die berüchtigte Zitadelle am Weichselufer vor Warschau verlegt und kommt in Einzelhaft.

Im Festungshof werden Galgen errichtet. An manchen Tagen legt sich beklemmende Stille über das Gefängnis, bis man die Schritte der Verurteilten und des Hinrichtungskommandos hört und die Gefangenen in den Zellen einen Trauermarsch singen.

Einmal erscheinen Soldaten in Rosa Luxemburgs Zelle, verbinden ihr die Augen und führen sie hinaus. Sie fühlt, daß sie blaß wird, und schämt sich später darüber. Es geht nur zu einer Vernehmung.

Ihr Bruder besucht sie, ihre Eltern sind seit Jahren tot. Sie wird ihm in einem Doppelkäfig aus Drahtgeflecht vorgeführt: Ein kleiner Käfig steht frei in einem größeren, und die Geschwister können sich nur durch das flimmernde Geflecht unterhalten. Jahre später erzählt sie, wie sie sich im Käfig mit beiden Händen am Draht festhielt, »was wohl den Eindruck eines wilden Tieres im Zoo verstärkte. Der Käfig stand in einem ziemlich dunklen Winkel des Zimmers, und mein Bruder drückte sein Gesicht ziemlich dicht an den Draht. ›Wo bist Du?‹ frug er immer und wischte sich vom Zwicker die Tränen, die ihn am Sehen hinderten.«

Der Bruder, Julian Marchlewski und Kautsky holen sie schließlich für 3000 Rubel Kaution aus der Festung. Das Geld kommt wahrscheinlich vom Parteivorstand. Rosa erfährt nichts davon.

Nach vier Monaten Haft wird sie am 8. Juli 1906 entlassen. Ihre Haut ist gelb, ihr Haar grau geworden. Sie leidet an einem Magen- und Darmkatarrh und einer Vergrößerung der Leber. Aber sie brennt vor Arbeits- und Schreiblust. Sie darf Warschau noch nicht verlassen. »Hier ist die Zeit, in der wir leben, herrlich«, schreibt sie an Freunde, die sie revisionistischer Lahmheit verdächtigt, »d. h. ich nenne herrlich eine Zeit, die massenhaft Probleme und *gewaltige* Probleme aufwirft, die Gedanken anspornt«, Leidenschaften aufpeitscht. »Die Revolution ist großartig, alles andere ist Quark!«

Endlich darf sie Warschau am 8. August verlassen und fährt nach Kuokkala in Finnland, wo nach der gescheiterten Revolution die russischen Revolutionsführer sich beraten. Jeden Abend diskutiert sie mit Wladimir Lenin und anderen über die Ursachen des Scheiterns und die künftige Strategie. Lenin will die Vielzahl oppositioneller Gruppen zu einer Partei zusammenfassen, die straff von oben nach unten organisiert ist und die Massen lenkt. Rosa Luxemburg lehnt das ab. Sie glaubt an die Fähigkeit der Massen, sich selbst spontan zu organisieren, hat in Warschau erlebt, wie die Arbeiter von sich aus einen Tageslohn in der Woche für die Arbeitslosen sammelten und verteilten. Sie will keine Bevormundung der Arbeiter durch ihre Führer oder durch eine Partei. Auch die kommende Diktatur des Proletariats müsse der Kontrolle aller unterstehen. Der Revolutionär müsse das Bewußtsein der Masse beeinflussen, sie informieren, nicht sie beherrschen wollen.

Mitte September verläßt sie Finnland und reist zum SPD-Parteitag nach Mannheim. Auf einer Volksversammlung in der Nibelungenhalle nennt sie die Monate der Revolution in Warschau »die glücklichsten meines Lebens«.

Zenit

Eine »geniale Frau und der beste theoretische Kopf der Arbeiterbewegung«, urteilt der Historiker Arthur Rosenberg über Rosa Luxemburg. Sie steht dem Machtzentrum der Partei so nahe, wie sie als Frau nur kommen kann, und das allein durch die Anerkennung, die man ihr als Denkerin zollt. Ihr ist klar, daß sie ihre Stellung vor allem August Bebel verdankt und seinem Wunsch, die Revisionisten kleinzuhalten.

Der Parteivorstand beruft sie im Sommer 1907 auf Vorschlag von Karl Kautsky als Lehrerin an die zentrale Parteischule der SPD. Sie schwankt lange, ob sie annehmen soll, sagt dann aber zu, weil sie an der Schule endlich zu geregelten Einnahmen kommt und nicht nur von

Honoraren leben muß. Sie sieht sich nicht als Lehrerin, was sich aber schnell als Irrtum herausstellt: Die Lehre ist eine ihrer zahlreichen großen Begabungen.

Andere Lehrer an der Schule sind August Bebel, Kurt Rosenfeld, später preußischer Justizminister, Franz Mehring, Chefredakteur verschiedener Parteizeitungen. Rosa Luxemburg unterrichtet Nationalökonomie und gibt ein Drittel der Gesamtstundenzahl eines Kurses. Ein Kurs dauert ein halbes Jahr. Die 30 Teilnehmer, die von den Bezirksorganisationen der Partei und den Gewerkschaften vorgeschlagen werden, sind zwischen 22 und 40 Jahre alt und werden mit ihren Familien während des Kurses von der Partei unterhalten. Der später berühmteste Schüler ist Wilhelm Pieck, der 1949 Präsident der DDR wird.

Die Schülerin Rosi Wolfstein erzählt, wie Rosa Luxemburg unterrichtet: Durch immer erneute Fragen holt sie aus der Klasse heraus, was an Wissen und Erkenntnis in ihr steckt, durch Fragen beklopft sie die Antworten, tastet die Argumente ab und zwingt die Schüler, ihre Irrtümer selbst zu erkennen – »bis zur letzten Stunde, wo sie uns entließ mit der eindringlichen Mahnung, nichts ohne Nachprüfung anzunehmen, alles immer erneut nachzuprüfen, *mit allen Problemen Fangball spielen, das ist's, was sein muß*«.

Für ihre Schüler versucht sie, ein Problem zu lösen, das Marx nicht gelöst hat, und schreibt ein 450 Seiten dickes Buch: *Die Akkumulation des Kapitals.* Marx meint, daß die Krise des Kapitalismus dann einsetzt, wenn es in den westlichen Ländern kein freies Kapital mehr gäbe, das die Kapitalisten an sich bringen könnten. Rosa Luxemburg legt dar, daß die Ansammlung von Kapital damit keineswegs zu Ende sei, sondern immer weitergehe, solange es noch ferne Erdenwinkel gibt, die nichtkapitalistisch organisiert sind – solange Länder, die wir heute Dritte Welt nennen, den Kapitalismus nähren könnten.

Die glänzende Lehrerin führt ein stilles, zurückgezogenes Privatleben – ohne Leo Jogiches. Nach ihrer Rückkehr aus Finnland hat sie sich in Kostja Zetkin verliebt, den 22jährigen Sohn Clara Zetkins. Über Einzelheiten ihrer kurzen heftigen Liebe weiß man nichts, sie ist verschwiegen wie fast immer in ihren Privatangelegenheiten. Sie will sich von Leo trennen.

Leo Jogiches war wie sie in der Zitadelle in Warschau gefangen. Sein Prozeß begann im Jahre 1907, die Richter verurteilten ihn zu acht Jahren Zwangsarbeit. Doch am Tag seines Abtransports in die Verbannung konnte er mit Hilfe eines Gefängniswärters und polnischer Parteifreunde fliehen und nach Berlin reisen, wo er in Rosas Wohnung in Friedenau ein Zimmer hat. Beide haben schon oft an Trennung gedacht, aber nun will er sie nicht freigeben. Er behält den Schlüssel für die Wohnung, macht ihr große Eifersuchtsszenen, droht ihr, sie und Kostja Zetkin zu töten, und spioniert ihr auf ihren Reisen nach. Sie kauft sich einen Revolver, weil er unberechenbar ist, wenn er in Wut gerät. Nach einer gemeinsamen Reise mit Kostja schickt sie den sehr viel Jüngeren fort. Sie führt ein strenges, arbeitsreiches Leben und schenkt ihre ganze Liebe ihrer Katze Mimi. Aber ihr Verhältnis zu Leo bleibt unklar, man weiß nicht, weshalb sie das Schloß ihrer Wohnungstür nicht austauschen läßt oder die Wohnung aufgibt – erst 1911 zieht sie nach Südende um –, vielleicht, weil die Wohnung in Friedenau so nahe an Luise Kautskys Wohnung liegt.

Die Weihnachtsabende verbringt sie bei Kautskys, schenkt den Kindern Spielzeug und spielt stundenlang mit ihnen. Luise bewundert Rosas Vielseitigkeit, ihre geistige Elastizität, Schlagfertigkeit, ihre Gabe, sich augenblicklich jedem Menschen und jeder Situation anzupassen. Mit Karl Kautsky diskutiert sie, mit den Söhnen tobt sie oder zeichnet um die Wette – sie ist sehr begabt im Zeichnen und Malen –, und mit der Köchin spricht sie über Rezepte. Spätabends bringt Luise Rosa nach Hause, Rosa bringt sie zurück – die Freundinnen reden und begleiten sich mehrfach hin und her. Manchmal singt Rosa laut in den mitternächtlichen Straßen Arien aus *Figaro* oder die Marseillaise oder die Internationale, und Wachtmeister verwarnen sie.

Im Urlaub fährt sie meist nach Italien, arbeitet dort an Aufsätzen und schreibt Luise Briefe mit humorvollen Miniaturen des alltäglichen Lebens um sie her. Sie beobachtet genau und ist eine glänzende Stilistin.

Ihre enge Beziehung zur ganzen Familie Kautsky zerbricht an einer politischen Auseinandersetzung mit Karl Kautsky. Der Konflikt bahnte sich über Jahre an.

Die Arbeiter demonstrieren immer häufiger gegen niedrige Löhne und gegen das preußische Dreiklassenwahlrecht – 1908 können 418 000 konservative Wähler 221 Abgeordnete ins preußische Abgeordnetenhaus schicken, aber 600 000 sozialdemokratische Wähler nur sechs Abgeordnete. Rosa Luxemburg fragt in ihren Artikeln in der Parteipresse, ob jetzt nicht die Zeit gekommen sei, mit Generalstreiks auf den Sturz der Monarchie und die Einführung der Republik hinzuarbeiten. Aber für Partei- und Gewerkschaftsfunktionäre ist das Revolutionsromantik, und die Gewerkschaften sprechen sich Anfang März 1910 strikt gegen politische Streiks aus. Der *Vorwärts* lehnt Rosa Luxemburgs Antwortartikel ab, und auch Karl Kautsky will ihn nicht in der *Neuen Zeit* bringen. Er hat sich geändert. Im Jahr zuvor noch meinte er, jetzt müsse man um die Staatsmacht kämpfen, für Demokratie und gegen Militarismus, doch nach einem Zusammenstoß mit dem Parteivorstand hat er zurückgesteckt: Nun tritt er für eine Ermattungsstrategie ein, meint, damit würde die SPD bei den Reichstagswahlen in zwei Jahren mehr Stimmen gewinnen. Rosa Luxemburg ist empört. Als es zum nächsten Zusammenstoß wegen eines Artikels kommt, bricht sie mit ihm.

Sie bleibt die gleiche, die sie immer war, aber immer mehr Parteigenossen strömen an ihr vorbei zu den Reformisten, und vom Zentrum der Partei gerät sie allmählich an den linken Rand. Die alten Sozialdemokraten, die die Partei durch die Zeit des Verbots geführt haben, treten ab. 1912 stirbt August Bebel. Sein Nachfolger wird Friedrich Ebert, der aus der praktischen Gewerkschaftsarbeit kommt. Im selben Jahr gewinnt die SPD so viele Stimmen bei der Reichstagswahl wie nie zuvor, und die neue Führung strebt nun mehr nach Zusammenarbeit mit den bürgerlichen Parteien als nach der sozialistischen Revolution, auf die man 50 Jahre lang vergebens gewartet hat.

Im März 1913 werden die Redaktionen der Parteizeitungen verpflichtet, keine Kritik am Parteivorstand und an SPD-Reichstagsabgeordneten mehr zu drucken. Ein neuer Chefredakteur drängt Rosa Luxemburg aus der *Leipziger Volkszeitung*, für die sie seit 15 Jahren geschrieben hat. Die Luft für die Parteilinken wird immer dünner – auch wenn Rosa Luxemburg für die Mehrheit der Arbeiter die Symbolfigur der Demokratie, der Revolution und des Friedens bleibt.

Sie reist durch Deutschland und hält zündende Reden *Gegen Militarismus und imperialistischen Krieg!* Ein Spitzel notiert, was sie im September 1913 in Frankfurt ausruft: »Wenn uns zugemutet wird, die Mordwaffe gegen unsre französischen oder anderen Brüder zu erheben, dann rufen wir: Das tun wir nicht.« Weil sie damit eine Menschenmenge zum Ungehorsam gegen die Obrigkeit aufgewiegelt habe, verurteilt das Landgericht Frankfurt sie im Februar 1914 zu einem Jahr Gefängnis. Ihr Rechtsanwalt Kurt Rosenfeld legt Berufung ein. Überall in Deutschland protestieren Arbeiter gegen das Urteil.

Rosa Luxemburg läßt sich nicht einschüchtern. Auf Versammlungen in Stuttgart, Berlin, Freiburg, Karlsruhe, Pforzheim, München, Heilbronn, Göppingen, Gmünden greift sie den Militarismus an. Kriegsminister von Falkenhayn stellt Strafantrag gegen sie: Er fühle sich im Namen des gesamten Offiziers- und Unteroffizierskorps der deutschen Armee beleidigt durch ihre Behauptung, daß in der Armee Mißhandlungen von Soldaten auf der Tagesordnung stünden.

Der Prozeß beginnt am 29. Juni 1914 vor dem Landgericht II in Berlin. Rosa Luxemburg begrüßt den Prozeß, der ihr eine weit größere Plattform gibt als die, die sie in den Parteizeitungen verloren hat. Ihre Verteidiger lassen am ersten Tag hundert Zeugen erscheinen, die über Ohrfeigen, Anspucken, Prügel berichten, und weisen 30000 Briefe von Soldaten mit weiteren Zeugenaussagen vor, das Ergebnis von Aufrufen in der sozialdemokratischen Presse. Das Gericht vertagt den Prozeß auf unbestimmte Zeit. Rosa Luxemburg und ihre Verteidiger widersprechen der Vertagung, die nur auf eine Verschleppung des Prozesses hinauslaufe. Doch der große Erfolg, der sich für Rosa Luxemburg anbahnt, geht unter: Der Weltkrieg kann täglich ausbrechen.

Am 28. Juni, einen Tag vor Prozeßbeginn, sind der österreichische Thronfolger und seine Frau in Sarajewo ermordet worden. Die österreichische Regierung schickt Serbien am 23. Juli ein Ultimatum. Hinter Serbien steht Rußland. Österreich erklärt am 28. Juli Serbien den Krieg. Am 29. Juli ordnet die russische Regierung die Mobilmachung ihrer Truppen an. Das Deutsche Reich ist mit Österreich verbündet, wenn es eingreift, ist durch das System der Militärbündnisse in Europa ein Weltkrieg da.

Am Tag der russischen Mobilmachung treffen sich in Brüssel Sozialisten aus Deutschland – auch Rosa Luxemburg ist dabei –, aus Frankreich, Österreich, Rußland, Großbritannien, Belgien, der Schweiz. Sieben Jahre zuvor haben sie sich verpflichtet, alles zu tun, um den Ausbruch eines Krieges zu verhindern. Rosa Luxemburg ist davon überzeugt, daß die Arbeiter aller Länder über die Grenzen hinweg zusammenhalten. Doch die Massen in den Hauptstädten Europas sehen den Krieg gegen das zaristische Rußland als gerechten Verteidigungskrieg an, überall löst er begeisterte Kundgebungen der Patrioten aus. Der österreichische Delegierte in Brüssel spricht es als erster aus: Die Sozialisten würden ihre Anhänger verlieren, wenn sie sich jetzt gegen den Krieg wenden.

Die europäischen Sozialistenführer können sich nicht darauf einigen, einen Generalstreik in allen Ländern auszurufen. Rosa Luxemburg sitzt wie gelähmt im Plenum.

Am Abend des 29. Juli sprechen prominente Sozialisten vor belgischen Arbeitern, die gegen den Krieg sind. Der Franzose Jean Jaurès, ein leidenschaftlicher Pazifist, der immer für Freundschaft zwischen Frankreich und Deutschland eingetreten ist, fordert, daß die Sozialisten sich bei ihren Regierungen für den Frieden einsetzen. Er bittet Rosa Luxemburg, »die kühne Frau, die das Herz des deutschen Proletariats mit der Flamme ihres Gedankens erfüllt hat«, zu sprechen. Doch sie, die große Rednerin, kann nicht aufstehen, hat die Hände vors Gesicht geschlagen. Der Hurra-Patriotismus hat gesiegt.

Nach 14stündiger Zugfahrt trifft sie wieder in Berlin ein. Dort erfährt sie, daß Jean Jaurès, der so leidenschaftlich für den Frieden gekämpft hat, von einem nationalistischen Fanatiker ermordet worden ist.

Das Deutsche Reich erklärt Rußland und Frankreich den Krieg, und deutsche Truppen rücken am 4. August in Belgien ein. Darauf erklärt England Deutschland den Krieg.

In Berlin bewilligt der Reichstag am 4. August einstimmig die Kriegskredite – 14 Abgeordnete der SPD, die sie ablehnen wollten, beugen sich dem Fraktionszwang. Die kaiserliche Regierung und die Reichstagsparteien schließen für die Dauer des Krieges einen Burgfrieden. Das romantische Wort hört sich nach einem Abkommen zwischen Gegnern an, die sich respektieren und ihre Auseinandersetzungen erst weiterführen wollen, wenn der Verteidigungskrieg vorüber ist. Die Parlamentarier vertrauen der Regierung und überlassen ihr die Kriegführung. Aber die Regierung traut ihnen nicht. Sie ordnet den Belagerungszustand an und kann mit Hilfe der Zensur jede politische Meinungsäußerung unterdrücken, kann alle militärischen, politischen und wirtschaftlichen Fragen ohne parlamentarische Kontrolle entscheiden: Der Burgfriede bedeutet die diktatorische Gewalt der Regierung.

Rosa Luxemburg ist verzweifelt über die Zustimmung der sozialdemokratischen Abgeordneten zum Burgfrieden, mit der sie die selbständige politische Initiative aufgegeben haben. Eine Landesverteidigung durch die Arbeiter entspricht der marxistischen Lehre, aber die Arbeiter sollen nicht andere Länder erobern und für die Kriegsziele des Großkapitals kämpfen. Für Rosa Luxemburg ist der Krieg eindeutig ein Angriffskrieg. Bei einem Angriffskrieg sollen die Arbeiter die politische Krise zum Sturz der Klassenherrschaft ausnutzen, die herrschende Schicht hinwegfegen. Sie versucht, Genossen zu mobilisieren und Druck auf die Reichstagsabgeordneten auszuüben, damit sie bei der nächsten Abstimmung die Aufnahme weiterer Kriegskredite ablehnen. Unter den Reichstagsabgeordneten, die die Kriegskredite ablehnen wollten, ist der Rechtsanwalt Karl Liebknecht. Er bereut, daß er sich am 4. August dem Fraktionszwang beugte, und will nun durchsetzen, daß die Partei bei der nächsten Abstimmung im Dezember gegen die Kriegskredite stimmt. Rosa Luxemburg unterstützt ihn und bricht mit ihm zu einer Agitationsreise durch Deutschland auf.

Karl Liebknecht, wie Rosa Luxemburg 1871 geboren, ist ein Sohn des Mitbegründers der SPD, Wilhelm Liebknecht. Außerhalb der Partei ist Karl weitgehend unbekannt, innerhalb ist er der Sohn des Parteigründers, den man wegen seines Vaters achtet, auf den man aber nicht weiter hört. Er hat ein Buch gegen den Militarismus geschrieben, wofür er zu anderthalb Jahren Festungshaft verurteilt wurde. Seit 1912 ist er im Reichstag. Rosa Luxemburg vergleicht ihn mit einer Wolke in der Luft, aber er sei gutherzig und mutig.

Am 2. Dezember 1914 stimmt er als einziger Reichstagsabgeordneter gegen die Kriegskredite. Die SPD-Fraktion verurteilt diesen Bruch der Parteidisziplin scharf. Sie wird die innerparteiliche Opposition von Karl Liebknecht und Rosa Luxemburg schnell los. Am 7. Februar 1915 beruft die Militärbehörde Liebknecht zur Armee ein – wie ja viele andere auch, das ist ganz unauffällig. Und die rote Rosa muß drei Tage später, am 18. Februar, ihre einjährige Gefängnisstrafe antreten – das ist zwar vorzeitig, aber ebenfalls unauffällig, denn der Prozeß in Frankfurt fand lange vor Kriegsausbruch statt. Die Unbequemen sind aus der Öffentlichkeit entfernt.

»Und ich lächle im Dunkeln dem Leben«

Die Beamten, die Rosa Luxemburg im Februar 1915 in ihrer Wohnung verhaften, bringen sie im Auto ins Berliner Polizeipräsidium und von dort im grünen Kastenwagen mit neun anderen Frauen ins Königlich-Preußische Weibergefängnis in die Barnimstraße. Anders als die russischen Gendarmen in Warschau, machen sie keinen Unterschied zwischen Huren und Politikerinnen und zeigen Rosa Luxemburg ihre Verachtung. Im Gefängnis muß sie sich zum zweitenmal an diesem Tag bis aufs Hemd ausziehen und betasten lassen. Sie kann die Tränen nur mit Mühe zurückhalten und ist wütend über ihre Schwäche. Sie leidet, als sie sich abends ohne Nachthemd in der Zelle hinlegen muß.

In der Zelle Nr. 219 gibt es einen Eßnapf, einen Blechlöffel, einen Wasserkrug, einen Waschnapf. Die Holzpritsche hat eine dünne Matratze, ein Keilkissen und eine Wolldecke. Der Tisch kann von der Wand geklappt werden. Der einzige Stuhl ist festgeschraubt, so daß die Gefangene mit dem Gesicht zur Tür sitzen muß, damit ein Beamter, der durch die Klappe in der Tür schaut, sieht, was sie tut. Neben der Tür ist das Klosett.

Rosa Luxemburg versucht, alles, was ihr geschieht, mit Gemütsruhe und Heiterkeit hinzunehmen. Heiterkeit sei ein Zug der Selbsterziehung und des Willens, versichert sie brieflich ihren Freunden, denen sie Kummer um sie ersparen will, mahnt auch Mathilde Jacob, das Leben ruhig und heiter zu nehmen. Mathilde Jacob hat in Berlin-Moabit ein Büro für Schreibarbeiten. Aus der Sekretärin wird eine Freundin, die unermüdlich für die Gefangene sorgt und sie in ihrer Einsamkeit tröstet.

Wenn sie die Gefangene besuchen darf, machen beide sich vorher Notizen, damit sie in der Aufregung nichts vergessen. Unendlich viel ist zu erledigen. Rosa Luxemburg sorgt sich, was aus ihrer Katze Mimi werden soll, und vertraut sie Mathilde an. Sie leidet darunter, daß sie die Freundin um den alltäglichsten Kleinkram bitten muß: Myrrhentinktur für die Zähne, weißes Bohnerwachs für den Zellenfußboden, Zitronen, mit denen sie sich die Tinte von den Fingern waschen kann, Maiglöckchenparfüm, ein neuer Kamm.

Mathilde Jacob hat nie geahnt, daß die berühmte Rosa Luxemburg vermögenslos ist. Sie hat Selbstbeschäftigung im Gefängnis und muß 60 Mark monatlich dafür bezahlen, daß sie nicht mit anderen Gefangenen Tüten klebt. Für diese Summe kommt der Parteivorstand auf. Ein wohlhabender Parteifreund übernimmt die Wohnungsmiete und alles, was Rosa Luxemburg im Gefängnis braucht. Mathilde findet heraus, daß Rosa das Essen im Gefängnis nicht verträgt. Einmal in der Woche darf sie ihr Zusatznahrung bringen, doch nach sieben, acht Monaten ist Rosa so krank, daß sie zeitweise im Bett liegen muß. Zu allen Schwierigkeiten für Mathilde Jacob kommt hinzu, daß Rosa stolz ist und möglichst wenig annehmen will. Nur nach einem fragt sie dringend: Bücher zur Arbeit und zur Erholung.

Botanik ist ihr Hobby, und sie freut sich über die Blumen, die Mathilde ihr schickt. Sie trägt Pflanzen in Botanisierhefte ein und legt nun ein besonderes Heft für die Barnimstraße an. Erholung ist für sie auch die geologische Geschichte Deutschlands, nichts liest sie mit solcher Spannung wie Bücher zur Geologie.

Mathilde schmuggelt politische Situationsberichte von Leo Jogiches ins Gefängnis, Rosa schreibt Artikel und Broschüren, und Mathilde schmuggelt die Blätter, die Rosa ihr während des Besuchs zusteckt, hinaus. Bei einer Entdeckung drohen beiden Zuchthausstrafen. Im März und April 1915 schreibt Rosa *Die Krise der Sozialdemokratie*, ihre berühmte Analyse der Parteipolitik. Die Kapitulation der internationalen Sozialdemokratie ist für sie eine weltgeschichtliche Katastrophe. Nun müsse man herausfinden, wie es dazu kommen konnte: »Selbstkritik, rücksichtslose, grausame, bis auf den Grund der Dinge gehende Selbstkritik ist Lebensluft und Lebenslicht der proletarischen Bewegung.« Die deutsche Sozialdemokratie habe mit dem Burgfrieden und den Kriegskrediten stillschweigend den Belagerungszustand bewilligt, »der sie selbst geknebelt den herrschenden Klassen vor die Füße legte«. Damit habe die SPD vor dem Kapitalismus, den Hohenzollern und dem preußischen Militärsystem kapituliert. Eine neue selbständige Aktion der Arbeiterklasse könne nur mit der Ablehnung der Kriegskredite beginnen.

Mehr und mehr sozialdemokratische Reichstagsabgeordnete fragen sich, ob Deutschland wirklich nur einen Verteidigungskrieg führt, und am 21. Dezember 1915 stimmen 20 Abgeordnete gegen die erneute Kriegskreditvorlage. 22 bleiben der Abstimmung fern. Karl Liebknecht ist für die Tagungszeit des Parlaments von der Armee beurlaubt. In seiner Berliner Anwaltskanzlei treffen sich am 1. Januar 1916 Männer und Frauen, die in der SPD eine Oppositionsgruppe bilden wollen. Sie beschließen, Kommentare zur Tagespolitik herauszugeben, die sie *Spartakusbriefe* nennen. Spartakus hieß der Führer eines großen Sklavenaufstands im Römischen Reich. Doch römische Soldaten besiegten in blutigen Kämpfen die Sklaven und töteten Spartakus – die Namenswahl ist nicht glücklich.

Am 18. Februar 1916 wird Rosa Luxemburg aus dem Gefängnis

entlassen. Als Mathilde Jacob und Karl Liebknecht nachmittags um halb vier über den Gefängnishof gehen, um sie abzuholen, winken die Insassinnen der Krankenzellen mit Tüchern durch die Gitterstäbe. Das Gefängnis ist aufgestört.

Draußen hat die Polizei Straßen abgesperrt, um den Demonstrationszug von Frauen zu verhindern, die Rosa Luxemburg begrüßen wollen. Doch Tausende erwarten sie vor dem Gefängnis und begleiten sie zu ihrer Wohnung. Deputationen aus Berliner Wahlkreisen, Genossen, Freundinnen bringen ihr Blumen, Kuchen, Konserven, Tee, Seife, Kakao, das Feinste, was sie sich absparten in diesen Kriegszeiten, selbst gebacken, selbst eingemacht. »Ich möchte heulen vor Beschämung«, schreibt Rosa Luxemburg ihrer Freundin Clara Zetkin, die selbst mehrere Monate in Haft war.

Rosa Luxemburg genießt den Frühling in Freiheit. Es kommt vor, daß sie morgens um zehn Sophie Liebknecht anruft und sie und ihren Mann Karl in den Botanischen Garten bestellt, damit sie der Nachtigall zuhören, die dort singt. Sie besucht Clara Zetkin in Stuttgart, reist zu illegalen Zusammenkünften. Ihre gemeinsame Arbeit mit Karl Liebknecht wird enger. Mathilde Jacob ist beunruhigt darüber, denn sein Auftreten wird immer kühner, er verläßt sich auf seine Immunität als Reichstagsabgeordneter.

Die Spartakusgruppe ruft zu einer Demonstration am 1. Mai 1916 auf, und Rosa Luxemburg schreibt das Flugblatt, das die Freunde in Berliner Fabriken verteilen. Fast 10000 Menschen kommen abends um acht Uhr zum Potsdamer Platz. Liebknecht ruft »Nieder mit dem Krieg! Nieder mit der Regierung!« – weiter kommt er nicht, die Polizei verhaftet ihn, und Polizisten zu Pferd verjagen die Demonstranten. Aber diese acht Worte machen ihn berühmt in Deutschland. Rosa Luxemburgs Flugblatt wird im ganzen Land heimlich von Hand zu Hand weitergegeben, und viele wissen nun, daß es eine Gruppe gibt, die gegen den Krieg ist.

Ein Oberkriegsgericht verurteilt Karl Liebknecht zu vier Jahren und einem Monat Zuchthaus. Bei Rosa Luxemburg macht die Polizei Hausdurchsuchungen, und am 10. Juli 1916 – früh am Morgen, sie liegt noch im Bett, als es klingelt – wird sie verhaftet. Was man ihr vorwerfen kann, reicht nicht aus für eine Anklage vor Gericht. So kommt sie ohne Urteil in »militärische Sicherheitshaft« ins »Militär-Frauengewahrsam Barnimstraße«, wie das Königlich-Preußische Weibergefängnis nun heißt.

Schutzhaftgefangene haben bessere Haftbedingungen als Strafgefangene, aber sie wissen nicht, wann ihre Haft vorüber sein wird. Mathilde Jacob darf Rosa Luxemburg einmal in der Woche für eine Stunde besuchen. Die Sprechstunden überwacht ein Beamter. Manche Beamten sind freundlich, andere schikanieren die Gefangenen. Als ein Beamter die Sprechstunde nach zehn Minuten Dauer für beendet erklärt und unverschämte Bemerkungen macht, wirft Rosa Luxemburg aufgeregt eine Tafel Schokolade nach ihm und nennt ihn einen dreckigen Spitzel. Sie wird ins Polizeipräsidium strafverlegt.

Die Zelle ist winzig und schmutzig. Tag und Nacht rast die Stadtbahn vorbei. Abends gibt es kein elektrisches Licht. Eingeklemmt zwischen Kloeimer und eiserner Pritsche sitzt Rosa Luxemburg und deklamiert Gedichte von Mörike. Tagsüber schreibt sie beim spärlichen Licht, das durch die Mattscheibe der Tür aus dem Flur dringt, Artikel für die *Spartakusbriefe*. Sie übt Gleichmut. Später gibt sie zu, daß die Wochen in dieser Zelle in ihren Nerven Risse zurückgelassen haben, die nie mehr verschwinden werden.

Ende Oktober 1916 bringt man sie auf die Festung Wronke in der Provinz Posen. Sie kommt ohne Geld an, ohne Wäsche, Seife, ohne Bücher. Wieder ist sie gezwungen, Mathilde Jacob um alles zu bitten. Jedes Paket nach Wronke wird in der Berliner Kommandantur untersucht, was viel Zeit kostet.

Auf der Festung gibt es ein kleines Haus für die Gefangene und ein Gärtchen. Der Staatsanwalt und die Oberin der Festung, Eva Schrick, sind beeindruckt von Rosa Luxemburgs Lauterkeit und ihrem Bemühen, ihrer Umgebung stets Aufmerksamkeit und Interesse zuzuwenden. Sie bewundern ihren Gleichmut, das Starke, das von ihrer Persönlichkeit ausgeht, ihren Stolz und ihre Tapferkeit. Die Schutzhaft wird alle drei Monate für drei Monate verlängert.

In ihren Briefen aus dem Gefängnis geht Rosa Luxemburg liebevoll auf den jeweiligen Empfänger ein, macht sich selbst nur Luft, wenn sie glaubt, der Freund oder die Freundin könne das vertragen. In Briefen an Hans Diefenbach, einen jungen Arzt, den sie aus Berlin kennt und der jetzt Militärarzt ist, läßt sie manchmal durchblicken, daß sie traurig ist und unter der Einsamkeit leidet. Zorn überkommt sie, als sie an Mathilde Wurm schreibt, deren Mann Reichstagsabgeordneter ist und von der sie glaubt, sie sei politisch eine Kriechernatur: »Was mich anbelangt, so bin ich in der letzten Zeit, wenn ich schon nie weich war, hart geworden wie geschliffener Stahl und werde nunmehr weder politisch noch im persönlichen Umgang auch die geringsten Konzessionen machen.« Aber dann schließt sie den Brief doch versöhnlich mit einem Kuß.

Sie tröstet Sophie Liebknecht, die unter der Zuchthausstrafe ihres Mannes leidet, und spricht ihr Mut zu. Sie beginnt, Erlebnisse von früher zu erzählen, von Spaziergängen in Berlin, als sie in den Frühlingstagen auf den Straßen schlenderte und das Leben einsog. Man muß das Leben, schreibt sie, »immer mit allem nehmen und *alles* schön und gut finden. Ich tue es wenigstens so. Nicht durch ausgeklügelte Weisheit, sondern einfach aus meiner Natur. Ich fühle instinktiv, daß es die einzige richtige Art ist, das Leben zu nehmen, und fühle mich deshalb wirklich glücklich in jeder Lage.«

Mit dem Trost an die Freundin spricht sie sich selbst Mut zu. Mathilde Jacob gegenüber ist sie offener. Je länger die Gefangenschaft dauert, um so unerträglicher wird ihre Sehnsucht nach Briefen und Besuch, nach den Freundinnen, dem Leben, der Freiheit, um so größer ihr Unmut, auf andere angewiesen zu sein. Ihre Rechtsanwälte versäumen Termine, übersehen Argumente, aber sie kann sie oft nur schwer erreichen, weil sie eingezogen sind zum Krieg. Sie bekommt Mahnungen wegen unbezahlter Gemeindesteuer in Berlin, ihre Hauswirtin erhöht die Miete – aber sie kann selbst nichts tun. Ihre Kleider verschleißen, sie braucht neue Schuhe. Sie sorgt sich um verlorengegangene Briefe, kämpft um Besuchserlaubnisse.

Im Januar 1917 läßt die Oberin Eva Schrick sich versetzen. Ihre

Nachfolgerin macht den Gefangenen und dem Aufsichtspersonal mit Kleinigkeiten das Leben schwer.

Rosa Luxemburg hat Depressionen. Bei den seltenen Besuchen Mathilde Jacobs setzt sie sich auf ihren Schoß und lehnt den Kopf an ihre Schulter. Sie hat nie Zärtlichkeiten geduldet, aber nun ist sie krank, hilflos, reizbar. Wenn Mathilde gegangen ist, läuft sie wie ein Tier im Käfig an der Festungsmauer entlang.

Aber sie findet doch die Kraft, auch ihre Freundin Luise Kautsky zu trösten, mit Strenge zu kühler Gelassenheit zu ermahnen und an ihr eigenes Vorbild zu erinnern, an Goethe: »... seine Lebensauffassung – den Universalismus der Interessen, die innere Harmonie kann sich jeder anschaffen oder wenigstens anstreben. Und wenn du etwa sagst: Goethe war eben kein politischer Kämpfer, so meine ich: ein Kämpfer muß erst recht über den Dingen stehen, sonst versinkt er mit der Nase in jedem Quark.«

Sie liest in Goethes Werken, arbeitet in ihrem Gärtchen, beschreibt die Vergißmeinnicht und Stiefmütterchen, die Luise ihr bei einem Besuch mitgebracht hat, die Vögel. Aber Anfang Februar gibt sie zu: »Ich bin in der Tat ein wenig wie ein Mensch ohne Haut geworden: ich erschauere vor jedem Schatten, der auf mich fällt.« Sieben Monate ohne Besuch liegen vor ihr, sie sehnt sich danach, bei Luise zu sein, auf ihrem Schoß zu sitzen, ihren Kopf an ihrer Schulter zu vergraben und zuzuhören, wie Hans, Luises Sohn, die Mondscheinsonate spielt.

Auch in Wronke werden die seltenen Besuche überwacht. Wenn Mathilde Jacob endlich einmal aus Berlin kommen darf, tauschen die Frauen heimlich unter den Augen des Staatsanwalts Zettelchen aus und flüstern sich politische Nachrichten zu.

Der Streit um die Kriegskredite erschüttert die Sozialdemokratie. Im Frühjahr 1917 spalten sich die Gegner der Bewilligung ab und gründen die Unabhängige Sozialdemokratische Partei Deutschlands. Rosa Luxemburg ist gegen die Spaltung. Die Spartakusgruppe schließt sich der neuen USPD an.

Im Sommer 1917 wendet sich auch die Mehrheitssozialdemokratie gegen die Regierung, glaubt nicht länger, daß sie einen Verteidigungskrieg führt. Gemeinsam mit der Fortschrittlichen Volkspartei und der Zentrumspartei verabschiedet die Mehrheitssozialdemokratie eine Friedensresolution. Der Burgfrieden ist erschüttert.

Die große MSPD und die kleine USPD wollen beide mit friedlichen Mitteln gegen die Militärregierung kämpfen. Nur die Spartakusgruppe fordert die bewaffnete Revolution und die sozialistische Republik. Aber sie hat kaum Anhänger.

Die Arbeiter vertrauen nach wie vor ihren alten Führern, gleich, wohin sie nach der Parteispaltung gehören. Sie bewundern Karl Liebknecht, der so mutig für den Frieden sprach, aber nicht sein Programm. Anhänger findet die Spartakusgruppe nur bei den utopisch-radikalen Arbeitern, bei denen, die erbittert gegen alles sind, selbst gegen ein eigenes politisches Programm. Alles, was sie verstehen, ist: nieder mit dem Krieg, nieder mit der Regierung.

Utopische Radikalisten hat es seit Beginn der Arbeiterbewegung gegeben, und die Marxisten wollten nie etwas mit ihnen zu tun haben, weil mit ihrer radikalen Verneinung die Arbeiterschaft sich selbst aus der Politik ausschalten würde. Nun ist die Spartakusgruppe auf die Utopisten angewiesen, weil sie sonst überhaupt keine Anhänger hätte.

Die wichtigsten linken Politiker sitzen in den Gefängnissen und Zuchthäusern des Kaiserreichs. Rosa Luxemburg kann nicht eingreifen. Sie ist sogar von politischen Informationen weitgehend abgeschnitten, auf Zeitungen angewiesen, die die Gefängnisverwaltung als unbedenklich ansieht, und auf die Informationen, die Mathilde Jacob ihr zusteckt.

Diese kleinen Situationsberichte kommen von Leo Jogiches. Er gibt die *Spartakusbriefe* illegal heraus, seit die meisten bekannten Politiker der Gruppe verhaftet sind. Er hält alles in seinen Händen – der Verschwörer, der Mann ohne Eitelkeit, ist nun ganz in seinem Element als Macher im Hintergrund. Die politische Polizei sucht nach dem großen gefährlichen Unbekannten, doch selbst innerhalb der Spartakusgruppe kennt ihn kaum jemand. Er schickt seine Anweisungen und Informationen schriftlich mit dem Befehl, sie sofort zu verbrennen.

Ende Juli 1917 wird Rosa Luxemburg nach Breslau verlegt. Die

Fahrt ist anstrengend und ermüdend, sie ist nicht mehr an Menschen gewöhnt. Das Gefängnis ist düster, ihre Zelle winzig, und sie hält mit Mühe die Tränen zurück. Tagsüber ist sie nun eingeschlossen und wird nur zu kurzen Gängen in den engen Gefängnishof geführt. Sie leidet unter ihrer nun schweren Magenkrankheit. Erst nach vielen Mühen gelingt es Mathilde Jacob, eine Frau Schlisch zu finden, die für Rosa Luxemburg kocht.

Ende August erfährt sie, daß ihre Katze Mimi tot ist. Sie ist schwer erschüttert. Wie immer, wenn es ihr sehr schlechtgeht, versucht sie, andere zu trösten und aufzurichten. Sie mahnt Mathilde Jacob, sich nicht unterkriegen zu lassen, sie soll etwas Gutes lesen, in den Botanischen Garten gehen.

Im Herbst erhält sie die Nachricht, daß ihr Freund Hans Diefenbach an der Front in Frankreich von einer Granate zerrissen wurde.

Sie versucht, ihre Depressionen mit Selbstdisziplin zu überwinden. Sie macht sich Sorgen um die wenigen Freunde, die ihr noch geblieben sind, hat Angst, ihnen sei etwas passiert. Doch sie will heiter sein. Sie beobachtet die Sonne, die Wolken, liest Bücher über Geologie und über den Vogelzug. Mitte Dezember 1917 schreibt sie Sophie Liebknecht: »Wie merkwürdig das ist, daß ich ständig in einem freudigen Rausch lebe – ohne jeden besonderen Grund.« Sie kann jetzt nie vor ein Uhr einschlafen, muß aber schon um zehn ins Bett, weil das Licht ausgelöscht wird: »Da liege ich still, allein, gewickelt in diese vielfachen schwarzen Tücher der Finsternis, Langeweile, Unfreiheit, des Winters – und dabei klopft mein Herz von einer unbegreiflichen, unbekannten inneren Freude, wie wenn ich im strahlenden Sonnenschein über eine blühende Wiese gehen würde. Und ich lächle im Dunkeln dem Leben, wie wenn ich irgendein zauberhaftes Geheimnis wüßte, das alles Böse und Traurige Lügen straft und in lauter Helligkeit und Glück wandelt. Und dabei suche ich selbst nach einem Grund zu dieser Freude, finde nichts und muß wieder lächeln – über mich selbst. Ich glaube, das Geheimnis ist nichts anderes als das Leben selbst.«

Das Jahr 1918, das vierte Jahr der Haft, ist zermürbend. Aus Lebensmittelpaketen verschwindet ein Teil des Inhalts: Auch Polizeibeamte haben Hunger. Überall in Deutschland kommt es immer wieder zu Streiks der Munitionsarbeiterinnen, der Rüstungsarbeiter, sie protestieren gegen den Krieg, die Militärdiktatur, den Hunger, die Sinnlosigkeit des Mordens. Mitte März wird Leo Jogiches verhaftet. Jetzt will Rosa Luxemburg keine Lebensmittelpakete mehr von Mathilde Jacob, alles, was sie auftreiben kann, soll an Leo gehen.

Die langen Tage des Frühsommers verstärken ihre Sehnsucht nach Freiheit. Sie kann nicht mehr schlafen. Das Reichsmilitärgericht weist ihre Haftbeschwerde ab, weil sie durch Aufreizen der Volksmassen für die Erzwingung eines Friedens eintreten werde.

Im Sommer 1918 schreibt Rosa Luxemburg für die *Spartakusbriefe* Artikel, in denen sie sich mit der Parteidiktatur der Bolschewisten in Rußland auseinandersetzt. Im Frühjahr 1917 ist dort eine bürgerliche Revolution ausgebrochen, der Zar hat abgedankt, bürgerliche Parteien stellen die Regierung. Die deutsche Regierung erlaubt Lenin, aus der Schweiz im geschlossenen Salonwagen durch Deutschland zu fahren, weil sie die militärische Niederlage Rußlands durch eine sozialistische Revolution beschleunigen will. Im November 1917 – Oktober nach russischem Kalender – erheben Arbeiter und Soldaten sich gegen die bürgerliche Regierung. Die Bolschewisten zerschlagen den alten Staatsapparat, sozialisieren Großbetriebe und Banken. Im Juli 1918 wird die Diktatur des Proletariats verkündet, die eine Diktatur der Partei ist: Lenin glaubt nicht, daß die Masse der Arbeiter den Staat regieren kann.

Rosa Luxemburg ist begeistert über die Revolution, aber gegen die Diktatur einer Partei. Doch ihre Kritik paßt ihren Freunden jetzt nicht, sie wollen ihre Artikel nicht in den *Spartakusbriefen* veröffentlichen, weil sie meinen, daß ihre Anhänger den Unterschied zwischen der Diktatur des Proletariats und der Diktatur der Partei nicht begreifen. Rosa Luxemburg beginnt eine längere Arbeit, um ihre Sicht zu begründen – *Die Russische Revolution* –, und schreibt an den Rand ihre Definition der Demokratie, die heute noch berühmt ist: »Freiheit nur für die Anhänger der Regierung, nur für die Mitglieder einer Partei – mögen sie noch so zahlreich sein – ist keine Freiheit. Freiheit ist immer

Freiheit der Andersdenkenden. Nicht wegen des Fanatismus der ›Gerechtigkeit‹, sondern weil all das Belebende, Heilsame und Reinigende der politischen Freiheit an diesem Wesen hängt und seine Wirkung versagt, wenn die ›Freiheit‹ zum Privilegium wird.«

Am 5. Oktober 1918 erfahren die überraschten Deutschen aus den Morgenzeitungen, daß Deutschland eine parlamentarische Demokratie ist und eine Regierung aus Sozialdemokraten, Fortschritt und Zentrum hat – den Parteien der Friedensresolution 1917 – unter dem liberalen Reichskanzler Max von Baden.

Die Erwartung, endlich das Gefängnis verlassen zu können, nimmt Rosa Luxemburg jede Geduld, jetzt noch Briefe zu schreiben. Auch ihre Freundinnen will sie erst als freier Mensch wiedersehen. Doch den ganzen Oktober über ändert sich für sie nichts. Und dann, am 8. November abends um zehn Uhr, teilt die Gefängnisleitung ihr mit, sie sei frei. Es ist soweit: Die Revolution in Deutschland ist da. Rosa Luxemburg kann so spät nirgends mehr hin und bleibt über Nacht noch im Gefängnis.

Die Revolution

Am Morgen des 9. November verläßt Rosa Luxemburg das Gefängnis. Von Breslau nach Berlin fahren keine Züge mehr. Sie geht zu Frau Schlisch, die für sie gekocht hat, und ruft mehrmals bei Mathilde Jacob und bei Leo Jogiches an: Sie will nach Berlin, will wissen, was dort geschieht.

An diesem Tag erklärt der Kanzler Max von Baden, der Kaiser habe abgedankt, und übergibt die Reichskanzlerschaft Friedrich Ebert – per Händedruck.

Rosa Luxemburg in Breslau schreibt sofort einen Artikel: Die Abdankung des Kaisers sei noch keine Revolution und auch nicht, daß nun ein paar Regierungssozialisten mitregieren. Die Revolutionäre müßten wachsam sein, damit die Macht ihnen nicht verlorengehe. Abends zieht sie mit Parteifreunden durch die Straßen von Breslau und hält auf dem Domplatz eine Rede: Die Revolution sei ausgebrochen, aber sie habe noch nicht gesiegt.

Die Revolution ist eines der interessantesten und aufregendsten Kapitel der deutschen Geschichte. Rosa Luxemburg und Karl Liebknecht werden in den nächsten beiden Monaten zu Symbolfiguren der Revolution – für Freunde und für Feinde. Doch beide saßen noch im Gefängnis, als die Demokratisierung Deutschlands und die Revolution sehr seltsam begannen.

Ende September 1918 hat General Erich Ludendorff, seit 1916 praktisch Militärdiktator in Deutschland, sich eingestanden, daß der Krieg verloren ist. Nur ein Waffenstillstandsgesuch an die Alliierten kann die deutsche Armee noch retten. Aber kein Schatten soll auf ihre Ehre fallen, niemand soll glauben, sie habe den Krieg verloren. Das Gesuch soll politisch motiviert werden, nicht militärisch. Nur eine demokratische Regierung aus den Parteien der Reichstagsmehrheit kann es politisch glaubwürdig herausgeben. Der amerikanische Präsident Wilson hat die Demokratisierung Deutschlands mehrfach sein Kriegsziel genannt, er wird es nicht ablehnen.

Kaiser, Minister, Reichstagsabgeordnete sind von der Obersten Heeresleitung bis jetzt über die wahre Lage an den Fronten im unklaren gehalten worden und glauben noch an den Sieg. Ludendorffs Forderung nach einer schnellen Demokratisierung und einem Waffenstillstandsgesuch schlägt bei ihnen wie eine Bombe ein. Der Sozialdemokrat Philipp Scheidemann schöpft Verdacht, daß Ludendorff die Verantwortung für die Niederlage auf die verhaßten Sozis und Demokraten abwälzen will, und warnt seine Partei davor, in ein bankrottes Unternehmen einzutreten. Doch am Ende läuft alles so, wie Ludendorff es geplant hat. Die Verhandlungen mit den Alliierten über einen Waffenstillstand ziehen sich über den ganzen Oktober hin. Für die deutschen Admirale ist das Waffenstillstandsgesuch der neuen demokratischen Regierung eine unerträgliche Schande: dann lieber Tod auf See. Seit zwei Jahren liegen die großen Kampfschiffe untätig in den norddeutschen Häfen, nun wollen sie mit ihnen ausfahren zum letzten Gefecht. Heimlich bereiten sie die Fahrt gegen England vor.

Auf diese Meuterei der hohen Offiziere gegen die Regierung antworten die Matrosen mit einer Meuterei gegen die Offiziere. Sie wollen nicht sterben, und sie wollen die demokratische Regierung verteidigen. Auf zwei Linienschiffen in Wilhelmshaven verweigern die Matrosen die Ausfahrt.

Aber auf den übrigen Schiffen behalten die Offiziere die Macht, lassen über 1000 Matrosen verhaften und von einem Geschwader, dessen Matrosen sich den Aufständischen nicht angeschlossen haben, zum Kriegsgericht nach Kiel bringen. Diese Matrosen liefern ihre Kameraden gehorsam in die Militärgefängnisse ein, doch dann demonstrieren sie auf den Straßen gegen deren Erschießung und gegen die Militärdiktatur, die noch immer besteht. Werftarbeiter schließen sich den Demonstranten an, und gemeinsam befreien sie die Gefangenen.

Das ist der Beginn der Revolution. Überall in Deutschland erheben sich Soldaten und Arbeiter und fegen die Militärbehörden beiseite. Am 5. November ist Revolution in Lübeck, am 6. in Hamburg, Bremen, Wilhelmshaven, am 7. in Oldenburg, Hannover, Köln, am 8. in allen westdeutschen Großstädten, in Magdeburg, Leipzig, Breslau. Auf den Marktplätzen finden Volksversammlungen statt, Soldaten und Zivilisten verbrüdern sich und befreien die politischen Gefangenen. Arbeiter wählen als ihre Vertreter Arbeiterräte, Soldaten Soldatenräte, die eine Regierung wählen und die Verwaltung übernehmen sollen.

Am 9. November, dem Tag, an dem Rosa Luxemburg in Breslau vergeblich versucht, nach Berlin zu kommen, meint die Oberste Heeresleitung im belgischen Badeort Spa, wenn der Kaiser jetzt nicht zurücktrete, gäbe es einen Bürgerkrieg. In Berlin übernimmt Friedrich Ebert das Kanzleramt, um die Revolution zu verhindern.

Friedrich Ebert haßt die Revolution wie die Sünde. Er glaubt wie ein preußischer Offizier an die gottgewollte Autorität des Staates, die nicht erschüttert werden darf. Gleich am 9. November erläßt er einen Aufruf an das Volk, Ruhe und Ordnung zu bewahren, und bittet in einem zweiten Aufruf die kaiserlichen Beamten, weiter mit den Sozialdemokraten zusammenzuarbeiten, auch wenn es ihnen schwerfallen sollte: Ein Versagen der Organisation werde Deutschland der Anarchie und dem schrecklichsten Elend ausliefern. Dann verhandelt er mit MSPD und USPD über eine Regierungsbildung. Er will nach allen Seiten versöhnend wirken und hat auch nichts dagegen, selbst Karl Liebknecht zum Minister zu machen. Leo Jogiches, der gerade erst aus dem Gefängnis freigekommen ist, redet Liebknecht mit Mühe das Ministeramt aus. Nur die gewählten Vertreter der Arbeiter und Soldaten, die Räte, dürften eine Regierung bilden.

Hunderttausende sind auf den Straßen Berlins, die Atmosphäre ist voller Spannung, niemand weiß, wie es weitergehen wird. Hingerissen von der Erwartung der Menge vor dem Reichstagsgebäude, ruft Philipp Scheidemann mittags die Republik aus. Ebert ist sehr ärgerlich über dieses Vorpreschen: über Republik oder Monarchie habe erst eine Nationalversammlung zu entscheiden. Nachmittags zieht Karl Liebknecht an der Spitze eines Zuges von Arbeitern zum Schloß und ruft die Sozialistische Republik Deutschland aus. Er schämt sich noch am nächsten Tag dafür, daß er bereit war, sich von Ebert ohne Mitwirkung des Volkes zum Minister ernennen zu lassen.

Am Sonntag, dem 10. November, fährt ein Zug von Breslau nach Berlin. Er ist überfüllt mit Soldaten, die endlich nach Hause wollen. Rosa Luxemburg sitzt im Gang auf ihrem Koffer. Während der Zug nach Berlin fährt, wird dort Friedrich Ebert wider Willen zum Revolutionsführer.

In den großen Streiks des vorigen Winters haben die Arbeiter der Berliner Betriebe Obleute gewählt. Diese Obleute, die der USPD angehören, wollen jetzt eine Revolutionsregierung aus Arbeitervertretern wählen und Ebert und die MSPD beiseite drängen. Sie haben eine Versammlung für nachmittags fünf Uhr im Zirkus Busch einberufen.

Ebert handelt schnell. Der Mehrheitssozialdemokrat Otto Wels bestellt die Vertrauensleute der mehrheitssozialistischen Arbeiter und Soldaten für zwei Uhr zu einem Treffen. Er warnt sie vor einer Überrumpelung durch die Unabhängigen und Spartakusanhänger im Zirkus Busch und erklärt ihnen, daß es dort um die Entscheidung zwischen einer Nationalversammlung und einem bolschewistischen System gehe. Das ist eine Lüge – nirgends in Deutschland gibt es eine bolschewistische Organisation –, aber sie ist wirkungsvoll. Und sie erweist sich als langlebig.

Um fünf Uhr kommen nun auch Mehrheitssozialisten zur Versammlung der überraschten Unabhängigen. 3000 Arbeiter- und Soldatenvertreter sind im Zirkus Busch, darunter 50 Frauen. Friedrich Ebert gelingt es in diesem Hexenkessel der Emotionen, die MSPD-Vertreter und die USPD-Vertreter zu einigen. Nur Karl Liebknecht springt auf und warnt vor der Gegenrevolution. Doch die Soldaten ziehen ihre Waffen und rufen nach Einigkeit der Sozialdemokraten. Liebknecht und die Spartakisten verlassen den Zirkus.

Der Plan der Revolutionären Obleute ist gescheitert. Die Versammelten billigen mit großer Mehrheit Eberts Regierung aus drei Mehrheitssozialisten und drei Unabhängigen, den Rat der Volksbeauftragten. Allerdings soll ein Vollzugsrat aus Arbeitern und Soldaten diese Regierung überwachen.

Als Ebert spätabends ins Reichskanzlerpalais zurückkehrt, klingelt das Telefon auf seinem Schreibtisch: General Groener von der Obersten Heeresleitung in Spa bietet ihm die loyale Unterstützung der Heeresleitung an und fordert dafür Kampf gegen Radikalismus und Bolschewismus, eine schnelle Beendigung des Räteunwesens und Wahlen zur Nationalversammlung. Das alles will Ebert auch. Er erkennt nicht, daß es ein Fehler ist, die kaiserlichen Generäle an der Spitze der Armee und die kaiserlichen hohen Beamten in den Ministerien zu lassen.

Gegen zehn Uhr abends läuft der Zug aus Breslau im Schlesischen Bahnhof in Berlin ein, und Rosa Luxemburg steigt aus. Niemand weiß in der allgemeinen Aufregung des Tages von ihrer Ankunft. Verwirrt steht sie eine Weile in der Bahnhofshalle neben ihrem Koffer. Dann ruft sie Mathilde Jacobs Mutter an. Die alte Frau Jacob rät ihr, schnell zu ihr zu kommen.

Als Rosa Luxemburg in der Wohnung eintrifft, kommt auch Mathilde Jacob nach Hause, und beide Frauen fahren in die Redaktion des *Berliner Lokalanzeigers*, die am Vortag von Spartakusanhängern – Mathilde Jacob nennt sie »Revolutionsromantiker« – besetzt wurde. Leo Jogiches hat dort die erste Nummer der *Roten Fahne* herausgebracht. Rosa Luxemburg platzt in eine Verhandlung zwischen dem Direktor des Zeitungsverlages und Leo Jogiches, Karl Liebknecht und anderen. Sie wollen den Verlag kaufen, aber der Direktor will ihn behalten und die Revolutionäre loswerden.

Später bringen die Männer Rosa Luxemburg ins Hotel Excelsior gegenüber dem Anhalter Bahnhof. Sie hat keine Zeit, in ihre Wohnung nach Südende zu fahren. Am Montagmorgen treffen sich 13 Mitglieder der Gruppe Spartakus und gründen den Spartakusbund, eine Propagandavereinigung innerhalb der USPD. Rosa Luxemburg und Karl Liebknecht sollen die *Rote Fahne* leiten.

Die Ereignisse im Zirkus Busch haben ihnen gezeigt, daß die Mehrheit mit einer bürgerlich-demokratischen Republik zufrieden ist. Die Führer des Spartakusbundes wollen ein Weitertreiben der Revolution bis zur Errichtung einer sozialistischen Republik fordern, in der Arbeiter- und Soldatenräte Armee und Verwaltung übernehmen. Rosa Luxemburg meint, der Spartakusbund könne die Macht erst übernehmen, wenn die große Mehrheit des Volkes mit seinem Programm einverstanden sei. Putschistische Abenteuer einer Minderheit lehnt sie strikt ab – und Spartakus ist die Minderheit. Sie will die Arbeiter mit der *Roten Fahne* informieren, will marxistisch-revolutionäres Bewußtsein wecken und erhalten. Sie mißtraut der Regierung Ebert, die kaiserliches Militär und kaiserliche Bürokratie an der Macht läßt.

Nicht nur der Spartakusbund ist in den kommenden Wochen in der Opposition. Die Einigkeit im Zirkus Busch war eine Täuschung: Die Sozialdemokratie ist nach wie vor gespalten, und verschiedene Gruppen kämpfen darum, die neue Gesellschaft zu bauen, bekämpfen einander. Rosa Luxemburg ist eine der wenigen, die vor der Gefahr warnen, die der Revolution von den alten Gewalten droht.

Sie stürzt sich in die Zeitungsarbeit, lebt in Hetze von früh bis spät. Die Drucker und Setzer des *Berliner Lokalanzeigers* weigern sich, für Spartakisten zu arbeiten, nennen sie vaterlandslose Gesellen, die das deutsche Volk der Sowjetmacht ausliefern wollen. Leo Jogiches kauft eine kleine Zeitung, und vom 18. November an ist das Erscheinen der *Roten Fahne* gesichert. Karl Liebknecht hält Reden in der Stadt und organisiert Demonstrationen. Rosa Luxemburg ist bis Mitternacht in der Redaktion, bekommt zu wenig Schlaf, und Leo Jogiches muß darauf achten, daß sie wenigstens etwas ißt. Sie schreibt flammende Leitartikel, warnt immer wieder vor der Gegenrevolution, schreit die Wahrheit über Eberts Doppelspiel hinaus – eine »gloriose journalistische Leistung«, urteilt der Journalist Sebastian Haffner, aber keine revolutionäre.

Nur ein Problem löst sie nicht: das Problem der Gewalt. Ihr Denken sagt ihr, daß jetzt Gewalt notwendig sei, aber ihr Gefühl hindert sie, das Ergebnis des Denkens in die Tat umsetzen zu wollen. Sie ist strikt gegen Gewalt. So ruft sie auf zum bewaffneten Kampf und gleichzeitig dazu, Terror, Blutvergießen, Mord zu verhindern.

Die revolutionären Arbeiter sind pazifistisch gesinnt, haben nach vier Jahren Krieg genug vom Blutvergießen. Die Revolution ist erstaunlich friedlich.

Die Oberste Heeresleitung aber hat kein Problem mit der Gewalt. Sie stellt auf den Truppenübungsplätzen um Berlin Formationen von Freiwilligen zusammen, Leuten, die die Revolution hassen. Am 6. Dezember überfällt ein solcher Trupp den Vollzugsrat und verhaftet ihn. Otto Wels, der Stadtkommandant von Berlin, will den Vollzugsrat befreien und alarmiert reguläre Truppen, die noch in Berliner Kasernen leben und zur neuen Regierung halten. Eine Abteilung dieser Soldaten stößt zufällig auf einen Demonstrationszug des Spartakusbundes und feuert mit Maschinengewehren in die Menge. 16 Tote und zahlreiche Verwundete bleiben auf der Straße liegen.

In der Nacht vom 9. auf den 10. Dezember dringen Soldaten der Regierungstruppen in die Redaktion der *Roten Fahne* ein, suchen nach Rosa Luxemburg und Karl Liebknecht und berufen sich dabei auf einen angeblichen Befehl der Regierung. In der Berliner Arbeiterschaft wächst das Mißtrauen, Ebert und die übrigen Volksbeauftragten wollten im Bunde mit der militärischen Gegenrevolution die Arbeiter zusammenschießen.

Die *Rote Fahne* wird immer bekannter. Doch die Führer des Spartakusbundes bleiben isoliert, beeinflussen weder die Regierung noch die

Massen, noch die Revolutionären Obleute. Die Obleute sind zwar bereit, mit den marxistischen Führern des Spartakusbundes zu sprechen, aber mit seinen Anhängern, den fanatischen Utopisten, wollen sie nichts zu tun haben. Rosa Luxemburg hat das Problem dieser Anhängerschaft aus Utopisten, Wirrköpfen, Chaoten erkannt und spricht auf öffentlichen Versammlungen, um das Programm des Spartakusbundes bekanntzumachen und Anhänger zu gewinnen. Sie, die am Ausbruch der Revolution nicht beteiligt gewesen ist, beeinflußt auch ihren Verlauf nicht.

Arbeiterräte aus dem ganzen Reich kommen nach Berlin zum großen Reichsrätekongreß am 16. Dezember. Rosa Luxemburg und Karl Liebknecht werden zum Kongreß nicht zugelassen. Später schätzt der Historiker Arthur Rosenberg, daß der Spartakusbund höchstens einige 100000 Anhänger in Deutschland hat gegenüber 13 Millionen regierungsfreundlicher Sozialisten. Aber Spartakus und Bolschewismus heißt das Feindbild, mit dem einerseits die Oberste Heeresleitung einen Keil in die Linke treibt und mit dem andererseits die Mehrheitssozialdemokraten um Ebert die Arbeiter zusammenhalten. Sie sehen die Feinde rechts nicht, sie sehen nur die alten Feinde auf der Linken.

Rosa Luxemburg und Karl Liebknecht werden aus allen Hotels in der Gegend des Potsdamer und Anhalter Bahnhofs ausgewiesen. Ende November kommt Rosa Luxemburg daher zum erstenmal in ihre Wohnung. An Litfaßsäulen kleben Plakate, die zum Mord an den Führern des Spartakusbundes auffordern, Unterschrift: »Die Frontsoldaten.« Wiederholt warnen amtliche Stellen Rosa Luxemburg, daß Mörder ihr auflauern, daß sie nicht zu Hause schlafen soll, sondern jede Nacht woanders. Ihr wird die Sache bald zu dumm, und sie kehrt in ihre Wohnung zurück.

Mathilde Jacob holt sie um Mitternacht von der Bahn ab und übernachtet dann bei ihr. Rosa Luxemburg ist zufrieden, wenn sie alles geschafft hat, was sie sich am Morgen vornahm. Aber sie ist erschöpft von der ewigen Hetze und den vielen Menschen. »Kannst du mir sagen, weshalb ich stets so lebe, wie ich nicht die geringste Neigung habe?« fragt sie Mathilde Jacob. »Ich möchte malen und auf einem

Fleckchen Erde leben, wo ich Tiere füttern und sie lieben kann. Ich möchte Naturwissenschaften studieren, aber vor allem friedlich für mich allein leben können, nicht in dieser ewigen Hetzjagd.«

Am Morgen des 24. Dezember kommt es zu einer blutigen Schlacht auf dem Schloßplatz in Berlin. Matrosen der Volksmarinedivision haben am Vortag die Regierung der Volksbeauftragten in der Reichskanzlei eingesperrt und den Stadtkommandanten Wels gefangengenommen und mißhandelt. Die revolutionären Matrosen sind in der Revolutionswoche von Kiel nach Berlin gekommen, ihre Division soll jetzt verkleinert werden, und sie fühlen sich um ihre Löhnung geprellt. Der eingesperrte Reichskanzler Ebert ruft über die geheime Telefonleitung in seinem Zimmer die Oberste Heeresleitung zu Hilfe. Die Oberste Heeresleitung setzt Truppen in Potsdam und Babelsberg nach Berlin in Marsch. Aber in der Schlacht auf dem Schloßplatz siegen die Matrosen. Dennoch verhandeln sie mit der Regierung und bekommen ihr Geld.

Niemand kümmert sich um die Einzelheiten des Streits zwischen Matrosen und Regierung. Die Berliner Arbeiter sehen nur: Ebert und die Generäle des Kaisers lassen Kanonen gegen die Soldaten der Revolution auffahren. Die drei unabhängigen Volksbeauftragten erklären, daß Ebert und Scheidemann Gefangene der militärischen Gegenrevolution seien, und treten aus der Regierung aus. Nun ist es auch äußerlich vorbei mit der Einigkeit der Sozialdemokraten. Die Linke zerfällt weiter: Die Spartakusgruppe trennt sich von der USPD und gründet am 30. Dezember die Kommunistische Partei Deutschlands.

Rosa Luxemburg hält auf dem Gründungsparteitag eines der Hauptreferate. Sie hat das Parteiprogramm geschrieben, eine Absage an Utopismus und politisches Abenteurertum. Sie will die Macht erst, wenn die große Mehrheit des Proletariats mit den Gedanken der Partei einverstanden ist, und sieht einen langen Weg vor der Partei liegen.

Doch die utopistischen Anhänger wollen sofort kämpfen. Sie lassen die marxistischen Führer der Partei reden, aber Theorie ist ihnen völlig gleich. Rosa Luxemburg ist ursprünglich gegen die Nationalversammlung gewesen, aber nun, nachdem der Reichsrätekongreß sie beschlossen hat, will sie, daß die Kommunisten sich an der Wahl am 19. Januar 1919 beteiligen, will mitarbeiten in einer parlamentarischen Demokratie, Opposition machen. Aber die Utopisten sind dagegen. »Genossen, ihr macht euch euren Radikalismus etwas sehr bequem«, sagt Rosa Luxemburg den lärmenden Delegierten. »Wir stehen erst am Anfang der Revolution. Wir haben nichts hinter uns als die elende halbe Revolution des 9. November. Da müssen wir uns fragen, welcher Weg der sicherste ist, um die Massen zu erziehen.«

Leo Jogiches will die Parteigründung am liebsten rückgängig machen. Rosa Luxemburg schreibt an Clara Zetkin: »vergiß nicht, daß die Spartakisten zu einem großen Teil eine frische Generation ist [sic!], frei von verblödeten Traditionen der altbewährten Partei – und das muß mit Licht- und Schattenseiten genommen werden.«

Sie, die doch immer versucht hat, konsequent die Ergebnisse ihres Denkens in die Tat umzusetzen, trennt sich nicht von den Anhängern und ihrem »kindlichen, unausgegorenen Radikalismus«, wie sie sagt. Vielleicht glaubt die Lehrerin Rosa Luxemburg, sie könnte sie mit der Zeit zur Einsicht bringen. Vielleicht ist sie auch einfach am Ende ihrer Kraft – sie fühlt sich krank. Vielleicht hätte sie sich noch von ihnen getrennt, wenn sie länger gelebt hätte, aber zwei Wochen später ist sie tot. Zwei Wochen später marschiert die Gegenrevolution.

Nach dem Rücktritt der drei unabhängigen Volksbeauftragten aus der Regierung fordert Ebert den Rücktritt aller USPD-Leute aus hohen Ämtern. Doch der Berliner Polizeipräsident Eichhorn will nicht gehen. Am Sonnabend, dem 4. Januar, treffen sich der Vorstand der Berliner USPD, die Revolutionären Obleute sowie Karl Liebknecht und Wilhelm Pieck von der KPD mit Eichhorn. Sie rufen zu einer Protestdemonstration gegen seine Absetzung am Sonntag um zwei Uhr in der Siegesallee auf. Der Aufruf hat Folgen, mit denen sie nicht entfernt gerechnet haben: Hunderttausende strömen in riesigen Marschkolonnen aus den Arbeitervorstädten in die Innenstadt, stehen Kopf an Kopf in der Siegesallee, im Tiergarten, die Linden entlang bis zum Alexanderplatz – sozialdemokratische Arbeiter, die bereit sind zu einer zweiten Revolution, in der sie sich nicht wieder um ihren Einfluß prellen lassen wollen wie nach der Revolution des 9. November. Doch die Verfasser des Aufrufs sind überrascht und reagieren planlos. Am Nachmittag besetzen Arbeiter die großen Zeitungsverlage und die Bahnhöfe. In der Nacht vom 5. auf den 6. Januar besetzen Spartakisten auf eigene Faust den *Vorwärts.* Zum Regierungsviertel marschiert niemand.

Am Montag morgen sind noch mehr Menschen auf den Straßen als am Sonntag. Aber nichts geschieht. Am Nachmittag gehen die ersten Arbeiter nach Hause, müde, hungrig wie stets in diesen Wochen, und um Mitternacht ist die Innenstadt leer. Nur ein paar 1000 utopistische Kämpfer haben sich in mehreren Gebäuden im Zeitungsviertel verschanzt. Ebert weiß nicht, wie schwach die Revolutionsführer sind. Er fühlt sich jetzt stark genug, die Machtfrage innerhalb der Linken ein für allemal zu klären, und ernennt Gustav Noske zum Oberbefehlshaber. In Berlin bilden sich demokratische Freikorps aus mehrheitssozialistischen Arbeitern und einem Teil der noch in den Kasernen liegenden Truppen. Aber Gustav Noske will sich lieber auf die Freikorps verlassen, die Offiziere der alten Armee aus entlassenen Frontsoldaten in der Nähe von Berlin aufstellen – die Oberste Heeresleitung und die Generäle warten darauf, daß sie im Auftrag von Ebert die radikalen Arbeiter bekämpfen können.

Rosa Luxemburg durchschaut schon am Montag abend die Sinnlosigkeit des Aufstands. Karl Liebknecht und Wilhelm Pieck haben nun doch, gegen die ausdrückliche Anweisung der übrigen Parteivorstandsmitglieder, für den Kampf gegen die Regierung plädiert. Als Liebknecht sich wieder im Parteivorstand sehen läßt, macht Rosa Luxemburg ihm Vorwürfe: »Karl, ist das unser Programm?« Es kommt zu einer heftigen Auseinandersetzung zwischen ihnen.

Rosa Luxemburg ist gegen den Aufstand, aber sie will die Kämpfer im Zeitungsviertel nicht im Stich lassen und verteidigt sie öffentlich. Sie ist verändert, wird wortkarg, schließt sich von den anderen ab. Sie hat täglich schwere Ohnmachtsanfälle.

In der Nacht vom 8. auf den 9. Januar beschießen Soldaten mit Maschinengewehren das Haus, in dem die Redaktion der *Roten Fahne* arbeitet. Am nächsten Morgen geben Rosa Luxemburg und ihre Mitarbeiter die Redaktion auf. Unten vor dem Haus steht eine Patrouille der Regierungstruppen. Rosa Luxemburg mustert die Soldaten: »Nur der Hunger kann diese Menschen ins feindliche Lager geführt haben.« Sie fängt an, mit den Soldaten zu diskutieren, aber Mathilde Jacob drängt sich dazwischen: »Wir müssen jetzt gehen. Komm doch...« Hundert Meter weiter versucht Rosa Luxemburg wieder, auf eine größere Menge einzureden und ihr die politische Lage zu erklären. Ein Genosse zieht sie energisch weiter. Noch vor Gewehrmündungen glaubt sie bis zuletzt an Vernunft, Aufklärung, Argumente, an die Macht des Wissens und des Wortes.

Sie taucht in der Wohnung eines befreundeten Arztes unter, doch tagsüber geht sie in die Gegenden der Stadt, in denen sich die Hauptkämpfe abspielen, zu Zusammenkünften der Führer der einzelnen Arbeitertrupps. Sie will mit vielen Menschen reden, sorgt dafür, daß die *Rote Fahne* weiter erscheint.

Vom 9. Januar bis zum 12. rollt Kanonendonner durch die Straßen. Regierungstruppen erobern die besetzten Redaktionsgebäude zurück. Am Sonnabend, dem 11. Januar, schicken die 300 Spartakisten, die das *Vorwärts*-Gebäude besetzt haben, sechs Parlamentäre mit einer weißen Fahne, um über freien Abzug zu verhandeln. Die Soldaten schikken einen mit der Forderung nach bedingungsloser Übergabe zurück, mißhandeln die anderen fünf grausam und erschießen sie. Dann stürmen sie das Gebäude und nehmen die Verteidiger gefangen.

Nun erst, als alles schon fast vorüber ist, marschieren die ersten gegenrevolutionären Freikorps in Berlin ein.

Am Abend des 11. Januar diskutieren die Genossen in der Arztwohnung, ob Rosa Luxemburg und Karl Liebknecht Berlin verlassen sollen. Beide lehnen eine Flucht ab. Karl Liebknecht will die Arbeiter, die er zu Aktionen aufgerufen hat, in der Stunde des Scheiterns nicht im Stich lassen. Rosa Luxemburg will unbedingt die *Rote Fahne* weiter herausgeben. »Diese Niederlage darf nicht dazu führen, daß der Sozialismus für lange Zeit in diesem Land keine Chancen mehr hat«, sagt sie.

Die Frau des Arztes hat Angst, das Dienstmädchen könne reden. Man bringt Rosa Luxemburg und Karl Liebknecht in eine Wohnung im Arbeiterviertel Neukölln. Auch hier sind sie vor Spitzeln nicht sicher. Mathilde Jacob wünscht, Rosa würde sich von Karl trennen. Sie findet ihn zu unvorsichtig, zu unüberlegt.

Rosa Luxemburg sehnt sich zurück ins Gefängnis: »Ach, Mathilde, wäre ich doch wieder im Loch.«

»Wie kannst du so etwas so Schreckliches wünschen!«

»Tausendmal besser als dieses Herumvagabundieren. Im Gefängnis habe ich meine Ruhe: Da ist meine Zelle, und außer mir hat niemand in ihr etwas zu suchen. Aber hierher kommen so viele Menschen, daß ich es einfach nicht ertragen kann.«

Sie hat dunkle Ringe unter den Augen, ihre Wangen sind eingefallen, und sie hat fast ständig Kopfschmerzen.

Am 14. Januar zieht die neugebildete Garde-Kavallerie-Schützendivision mit klingendem Spiel durch das Brandenburger Tor ein. Hauptmann Waldemar Pabst will aufräumen mit dem bolschewistischen Gesindel. Rosa Luxemburg und Karl Liebknecht sind für ihn die Rädelsführer des Aufstands, Symbole der verhaßten Revolution. Er und sein Assistent, Kapitänleutnant Wilhelm Canaris – später Hitlers Spionagechef –, schlagen ihr Hauptquartier im eleganten Hotel Eden am Zoo auf.

Am selben Tag erscheint ein Leitartikel von Rosa Luxemburg in der *Roten Fahne*, ihr letzter, treffend und scharf. »Die jämmerlich Geschlagenen von Flandern und den Argonnen haben ihren Ruf wiederhergestellt durch den glänzenden Sieg – über die 300 ›Spartakisten‹ im ›Vorwärts‹«, heißt es darin. »Niedergemetzelte *Parlamentäre*, die über die Übergabe des ›Vorwärts‹ verhandeln wollten und von der Regierungssoldateska mit Kolben bis zur Unkenntlichkeit zugerichtet wurden, so daß die Rekognoszierung ihrer Leichen unmöglich ist, Gefangene, die an die Wand gestellt und in einer Weise hingemordet werden, daß Schädel und Hirn herumspritzen: Wer denkt da noch angesichts so glorreicher Taten an die schmählichen Niederlagen vor den Franzosen, Engländern und Amerikanern? ›Spartakus‹ heißt der Feind und Berlin der Ort, wo unsere Offiziere zu siegen verstehen.«

Die Führung habe versagt in dieser Woche, aber sie könne und müsse von den Massen neugeschaffen werden: »›Ordnung herrscht in Berlin!‹ Ihr stumpfen Schergen! Eure ›Ordnung‹ ist auf Sand gebaut. Die Revolution wird sich morgen schon ›rasselnd wieder in die Höh' richten‹ und zu eurem Schrecken mit Posaunenklang verkünden: *Ich war, ich bin, ich werde sein!*«

Es ist zu spät, Rosa Luxemburg und Karl Liebknecht aus Berlin herauszubringen. Der Kaufmann Markussohn, USPD-Mitglied, ist bereit, sie in seiner Wohnung in Wilmersdorf zu verstecken. Ihre Übersiedlung ist lebensgefährlich, siegestolle Freikorpssoldaten halten Autos an und durchsuchen sie nach Waffen. Doch sie erreichen ihr neues Versteck in der Mannheimer Straße ohne Hindernisse.

Der Berliner Aufstand ist zusammengebrochen. Der Haß der Freikorpssoldaten entlädt sich gegen Wehrlose. Stoßtrupps suchen Haus für Haus ab, schießen nieder, wen sie für Kommunisten halten, fahnden nach Karl Liebknecht und Rosa Luxemburg. Freikorpsgeneral Maercker hat die Parole ausgegeben: »Die Bedrohung ist eine arge, die Rosa Luxemburg ein Teufelsweib und Liebknecht ein Kerl, der aufs Ganze geht.«

Irgend jemand verrät Rosa Luxemburg und Karl Liebknecht.

Als Wilhelm Pieck am Abend des 15. Januar gegen neun Uhr gefälschte Ausweispapiere für beide in die Mannheimer Straße bringt, ist Karl Liebknecht schon abtransportiert. Rosa Luxemburg ist noch in der Wohnung. Soldaten nehmen Wilhelm Pieck fest und durchsuchen ihn. Noch mehr Soldaten kommen und durchsuchen die Wohnung. Rosa Luxemburg packt ein Köfferchen und steckt ein paar Bücher hinein, darunter auch Goethes *Faust*, II. Teil.

Das Ende

Soldaten bringen Rosa Luxemburg und Wilhelm Pieck zum Hotel Eden. Vor dem Eingang des Hotels lungern Offiziere und Soldaten herum. Sie johlen und schimpfen, als Rosa Luxemburg und Wilhelm Pieck aussteigen. Die Offiziere brüllen:

»Röschen… da kommt die alte Hure.«

Pieck protestiert.

Ein Offizier: »Was will der Kerl. Ist wohl ihr Kavalier. Haut ihm in die Fresse.«

Ebenso gebärden sich die zahlreichen Soldaten im Vestibül. Hotelgäste stehen eng gedrängt auf den Korridoren und hetzen die Soldaten gegen die beiden Gefangenen auf.

Soldaten stellen Wilhelm Pieck an einen Pfeiler. Andere bringen Rosa Luxemburg in den ersten Stock. Offiziere bieten den Soldaten, die Pieck bewachen, Zigaretten an. Ein Offizier sagt: »Die Bande darf nicht mehr lebend das Eden-Hotel verlassen.«

Wilhelm Pieck kommt als einziger mit dem Leben davon. Er wird in den ersten Stock gebracht und in eine Nische gestellt. Ein Soldat sagt ihm, wenn er den Platz verläßt, wird er erschossen. Gleich darauf sieht Pieck, wie Soldaten Karl Liebknecht aus dem Vernehmungszimmer des Hauptmanns Pabst nach unten führen. Hotelgäste pöbeln ihn an.

Zehn Minuten später bringen Soldaten Rosa Luxemburg nach unten. Pieck hört aus dem Vestibül einen großen Tumult und den Aufschrei einer Frau. Ein Zimmermädchen stürzt verstört die Treppe hoch in die erste Etage und ruft einer Kollegin zu: »Nein, ich werde den Anblick nicht wieder los, wie man die arme Frau niedergeschlagen und umhergeschleift hat.«

Währenddessen schreibt Hauptmann Pabst im Vernehmungszimmer den ausführlichen Bericht, der am nächsten Tag in allen Zeitungen erscheinen wird: Liebknecht sei auf dem Transport ins Moabiter Untersuchungsgefängnis bei einem Fluchtversuch erschossen worden. Eine wütende Menschenmenge habe Rosa Luxemburg gelyncht und entführt.

Die Wahrheit sieht anders aus.

Karl Liebknecht wird durch einen Seitenausgang des Hotels geführt. Die Kurfürstenstraße ist abgesperrt und menschenleer. Am Hotelausgang steht der Husar Otto Runge. Er hat Befehl, den Gefangenen mit dem Kolben seines Gewehrs die Schädel einzuschlagen. Er schlägt zu. Liebknecht wird betäubt in ein Auto gezerrt. Das Auto fährt ab.

Zum Mordkommando Liebknecht gehören vier Leutnants unter Kapitänleutnant Horst von Pflugk-Hartung. Er läßt den Wagen am Neuen See im Tiergarten halten. Die Offiziere fordern Liebknecht auf, auszusteigen. Leutnant Rudolf Liepmann schießt ihm von hinten eine Pistolenkugel in den Kopf. Jahre später sagt er: »Die Ereignisse dieses Abends spielten sich wie im Rausch ab. Wir hatten vier Jahre einander getötet, es kam auf einen mehr nicht an.« Die Offiziere werfen den toten Liebknecht ins Auto, fahren zum Leichenschauhaus und liefern ihn als unbekannten Toten ein.

Rosa Luxemburg wird zehn Minuten nach Karl Liebknecht zum Seitenausgang des Hotels gebracht. Der Husar Runge schlägt zweimal mit dem Gewehrkolben zu. Die Bewußtlose oder halb Bewußtlose wird in ein Auto gezerrt. Oberleutnant Kurt Vogel und fünf Mannschaften fahren mit. Nach etwa 100 Metern zieht einer der Bewacher, der auf dem Trittbrett des Wagens steht, einen Revolver. Er legt auf Rosa Luxemburg an. Sie sagt leise: »Nicht schießen.« Der Mann hält die Pistole an ihren Kopf und drückt ab. Nichts geschieht. Er drückt ein zweites Mal ab, der Schuß löst sich.

Die Mörder fahren zur Lichtensteinbrücke. Oberleutnant Vogel sagt: »Wir wollen die Luxemburg hier herausnehmen.«

Sie werfen Rosa Luxemburg in den Landwehrkanal.

Im *Vorwärts* steht, Rosa Luxemburg und Karl Liebknecht seien Opfer ihrer eigenen blutigen Terrortaktik geworden: »Sie haben sich selbst bekannt als Bürgerkriegshetzer, als Proletariermörder, Brudermörder, und ewig muß ihnen das furchtbare Wort in den Ohren gellen: Unstet und flüchtig sollst du sein auf Erden.«

Der Volksbeauftragte Philipp Scheidemann nennt die Toten in einer Rede in Kassel Spießgesellen von Verbrechern und Wahnsinnigen, gegen die man im Interesse der Arbeiterklasse zur Notwehr greifen mußte.

Leo Jogiches sagt zu Mathilde Jacob, er werde sich wohl nie mit dem Verlust Rosa Luxemburgs abfinden können. Ihre Mörder sollen nicht davonkommen. Mit der Aufklärung der Umstände, die zum Tod der beiden berühmten Revolutionäre führten, ist ein Offizierskamerad der Mörder beauftragt, Kriegsgerichtsrat Paul Jorns. Leo Jogiches veröffentlicht in der *Roten Fahne* am 12. und am 15. Februar 1919 die Wahrheit über die Vorgänge in der Mordnacht, die Kriegsgerichtsrat Jorns angeblich nicht herausfinden kann.

Die Justizminister des Reichs und Preußens üben nun Druck auf Jorns aus, und ihm bleibt nichts anderes übrig, als Vogel, Pflugk-Hartung und die übrigen an den Morden beteiligten Offiziere und Mannschaften verhaften zu lassen.

Doch am 10. März verhaftet ein militärisches Aufgebot Leo Jogiches und bringt ihn zum Freikorps Brigade Reinhard. Von dort bringt ihn der Kriminalbeamte Tamschick ins Untersuchungsgefängnis Moabit. Tamschick erschießt Leo Jogiches auf den menschenleeren Korridoren und Treppen des Gerichtsgebäudes »auf der Flucht«.

Mathilde Jacob bittet Käthe Kollwitz, die Karl Liebknecht auf der Totenbahre gezeichnet hat, auch Leo zu zeichnen. Käthe Kollwitz sagt zu: Sie gehöre der Kommunistischen Partei zwar nicht an, habe aber das wärmste Mitgefühl für ihre auf so furchtbare Art ums Leben gekommenen Führer.

Die Justizminister haben von Kriegsgerichtsrat Jorns energische Schritte gefordert, doch die Regierung läßt neben der alten Armee auch die alte Militärjustiz wiederaufleben. Das Zusammenspiel der aus gegenrevolutionären Freikorps gebildeten Reichswehr mit der nicht minder gegenrevolutionären politischen Justiz, das in der Weimarer Republik unzählige politische Morde ungesühnt läßt, bahnt sich an. Die schuldigen Offiziere werden nicht der Strafjustiz übergeben, sondern vor ein Feldkriegsgericht ihrer eigenen Division gestellt.

Hauptmann Pabst sorgt dafür, daß sein Freund und Helfer Wilhelm Canaris beisitzender Richter des Feldkriegsgerichts wird. Canaris sorgt dafür, daß Pabst beim Prozeß im Hintergrund bleibt. Für die Gefangenen stehen die Zellentüren offen. Canaris probt den Prozeß mit ihnen. Der Untersuchungsrichter, Kriegsgerichtsrat Jorns, wird nur unwirsch, als der Häftling Leutnant Liepmann ihm am Wittenbergplatz aus der Bar »Kolobri« beschwingt entgegenkommt.

Die Urteile ergehen am 14. Mai 1919. Der Husar Otto Runge erhält wegen Wachvergehens im Felde und versuchten Totschlags zwei Jahre und zwei Wochen Gefängnis. Oberleutnant Kurt Vogel erhält wegen erschwerten Wachverbrechens, Mißbrauch der Dienstgewalt und Beiseiteschaffung einer Leiche zwei Jahre und vier Monate Gefängnis. Leutnant Rudolf Liepmann, der nach eigener Aussage auf Liebknecht geschossen hat, erhält sechs Wochen Stubenarrest.

Die übrigen Angeklagten spricht das Gericht frei.

Zwei Tage nach der Urteilsverkündung holt der beisitzende Richter Canaris in der Verkleidung eines Oberleutnants Lindemann den Verurteilten Vogel mit einem gefälschten Befehl aus dem Gefängnis. Vogel flieht mit einem falschen Paß nach Holland. Er wird am 23. Dezember 1920 begnadigt.

Die Morde an Rosa Luxemburg und Karl Liebknecht sind zwei von mehreren hundert in den Januartagen 1919, zwei von Tausenden in den folgenden Monaten, in denen Freikorpssoldaten mit Arbeitern, Revolutionsführern und linken Politikern abrechnen, sind Auftakt zu den millionenfachen Morden der Hitler-Zeit.

Am 31. Mai 1919 schwemmt an einer Schleuse des Landwehrkanals eine weibliche Leiche an. Mathilde Jacob identifiziert sie an Kleiderresten, Handschuhen und einem Medaillon als Rosa Luxemburg. Sie läßt die Tote am 13. Juli 1919 in Friedrichsfelde neben Karl Liebknecht beisetzen. Arbeiter und Arbeiterinnen der Berliner Betriebe, Matrosen, Soldaten gehen im Trauerzug – eine unabsehbare Menschenmenge.

1924 wird ein Denkmal nach einem Entwurf von Mies van der Rohe auf Rosa Luxemburgs Grab errichtet. 1941 lassen die Nationalsozialisten es abbrechen und die Gräber von Rosa Luxemburg und Karl Liebknecht einebnen. Nichts soll mehr an sie erinnern.

Kriegsgerichtsrat Paul Jorns ist nun Reichsanwalt am Volksgerichtshof.

Die Nazis deportieren die fast 70jährige Jüdin Mathilde Jacob am 27. Juli 1942 ins Konzentrationslager Theresienstadt. Vielleicht ist sie dort gestorben, vielleicht in den Gaskammern von Auschwitz.

Luise Kautsky, die in den zwanziger Jahren mit ihrem Mann nach Wien zog, ist vor dem Einmarsch der deutschen Truppen in Österreich nach Holland entkommen. Dort ist Karl Kautsky 1938 gestorben. Luise Kautsky lebt versteckt in Amsterdam, bis sie, 80 Jahre alt, im August 1944 nach Auschwitz deportiert wird. Im Dezember stirbt sie.

Hauptmann Waldemar Pabst, der vor dem Kriegsgericht nur als Zeuge auftrat, erklärt im Januar 1962 im rechtsradikalen *Deutschen Studentenanzeiger* zu den Morden an Rosa Luxemburg und Karl Liebknecht: »Ich habe sie richten lassen.« Seine Tat ist verjährt, und er bereut sie nicht. Ohne sie hätte der Sieg des Kommunismus in Deutschland bereits 1919 das gesamte christliche Abendland zum Einsturz gebracht: »Die Beendigung dieser Gefahr wog bestimmt wesentlich mehr als die Beseitigung von zwei politischen Verführern.«

Das Presse- und Informationsamt der Bundesregierung nennt die Morde 1962 in seinem Bulletin Nr. 27 standrechtliche Erschießungen.

1966 erzählt Pabst im Süddeutschen Rundfunk, Rosa Luxemburg habe nach dem ersten Verhör ihr Nähzeug hervorgeholt, um einen Rocksaum, den die Soldaten ihr auf dem Weg ins Hotel Eden heruntergerissen hatten, festzunähen: »Wie sie abgeholt wurde zum Transport, hat sie im ›Faust‹ gelesen, ›Faust II‹ sogar.« Der Respekt in seinem Tonfall verblüfft die Interviewer, und sie fragen ihn, warum er Rosa Luxemburg töten ließ, sie habe im Spartakusaufstand doch eine eher passive Rolle gespielt. Pabst erzählt: Eines Tages sei ein Regimentskommandeur, adlig und katholisch, zum Divisionsstab gekommen und habe um die Erlaubnis gebeten, Rosa Luxemburg vor der Truppe sprechen zu lassen. Der Kommandeur habe sie reden gehört und sei von ihr begeistert gewesen. Pabst: »In diesem Augenblick erkannte ich die ganze Gefährlichkeit dieser Frau. Sie war schlimmer als alle anderen, auch die mit der Waffe.«

Nachwort: Machen Frauen Geschichte?

Jedes Urteil ist eine Frage des Maßstabs. Gehe ich davon aus, daß Frauen in den vergangenen Jahrhunderten nicht die gleichen politischen Rechte hatten wie ihre männlichen Zeitgenossen der gleichen sozialen Schicht, bin ich erstaunt über die zahlreichen Frauen, die dennoch in einigen Epochen die politische Geschichte mitprägten oder es zumindest versuchten. Gehe ich aber davon aus, daß Frauen die gleichen politischen Rechte hatten – wie seit 1918 das Wahlrecht –, bin ich bestürzt, wie wenige Frauen die Chance erhielten, politischen Einfluß auszuüben.

Am 19. Januar 1919, bei der Wahl zur verfassunggebenden Nationalversammlung, durften Frauen zum erstenmal in Deutschland wählen und gewählt werden: 37 weibliche von insgesamt 423 Abgeordneten zogen in die Nationalversammlung ein – unter zehn Prozent. Bei diesen »unter zehn Prozent« blieb es im Reichstag und später, in der Bundesrepublik, im Bundestag. 1972 sank der Anteil der Frauen an den Bundestagsabgeordneten auf einen Tiefstand von 5,8 Prozent, dann stieg er wieder von Wahl zu Wahl bis 1983 auf 9,8 Prozent.

Erst 1987 waren 15,4 Prozent der Bundestagsabgeordneten Frauen, und das auch nur dank der Grünen: Im Jahr zuvor hatten die Grünen als erste Partei in der Bundesrepublik ein Frauenstatut beschlossen, das den Frauen die Hälfte aller Parteiämter und Mandate sicherte. Ohne die Grünen wären es wieder die üblichen knapp zehn Prozent Parlamentarierinnen geworden, und wenn auch Schlagzeilen in Zeitungen immer wieder verkündeten, Frauen seien groß im Kommen, konnte davon doch keine Rede sein, wenn man ihre Zahl mit der Anzahl der Frauen unter den Parteimitgliedern verglich.

Die Zahl der weiblichen Parteimitglieder verdoppelte sich von 1971 bis 1981 – bis knapp ein Viertel aller Parteimitglieder Frauen waren –, und die Kandidaturbereitschaft von Frauen stieg. 1972 bewarben sich in den Parteien 292 Frauen um einen Sitz im Bundestag: 11,6 Prozent wurden aufgestellt. 1987 bewarben sich 685 Frauen: 11,9 Prozent wurden aufgestellt. Offenbar war es völlig gleichgültig, wie viele Frauen in die Parteien eintraten und sich auf den Weg nach vorne machten – am Prozentsatz, der durchkam, änderte sich kaum etwas. Die Erfolgschancen für eine Kandidatur waren für Frauen halb so groß wie für Männer. Viele gelangten nur auf aussichtslose Plätze am unteren Ende der Wahllisten.

Auch im Bundestag sind die Chancen der Frauen, dorthin zu kommen, wo die Weichen für die Ordnung in der Gesellschaft wirklich gestellt werden, geringer als die der Männer. Führungspositionen erreichen weit weniger Frauen, als ihrem Anteil im Parlament entspräche. In Fraktionsvorständen oder unter den Vorsitzenden von Bundestagsausschüssen sind nur wenige Frauen zu finden.

Über die Hälfte der Wahlberechtigten sind Frauen, aber unter 17 Bundesministern gab es bis Dezember 1990 nur zwei Frauen – und keine leitete eines der großen Ministerien. Als erste Frau in einer Bundesregierung übernahm Elisabeth Schwarzhaupt, CDU, 1961 das Gesundheitsministerium. Seitdem ist das Ministerium in Frauenhand. Es wuchs um die Ressorts Familie und Jugend, unter der Ministerin Rita Süssmuth, CDU, kamen 1986 auch die Frauenfragen dazu. Seit Januar 1991 gibt es unter 19 Bundesministern nun in der Tat vier Frauen: Der Bundeskanzler teilte einfach das den Frauen zugestandene Ministerium. Drei Ministerinnen dürfen jetzt die Verantwortlichkeit tragen, die Ursula Lehr, Nachfolgerin von Rita Süssmuth, noch alleine bewältigen konnte. Nur vier Frauen haben in Ressorts Karriere gemacht, die nicht als typisch weiblich gelten: Marie Schlei, SPD, die von 1976 bis 1978 das Ministerium für Wirtschaftliche Zusammenarbeit leitete; Dorothee Wilms, CDU, als Ministerin für Bildung und Wissenschaft und als Ministerin für Innerdeutsche Beziehungen; Gerda Hasselfeldt, CSU, als Wohnungsbauministerin und, seit 1991, Irmgard Adam-Schwaetzer, FDP, ebenfalls als Wohnungsbauministerin.

Hildegard Hamm-Brücher, FDP, seit 40 Jahren eine der erfolgreichsten Politikerinnen auf Landes- und Bundesebene, meinte 1986: »Trotz des scheinbar frauenfreundlichen Booms muß man nüchtern und ernüchtert feststellen: Bisher ist es noch keiner deutschen Politikerin wirklich gelungen – und mochte sie in der Sache und nach außen noch so erfolgreich erscheinen –, in die politischen Macht- und Entscheidungszentren von Parteien, Fraktionen, Regierungen oder Verwaltungen vorzudringen.«

Anfang der 1980er Jahre hatten immer mehr Frauen angesichts ihrer schlechteren Chancen in der Politik resigniert, und der politische Aufschwung der Frauen aus den siebziger Jahren klang ab. In der zweiten Hälfte der 1980er Jahre begannen die Parteien, die Frauen verstärkt zu umwerben.

Im Mai 1988 rief Rita Süssmuth, CDU, damals noch Bundesfamilienministerin, zum 80. Jahrestag des Vereinsgesetzes die Frauen dazu auf, in die Parteien einzutreten und an den notwendigen Änderungen mitzuarbeiten: Am 15. Mai 1908 hat Kaiser Wilhelm II. das Gesetz in Kraft gesetzt, das Frauen gestattet, Parteien beizutreten – bis dahin war es den Parteien verboten, Frauen, Lehrlinge, Schüler und Geisteskranke aufzunehmen.

Im September 1988 einigten die Sozialdemokraten sich auf eine Quotenregelung, ein Reißverschlußverfahren, nach dem qualifizierte Frauen die gleichen Chancen bekommen wie qualifizierte Männer: Bis 1994 sollen alle Parteiämter und bis 1998 alle Mandate zu 40 Prozent mit Frauen besetzt sein. Björn Engholm, der sozialdemokratische Ministerpräsident von Schleswig-Holstein, berief vier Frauen in sein Kabinett, Walter Momper, damals Regierender Bürgermeister von Berlin, sogar acht. CDU und FDP sind zur Zeit zu einer Quotenregelung nicht bereit, obwohl auch in diesen beiden Parteien die Zahl der Frauen wächst, die meinen, daß weibliches Wohlverhalten – Lernen, Leisten, Pflicht erfüllen – und das Hoffen auf Belohnung mit mehr Einfluß zu wenig gebracht hätten.

Auch in der Öffentlichkeit sind die Meinungen geteilt. Viele erfolgreiche Frauen sind gegen eine leistungsbezogene Quotenregelung und meinen, wenn Frauen nur beweisen, daß sie ebensoviel könnten wie Männer, komme ein gerechter Frauenanteil bei entsprechender Geduld schon von alleine. Doch zahlreiche Frauen, die von sich selbst nie geglaubt haben, daß sie einmal für eine Frauenquote sein könnten, meinen nun, daß ohne eine Quote, bei aller mit ihr verbundenen Problematik, nichts in Bewegung kommen werde, weil für jede Position, die eine Frau einnimmt, ein Mann weichen muß. Sie wollen aus der Geschichte lernen.

Dreimal haben Frauen sich in den vergangenen 200 Jahren gescheut, für eine schriftliche Fixierung ihrer Rechte und Ansprüche zu kämpfen. Sie sind eher bereit gewesen, sich mit den Männern ihrer sozialen Schicht oder politischen Richtung zu solidarisieren als mit anderen Frauen, wollten durch Anpassung gefallen. Aber dreimal hat Wohlverhalten ihnen nichts eingebracht:

Zum erstenmal, als die Frauen um Rahel Varnhagen in den Berliner Salons mit den Männern darüber diskutierten, daß erst Männliches und Weibliches zusammen die volle, ganze Menschheit bildeten, als Frauen in den Männern das Gute und das Edle wecken und sie beflügeln sollten beim Bau einer neuen bürgerlichen Gesellschaft der Vernunft und Menschlichkeit.

Zum zweitenmal, als der Kreis der Frauen um Louise Otto das Recht auf Bildung und Berufstätigkeit forderte und glaubte, sich mit Lernen und Leisten den Zugang zu anspruchsvollen Berufen und die Teilnahme am Staat verdienen zu können.

Zum drittenmal, als Ende der 1960er Jahre Frauen nach Nazizeit und Zweitem Weltkrieg wieder anfingen, ihre Chancen in Beruf und Politik mit denen der Männer zu vergleichen, und feststellten, daß es wenige berufstätige Frauen in guten Positionen gab, zahlreiche Frauen aber schlecht ausgebildet waren. Da schien es für viele Frauen nur eins zu geben: mehr zu lernen, besser zu werden.

Heute gibt es so viele gut ausgebildete Frauen wie nie zuvor, seit die Universitäten im ausgehenden Mittelalter die Frauen vom Studium ausschlossen. Doch die Chancen für die einzelne Frau haben sich seit 20 Jahren kaum verbessert. Die Statistiken, die der Wissenschaftliche

Dienst des Deutschen Bundestages über die Durchsetzung der Chancengleichheit im Beruf und in der Gesellschaft zusammenstellt, lesen sich wie Horrormeldungen.

Heute gibt es zwar auf interessanten und gutbezahlten Positionen mehr Frauen als vor 20 Jahren. Vergleicht man aber ihre Zahl mit der rasant gestiegenen Anzahl qualifizierter Frauen, so zeigt sich: Die Gleichberechtigung hat nicht zugenommen. Damals gab es zum Beispiel 28 Prozent Frauen unter den Medizinstudenten und 20 Prozent unter den Ärzten. Heute gibt es fast 50 Prozent Medizinstudentinnen, aber nur 25 Prozent Ärztinnen. Die Chance, Ärztin zu werden, hat sich für die einzelne Studentin verringert. Immer noch werden Männer bevorzugt. Denn gleich, ob es um die Bezahlung von Arbeitern und Arbeiterinnen geht oder um die Besetzung von Professorenstellen: Auf Qualifikation kommt es dabei gar nicht an.

An den Universitäten gilt für Frauen: je höher die Qualifikation, um so schlechter die Chance, beruflich weiterzukommen. 40 Prozent der Studierenden und fast 40 Prozent der erfolgreichen Examenskandidaten sind Frauen, aber nur 24 Prozent der Doktoranden. Die frischgebackenen Doktorinnen kommen nur selten weiter. Die meisten müssen ihre Arbeitskraft wie sauer Bier anbieten und erhalten bestenfalls einen Zeitvertrag. Der schönt die Statistik des Frauenanteils beim wissenschaftlichen Personal, hilft einer Frau auf die Dauer aber selten weiter. Nur sieben Prozent der Habilitierten sind Frauen, nur fünf Prozent der Professoren und nur zwei Prozent der Lehrstuhlinhaber. Mit den Jahren, die vergehen, bis aus einer Studentin eine Lehrstuhlinhaberin werden kann, ist das nicht zu entschuldigen: Vor 20 Jahren war schon ein Viertel aller Studenten Frauen.

Sieht man sich die Personenverzeichnisse in historischen Darstellungen an, die von Professoren geschrieben sind, so stimmt die Anzahl der Frauen, die in der deutschen Geschichte wahrgenommen werden, auf kuriose Weise überein mit ihrem Prozentsatz unter den Lehrstuhlinhabern – als ob es eine Schmerzgrenze für die Duldung von Frauen gibt: bei etwa zwei Prozent.

Im höheren Beamtendienst in Bonn geht es ebenso männlich zu wie an den Universitäten. Der Anteil der Frauen in den höchsten Besoldungsgruppen – ab Ministerialrat – stieg in den vier Jahren vor 1987 von 2,3 auf 2,7 Prozent. Unter 150 Abteilungsleitern in den obersten Bundesbehörden gab es 1989 gerade eine Frau.

Auch in der Wirtschaft sind die leitenden Herren weitgehend unter sich. In fast allen großen Unternehmen geht der Frauenanteil im Spitzenmanagement kaum über zwei Prozent hinaus. In dem erweiterten Kreis von Prokuristen, Geschäftsführern und Bereichsleitern an aufwärts sind knapp sechs Prozent der Positionen mit Frauen besetzt. Neun von zehn Geschäftsführern verdienen über 100000 Mark im Jahr, aber nur jede zweite Geschäftsführerin.

Zum Vergleich: Als freie Unternehmerinnen sind Frauen erfolgreich. Vor 20 Jahren gab es 25000 Unternehmerinnen, die Jahresumsätze von einer Million Mark und mehr erzielten. Heute sind es 110000.

Auch in mittleren Positionen stagniert die Gleichberechtigung seit 20 Jahren: Damals wie heute verdient eine kaufmännische Angestellte durchschnittlich nur zwei Drittel des Gehalts ihres männlichen Kollegen – bei gleicher Qualifikation und gleicher Arbeitszeit. Frauen verdienen im Lauf ihres Berufslebens um so viel weniger, wie ein stattliches Einfamilienhaus kostet.

Arbeiterinnen erhalten 70 Prozent des Lohns der Arbeiter in vergleichbaren Leistungsgruppen. Das war schon vor 80 Jahren so.

Trübe ist auch das Kapitel Künstlerinnen. Sie sind so qualifiziert und fleißig wie die Männer, haben aber nur halb so oft die Chance, in mittlere Einkommensklassen vorzurücken. Malerinnen können ihre Bilder zehnmal weniger in großen Ausstellungen vorstellen als Maler. Schriftstellerinnen, Musikerinnen, Filmemacherinnen werden weitaus seltener in eine Jury berufen als männliche Kollegen und bekommen auch viel seltener Preise, die sie in der Öffentlichkeit bekanntmachen könnten. Der Anteil der Künstlerinnen mit Einkünften in Höhe der Sozialhilfesätze und darunter ist mehr als doppelt so groß wie der der Künstler.

Über die Hälfte aller Frauen arbeiten. Immer mehr Frauen wollen für sich selbst sorgen können. Ihre Einstellung zur Berufstätigkeit hat sich in den letzten 20 Jahren radikal gewandelt. Damals glaubte nur ein Viertel der Frauen, daß eine Frau genauso befähigt sei wie ein Mann, berufliche und gesellschaftliche Aufgaben wahrzunehmen. Heute halten neun von zehn Frauen Männer auf keinem Gebiet für überlegen.

Doch trotz der zahlreichen Hindernisse, die vielen Frauen, besonders Müttern, in ihrem Alltag im Wege stehen, wartet die Mehrzahl der Frauen noch immer passiv darauf, daß Abhilfe von außen kommt – als hätten Frauen keine Geschichte, keine Tradition erfolgreicher Kämpfe, sondern nur die Geschichte der Opfer, nur die Tradition des Duldens. Frauen, die in der Vergangenheit nicht auf Wohlverhalten setzten und erkämpften, was das Leben aller Frauen heute stark beeinflußt und erleichtert, sind vergessen – wie Elisabeth Selbert.

Elisabeth Selbert, Mutter und Rechtsanwältin, sorgte dafür, daß der Satz »Männer und Frauen sind gleichberechtigt« im Grundgesetz der Bundesrepublik steht. 1948 saßen 61 Männer und vier Frauen stimmberechtigt im Parlamentarischen Rat, der verfassunggebenden Versammlung. Die Namen der Frauen: Friederike Nadig, SPD, Helene Weber, CDU, Helene Wessel, Zentrum, und, die entschiedenste Kämpferin unter ihnen, Elisabeth Selbert, SPD. Die Annahme ihres schlichten Satzes »Männer und Frauen sind gleichberechtigt« kostete einen monatelangen Kampf, in dem sie Zehntausende von Frauen mobilisierte und mit deren Unterstützung siegte: Sie hatte Mut zur Macht.

Elisabeth Selbert, geborene Rohde, kam am 22. September 1896 in Kassel zur Welt – in dem Jahr, in dem das Bürgerliche Gesetzbuch mit seinem patriarchalischen Ehe- und Familienrecht verabschiedet wurde, das vier Jahre später in Kraft trat und das Elisabeth Selbert über 50 Jahre später kippen sollte. Ihr Vater war Vollzugsbeamter in einer Strafanstalt und hatte große Probleme, von seinem Verdienst seinen vier Töchtern eine Ausbildung zu ermöglichen. Elisabeth erkämpfte sich durch gute Leistungen eine Freistelle in einer Mittelschule, besuchte die Höhere Handelsschule, wurde Auslandskorrespondentin in einer Exportfirma und nach Beginn des Ersten Weltkrieges Beamtenanwärterin im Post- und Telegraphendienst.

Im Revolutionsjahr 1918 lernte sie Adam Selbert kennen, gelernter

Buchdrucker und Vorstandsmitglied des Kasseler Arbeiter- und Soldatenrats. Er nahm sie mit zu Veranstaltungen der Sozialdemokratischen Partei. Sie war beeindruckt vom Einsatz der SPD für das Frauenwahlrecht und trat der Partei bei. 1920 heiratete sie Adam Selbert. 1921 bekam das Ehepaar den ersten, 1922 den zweiten Sohn. Adam und Elisabeth Selbert teilten sich die Arbeit in Familie und Haushalt, waren beide berufstätig und politisch aktiv.

Elisabeth Selbert ermunterte die Frauen, vom Wahlrecht Gebrauch zu machen. Laut Gleichberechtigungsartikel der Weimarer Verfassung hatten Männer und Frauen die gleichen staatsbürgerlichen Rechte und Pflichten – mehr nicht. Sie setzte sich in der Frauenbewegung dafür ein, so erzählte sie später, »die Gleichberechtigung der Frau nicht nur im öffentlichen Leben, sondern auf allen Gebieten des Rechts und der gesellschaftlichen Ordnung« zu erreichen.

Adam und Elisabeth Selbert waren der Meinung, daß einer von ihnen studieren sollte, um die Politik stärker beeinflussen zu können, und beschlossen, daß Elisabeth sich auf das Abitur vorbereiten sollte, da sie schon die Mittlere Reife hatte. Adam Selbert qualifizierte sich für die gehobene Beamtenlaufbahn, wurde Leiter des Sozialamts in Kassel und Stellvertretender Bürgermeister. Elisabeth Selbert machte als Dreißigjährige 1926 Abitur und begann, in Marburg und Göttingen Jura zu studieren – ein Studium, das Frauen seit 1922 offenstand. 1929 legte sie das Referendarexamen ab, 1930 die Doktorprüfung, 1934 das Assessorexamen.

Richterin oder Staatsanwältin konnte sie nicht mehr werden. Seit Januar 1933 waren die Nationalsozialisten an der Macht und hatten alle weiblichen Richter abgesetzt. Ende 1933 war die Zahl der Studienanfänger an den Universitäten auf jährlich 15 000 festgesetzt worden, von denen nur zehn Prozent Frauen sein durften. In allen Behörden hatte man die verheirateten Beamtinnen entlassen. Elisabeth Selbert konnte nur die Zulassung zur Anwaltschaft beantragen. Sie erhielt sie, mit viel Glück und Unterstützung früherer Ausbilder, bevor vier Wochen später, am 15. Januar 1935, auch die Zulassung von Frauen zum Anwaltberuf verboten wurde.

Die Familie war auf ihren Verdienst angewiesen, denn Adam Selbert gehörte zu den ersten Kommunalbeamten, die 1933 aus politischen Gründen entlassen und verhaftet wurden. Nach der Haftentlassung blieb er unter der Aufsicht der Geheimen Staatspolizei, der berüchtigten Gestapo. Bis Kriegsende 1945 mußte – und konnte – Elisabeth Selbert die Familie ernähren.

Nach dem Krieg gehörte sie zu den ersten, die die Sozialdemokratische Partei wieder aufbauten. 1946 wählte man sie in die verfassunggebende Hessische Landesversammlung und bald darauf in den Landtag. In ihr Anwaltsbüro kamen Frauen, deren heimkehrende Ehemänner alles verkauften, was die Frauen mit in die Ehe gebracht hatten. Elisabeth Selbert: »Ich habe erlebt, daß Männer in dieser furchtbar schweren Zeit, als jeder Stuhl oder Tisch ein Vermögenswert war, Schlafzimmer verkauft haben, um eigene Bedürfnisse zu befriedigen, seien es alkoholische oder sonstige, und die Frau keinerlei Einspruchsrecht hatte.« Eine verheiratete Frau war keine freie Rechtsperson – über ihr Vermögen, den Wohnsitz der Familie, die Kindererziehung bestimmte allein der Ehemann. Er hatte sogar das Recht, den Arbeitsplatz seiner Frau gegen ihren Willen zu kündigen, wenn er meinte, sie kümmere sich nicht ausreichend um Hausarbeit und Kinder.

1948 wurde Elisabeth Selbert in den Parlamentarischen Rat nach Bonn entsandt. Sie kam gar nicht auf den Gedanken, daß es in der Mitte des 20. Jahrhunderts noch Widerstände gegen die verfassungsmäßige Gleichberechtigung geben könnte. Doch die Männer im Ausschuß für Grundsatzfragen wollten eine Formulierung im Grundgesetz sehen, die besagte, das Gesetz müsse Gleiches gleich und könne Verschiedenes nach seiner Eigenart behandeln. Damit wäre die Gleichbehandlung von Männern und Frauen in Gesetzgebung und Rechtsprechung in nebelhafte Ferne geschoben worden.

Elisabeth Selbert hatte anfangs Schwierigkeiten, die übrigen drei Frauen im Parlamentarischen Rat und ihre eigene Fraktion von ihrer Formulierung »Männer und Frauen sind gleichberechtigt« zu überzeugen. Man hatte Angst vor einem Rechtschaos: Das Bürgerliche Gesetzbuch wäre plötzlich verfassungswidrig. Aber gerade das wollte

Elisabeth Selbert. Doch obwohl sie die Frauen und die sozialdemokratische Fraktion für sich gewann, wurde ihr Vorschlag im Ausschuß für Grundsatzfragen abgelehnt.

Als der Hauptausschuß des Parlamentarischen Rats in zweiter Lesung über den Gleichberechtigungsartikel beriet, erklärte Elisabeth Selbert, es sei eine Selbstverständlichkeit, den Frauen auf allen Gebieten die Gleichberechtigung zu geben: »Die Frau, die während der Kriegsjahre auf den Trümmern gestanden und den Mann an der Arbeitsstelle ersetzt hat, hat heute einen moralischen Anspruch darauf, so wie der Mann bewertet zu werden.« Um ein Rechtschaos zu vermeiden, möge der Rat dem Gesetzgeber eine Frist bis März 1953 einräumen, zur Anpassung des Bürgerlichen Gesetzbuchs an die neue Verfassung. Sie schloß ihre Rede mit einer Warnung: »Sollte der Artikel in dieser Fassung heute wieder abgelehnt werden, so darf ich Ihnen sagen, daß in der gesamten Öffentlichkeit die maßgebenden Frauen wahrscheinlich dazu Stellung nehmen werden, und zwar derart, daß unter Umständen die Annahme der Verfassung gefährdet ist.«

Keiner der Männer glaubte, daß Frauen diese Macht hätten, und der Hauptausschuß lehnte den Artikel 3 Absatz 2 zum zweitenmal ab. Elisabeth Selbert reiste kreuz und quer durch die Besatzungszonen und sprach mit Frauen aller Parteien, rüttelte die politisch und gewerkschaftlich organisierten Frauen auf. Waschkörbeweise trafen die Protestschreiben in Bonn ein.

Am 18. Januar 1949 nahm der Hauptausschuß des Parlamentarischen Rats in dritter Lesung den Artikel 3 Absatz 2 des Grundgesetzes an – einstimmig. Nun wollte keiner der Männer sich dem öffentlichen Druck der Frauen gebeugt haben, wollten alle von Anfang an für die Gleichberechtigung gewesen sein. Theodor Heuss, der spätere erste Bundespräsident, behauptete, dieses »Quasistürmlein« der Frauen habe die Männer keineswegs irgendwie beeindruckt und zu einer Sinneswandlung veranlaßt.

Elisabeth Selbert später: »Ich hatte gesiegt, und ich weiß nicht, ob ich Ihnen das Gefühl beschreiben kann, das ich in diesem Augenblick gehabt habe. Ich hatte einen Zipfel der Macht in meiner Hand gehabt, und diesen Zipfel der Macht, den habe ich ausgenützt, aber auch in voller Tiefe, in aller Tiefe, in aller Weite, die mir theoretisch zur Verfügung stand. Und es war die Sternstunde meines Lebens, als die Gleichberechtigung der Frau damit zur Annahme kam.«

Artikel 3 Absatz 2 des Grundgesetzes, der nach Elisabeth Selberts Worten »im tiefsten Sinne revolutionären Charakter hatte«, garantiert den Frauen die Rechtsgleichheit auf allen Gebieten. Es hat dann doch noch länger als bis März 1953 gedauert, bis der Bundestag sich auf ein neues Ehe- und Familienrecht einigen konnte. Im Sommer 1976 trat es in Kraft. Leitbild ist nun die partnerschaftliche Ehe, in der die Partner gemeinsam entscheiden und ihre Tätigkeitsbereiche nach eigenem Gutdünken festlegen. Beide sind berechtigt, erwerbstätig zu sein – für Frauen ein Recht, für das schon Louise Otto vor über 100 Jahren kämpfte.

Elisabeth Selbert hat einer Arbeit im Bundestag die Arbeit in ihrer großen Anwaltskanzlei in Kassel vorgezogen, zumal ihr Mann krank war und sie möglichst viel bei ihm sein wollte. Dem Hessischen Landtag aber gehörte sie bis 1958 an. Ihre Kanzlei leitete sie bis zu ihrem 87. Lebensjahr, am 9. Juni 1986 ist sie, fast 90jährig, gestorben. Die lange Dauer der Umsetzung des Verfassungsgebots in Gesetze hat sie nicht verwundert, sie hat daran erinnert, daß Reformen Zeit brauchen. Einerseits mahnte sie die Frauen zu Geduld, zweifelte auch nicht daran, daß eines Tages die Lohngleichheit auch in der Praxis durchgesetzt wird, andererseits war auch ihre Geduld nicht endlos, und 1979, als 83jährige, sagte sie: »Ob es noch eines Anti-Diskriminierungsgesetzes bedarf, diese Frage bleibt offen.«

Weibliche Larmoyanz kannte sie nicht. Für sie war es »ein ganz schreckliches Kapitel, daß die Frauen in den Parlamenten so unterrepräsentiert sind. Sie haben doch, ganz anders als früher, alle Rechte. Sie können sich darauf berufen. Sie müssen sich durchsetzen! Es ist mir ganz und gar unbegreiflich, warum sie es nicht tun. Doppelbelastung hin und her. Die Feministinnen mit ihren gerichtlichen Klagen gegen nackte Frauen auf Titelseiten von Illustrierten – das sind doch Nebenkriegsschauplätze. In die Parlamente müssen die Frauen! Dort müssen sie durchsetzen, was ihnen zusteht!«

Es fällt mir schwer zu verstehen, daß kaum jemand noch weiß, wer Louise Otto ist. Aber daß fast niemand den Namen Elisabeth Selbert kennt, ist eine Schande. *Erinnern für die Zukunft* ist einer der Slogans, unter denen jetzt die Zeit des Nationalsozialismus aufgearbeitet wird. Ich kann ihn Frauen für ihre Geschichte nur empfehlen.

Solange selbst Frauen wie Louise Otto und Elisabeth Selbert vergessen werden, machen Frauen keine Geschichte, denn ohne Erinnern gibt es keine Geschichte. Ohne Erinnern bleibt die Gefahr, daß Frauengeschichte gemacht wird – aber nicht von Frauen. Auch die herausragenden Politikerinnen, die heute in den Parlamenten und Regierungen in Bonn und in den Bundesländern nach politischem Einfluß auf allen Gebieten streben, brauchen Ermutigung und Kritik kenntnisreicher Wählerinnen und Wähler, die die Menschenrechte und die Verfassung ernst nehmen.

Die Dichterin Olympe de Gouges verkündete 1791 in Paris, die Frau sei frei geboren und bleibe dem Mann gleich in allen Rechten. Sie starb auf der Guillotine. Ihre 200 Jahre alte Forderung ist im politischen und beruflichen Alltag immer noch eine Provokation von bestürzender Aktualität.

Aus der Geschichte kann man lernen – woraus sonst, wenn nicht aus dem, was geschehen ist? Der Historiker Hans-Ulrich Wehler: Es gilt, »an dem aufgeklärten Vorsatz festzuhalten, möglichst viel von dem, was noch nicht zum Wissen von uns, unserer Umwelt, unserer Herkunft gehört, ins klare Bewußtsein zu heben, damit die Rationalität des Denkens und Handelns durch dieses Lernen aus der Geschichte gesteigert werden kann«.

Anmerkungen

19 »in ständiger Freundlichkeit« Thietmar, S. 127
»das ganze Reich« Walther Kienast: Deutschland und Frankreich in der Kaiserzeit (900–1270). Weltkaiser und Einzelkönig. I. Teil. Stuttgart 1974, S. 126
»Hier verweilte er« Eduard Brinckmeier: Itinerarium der deutschen Kaiser und Könige von Conrad dem Franken bis Lothar II. Neudruck der Ausgabe von 1848. Osnabrück 1976, S. 72
»Theophanius gratia divina imperator augustus« Ennen, S. 66

21 »consors regni, particeps imperii« Ennen, S. 63. Wichtig: Vogelsang

23 »coimperatrix« Ennen, S. 63. Dazu: Werner Ohnsorge: Das Mitkaisertum in der abendländischen Geschichte des früheren Mittelalters. In: Zeitschrift der Savigny-Stiftung für Rechtsgeschichte, Germ. Abt. 67, 1950, S. 309–335
Zu Theophanus Heiratsurkunde: Hans Goetting und Hermann Kühn: Die sog. Heiratsurkunde der Kaiserin Theophanu (DO II. 21), ihre Untersuchung und Konservierung. In: Archivalische Zeitschrift 64, 1968, S. 11 ff., und Walter Deeters: Zur Heiratsurkunde der Kaiserin Theophanu. In: Braunschweigisches Jahrbuch 54, 1973, S. 9–23

25 »noch heiter« Thietmar, S. 81

26 »Fuchsschwänze« Holtzmann, S. 252. Nachrichten über Theophanu sind zu Lebzeiten ihres Mannes unter Otto II. zu suchen. Karl Uhlirz: Jahrbücher des Deutschen Reiches unter Otto II. und Otto III. 1. Band: Otto II. 973–983. Leipzig 1902. Über Adelheid: Mathilde Uhlirz: Die rechtliche Stellung der Kaiserinwitwe Adelheid im Deutschen und im Italischen Reich. In: Zeitschrift der Savigny-Stiftung für Rechtsgeschichte, Germ. Abt. 74, 1957, S. 85–97

31 »ich vielen überflüssigen« Percy Ernst Schramm: Kaiser, Basileus und Papst in der Zeit der Ottonen. In: Historische Zeitschrift 129, 1924, S. 441 f. – Die Nachrichten über Theophanus Reiseleben habe ich auch aus: Bruno Heusinger: Servitium regis in der deutschen Kaiserzeit. In: Archiv für Urkundenforschung 1923, H. 8, S. 26–159. – Norbert Ohler: Reisen im Mittelalter. München 1986. – Hans Jürgen Rieckenberg: Königsstraße und Königsgut in liudolfingischer und frühsalischer Zeit. In: Archiv für Urkundenforschung 17, 1942, S. 32–154. – Gottfried Schlag: Die deutschen Kaiserpfalzen. Frankfurt 1940

32 »Mir ist bewußt« Barbara Beuys: Familienleben in Deutschland. Reinbek 1980, S. 102. Kurt Kron-

berg: Roswitha von Gandersheim und ihre Zeit. 6. Aufl., Bad Gandersheim 1987
»Edelstein im Diadem« Pörtner, S. 197
»pro anima« Mathilde Uhlirz: Studien über Theophanu. In: Deutsches Archiv für Geschichte des Mittelalters 9, 1952, S. 124. Weitere Studien von Uhlirz in derselben Zeitschrift, Heft 6, 1943, S. 442–474

34 »Romanorum imperator augustus« Josef Fleckenstein: Das Reich der Ottonen im 10. Jahrhundert. In: Gebhardt, Handbuch der deutschen Geschichte. 9., neubearb. Aufl., hg. von Herbert Grundmann. Nach der Taschenbuchausgabe vom April 1986 (54. bis 59. Tausend): Band 3, S. 86. Fleckenstein gibt eine hervorragende Übersicht über die Politik der Ottonen.

36 »gleich nach Beendigung« Thietmar, S. 115

37 »schwer getroffen« Thietmar, S. 115

43 »Wohl war sie« und »ihres Sohnes Herrschaft« Thietmar, S. 125 f.

47 »dilectissima soror« Uhlirz, S. 410

48 »des schönen Kaisers« Holtzmann, S. 327

49 »mirabilia mundi« Uhlirz, S. 409

50 »Theophanu divina gratia imperatrix augusta« Ennen, S. 66
»Theophanius divina gratia imperator augustus« Vogelsang, S. 26
In der Wortstellung abweichend: Ennen, S. 66
»consortium imperii« Vogelsang, S. 27

53 »matricia« Ennen, S. 67. Außerdem Karl Hörger: Die reichsrechtliche Stellung der Fürstäbtissinnen. In: Archiv für Urkundenforschung 9, 1926, S. 195–270

54 »necessaria comes« Ennen, S. 70. Auch Max Kirchner: Die deutschen Kaiserinnen in der Zeit von Konrad I. bis zum Tode Lothars von Supplinburg. Berlin 1910. Weitere regierende Frauen bei Ketsch

55 »imperatrix« Vogelsang, S. 39
»über das Wohl« Die Goldene Bulle Kaiser Karls IV. 1356. Lateinischer Text mit Übersetzung. Quellen zur Neueren Geschichte. Historisches Seminar der Universität Bern. Heft 25. 2., durchgesehene Aufl., bearb. von Konrad Müller. Bern 1964, 12. Kapitel, S. 57

57 »Posaunenklang« Weissweiler, S.39. Aus den folgenden Anmerkungen wird nicht deutlich, daß ich einen Großteil meiner Kenntnisse über die äußeren Lebensumstände Hildegards auch den Aufsätzen im Sammelband von Brück, s. Lesehinweise, verdanke. Deswegen möchte ich hier besonders hinweisen auf Odilo Engels: Die Zeit der hl. Hildegard, S. 1–30; Wolfgang Seibrich: Geschichte des Klosters Disibodenberg, S. 55–76; Maria Laetitia Brede: Die Klöster der hl. Hildegard Rupertsberg und Eibingen, S. 77–94

59 »um mit Christus« Führkötter 1968, S. 47

60 »Während der Leib« Führkötter 1968, S. 48
»Und bis zu meinem« Führkötter 1968, S. 64
»Ließ aber« Führkötter 1968, S. 65

62 »Als ich zweiundvierzig« Führkötter 1968, S. 47
»Gebrechlicher Mensch« Führkötter 1985, S. 10
»Das Licht« Führkötter 1968, S. 13

63 »wachend, besonnen« Führkötter 1985, S. 11
»Gebrechlicher Mensch, rufe«

Adelgundis Führkötter: Hildegard von Bingen. Leben und Werk. In: Brück, S. 32

64 »Die Stimme Gottes« Führkötter 1968, S. 49

67 »weibisch« Gössmann 1983, S. 229

68 »Adler« Führkötter, s. Anm. zu 63,2, S. 33
»weil es unter« Führkötter 1968, S. 123ff.
»Menge der Geschäfte« Führkötter 1968, S. 125f.

69 »für gut, die« und alles Weitere Führkötter, 1968, S. 50f.

70 »viele irdischgesinnte Kluge« Führkötter 1968, S. 126f.

71 »ehrenvoller Ruf« Führkötter 1968, S. 127

72 »Ich aber bin« Führkötter 1968, S. 57

73 »Damit sie aber« Führkötter 1968, S. 52
»Und als ich« Führkötter 1968, S. 70

74 »Und er sah« Führkötter 1968, S. 53
»immer, wenn sie« Führkötter 1968, S. 54

75 »Was soll es« Führkötter 1968, S. 70f.

77 »Wer stellt schon« Ennen, S. 118. – In der Darstellung des Briefwechsels folge ich Haverkamp, dessen Aufsatz ich mit großem Vergnügen gelesen habe: Alfred Haverkamp: Tenxwind von Andernach und Hildegard von Bingen. Zwei »Weltanschauungen« in der Mitte des 12. Jahrhunderts. In: Institutionen, Kultur und Gesellschaft im Mittelalter. Festschrift für Josef Fleckenstein. Sigmaringen 1984, S. 515–548. Haverkamp datiert den Briefwechsel auf die Jahre zwischen 1146/47 und 1153 und vermutet als engere Spanne 1148 bis 1150, die Zeit vor Hildegards Umzug in ihr Kloster auf dem Rupertsberg. Dieser Vermutung mag ich mich aus zwei Überlegungen heraus nicht anschließen. Erstens: Hätte Tenxwind vor dem Umzug nicht an Abt Kuno schreiben müssen, den Verantwortlichen für die Liturgie? Das Kloster auf dem Disibodenberg war kein Doppelkloster. Zweitens: Ist es wahrscheinlich, daß Abt Kuno beim Gottesdienst in einem Männerkloster den Nonnen erlaubte, in weißen Seidenkleidern und mit gelöstem Haar zu erscheinen?
»blitzende« und »strahlende« Haverkamp, S. 530

82 »Ein Weib« 1. Brief des Paulus an Timotheus, 2, Kapitel 11–13
»Wie groß« Gössmann 1983, S. 235

84 »Nacht, die Finsternis« Führkötter 1985, S. 26
»Ihr aber laßt« Führkötter 1968, S. 33
»Die Schöpfung« Führkötter 1968, S. 21f.

85 »Mitwisser« Führkötter 1985, S. 8

86 »Posaunenklang« Weissweiler, S. 39, der ich in diesem Kapitel folge.

87 »um in Herzensfreude« Weissweiler, S. 40, Auslassungen habe ich bei der Wiedergabe des Briefes nicht gekennzeichnet.

88 »Die Augen der« Führkötter 1985, S. 27

91 »meynen feinden« Rüthning, S. 521

93 »die von Embden« Rüthning, S. 517. Zur Geschichte siehe auch Rainer Krawitz: Ostfriesland mit Jever und Wangerland. Über Moor, Geest und Marsch zum Wattenmeer und zu den Inseln Borkum, Juist, Norderney, Baltrum, Langeoog, Spiekeroog und Wangerooge. 3., überarb. Aufl., Köln 1985. Aus der älteren Literatur

Hermann Aubin: Das Schicksal der schweizerischen und der friesischen Freiheit. In: Jahrbuch der Gesellschaft für bildende Kunst und vaterländische Altertümer zu Emden, 32. Band, 1952, S. 21–42. Hermann Aubin: Rechtsgeschichtliche Betrachtungen zum Nordseeraum. In: Zeitschrift der Savigny-Stiftung für Rechtsgeschichte, Germ. Abt. 72, 1955, S. 1–33. Friedrich Wilhelm Riemann: Geschichte des Jeverlands. 1. Band, Jever 1896, 3. Band, Jever 1931. Der 2. Band ist nicht in Buchform erschienen.

96 »boeswicht« Rüthning, S. 226, Anm. 1

97 »gemenen landen« Wolfgang Sello: Die Häuptlinge von Jever. Ein Beitrag zur friesischen Territorial- und Verfassungsgeschichte. Phil. Diss., Göttingen 1920, S. 59
»Huldigung« Otto Brunner: Land und Herrschaft. Darmstadt 1984, S. 86ff.

98 »vorgeten und vorgeven« Fissen, S. 20

100 »groten upror und tumult«, »erwürgen«, »des huses mechtich« W. Sello, s. Anm. zu 97, S. 58

104 »verkleinert« Ernst Gramberg: Das Jeverland unter dem Drosten Boynck von Oldersum in den Jahren 1527–1540. Phil. Diss., Marburg 1898, S. 9, Anm. 1
»unserem Flecken« Rüthning, S. 264

105 »schelme« Rüthning, S. 377

109 »Herren und Freunde« Rüthning, S. 289f.

111 »sie seien hier« Gramberg, s. Anm. zu 104, S. 22

123 »fast langwilich to lesende« Georg Sello: Östringen und Rüstringen. Studien zur Geschichte von Land und Volk. Oldenburg, 1928, S. 46. Bei G. Sello fand ich eine Fülle von Einzelheiten aus dem Leben der Maria von Jever.

129 »modderen« Rüthning, S. 520
»damit wyr von« Rüthning, S. 516

130 »Es ist mick leef« und alles Weitere aus dieser Unterredung: Rüthning, S. 521ff. und S. 519ff.

131 »zu Jeverden« und die weitere Unterredung der beiden Frauen: Rüthning, S. 524ff.

133 »Herrin und unser König« E. Holzmair. Maria Theresia als Trägerin »männlicher« Titel. Eine numismatische Studie. In: Mitteilungen des Instituts für Österreichische Geschichtsforschung 72 (1964) H. 1–2, S. 122–135
»daß sie möglicherweise« Mraz, S. 88

134 »über die Maßen« Mraz, S. 90

135 »Habe hertzhaft agieret« Walter, S. 80

136 »Teresl« und »Nandl« Mraz, S. 13; »meinem Herrn Vattern« Walter, S. 64
»gegen meines Herrn« Walter, S. 109;
»Sie ist eine« Crankshaw, S. 28

137 »getreüeste braut« die Brautbriefe: Walter, S. 23f.

138 »aufrührerische Stimmen« Mraz, S. 55
»Mit einem Wort« Walter, S. 109
»die mir obliegende« Walter, S. 65

139 »als wann mich« Walter, S. 65

140 »Szepter unserem« Walter, S. 403

141 »fielen in ihre« Walter, S. 2

143 »soferne nicht alle« Walter, S. 81
»Was vor Grillen« Walter, S. 24
»Alle meine Heere« Walter, S. 28

144 »Sie hat die Gabe« Gertrud Bäumer: Maria Theresia. In: Frauen der Tat. Gestalt und Wandel. Tübingen 1959, S. 34
»habe hertzhaft« Walter, S. 80
»Narrenhäubel« Walter, S. 33

145 »Länder allgemeine« Walter, S. 66
»derer Länder« Walter, S. 66
»als eine wahre Mutter« Walter, S. 126
»als eine getreue Mutter« Walter, S. 130
»Beruf« Walter, S. 65
146 »er hat niemand« Walter, S. 478
»Ich nahm« Walter, S. 38f.
147 »Ihr Gesichtsausdruck« Mraz, S. 138
»Er will nur« Mraz, S. 143
148 »würde jedermann« Mraz, S. 144
149 »der rachsüchtigen« Mraz, S. 143
»Keuschheitskommission« Berglar, S. 66
»Laß dich warnen« Mraz, S. 144
»keiner meiner Vorfahrer« Walter, S. 129
150 »Providenz Gottes« Walter, S. 9
151 »unverschmerzlich« Mraz, S. 106
»nie herrschte« Walter, S. 183ff.
152 »die drei ersten Huren« Berglar, S. 72
»dieses Ungeheuer« Walter, S. 146f.
154 »Du hast den« Walter, S. 206
»den einzigen Gegenstand« Walter, S. 206
»bittere Reue« Walter, S. 213f.
»Ich kenne mich« Crankshaw, S. 305
155 »Meine liebe Tochter!« Walter, S. 209
»Ich betrachte« Walter, S. 187f.
»Ich kenne« Walter, S. 198ff.
156 »Meine liebe Tochter« Walter, S. 208ff.
157 »ein sehr zarter« und das Weitere Walter, S. 236
158 »Was kannst Du« Walter, S. 243ff.
159 »Bei mir und« Mraz, S. 199
»Rêglement« Walter, S. 252ff.
160 »wie groß wird« Paul Christoph: Maria Theresia. Geheimer Briefwechsel mit Marie Antoinette. Wien, München 1980, S. 221. Alfred Ritter von Arneth: Maria Theresia und Marie Antoinette. Ihr Briefwechsel während der Jahre 1770–1780 (Neudruck der Ausgabe 1865). Osnabrück 1978
177 »Ich habe heüt« Walter, S. 505
»Die Welt ist« Walter, S. 197
178 »leidenschaftliche Freundin« Walter, S. 241
179 »die Wahrscheinlichkeit« Walter, S. 322
»Was für ein Zügel« Walter, S. 408f.
180 »Was für ein« Walter, S. 424
»Erfindungen, die das« Walter, S. 438
»Niederbayern« Walter, S. 446f.
»Jede Tür, die« Walter, S. 449f.
181 »kummervollen Frauen« Walter, S. 452
»diesem Monstrum« Walter, S. 453ff.
»Wir waren eine« Walter, S. 460f.
182 »aber ich könnte« Walter, S. 481ff.
»ich habe heüt«: 23. Mai 1779. Walter, S. 505
»Sind das die« Crankshaw, S. 383
183 »Ich kann jeden« Crankshaw, S. 384
»Ihro Mayst.« Walter, S. 520
»mütterliche Herrscherin« ich folge Mraz, S. 7
»Sie hat ihrem Throne« Walter, S. 7
184 »Die vollkommenste Frau« Hoffmann, S. 237
185 »La femme du monde« Hoffmann, S. 237
»Die Königlichen Natürlichen Kinder« Meldung unter dem Datum vom 31. Januar 1681 in der Zeitung ›Extraordinaire Relation‹
194 »Das odium« Hoffmann, S. 454, s. Anm. zu 91
196 »man kunte sagen« Hoffmann, S. 113
197 »keineswegs in der« Hoffmann, S. 129

202 »Sollte es denn« Hoffmann, S. 433
209 »Als Gattin und Mutter« Taack, S. 401
»nur nach seiner Hand« Griewank 1929, S. 13
»Helferin« Max Brauchbach: Von der Französischen Revolution bis zum Wiener Kongreß. In: Gebhardt, Handbuch der deutschen Geschichte. 9., neubearb. Aufl., hg. von Herbert Grundmann. Nach der Taschenbuchausgabe vom März 1987 (56. bis 61. Tausend): Band 14, S. 113. – Sich darauf vielleicht verlassend, urteilt Weber-Kellermann, S. 16: »politisch vermittelnd und auf der Seite der Reformer.« Das ist jedoch nur ein Beispiel aus jüngerer Zeit, in den meist etwas älteren Biographien über Stein, Hardenberg, Clausewitz, Humboldt fand ich häufig eine noch weit entschiedenere Betonung der politischen Bedeutung der Königin Luise. Ihren Einfluß bestreiten insbesondere Griewank und Taack. Von einer
210 »bedeutenden und tatkräftigen Frau« spricht Thomas Nipperdey: Deutsche Geschichte 1800-1866. Bürgerwelt und starker Staat. 3., überarbeitete Aufl., München 1985, S. 23
»das unbändige Pferd« Taack, S. 257
213 »...so ganz nach« Taack, S. 230
»Mein Geist ist« Taack, S. 237
214 »Was das unbändige« Taack, S. 257
215 »Ich bin nicht« Taack, S. 260
»helfe meinem Mann« Griewank 1925, S. 111
216 »dieser Wunsch« Taack, S. 272
»so gänzlich willenlos« Taack, S. 279
»in tausend Verhältnisse« Griewank 1925, S. 136
217 »mit ihr einige Zeit«, Meisner, S. 33
217 »daß ich mich« Griewank 1929, S. 29
»Ich möchte gern« Griewank 1925, S. 134f.
218 »es ist nur ein Weg« Griewank 1925, S. 135f.
223 »Überhaupt ist mehr« Griewank 1929, S. 238f.
»Ihr Besitz hielt« Meisner, S. 17
225 »Wir gehen den Weg« Rothkirch, S. 287
226 »Ich liebe Dich« Griewank 1929, S. 260f.
»Der König lebt« Taack, S. 371
»Wo ist der König?« Bericht der Gräfin Schwerin, Taack, S. 372. – Eine der Prinzessinnen in der Fensternische ist Luise Radziwill, eine Schwester des Prinzen Louis Ferdinand. Princesse Antoine Radziwill: Quarante-cinq Années de ma vie (1770 à 1815). 4. Aufl., Paris 1911
»Du hast noch« Taack, S. 374
227 »böse Intrigantin« Taack, S. 377
»sie wollte Blut« Griewank 1925, S. 401, Anm. 110
»Wir brachten drei« Taack, S. 381f.
229 »das Ungeheuer« und der »Quell des Bösen« Rothkirch, S. 354
»den Höllenmenschen« Rothkirch, S. 356
»daß Du in« Rothkirch, S. 360. – Paul Bailleu: Die Verhandlungen in Tilsit (1807). Briefwechsel König Friedrich Wilhelm's und der Königin Luise. In: Deutsche Rundschau, Band 110, 1902, S. 28-45 und 199-221. – Zu Luise und Hardenberg: Paul Bailleu: Königin Luise. Ein Lebensbild. Berlin, Leipzig 1908.
231 »Die Dinge gehen« Rothkirch, S. 377
»erfüllt von« Rothkirch, S. 378
»Der Kaiser kommt!« Taack, S. 399
»Ich lerne Ew. Majestät« und das weitere Gespräch: Taack, S. 400ff.

232 »Sie verlangen viel« Taack, S. 399
»in gänzlich veränderter« Bericht der Gräfin Schwerin, die den mündlichen Bericht ihrer Cousine Gräfin Tauentzin aufgeschrieben hat. Taack, S. 399
»Der Ruhm« Taack, S. 403
»Die Königin von Preußen« Taack, S. 403
»Die Dinge haben sich« Taack, S. 403
233 »da sie unter uns« Taack, S. 406f.
»Aus der Haut« Rothkirch, S. 383f.
234 »Die Menschen freilich« Griewank 1925, S. 269
236 »Die schöne Frau« Karl Griewank: Gneisenau. Ein Leben in Briefen. Leipzig 1939, S. 99
237 »Mittheilende Herzensergießung« Meisner, S. 21
238 »Sie haben sehr« Griewank 1925, S. 292
»unbeschreiblich schwer« Kurt Jagow: Königin Luise. Briefe der Freundschaft. Leipzig 1940, S. 86ff.
239 »Ach, lieber« Griewank 1925, S. 306
»Könnte ich nur« Griewank 1925, S. 306ff.
241 »Aufzeichnung für das Ministerium« Rothkirch, S. 538f.
»Warum kann ich« Griewank 1929, S. 340
242 »Bester Päp« Taack, S. 464f.
»Mein lieber Vater« Taack, S. 473
»Ja, es gibt Wunden« Rothkirch, S. 557ff.
243 »Lieber Freund« und alles Weitere: Meisner, S. 11ff.
244 »Ewig lebt die Königin« Hermann Dreyhaus: Die Königin Luise in der Dichtung ihrer Zeit. Berlin o. J., S. 76
245 »Es wird mir« Rothkirch, S. 422
246 »ausdrücklich in Zweifel« Rothkirch, S. XXV
»das hohe, weithin« (Caroline von Berg): Luise Königin von Preußen. Dem deutschen Volke gewidmet. 2., neubearbeitete Auflage, Berlin 1849, S. 75f. Friedrich Adami stellt das Buch unter das Motto eines Satzes von Friedrich Wilhelm IV., König von Preußen und ältester Sohn von Luise: »Die Einheit Deutschlands liegt mir am Herzen. Sie ist ein Erbtheil meiner Mutter.« Es gibt Äußerungen Luises, in denen sie die Auflösung des Heiligen Römischen Reichs Deutscher Nation bedauert, doch ist sie international-europäisch, noch keineswegs national-deutsch eingestellt. – Friedrich Adami hat das Buch der Frau von Berg noch mehrfach herausgebracht, wobei ihr Anteil am Text immer mehr in den Hintergrund rückte, Adamis Buch dagegen sich der wachsenden Luisen-Legende immer mehr anpaßte, z.B. Friedrich Adami: Luise, Königin von Preußen. Ihre Lebensgeschichte, dem deutschen Volk erzählt. 17. Aufl., Gütersloh 1903.
»im stillen Gebet« Otto Hintze: Königin Luise. Festrede, zur Feier ihres hundertsten Todestages gehalten. In: Hohenzollern-Jahrbuch, 14. Jg., 1910, S. 9
»Luise ist preußischen« Rothkirch, S. XXVI
247 »daß die Hauptaufgabe« Wilhelm II. am 25. August 1910 in Königsberg: Hans-Jürgen Arendt und Siegfried Scholze (Herausgeber): Zur Rolle der Frau in der Geschichte des deutschen Volkes (1830 bis 1945). Eine Chronik. Leipzig 1984, S. 77f.
»wesenhaften deutschen Frau«, die die »Kräfte der deutschen« Rothkirch, S. XXVI

248 »Ich bin so einzig« Tewarson, S. 103
»und kann ein Frauenzimmer« Gerhardt, S. 32
»Der Mensch ist« Ursula Isselstein: ›Dies ist die Beute!‹ Zu Rahel Levins Tagebüchern. In: Hahn-Isselstein, S. 98
252 »das erbärmlichste Nichts« Heidi Thomann Tewarson: ›Ich bin darin der erste Ignorant der Welt! der *dabei* so viel auf Kenntnisse hält.‹ Zum Bildungsweg Rahel Levins. In: Hahn-Isselstein, S. 149
»als das schamloseste« wie Anm. zu 252
»Gründliche Untersuchung« Eckart Kleßmann: Caroline. Das Leben der Caroline Michaelis-Böhmer-Schlegel-Schelling 1763–1809. 2. Aufl., München 1980, S. 11
»daß der Ehestand« Renate Feyl: Der lautlose Aufbruch. Frauen in der Wissenschaft. Berlin 1981, S. 47
253 »Man schätzt ein« Kleßmann wie Anm. zu 252, S. 49
254 »Ja, habe Empfindung« Tewarson, S. 54f.
»schwerlich hat je« Tewarson, S. 55
255 »Ich liebe unendlich« Tewarson, S. 33
257 »Denn Geselligkeit« Konrad Feilchenfeldt: Die Berliner Salons der Romantik. In: Hahn-Isselstein, S. 155. In meiner knappen Darstellung orientiere ich mich an Feilchenfeldt. Wer mehr über die Berliner Salons wissen will, sollte seinen Aufsatz lesen sowie den Aufsatz von Peter Seibert, s. u. Anm. zu S. 276. Dazu: Friedrich Schleiermacher: Versuch einer Theorie des geselligen Betragens. In: Varnhagen, Gesammelte Werke, Band X, S. 253–279
»Wo die Künstler« Feilchenfeldt, wie oben
257 »weder groß noch schön« Tewarson, S. 30ff.
260 »Ich kann nicht heirathen« Tewarson, S. 62
»Negerhandel« Tewarson, S. 62
261 »Ich bin so einzig« Tewarson, S. 103, und Gerhardt, S. 42
»Mein Leben soll« Uwe Schweikert: ›Am jüngsten Tag' hab ich Recht‹, Rahel Varnhagen als Briefschreiberin. In: Varnhagen, Gesammelte Werke, Band X, S. 38
262 »wie gestorben« Gerhardt, S. 47ff.
263 »worauf sich die« Tewarson, S. 69
vom »neumodischen Judenstaat« sprach Ludwig von der Marwitz, Tewarson, S. 74
»alles zerstörende« und »diese von den ägyptischen Plagen« Ingeborg Weber-Kellermann: Frauenleben im 19. Jahrhundert. München 1988, S. 37
264 »unbegrenzteste Unterwerfung« Frevert, S. 61
»Herz und meinen Geist« Gerhardt, S. 54
»Wir sind neben« Tewarson, S. 84ff.
265 »List, Mut und Energie« Barbara Hahn: ›Nur wir sind gleich bey der Ungleichheit.‹ Der Briefwechsel von Rahel Levin Varnhagen und Pauline Wiesel. In: Hahn-Isselstein, S. 56–66. – Franz Blei: Pauline Wiesel. In: Varnhagen, Gesammelte Werke, Band X, S. 312–319.
»Sie *können* der Zeit« Tewarson, S. 89f.
267 »reines Auffassen« Renata Buzzo Màrgari: Schriftliche Konversation im Hörsaal: ›Rahels und Anderer Bemerkungen in A. W. Schlegels Vorlesungen zu Berlin 1802.‹ In: Hahn-Isselstein, S. 118
»Tagesleben« und »mein Leben soll« Schweikert, wie Anm. zu 261

268 »Freiheit, Freiheit!« Tewarson, S. 110

269 »der Einzige« Klaus Haase: ›Laß dies mein Epitaph sein.‹ Zur Selbstdarstellung in Rahels Briefen. In: Hahn-Isselstein, S. 73
»Wen ich liebe« Gerhardt, S. 56ff.

270 »daß sie den Krieg« Tewarson, S. 98

271 »die Welt wie« Tewarson, S. 107
»Ich will ja nur« Gerhardt, S. 131

272 »neuchristliche Glaubenswesen« und
»ein dunkles Bedürfnis« bis »Säuerei« Ursula Isselstein: Rahels Schriften I. Karl August Varnhagens editorische Tätigkeit nach Dokumenten seines Archivs. In: Hahn-Isselstein, S. 17. Die Auslassungen in diesem Brief Rahels an ihren Mann, vom 28. 10. 1817, habe ich aus Gründen der besseren Lesbarkeit nicht gekennzeichnet.

273 »*Behalten* wollen sie« Tewarson, S. 131. Auch hier habe ich Auslassungen nicht kenntlich gemacht.

275 »Man ist nicht frei« Gerhardt, S. 65
»Nun fing aber« Tewarson, S. 144

276 vom »räsonnierenden« zum »konsumierenden« als Hinweis auf Peter Seibert: Der Salon als Formation im Literaturbetrieb zur Zeit Rahel Levin Varnhagens. In: Hahn-Isselstein, S. 164–172
»In Amerika« Gerhardt, S. 63ff.
»Wahrheit und Offenheit« Isselstein wie Anm. zu 272, S. 16
»uns selbst ist« Kemp, S. 318
»Arbeite immer« Consolina Vigliero: ›Mein lieber Schwester-Freund.‹ Rahel und Ludwig Robert in ihren Briefen. In: Hahn-Isselstein, S. 49

277 »Jeder Gegenstand ist« aus Rahels Tagebuch, 1817, Kemp, S. 148
»Es ist Menschenunkunde« Tewarson, S. 126f.

277 »*Genuß* war die« Schweikert, wie Anm. zu 261, S. 23

278 »Was so lange« Gerhardt, S. 29f.
»auf Großes, Neues« Tewarson, S. 122

279 »Er ist mir« Isselstein wie Anm. zu 248, S. 91. Auslassungen habe ich nicht gekennzeichnet.

280 »bändigungsreden« Isselstein, wie Anm. zu 248, S. 94

281 »Diejenigen, welche« Konrad Feilchenfeldt: Rahel Varnhagens Ruhm und Nachruhm. In: Varnhagen, Gesammelte Werke, Band X, S. 139f.
»wohl weiterzugeben« Isselstein, wie Anm. zu 272, S. 22

282 »mit Leidenschaft« wie oben
»Salonblaustrumpf« Schweikert, wie Anm. zu 261, S. 18

283 »Wer auch immer« Isselstein, wie Anm. zu 272, S. 33f.

284 »bis der Hauch« Joeres, S. 117

285 »man hatte ja« Joeres, S. 39
»Lest das ja« Joeres, S. 233

287 »worin speziell« bis »Entschluß« Joeres, S. 45f.
»Lernt etwas« Joeres, S. 233

289 »Ist es denn« Joeres, S. 35
»so weltbewegend« Joeres, S. 40
»Sieg des Menschengeistes« Joeres, S. 42

290 »das Allgemeine« Joeres, S. 180
»mitten im Kampf« Joeres, S. 63

291 »all diesen regen« Joeres, S. 71
»Geständnis« Joeres, S. 85ff.
»Das Verhältnis der Frauen zum Staate« Joeres, S. 74ff. Louise Ottos Satz »Die Teilnahme der Frauen an den Interessen des Staates ist nicht ein Recht, sondern eine Pflicht« geht auf Gertrud Bäumer zurück (S. 133. In der Ausgabe von Gestalt und Wandel, Berlin 1939, steht er auf S. 323). Mir ist es nicht gelungen, ihn in Louise

Ottos Artikel für Robert Blum zu entdecken.
292 »zu *Puppen*« Joeres, S. 79
»sich überhaupt freier« und »Die meisten Frauen« Joeres, S. 80
293 »Gebt unserm Staate« Joeres, S. 82
»Deutsche Frauen« Frevert, S. 69
»ebenbürtige Schwester« Joeres, S. 86
294 »wegen aufregenden Inhalts« Bäumer, S. 133
296 »Extravaganz« Joeres, S. 88
297 »Lerche« Twellmann, S. 3
»ein Schwert« Joeres, S. 180
»überzarter Weiblichkeit« Joeres, S. 136
298 »die in so seltsamem« Joeres, S. 137
»wer sich nicht selbst« Joeres, S. 65
299 »Und ich bin« und
300 »Jetzt, wo endlich« Joeres, S. 65
»Kommission« Twellmann, S. 16
»Glauben Sie nicht« Twellmann, S. 17
301 »Wenn Sie sich« Joeres, S. 105
303 »Dem Reich« Twellmann, S. 1. – Mathilde Franziska Anneke: Mutterland. Memoiren einer Frau aus dem badisch-pfälzischen Feldzuge 1848/49. Münster 1982
304 »das Recht, das Rein-Menschliche« Bäumer, S. 138
»Übriggebliebenen« und
»der mich vorsichtig« sowie »es ist doch« Joeres, S. 106f.
321 »Brief eines Maigefangenen« Bäumer, S. 146
»Ein Blick auf« Bäumer, S. 147
»Wir werden also« Bäumer, S. 149
»Pestzone« Bäumer, S. 144
322 »Lex Louise Otto« bis »nicht bedürfen« Bäumer, S. 149f.
»Die Tendenz« Joeres, S. 108f.
323 »Ich schlief nicht« Bäumer, S. 151f.
»Ideenschmuggel« Urteil von Joeres, S. 60
324 »Subjektivität« Joeres, S. 110ff.
Siehe dazu: Twellmann, S. 18ff.
»Eine große Individualität« Joeres, S. 114
325 »Viele, welche damals« Joeres, S. 118
»bis der Hauch« Joeres, S. 117
326 »einmal umnebelte« Joeres, S. 148
327 »dieses einzigen Paares« Anna Plothow bei Joeres, S. 278
328 »Und wenn Ihr« Joeres, S. 152
»Streuen wir den Lorbeer in die Suppe!« Gabriele Hoffmann: Heinrich Böll. 2. Aufl., Hamburg 1977, S. 129
329 »Wer dem Schriftstellerstand« Joeres, S. 153
»höheren Stände« Twellmann, S. 31
330 »Wollen Sie nicht« und
»Es hat mich« Joeres, S. 246
331 »Wir verlangen nur« Twellmann, S. 33
»Am wenigsten« Twellmann, S. 129
»keine kühnere Feder« Joeres, S. 244
332 »Die erste deutsche« Twellmann, S. 40f.
333 »Was wir nicht« Twellmann, S. 44
»der intelligentesten Gesellschaftsklassen« Frevert, S. 115
335 »Man darf nie« Twellmann, S. 129
»ich spreche dies« Twellmann, S. 207
336 »sanften Waffen« Twellmann, S. 228
337 »Dem Manne gebührt« Twellmann, S. 58. Bei Twellmann eine Fülle weiterer, teils erheiternder, teils heute noch wegen ihrer traurigen Aktualität erschreckender Belege. Über die gesellschaftspolitischen Zusammenhänge s. auch Frevert.
»Aus ihrer Macht« Twellmann, S. 214
338 »mindestens 11–12000 Frauen« Twellmann, S. 52
339 »Obrigkeit ist männlich« und

»Sorgen wir« Twellmann, S. 203
340 »Es ist immer« Twellmann, S. 221
343 »Am Tage ihres Todes« Joeres, S. 247
344 »Meine Tochter Cosima« George R. Marek: Cosima Wagner. Ein Leben für ein Genie. 2. Aufl., Bayreuth 1982, S. 279. – Weitere Biographien: Richard Du Moulin Eckart: Cosima Wagner. Ein Lebens- und Charakterbild. 2 Bände, München 1929 und 1931. Max Millenkovich-Morold: Cosima Wagner. Ein Lebensbild. Leipzig 1937. Douglas Sutherland: Cosima. Eine Biographie. Tübingen, 1970. Diese Biographien waren für meine Arbeit wenig ergiebig.
345 »Seine ganze Persönlichkeit« s. Anm. zu 348
348 »Was konnte der Künstler« und »Beinahe beständig« Cosima Wagner: Franz Liszt. Ein Gedenkblatt von seiner Tochter. München 1911, S. 11
349 »Ohne eine Laune« C. Wagner: Tagebücher, Bd. 2, Vorwort, S. 8
352 »ich wanderte einsam« C. Wagner: Tagebücher (Tgb) 19. 3. 1869
353 »Unter Tränen« Gregor-Dellin, S. 513
»Mein innigst Geliebter« bis »engelgleicher Freund« Gregor-Dellin, S. 525f.
356 »Erretter meiner Seele« Tgb 1. 1. 1869
»wahren innersten Beruf« bis »zerfließen möchte« Tgb 1. 1. 1869
»Daß ich Hans« Tgb 21. 5. 1869
357 »Cosima trug« Gregor-Dellin, S. 645
358 »mir ist, als ob« Tgb 17. 2. 1869
»Immer tiefere Einsicht« Tgb 13. 8. 1870
»groß, wahrhaft groß« Tgb 13. 6. 1869
359 »ich vor ihm kniend« Tgb 13. 12. 1870
359 »ob mein Tod« Tgb 29. 6. 1869
»meine Aufgabe« Tgb 30. 6. 1869
»die Offenbarung« Tgb 2. 7. 1869
»Zuerst ward ich« Tgb 29. 3. 1869
360 »Seltsam erscheint es« Tgb 7. 4. 1869
»der Eigenwille« Tgb 12. 11. 1870
»Groß kann aber« Tgb 13. 6. 1869
»allein ich fühle« Tgb 5. 9. 1870
361 »gute Muse« Tgb 20. 12. 1870
»Daß du alles« Tgb 20. 1. 1871
»sein göttliches Werk« Tgb 12. 1. 1869
»wie ein Phantom« Tgb 13. 1. 1869
»es ist mir« Tgb 18. 1. 1869
»dadurch wie der Seele« Tgb 31. 1. 1869
»Ich kann sie« Tgb 1. 1. 1869
»tief erschüttert« Tgb 4. 1. 1869
362 »Ich sehe mich blind« Tgb 24. 1. 1869
»wie eine Knospe« Tgb 24. 2. 1869
»es ist mir« Tgb 4. 7. 1869
»wegen unaustilgbarem Schmutz« Tgb 2. 11. 1870
»dadurch rechtfertigen« Tgb 3. 7. 1869
»Die ganze Welt« Tgb 4. 1. 1869
365 »daß die Geschichte« Tgb 18. 4. 1874
»hellsehende, schwarzsehende« Tgb 19. 9. 1882
»wer nicht hören« Tgb 2. 11. 1870
»viel Jüdisches« Tgb 5. 2. 1872
366 »das englisch-amerikanische Wesen« Tgb 9. 11. 1878
»Persönlich habe er« Tgb 27. 12. 1878
»daß ich die jüdische« Eva G. Reichmann: Flucht in den Haß. Die Ursachen der deutschen Judenkatastrophe. Frankfurt o. J., S. 191 in der Anmerkung. Dieser Brief Wagners an Ludwig II. vom 22. 11. 1881 wurde im Bayreuther Festspielführer 1936, S. 105f., ver-

öffentlicht. Reichmann nennt Wagners Äußerung »ein besonders starkes Beispiel antisemitischer Katastrophenfurcht«.
»Daß 416 Israeliten« Tgb 17. 12. 1881
»im heftigen Scherz« Tgb 18. 12. 1881
»sie sei ganz passiv« bis »Samen streuen« Tgb 22. 6. 1869
»Frauen-Befreiung« bis »Herscherin« Tgb 8. 8. 1869

367 »Ich halte es« Tgb 13. 8. 1870
»da ein gerechtes« Tgb 19. 12. 1873
»Entsagungs-Wirtschaft« Tgb 6. 8. 1869

368 »Das wird unsre Schöpfung« Gregor-Dellin, S. 649

369 »wo er das Wesen« Tgb 29. 2. 1872
»überzeugt zu sein« Tgb 7. 3. 1872
»Wer die Weihstunden« Gregor-Dellin, S. 661

370 »das Begatten« und »Viele freundliche Frauen« Tgb 17. 1. 1873
»meine Vorschläge« Tgb 20. 5. 1873

371 »mein edler guter Wille« Tgb 22. 5. 1873
»mir ist es immer« Tgb 23. 5. 1873
»für strafwürdiges Benehmen« s. in diesem Buch S. 277
»glücklich wäre, ruhig« Tgb 23. 5. 1873
»trotz Samt« Tgb 25. 12. 1873

372 »ich lebe jetzt« Tgb 13. 5. 1874
»Wer dich erkennt« Tgb 8. 5. 1874
»dem Himmel« Tgb 25. 12. 1875

373 »schachmatt« Am Hof der Hohenzollern. Aus dem Tagebuch der Baronin Spitzemberg 1865–1914. Hg. von Rudolf Vierhaus. München 1965, S. 71. Eintragung vom 20. 3. 1876

374 »R. empfängt« Tgb 7. 8. 1876

376 »O teure Seele!« Gregor-Dellin, S. 734f.
»Das Leid« Tgb 12. 2. 1878
»moralischen Mut« Tgb 16. 8. 1878

377 »Nein, dieses Glück« Tgb 17. 8. 1878
»wie einen Schlangenbiß« Tgb 15. 10. 1878
»und wenn R. mich« und »dienen, dienen« Tgb 16. 11. 1878
»Gebet und Verzückung« Tgb 25. 12. 1878
»Der Abend wird« 25. 12. 1880
»Gemeinde« Tgb 28. 10. 1879

379 »Unvernunft« der Kunsthistoriker Wilhelm Lübke nach Mack 1976, S. 18
»Wie ich schon« Tgb 12. 2. 1883

380 »Ich hatte das Gefühl« Marek, s. Anm. zu 344, S. 365

381 »Inbrunst, mit welcher« Marek, s. Anm. zu 344, S. 289

382 »Glaube es mir« Millenkovich-Morold, s. Anm. zu 344, S. 395

383 »Kampf auf Leben und Tod« Ausspruch Cosima Wagners. Mack 1976, S. 30. In meiner Darstellung der Arbeit C. Wagners folge ich Mack und referiere seine Urteile.
»der großen Sache« Millenkovich-Morold, s. Anm. zu 344, S. 402

384 »Hingabe an die Sache« Millenkovich-Morold, s. Anm. zu 344, S. 403. – Cosima Wagner – Richard Strauss. Ein Briefwechsel. Tutzing 1978
»Da stürmte sie« Millenkovich-Morold, s. Anm. zu 344, S. 427
»doch nur eine« Millenkovich-Morold, s. Anm. zu 344, S. 428

385 »Konsonantenspuckerei« Mack 1976, S. 19

386 »daß die Bücher« Hans Mayer: Die Herrin von Bayreuth. In ders., Richard Wagner in Bayreuth. 1876–1976. Stuttgart, Zürich 1976, S. 72
Houston Stewart Chamberlain: Die Grundlagen des Neunzehnten Jahrhunderts. 2 Bände, 3. Aufl., München 1901

386 »Mißgeburten« Adolf Hitler: Mein Kampf. 158.–159. Aufl., S. 431
»Erhaltung« Hitler, wie oben, S. 444f.
387 »Frau Wagner ist« Tagebuch der Baronin Spitzemberg, s. Anm. zu 373, S. 195, Eintragung vom 15. 3. 1900
388 »in Wahrheit« Julius Bab: Von der Feindschaft gegen Wagner. In: Mack 1984, S. 55
»was unsre deutschen Klassiker« wie oben, S. 61f. – Zur Wirkungsgeschichte: Thomas Mann: Leiden und Größe Richard Wagners. In: Leiden und Größe der Meister. Berlin 1974 (auch in Adel des Geistes). Zum Bürgertum Wehler, s. Anm. zu 397
»sein Andenken« C. Wagner: Tagebücher, Bd. 2, Vorwort, S. 26
389 »nicht in dem Erreichen« Chronik, wie Anm. zu 247, S. 77
»der geweihten Kunststätte« Millenkovich-Morold, s. Anm. zu 344, S. 478
390 »Daß Deutschland« Alan Bullock: Hitler. Eine Studie über Tyrannei. 4. Aufl., Düsseldorf 1954, S. 77
»auf Kraft« C. Wagner: Tagebücher, Bd. 2, Vorwort, S. 27
391 »Ich hatte das Gefühl« wie Anm. zu 380
392 »mit allen Problemen« Hirsch, S. 72
»Das ist« Jacob, S. 17
393 »Freiheit ist« Hetmann 1987, S. 284
394 »ausgezeichnet« Hirsch, S. 12
396 »Sache« Hetmann 1979, S. 54
397 »ein hysterisches« Hirsch, S. 21
»doktrinäre Gans« Hetmann 1979, S. 57
»Die Philosophen« Hans-Ulrich Wehler: Deutsche Gesellschaftsgeschichte. Band 2: Von der Reformära bis zur industriellen und politischen ›Deutschen Doppelrevolution‹: 1815–1845/49. 2. Aufl., München 1989, S. 439
398 »die Freude« Hirsch, S. 46
»Wäre es nicht« Böttger, S. 374ff.
399 »ich sprach« Hirsch, S. 30
400 »Daß ich mir« Hetmann 1987, S. 48
401 »Du Gelbschnabel« Hirsch, S. 37
403 »Du weißt« Böttger, S. 410
405 »Der Mann« Hirsch, S. 46
»Das Leben« Böttger, S. 393ff.
406 »denn das Publikum« Hirsch, S. 46
407 »ohne genau« Hirsch, S. 45
408 »was wohl den« Hirsch, S. 59
»Hier ist die Zeit« Böttger, S. 405f.
409 »die glücklichsten« Hirsch, S. 61
»geniale Frau« Arthur Rosenberg: Geschichte der Weimarer Republik. Frankfurt 1961, S. 61
410 »bis zur letzten« Hirsch, S. 72
413 »Wenn uns zugemutet« Hetmann 1979, S. 169
414 »die kühne Frau« Hetmann 1979, S. 178
416 »Und ich lächle« Böttger, S. 438ff.
418 »Selbstkritik« Rosa Luxemburg: Die Krise der Sozialdemokratie (Junius-Broschüre). In: Rosa Luxemburg: Ausgewählte Reden und Schriften, I. Band, 2. Aufl., Berlin 1955, S. 258–399. Hier: S. 260
»der sie selbst« wie oben, S. 346
419 »Ich möchte heulen« Hetmann 1979, S. 195
»Nieder mit dem Krieg« Hetmann 1979, S. 197. Zur Anhängerschaft Rosa Luxemburgs: Arthur Rosenberg: Entstehung der Weimarer Republik. Frankfurt 1961, S. 105ff. Zum Kampf Rosa Luxemburgs und Clara Zetkins gegen den Krieg: Gisela Brinker-Gabler (Hg.): Frauen gegen den Krieg. Frankfurt 1980. – Zu Clara Zetkin: Luise Dornemann: Clara Zetkin. Leben und Wirken. 8. Aufl., Berlin 1985

420 »militärische Sicherheitshaft« Hetmann 1987, S. 232
421 »Was mich anbelangt« Böttger, S. 428
»immer mit allem« Böttger, S. 431
422 »... seine Lebensauffassung« Hetmann 1979, S. 208
»Ich bin in der Tat« Hirsch, S. 91
424 »Wie merkwürdig« Böttger, S. 438 ff.
425 »Freiheit nur« Hetmann 1987, S. 284
430 »Revolutionsromantiker« Jacob, S. 57
432 »gloriose journalistische« Sebastian Haffner: 1918/19. Eine deutsche Revolution. Reinbek 1981, S. 153
433 »Die Frontsoldaten« Hetmann 1979, S. 242
»Kannst Du mir« Jacob, S. 60
435 »Genossen, ihr macht« Rosenberg, s. Anm. zu 409, S. 51
»vergiß nicht« Hetmann 1979, S. 255
»kindlichen, unausgegorenen« Hetmann 1979, S. 255
436 »Karl, ist das« Hetmann 1979, S. 258
437 »Nur der Hunger« Hetmann 1979, S. 262
»Diese Niederlage« Hetmann 1979, S. 265
438 »Ach, Mathilde« Jacob, S. 62
»Die jämmerlich Geschlagenen« *Rote Fahne* vom 14. 1. 1919 nach *Frankfurter Rundschau* vom 14. Januar 1989, S. 12, ›Die Ordnung herrscht in Berlin.‹ Auf derselben Seite sehr lesenswert: Otto-Jörg Weis: ›Zwei Morde, mit denen die Berliner bis heute nicht fertig werden‹, sowie: ›Vom Verwischen der Spuren und Wegschauen‹.
439 »Die Bedrohung« Wolfgang Malanowski: November-Revolution 1918. Die Rolle der SPD. Frankfurt, Berlin 1968, S. 105
440 »Röschen« Hetmann 1979, S. 267
»Nein, ich werde« Hetmann 1987, S. 310
441 »Die Ereignisse« Gustav Strübel: ›Ich habe sie richten lassen‹. Vor 70 Jahren: Offiziere morden, Richter versagen, die SPD zahlt den Preis. In: *Die Zeit* vom 13. Januar 1989, S. 41
»Nicht schießen« Hetmann 1979, S. 269
»Sie haben sich« Malanowski, s. Anm. zu 439, S. 107
442 »auf der Flucht« Jacob, S. 66
»Kolobri« Heinz Höhne: Canaris. Patriot im Zwielicht. München 1976, S. 73
444 »Ich habe sie« und alles Weitere bis zum Schluß Strübel, s. Anm. zu 441. Auch im ersten Taschenbuch, das nach dem Zweiten Weltkrieg mit einer Briefauswahl erschien, hieß es, Rosa Luxemburg sei »standrechtlich erschossen« worden:
Rosa Luxemburg: Das Menschliche entscheidet. Briefe an Freunde. München 1958, S. 7
447 »Trotz des scheinbar« Frandsen/Huffmann/Kuhn, S. 240
452 »die Gleichberechtigung« Frandsen/Huffmann/Kuhn, S. 73
453 »Ich habe erlebt« Janssen-Jurreit, S. 309
454 »Die Frau, die« bei Meyer
»Sollte der Artikel« Janssen-Jurreit, S. 311, und Dertinger, S. 42
»Quasistürmlein« Janssen-Jurreit, S. 313, und Dertinger, S. 45
»Ich hatte gesiegt« bei Meyer
455 »im tiefsten« Frandsen/Huffmann/Kuhn, S. 72
»Ob es noch« Frandsen/Huffmann/Kuhn, S. 74
»ein ganz schreckliches« Dertinger, S. 51
456 »an dem aufgeklärten« Wehler, S. 18

Lesehinweise

zu Theophanu

Ennen, Edith: Frauen im Mittelalter, 3., überarb. Aufl. München 1987.

Holtzmann, Robert: Geschichte der sächsischen Kaiserzeit (900–1024). Darmstadt 1961.

Ketsch, Peter: Aspekte der rechtlichen und politisch-gesellschaftlichen Situation von Frauen im frühen Mittelalter (500–1150). In: Annette Kuhn/Jörn Rüsen (Hg.): Frauen in der Geschichte. II. Fachwissenschaftliche und fachdidaktische Beiträge zur Sozialgeschichte der Frauen vom frühen Mittelalter bis zur Gegenwart. 2. Aufl. Düsseldorf 1986, S. 11–71.

Pörtner, Rudolf: Das Römerreich der Deutschen. Städte und Stätten des deutschen Mittelalters. München, Zürich 1970.

Thietmar von Merseburg: Chronik. Neu übertragen und erläutert von Werner Trillmich. 5. Aufl. Darmstadt 1974.

Uhlirz, Mathilde: Jahrbücher des Deutschen Reiches unter Otto II. und Otto III. 2. Band: Otto III. 983–1002. Berlin 1954.

Vogelsang, Thilo: Die Frau als Herrscherin im hohen Mittelalter. Studien zur ›consors regni‹-Formel. Göttingen, Frankfurt/Main, Berlin 1954.

zu Hildegard von Bingen

Brück, Anton Ph. (Hg.): Hildegard von Bingen 1179–1979. Festschrift zum 800. Todestag der Heiligen. Mainz 1979.

Ennen, Edith: Frauen im Mittelalter. 3., überarb. Aufl. München 1987.

Führkötter, Adelgundis: Das Leben der hl. Hildegard von Bingen. Herausgegeben, eingeleitet und übersetzt. Düsseldorf 1968.

Führkötter, Adelgundis: Hildegard von Bingen (1098–1179). In: Rheinische Lebensbilder 10. Köln 1985, S. 7–30

Gössmann, Elisabeth: Hildegard von Bingen. In: Martin Greschat (Hg.): Gestalten der Kirchengeschichte. Band 3,1. Stuttgart 1983, S. 224 bis 237.

Gössmann, Elisabeth: Das Menschenbild der Hildegard von Bingen und Elisabeth von Schönau vor dem Hintergrund der frühscholastischen Anthropologie. In: Peter Dinzelbacher und Dieter R. Bauer (Hg.): Frauenmystik im Mittelalter. Ostfildern bei Stuttgart 1985, S. 24–47.

Grundmann, Herbert: Religiöse Bewegungen im Mittelalter. Untersuchungen über die geschichtlichen Zusammenhänge zwischen der Ketzerei, den Bettelorden und der religiösen Frauenbewegung im 12. und 13. Jahrhundert und über die geschichtlichen Grundlagen der deutschen Mystik. 4. Aufl. Darmstadt 1977.

Schipperges, Heinrich (Hg.): Mystische

Texte der Gotteserfahrung. Hildegard von Bingen. Olten, Freiburg i. B. 1978.
Weissweiler, Eva: Komponistinnen aus 500 Jahren. Eine Kultur- und Wirkungsgeschichte in Biographien und Werkbeispielen. Frankfurt 1981.

zu Fräulein Maria von Jever
Fissen, Karl: Unser gnädig Fräulein Maria und ihre Vorgänger, Zeitgenossen, Nachfolger in der Erbherrschaft Jever. 2. Aufl. Jever 1982.
Rüthning, Gustav: Oldenburgisches Urkundenbuch VI., Jever und Kniphausen. Oldenburg 1932.
Wille, Heinrich (Bearbeiter): Jever. Aus der Vergangenheit einer friesischen Stadt. Nr. 17 der Schriftenreihe des Jeverländischen Altertum- und Heimatvereins e. V., Jever. 2. Aufl. 1987

zu Maria Theresia
Berglar, Peter: Maria Theresia. Reinbek 1984.
Crankshaw, Edward: Maria Theresia. Die mütterliche Majestät. München 1986.
Möbius, Helga: Die Frau im Barock. Leipzig 1982.
Mraz, Gerda und Gottfried: Maria Theresia. Ihr Leben und ihre Zeit in Bildern und Dokumenten. München 1979.
Walter, Friedrich (Hg.): Maria Theresia. Briefe und Aktenstücke in Auswahl. 2., unveränderte Aufl. Darmstadt 1982.

zur Gräfin Cosel
Elias, Norbert: Die höfische Gesellschaft. Untersuchungen zur Soziologie des Königtums und der höfischen Aristokratie. 4. Aufl. Neuwied, Berlin 1979.
Hoffmann, Gabriele: Constantia von Cosel und August der Starke. Die Geschichte einer Mätresse. Bergisch Gladbach 1984 (dort ausführliches Literaturverzeichnis).

zur Königin Luise
Griewank, Karl (Hg.): Königin Luise. Briefe und Aufzeichnungen. Leipzig 1925.
Griewank, Karl (Hg.): Briefwechsel der Königin Luise mit ihrem Gemahl Friedrich Wilhelm III. 1793–1810. Leipzig 1929.
Meisner, Heinrich Otto (Hg.): Vom Leben und Sterben der Königin Luise. Eigenhändige Aufzeichnungen ihres Gemahls König Friedrich Wilhelm III. 5. Aufl. Leipzig 1926.
Rothkirch, Malve Gräfin (Hg.): Königin Luise von Preußen. Briefe und Aufzeichnungen 1786–1810. Mit einer Einleitung von Hartmut Boockmann. München 1985.
Taack, Merete van: Königin Luise. Die unbesiegbare Liebe. München 1986.
Weber-Kellermann, Ingeborg: Frauenleben im 19. Jahrhundert. Empire und Romantik, Biedermeier, Gründerzeit. 2., durchges. Aufl. München 1988.

zu Rahel Varnhagen
Arendt, Hannah: Rahel Varnhagen. Lebensgeschichte einer deutschen Jüdin aus der Romantik. 3. Aufl. München 1981.
Frevert, Ute: Frauen-Geschichte. Zwischen Bürgerlicher Verbesserung und Neuer Weiblichkeit. Frankfurt 1986.
Gerhardt, Marlis (Hg.): Rahel Varnhagen. Jeder Wunsch wird Frivolität genannt. Briefe und Tagebücher. 5. Aufl. Darmstadt, Neuwied 1986.
Hahn, Barbara und Ursula Isselstein (Hg.): Rahel Levin Varnhagen. Die Wiederentdeckung einer Schriftstel-

lerin. Zeitschrift für Literaturwissenschaft und Linguistik, Beiheft 14. Göttingen 1987.
Kemp, Friedhelm (Hg.): Rahel Varnhagen und ihre Zeit (Briefe 1800 bis 1833). München 1968.
Tewarson, Heidi Thomann: Rahel Varnhagen. Reinbek 1988.
Varnhagen, Rahel: Gesammelte Werke. Hg. von Konrad Feilchenfeldt, Uwe Schweikert und Rahel E. Steiner. München 1983 (Band X = Studien, Materialien, Register).

zu Louise Otto-Peters
Bäumer, Gertrud: Louise Otto-Peters. In: Frauen der Tat. Gestalt und Wandel. Tübingen 1959, S. 122–161.
Bussemer, Herrad-Ulrike: Bürgerliche und proletarische Frauenbewegung (1865–1914). In: Annette Kuhn und Gerhard Schneider (Hg.): Frauen in der Geschichte I. Frauenrechte und die gesellschaftliche Arbeit der Frauen im Wandel. 3. Aufl. Düsseldorf 1984, S. 34–55.
Frevert, Ute: Frauen-Geschichte. Zwischen Bürgerlicher Verbesserung und Neuer Weiblichkeit. Frankfurt am Main 1986.
Joeres, Ruth/Ellen Boetcher: Die Anfänge der deutschen Frauenbewegung: Louise Otto-Peters. Frankfurt am Main 1983.
Möhrmann, Renate: Die andere Frau. Emanzipationsansätze deutscher Schriftstellerinnen im Vorfeld der Achtundvierziger-Revolution. Stuttgart 1977.
Möhrmann, Renate (Hg.): Frauenemanzipation im deutschen Vormärz. Texte und Dokumente. Stuttgart 1980.
Otto-Peters, Louise: Das Recht der Frauen auf Erwerb. In: Gisela Brinker-Gabler (Hg.): Frauenarbeit und Beruf. Frankfurt/Main 1979.
Twellmann, Margrit: Die deutsche Frauenbewegung. Ihre Anfänge und erste Entwicklung 1843–1889. Kronberg 1976.
Weber-Kellermann, Ingeborg: Frauenleben im 19. Jahrhundert. Empire und Romantik, Biedermeier, Gründerzeit. 2., durchges. Aufl. München 1988.

zu Cosima Wagner
Gregor-Dellin, Martin: Richard Wagner. Sein Leben. Sein Werk. Sein Jahrhundert. München 1980.
Mack, Dietrich: Der Bayreuther Inszenierungsstil. München 1976.
Mack, Dietrich (Hg.): Cosima Wagner. Das zweite Leben. Briefe und Aufzeichnungen 1883–1930. München, Zürich 1980.
Mack, Dietrich (Hg.): Richard Wagner. Das Betroffensein der Nachwelt. Beiträge zur Wirkungsgeschichte. Darmstadt 1984.
Wagner, Cosima: Die Tagebücher. Ediert und kommentiert von Martin Gregor-Dellin und Dietrich Mack. Band I. 1869–1877. München, Zürich 1976. Band II. 1878–1883. München, Zürich 1977.

zu Rosa Luxemburg
Böttger, Fritz (Hg.): Zu neuen Ufern. Frauenbriefe von der Mitte des 19. Jahrhunderts bis zur Novemberrevolution 1918. Berlin (Ost) 1981.
Hetmann, Frederik: Rosa L. Die Geschichte der Rosa Luxemburg und ihrer Zeit. Frankfurt/Main 1979.
Hetmann, Frederik (Hg.): Rosa Luxemburg. Ein Leben für die Freiheit. Reden. Schriften. Briefe. Ein Lesebuch. Frankfurt/Main 1987.
Hirsch, Helmut: Rosa Luxemburg. Reinbek 1986.
Jacob, Mathilde: Von Rosa Luxemburg und ihren Freunden in Krieg und

Revolution 1914–1919. In: Rosa Luxemburg. Ich umarme Sie in großer Sehnsucht. Briefe aus dem Gefängnis 1915 bis 1918. 3. Aufl. Berlin, Bonn 1986, S. 15–79 (in Auswahl).
Luxemburg, Rosa: Ausgewählte Reden und Schriften. 2. Aufl. Berlin 1955.

zu Machen Frauen Geschichte?
Dertinger, Antje: Elisabeth Selbert. Eine Kurzbiographie. Hrsg. v. der Bevollmächtigten der Hessischen Landesregierung für Frauenangelegenheiten. Wiesbaden 1986.
Frandsen, Dorothea und Ursula Huffmann und Annette Kuhn (Hg.): Frauen in Wissenschaft und Politik. Sammelband anläßlich des 60jährigen Bestehens des Deutschen Akademikerinnenbundes e. V. Düsseldorf 1987.
Janssen-Jurreit, Marielouise: Sexismus. Über die Abtreibung der Frauenfrage. München, Wien 1976.
Meyer, Birgit: Die ›Mütter des Grundgesetzes‹. Zur Erinnerung an vier Frauen der ersten Stunde. In: *Frankfurter Rundschau* vom 21. Mai 1988, S. ZB 5.
Wehler, Hans-Ulrich: Aus der Geschichte lernen? Essays. München 1988.

Fotonachweis:
Archiv für Kunst und Geschichte, Berlin (Nr. 6, 7, 10, 13, 17, 21); Bildarchiv Foto Marburg, Marburg (Nr. 1); Bildarchiv Preußischer Kulturbesitz, Berlin (Nr. 15, 18, 19, 20, 23, 24, 26, 34); Bilderdienst Süddeutscher Verlag, München (Nr. 30); Friedrich-Ebert-Stiftung/Archiv der sozialen Demokratie, Bonn (Nr. 33); Historisches Museum am Hohen Ufer, Hannover (Nr. 16); International Instituut voor Sociale Geschiedenis, Amsterdam (Nr. 31, 32); Kunsthistorisches Museum, Wien (Nr. 11, 12); Nationalarchiv der Richard-Wagner-Stiftung/Richard-Wagner-Gedenkstätte, Bayreuth (Nr. 27, 28, 29); Presse- und Informationsamt der Bundesregierung, Bundesbildstelle, Bonn (Nr. 35); Rheinisches Bildarchiv, Köln (Nr. 5); Schiller-Nationalmuseum/Deutsches Literaturarchiv, Marbach am Neckar (Nr. 22); Schloßmuseum Jever, Jever (Nr. 8, 9); Universität Bremen, Deutsche Presseforschung, Bremen (Nr. 25); Wienand-Verlag, Celia Körber-Leupold, Köln (Nr. 2, 3, 4).

Personenregister